त्रिभाषीय शब्दकोश
(हिन्दी-उर्दू-अंग्रेज़ी)

देवनागरी लिपि में उर्दू शब्दों के उच्चारण व अर्थ सहित

TRILINGUAL DICTIONARY
(Hindi-Urdu-English)

(शिक्षक, शिक्षार्थी, साहित्यकार, अनुवादक, प्रिण्ट एवं इलेक्ट्रॉनिक मीडिया के लोगों के लिए उपयोगी।)

सम्पादक

मो. अशरफ़ अज़ीमाबादी

यूनीकॉर्न बुक्स

प्रकाशक

यूनीकॉर्न बुक्स

एफ-2/16, अंसारी रोड, दरियागंज, नई दिल्ली-110002

☎ 23262683, 45644782, 23250704

ई-मेल: info@unicornbooks.in • **वेबसाईट:** www.unicornbooks.in

शाखा : मुम्बई

23-25, जोबा वाड़ी, ठाकुरद्वार, मुंबई-400002

☎ 022-22010941, 022-22053387

ई-मेल: unicornbooksmumbai@gmail.com

ISBN 978-81-7806-179-5

त्रिभाषीय शब्दकोश (हिन्दी-उर्दू-अंग्रेज़ी)

संस्करण: 2021

मुद्रक : परम ऑफसेटर्स, ओखला, नई दिल्ली-110020

अपनी बात

राष्ट्रभाषा की बढ़ती हुई लोकप्रियता को देखते हुए मुझे एक ऐसा शब्दकोश (Dictionary) संकलित करने का विचार मन में आया, जो त्रिभाषीय हो, जिसमें हिन्दी के शब्दों को आधार (Base) बनाया जाए और उनके अर्थ उर्दू तथा अंग्रेजी में दिये जाएँ ताकि छात्रों और पत्रकारों से लेकर दूरदर्शन और अनुवादकों तक के लिए उपयोगी सिद्ध हो सके। दो वर्षों के कठिन परिश्रम का फल है कि यह अनुपम त्रिभाषीय शब्दकोश (Trilingual Dictionary) आपके सामने है। इसमें सामान्य शब्दों के अलावा अनेक वैज्ञानिक/तकनीकी शब्दों को भी सम्मिलित किया गया है। प्रत्येक शब्द के कोष्ठ में उसकी व्याकरणिक (Grammatical) स्थिति संक्षिप्त रूप में अंकित है। फिर उन शब्दों के उर्दू तथा अंग्रेजी अर्थ दिये गये हैं।

एक हिन्दी-उर्दू शब्दकोश तथा जीव विज्ञान (Biology) के तकनीकी शब्दावली का एक त्रिभाषीय शब्दकोश प्रकाशित होने के बाद गम्भीरता से एक ऐसे व्यापक शब्दकोश सम्पादित करने का विचार मन में आया, जिसमें तकनीकी शब्दों के अतिरिक्त सामान्य हिन्दी शब्द भी हों, जिनके अर्थ उर्दू और अंग्रेजी दोनों में हों। जब मैंने इस काम में हाथ लगाया तो महसूस किया कि उत्तर भारत के कई प्रान्तों के पाठकों की यह जिज्ञासा भी रहती है कि अमुक हिन्दी शब्द की उर्दू क्या है? परन्तु वे उर्दू पढ़ना-लिखना नहीं जानते, इसलिए उनकी सुविध ा के लिए तथा शब्दकोश को और अधिक उपयोगी बनाने के लिए निम्नलिखित आधार पर संकलन कार्य आरम्भ हुआ।

हिन्दी शब्दकोश में संक्षिप्त व्याकरणिक स्थिति-उर्दू अर्थ-फिर वही उर्दू अर्थ देवनागरी में-हिन्दी शब्द का अंग्रेजी अर्थ।

इस शब्दकोश की एक अन्य विशेषता का उल्लेख करना चाहूँगा। पत्रकारिता (Journalism) और इलेक्ट्रॉनिक मीडिया में तथा साहित्य के क्षेत्र में उदारता के विकास के कारण उर्दू लिपि से अपरिचित लोग शब्द को बोलने या जानने के उत्सुक रहते हैं। इसलिए मैंने उर्दू शब्दों को देवनागरी लिपि में भी लिख दिया है। जैसे अलस्सबाह, शाइस्ता, दोशीज़ा, मुज़म्मत आदि। ऐसे लोगों के लिए जो किसी परिच्छेद का अनुवाद करते समय कुछ उर्दू शब्दों का प्रयोग कर उसे और

अधिक प्रभावशाली तथा आकर्षक बनाना चाहते हैं, उनके लिए यह शब्दकोश बहुत ही सहायक साबित होगा।

मैं इस शब्दकोश की तैयारी में हिन्दी, अंग्रेजी तथा उर्दू के लोकप्रिय शब्दकोशों तथा अनेक पत्रिकाओं के संपर्क में रहा। इस शब्दकोश के संकलन के सम्बन्ध में जिन लोगों के बहुमूल्य विचारों से मैं लाभान्वित हुआ, उनके प्रति आभार प्रकट करता हूँ, विशेषकर अपने कॉलेज के डॉ. एस शाहिद अहमद (दर्शनशास्त्र), डॉ मोहसिन रज़ा रिज़वी (उर्दू), हिन्दी विभाग के डॉ. बी.एन. पाण्डे, डॉ. आशुतोष राणा तथा एम. ऐ.ऐ. स्कूल पटना सिटी के भाषा विशेषज्ञ श्री मोहम्मद शफीउर्र रहमान और श्री आर.पी सिंह (पंडित जी) का मैं कृतज्ञ हूँ।

इस शब्दकोश को त्रुटिहीन रखने तथा प्रूफ रीडिंग जैसे जटिल काम में मेरे भांजे मुदस्सिर अहमद ने कड़ी मेहनत की, जिसके लिए मैं उनका आभारी हूँ।

तीन विभिन्न भाषाओं में कम्प्यूटराइज्ड टाइपिंग के माहिरों की बड़ी कमी है। सौभाग्य से इस शब्दकोश के लिए श्री एस. शहाब अहमद मुनअमी की सेवा प्राप्त हो गयी, जो हिन्दी उर्दू तथा अंग्रेजी-तीनों की कम्पोजिंग में असाधारण दक्षता रखते हैं।

मुझे संतोष है कि कठिन परिश्रम के बाद एक त्रिभाषीय शब्दकोश (Trilingual Dictionary) का मेरा पुराना सपना आज साकार हुआ जो इस समय आपके हाथों में है।

अपने प्रकाशक डा. अशोक गुप्ता को शुक्रिया अदा करना अपना कर्त्तव्य समझता हूँ, जिनके सहयोग के बिना इस शब्दकोश का प्रकाशित होना संभव नहीं था। डा. गुप्ता के प्रति कृतज्ञता प्रकट करना केवल एक औपचारिकता नहीं है, मैं दिल की गहराई से इनका सम्मान करता हूँ कि जब मैंने अपने प्रस्तावित शब्दकोश की दो प्रतियाँ इन्हें फैक्स (Fax) किया तो आधे घंटे के अंदर ही इनका सकारात्मक उत्तर (Response) प्राप्त हुआ। मुझे आमंत्रित किया गया और इसे प्रकाशित करने की स्वीकृति प्रदान की गयी। यह मेरे जीवन का ऐतिहासिक क्षण था।

पूरी सावधानी बरतने के बाद भी कुछ त्रुटियों का रह जाना स्वाभाविक है। आशा है, पाठक इस सम्बन्ध में मुझे सूचित करने का कष्ट करेंगे। उनके उचित सुझावों का मैं स्वागत करूँगा और अगले संस्करण में उसे दूर करने का प्रयास करूँगा।

मो. अशरफ़ अज़ीमाबादी

अ

अ دیوناگری کا پہلا حرف علت (देवनागरी का पहला हर्फ़े इल्लत) **first vowel letter of Devanagri**

अं

अंक (पु०) نمبر، نشان، ہندسہ، اخبار یا رسالہ کا شمارہ، آغوش (नंबर, निशान, हिन्दसा, अख़बार या रिसाले का शुमारा, आग़ोश) **number, mark, digit, issue of journal, embrace**

अंकक (पु०) مہر (मुहर) seal

अंकन (पु०) گننا، درج کرنا، نقش کرنا، نمبر دینا (गिनना, दर्ज करना, नक्श करना, नंबर देना) counting, entry, drawing, marking

अंकनाधिकारी (पु०) رجسٹرار (रजिस्ट्रार) registrar

अंकपत्र (पु०) اسٹامپ (محصولی) امتحانی نمبر کا کاغذ (स्टाम्प {महसूली} इम्तेहानी नंबर का काग़ज़) revenue stamp mark sheet

अंकपत्रित (पु०) اسٹامپ لگا ہوا (स्टाम्प लगा हुआ) stamped

अंकपाली (स्त्री०) دائی (خادمہ) (दाई {ख़ादिमा}) maldservant

अंकमाल (पु०) ہم آغوشی، ملنا (हमआग़ोशा, मिलना) embracing, to meet

अंकित (पु०) درج کیا ہوا، ثبت، کندہ (दर्ज किया हुआ, सब्त, कन्दा) endorsed, marked, engraved

अंकुर (पु०) پودے کا انکر، کونپل، شگوفہ (पौदे का अंकुर, कोंपल, शगूफ़ा) sprout, bud

अंकुरक (पु०) گھونسلہ (घोंसला) nest

अंकुरण (पु०) انکرنا (अंकुरना) germination

अंकुरित (पु०) اُگا ہوا، نوشگفتہ (उगा हुआ, नौ शगुफ्ता) germinated, newly bloomed

अंकुश (पु०) روک، لچک (रोक, लचक) check, goad

अंकुशी (स्त्री०) ہک، کانٹا (हुक, काँटा) hook, spine

अंग (पु०) عضو، جسم، جز (अज़्व, जिस्म, जुज़) organ, body, part

अंगज (पु०) جسم سے پیدا، بیٹا (जिस्म से पैदा, बेटा) born from body, son

अंगजा (स्त्री०) بیٹی (बेटी) daughter

अंगणा (स्त्री०) عورت (औरत) woman

अंगना (पु०) صحن (सेहन) courtyard

अंगभंग (पु०) جسم کے عضو کا ٹوٹ پھوٹ جانا (जिस्म के अज़्व का टूट फूट जाना) mutilation of body parts

अंगरक्षक (पु०) محافظ (باڈی گارڈ) (मुहाफ़िज़ {बॉडी गार्ड}) bodyguard

अंगविद्या (स्त्री०) علم قیافہ (इल्मे क़याफ़ा) physiognomy

अंगार (पु०) جلتا ہوا کوئلہ، انگارہ (जलता हुआ कोयला, अंगारा) inflamed coal

अंगाकार (पु०) معاہدہ، اقرار (मुआहिदा, एक़रार) agreement, pact

अंगीकृत (पु०) مقبول، منظور (मक़बूल, मंज़ूर) accepted, approved

अंगीभूत (पु०) تاسیس شدہ (तासीस शुदा) constituent

अंगुष्ठ (पु०) انگوٹھا (अंगूठा) thumb

अंगुष्ठ चिह्न (पु०) انگوٹھے کا نشان (अंगूठे का निशान) thumb impression

अंगुष्ठ प्रति मुद्रा विचक्षण (पु०) انگوٹھے کے نشان کا ماہر (अंगूठे के निशान का माहिर) expert of thumb impression

अंचल (पु०) کنارا، دامن، سرکل (किनारा, दामन, सर्किल) edge, circle

अंचलाधिकारी (पु०) سرکل افسر (सर्किल अफ़सर) circle officer

अंचित (पु०) معبود، قابل عبادت (माबूद, क़ाबिले इबादत) God, worshipped

अंज (पु०) کنول (कंवल) lotus

अंजन (पु०) کاجل (काजल) lampblack

अंजना (स्त्री०) ہنومان کی ماں، آنکھ کی پلکوں میں سوجن (हनुमान की माँ, आँख की पलकों में सूजन) mother of Hanuman, stye on eyelid

अंजनी (स्त्री०) عورت (جس کی آنکھیں ہرن جیسی ہوں) ہنومان کی ماں (औरत {जिसकी आँखें हिरण जैसी हों} हनुमान की माँ) woman (with eyes like a doe), mother of Hanuman

अंजर पंजर (स्त्री०) جوڑ،ڈھانچہ (जोड़, ढाँचा) joints, skeleton
अंजलि (स्त्री०) چلّو،نذرانہ (चुल्लू, नज़राना) offering hands
अंजली (स्त्री०) = **अंजलि**
अंजू (पु०) آنسو (आँसू) tear
अंड (पु०) بیضہ،انڈا،خصیہ،فوطہ (बैज़ा, अंडा, ख़ुसिया, फोता) egg, ovum, testicle
अंडकोश (पु०) فوطہ،خصیہ (फोता, ख़ुसिया) Testicle
अंडज (पु०) انڈے سے پیدا ہونے والی مخلوق (مرغی، مینڈک) (अंडे से पैदा होने वाली मख़लूक़ {मुर्ग़ी, मेंडक}) egg-born (oviparous)
अंडाकार (पु०) (بیضاوی) انڈے کی شکل کا (अंडे की शक्ल का {बैज़ावी}) egg shaped, oval, elliptical
अंत (पु०) آخر،خاتمہ،موت (आख़िर, ख़ातमा, मौत) end, death
अंतक (पु०) ختم کرنے والا، موت کا فرشتہ (ख़त्म करने वाला, मौत का फ़रिश्ता) terminator, angel of death
अंतकाल (पु०) آخری وقت، موت (आख़िरी वक़्त, मौत) last time, death
अंतक्रिया (स्त्री०) میت کی آخری رسوم (मैइयत की आख़िरी रसूम) last rite of dead
अंततः (पु०) آخرکار (आख़िरकार) at last
अंततोगत्वा (पु०) بالآخر،انجام کار (बिलाआख़िर, अंजामकार) at last, ultimately
अंतर (पु०) باطن،فرق، دل، روح (बातिन, फ़र्क़, दिल, रूह) inner, difference, heart, soul
अंतरंग (पु०) اندرونی،قریبی (अंदुरूनी, क़रीबी) inner, close
अंतरण (पु०) فاصلہ، منتقلی،تبادلہ (फ़ासला, मुनतक़्ली, तबादला) spacing, transfer
अंतरण लेख (पु०) کاغذاتِ منتقلی (काग़ज़ाते मुनतक़्ली) transfer of papers
अंतरपट (पु०) پردہ (परदा) curtain, screen
अंतपाल (पु०) سنتری، محافظ مکان (सन्तरी, मुहाफ़िज़े मकान) guard
अंतरतम (पु०) انتہائی اندرونی، قریب ترین، روح کی گہرائی (इन्तेहाई अन्दुरूनी, क़रीब-तरीन, रूह की गहराई) interior most, nearest, inner soul
अंतरद्वन्द्व (पु०) قلبی کشمکش،اندرونی کشمکش (क़ल्बी कशमकश, अंदुरुनी कशमकश) inner conflict
अंतरस्थ (पु०) اندرونی، دلی (अंदुरुनी, दिली) inner, at heart
अंतरा (पु०) مصرعہ ثانی، وسط، علاوہ (मिसरै सानी, वस्त, एलावा) second verse, interval, besides
अंतरात्मा (पु०) ضمیر، قلب (ज़मीर, क़ल्ब) conscious, heart
अंतराल (पु०) درمیان، وقفہ، حلقہ، مدت (दरम्यान, वक़्फ़ा, हल्क़ा, मुद्दत) interval, duration, period
अंतरिक्ष (पु०) خلا (فضا)، آسمان (ख़ला {फ़िज़ा}, आसमान) space, sky
अंतरिक्ष विज्ञान (पु०) علم فلکیات (इल्मे फ़ल्कियात) space science
अंतरिक्ष यात्री (पु०) خلائی مسافر (ख़लाई मुसाफ़िर) astronaut
अंतरिक्ष यान (पु०) خلائی جہاز (ख़लाई जहाज़) space craft (shuttle)
अंतरित (पु०) داخلی، چھپا ہوا، منتقل (दाख़िली, छुपा हुआ, मुन्तक़िल) interior, hidden, transferred
अंतरिम (पु०) عبوری (ओबूरी) interim
अंतरिप (पु०) راس (रास) flame, flick
अंतर्गत (पु०) ماتحت، شامل (मातेहत, शामिल) under, included
अंतर्गति (स्त्री०) ذہنی، جذباتی (ज़ेहनी, जज़्बाती) mental, emotional
अंतर्घट (पु०) باطن، جبلی (बातिन, जिबिल्ली) inside, innate
अंतर्चक्षु (पु०) بصیرت والی نظر (बसीरत वाली नज़र) insight vision
अंतर्ज्ञान (पु०) باطنی علم، وجدان (बातिनी ईल्म, विज्दान) insight knowledge, intuition
अंतर्दृष्टि (स्त्री०) باطنی نظر، بصیرت (बातिनी नज़र, बसीरत) insight
अंतर्दशा (पु०) اندرونی حالت (अंदुरूनी हालत) inner state

अंतर्देशीय (पु०) اندرون ملک (अंदुरून मुल्क) within the state
अंतर्धान (पु०) غائب،گم (ग़ायब, गुम) disappeared, vanished
अंतर्द्वार (पु०) خفیہ دروازہ (खुफ़िया दरवाज़ा) secret door
अंतर्निविष्ट (वि०) دل نشیں،سرایت (दिलनशीं, सेरायत) impressive, permeated
अंतर्निहित (वि०) اندر رکھا ہوا، پوشیدہ، مُدغم (अंदर रखा हुआ, पोशीदा, मुदग़म) placed within, hidden, absorbed
अंतर्बोध (पु०) باطنی معرفت، وِجدان (बातिनी मारफ़त, विजदान) inner enlightenment, intuition
अंतर्हित (वि०) چھپا ہوا، غیر مرئی راز (छुपा हुआ, ग़ैर मरई राज़) hidden, invisible secret
अंत्यज (पु०) شودر (शूद्र) shudras
अंत्याक्षरी (स्त्री०) بیت بازی (बैतबाज़ी) contest of verses
अंत्येष्टि (स्त्री०) چِتا جلنا، آخری رسومات (चिता जलना, आख़िरी रुसूमात) funeral rites
अंदुआ (पु०) کانٹے دار، آنکسی (काँटेदार, आँक्सी) hooked, barbed
अंदोर (पु०) شوروغل (शोरो गुल) noise
अंधड़ (पु०) دھول بھری آندھی (धूल भरी आँधी) dust storm
अंधेर (पु०) من مانا، بے انصافی (मनमाना, बेइन्साफ़ी) arbitary, injustice
अंधेरिया (पु०) اندھیری رات (अंधेरी रात) dark night
अंब (पु०) آم، ماں (आम, माँ) mango, mother
अंबक (पु०) تانبا، باپ، آنکھ (ताँबा, बाप, आँख) copper, father, eye
अंबर (पु०) آسماں، ایک خوشبو (आसमाँ, एक ख़ुशबू) sky, a perfume
अंबा (स्त्री०) ماں، درگا دیوی (माँ, दुर्गा देवी) mother, goddess Durga
अंबिका (स्त्री०) = **अंबा**
अंबु (पु०) پانی (पानी) water
अंबुज (पु०) کنول، پانی میں پیدا (कँवल, पानी में पैदा) lotus, water born
अंबुद (पु०) بادل (बादल) clouds
अंबुनिधि (पु०) ذخیرۂ آب (ज़ख़ीरए आब) sea
अंबुरुह (पु०) کنول (कँवल) lotus
अंभ (पु०) پانی (पानी) water
अंभोनिधि (पु०) سمندر (समुन्द्र) sea
अंभोरुह (पु०) = **अंबुरुह**
अंश (पु०) جزو، حصہ (जुज़्व, हिस्सा) part, dividend
अंशक (पु०) حصہ دار، شریک (हिस्सेदार, शरीक) sharer, partner
अंशतः (अव्य०) جزوی طور پر (जुज़्वी तौर पर) partial
अंशदान (पु०) حصہ دینا، تقسیم کرنا (हिस्सा देना, तक़सीम करना) share giving, to divide
अंशदाता (पु०) حصہ دینے والا (हिस्सा देने वाला) dividend payer
अंशदानिक (पु०) حصہ یاب، حصہ دیا ہوا (हिस्सायाब, हिस्सा दिया हुआ) shared
अंशधारी (पु०) حصہ دار (हिस्सेदार) partner, share holder
अंशभागी (पु०) حصہ دار (हिस्सेदार) partner, share holder
अंशावशेष (वि०) باقی حصہ (बाक़ी हिस्सा) remainder
अंशु (पु०) سورج، شعاع، کم مقدار (सूरज, शोआ, कम मेक़दार) sun, rays, meagre
अंशुक (पु०) پوشاک، دوپٹہ (पोशाक, दोपट्टा) dress, garment
अंशुमान (पु०) آفتاب (आफ़ताब) sun
अंशुमाली (स्त्री०) آفتاب، شعاعیں (आफ़ताब, शोआएँ) sun, rays
अकच्छ (वि०) ننگا (नंगा) naked
अकथ, अकथनीय (वि०) ناقابلِ بیان (नाक़ाबिले बयान) unexplained
अकपट (वि०) خلوص (ख़ोलूस) sincerity
अकरास (वि०) انگڑائی، سستی (अंगड़ाई, सुस्ती) idleness
अकरुण (वि०) بے رحم (बे रहम) unkind
अकर्म (पु०) گناہ، برا فعل، بے عملی (गुनाह, बुरा फ़ेल, बेअमली) sin, misdeed, inaction

अकर्मक (वि०) فعل لازم (फ़ेल लाज़िम) intransitive

अकर्मण्य (वि०) کاہل، بے عمل (काहिल, बे अमल) lazy, inactive

अकलंक (वि०) بے داغ (बेदाग़) spotless

अकस (वि०) بغض، رقابت (बोग़्ज़, रक़ाबत) hate, rivalry

अकस्मात (वि०) اچانک، اتفاقاً (अचानक, इत्तेफ़ाक़न) suddenly, by chance

अकलुष (वि०) پاک صاف (पाक साफ़) neat & clean

अकाज (पु०, वि०) نامناسب کارروائی (नामुनासिब कारवाई) improper action

अकाम (वि०) بے رغبت (बे रग़बत) without desire

अकारण (वि०) بلاوجہ، فضول (बिलावजह, फ़ुज़ूल) without a cause, useless

अकार्य्य (पु०) بدکاری (बदकारी) evil deed, sin

अकाल (पु०, वि०) قحط، بے وقت، قبل از وقت (क़हत, बेवक़्त, क़ब्ल अज़ वक़्त) famine, untimely, premature

अकालिक (वि०) بے وقت (बेवक़्त) untimely

अकिंचन (पु०, वि०) مفلس، نادار، کنگال (मुफ़्लिस, नादार, कंगाल) poor, destitute, pauper

अकीर्ति (स्त्री०) بدنامی، بے عزتی (बदनामी, बेइज़्ज़ती) bad reputation, disgrace

अकुट (वि०) سچا، خالص (सच्चा, ख़ालिस) true, pure

अकुटिल (वि०) نیک، سیدھا سادا (नेक, सीधा सादा) noble, simple

अकुल (पु०, वि०) رذیل، کمینہ، بغیر خاندان والا (रज़ील, कमीना, बेग़ैर ख़ानदान वाला) mean, not ancestral

अकुलीन (पु०, वि०) = **अकुल**

अकुशल (पु०, वि०) اناڑی، جو ماہر نہ ہو (अनाड़ी, जो माहिर न हो) unskilled, incompetent

अकृत (वि०) بگاڑا ہوا، بغیر کیا ہوا (बिगाड़ा हुआ, बेग़ैर किया हुआ) badly done, not done

अकृतज्ञ (वि०) احسان فراموش (एहसान फ़रामोश) ungrateful

अकेतन (वि०) بے گھر (बेघर) homeless

अक्ष (पु०) محور (मह्वर) axis

अक्षत (वि०) پورا، صحیح سالم، بھنا ہوا دانہ (पूरा, सही सालिम, भुना हुआ दाना) whole, intact, fried grain

अक्षम (वि०) نااہل (नाअह्ल) incompetent

अक्षमता (स्त्री०) نااہلیت (नाअह्लियत) incompetence

अक्षय (वि०) لازوال، دیرپا (लाज़वाल, देरपा) undecaying, durable

अक्षर (पु०, वि०) لافانی، حرف، تحریر کا طریقہ (लाफ़ानी, हर्फ़, तहरीर का तरीक़ा) imperishable, letter, writing system

अक्षर माला (स्त्री०) ابجد (अबजद) alphabet

अक्षरशः (अव्य०) حرف بہ حرف (हर्फ़ ब हर्फ़) letter by letter

अक्षीय (वि०) محوری (मह्वरी) axial

अक्षुण्ण (वि०) نہ ٹوٹنے والا، سلامت (न टूटने वाला, सलामत) unbroken, intact

अक्षेम (पु०, वि०) بدقسمتی (बदक़िस्मती) misfortune

अखंड (वि०) غیر منقسم، ناقابل تقسیم (ग़ैर मुनक़सिम, नाक़ाबिले तक़सीम) undivided, indivisible

अखंडता (स्त्री०) سالمیت، مکمل ہونا (सालमियत, मुकम्मल होना) wholeness, entirely

अखंडनीय (वि०) ناقابل تقسیم، جسے توڑا نہ جا سکے (नाक़ाबिल तक़सीम, जिसे तोड़ा न जा सके) indivisible, not to be broken

अखंडित (वि०) نہ ٹوٹنے والا، لگاتار (न टूटने वाला, लगातार) unbroken, continuous

अखरना (क्रि०) جبر ہونا (जबर होना) to be burdensome

अख्यात (वि०) بدنام، نامعلوم (बदनाम, नामालूम) infamous, unknown

अगड़ा (पु०,वि०) اونچی ذات والا (ऊँची ज़ात वाला) forward caste

अगण्य (वि०) بے شمار، بے گنتی (बेशुमार, बेगिनती) innumerable, incalculable

अगम्य (वि०) دشوار گذار، ناقابلِ پہنچ (दुश्वार गुज़ार, नाक़ाबिले पहुंच) difficult to reach, inaccessible

अगवाई (स्त्री०) مہمان کا استقبال، خوش آمدید (मेहमान का इस्तक़बाल, ख़ुश आमदीद) to receive a guest, welcome

अगवानी (वि०) مہمان کا استقبال، خوش آمدید (मेहमान का इस्तक़बाल, ख़ुश आमदीद) to escort a guest, welcome

अगाड़ी (स्त्री०) آگے، پہلا قدم (आगे, पहला क़दम) front, first action

अगाध (वि०) اتھاہ، نہ ختم ہونے والا (अथाह, न ख़त्म होने वाला) profound, endless

अगुआ (पु०) رہنما، جوڑا ملانے والا (रहनुमा, जोड़ा मिलाने वाला) guide, matchmaker

अगुणी (पु०) بغیر خوبی والا (बेग़ैर खूबी वाला) without good qualities

अगूढ़ (वि०) ظاہر، کھلا (ज़ाहिर, खुला) manifest, open

अगोचर (वि०) نظر نہ آنے والا، ناقابلِ محسوس (नज़र न आने वाला, नाक़ाबिले महसूस) invisible, not perceptible

अगोरना (क्रि०) نگرانی کرنا، انتظار کرنا (निगरानी करना, इंतेज़ार करना) to guard, to wait

अग्ग्रास (वि०) قربانی کا کھانا (क़ुरबानी का खाना) food offered in sacrifice

अग्नि (स्त्री०) آگ (आग) fire

अग्निकांड (पु०) آتش زدگی (آگ لگنا) (आतिश ज़दगी {आग लगना}) conflagration, fire

अग्निदाह (पु०) چتا جلانا (चिता जलाना) cremation

अग्निपरीक्षा (स्त्री०) سخت امتحان (सख़्त इम्तेहान) difficult ordeal

अग्निशामक (पु०) آگ بجھانے والا (आग बुझाने वाला) fire extinguisher

अग्निहोत्र (पु०) =قربانی کی آگ (**कुर्बानी की आग** sacrificial fire

अग्निहोत्री (पु०) وہ جو قربانی کا شعلہ بلند رکھتا ہے (वोह जो क़ुरबानी का शोला बुलन्द रखता है) one who keeps up a sacrificial fire

अग्न्यस्त्र (पु०) آتشی اسلحہ (आतिशी असलहा) fire arm

अग्न्याशय (पु०) لُبلبہ (लुबलुबा) pancreas

अग्र (पु०) اگلا، پہلا (अगला, पहला) front, first

अग्रसर (पु०) آگے بڑھنا، ترقی پسند (आगे बढ़ना, तरक़्क़ी पसन्द) leading, progressive

अग्रणी (पु०) آگے بڑھنے والا، رہنما (आगे बढ़ने वाला, रहनुमा) leading, leader

अग्रता (स्त्री०) پیش روی، ترجیح (पेशरवी, तरजीह) precedence, priority

अग्रिम (पु०) پہلے، پیشگی (पहले, पेशगी) prior, advance

अघ (स्त्री०) گناہ، جرم (गुनाह, जुर्म) sin, crime

अघाई (स्त्री०) اطمینان، شکم سیری (इत्मिनान, शिकमसैरी) satisfied, surfeitfullness

अघी (वि०) پاپی (पापी) sinner

अघोर (वि०) بھکاریوں کا طبقہ، پیارا، شیو کا نام (भिकारियों का तबक़ा, प्यारा, शिव का नाम) beggers' community, dear, title of Shiva

अघोरी (पु०,वि०) گندا (गंदा) foul

अघोरीपन (पु०) لالچ، نجاست (लालच, नजासत) greed, unclearness

अघोष (वि०) بغیر آواز کا (बग़ैर आवाज़ का) without sound

अचंड (वि०) نیک (नेक) gentle

अचक (वि०) حیرت، یکا یک (हैरत, यकायक) wonder, suddenly

अचकन (स्त्री०) لمبا کوٹ (लम्बा कोट) long coat

अचर (पु०वि०) غیر متحرک، بے جان (ग़ैर मुतहर्रिक, बेजान) immovable, inanimate

अचरज (पु०) حیرت، کرامت، حیرتناک (हैरत, करामत, हैरतनाक) surprise, miracle, wonderful

अचल (पु०वि०) غیر متحرک، ثابت قدم (ग़ैर मुतहर्रिक, साबित क़दम) immovable, fixed

अचला (स्त्री०) زمین (ज़मीन) earth

अचवन (पु०) کھانا کھانے کے بعد ہاتھ دھونا اور کلی کرنا (खाना खाने के बाद हाथ धोना और कुल्ली करना) rinsing the mouth & hand after eating

अचिंत (वि०) بے پرواہ (बेपरवाह) free of care

अचिंता (स्त्री०) فکر سے آزادی (फ़िक्र से आज़ादी) freedom from care

अचिर (वि०) مختصر، لمبے عرصے تک نہ ٹھہرنے والا (मुख़्तसर, लम्बे अरसे तक न ठहरने वाला) brief, not of long duration

अचूक (वि०) یقینی، کامیاب رہنے والا (यक़ीनी, कामयाब रहने वाला) certain, unfailing

अचेत (वि०) بے ہوش، بے خیال، لاتعلق (बेहोश, बेख़्याल, लाताल्लुक़) unconscious, thoughtless, unconcerned

अचेतन (पु०,वि०) تحت الشعور (तहतुश शऊर) sub-conscious

अचेष्ट (वि०) (بے حرکت) جامد (जामिद {बे हरकत}) inert

अचैतन्य (पु०,वि०) (لاشعوری) بے ہوشی (बेहोशी {लाशोऊरी}) unconsiousness

अछूत (वि०) اچھوت، جس شخص یا جس برادری سے چھوا چھوت برتا جائے (अछूत, जिस शख़्स या जिस बेरादरी से छुआ छूत बरता जाए) untouchable (caste, person)

अज (पु०) جسے پیدا نہ کیا گیا، برہما کا ایک نام (जिसे पैदा न किया गया, ब्रह्मा का एक नाम) not born, title of Brahma

अजगर (पु०) (اژدھا) دنیا کا سب سے بڑا سانپ اجگر (दुनिया का सबसे बड़ा साँप अजगर {अज़दहा}) python, the largest snake of the world

अजय (पु०,वि०) جسے فتح نہ کیا جا سکے، نا قابل تسخیر (जिसे फ़तह न किया जा सके, न क़ाबिले तसख़ीर) not to be conquered, invincible

अजर (वि०) جسے زوال نہ ہو، ہردم جواں (जिसे ज़वाल न हो, हरदम जवाँ) not decayable, ever young

अजल (वि०) بغیر پانی کا (बग़ैर पानी का) waterless

अजात (वि०) جو پیدا نہیں ہوا ہو (जो पैदा नहीं हुआ हो) unborn

अजित (पु०,वि०) غیر مفتوح، جسے جیتا نہ جا سکے (ग़ैर मफ्तूह, जिसे जीता न जा सके) unconquered, invincible

अजिन (पु०) ہرن، شیر وغیرہ کی ہڈی (हरण, शेर वग़ैरह की हड्डी) hide of antelope, tiger etc.

अजीत (पु०,वि०) = **अजित**

अजीर्ण (पु०,वि०) تازہ، مضبوط، بدہضمی (ताज़ा, मज़बूत, बदहज़मी) fresh, strong, indigestion

अज्ञात (वि०) نامعلوم (नामालूम) unknown

अज्ञान (पु०,वि०) لاعلمی (लाइल्मी) ignorance

अज्ञानता (स्त्री०) حماقت، جہالت، علم کا نہ ہونا (हेमाक़त, जहालत, इल्म का न होना) stupidity, ignorance, lack of knowledge

अज्ञानी (पु०,वि०) نا سمجھ شخص، بیوقوف (नासमझ शख़्श, बेवकूफ़) ignorant person, foolish

अज्ञेय (वि०) جسے جانا نہ جا سکے (जिसे जाना न जा सके) unknowable

अटकल (स्त्री०) اندازہ لگانا (अन्दाज़ा लगाना) guessing

अटपट (स्त्री०) اِدھر اُدھر سے، بے سمجھے بوجھے کچھ کہا ہوا (इधर उधर से, बे-समझे बूझे कुछ कहा हुआ) incoherent, random remarks

अटल (वि०) غیر حرکت پذیر، مستقل، بے لچک (ग़ैर हरकत पज़ीर, मुस्तकिल, बेलचक) immovable, permanent, inflexible

अटिया (स्त्री०) مکان کی چھت پر چھوٹا چھپر والا کمرہ (मकान की छत पर छोटा छप्पर वाला कमरा) small thatched room on the roof of house

अटूट (वि०) نہ ٹوٹنے والا، لگاتار (न टूटने वाला, लगातार) unbreakable, continuous

अटेरन (पु०) (سلائی مشین) تاگے کا لپیٹن، ریل، بوبن (तागे का लपेटन, रील, बौबिन {सिलाई मशीन}) wounded thread, reel, bobbin (in sewing machine)

अट्टहास (पु०) قہقہہ (क़हक़हा) loud laughter

अठ (वि०) آٹھ (आठ) eight

अठखेली (स्त्री०) ہنسی مذاق (हंसी मज़ाक़) merry making

अड़ंगा (पु०) رکاوٹ، مداخلت (रुकावट, मदाख़्लत) obstacle, interference

अड़चन (स्त्री०) رکاوٹ، دشواری (रुकावट, दुश्वारी) obstacle, difficulty

अडिग (वि०) غیر متحرک، پکا، غیر متزلزل (ग़ैर मोतहर्रिक, पक्का, ग़ैर मोताज़लज़ल) immovable, firm, unshakeable

अड़ियल (वि०) ضدی، کاہل (ज़िद्दी, काहिल) stubborn, lazy

अणि (स्त्री०) تیز اوزار یا اسلحہ کی دھار (तेज़ औज़ार या असलहा की धार) edge of a sharp instrument or weapon

अणु (पु०) جُز، سالمہ، ذرہ، مہین (जुज़, सालमा, ज़र्रा, महीन) fragment, molecule, particle, minute

अणुक (वि०) بہت چھوٹا (बहुत छोटा) minute

अणु-जीव (पु०) خورد بینی جاندار، جرثومہ (खुर्दबीनी जानदार, जरसूमा) microbe, bacteria

अतनु (पु०) بغیر جسم کا (बेग़ैर जिस्म का) bodyless

अतन्द्र (वि०) بغیر نیند کا (बेग़ैर नींद का) sleepless

अतर्क (वि०) غیر منطقی (ग़ैर मन्तक़ी) illogical

अतल (पु०,वि०) بغیر پیندے کا، گہرائی (बेग़ैर पेंदे का, गहराई) bottomless, depth

अति (स्त्र०,वि०) بہت زیادہ، حد سے زیادہ (बहुत ज़्यादा, हद से ज़्यादा) very much, excessive

अतिक्रमण (पु०) حد سے بڑھنا، تجاوزات، ناجائز قبضہ (हद से बढ़ना, तजावुज़ात, नाजाएज़ क़ब्ज़ा) going beyond, encroachment, transgression

अतिजीर्ण (वि०) بہت پرانا، بوسیدہ (बहुत पुराना, बोसीदा) very old, decayed

अतिजीवन (पु०) کافی لمبی زندگی، زندہ رہنا (काफ़ी लंबी ज़िन्दगी, ज़िन्दा रहना) very long life, survival

अतिथि (पु०) مہمان (मेहमान) guest

अतिथि-गृह (पु०) مہمان خانہ (मेहमान ख़ाना) guest house

अतिथिशाला (स्त्री०) = **अतिथि-गृह**

अतिपातक (पु०) وحشیانہ جرم (वहशियाना जुर्म) heinous crime

अतिभार (पु०) حد سے زیادہ، بوجھ (हद से ज़्यादा, बोझ) excessive, burden

अतिरंजन (पु०) مبالغہ آرائی (मुबालग़ा आराई) exaggeration

अतिरंजित (वि०) مبالغہ (मुबालग़ा) exaggerated

अतिरिक्त (वि०) اس کے علاوہ، فالتو، مخصوص (इसके एलावा, फ़ालतू, मख़सूस) in addition to, extra, reserve

अतिवादी (पु०,वि०) انتہا پسند (इन्तेहा पसन्द) extremist

अतिशय (पु०,वि०) کافی زیادہ، فالتو (काफ़ी ज़्यादा, फ़ालतू) very much, extra

अतिशयोक्ति (स्त्री०) مبالغہ (मुबालग़ा) exaggeration

अतिसर्ग (पु०) عطا کرنا، تحفہ (अता करना, तोहफ़ा) granting, gift

अतिसार (पु०) پیچش، اسہال (पेचिश, इसहाल) dysentery, diarrhoea

अतींद्रिय (पु०,वि०) دائرہ حواس سے باہر (दाएरए हवास से बाहर) beyond the range of senses

अतीत (पु०,वि०) گذرا ہوا، ماضی (गुज़रा हुआ, माज़ी) elapsed, past

अतीव (वि०) انتہا، کافی زیادہ (इन्तेहा, काफ़ी ज़्यादा) extreme, excessive

अतुल (वि०) جسے تولا نہ جا سکے، بے نظیر، نا برابر (जिसे तौला न जा सके, बेनज़ीर, ना बराबर) unweighable, unique, unequal

अतुल्य (वि०) = **अतुल**

अतृप्त (वि०) غیر مطمئن، بے تاب (ग़ैर मुतमइन, बेताब) unsatisfied, restless

अतृप्ति (स्त्री०) بے تابی، غیر تشفی بخش (बेताबी, ग़ैर तशफ़्फ़ी बख़्श) restlessness, dissatisfaction

अत्यंत (वि०) انتہا، وسیع، نہ ختم ہونے والا (इन्तेहा, वसी, न ख़त्म होने वाला) extreme, vast, endless

अत्यधिक (वि०) کافی زیادہ (काफ़ी ज़्यादा) excessive

अत्यय (पु०) موت، برباد (मौत, बरबाद) death, destroyed

अत्याचार (पु०) زیادتی، ظلم، حد سے بڑھنا (ज़्यादती, ज़ुल्म, हद से बढ़ना) excess, atrocity, transgression

अत्याचारी (पु०,वि०) ظالم، جابر (ज़ालिम, जाबिर) oppressor, tyrannical

अत्यावश्यक (वि०) بہت ضروری، کافی اہم (बहुत ज़रूरी, काफ़ी अहम) very urgent, very important

अत्युक्ति (स्त्री०) مبالغہ آرائی (मुबालग़ा आराई) exaggeration

अत्युत्तम (वि०) بے حد شاندار، بہترین سے بہترین (बेहद शानदार, बेहतरीन से बेहतरीन) exceedingly good, very best

अत्र (पु०) اس سلسلہ میں، یہاں (इस सिलसिले में, यहाँ) in this regard, here

अथवा (पु०) یا (या) or

अथाह (पु०,वि०) بے پناہ گہرائی، بے پیندے کا (बेपनाह गहराई, बे पेन्दे का) very deep, bottomless

अदंडनीय (वि०) جسے سزا نہ دی جائے (जिसे सज़ा न दी जाए) not to be punished

अदत्त (वि०) ٹھیک سے نہیں دیا گیا (ठीक से नहीं दिया गया) not properly given

अदन (पु०) غذا (ग़िज़ा) food

अदम्य (पु०) نہ دبنے والا (न दबने वाला) irrepressible

अद्यतन (वि०) حالیہ (हालिया) recent

अदावत (स्त्री०) دشمنی، نفرت، بغض (दुश्मनी, नफ़रत, बोग़्ज़) enmity, hatred, ill will

अदिति (स्त्री०) آزاد (आज़ाद) free

अदिष्ट (पु०) بدنصیبی، قسمت (बदनसीबी, क़िसमत) misfortune, fate

अदृश्य (वि०) جو نظر نہ آئے، غائب (जो नज़र न आए, ग़ायब) invisible, vanished

अदृष्ट (पु०,वि०) = **अदृश्य**

अदोष (वि०) بے گناہ (बेगुनाह) faultless

अद्धा (पु०) آدھا، آدھا بوتل (आधा, आधा बोतल) half, half bottle

अद्य (क्रि०वि०) آج، ابھی (आज, अभी) today, now

अद्रि (पु०) چٹان، پہاڑ (चट्टान, पहाड़) rock, mountain

अद्वितीय (वि०) غیر معمولی، انوکھا، بے مثال (ग़ैर मामूली, अनोखा, बेमिसाल) extraordinary, unique, unequal

अद्वेष (पु०,वि०) کوئی بغض (نفرت) نہ رکھنا، خیر سگالی (कोई बोग़्ज़ {नफ़रत} न रखना, ख़ैर सगाली) not having ill will, good will

अद्वैत (पु०,वि०) = **अद्वितीय**

अध: (वि०) نیچے، زیر (नीचे, ज़ेर) down, below

अधकचरा (वि०) کچا، ہرا، ناپختہ (कच्चा, हरा, नापुख़्ता) raw, green, immature

अधम (पु०,वि०) کمتر، گھٹیا، گراہوا (कमतर, घटिया, गिरा हुआ) inferior, wretched, lowly

अधमता (स्त्री०) شرمناک، گراوٹ، گھٹیاپن (शर्मनाक, गिरावट, घटियापन) vileness, lowliness, wretchedness

अधर (पु०,वि०) آسمان اور زمین کے درمیان، نچلا حصہ (आसमान और ज़मीन के दरमियान, निचला हिस्सा) between earth and sky, lower part

अधर्म (पु०) گناہ، جرم، لا مذہبیت (गुनाह, जुर्म, लामज़हबियत) sin, crime, irreligiosity

अधर्मी (पु०,वि०) ناحق، گناہگار، لا مذہب (नाहक़, गुनाहगार, लामज़हब) unrighteous, sinner, irreligious

अधार्मिक (वि०) = **अधर्मी**

अधिक (वि०) بہت زیادہ، بڑھا ہوا، کافی (बहुत ज़्यादा, बढ़ा हुआ, काफ़ी) very much, increased, abundant

अधिकतम (वि०) زیادہ سے زیادہ، وسیع (ज़्यादा से ज़्यादा, वसी) maximum, vast

अधिकतर (वि०) مقابلتاً بڑا، زیادہ تر (मुक़ाबलतन बड़ा, ज़्यादा-तर) greater, usually

अधिकता (स्त्री०) زیادتی، افراط (ज़ियादती, इफ़रात) excess, abundance

अधिकरण (पु०) خصوصی عدالت، کمیشن (ख़ुसूसी अदालत, कमीशन) tribunal, commission

अधिकर्मी (पु०) ناظم، کاموں کا نگراں (नाज़िम, कामों का निगराँ) superintendent, overseer

अधिकांश (वि०) = **अधिकतर**

अधिकार (पु०) اختیار، حق، قبضہ (इख़्तेयार, हक़, क़ब्ज़ा) authority, right, possession or control

अधिकारिक (वि०) سرکاری (सरकारी) official

अधिकारी (पु०) صاحب اختیار، افسر (साहिबे इख़्तेयार, अफ़सर) authority, officer

अधिकृत (वि०) بااختیار (बाइख़्तेयार) authorised

अधिगम (पु०) حصول علم (हुसूले इल्म) obtaining knowledge

अधिग्रहण (पु०) قبضہ میں لینا (क़ब्ज़ा में लेना) taking over

अधिनायक (पु०) رہنمائے اعلیٰ (रहनुमा-ए-आला) supreme leader

अधिनियम (पु०) قانون (क़ानून) act

अधिनियमन (पु०) نفاذِ قانون (नेफ़ाज़े क़ानून) enactment of law

अधिपत्र (पु०) گرفتاری کا اجازت نامہ (وارنٹ) (गिरफ़्तारी का इजाज़त नामा {वारन्ट}) warrant

अधिप्रमाणित (वि०) تصدیق شدہ (तसदीक़शुदा) authenticated

अधिभार (पु०) اضافی اُجرت (سرچارج) (एज़ाफ़ी उजरत {सरचार्ज}) surcharge

अधिमत (पु०) فیصلہ، رائے (फ़ैसला, राय) verdict

अधिमान (पु०) ترجیح (तरजीह) preference

अधिराज (पु०) فرماں روا، شہنشاہ (फरमांरवा, शहंशाह) monarch, emperor

अधिवक्ता (पु०) وکیل (वकील) advocate

अधिवर्ष (पु०) سالِ کبیسہ (साले कबीसा) leap year

अधिवासी (पु०) باشندہ (बाशिंदा) resident

अधिवेशन (पु०) اجلاس (इजलास) session

अधिशासी (पु०वि०) حکام، افسر (हुक्काम, अफ़सर) executive, officer

अधिषद (स्त्री०) سینیٹ (सीनेट) senate

अधिष्ठान (पु०) رہائش گاہ، آرام گاہ (रेहाइशगाह, आरामगाह) residence, resting place

अधिसंख्य (वि०) بہت سے، زیادہ تر (बहुत से, ज़्यादा-तर) mostly, very numerous

अधिसूचना (स्त्री०) سرکاری اعلانیہ (सरकारी एलानिया) official notification

अधीक्षक (पु०) نگراں (निगराँ) superintendent

अधीक्षण (पु०) نگرانی، انتظامیہ (निगरानी, इन्तेज़ामिया) supervision, management

अधीन (वि०) ماتحت، منحصر (मातेहत, मुनहसर) subordinate, dependent

अधीनता (स्त्री०) ماتحتی، انحصار (मातहती, इनहेसार) subordination, dependence

अधीनस्थ (वि०) = **अधीन**

अधीर (वि०) غیر مسلسل، غیر مستحکم، بے چین (ग़ैर मुसल्सल, ग़ैर मुस्तहकम, बेचैन) unsteady, unstable, restless

अधीश (पु०) مالک، بادشاہ (मालिक, बादशाह) master, king

अधो (उप०) نیچے، نیچے کی طرف (नीचे, नीचे की तरफ़) below, downward

अधोहस्ताक्षरी (पु०) زیرِ دستخطی (ज़ेरे दस्तख़ाती) undersigned

अध्यक्ष (पु०) صدر، چیرمین (सदर, चेयरमैन) president, chairman

अध्यक्षता (स्त्री०) صدارت (सदारत) presidentship (chairmanship)

अध्यक्षा (स्त्री०) خاتون صدر (ख़ातून सदर) woman president

अध्ययन (पु०) مطالعہ، پڑھائی (मुताला, पढ़ाई) study, reading

अध्यात्म (पु०,वि०) روحِ عظیم، روحانی معاملہ (रूहे अज़ीम, रूहानी मामला) supreme spirit, spiritual matters

अध्यात्मिक (वि०) روحانی (रूहानी) spiritual

अध्यादेश (पु०) آرڈیننس، حکم نامہ (आरडीनेन्स, हुक्मनामा) ordinance, directive

अध्यापक (पु०) اُستاد، معلم (उस्ताद, मोअल्लिम) teacher, instructor

अध्यापन (पु०) پڑھانے کا کام (تدریسی کام) (पढ़ाने का काम {तदरीसी काम}) teaching work

अध्यापिका (स्त्री०) اُستانی، معلّمہ (उस्तानी, मोअल्लिमा) lady teacher, lady instructor

अध्याय (पु०) سبق، باب (सबक़, बाब) lesson, chapter

अध्यारोप (पु०) کوئی چیز ایک دوسرے پر رکھنا (कोई चीज़ एक दूसरे पर रखना) placing an object upon another

अध्यारोपित (वि०) اوپر سے تھوپا ہوا (ऊपर से थोपा हुआ) super imposed

अध्यासीन (वि०) کرسی نشین، صدر (कुर्सीनशीन, सदर) seated, presiding

अनंत (पु०,वि०) لامتناہی، ابدی، نہ ختم ہونے والا (लामुतनाही, अब्दी, न ख़त्म होने वाला) infinite, eternal, without end

अनंत काल (पु०) زمانۂ ازل (ज़मानए अज़ल) eternity

अनंतर (पु०) متصل،لگاتار (मुतस्सिल, लगातार) adjacent, continuous

अनक्षर (पु०,वि०) الزام، گالی، احمق (इल्ज़ाम, गाली, अहमक़) blame, abuse, fool

अनख (स्त्री०) غصہ،حسد (गुस्सा, हसद) anger, jealousy

अनघ (वि०) پاک، بے گناہ (पाक, बेगुनाह) pure, innocent

अनधिकार (वि०) ناجائز (नाजाएज़) unauthorised

अनन्य (वि०) واحد،غیر منقسم،دوسرا کوئی نہیں (वाहिद, ग़ैर मुनक़सिम, दूसरा कोई नहीं) single, undivided, having no other

अनपच (स्त्री०) بدہضمی (बदहज़मी) indigestion

अनपाय (वि०) نہ خراب ہونے والا (न ख़राब होने वाला) imperishable

अनपेक्षित (वि०) غیر متوقع (ग़ैर मुतवक़्क़े) unexpected

अनप्रतीती (वि०) ناقابل یقین، جس پر اعتماد نہ ہو (नाक़ाबिले यक़ीन, जिस पर एतेमाद न हो) unbelieving, no trust

अनभिज्ञ (पु०) ناواقف، بے خبر (नावाक़िफ़, बेख़बर) unaware, ignorant

अनभिज्ञता (स्त्री०) ناواقفیت، بے خبری (नावाक़फ़ियत, बेख़बरी) unawareness, ignorance

अनमोल (वि०) انمول، بہت قیمتی (अनमोल, बहुत क़ीमती) priceless, precious

अनर्गल (वि०) بے لگام، بے روک ٹوک، اُوٹ پٹانگ (باتیں) (बेलगाम, बेरोकटोक, उटपटाँग {बातें}) unbarred, unchecked, incoherent (remarks)

अनर्थ (पु०,वि०) بیکار، بے معنی (बेकार, बेमानी) useless, meaningless

अनर्हता (स्त्री०) نااہلیت قرار دیا جانا (नाअहलियत क़रार दिया जाना) state of disqualification

अनल (पु०) شعلہ، آگ، عدد تین (शोला, आग, अदद तीन) flame, fire, number three

अनल्प (वि०) کافی، زیادہ (काफ़ी, ज़्यादा) abundant, more

अनवद्य (वि०) الزام سے پاک، بے قصور (इलज़ाम से पाक, बेक़सूर) blameless, faultless

अनवरत (वि०) لگاتار (लगातार) continuous

अनशन (पु०) بھوک ہڑتال (भूक हड़ताल) hunger strike

अनशनकारी (पु०) بھوک ہڑتال کرنے والا (भूक हड़ताल करने वाला) hunger striker

अनश्वर (वि०) فنا نہ ہونے والا، ابدی (फ़ना न होने वाला, अबदी) imperishable, eternal

अनसुनी (स्त्री०) نہ سننا، بے توجہی (न सुनना, बेतवज्जोही) not hearing, inattention

अनसूय (वि०) حسد نہ کرنے والا (हसद न करने वाला) not envious

अनहोनी (स्त्री०) ناممکن (नामुमकिन) impossible

अनाकार (वि०) غیر متشکل (ग़ैर मुतशक्कल) formless

अनाचार (पु०) بے اصول، نامناسب کردار (बेउसूल, नामुनासिब किरदार) unprincipled, improper conduct

अनाचारी (पु०,वि०) بے اصول شخص، بے ایمان (बेउसूल शख़्स, बेईमान) unprincipled person, dishonest

अनाचित (वि०) بے پرواہ (बेपरवाह) inattentive

अनातुर (वि०) جو بے چین نہ ہو (जो बेचैन न हो) not restless

अनात्मक (वि०) غیر حقیقی، کم وقفہ کا (ग़ैर हक़ीक़ी, कम वक़्फ़ा का) unreal, of short duration

अनाथ (वि०) یتیم، مجبور (यतीम, मजबूर) orphan, helpless

अनाथालय (पु०) یتیم خانہ (यतीम-ख़ाना) orphanage

अनादर (पु०) بے عزتی، توہین (बेइज़्ज़ती, तौहीन) disrespect, affront, contempt

अनादि (वि०) ابدی، بہت پرانا (अब्दी, बहुत पुराना) eternal, immemorial

अनादृत (वि०) جسے عزت نہ دی کسی نے، جس کی توہین ہوئی (जिसे इज़्ज़त न दी किसी ने, जिसकी तौहीन हुई) not respected, affronted

अनाम (वि०) گمنام، بے نام (गुमनाम, बेनाम) anonymous, nameless

अनामय (पु०,वि०) تندرست، خیریت (तंदुरुस्त, ख़ैरियत) healthy, well being

अनामिका (स्त्री०) انگوٹھی والی انگلی، گمنام عورت (अंगूठी वाली उँगली, गुमनाम औरत) ring finger, nameless woman

अनायास (पु०,वि०) بغیر کوشش کے، یکایک (बग़ैर कोशिश के, यकायक) without effort, suddenly

अनावरण (पु०) نقاب کشائی (नक़ाब कुशाई) unveiling

अनावर्त्ती (स्त्री०) بار بار نہ ہونے والا (बारबार न होने वाला) non-recurrent

अनावृत (वि०) جسے ڈھکا نہیں گیا، بے نقاب (जिसे ढका नहीं गया, बेनक़ाब) uncovered, unveiled

अनावृत्ति (स्त्री०) ناواپسی (नावापसी) non-return

अनाश्य (वि०) ناقابل برباد (नाक़ाबिले बरबाद) undestructible

अनाहार (पु०,वि०) فاقہ کشی، روزہ رکھنا (फ़ाक़ाकशी, रोज़ा रखना) starvation, fasting

अनाहारी (पु०,वि०) روزہ دار (रोज़ादार) one who fasts

अनिंदनीय (वि०) ناقابل مذمت (नाक़ाबिले मुज़म्मत) not condemnable

अनिच्छा (स्त्री०) خواہش کا نہ ہونا، بے رغبتی (ख़्वाहिश का न होना, बेरग़बती) lack of desire

अनिच्छुक (वि०) بے خواہش، دلچسپی نہ رکھنے والا (बे-ख़्वाहिश, दिलचस्पी न रखने वाला) unwilling, uninterested

अनित्य (वि०) عارضی، کبھی کبھار (आरज़ी, कभी कभार) temporary, occasional

अनिद्रा (स्त्री०) جاگا ہوا، نیند سے دور (जागा हुआ, नींद से दूर) wakeful, sleepless

अनियमित (वि०) بے ضابطہ (बेज़ाब्ता) irregular

अनिरुद्ध (वि०) بے روک ٹوک (बेरोकटोक) unobstructed

अनिर्णीत (वि०) غیر معین، جس کا فیصلہ نہ ہو سکے (ग़ैर मुअइय्यन, जिसका फ़ैसला न हो सके) indefinite, undecided

अनिल (पु०) ہوا (हवा) air

अनिवारित (वि०) بلا مقابلہ (बेलामुक़ाबला) unopposed

अनिवार्य (वि०) لازمی، ناقابل نظر انداز (लाज़मी, नाक़ाबिले नज़र अंदाज़) compulsory, unavoidable

अनिवार्यता (स्त्री०) لازمی (लाज़मी) compulsory

अनिश (अव्य०) ہمیشہ، مسلسل (हमेशा, मुसलसल) constantly, continuing

अनिश्चय (पु०,वि०) غیر یقینی، مشکوک (ग़ैर यक़ीनी, मशकूक) uncertain, doubtful

अनिश्चित (वि०) غیر معین، غیر یقینی (ग़ैर मुअइय्यन, ग़ैर यक़ीनी) indefinite, uncertain

अनिषिद्ध (वि०) جو منع نہیں ہے (जो मना नहीं है) not forbidden

अनिष्ट (पु०,वि०) ناپسندیدہ، نقصان دہ (नापसंदीदा, नुकसानदह) undesirable, harmful

अनिष्ठा (स्त्री०) غیر مستقل مزاجی، اعتماد کی کمی (ग़ैर मुस्तक़िल मिज़ाजी, एतेमाद की कमी) unfirmness, lack of faith

अनी (स्त्री०) تیز نوک، سرا (तेज़ नोक, सिरा) sharp point, end

अनीक (पु०) نوک، کنارا، فوج (नोक, किनारा, फ़ौज) point, edge, army

अनीति (स्त्री०) نامناسب رویہ، بے انصافی (नामुनासिब रवैय्या, बेइन्साफ़ी) improper conduct, injustice

अनीह (पु०) بے خواہش (बेख़्वाहिश) without desire

अनुकंपा (स्त्री०) رحم، ہمدردی (रहम, हमदर्दी) compassion, sympathy

अनुकंपित (पु०,वि०) ہمدردی سے بھرا ہوا (हमदर्दी से भरा हुआ) moved by sympathy

अनुकथन (पु०) گفتگو (गुफ़्तगू) conversation

अनुकरण (पु०) پیروی، نقل (पैरवी, नक़्ल) following, mimicry

अनुकरणीय (वि०) قابل تقلید (क़ाबिले तक़लीद) deserving to be followed

अनुकर्षण (पु०) کشش (कशिश) attraction

अनुकूल (वि०) سازگار، موافق، مطابق (साज़गार, मुवाफ़िक़, मुताबिक़) favourable, adapt

अनुकूलता (स्त्री०) سازگار حالات، مطابقت (साज़गार हालात, मुताबेक़त) favourable conditions, adaptation, conformity

अनुकूलन (पु०) مطابقت، ہم آہنگی (मुताबेक़त, हमआहंगी) adaptation, adjustment

अनुकूलित (वि०) حسب منشا بنایا ہوا، مناسب (हस्बे मन्शा बनाया हुआ, मुनासिब) adapted, convenient

अनुकृति (स्त्री०) نقل، ہو بہو (नक़ल, हुबहू) imitation, replica

अनुक्त (वि०) ان کہی (अनकही) unsaid

अनुक्ति (स्त्री०) خاموشی، نامناسب فقرہ (ख़ामोशी, नामुनासिब फ़िक़रा) silence, improper remark

अनुक्रम (पु०) سلسلہ (सिलसिला) order

अनुक्रमण (पु०) مسلسل، ایک کے بعد ایک (मुसलसल, एक के बाद एक) successive, one after another

अनुक्षण (अव्य०) ہر لمحہ، لگاتار (हर लम्हा, लगातार) every moment, continuously

अनुगति (स्त्री०) تقلید، نقالی (तक़लीद, नक्ल) following, imitation

अनुगमन (पु०) پیروی کرنا، نقل اُتارنا (पैरवी करना, नक़्ल उतारना) following, imitating

अनुगामी (पु०,वि०) پیچھے چلنا، نقل کرنا، مقتدی (पीछे चलना, नक़ल करना, मुक़्तदी) following, imitating, follower

अनुगृहीत (वि०) احسان مند (एहसानमंद) obliged

अनुग्रह (पु०) مہربانی، حمایت، سرپرستی (मेहरबानी, हिमायत, सरपरस्ती) kindness, favour, patronage

अनुग्राहक (पु०,वि०) حمایت ظاہر کرنا، سرپرست (हेमायत ज़ाहिर करना, सरपरस्त) showing favour, patron

अनुग्राह्य (वि०) حمایت کا مستحق (हिमायत का मुस्तहक़) one who deserves favour

अनुचर (पु०) مُرید، خادم، شریک کار (मुरीद, ख़ादिम, शरीक-कार) follower, servant, companion

अनुचित (वि०) نامناسب، ناموزوں (नामुनासिब, नामौज़ूँ) improper, unsuitable

अनुचित्रक (पु०) مصور (تصویر بنانے والا) (मोसव्विर {तस्वीर बनाने वाला}) illustrator (artist)

अनुच्छेद (पु०) دفعہ، باب (दफ़ा, बाब) article, section

अनुज (पु०,वि०) چھوٹا (عمر میں) چھوٹا بھائی (छोटा {उम्र में}, छोटा भाई) younger, younger brother

अनुजा (स्त्री०) چھوٹی بہن (छोटी बहन) younger sister

अनुजीवी (पु०,वि०) منحصر، گذارا کرنا (मुनहसर, गुज़ारा करना) dependent, living by

अनुज्ञप्त (वि०) منظور (मंजूर) sanctioned

अनुज्ञप्ति (स्त्री०) منظوری، اجازت نامہ (मंजूरी, इजाज़त नामा) sanction, license

अनुज्ञा (स्त्री०) = **अनुज्ञप्ति**

अनुज्ञापन (पु०) اجازت نامہ، اظہار معذرت (इजाज़त नामा, इज़हारे मुअज़रत) license, expressing apology

अनुज्ञेय (वि०) منظوری کے قابل (मंजूरी के क़ाबिल) deserving sanction

अनुताप (पु०) پچھتاوا، (ندامت) مصیبت (पछतावा {नदामत}, मुसीबत) repentence, distress

अनुत्तर (वि०) لاجواب، شاندار (लाजवाब, शानदार) having no answer, excellent

अनुदान (पु०) عطیہ (अतिया) grant

अनुदिन (अव्य०) روزانہ، ہمیشہ (रोज़ाना, हमेशा) daily, always

अनुदेश (पु०) ہدایت (हेदायत) directive, instruction

अनुद्योग (पु०,वि०) آرام طلبی، نکما (आराम तलबी, निकम्मा) indolence, indolent

अनुद्वाह (पु०) بغیر شادی کے، مجرد (बेग़ैर शादी के, मोजरद) non-marriage, celibacy

अनुनय (पु०) اخلاق، دعاء (एख़्लाक़, दुआ) courtesy, prayer

अनुनाद (पु०) گونج (गूँज) echo

अनुनासिक (पु०,वि०) ناک سے (آواز) (नाक से {आवाज़}) nasal (sound)

अनुनीत (वि०) اخلاق مند (एख़्लाक़मंद) courteous

अनुपकार (पु०) نقصان (नुक़्सान) harm

अनुपम (वि०) شاندار، عمدہ ترین (शानदार, उम्दातरीन) excellent, best

अनुप्रयुक्त (वि०) بحال، استعمال میں (बहाल, इस्तेमाल में) employed, used

अनुप्राणित (वि०) = **प्रेरित**

अनुपलक्षित (वि०) نظر انداز، نامعلوم (नज़र अन्दाज़, ना मालूम) unnoticed, unknown

अनुपस्थित (वि०) غیر حاضر (ग़ैर हाज़िर) absent

अनुपस्थिति (स्त्री०) غیر حاضری (ग़ैर हाज़िरी) absence

अनुपात (पु०) تناسب، مسلسل واقعات (तनासुब, मुसलसल वाक़ेआत) ratio, successive events

अनुपातक (पु०) گھناؤنا جرم (घिनौना जुर्म) heinous offence

अनुपातन (पु०) درجہ بندی، چھانٹنا (दरजाबंदी, छाँटना) grading, sorting

अनुपान (पु०) دوا کے ساتھ یا بعد میں کچھ پینا (दवा के साथ या बाद में कुछ पीना) a drink taken with or after medicine

अनुपूरक (वि०) فالتو، مزید (ضمنی) (फ़ालतू, मज़ीद {ज़िमनी}) extra, supplementary

अनुबंध (पु०) تعلقات، معاہدہ، ضمیمہ (ताल्लुक़ात, मुआहिदा, ज़मीमा) relationship, agreement, appendix

अनुबंधक (पु०) معاہدہ کا فریق (मुआहिदे का फ़रीक़) party to an agreement

अनुबंधन (पु०) معاہدہ میں شامل ہونا (मुआहिदे में शामिल होना) entering into contract

अनुबद्ध (वि०) ملحق، مربوط (मुल्हिक़, मरबूत) attached, connected

अनुभव (पु०) تجربہ، ادراک (तजुर्बा, इदराक) experience, perception

अनुभवी (वि०) تجربہ کار، حساس، درک والا (तजुर्बाकार, हस्सास, दर्क वाला) experienced, sensitive, perceptive

अनुभवहीन (वि०) ناتجربہ کار (नातजुर्बाकार) inexperienced

अनुभाजन (पु०) بٹوارہ، تقسیم (बटवारा, तक़सीम) distribution, division

अनुभावन (पु०) محسوسات کا اظہار (महसूसात का इज़्हार) expression of feelings

अनुभूत (वि०) محسوس کیا ہوا، مدرک (महसूस किया हुआ, मदरक) realised, perceived

अनुभूति (स्त्री०) ادراک، محسوس ہونا (इदराक, महसूस होना) perception, feeling

अनुमति (स्त्री०) اجازت، منظوری (इजाज़त, मंजूरी) permission, approval

अनुमान (पु०) اندازہ (अंदाज़ा) estimation

अनुमानिक (वि०) فرضی (फ़र्ज़ी) hypothetical

अनुमानित (वि०) اندازہ لگایا ہوا (अंदाज़ा लगाया हुआ) estimated

अनुमापक (वि०) نتیجہ کا اندازہ کرنا (नतीजे का अंदाज़ा करना) giving rise to inference

अनुमापन (पु०) محلول کی طاقت کی ناپ (महलूल की ताक़त की नाप) titration

अनुमोदन (पु०) منظوری (मंजूरी) approval

अनुमोदित (वि०) منظور (मंजूर) approved

अनुयाचना (पु०) پیروی (पैरवी) canvassing

अनुयायी (पु०) پیرو، حمایتی (पैरो, हिमायती) follower, supporter

अनुयोग (पु०) پوچھ تاچھ، آزمائش (पूछ-ताछ, आज़माइश) enquiry, test

अनुयोगी (वि०) پوچھنا (पूछना) enquiring

अनुयोजन (पु०) پتہ لگانے کا عمل (पता लगाने का अमल) act of enquiry

अनुरंजक (वि०) طرفدار بنانا، خوش کرنا (तरफ़दार बनाना, ख़ुश करना) conciliating, delighting

अनुरक्षण (पु०) (ٹھیک ٹھاک رکھنا (آلات کو (ठीक ठाक रखाना {आलात को}) maintenance (of apparatus)

अनुराग (पु०) لگاؤ محسوس کرنا، محبت (लगाओ महसूस करना, मुहब्बत) to feel attachment, love

अनुरागी (पु०,वि०) لگاؤ محسوس کرنے والا، عاشق، جذباتی (लगाओ महसूस करने वाला, आशिक, जज़्बाती) feeling attached, lover, passionate

अनुराधा (स्त्री०) ایک قسم کا تارا، قمری حلقہ (एक किस्म का तारा, क़मरी हल्क़ा) a kind of star, lunar mansion

अनुरूप (पु०,वि०) مشابہ، مشابہت، مطابق (मुशाबा, मुशाबेहत, मुताबिक़) similar, resemblance, corresponding

अनुरोध (पु०) درخواست، گذارش (दरख़ास्त, गुज़ारिश) appeal, request

अनुवर्ती (पु०,वि०) عمل کرنا، حکم ماننا (अमल करना, हुक्म मानना) following, obeying

अनुवा (पु०) کنوئیں کا چبوترا (कुएँ का चबूतरा) platform at well

अनुवाद (पु०) ترجمہ (तरजुमा) translation

अनुवादक (पु०) ترجمہ کرنے والا (مترجم) (तर्जुमा करने वाला {मुतरज्जिम}) translator

अनुवादित (पु०,वि०) ترجمہ کیا ہوا (तर्जुमा किया हुआ) translated

अनुवृत्त (पु०,वि०) تقلید، حکم بجالانا، پنشن یافتہ (तक़लीद, हुक्म बजा लाना, पेशन याफ़्ता) following, obeying, pensioner

अनुवृत्ति (स्त्री०) پیروی، وظیفہ، پنشن (पैरवी, वज़ीफ़ा, पेंशन) following, stipend, pension

अनुशंसा (स्त्री०) سفارش (सिफ़ारिश) recommendation

अनुशासक (पु०) منتظم کار، مودّب (मुन्तज़िमकार, मुअद्दब) administrator, proctor

अनुशासन (पु०) نظم و ضبط، انتظامیہ (नज़्मो ज़ब्त, इन्तेज़ामिया) discipline, management

अनुशासनिक (वि०) نظم و ضبط کے متعلق (تادیبی) (नज़्मो ज़ब्त के मुतअल्लिक़ {तादीबी}) disciplinary

अनुशासित (वि०) منظّم، منضبط (मुनज़्ज़म, मुनज़ब्त) organised, disciplined

अनुष्ठान (पु०) جاری رکھنا، شروع کرنا، مشق (जारी रखना, शुरू करना, मश्क़) carrying out, beginning, practice

अनुसंधान (पु०) تحقیق، چھان بین (तहक़ीक़, छान-बीन) research, investigation

अनुसंधित्सा (वि०) کھوج کی چاہت (खोज की चाहत) desire of discovery

अनुसरण (पु०) پیروی، رسم و رواج (पैरवी, रस्मो रिवाज) following, custom

अनुसार (पु०) مطابق، تقلید کرنا (मुताबिक़, तक़लीद करना) according to, to follow

अनुसूचित (वि०) منصوبے کے مطابق، درج فہرست (मन्सूबे के मुताबिक़, दरजे फ़ेहरिस्त) scheduled, listed

अनुस्वार (पु०) ناک سے بولا جانے والا حرف علت، دیوناگری حرف کے اوپر نقطہ دے کر لکھا جاتا ہے (नाक से बोला जाने वाला हर्फ़े इल्लत, देवनागरी हर्फ़ के ऊपर नुक़्ता दे कर लिखा जाता है) vowel nasality, a dot used to indicate vowel nasality (Devanagri)

अनुहरण (पु०) نقل، مشابہت (नक़्ल, मुशाबहत) imitation, resemblance

अनुहार (पु०,वि०) = **अनुहरण**

अनूठा (क्रि०) انوکھا (अनोखा) uncommon

अनूप (पु०,वि०) بے مثل، بے نظیر، شاندار، دلدل (बेमिस्ल, बेनज़ीर, शानदार, दलदल) incomparable, peerless, splendid, swamp

अनृणी (वि०) قرض سے آزاد (क़र्ज़ से आज़ाद) free from debt

अनेक (वि०) کئی، مختلف، کثیر (कई, मुख़्तलिफ़, कसीर) many, various, abundant

अनेकत्व (पु०) کثرت، رنگارنگی، اختلاف (कसरत, रंगा रंगी, एख़्तेलाफ़) abundance, variety, diversity

अन्न (पु०) غذا، اناج (ग़िज़ा, अनाज) food, grain

अन्नपूर्ण (वि०) زرخیز، غذائیت سے بھرا (ज़रखेज़, ग़िज़ाइयत से भरा) fertile, full of food

अन्य (वि०) دوسرا، مختلف (दूसरा, मुख़्तलिफ़) other, different

अन्यत्र (अव्य०) اور کہیں، ورنہ (और कहीं, वरना) else where, other wise

अन्यथा (अव्य०) نہیں تو (ورنہ)، اُلٹا، غلط (नहीं तो {वरना}, उल्टा, ग़लत) otherwise, contrary, wrong

अन्याय (पु०) بےانصافی،ظلم (बेइंसाफ़ी, ज़ुल्म) injustice, oppression

अन्यापदेश (पु०) تمثیل (مثالی) (तमसील {मिसाली}) allegory

अन्योन्य (प०) = آپسی (आपसी) mutual

अन्वय (पु०) رشتہ دار، رابطہ، خاندان، فرصت (रिश्तेदार, राब्ता, ख़ानदान, फ़ुरसत) relationship, connection, family, leisure

अन्वयन (पु०) رابطہ قائم کرنا، فیصلہ (राब्ता क़ाएम करना, फ़ैसला) to establish a connection, determination

अन्वीक्षण (पु०) خورد بینی، بہت چھوٹا، تحقیقات (جانچ) (ख़ुर्दबीनी, बहुत छोटा, तहक़ीक़ात {जाँच}) microscopic, minute, investigation

अन्वेषक (पु०) تحقیق (جانچ) کرنے والا (तहक़ीक़ात {जाँच} करने वाला) investigator

अन्वेषण (पु०,वि०) دریافت، تحقیق (दरयाफ़्त, तहक़ीक़) enquiry, research

अन्वेषित (वि०) تحقیق شدہ (तहक़ीक़ शुदा) investigated

अपंग (वि०) ناکارہ جسم، مجبور، معذور (नाकारा जिस्म, मजबूर, माज़ूर) maimed, helpless, handicapped

अप (उप०,सं) سابقہ، دُور، نیچے، پیچھے (साबक़ा, दूर, नीचे, पीछे) prefix, away, down, back

अपकर्म (पु०) بدکاری، خباثت (बदकारी, ख़बासत) bad deed, misdeed

अपकार (पु०) نقصان، بداخلاقی، حملہ (नुक़सान, बदएख़लाक़ी, हमला) harm, misconduct, offence

अपकारी (पु०,वि०) نقصان دہ، معاندانہ (नुक़्सानदे, मुआनिदाना) harmful, hostile

अपकीर्ति (स्त्री०) بدنامی، رسوائی (बदनामी, रुस्वाई) disrepute, dishonour

अपकृष्टता (स्त्री०) اَبتر حالت، کمتری، کمینہ پن (अब्तर हालत, कमतरी, कमीनापन) deteriorated state, inferiority, meanness

अपक्ष (वि०) بے پنکھ، غیر جانبدار (बेपंख, ग़ैर जानिबदार) wingless, impartial

अपगति (स्त्री०) نامناسب، بدنامی (नामुनासिब, बदनामी) improper, ill-repute

अपचय (पु०) نقصان، برباد (नुक़्सान, बरबाद) loss, waste

अपटु (वि०) بھدّا، غیر تربیت یافتہ (भद्दा, ग़ैर तरबीयत याफ़्ता) awkward, unskilled

अपतुष्टि (स्त्री०) منہ بھرائی (मुंह भराई) appeasement

अपत्य (पु०) اولاد (औलाद) offspring

अपदस्थ (वि०) معزول، برخواست (माज़ूल, बर्ख़ास्त) deposed, dismissed

अपनाम (पु०) بُرانام (बुरा नाम) bad name

अपभाषा (स्त्री०) فحش زبان (फ़हश ज़बान) obscene language

अपभ्रंश (पु०) بگڑی ہوئی شکل (زبان وقواعد کی) (बिगड़ी हुई शक्ल {ज़बानो क़वायद की}) corrupt form (language & grammar)

अपमान (पु०) ذلت، توہین، رسوائی (ज़िल्लत, तौहीन, रुसवाई) disrespect, insult, disgrace

अपमानजनक (वि०) ذلت آمیز، شرمناک (ज़िल्लत आमेज़, शर्मनाक) humiliating, shameful

अपमानित (वि०) بےعزت، جس کی توہین کی گئی (बेइज़्ज़त, जिसकी तौहीन की गई) disrespect, insulted

अपमृत्यु (स्त्री०) بے وقت موت (बेवक़्त मौत) untimely death

अपयश (पु०) = **अपमान**

अपयशी (वि०) = **अपमानित**

अपरंपार (पु०,वि०) لامحدود، لاتناہی (लामहदूद, लामुतनाही) boundless, infinite

अपर (वि०) بعد میں، مغربی (پچھمی)، نچلا (बाद में, मग़रिबी {पछमी}, निचला) later, western, lower

अपरस (वि०) اَچھوت، ایک جلدی مرض (अछूत, एक जिल्दी मर्ज़) untouchable, a skin disease

अपराजित (वि०) جسے ہرایا نہ گیا، ناقابل تسخیر (जिसे हराया न गया, ना क़ाबिले तसख़ीर) undefeated, invincible

अपराजिता (स्त्री०) ناقابل شکست، درگا کا ایک نام (नाक़ाबिले शिकस्त, दुर्गा का एक नाम) undefeated, a title of Durga

अपराजेय (वि०) ناقابل شکست (नाक़ाबिले शिकस्त) invincible

अपराध (पु०) جرم، غلطی (जुर्म, ग़लती) crime, fault

अपराधिक (वि०) مجرمانہ (मुजरिमाना) criminal

अपराधी (पु०,वि०) مجرم، خطاکار (मुजरिम, ख़ताकार) criminal, guilty

अपराह्न (पु०) دوپہر کے ذرا بعد کا وقت (दोपहर के ज़रा बाद का वक़्त) early afternoon

अपरिचित (वि०) غیر متعارف، نامعلوم، ناشناسا (ग़ैर मोतार्रिफ़, नाशनासा) unaquainted, unknown, unfamiliar

अपरिमित (वि०) لامحدود (लामहदूद) unlimited

अपरिहार्य (वि०) ناگزیر، لازمی (नागुज़ीर, लाज़मी) unavoidable, obligatory

अपरूप (पु०) بدشکل، بگڑی ہوئی شکل (बदशक्ल, बिगड़ी हुई शक्ल) deformed, distorted

अपलक्षण (पु०) بُراشگون، خراب علامت (बुरा शगुन, ख़राब अलामत) bad omen, bad sign

अपवर्जन (पु०) چھٹکارا پانا، کے بغیر (छुटकारा पाना, के बग़ैर) to get rid of, exclusion

अपवर्जित (वि०) چھٹکارا پایا ہوا، بغیر (छुटकारा पाया हुआ, बग़ैर) got rid of, excluded

अपवर्तन (पु०) برخواستگی، ضبطی (बरख़ास्तगी, ज़ब्ती) removal, forfeiture

अपवर्त्य (पु०) کئی، گوناگوں (कई, गूनागूं) many, multiple

अपवश (वि०) آزاد (आज़ाद) independent

अपवाद (पु०) مستثنیٰ (چھوڑ کر)، الزام (मुस्तसना {छोड़ कर}, इल्ज़ाम) exception, blame

अपवाह (पु०) نیچے کی طرف بہنا، نکاسی کا عمل (नीचे की तरफ़ बहना, निकासी का रास्ता) flowing down, drainage

अपवित्र (वि०) گندہ، ناپاک (गंदा, नापाक) unclean, unholy

अपवित्रता (स्त्री०) گندگی، ناپاکی (गंदगी, नापाकी) uncleanness, unholiness

अपव्यय (पु०) فضول خرچی (फ़ुज़ूल ख़र्ची) extravagance

अपव्ययी (वि०) فضول خرچ (फ़ुज़ूल खर्च) extravagant

अपशकुन (पु०) بدشگون (बदशगुन) bad omen

अपशब्द (पु०) فحش لفظ، گالی (फ़हश लफ़्ज़, गाली) abusive word, abuse

अपस्मार (पु०) مرگی (صرع) (मिर्गी {सेरा}) epilepsy

अपहरण (पु०) اغوا، لے اُڑنا (इग़वा, ले उड़ना) kidnapping, hijacking

अपहर्ता (पु०) اغواکار، لے اُڑنے والا (इग़वाकार, ले उड़ने वाला) kidnapper, hijacker

अपहृत (वि०) مغویہ، لے جایا گیا (मग़विया, ले जाया गया) kidnapped, carried off

अपांग (वि०) مفلوج جسم، بے جسم (मफ़लूज जिस्म, बेजिस्म) maimed, bodyless

अपादान (पु०) ہٹا دینا، لے جانا (हटा देना, ले जाना) removing, taking away

अपाय (पु०,वि०) نقصان دہ توڑ پھوڑ (تخریب) (नुक़सानदह, तोड़ फोड़ {तख़रीब}) harmful, destruction

अपितु (अव्यय) بلکہ، بہرکیف (बल्के, बहरकैफ़) but rather, however

अपुण्य (पु०,वि०) ناپاک، لامذہب، گناہ (नापाक, लामज़हब, गुनाह) unholy, irreligious, sin

अपुरुष (पु०,वि०) نامرد (नामर्द) impotent

अपुष्ट (पु०,वि०) کم غزائیت کا شکار، غیر مصدقہ (कम ग़िज़ाइयत का शिकार, ग़ैर मोसद्देक़ा) undernourished, unconfirmed

अपूर्ण (पु०,वि०) نامکمل، ناکافی (नामोकम्मल, नाकाफ़ी) incomplete, insufficient

अपूर्व (वि०) بے مثال، غیر معمولی (बेमिसाल, ग़ैरमामूली) unprecedented, extraordinary

अपेक्षा (स्त्री०) اُمید، مقابلہ (उम्मीद, मुक़ाबला) expectation, comparison

अपेक्षित (वि०) متوقع، منتظر (मोतवक़्क़े, मुनतज़िर) expected, waited (for)

अपौरुष (पु०) بُزدلانہ، نامرد (बुज़दिलाना, नामर्द) cowardly, impotent

अप्रचलित (वि०) غیر مروج، متروک (गैर मुरव्वज, मतरूक) not customary, obsolete

अप्रत्यक्ष (वि०) جو نظر نہ آئے، خفیہ، بالواسطہ (जो नज़र न आए, ख़ुफ़िया, बिलवास्ता) invisible, secret, indirect

अप्रत्यय (पु०,वि०) ناقابل اعتماد، لاحقہ کے بغیر (नाक़ाबिले एतेमाद, लाहेक़ा के बग़ैर) distrustful, without suffix

अप्रत्यी (पु०) ناقابل اعتبار، شک کرنے والا (नाक़ाबिले एतबार, शक करने वाला) distrustful, sceptic

अप्रत्याशित (वि०) غیر متوقع، اُمید سے باہر (ग़ैर मुतवक़्क़ा, उम्मीद से बाहर) unexpected, unhoped for

अप्रभावी (वि०) بے اثر، دبا ہوا (बेअस्र, दबा हुआ) ineffective, recessive

अप्रशिक्षित (वि०) غیر تربیت یافتہ (ग़ैर तरबीयत याफ़्ता) untrained

अप्रसन्न (वि०) ناخوش (ना ख़ुश) unhappy

अप्राकृतिक (वि०) غیر فطری (ग़ैर फ़ितरी) unnatural

अप्रामाणिक (वि०) غیر مستند (ग़ैर मुस्तनद) in-authentic

अप्रासंगिक (वि०) بے موقع (बेमौक़ा) irrelevant

अप्रौढ़ (वि०) ناپختہ (ना पुख़्ता) immature

अफ़सर (पु०) حاکم (افسر) (हाकिम {अफ़सर}) officer

अबद्ध (वि०) غیر پابند، بے ترتیب (ग़ैर पाबंद, बेतरतीब) unbound, disordered

अबध्य (वि०) جسے نہیں مارا جائے (जिसे नहीं मारा जाए) not to be killed

अबला (स्त्री०) عورت، نازک (औरत, नाजुक) woman, delicate

अबाध्य (वि०) جو روکا نہ جاسکے، بے جانچ پڑتال کے (जो रोका न जा सके, बे जाँच पड़ताल के) not to be checked, unchecked

अबुद्धि (स्त्री०, वि०) سمجھ کی کمی، بیوقوفی (समझ की कमी, बेवक़ूफ़ी) lack of sense, foolishness

अबोध (पु०,वि०) ناپختہ ذہن، بے خبر، احمق (नापुख़्ता ज़ेहन, बेख़बर, अहमक़) immature mind, ignorant, stupid

अबोधनीय (वि०) ناقابل فہم (नाक़ाबिले फ़हम) unintelligible

अबोध्य (वि०) سمجھ میں نہ آنے والا (समझ में न आने वाला) incomprehensible

अब्धि (पु०) سمندر (समुन्दर) sea

अब्बा (पु०) باپ (बाप) father

अभंगुर (वि०) نہ ٹوٹنے والا، دیرپا (न टूटने वाला, देरपा) unbreakable, lasting

अभंगुरता (स्त्री०) پائداری (पाएदारी) lastingness

अभक्ष्य (पु०,वि०) جسے نہیں کھایا جاتا ہے، ممنوعہ غذا (जिसे नहीं खाया जाना है, मम्नूअ ग़िज़ा) not to be eaten, prohibited food

अभद्र (वि०) ناشائستہ، پھوہڑ (नाशाईस्ता, फूहड़) indecent, crude

अभय (पु०,वि०) بے خوف (बेख़ौफ़) fearless

अभागा (पु०) بدنصیب، قسمت کا چھوٹا (बदनसीब, क़िस्मत का छोटा) unfortunate, ill-fated

अभागापन (पु०) بدنصیبی (बदनसीबी) misfortune

अभागिनि (स्त्री०,पु०) بدنصیب عورت (बदनसीब औरत) unfortunate woman

अभाग्य (पु०) = **अभागापन**

अभाज्य (वि०) ناقابل تقسیم (नाक़ाबिले तक़सीम) indivisible

अभाव (पु०) فقدان، غربت (مفلسی) (फ़ुक़्दान, ग़ुर्बत {मुफ़लिसी}) lack, poverty

अभावग्रस्त (वि०) مفلس زدہ (मुफ़लिस ज़दा) poverty stricken

अभि (उप०) طرف، خاص (तरफ़, ख़ास) towards, particular

अभिकथन (पु०) مثبت بیان، الزام (मुस्बत ब्यान, एलज़ाम) positive statement, allegation

अभिकरण (पु०) ایجنسی (एजेन्सी) agency

अभिकर्ता (पु०) کارکن، ثالث (कारकुन, सालिस) agent, intermediary

अभिकलन (पु०) حساب کرنا (हिसाब करना) calculating

अभिकल्पन (पु०) منصوبہ بنانا (मन्सूबा बनाना) planning

अभिक्रम (पु०) حملہ،ذمہ داری (हमला, ज़िम्मेदारी) attack, undertaking

अभिक्रिया (स्त्री०) ردعمل (रद्दे अमल) reaction

अभिगमन (पु०) آمد، ساتھ ساتھ رہنا (आमद, साथ-साथ रहना) arrival, cohabitation

अभिग्रहण (पु०) کام سنبھالنا، حاصل کرنا (काम संभालना, हासिल करना) taking over, acquiring

अभिचार (पु०) جادوسحر کا عمل (जादू सेहर का अमल) recourse to spells

अभिचारक (पु०) جادوگر (जादूगर) sorcerer

अभिजात (वि०) اشرفیہ طبقہ،خاندانی (अशरफ़िया तबक़ा, ख़ानदानी) aristocratic, high rank

अभिजात्य (वि०) اعلیٰ نسل کا (आला नसल का) of high birth

अभिजित (वि०) مفتوح (मफ़्तूह) conquered

अभिज्ञ (वि०) جانکار، ماہر (जानकार, माहिर) knowledgeable, skilled

अभिज्ञा (स्त्री०) پہچان، یاد (पहचान, याद) identification, remembrance

अभिदान (पु०) (عطیہ)چندہ (चन्दा {अतिया}) subscription

अभिधारणा (स्त्री०) مفروضہ (मफ़रूज़ा) hypothesis

अभिनंदन (पु०) تعریف،یادگار (तारीफ़, यादगार) praise, commemoration

अभिनंदनीय (वि०) قابلِ تعریف، یادکرنے کے قابل (क़ाबिले तारीफ़, याद करने के क़ाबिल) praise worthy, deserving commemoration

अभिनय (पु०) اداکاری (अदाकारी) acting

अभिनव (वि०) حالیہ،ہمعصر (हालिया, हमअस्र) recent, contemporary

अभिनवन (पु०) نئی بات، نیا خیال (नई बात, नया ख़्याल) innovation

अभिनिषेध (पु०) غیر قانونی قرار دینا (ग़ैर क़ानूनी क़रार देना) proscription

अभिनीत (वि०) اداکاری کی گئی، جسے اسٹیج پر کیا گیا (अदाकारी की गई, जिसे स्टेज पर किया गया) acted, staged

अभिनेता (पु०) اداکار (अदाकार) actor

अभिनेत्री (स्त्री०) اداکارہ (अदाकारा) actress

अभिनेय (वि०) اسٹیج کے قابل (स्टेज के क़ाबिल) stageable

अभिन्न (वि०) ضروری، اٹوٹ (ज़रूरी, अटूट) essential, inseparable

अभिपुष्ट (वि०) مصدقہ (मुसद्देक़ा) confirmed

अभिपूर्ति (स्त्री०) (نفاذ)لاگو (लागू {नेफ़ाज़}) implementation

अभिप्राय (पु०) مقصد،مطلب (मक़सद, मतलब) purpose, meaning

अभिप्रेरण (वि०) تحریک،ترنگ (तहरीक, तरंग) motivation, impulse

अभिभावक (पु०) سرپرست (सरपरस्त) guardian

अभिभाषण (पु०) رسمی خطبہ (रस्मी ख़ुत्बा) formal address

अभिभूत (वि०) جسے شکست دیا گیا (जिसे शिकस्त दिया गया) defeated

अभिमत (पु०) منظور،تمنا،خیال (मंज़ूर, तमन्ना, ख़्याल) approved, wish, opinion

अभिमान (पु०) غرور (ग़ुरूर) pride

अभिमानी (पु०,वि०) مغرور (मग़रूर) proud

अभिमुख (वि०) سامنے، طرف (सामने, तरफ़) in front of, towards

अभियंता (पु०) (انجینئر)مہندس (महेन्दिस {इंजीनियर}) engineer

अभियंत्रण (पु०) فنِ مہندس (फ़ने महेन्दिस) engineering

अभियान (पु०) مہم (मुहिम) compaign

अभियुक्त (वि०) ملزم (मुल्ज़िम) accused

अभियोक्ता (पु०) مستغیث، سرکاری وکیل (मुस्तग़ीस, सरकारी वकील) accuser, prosecutor

अभियोग (पु०) الزام، استغاثہ (इल्ज़ाम, इस्तेग़ासा) accusation, prosecution

अभियोजन (पु०) الزام لگانا،مقدمہ چلانا (इलज़ाम लगाना, मुक़द्दमा चलाना) accusing, prosecuting

अभिरक्षक (पु०) نگراں (निगराँ) custodian

अभिरक्षण (पु०) تحویل میں رکھنا (तहवील में रखना) to keep in custody

अभिरक्षा (स्त्री०) (تحویل) نگرانی (निगरानी {तहवील}) custody

अभिराम (वि०) مسرت بخش،خوبصورت (मुसर्रत बख़्श, खूबसूरत) delightful, beautiful

अभिरुचि (स्त्री०) دلچسپی، رغبت (दिलचस्पी, रग़बत) interest, inclination

अभिलाषा (स्त्री०) تمنا،آرزو (तमन्ना, आरजू) desire, longing

अभिलाषित (वि०) تمنائی،آرزومند (तमन्नाई, आरजूमंद) desired, longed for

अभिलाषी (पु०,वि) خواہش مند (ख़ाहिशमंद) desirous

अभिलिखित (वि०) (محفوظ) قلمبند (क़लमबंद {महफ़ूज़}) recorded

अभिलेख (पु०) تحریری دستاویز (तहरीरी दस्तावेज़) written record

अभिवक्ता (पु०) مقرر،وکیل (मोक़र्रिर, वकील) speaker, pleader

अभिवचन (पु०) (جواب دعویٰ) قانونی عذر (क़ानूनी उज़्र {जवाब दावा}) legal plea (reply of accused)

अभिवादन (पु०) استقبال،سلام،تعریف (इस्तक़बाल, सलाम, तारीफ़) welcome, greeting, praise

अभिवादित (वि०) جس کا استقبال کیا گیا (जिसका इस्तक़बाल किया गया) greeted

अभिव्यंजना (स्त्री०) اظہار (इज़हार) expression

अभिव्यक्ति (स्त्री०) مظاہرہ،اظہار (मुज़ाहेरा, इज़हार) manifestation, expression

अभिशंसा (स्त्री०) مجرم قرار (मुजरिम क़रार) accusation, conviction

अभिशंसित (स्त्री०) مجرم ثابت، الزام دینا (मुजरिम साबित, इल्ज़ाम देना) convicted, accusation

अभिशप्त (वि०) ملعون، سخت ناپسند (मलऊन, सख़्त नापसन्द) cursed, hateful

अभिशाप (पु०) بددعا (बददुआ) curse

अभिशासति (वि०) زیرحکومت (ज़ेर हुकूमत) governed, ruled

अभिषद (पु०) سنڈیکیٹ (सिंडिकेट) syndicate

अभिषेक (पु०) چھڑکاؤ،مسح کرنا،غسل یا وضو کرنا،افتتاح (छिड़काओ, मसह करना, गुसुल या वोजू करना, इफ्तेताह) sprinkling, anointing, ablution, inauguration

अभिसरण (पु०) مائلِ کلی (माएले कुल्ली) convergent

अभिसार (पु०) ملنا،اکائی (मिलना, इकाई) meeting, union

अभिसारिका (स्त्री०) وعدۂ وصل نبھانے والی محبوبہ (वादऐ वसल निभाने वाली महबूबा) a woman who keeps her lover's tryst

अभिसारी (पु०,वि०) وعدۂ وصل نبھانے والا عاشق (वादऐ वस्ल निभाने वाला आशिक) a lover keeping a tryst

अभिहित (वि०) کہاہوا (कहा हुआ) called

अभीप्सा (स्त्री०) تمنا،آرزو (तमन्ना, आरजू) desire, longing

अभीत (वि०) بےخوف (बे ख़ौफ़) fearless

अभीष्ट (पु०,वि०) مطلوب (मतलूब) desired

अभूत (वि०) = **अपूर्व**

अभूतपूर्व (वि०) بےنظیر (बेनज़ीर) unprecedented

अभेद (पु०,वि०) (یکساں) ناقابلِ فرق،مشابہ (नाक़ाबिले फ़र्क़, मुशाबा {यकसाँ}) lack of difference, identical

अभेद्य (वि०) ناقابلِ تقسیم، نہ ٹوٹنے والا (नाक़ाबिले तक़सीम, न टूटने वाला) indivisible, unbreakable

अभ्यंतर (पु०वि०) داخلی،درمیانی،اندرونی حصہ (दाख़िली, दरमियानी, अंदूरूनी हिस्सा) internal, middle, inner part

अभ्यर्थना (स्त्री०) سچی التجا،دعاء (सच्ची इल्तेजा, दुआ) earnest request, prayer

अभ्यर्थी (पु०) اُمیدوار (उम्मीदवार) candidate

अभ्यर्पण (पु०) ہتھیارڈالنا (हथियार डालना) to surrender

अभ्यस्त (वि०) مشاق، عادی، حفظ (मश्शाक़, आदी, हिफ़्ज़) practised, accustomed, learning by heart

अभ्यागम (पु०) آمد، موجودگی (आमद, मौजूदगी) arrival, presence

अभ्यारण्य (पु०) جائے پناہ، عبادت کی جگہ (जाएपनाह, इबादत की जगह) sanctuary, place of worship

अभ्यारोपण (पु०) فرد جرم عائد کرنا (फ़र्दे जुर्म आएद करना) indictment

अभ्यास (पु०) مشق، بار بار دہرانا، عادت (मश्क़, बार बार दोहराना, आदत) practice, repetition, habit

अभ्यासी (वि०) مشاق، محنتی (मश्शाक़, मेहनती) practising, industrious

अभ्युत्थान (पु०) (ادب سے) کھڑے ہونا، بلندی، ترقی ({अदब से} खड़े होना, बुलन्दी, तरक़्क़ी) standing (as a mark of respect), elevation, progress

अभ्र (पु०) بادل، آسمان (बादल, आसमान) cloud, sky

अमंगल (पु०वि०) منحوس، بدقسمت، تباہ کن (मनहूस, बदक़िसमत, तबाहकुन) inauspicious, unlucky, disastrous

अमनोयोगी (वि०) غیر متوجہ (ग़ैर मुत्वज्जा) inattentive

अमनोरथ (वि०) بیزار (बेज़ार) averse

अमम (वि०) بے غرض، بے پروا، ظالم (बेग़र्ज़, बेपरवा, ज़ालिम) unselfish, indifferent, cruel

अमर (पु०वि०) لافانی (लाफ़ानी) immortal

अमरण (पु०वि०) نہیں مرنا، لافانیت (नहीं मरना, लाफ़ानियत) undying, immortality

अमरता (स्त्री०) لافانیت (लाफ़ानियत) immortality

अमरस (पु०) آم کا رس (आम का रस) mango juice

अमर्त्य (पु०वि०) لافانی (लाफ़ानी) immortal

अमर्यादा (स्त्री०) بے عزتی، شرمناک طرزِ عمل (बेइज़्ज़ती, शर्मनाक तरज़े अमल) dishonour, disrespectful conduct

अमर्ष (पु०) غصہ (गुस्सा) anger

अमल (पु०) خالص، بے گناہ، عمل (ख़ालिस, बेगुनाह, अमल) pure, sinless, action

अमलतासी (वि०) نارنگی جیسا پیلا (नारंगी जैसा पीला) orange-yellow

अमात्य (पु०) وزیر، صلاحکار (वज़ीर, सलाहकार) minister, counsellor

अमान (स्त्री०) حفاظت، رحم وکرم (हिफ़ाज़त, रहमोकरम) security, mercy

अमाननीय (वि०) ناقابلِ تسلیم، جس کی عزت نہ کی جائے (नाक़ाबिले तसलीम, जिसकी इज़्ज़त न की जाए) not acceptable, not to be respected

अमानुष (पु०वि०) غیر انسانی (ग़ैर इंसानी) inhuman

अमानुषता (स्त्री०) غیر انسانیت (ग़ैर इंसानियत) inhumanity

अमानुषी (वि०) = **अमानुष**

अमान्य (वि०) = **अमाननीय**

अमावस (स्त्री०) قمری مہینہ کے تاریک پندھرواڑے کا آخری دن (क़मरी महीना के तारीक पंधरवाड़े का आख़िरी दिन) the last day of dark fortnight of a lunar month

अमावस्या (स्त्री०) = **अमावस**

अमिट (पु०) نا مٹنے والا (ना मिटने वाला) indelible

अमित (वि०) ناقابلِ پیمائش، ناقابلِ شمار (नाक़ाबिले पैमाईश, नाक़ाबिले शुमार) immeasurable, incalculable

अमिता (स्त्री०) ناقابلِ پیمائیت، عظیم وسعت (नाक़ाबिले पैमाईयत, अज़ीम वुसअत) immeasurability, immensity

अमिति (स्त्री०) لامحدودیت، پیمائش کی کمی (लामहदूदियत, पैमाईश की कमी) limitlessness, lack of measure

अमिया (स्त्री०) کچا آم (कच्चा आम) unripe mango

अमी (स्त्री०) پھولوں کا میٹھا رس، محبوب (फूलों का मीठा रस, महबूब) nectar, darling

अमुक (वि०) فلاں (شخص) (फलाँ {शख़्स}) certain (person)

अमूर्त (वि०) بے شکل، بے جسم (बेशक्ल, बेजिस्म) formless, without body

अमूल (पु०वि०) بے جڑ (बे जड़) rootless

अमूल्य (वि०) انمول (अनमोल) priceless

अमृत (पु०वि०) شربتِ ربانی، آبِ حیات (शरबते रब्बानी, आबेहयात) nectar of God, water of life

अमृतत्व (पु०) لافانیت (लाफ़ानियत) immortality

अमृत्यु (स्त्री०,वि०) لافانی،لافانیت (लाफ़ानी, लाफ़ानियत) immortal, immortality

अमेध्य (पु०) (جسم کی) ناپاک چیزیں ({जिस्म} की नापाक चीजें) impure substances (of body)

अमोध (वि०) غلطی نہ کرنا، کامیاب (ग़ल्ती न करना, कामयाब) unerring, successful

अमोला (पु०) آم کا ننھا پودا (आम का नन्हा पौदा) seedling of mango

अम्मा (स्त्री०) ماں (माँ) mother

अम्मी (स्त्री०) = **अम्मा**

अम्ल (पु०वि०) تیزاب، کھٹا (तेज़ाब, खट्टा) acid, sour

अम्लता (स्त्री०) تیزابیت، کھٹاپن (तेज़ाबियत, खट्टापन) acidity, sourness

अम्लान (वि०) جو نڈھال نہ ہو، صاف (जो निढाल न हो, साफ़) not languid, clean

अम्लिमा (स्त्री०) = **अम्लता**

अम्लीय (वि०) تیزابی (तेज़ाबी) acidic

अयश (पु०) بدنامی، بدگوئی (کسی کی برائی کرنا) (बदनामी, बदगोई {किसी की बुराई करना}) disrepute, detraction

अयशस्वी (वि०) رُسوا، بدنام (रुसवा, बदनाम) disgraced, infamous

अयस (पु०) لوہا (लोहा) iron

अयस्क (पु०) کچی دھات (कच्ची धात) ore

अयान (पु०) جاہل، احمق، طبیعت (जाहिल, अहमक़, तबीयत) ignorant, foolish, disposition

अयाना (पु०वि०) = **अयान**

अयुक्त (वि०) غیر موافقت، بے جوڑ، ناموزوں (ग़ैर मुआफ़िक़त, बेजोड़, नामौज़ूं) incompatible, ill-matched, unfit

अयुक्ति (स्त्री०) غیرموافقت، ناموزونیت (ग़ैर मुआफ़िक़त, नामौज़ूनियत) incompatability, unsuitability

अयुत (पु०) دس ہزار (दस हज़ार) ten thousand

अयोग (पु०) علیحدگی، منحوس وقت (अलैहदगी, मनहूस वक़्त) separation, inauspicious time

अयोग्य (वि०) نااہل، نالائق (नाअहल, नालाएक़) incapable, unsuitable

अयोग्यता (स्त्री०) نااہلیت، لیاقت کی کمی (नाअहलियत, लियाक़त की कमी) incapability, lack of qualification

अरक्षित (वि०) غیر محفوظ (ग़ैर महफ़ूज़) unprotected

अरगजा (पु०) پیلے رنگ کا ایک عطر (पीले रंग का एक इत्र) a perfume yellowish in colour

अरगनी (स्त्री०) الگنی، ڈوری (अलगनी, डोरी) cord, rope

अरत (वि०) الگ تھلگ (अलग थलग) uninvolved

अरति (स्त्री०) بے رُخی، بے حسی (बेरुख़ी, बेहिसी) detachment, apathy

अरथी (स्त्री०) جنازہ (जनाज़ा) bier

अरदली (पु०) چپراسی (चपरासी) orderly

अरदास (स्त्री०) درخواست، دیوتا کو نذرانہ (दरख़ास्त, देवता को नज़राना) request, offering to diety

अरना (पु०) جنگلی بھینسا (जंगली भैंसा) wild buffalo

अरनी (स्त्री०) جنگلی بھینس (जंगली भैंस) wild buffalo cow

अरब (पु०) سو کروڑ، عرب (सौ करोड़, अरब) a hundred million, Arabia

अरविंद (पु०) کنول (कंवल) lotus

अरहट (पु०) کنواں سے پانی کھینچنے والا پہیہ (कुआँ से पानी खींचने वाला पहिया) wheel to draw water from a well

अराजकता (स्त्री०) لاقانونیت (लाक़ानूनियत) anarchy

अराज़ी (स्त्री०) زمین (ज़मीन) land

अराति (पु०) دشمن، چھ مہلک گناہ (दुश्मन, छः मोहलिक गुनाह) enemy, six deadly sins

अराल (वि०) مڑا ہوا (मुड़ा हुआ) crooked

अरिंदम (वि०) فاتح، دشمنوں کو برباد کرنا (फ़ातेह, दुश्मनों को बरबाद करना) victorious, to destroy the enemy

अरि (पु०) دشمن، پہیہ (दुश्मन, पहिया) enemy, wheel

अरीति (स्त्री०) نامناسب اور ناشائستہ سلوک (नामुनासिब और नाशाइस्ता सुलूक) improper or impolite behaviour

अरुंधती (स्त्री०) ایک قسم کا تارا (एक क़िस्म का तारा) a kind of star

अरुचि (स्त्री०) عدم دلچسپی، ناپسندیدگی (अदमे दिलचस्पी, नापसंदीदगी) lack of interest, dislike

अरुण (पु०,वि०) لال بھورا، آفتاب، صبح کا تڑکا، تمتماہٹ (लाल भूरा, आफ़ताब, सुबह का तड़का, तमतमाहट) reddish brown, the sun, dawn, glow

अरुणिमा (स्त्री०) سرخی مائل تمتماہٹ، تمتمانا (सुर्ख़ी माएल तमतमाहट, तमतमाना) reddish glow, flushing

अरूप (पु०,वि०) بدصورت، بے روپ (बदसूरत, बेरूप) ugly, unattractive

अरोग्यता (स्त्री०) صحت، تندرستی کی حالت (सेहत, तंदुरुस्ती की हालत) health, state of health

अर्गल (पु०) لکڑی کی سیخ، چٹخنی (लकड़ी की सीख़, चिटख़िनी) wooden bar, bolt

अर्घ (पु०) نذرانہ (دیوتا پر)، مہمان کا استقبال (नज़राना {देवता पर}, मेहमान का इस्तक़बाल) respectful offering (deity), reception of a guest

अर्घ्य (वि०) معزز، قیمتی، دیوتا کو چڑھاوا (मुअज़्ज़ज़, क़ीमती, देवता को चढ़ावा) respected, costly, article offered to deity

अर्चक (पु०,वि०) پوجا یا عبادت کرنے والا (पूजा या एबादत करने वाला) worshipper

अर्चन (पु०) پوجا، نذرانہ عقیدت (पूजा, नज़रानए अक़ीदत) worship, homage

अर्चना (स्त्री०) پوجا، دیوتا کا عکس (पूजा, देवता का अक्स) worship, image of deity

अर्चि (स्त्री०) روشنی، درخشاں (रौशनी, दरख़्शाँ) light, radiance

अर्चित (पु०) جس کی پوجا کی جائے (जिसकी पूजा की जाए) worshipped

अर्जन (पु०) حاصل کرنا، کمائی، نفع (हासिल करना, कमाई, नफ़ा) acquiring, earning, profit

अर्जनीय (वि०) حاصل کرنے کے قابل (हासिल करने के क़ाबिल) worth acquiring

अर्जित (वि०) حاصل شدہ، کمایا ہوا، جمع شدہ (हासिल शुदा, कमाया हुआ, जमा शुदा) acquired, earned, accumulated

अर्जुन (पु०) ایک بڑا درخت (एक बड़ा दरख़्त) a large tree

अर्णव (पु०) سمندر (समुन्दर) ocean

अर्थ (पु०) معنی، مقصد، مطلب، نفع، دولت (मानी, मक़सद, मतलब, नफ़ा, दौलत) meaning, purpose, sense, profit, wealth

अर्थशास्त्र (पु०) علم معاشیات (इल्मे मआशियात) economics

अर्थहीन (वि०) بے ہوش، جس کے ذرائع نہ ہوں، ناکام (बेहोश, जिसके ज़राए न हों, नाकाम) senseless, without source, unsuccessful

अर्थात (अव्य०) یعنی، بالفاظ دیگر (यानी, ब-अलफ़ाज़े दीगर) that is (i.e.), in other words

अर्थित (वि०) گذارش کیا گیا، مانگا گیا (गुज़ारिश किया गया, माँगा गया) requested, demanded

अर्थी (पु०वि०) درخواست کنندہ، ضرورتمند (दरख़ास्त कुनिन्दा, ज़रूरतमंद) petitioner, needy person

अर्ध (पु०,वि०) (نصف) آدھا، جزوی ({निस्फ़} आधा, जुज्वी) half, partial

अर्ध सैनिक (वि०) نیم فوجی (नीम फ़ौजी) paramilitary

अर्धांगिनी (स्त्री०) بیوی (बीवी) wife

अर्पण (पु०) کسی کے حوالے کرنا، پیشکش، قربانی (किसी के हवाले करना, पेशकश, क़ुर्बानी) entrusting, offering, sacrifice

अर्पित (वि०) حوالے، قربان (हवाले, क़ुर्बान) entrusted, sacrificed

अर्भक (पु०) بچہ، جانور کا بچہ یا ابتدائی مرحلہ (बच्चा, जानवर का बच्चा या इब्तेदाई मरहला) child, young or early stage of animal

अर्हक (वि०) لیاقت والا (लियाक़त वाला) qualifying

अर्हता (स्त्री०) لیاقت (लियाक़त) qualification

अलंकरण (पु०) آراستہ، سجاوٹ (आरास्ता, सजावट) ornamentation, decoration

अलंकार (पु०) زیور، سجاوٹ (ज़ेवर, सजावट) ornament, decoration

अलंकारिक (वि०) سجاوٹی (सजावटी) decorative

अलंकृत (वि०) زیور سے آراستہ، سجا ہوا (ज़ेवर से आरास्ता, सजा हुआ) ornamented, decorated

अलक (स्त्री०) بالوں کی لٹ (बालों की लट) lock of hair

अलका (स्त्री०) کووِیرا کی قیام گاہ، تبت (कुवेरा की क़्यामगाह, तिब्बत) residence of Kuvera, Tibet

अलक्षणी (पु०वि०) بدنصیب (बदनसीब) unfortunate

अलक्षित (वि०) نظر نہ آنے والا، ناقابلِ مشاہدہ (नज़र न आने वाला, नाक़ाबिले मुशाहेदा) unseen, invisible

अलक्ष्य (वि०) = **अलक्षित**

अलख (पु०,वि०) نظر نہ آنے والا (नज़र न आने वाला) invisible

अलखधारी (पु०) یوگی (योगी) yogi

अलगाववादी (वि०) علیحدگی پسند (इलाहदगी पसन्द) separatist

अलभ्य (वि०) نایاب، ناممکن الحصول (नायाब, ना मुमकिनुल होसूल) rare, unattainable

अलम (पु०,वि०) جھنڈا (پرچم)، کافی (झंडा {परचम}, काफ़ी) flag, enough

अलमास (पु०) ہیرا (हीरा) diamond

अलविदा (पु०) رخصتی، خدا حافظ، رمضان کا آخری جمعہ (रुख़सती, ख़ुदा हाफ़िज़, रमज़ान का आख़िरी जुमा) departure, good bye, last Friday of Ramazan

अलाय बलाय (स्त्री०) پریشانی (परेशानी) trouble

अलिंद (पु०) چھجا (छज्जा) balcony, terrace

अलीक (पु०वि०) جھوٹا، ناراض کرنے والا (छोटा, नाराज़ करने वाला) false, displeasing

अलोक (पु०वि०) نظر نہ آنے والا، دوسری دنیا، چھوڑا ہوا (नज़र न आने वाला, दूसरी दुनिया, छोड़ा हुआ) invisible, other world, deserted

अलोकित (वि०) ان دیکھی، بے توجہی (अनदेखी, बे तव्जही) unseen, unnoticed

अलोप (वि०) غائب، جو نظر نہ آئے (ग़ायब, जो नज़र न आए) disappeared, invisible

अलौकिक (वि०) مافوق البشر، پُراسرار (माफ़ौकुल बशर, पुरअसरार) super human, unearthly

अल्प (वि०) چھوٹا، کم، تھوڑا، غیر اہم (छोटा, कम, थोड़ा, ग़ैर अहम) small, little, few, unimportant

अल्पक (पु०वि०) بہت چھوٹا، سب سے کم (बहुत छोटा, सब से कम) very small, minimum

अल्पकालिक/अल्पकालीन (वि०) قلیل مدتی، کم وقفہ کا، عارضی (क़लील मुद्दती, कम वक़्फ़े का, आरज़ी) short term, temporary

अल्पतम (वि०) سب سے کم (सब से कम) minimum

अल्पसंख्यक (वि०) اقلیت، تعداد میں چھوٹا (अक़्लियत, तादाद में छोटा) minority, small in numbers

अल्लम-गल्लम (पु०) بکواس، بے معنی (बकवास, बेमानी) rubbish, non-sense

अल्लाना (क्रि०) زور سے چلانا، چیخ مارنا (ज़ोर से चिल्लाना, चीख़ मारना) to cry loudly, to scream

अल्हड़पन (पु०) بچپنا، لاپرواہی، زندہ دلی (बचपना, लापरवाही, ज़िन्दादिली) childishness, carefreeness, gaiety

अवकलन (पु०) مشاہدہ، انتخاب (मुशाहेदा, इन्तेख़ाब) observation, collection

अवकाश (पु०) فرصت، سبکدوشی، موقع، جگہ (फ़ुरसत, सुबुकदोशी, मौक़ा, जगह) leisure, retirement, opportunity, space

अवगत (पु०) معلوم، آگاہ، مطلع (मालूम, आगाह, मतला) known, apprised, informed

अवगुंठन (पु०) نقاب (नक़ाब) veil

अवगुण (पु०) عیب، برائی (ऐब, बुराई) defect, vice

अवज्ञा (पु०) بے عزتی، توہین (बेइज़्ज़ती, तौहीन) disregard, contempt

अवज्ञेय (वि०) توہین کے لائق (तौहीन के लाएक़) deserving to be disregarded

अवतंस (पु०) ہار، زیور (हार, ज़ेवर) garland, ornament

अवतत (वि०) دور دور تک پھیلا ہوا (दूर दूर तक फैला हुआ) widespread

अवतरण (पु०) نازل ہونا، زمین پر اُترنا، تجسیم (नाज़िल होना, ज़मीन पर उतरना, तजसीम) descending, landing, incarnation

अवतरण-छत्र (पु०) (پاراشیوٹ (ہوائی چھتری) (पाराशूट {हवाई छतरी}) parachute

अवतार (पु०) نزول، مقدس شخص، تجسیم (नुज़ूल, मुक़द्दस शख़्स, तजसीम) descent, pious person, incarnation

अवतारण (पु०) نازل ہونا، تجسیم (नाज़िल होना, तजसीम) descend, incarnation

अवधान (पु०) دھیان، توجہ، نگرانی (ध्यान, तवज्जो, निगरानी) attention, care, vigilance

अवधारण (पु०) درست فیصلہ، تعریف (दुरुस्त फ़ैसला, तारीफ़) accurate determination, definition

अवधारणा (स्त्री०) واضح تصور، بڑا کام (वाज़ेह तसव्वुर, बड़ा काम) conception, achievement

अवधि (स्त्री०) مدت، حد، مقررہ وقت (मुद्दत, हद, मुक़र्रर वक़्त) period, extent, set time

अवधूत (पु०,वि०) (چھوڑ دیا گیا، تارکِ دنیا (یوگی) (छोड़ दिया गया, तारिके दुनिया {योगी}) discarded, ascetic (yogi)

अवनत (वि०) جھکا ہوا (झुका हुआ) bowed down

अवनमन (पु०) جھکاؤ (झुकाओ) inclination

अवनि (स्त्री०) دنیا، زمین (दुनिया, ज़मीन) world, earth

अवमानना (स्त्री०) توہین (तौहीन) disregard, contempt

अवमूल्यन (पु०) (تخفیف قیمت (دام گھٹنا) (तख़फ़ीफ़े कीमत {दाम घटना}) devaluation

अवयव (पु०) جُز، حصہ، عضو (जुज़, हिस्सा, अज़्व) component, part, organ

अवर (वि०) تابعدار، نچلا، چھوٹا (ताबेदार, निचला, छोटा) sub ordinate, lower, small

अवरुद्ध (वि०) روکا گیا (रोका गया) obstructed

अवरोध (पु०) رکاوٹ، پابندی (रुकावट, पाबन्दी) obstacle, restriction

अवरोधक (वि०) روکنے والا (रोकने वाला) obstructor

अवरोधित (वि०) = **अवरुद्ध**

अवरोह (पु०) زوال (ज़वाल) downfall

अवरोहण (पु०) (نازل ہونا (نیچے اُترنا) (नाज़िल होना {नीचे उतरना}) descending

अवलंब (पु०) حمایت، پناہ (हिमायत, पनाह) support, shelter

अवलंबन (पु०) منحصر کرنا، اپنی حمایت کرنا (मुनहसर करना, अपनी हिमायत करना) depending on, supporting one self (on)

अवलक्षण (वि०) بدقسمت، بدشگونی (बदकिस्मत, बदशगूनी) unfortunate, ill-omen

अवलोकक (पु०,वि०) مشاہدہ کرنے والا (मुशाहेदा करने वाला) observer

अवलोकन (पु०) دیکھنا، معائنہ (देखना, मुआइना) observation, inspection

अवलोकनीय (वि०) دیکھنے کے قابل، معائنہ کے لائق (देखने के क़ाबिल, मुआइना के लाएक़) worth observing, deserving inspection

अवलोकित (वि०) دیکھا ہوا، معائنہ کیا ہوا (देखा हुआ, मुआइना किया हुआ) observed, inspected

अवश (वि०) جو قبضہ میں نہ ہو، بے بس (जो क़ब्ज़े में न हो, बेबस) not under control, powerless

अवशेष (पु०) باقی، باقیات، بچا کھچا (बाक़ी, बाक़ियात, बचा खुचा) remainder, fossils, residue

अवश्य (वि०) بے لگام، بے روک ٹوک، ہر قیمت پر (बेलगाम, बेरोक टोक, हर क़ीमत पर) uncontrolled, unrestrained, at all costs

अवसर (पु०) موقع، مناسب وقت (मौक़ा, मुनासिब वक़्त) occasion, proper time

अवस्था (स्त्री०) حالت، حالات، عمر (हालत, हालात, उम्र) condition, circumstances, age

अवस्थापन (पु०) قائم کرنا، کوئی معاملہ طئے کرنا (क़ाएम करना, कोई मामला तै करना) establishing, settling a matter

अवस्थित (वि०) واقع، موجود (वाक़े, मौजूद) situated, present

अवहेलना (स्त्री०) نظر انداز، بے رُخی (नज़र अन्दाज़, बेरुख़ी) neglect, indifference

अवाक (वि०) زبان گنگ، حیرت زدہ (ज़बान गुंग, हैरत ज़दा) speechless, taken aback

अवाम (पु०) (عوام (عام لوگ (अवाम {आम लोग}) common people

अविकल (वि०) مکمل، بےعیب (मुकम्मल, बेऐब) complete, without defect

अविकार (वि०) نہ بدلنے والا (न बदलने वाला) unchanging

अविचलित (वि०) غیر متزلزل، عزم والا (ग़ैर मुतज़लज़ल, अज़्म वाला) unshaken, resolute

अविजित (वि०) (غیر مفتوح (جسے جیتا نہ جا سکے (ग़ैर मफ़्तूह {जिसे जीता न जा सके}) unconquered

अविज्ञ (वि०) جاہل، بےخبر (जाहिल, बेख़बर) illiterate, ignorant

अविदित (वि०) نامعلوم، جو ظاہر نہ ہو (नामालूम, जो ज़ाहिर न हो) not known, not evident

अविनाश (पु०) ناقابلِ فنا (नाक़ाबिले फ़ना) unperishable

अविनीत (वि०) بُرے اخلاق والا، ناشائستہ (बुरे एख़लाक वाला, नाशाइस्ता) discourteous, immodest

अविनीता (स्त्री०) غیر شائستہ، بد اخلاق عورت (ग़ैर शाइस्ता, बद एख़लाक़ औरत) immodest, discourteous woman

अविभक्त (वि०) غیر منقسم، مشترکہ (ग़ैर मुनक़सिम, मुश्तरका) undivided, joint

अविभाजित (वि०) = **अविभक्त**

अविभाज्य (वि०) ناقابلِ تقسیم (ना क़ाबिले तक़सीम) indivisible

अविरुद्ध (वि०) بےروک ٹوک، کوئی حائل نہیں (बे रोक टोक, कोई हाएल नहीं) unobstructed, unimpeded

अविलंब (पु०वि०) فوراً، دیر نہ کرنا (फ़ौरन, देर न करना) prompt, not delaying

अविवाद (पु०,वि०) غیر متنازعہ، بغیر اختلاف کے (ग़ैर मुतानाज़ा, बग़ैर एख़तेलाफ़ के) undisputed, uncontentious

अविवाहित (वि०) غیر شادی شدہ، اکیلا (ग़ैर शादी शुदा, अकेला) unamarried, single

अविश्वसनीय (वि०) ناقابلِ اعتماد، ناقابلِ یقین (नाक़ाबिले एतेमाद, नाक़ाबिले यक़ीन) untrustworthy, unbelievable

अविश्वस्त (वि०) = **अविश्वसनीय**

अविश्वास (पु०) بےاعتمادی، بےیقینی، شک (बेएतेमादी, बेयक़ीनी, शक) mistrust, disbelief, suspicion

अविश्वासी (पु०,वि०) ناقابلِ اعتبار، مشکوک (नाक़ाबिले एतबार, मशकूक) distrustful, suspicious

अविसन (वि०) محنت گریز، لاپرواہ (मेहनत गुरेज़, लापरवाह) unindustrious, indifferent

अवीरा (स्त्री०) لاولد بیوہ (लावल्द बेवा) childless widow

अवैध (वि०) غیر قانونی (ग़ैर क़ानूनी) illegal

अव्यय (पु०,वि०) نہ بدلنے والا، اَبدی (न बदलने वाला, अबदी) not liable to change, eternal

अव्यवस्था (स्त्री०) بےترتیبی، بدانتظامی (बेतरतीबी, बद इन्तेज़ामी) disorder, lack of organisation

अव्यवस्थित (वि०) افراتفری، غیر منظم (अफ़रा तफ़री, ग़ैर मुनज़्ज़म) disordered, disorganised

अव्यसन (पु०,वि०) بےگناہ (बेगुनाह) viceless

अव्यावहारिक (वि०) ناقابلِ عمل (नाक़ाबिले अमल) impracticable

अव्यावहारिकता (स्त्री०) ناقابلِ عمل حالت (नाक़ाबिले अमल हालत) impracticablility

अव्याहृत (वि०) بےروک ٹوک، غیر شکستہ (बेरोक टोक, ग़ैर शिकस्ता) unrestrained (unchecked), unbroken

अव्वल (पु०,वि०) پہلا، عمدہ ترین (पहला, उमदातरीन) first, excellent

अशंकित (वि०) غیر مشکوک (ग़ैर मश्कूक) not suspected

अशकुन (पु०) بدشگونی (बदशगूनी) ill-omen

अशकुनी (पु०) بدشگونی کا (बदशगूनी का) of ill-omen

अशक्त (वि०) بےقوت، مجبور، کمزور (बेकुव्वत, मजबूर, कमज़ोर) powerless, helpless, weak

अशक्ति (स्त्री०) بےقوتی، کمزوری (बेकुव्वती, कमज़ोरी) powerlessness, weakness

अशक्य (वि०) ناقابلِ عمل، ناممکن (ना क़ाबिले अमल, ना मुमकिन) impracticable, impossible

अशन (पु०) کھانا،غذا (खाना, ग़िज़ा) food, diet

अशनि (स्त्री०) بجلی کا کڑکا (बिजली का कड़का) thunderbolt

अशरफ (वि०) بہت شریف، ممتاز (बहुत शरीफ़, मुमताज़) very noble, eminent

अशरफी (स्त्री०) پرانے زمانے میں رائج سونے کا سِکّہ (पुराने ज़माने में राएज सोने का सिक्का) gold coin of old time

अशांत (वि०) بے امن، بے چین (बे अमन, बे चैन) not at peace, restless

अशांति (स्त्री०) بے چینی، بدامنی (बेचैनी, बदअमनी) restlessness, disturbance

अशिक्षा (स्त्री०) جہالت، تعلیم کا فقدان (जेहालत, तालीम का फ़ुक़्दान) ignorance, lack of education

अशिक्षित (वि०) جاہل، غیر تعلیم یافتہ (जाहिल, ग़ैर तालीम याफ़्ता) ignorant, uneducated

अशिष्ट (वि०) بھونڈا، ناشائستہ (भोंडा, ना शाइस्ता) crude, impolite

अशील (वि०) بدکردار (बदकिरदार) bad character

अशुच (वि०) غیر خالص (ग़ैर ख़ालिस) impure

अशुद्ध (वि०) غیر خالص،غلط (ग़ैर ख़ालिस, ग़लत) impure, incorrect

अशुद्धता (स्त्री०) خالص نہ ہونا، خامی (ख़ालिस न होना, ख़ामी) impurity, incorrectness

अशुद्धि (स्त्री०) غلطی،خامی (ग़लती, ख़ामी) error

अशुभ (पु०,वि०) منحوس، بدقسمتی (मनहूस, बदक़िस्मती) inauspicious, misfortune

अशोक (पु०,वि०) غم وفکر سے آزاد، ایک شہنشاہ کا نام، ایک درخت کا نام (ग़मो फ़िक्र से आज़ाद, एक शहंशाह का नाम, एक दरख़्त का नाम) free from sorrow & care, an emperor, name of a tree

अशोभनीय (वि०) غیر دلکش، جو زیب نہ دے (ग़ैर दिलकश, जो ज़ेब न दे) unattractive

अश्रु (पु०) آنسو (आँसू) tear

अश्रुत (वि०) جو نہ سنا گیا، ناتجربہ کار (जो न सुना गया, ना तर्जुबाकार) unheard, inexperienced

अश्रुति (स्त्र०,वि०) بہرہ پن (बहरापन) deafness

अश्रुमय (वि०) پُراشک (पुरअश्क) tearful

अश्लील (वि०) فحش (फ़हश) obscene

अश्लीलता (स्त्री०) فحاشی (फ़ह्हाशी) obscenity

अश्लेष (वि०) جو ذو(دو) معنی نہ ہو (जो ज़ू {दो} मानी न हो) without double meaning

अश्व (पु०) گھوڑا (घोड़ा) horse

अश्वा (स्त्री०) گھوڑی (घोड़ी) mare

अष्ट (वि०) آٹھ (आठ) eight

अष्टमा (वि०) آٹھواں (आठवाँ) eighth

अष्टमी (वि०) قمری مہینہ کا آٹھواں دن (क़मरी महीना का आठवाँ दिन) 8th day of lunar month

अष्टादश (वि०) اٹھارہ (अट्ठारह) eighteen

अष्टि (स्त्री०) گٹھلی، بیج (गुठली, बीज) fruit stone, kernal

असंख्य (वि०) لاتعداد، بے گنتی (लातादाद, बेगिनती) innumerable, countless

असंख्यक (वि०) = **असंख्य**

असंगत (वि०) غیر متعلق،فضول (ग़ैर मुतअल्लिक़, फ़ज़ूल) not connected, absurd

असंगति (स्त्री०) تضاد، ناموزونیت (तज़ाद, नामौज़ूनियत) contradiction, inappropriateness

असंतति (वि०) لاولد (लावल्द) childless

असंतुष्ट (वि०) غیر مطمئن، ناخوش (ग़ैर मुत्मइन, नाख़ुश) dissatisfied, displeased

असंतोष (पु०) بے اطمینانی، ناخوشی (बेइतमिनानी, नाख़ुशी) dissatisfaction, displeasure

असंबद्ध (वि०) بےتعلق، لاتعلق، بے ربط (बेताल्लुक़, लाताल्लुक़, बेरब्त) not connected, disconnected, incoherent

असंभव (वि०) ناممکن (नामुमकिन) impossible

असंयम (पु०) خودکو پابندی سے آزاد (ख़ुद को पाबन्दी से आज़ाद) lack of self restrain

असंशय (पु०,वि०) شک وشبہہ سے بالاتر (शको शुब्हा से बालातर) freedom from doubt

असकत (स्त्री०) تساہلی، بےعملی (तसाहुली, बेअमली) laziness, inactivity

असत (पू०,वि०) غیر حقیقی، جھوٹ (ग़ैर हक़ीक़ी, झूट) unreal, falsehood

असती (स्त्री०) بےوفا بیوی (बेवफ़ा बीवी) disloyal wife

असत्ती (पु०,वि०) مجبور، بے قوت (मजबूर, बेक़ुवत) helpless, powerless

असत्य (पु०,वि०) جھوٹا، ناحق (झूठा, नाहक़) false, unrighteous

असत्यता (स्त्री०) جھوٹ، بےاعتباری (झूट, बेएतबारी) falsehood, faithlessness

असन (पु०) غذا (ग़िज़ा) diet

असभ्य (वि०) ناشائستہ، بداخلاق (नाशाइस्ता, बदएख़लाक़ी) uncivilised, impolite

असभ्यता (स्त्री०) ناشائستگی، بدخلقی (नाशाइस्तगी, बदख़ुल्क़ी) uncivilised state, rudeness

असमंजस (पु०) بےیقینی، جھجک (बेयक़ीनी, झिझक) uncertainty, hesitation

असम (वि०) نابرابر، طاق، ناہموار (नाबराबर, ताक़, नाहमवार) unequal, odd, uneven

असमता (स्त्री०) نابرابری، ناہمواری (नाबराबरी, नाहमवारी) unequality, unevenness

असमय (पु०,वि०) بے وقت، ناموزوں وقت (बेवक़्त, नामौज़ूँ वक़्त) untimely, unsuitable time

असमर्थ (वि०) نااہل، مجبور، ناموزوں (नाआहल, गजबूर, नामौज़ूँ) incapable, helpless, unfit

असमर्थता (स्त्री०) مجبوری، لاچاری (मजबूरी, लाचारी) helplessness, inability

असमान (वि०) نابرابر، غیرمشابہ (नाबराबर, ग़ैर मोशाबा) unequal, dissimilar

असमानता (वि०) نا برابری، نا مشابہت (नाबराबरी, नामोशाबेहत) inequality, dissimilarity

असम्मति (स्त्री०) اختلافِ رائے، نامنظوری (एख़्तेलाफ़े राय, नामंज़ूरी) dissent, disapproval

असम्मान (पु०) بےعزتی (बेइज़्ज़ती) disrespect

असम्मित (वि०) غیرمتشاکل (غیر ہم آہنگی) (ग़ैर मुतशाकिल {ग़ैर हमआहंगी}) asymmetrical

असहनीय (वि०) ناقابلِ برداشت (नाक़ाबिले बरदाश्त) unbearable

असहयोग (पु०) عدم تعاون (अद्मे तआवुन) non-co-operation

असहाय (वि०) مجبور، بے یارومددگار (मजबूर, बेयारो मददगार) helpless, friendless

असहय (वि०) = **असहनीय**

असाक्षात (वि०) نظر نہ آنے والا، غیر موجودگی میں (नज़र न आने वाला, ग़ैर मौजूदगी में) invisible, in absence (of)

असाक्ष्य (पु०) ثبوت کی کمی (सबूत की कमी) lack of evidence

असाधारण (वि०) غیر معمولی، خصوصی (ग़ैर मामूली, ख़ुसूसी) unusual, special

असाध्य (वि०) لاعلاج، ناممکن الحصول (लाइलाज, नामुमकिनुल हुसूल) incurable, not attainable

असामयिक (वि०) بےوقت (बेवक़्त) untimely

असामंजस्य (पु०) غیر ہم آہنگی، عدم مطابقت (ग़ैर हम आहंगी, अद्मे मुताबिक़त) disharmony, incompatability

असामर्थ्य (स्त्री०) = **असमर्थता**

असामान्य (वि०) غیر معمولی، عام روش سے ہٹ کر (ग़ैर मामूली, आम रविश से हट कर) abnormal, uncommon

असामी (पु०) کوئی شخص، کرایہ دار، موکل (कोई शख़्स, किरायादार, मुवक्किल) a person, tenant, client

असाम्य (पु०) نابرابری، فرق (नाबराबरी, फ़र्क़) dissimilarity, disparity

असार (वि०) خالی، بے رس، بے ہوش (ख़ाली, बेरस, बेहोश) empty, without sap, senseless

असार्वजनिक (वि०) غیر عوامی (ग़ैर अवामी) not public

असावधानी (स्त्री०) بےاحتیاطی، غفلت (बेएहतेयाती, ग़फ़लत) carelessness, negligence

असि (स्त्री०) تلوار (तलवार) sword

असित (पु०वि०) سیاہ، اندھیرا (स्याह, अंधेरा) black, dark

असिद्ध (वि०) جوانجام کو نہ پہنچا، نامکمل، خام (کچا) (जो अंजाम को न पहुँचा, नामुकम्मल, ख़ाम {कच्चा}) unaccomplished, incomplete, raw

असीम (वि०) لامحدود، مطلق (लामहदूद, मुतलक़) unlimited, absolute

असीमित (वि०) لامحدود (लामहदूद) unlimited

असीस (स्त्री०) رحمت (रहमत) blessing

असु (पु०) زندگی، روح، گھوڑا (ज़िन्दगी, रूह, घोड़ा) life, spirit, horse

असुर (पु०) بدروح، بھوت پریت (बद रूह, भूत-प्रेत) evil spirit, ghost

असुविधा (स्त्री०) زحمت، پریشانی (ज़हमत, परेशानी) inconvenience, trouble

असूया (स्त्री०) حسد، جلن (हसद, जलन) jealousy, malice

असृज (पु०) خون (ख़ून) blood

अस्त (पु०,वि०) گھر، غروب (ڈوبنا)، زوال (घर, ग़ोरूब {डूबना}, ज़वाल,) house, setting, decline

अस्तकाल (पु०) غروب (ڈوبنے) کا وقت، وقتِ زوال (ग़ोरूब {डूबने} का वक़्त, वक़्ते ज़वाल) time of setting, period of decline

अस्तब्ध (वि०) ناپختہ (ना पुख़्ता) not firm

अस्त व्यस्त (वि०) منتشر، افراتفری (मुनतशिर, अफ़रा तफ़री) scattered, disorganised

अस्ति (स्त्री०) وجود، حاضر (वजूद, हाज़िर) existence, present

अस्तित्व (पु०) وجود (वजूद) existence

अस्तु (अव्य०) بہت اچھا (बहूत अच्छा) very well

अस्तुति (स्त्री०) غیبت کرنا (ग़ीबत करना) speaking ill

अस्त्र (पु०) اسلحہ، ہتھیار (असलहा, हथियार) weapon, armament

अस्त्रागार (पु०) اسلحہ خانہ (असलहाख़ाना) arsenal

अस्थाई (पु०) عارضی (आरज़ी) temporary

अस्थि (स्त्री०) ہڈی (हड्डी) bone

अस्थिमज्जा (स्त्री०) ہڈی کا گودا (हड्डी का गूदा) bone marrow

अस्थिपंजर (पु०) ڈھانچہ (ढाँचा) skeleton

अस्थिमय (वि०) ہڈی والا (हड्डी वाला) bony

अस्थिर (वि०) ناپائدار، غیر یقینی (ना पाएदार, ग़ैर यक़ीनी) unstable, uncertain

अस्थिरता (स्त्री०) ناپائداری (नापाएदारी) instability

अस्पर्श (पु०) بے ربطی، جسمانی لمس ممنوع (बेरब्ती, जिसमानी लम्स ममनू) non-contact, prohibition of physical contact

अस्पर्शनीय (वि०) (چھونا) ناقابلِ لمس (नाक़ाबिले लम्स {छूना}) not to be touched

अस्पष्ट (वि०) غیر واضح (ग़ैर वाज़े) illegible (unclear)

अस्पष्टता (स्त्री०) واضح (صاف) نہ ہونا (वाज़ेह {साफ़} न होना) illegibility (lack of clarity)

अस्पृश्य (वि०) ان چھوا، باکرہ (अन्छुआ, बाकरा) untouched, virgin

अस्पृष्ट (वि०) = **अस्पृश्य**

अस्पृह (वि०) بےخواہش (बेख़ाहिश) without desire

अस्फुट (वि०) جو نہیں کھلا (پھول)، غیر واضح (जो नहीं खिला {फूल}, ग़ैर वाज़ेह) not blossomed, (flower), indistinct

अस्मरण (पु०) بھولنا (भूलना) forgetfulness

अस्मिता (स्त्री०) اپنا، آپ (अपना, आप) one's self

अस्मृति (स्त्री०) فراموشی، (بھول جانا) (फ़रामोशी, {भूल जाना}) oblivion, forgetting

अस्वार्थी (पु०,वि०) بےلوث (बेलौस) unselfish

अस्वीकार (पु०) نامنظوری، انکار (नामंज़ूरी, इन्कार) non acceptance, refusal

अस्वीकृत (वि०) نامنظور، انکار کیا گیا (नामंज़ूर, इन्कार किया गया) not accepted, refused

अस्वीकृति (स्त्री०) = **अस्वीकार**

अहं (पु०,सर्व०) خود، خودداری (ख़ुद, ख़ुद्दारी) self, egoism

अहंकार (पु०) خودداری، غرور، اینٹھ (ख़ुद्दारी, ग़ोरूर, ऐंठ) egoism, pride, arrogance

अहमक़ (पु०,वि०) بیوقوف (बेवक़ूफ़) fool

अहरण (पु०) رقم نکالنا (रक़म निकालना) withdrawal of money

अहरी (स्त्री०) چھوٹا تالاب (छोटा तालाब) small tank

अहिंसा (स्त्री०) عدم تشدد (अद्मे तशद्दुद) non-violence

अहिंसात्मक (वि०) عدم تشدد کا رویہ (अद्मे तशद्दुद का रवैया) non-violent character

अहिंसावाद (पु०) نظریۂ عدم تشدد (नज़रियए अद्मे तशद्दुद) doctrine of non-violence

अहि (पु०) سانپ (साँप) snake

अहित (पु०,वि०) نقصان دہ (नुक़सानदे) harmful

अहितकारी (पु०,वि०) بدخواہ (बदख़ाह) ill-wisher

अहिनी (स्त्री०) مادہ سانپ (मादा साँप) female snake

अहिवात (पु०) شادی شدہ حالت (शादीशुदा हालत) married state

अहीर (पु०) گدڑیا، گدڑیوں کا طبقہ (गदड़िया, गदड़ियों का तब्क़ा) herdsman, community of herdsmen

अहीरन (स्त्री०) گدڑیے کی بیوی (गदड़िये की बीवी) herdsman's wife

अह्वान (पु०) پکار، دعوت (पुकार, दावत) call, invitation

आ

आँक (पु०) عدد، نشان، حرف (अदद, निशान, हर्फ़) number, sign, letter

आंकड़ा (पु०) عدد، تخمینہ (اندازہ) (अदद, तख़मीना {अन्दाज़ा}) figure, estimate

आंकना (क्रि०) اندازہ (تخمینہ) (अन्दाज़ा {तख़मीना}) estimate

आंकिक (पु०) محاسب، اکاؤنٹنٹ (मुहासिब, एकाउन्टेन्ट) accountant

आंकिकी (स्त्री०) اعداد و شمار (आदादो शुमार) statistics

आंतर (पु०) فرق (फ़र्क़) difference

आंतरिक (वि०) اندرونی، داخلی (अंदुरूनी, दाख़िली) internal, home

आंदू (पु०) بیڑی، زنجیر (बेड़ी, जंजीर) fetters, chain

आंदोलन (पु०) تحریک (तहरीक) movement

आँव (पु०) چکنا، لسدار مادہ (चिकना, लसदार माद्दा) sticky, mucous

आँवल (पु०) مشیمہ (मशमीया) placenta

आँवलनाल (स्त्री०) آل (आल) umbilical chord

आँवा (पु०) بھٹی (भट्टी) furnace

आंशिक (वि०) جزوی (जुज्वी) partial

आई (स्त्री०) آنا، موت، مدتِ زندگی (आना, मौत, मुद्दते ज़िन्दगी) coming, death, period of life

आउ (पु०) زندگی، عمر (ज़िन्दगी, उम्र) life, age

आकम्पना (पु०) لرزش، کپکپی (लरज़िश, कपकपी) vibration

आकर (पु०) کان، معدن (कान, मआदन) mines

आकर्षक (वि०) پُرکشش (पुरकशिश) attractive

आकर्षण (पु०) کشش، کھنچاؤ (कशिश, खिंचाव) attraction

आकर्षित (वि०) کھنچا ہوا (खिंचा हुआ) attracted

आकलन (पु०) تحقیق، جانچ، جائزہ (तहक़ीक़, जाँच, जाइज़ा) research, test, survey

आकस्मिक (वि०) اچانک، ناگہانی، اتفاقی (अचानक, नागेहानी, इत्तेफ़ाक़ी) sudden, casual

आकस्मिक अवकाश (पु०) اتفاقی رخصت (इत्तेफ़ाक़ी रुख़सत) casual leave

आकांक्षा (स्त्री०) خواہش، تمنا، آرزو (ख़ाहिश, तमन्ना, आरज़ू) desire, wish

आकांक्षी (पु०,वि०) خواہشمند، تمنائی (ख़ाहिशमंद, तमन्नाई) desirous, aspiring

आकार (पु०) سائز، شکل، بناوٹ (साइज़, शकल, बनावट) size, shape, structure

आकारक (पु०) طلبی نامہ، سمن (तलबी नामा, सम्मन) summon

आकारण (पु०) طلبی، دعوت (तलबी, दावत) call, invitation

आकाश (पु०) آسمان، خلا (आसमान, ख़ला) sky, space

आकाशकुसुम (पु०) انہونی بات (अनहोनी बात) something wonderful

आकाशगंगा (स्त्री०) کہکشاں (कहकशाँ) galaxy

आकाशदीप (पु०) مینار کا چراغ (मीनार का चराग़) lamp attached to a pole

आकाशवाणी (स्त्री०) جنت کی آواز، ریڈیو کی آواز (जन्नत की आवाज़, रेडियो की आवाज़) voice from heaven, radio voice

आकिंचन (पु०,वि०) غربت (ग़ुरबत) poverty

आकीर्ण (पु०,वि०) وسیع، پھیلا ہوا (वसी, फैला हुआ) spacious, extensive

आकुंचन (पु०) شکن،موڑ (शिकन, मोड़) wrinkle, fold

आकुंचित (वि०) شکن آلود، ٹیڑھا (शिकन आलूद, टेढ़ा) wrinkled, folded

आकुण्ठन (वि०) شرم (शर्म) shyness

आकुण्ठित (वि०) شرمیلا، سنجیدہ (शर्मीला, संजीदा) shy, modest

आकुल (वि०) بے چین، بے قرار (बेचैन, बेक़रार) anxious, restless

आकृति (स्त्री०) شکل، بناوٹ، ساخت (शकल, बनावट, साख़्त) form, shape, structure

आकृष्ट (वि०) کھنچاؤ، متوجہ (खिंचाव, मुतवज्जा) attract, attentive

आक्रन्दन (वि०) گریہ وزاری، رونا دھونا (गिरयाओज़ारी, रोना धोना) crying, weeping

आक्रमण (पु०) حملہ (हमला) attack

आक्रमणात्मक (वि०) حملہ آوارنہ (हमलावराना) attacking

आक्रांत (वि०) مغلوب، جس پر حملہ کیا گیا ہو (मग़लूब, जिस पर हमला किया गया हो) over powered, attacked

आक्रोश (पु०) غصہ، بے چینی (गुस्सा, बेचैनी) anger, resentment

आक्लांत (वि०) غمگین، پژمُردہ (ग़मग़ीन, पज़मुर्दा) sad, depressed

आक्षेप (पु०) الزام، بے عزتی (इल्ज़ाम, बे इज़्ज़ती) allegations, insult

आखेट (पु०) شکار (शिकार) hunting

आखेटक (पु०) شکاری (शिकारी) hunter

आख्या (स्त्री०) بیان، شہرت، نام (ब्यान, शोहरत, नाम) account, fame, name

आख्यानक (पु०) بیان، تشریح (ब्यान, तशरीह) statement, description

आख्यायिका (स्त्री०) سچا قصہ، رپورٹ (सच्चा क़िस्सा, रिपोर्ट) true story, report

आगन्तुक (पु०) مہمان، نووارد (मेहमान, नौवारिद) guest, new comer

आगत (पु०,वि०) = **आगन्तुक**

आगमन (पु०) آمد، ابتدا، نمودار (आमद, इब्तेदा, नमुदार) coming, origin, appearance

आगर (पु०) عالم، دانا (आलिम, दाना) scholar, wise

आगणन (पु०) تخمینہ (तख़मीना) estimation

आगमी (पु०) جیوتشی (ज्योतिषी) astrologer

आगामी (पु०,वि०) آئندہ، مستقبل کی بات بتانے والا (आइन्दा, मुस्तक़बिल की बात बताने वाला) future, fortune teller

आगार (पु०) مقام، گھر، خزانہ (मुक़ाम, घर, ख़ज़ाना) dwelling, house, treasury

आगी (स्त्री०) آگ (आग) fire

आग्नेय (वि०) آتشی، آگ سے نکلا ہوا (आतिशी, आग से निकला हुआ) fiery, hot

आग्रह (पु०) گذارش، اصرار، ضد (गुज़ारिश, इसरार, ज़िद) request, insistence, persistent

आघात (पु०) چوٹ، ضرب، حملہ (चोट, ज़र्ब, हमला) blows, injury, attack

आचमन (पु०) کھانے کے بعد منہ دھونا، چلو سے پانی پینا (खाने के बाद मुंह धोना, चुल्लू से पानी पीना) rinsing the mouth, drinking water from the palm of hand

आचरण (पु०) چال چلن، برتاؤ (चाल चलन, बर्ताव) conduct, behaviour

आचार (पु०) کردار، اخلاق (किरदार, एख़्लाक़) character, behaviour

आचारसंहिता (स्त्री०) ضابطۂ اخلاق (ज़ाब्तए एख़्लाक़) code of conduct

आचारभ्रष्ट (वि०) بدچلن، بداخلاق (बदचलन, बद एख़्लाक़) bad character, ill mannered

आचारवान (वि०) نیک چلن (नेक चलन) good conduct

आचार्य (पु०) مذہبی طبقہ کا رہنما، روحانی رہبر، پروفیسر (मज़हबी तब्क़े का रहनुमा, रूहानी रहबर, प्रोफ़ेसर) spiritual guide, professor

आच्छन्न (वि०) چھایا ہوا (छाया हुआ) covered

आच्छादन (पु०) لباس، پوشاک (लेबास, पोशाक) covering, garment

आच्छादित (वि०) ڈھکا ہوا، چھپایا ہوا (ढका हुआ, छुपाया हुआ) covered, concealed

आजन्म (वि०) عمر بھر، پیدائشی (उम्र भर, पैदाइशी) life long, since birth

आजीवन (वि०) زندگی بھر، تاحیات (ज़िन्दगी भर, ताहयात) life long

आजीविका (स्त्री०) روزی، ذریعہ معاش (रोज़ी, ज़रिये मआश) livelihood, means of subsistence

आज्ञा (स्त्री०) حکم، اجازت (हुक्म, इजाज़त) order, permission

आज्ञा अभिप्राय (पु०) منشائے حکم (मनशाए हुक्म) purpose of order

आज्ञाकारी (पु०,वि०) فرمانبردار، اطاعت گذار (फ़रमाबरदार, अताअत गुज़ार) obedient

आज्ञादाता (पु०) حکم دہندہ، آقا (हुक्म दहिन्दा, आक़ा) commander, lord

आज्ञानुसार (अव्य०) حکم کے مطابق (हुक्म के मुताबिक़) according to order

आज्ञानिष्पादन (पु०) اجرائے حکم، تعمیلِ حکم (इजराए हुक्म, तामीले हुक्म) enforcement of order, compliance of order

आज्ञापक (पु०) حکم دہندہ (हुक्म दहिन्दा) commander

आज्ञापत्र (पु०) حکم نامہ، فرمان (हुक्मनामा, फ़रमान) written order, authority

आज्ञापालन (पु०) تعمیلِ حکم (तामीले हुक्म) carrying out, order

आज्ञापफलक (पु०) حکم نامہ (हुक्मनामा) ordersheet

आज्ञाभंग (पु०) حکم عدولی (हुक्म अदूली) breaking an order

आडंबर (पु०) تصنع، نمائش، ڈھونگ (तसन्नो, नुमाइश, ढोंग) hypocracy, show, hoaks

आढ़त (स्त्री०) ایجنسی، اناج کا تھوک (एजेन्सी, अनाज का थोक) agency, ware house (for grain)

आतंक (पु०) دہشت، خوف (दहशत, ख़ौफ़) terror, fear

आतंकित (वि०) دہشت زدہ، خوفزدہ (दहशतज़दा, ख़ौफ़ज़दा) terrorised, afraid

आतंकी (वि०) دہشت گرد (दहशतगर्द) terrorist

आतंक ग्रस्त (वि०) = **आतंकित**

आतंकवाद (पु०) دہشت گردی (दहशतगर्दी) terrorism

आतंकवादी (पु०,वि०) = **आतंकी**

आततायी (पु०,वि०) ظالم، انتہائی شریر (ज़ालिम, इन्तेहाई शरीर) cruel, extreme wicked

आतप (पु०) دھوپ، حرارت (धूप, हरारत) sun, warmth

आतपत्र (पु०) چھتری (छतरी) umbrella

आतिथ्य (पु०) میزبانی (मेज़बानी) hospitality

आतुर (वि०) بیقرار، بے چین (बेक़रार, बेचैन) restless, curious

आत्म (स्त्री०) اپنا، ذاتی (अपना, ज़ाती) self, personal

आत्म अनुभव (वि०) ذاتی تجربہ، احساس (ज़ाती तजुर्बा) self-experience, self-feeling

आत्मगत (वि०) اندرونی، موضوعاتی (अंदुरूनी, मौज़ूआती) internal, subjective

आत्मकथा (स्त्री०) سوانح عمری، آپ بیتی (सवानेह उम्री, आपबीती) autobiography

आत्मगौरव (पु०) خودداری، عزت نفس (खुद्दारी, इज़्ज़ते नफ़्स) self-respect, ego

आत्मग्लानि (स्त्री०) پشیمانی، ملامتِ ضمیر (पशेमानी, मलामते ज़मीर) self-repentance, depression of conscious

आत्मघात (पु०) خودکشی (खुदकुशी) suicide

आत्मघाती (वि०) خودکش (खुदकुश) suicidal

आत्मज्ञान (पु०) خودشناسی (खुदशनासी) self-recognition

आत्मचिंतन (पु०) خوداحتسابی (खुद एहतेसाबी) self-analysis

आत्मचेतना (स्त्री०) شعورِ نفس (शोउरे नफ़्स) self-consciousness

आत्मज (पु०) بیٹا (बेटा) son

आत्मजा (स्त्री०) بیٹی (बेटी) daughter

आत्मतुष्टी (स्त्री०) روحانی تسکین (रूहानी तसकीन) self-satisfaction

आत्मत्याग (पु०) ایثارِ نفس (इसारे नफ़्स) self-sacrifice

आत्मनिर्भर (वि०) خودکفیل (खुद कफ़ील) self-sufficient

आत्मनिग्रह (वि०) ضبط نفس،تقویٰ (ज़ब्ते नफ़्स, तक़्वा) self-control

आत्मपरिवर्तन (पु०) تبدیلی قلب (तब्दीलिए क़ल्ब) change of heart

आत्मप्रशंसा (स्त्री०) اپنی تعریف آپ،خودستائی (अपनी तारीफ़ आप, खुदसताई) self-praise

आत्मबल (पु०) روحانی قوت (रूहानी क़ुवत) spiritual strength

आत्मरक्षा (स्त्री०) خودحفاظتی (खुद हिफ़ाज़ती) self-defence

आत्मवंचना (स्त्री०) خودفریبی (खुद फ़रेबी) self-deception

आत्मविश्वास (पु०) خوداعتمادی (खुद एतेमादी) self-confidence

आत्मविस्मृति (वि०) خودفراموشی (खुद फ़रामोशी) self-forgetfulness

आत्मश्लाघा (स्त्री०) خودستائی (खुद सताई) self-praise

आत्मशुद्धि (स्त्री०) تزکیۂ نفس (तज़कीय-ए-नफ़्स) self-purification

आत्मसंयम (पु०) ضبط نفس،تقویٰ (ज़ब्ते नफ़्स, तक़्वा) self-control

आत्मसम्मान (पु०) خودداری،عزت نفس (खुद्दारी, इज़्ज़ते नफ़्स) self respect

आत्मसमर्पण (पु०) خودسپردگی (खुदसुपुर्दगी) surrender

आत्महत्या (स्त्री०) خودکشی (खुदकुशी) suicide

आत्महीनता (स्त्री०) احساس کمتری (एहसासे कमतरी) inferiority complex

आत्मा (स्त्री०) روح،نفس،دل (रूह, नफ़्स, दिल) spirit, soul, self, heart

आत्मिक (वि०) روحانی،خودکامعاملہ (रूहानी, खुद का मामला) spiritual, related with the self

आत्मीय (पु०,वि०) قرابتدار، دلی دوست (क़राबतदार, दिली दोस्त) intimated, close friend

आत्मीयता (वि०) قرابت داری،احساس قربت (क़राबतदारी, एहसासे क़ुरबत) ownness, feeling of intimacy

आत्मोत्सर्ग (पु०) ایثارِنفس (इसारे नफ़्स) self-sacrifice

आदर (पु०) عزت،خاطر،احترام (इज़्ज़त, ख़ातिर, एहतेराम) respect, honour

आदरणीय (वि०) قابل احترام،محترم (क़ाबिले एहतेराम, मोहतरम) respected, revered

आदर्श (पु०,वि०) نمونہ،معیار،مثالی، اصول (नमूना, मेयार, मिसाली, उसूल) sample, standard, ideal, prototype

आदर्शवादी (पु०) اصول پسند (उसूल पसन्द) idealistic

आदान (पु०) لینا،قبولیت (लेना, क़बूलियत) taking, acceptance

आदानप्रदान (पु०) لین دین (लेनदेन) exchange

आदि (पु०,वि०) وغیرہ،ابتدا،ازل (वग़ैरा, इब्तेदा, अज़ल) etc, beginning, origin

आदित्य (पु०) دیوتا،سورج (देवता, सूरज) deity, sun

आदित्य वार (पु०) اتوار (इतवार) sunday

आदिम (वि०) قدیم،اوّل (क़दीम, अव्वल) primitive, first

आदिष्ट (वि०) نصیحت کیا ہوا (नसीहत किया हुआ) instructed

आदी (पु०,वि०) ادرک،عادی (अदरक, आदी) ginger, habitual

आदीप्त (वि०) روشن (रौशन) bright

आदृत (वि०) معزز (मोअज़्ज़िज़) respectful

आदेश (पु०) حکم، اجازت (हुक्म, एजाज़त) order, instruction

आद्यंयत (पु०) شروع سے آخر تک (शुरू से आख़िर तक) from beginning to end

आद्यंय (वि०) ابتدائی (इब्तेदाई) beginning

आद्योपांत (वि०) = **आद्यंयत**

आधर्षण (क्रि०) گرفتاری، سزا دینا (गिरफ़्तारी, सज़ा देना) arresting, punishment

आधर्षित (वि०) سزایافتہ،گرفتار (सज़ायाफ़्ता, गिरफ़्तार) penalised, arrested

आधार (पु०) بنیاد،قاعدہ،سہارا (बुनियाद, क़ायदा, सहारा) foundation, base, support

आधारहीन (वि०) بےبنیاد (बेबुनियाद) baseless

आधारात्मक (वि०) بنیادی (बुनियादी) basic

आधारित (वि०) منحصر (मुनहसर) based

आधि (स्त्री०) ذہنی کرب، فکر، محلِ وقوع (ज़ेहनी कर्ब, फ़िक्र, महले वक़ू) distress, anxiety, location

आधिक्य (पु०) کثرت، زیادتی (कसरत, ज़ेयादती) abundance, excess

आधिकारिक (वि०) حاکم، سرکاری (हाकिम, सरकारी) having authority, official

आधिपत्य/आधिराज्य (पु०) حکمرانی، ملکیت (हुक्मरानी, मिल्कियत) authority

आधिपत्यच्युत (वि०) معزول (माज़ूल) dethroned

आधुनिक (वि०) جدید، نیا (जदीद, नया) modern, new

आधृष्ट (वि०) روکا ہوا (रोका हुआ) prevented

आध्यात्मिक (वि०) روحانی (रूहानी) spiritual

आनक (पु०) نقارہ، طبل (नक़्क़ारा, तबल) drum, tombourine

आनत (वि०) منہ نیچے کیے ہوئے (मुँह नीचे किए हुए) down headed

आनति (पु०) اعزازی طور پر دیا گیا معاوضہ (एज़ाज़ी तौर पर दिया गया मोआवज़ा) honorarium

आनन (गु०) چہرا، منہ (चेहरा, मुंह) face, mouth

आनर्त (पु०) رقص گاہ (रक़्सगाह) dancing room

आनन्द (पु०) خوشی، مسرّت (ख़ुशी, मुसर्रत) pleasure, joy

आनन्दित (वि०) خوش، مسرور (ख़ुश, मसरूर) pleased, delighted

आनन्ददायक (वि०) مسرت بخش (मुसर्रत बख़्श) joy giving

आनमन (पु०) جھکاؤ (झुकाओ) inclination

आनीत (वि०) لایا ہوا (लाया हुआ) brought

आनुपालिक (वि०) متناسب (मुतनासिब) proportionate

आनुवंशिक (वि०) خاندانی (ख़ानदानी) hereditary

आन्त्रिक (वि०) اندرونی (अंदुरूनी) internal

आन्दोलक (पु०) جھلانے والا (झुलाने वाला) oscillator

आन्दोलन (पु०) تحریک، لرزش (तहरीक, लरज़िश) movement, vibration

आप (पु०) پانی، پانے والا (पानी, पाने वाला) water, receiver

आपगा (स्त्री०) ندی (नदी) river

आपण (पु०) ہاٹ (हाट) market

आपतन (पु०) اُتار، وقوع (उतार, वक़ू) incident

आपत्ति (स्त्री०) اعتراض، دُکھ، مصیبت (एतेराज़, दुख, मुसीबत) objection, calamity

आपदा (स्त्री०) مصیبت، ہنگامی (मुसीबत, हंगामी) calamity, disaster

आपनिधि (पु०) ذخیرۂ آب، سمندر (ज़ख़ीर-ए-आब, समुन्दर) sea, water body, ocean

आप्रवासी (पु०) دوسرے بلاک سے آکر بسنے والا (दूसरे ब्लॉक से आकर बसने वाला) immigrant

आपान (पु०) میخانہ (मैख़ाना) bar

आपूप (पु०) روٹی، ٹکیہ (रोटी, टिकिया) bread, disc

आपूर्ति (स्त्री०) فراہمی (फ़राहमी) supply

आपेक्षिक (वि०) تقابلی (مقابلتاً) (तक़ाबुली {मोक़ाबलतन}) relative

आफुक (पु०) افیون (अफ़्यून) opium

आबद्ध (वि०) بندھا ہوا (बंधा हुआ) bound

आभरण (पु०) زیور، آراستہ (ज़ेवर, आरास्ता) ornament, decoration

आभा (स्त्री०) چمک، نور، رونق (चमक, नूर, रौनक़) illumination, glaze, gleam

आभार (पु०) احسان، کرم، بوجھ (एहसान, करम, बोझ) obligation, gratitude, burden

आभारी (वि०) احسان مند، ممنون (एहसानमंद, ममून) obliged, grateful

आभास (पु०) روشنی، نیت، غلط تاثر (रौशनी, नीयत, ग़लत तास्सुर) light, intention, false impression

आभूषित (वि०) مزین، آراستہ (मुज़ैइयन, आरास्ता) decorated, adorned

आम (पु०,वि०) ناپختہ، کچا، آم (नापुख़्ता, कच्चा, आम) unripe, raw, mango

आमन्त्रण (पु०) دعوت (दावत) invitation

आमन्त्रित (वि०) مدعو (मदउ) invited

आमय (पु०) بیماری (बीमारी) sickness

आमरण (वि०) مرنے تک (मरने तक) till death

आमाशय (पु०) شکم، بیٹا (शिकम, बेटा) stomach, son

आमिष (पु०) گوشت، شکار (गोश्त, शिकार) meat, prey

आमुख (पु०) تمہید، آغاز (तमहीद, आग़ाज़) preface, beginning

आमोद (पु०) خوشی، عیش، تفریح (खुशी, ऐश, तफ़रीह) pleasure, pastime

आम्र (पु०) آم کا درخت یا پھل (आम का दरख़्त या फल) mango tree or fruit

आय (पु०) آمدنی، فائدہ (आमदनी, फ़ायदा) income, benefit

आयकर (पु०) انکم ٹیکس (इन्कम टैक्स) income tax

आयत (पु०) مستطیل، وسیع (मुस्ततील, वसी) rectangle, extensive

आयतन (पु०) جسامت (जसामत) volume

आय-व्यय (पु०) آمد و خرچ (आमदो ख़र्च) income & expenditure

आयस (पु०,वि०) لوہا، اُنسیت (लोहा, उन्सियत) iron, affection

आयसु (पु०) اجازت (इजाज़त) permission

आयात (वि०) درآمد (दरआमद) import

आयातित (वि०) درآمد شدہ (दरआमदशुदा) imported

आयान (पु०) آمد، مزاج (आमद, मिज़ाज) arrival, nature

आयाम (पु०) تفصیل، لمبائی، قاعدہ، جہت (तफ़सील, लंबाई, क़ायदा, जेहत) detail, length, rule, dimension

आयास (पु०) کوشش، محنت (कोशिश, मेहनत) effort, labour

आयु (पु०) عمر (उम्र) age

आयुक्त (पु०) کمشنر (कमिश्नर) commissioner

आयुत (वि०) پگھلا ہوا (पिघला हुआ) melted

आयुध (पु०) اسلحہ (असलहा) arms (ordnance)

आयुर्वेद (पु०) علم حکمت (इल्मे हिकमत) old Indian system of treatment

आयुष्मान (वि०) طویل العمر (तवीलुल उम्र) long life

आयुष्य (पु०) عمر (उम्र) age

आयोग (पु०) کمیشن (कमीशन) commission

आयोजन (पु०) انتظام، انعقاد (इन्तेज़ाम, इनेक़ाद) arrangement, to be held

आयोजना (पु०) منصوبہ (मंसूबा) plan

आयोधन (पु०) میدان جنگ (मैदाने जंग) battle field

आर (पु०) حصہ، پیتل، کیل (हिस्सा, पीतल, कील) part, brass, peg

आरक्त (वि०) سُرخ رنگ کا (सुर्ख़ रंग का) red coloured

आरक्ति (वि०) سُرخی (सुर्ख़ी) redness

आरक्षण (पु०) مخصوص (मख़्सूस) reservation

आरत (वि०) شانت، سیدھا (शान्त, सीधा) calm, upright

आरती (स्त्री०) دیوتا کے چاروں طرف دیا گھمانا (देवता के चारों तरफ़ दिया घुमाना) to rotate lamp around diety

आरब्ध (वि०) جاری (जारी) current

आरंभ (पु०) شروع، آغاز (शुरू, आग़ाज़) to start, begining

आरम्भिक (वि०) شروعات (शुरूआत) beginning, primary

आरूढ़ (वि०) چڑھنے والا (चढ़ने वाला) climber

आरोग/आरोग्य (पु०,वि०) صحت، صحتمند (सेहत, सेहतमंद) health, healthy

आरोप (पु०) الزام، منتقلی (इल्ज़ाम, मुनतक़ली) allegation

आरोप पत्र (पु०) الزام نامہ (इल्ज़ाम नामा) charge sheet

आरोपण (पु०) پودے کو ہٹا کر دوسری جگہ لگانا (पौदे को हटा कर दूसरी जगह लगाना) plantation, grafting

आरोपित (वि०) عائد کردہ (आएद करदा) alleged

आरोह (पु०) نیچے سے اوپر جانا (नीचे से ऊपर जाना) ascending

आर्जव (पु०) سادگی، نیکی (सादगी, नेकी) simplicity, nobility

आर्त (वि०) مبتلا، دُکھی (मुब्तला, दुखी) suffering, grieved

आर्तनाद (पु०) فریاد (फ़रयाद) grievance

आर्ति (स्त्री०) دُکھ، دماغی حالت (दुख, दिमाग़ी हालत) sorrow, mental state

आर्थिक (स्त्री०) اقتصادی، مالی (एक़्तेसादी, माली) economical

आर्द्रता (पु०) نمی، تری (नमी, तरी) moisture, humidity

आर्य (पु०) مہذب، شائستہ (मुहज़्ज़ब, शाइस्ता) cultured, civilised

आर्या (स्त्री०) دُرگا، ساس (दुर्गा, सास) Durga (goddess), mother-in-law

आर्यावर्त्त (पु०) بھارت (भारत) India

आल (पु०) مچھلی یا مینڈک کا انڈا (मछली या मेडक का अंडा) egg of fish or frog

आलन (पु०) پوال (पुआल) straw

आलम्ब (पु०) عمود، انحصار (ओमूद, इन्हेसार) perpendicular, dependence

आलय (पु०) گھر، مقام (घर, मुक़ाम) home, spot

आलस (पु०) کاہلی (काहिली) idleness

आलसी (वि०) کاہل، سست (काहिल, सुस्त) idle, dull

आलस्य (पु०) = **आलसी**

आलान (पु०) کھونٹا (खूँटा) peg

आलिंगन (पु०) گلے ملنا، ہم آغوش (गले मिलना, हम आग़ोश) embracing

आलिंजर (पु०) بڑا گھڑا (बड़ा घड़ा) large pitcher

आलिंद (पु०) منچ، بطن القلب (मंच, बतनुलक़ल्ब) stage, auricle of heart

आली (स्त्री०) سہیلی، قطار (सहेली, क़तार) girl's friend, row

आलीन (वि०) پگھلا ہوا (पिघला हुआ) melted

आलेख (पु०) تحریر (तहरीर) draft

आलेख्य (पु०) نقشہ (नक़्शा) diagram

आलोक (पु०) روشنی، دیکھنا، خیالی (रौशनी, देखना, ख़्याली) light, seeing, view

आलोकनीय (वि०) جانچ کے قابل (जाँच के क़ाबिल) deserving scrutiny

आलोकित (वि०) روشن، منور (रौशन, मनव्वर) bright, shining

आलोचक (पु०) تنقید نگار، تبصرہ نگار (तनक़ीद निगार, तब्सेरा निगार) critic, commentator

आलोचना (स्त्री०) تنقید، تبصرہ (तनक़ीद, तब्सेरा) criticism, comment

आलोचनात्मक (स्त्री०) تنقیدی (तनक़ीदी) critical

आवंटन (पु०) حصّہ بخرہ، مختص (हिस्सा बख़रा, मुख़्तस) allotment, share

आवरण (पु०) غلاف، خاکہ، پوشاک (ग़ेलाफ़, ख़ाका, पोशाक) cover, dress

आवरण पृष्ठ (पु०) سرورق (सरवरक़) cover page

आवर्जन (पु०) خاکساری (ख़ाकसारी) bending down

आव्रजन (पु०) غیر ملک سے آکر بسنا (ग़ैर मुल्क से आकर बसना) immigration

आवर्त (पु०) چکر، بھنور (चक्कर, भँवर) circle, whirlpool

आवर्तक (वि०) بار بار ہونے والا (बार बार होने वाला) recurrent

आवर्तन (पु०) بار بار ہونا، گردش (बार बार होना, गर्दिश) recurrence, rotation

आवर्तनीय (वि०) دہرانے لائق، بار بار ہونے والا (दोहराने लाएक़, बार बार होने वाला) repeatable, recurrable

आवर्तित (वि०) گردش کیا ہوا، اعادہ (بار بار دہرایا گیا) (गरदिश किया हुआ, एआदा {बार बार दुहराया गया}) rotated, recurred

आवश्य (वि०) ضرور (ज़रूर) certainly

आवश्यक (वि०) ضروری، طئے (ज़रूरी, तै) certain, necessary

आवश्यकता (स्त्री०) ضرورت (ज़रूरत) want, need

आवागमन (पु०) آنا جانا، عمل تناسخ، آمد و رفت (आना जाना, अमले तनासख़, आमदो रफ़्त) coming & giving, transmigration of soul birth & death

आवाजाही (पु०) = **आवागमन**

आवास (पु०) گھر (घर) home

आवाहन (पु०) دعوت، بلاوا (दावत, बुलावा) call, invitation

आविर्भाव (पु०) تخلیق، پیدائش (तख़लीक़, पैदाइश) creation, birth

आविर्भूत (वि०) پیدا، ظاہر (पैदा, ज़ाहिर) birth appearance

आविष्कार (पु०) ایجاد، انکشاف (ईजाद, इनकेशाफ़) invention, discovery

आविष्कारक (पु०) موجد، ایجاد کرنے والا (मोजिद, ईजाद करने वाला) inventor, creator

आविष्कृत (वि०) ایجاد شدہ (ईजादशुदा) invented

आविष्ट (वि०) پرجوش، مشتعل (पुरजोश, मुशतइल) excited, charged

आवृत (वि०) پوشیدہ (पोशीदा) covered

आवृत्ति (स्त्री०) تکرار، دہرانا (तकरार, दोहराना) recurring

आवेग (पु०) جوش، ہیجان (जोश, हेजान) excitement

आवेदक (पु०) درخواست دہندہ (दरख़ास्त दहिन्दा) applicant

आवेदन (पु०) التجا، درخواست (इल्तेजा, दरख़ास्त) request, application

आवेदनपत्र (पु०) عرضی، درخواست (अरज़ी, दरख़ास्त) petition, application

आवेश (पु०) بار، جوش، روانی (बार, जोश, रवानी) charge, excitation, flow

आवेशपूर्ण (वि०) باردار، پُرجوش (बारदार, पुरजोश) charged, excited

आशंका (स्त्री०) خدشہ، اندیشہ، خوف (ख़दशा, अन्देशा, ख़ौफ़) apprehension, concern, fear

आशय (पु०) منشا، مفہوم، مقصد (मन्शा, मफ़हूम, मक़सद) meaning, purpose

आशा (स्त्री०) اُمید، سہارا (उम्मीद, सहारा) hope, support

आशालीन (पु०) ناشائستہ (नाशाइस्ता) uncultured

आशावादी (पु०) پُراُمید، اُمید پسند (पुरउम्मीद, उम्मीद पसन्द) hopeful, optimistic

आशीर्वाद (पु०) دعاء (दुआ) blessing

आशीविष (पु०) سانپ (साँप) snake

आशु (वि०) جلدی، فوراً (जल्दी, फ़ौरन) hurry, atonce

आशुतोष (पु०) فوراً خوش ہوجانے والا (फ़ौरन खुश हो जाने वाला) easily pleased

आश्चर्य (पु०) تعجب، حیرت (ताज्जुब, हैरत) surprise, wonder

आश्वासन (पु०) یقین دہانی (यक़ीन देहानी) assurance

आश्चर्यजनक (वि०) حیرت انگیز (हैरतअंगेज़) wonderful

आश्रम (पु०) (خانقاہ) سادھو سنتوں کی قیام گاہ (साधु संतों की क़यामगाह {ख़ानक़ाह}) convent

आश्रय (पु०) انحصار، سہارا، پناہ، گھر (इन्हेसार, सहारा, पनाह, घर) dependence, support, shelter, home

आश्रित (वि०) منحصر، محتاج (मुनहसर, मोहताज) dependent, needy

आश्वस्त (पु०) مطمئن (मुतमइन) satisfied

आश्वासन (पु०) اطمینان، یقین دہانی (इत्मीनान, यक़ीन देहानी) assurance

आसक्त (वि०) لت، مبتلا (लत, मुबतला) involved

आसन (पु०) بیٹھنے کا طریقہ، ورزش (बैठने का तरीक़ा, वर्ज़िश) sitting position, exercise

आसन्न (स्त्री०) قریب ترین (क़रीब तरीन) nearest

आसादन (पु०) حصول (हुसूल) acquisition

आसीन (वि०) مسند نشیں (मसनद नशीं) seated

आसीस (पु०) دعاء (दुआ) blessings

आसुतोष (पु०) بہت جلد مطمئن ہوجانے والا (बहुत जल्द मुतमइन हो जाने वाला) easily contented

आसुरी (वि०) شیطانی، راکشسی (शैतानी, राक्षसी) evil act

आसेध (पु०) نقب (नक़्ब) burglary

आस्तिक (वि०) خدا پر یقین رکھنے والا (ख़ुदा पर यक़ीन रखने वाला) theist

आस्था (स्त्री०) عقیدت، اعتقاد (अक़ीदत, एतेक़ाद) devotion, faith

आस्पद (पु०) مقام، عہدہ، مرتبہ (मुक़ाम, ओहदा, मर्तबा) place, rank, position

आस्वाद (पु०) رَس، مزہ (रस, मज़ा) juice, taste

आस्वादन (पु०) مزہ چکھنا (मज़ा चखना) to taste

आहत (वि०) زخمی (ज़ख़्मी) wounded

आहरण (स्त्री०) لوہار یا سنار کا چبوترہ (लोहार या सोनार का चबूतरा) working table of goldsmith or blacksmith

आहरन (स्त्री०) = **आहरण**

आहव (पु०) جنگ، للکار (जंग, ललकार) war, challenge

आहार (पु०) کھانا (खाना) food

आहुत (पु०) مہمان کی خاطر (मेहमान की ख़ातिर) hospitality

आहुति (स्त्री०) منتر کے ذریعہ آگ میں ڈالنا (मंतर के ज़रिए आग में डालना) to put in fire religiously

आहूत (वि०) بلایا ہوا (बुलाया हुआ) invitee

आहूति (स्त्री०) قربانی (कुरबानी) sacrifice

आह्लाद (पु०) خوشی (खुशी) happiness

आह्वान (पु०) پکار (पुकार) call

औपचारिक (वि०) رسمی (रस्मी) formal

औपचारिकता (स्त्री०) رسم (रस्म) formality

औचित्य (पु०) توجیہہ، جواز (तौजीह, जवाज़) justification

इ

इकता (स्त्री०) اکیلا (अकेला) alone

इखी/इक्षु (स्त्री०) گنّا، ایکھ (गन्ना, ईख) sugar cane

इंगित (पु०) ظاہری اشاریہ، کنایہ (ज़ाहेरी इशारिया, केनाया) apparent indication, hint

इंदारा (स्त्री०) کنواں (कुआँ) well

इंदिरा (स्त्री०) زینت، حُسن (ज़ीनत, हुस्न) decoration, beauty

इंदीवर (पु०) کنول (कंवल) lotus

इंदु (पु०) چاند (चाँद) moon

इंद्र (पु०) دیوتاؤں کا راجہ (देवताओं का राजा) king of gods

इंद्रजाल (पु०) بازیگری، جادو، شعبدہ (बाज़ीगरी, जादू, शोब्दा) magic, illusion

इंद्रधनुष (पु०) قوس قزح (कौसे क़ज़ा) rainbow

इंद्रिय (पु०) حواس (हवास) sense

इंद्रियदमन (पु०) نفس کشی (नफ़्सकुशी) self-denial

इंद्रियनिग्रह (पु०,वि०) خدا کا خوف، تقویٰ (खुदा का ख़ौफ़, तक़्वा) fear of God, piety

इंद्री (पु०) = **इंद्रिय**

इंद्रय (पु०) حواس (हवास) sense

इच्छा (स्त्री०) خواہش (ख़ाहिश) desire

इच्छानुकूल (वि०) خواہش کے مطابق (ख़ाहिश के मुताबिक़) as desired

इच्छापत्र (पु०) وصیت نامہ (वसीयत नामा) will paper

इच्छापूर्वक (वि०) برضا و رغبت (बरज़ाओ रग़बत) willignly

इच्छादमन (वि०) خواہش کو مارنا (ख़ाहिश को मारना) to suppress desire

इच्छुक (पु०,वि०) خواہش مند، تمنائی (ख़ाहिशमंद, तमन्नाई) desirous

इच्छित (वि०) مقصود، مطلوب (मक़सूद, मतलूब) object, desired

इतर (वि०) نیچا، دوسرا، باقی (नीचा, दूसरा, बाक़ी) inferior, other, remaining

इतरेतर (वि०) ایک دوسرے کے ساتھ، مشترکہ (एक दूसरे के साथ, मुश्तरका) with each other, joint

इतवार (पु०) اتوار (इतवार) sunday

इति (स्त्री०,क्रि०वि०) اتنا سا، نتیجہ (इतना सा, नतीजा) this much, conclusion

इतिहास (पु०) تاریخ (तारीख़) history

इतिहासकार (पु०) تاریخ داں، مورخ (तारीख़दाँ, मोअर्रिख़) historian

इतेक (वि०) صرف اتنا (सिर्फ़ इतना) only so much

इत्यादि (अव्य०) وغیرہ (वग़ैरह) etc

इषा (स्त्री०) کھمبا، بلّی (खम्बा, बल्ली) pole, shaft

इषु (पु०) تیر (तीर) arrow

इष्ट (वि०) دوست، محبوب (दोस्त, महबूब) friend, beloved

इष्टक (पु०) اینٹ (ईंट) brick

इष्टजन (पु०) پسندیدہ شخص (पसंदीदा शख़्स) dear person

इस्तिरी (स्त्री०) کپڑے کو تہہ لگانے والا (لوہا) (कपड़े को तह लगाने वाला {लोहा}) one which presses cloths (iron)

इहकाल (पु०) موجودہ وقت (मौजूदा वक़्त) present time

ई

ईंगुर (पु०) سیندور (सेंदूर) vermillion

ईंडवी (स्त्री०) پگڑی (पगड़ी) turban

ईंदूर (पु०) چوہا (चूहा) rat

ईक्षण (पु०) دیکھنا،آنکھ (देखना, आँख) to see, eye

ईख (स्त्री०) گنّا (गन्ना) sugar cane

ईति (स्त्री०) آفت،تکلیف (आफ़त, तकलीफ़) disaster, trouble

ईप्सा (स्त्री०) خواہش،ارادہ (ख़ाहिश, इरादा) desire

ईप्सित (वि०) مقصود،مرغوب (मक़सूद, मरग़ूब) desirable, favourite

ईर्ष्या (स्त्री०) = **ईर्षा**

ईरषा/ईर्षा (स्त्री०) حسد،جلن (हसद, जलन) jealousy

ईषालू (वि०) حسد کرنے والا (हसन करने वाला) jealous

ईश (पु०) خدا،آقا،راجہ (खुदा, आक़ा, राजा) God, master, king

ईशदूत (पु०) خدا کا پیغمبر (खुदा का पैग़म्बर) Prophet of God

ईश्वर (पु०) خدا،اللہ (खुदा, अल्लाह) God, Allah

ईश्वरी (स्त्री०) دُرگا،لکشمی،سرسوتی (दुर्गा, लक्ष्मी, सरस्वती) Goddess, Lakshmi, Saraswati

ईश्वरीय (वि०) خدائی، روحانی (खुदाई, रूहानी) of God, divine

ईषत (अव्य०) تھوڑا،قلیل (थोड़ा, क़लील) little, meagre

ईषद्धास (पु०) مسکراہٹ (मुस्कुराहट) smile

ईस (पु०) خدا (खुदा) God

ईहा (पु०) خواہش (ख़ाहिश) desire

ईहित (पु०) رغبت،مرغوب (रग़बत, मरगूब) liking, desirable

उ

उंकवत (वि०) پیر کا ایک مرض (पैर का एक मर्ज़) a foot disease

उँघाई (स्त्री०) اونگھ،نیند (ऊँघ, नींद) dozing, nap

उंचन (पु०) (ڈوری) ادوائن (अदवाइन {डोरी}) bed string

उंजरिया (स्त्री०) اُجالا (उजाला) light

उंदर (पु०) چوہا (चूहा) rat

उक्टा (वि०) احسان یاد دلانے والا (एहसान याद दिलाने वाला) one who reminds obligation

उक्त (वि०) مذکورہ، کہا ہوا (मज़कूरा, कहा हुआ) as said

उक्ति (स्त्री०) بیان،ذکر (ब्यान, ज़िक्र) statement

उग्र (पु०,वि०) شدید،دہشت،انتہا (शदीद, दहशत, इन्तेहा) intensive, terror, extreme

उग्रता (स्त्री०) شدت،تیزی (शिद्दत, तेज़ी) extremity, acuteness

उग्रवादी (पु०) دہشت گرد،انتہا پسند (दहशतगर्द, इन्तेहा पसंद) terrorist, extremist

उचित (वि०) مناسب،درست (मुनासिब, दुरुस्त) proper, right

उच्च (वि०) اعلیٰ،بلند (आला, बुलन्द) high

उच्चतर (वि०) بلندتر (बुलन्दतर) higher

उच्चतम (वि०) بلندترین (बुलन्दतरीन) highest

उच्चाटन (पु०) اُکھاڑنا،نوچ کھسوٹ (उखाड़ना, नोच खसोट) uproot, route

उच्चाधिकार (पु०) اعلیٰ اختیار (आला इख़्तेयार) high power

उच्चाधिकारी (पु०) اعلیٰ افسر (आला अफ़सर) high officer

उच्चायुक्त (पु०) ہائی کمشنر (हाई कमिश्नर) high commissioner

उच्चायोग (पु०) ہائی کمیشن (हाई कमीशन) high commisson

उच्चारण (पु०) تلفظ،لہجہ (तलफ़्फ़ुज़, लहजा) pronunciation, tone

उच्चारित (वि०) تلفظ کیا ہوا (तलफ़्फ़ुज़ किया हुआ) pronounced

उच्छव (पु०) دھوم دھام،جشن (धूम धाम, जश्न) pomp & show, function

उच्छन्न/उच्छिन्न (वि०) اُجڑا ہوا (उजड़ा हुआ) deserted

उच्छिष्ट (वि०) (کھانا) جوٹھا یا چھوڑا ہوا (जूठा या छोड़ा हुआ {खाना}) left over food

उच्छृंखल (वि०) مطلق العنان،آزاد (मुतलकुल अनान, आज़ाद) absolute, free

उच्छेद (पु०) تباہی،بربادی (तबाही, बरबादी) devastation, ruin

उच्छवास (पु०) سانس چھوڑنا (सांस छोड़ाना) breath out

उच्छ्वासित (वि०) شگفتہ، کھلا ہوا، ہانپتا ہوا (शगुफ़्ता, खिला हुआ, हाँपता हुआ) bloomed, panted

उज्ज्वल (वि०) روشن، درخشاں (रौशन, दरख़्शाँ) bright, luminous

उडु (पु०) پرندہ، تارا (परिन्दा, तारा) birds, stars

उडुयन (पु०) پرواز، اُڑان (परवाज़, उड़ान) aviation, flight

उतरंग (पु०) لکڑی کی محراب (लकड़ी की मेहराब) wooden arc

उतावला (वि०) جلدباز (जल्दबाज़) hurried

उत्कण्ठा (पु०) خواہش، آرزو (ख़ाहिश, आरज़ू) desire, longing

उत्क्रमित (वि०) ترقی، درجہ بڑھنا (तरक़्क़ी, दर्जा बढ़ना) promotion, upgrade

उत्कर्ष (वि०) ممتاز، ترقی، اضافہ (मुमताज़, तरक़्क़ी, एज़ाफ़ा) distinguished, elevation, rise

उत्कर्षता (स्त्री०) امتیاز، عمدگی (इम्तेयाज़, उम्दगी) distinction, excellence

उत्कीर्ण (वि०) نقش، لکھا ہوا (नक़्श, लिखा हुआ) emboss, written

उत्कृत (वि०) منقش، کھدا ہوا (मुनक़्क़श, खुदा हुआ) embossed, engraved

उत्कृष्ट (वि०) ممتاز، نفیس (मुमताज़, नफ़ीस) eminent, decent

उत्कृष्टता (स्त्री०) امتیاز، شرف (इम्तेयाज़, शरफ़) eminence, excellence

उत्कोच (पु०) رشوت (रिश्वत) bribe

उत्क्रम (पु०) برعکس (اُلٹا) فعل (बरअक्स {उल्टा} फ़ेल) inverse action

उत्तंग (वि०) بلند (बुलंद) high

उत्तंस (पु०) کان کا ایک زیور (कान का एक ज़ेवर) an ornament of ear

उत्तप्त (वि०) گرم کیا ہوا، غصہ میں (गरम किया हुआ, गुस्सा में) heated, agitated

उत्तम (वि०) بہترین، عمدہ (बेहतरीन, उम्दा) best, excellent

उत्तमता (स्त्री०) بہتری، عمدگی (बेहतरी, उम्दगी) excellence

उत्तमोत्तम (वि०) اعلیٰ سے اعلیٰ (आला से आला) the very best

उत्तमपुरुष (पु०) بہترین آدمی/صیغۂ متکلم (बेहतरीन आदमी/सेग़ए मुतकल्लिम) excellent man/first person

उत्तमर्ण (पु०) مہاجن، قرض دینے والا (महाजन, क़र्ज़ देने वाला) money lender

उत्तमांग (पु०) سر، پیشانی (सर, पेशानी) head, forehead

उत्तरंग (पु०) دہلیز، ڈیوڑھی (दहलीज़, ड्योढ़ी) portico

उत्तर (पु०,वि०) جواب، بعد میں، شمال (जवाब, बाद में, शुमाल) answer, post, north

उत्तरदाता (पु०) جواب دہ (जवाबदह) answerable

उत्तरदायित्व (पु०) جواب دہی (जवाबदेही) respon-sibility

उत्तरदायी (वि०) ذمہ دار (ज़िम्मेदार) responsible

उत्तराधिकारी (पु०) جانشیں، وارث (जानशीं, वारिस) heir, successor

उत्तरीय (पु०,वि०) چادر، اوڑھنی (चादर, ओढ़नी) sheet of cloth

उत्तरोत्तर (वि०) ایک کے بعد دوسرا، رفتہ رفتہ (एक के बाद दूसरा, रफ़्ता रफ़्ता) one after another, gradually

उत्तल (वि०) محدب (मोहद्दिब) convex

उत्ताप (पु०) گرمی، ہیجان (गर्मी, हेजान) heat, excitement

उत्तीर्ण (वि०) کامیاب، نکلا ہوا (कामयाब, निकला हुआ) successful, pass out

उत्तेजक (पु०,वि०) ہیجان انگیز، اشتعال انگیز (हैजान अंगेज़, इश्तेआल अंगेज़) erotic, exciting

उत्तेजना (स्त्री०) تحریک، ہیجان (तहरीक, हैजान) stimulation, excitement

उत्तेजित (वि०) مشتعل، برانگیختہ (मुश्तइल, बरअंगेख़्ता) violent, excited

उत्थान (पु०) ترقی، بیداری (तरक़्क़ी, बेदारी) prog-ress, awakening

उत्पत्ति (स्त्री०) آغاز، پیدائش، تخلیق (आग़ाज़, पैदाइश, तख़्लीक़) origin, creation

उत्पन्न (वि०) پیدا، تخلیق (पैदा, तख़्लीक़) born, creation

उत्पल (पु०) نیل کنول (नील कंवल) blue lotus
उत्प्लावन (पु०) اُچھال (उछाल) buoyancy
उत्पात (पु०) ہنگامہ، افرا تفری (हंगामा, अफ़रा तफ़री) violence, chaos
उत्पाती (पु०,वि०) فتنہ گر، فسادی (फ़ितनागर, फ़सादी) mischievous, rioter
उत्पादक (पु०,वि०) پیدا کرنے والا (पैदा करने वाला) producer
उत्पादन (पु०) پیداوار (पैदावार) product
उत्पादन शुल्क (पु०) پیداوار محصول (पैदावार महसूल) product tax
उत्पीड़क (पु०) ظالم، ستانے والا (ज़ालिम, सताने वाला) cruel, oppressor
उत्पीड़न (पु०) ظلم کرنا، ستانا (ज़ुल्म करना, सताना) atrocity, oppression
उत्प्रेक्षा (स्त्री०) مقابلہ، خود پسندی (मुक़ाबला, खुद पसंदी) camparison, conceit
उत्प्रेरक (पु०) عمل انگیز (अमल अंगेज़) catalyst
उत्फुल्ल (वि०) خوش، شاداں، کھلا ہوا (खुश, शादाँ, खिला हुआ) cheerful, opened
उत्स (पु०) شاعر، جھرنا (शायर, झरना) poet, spring
उत्संग (पु०) گود، ہم آغوش (गोद, हम आग़ोश) lap, embracing
उत्सर्ग (पु०) چھوڑ دینا، تیاگنا (छोड़ देना, त्यागना) abandon, renounce
उत्सर्जन (पु०) اخراج، فضلات (इख़राजे फ़ुज़लात) excretion
उत्सव (पु०) جشن، تیوہار (जश्न, त्योहार) festival
उत्साह (पु०) اُمنگ، حوصلہ (उमंग, हौसला) ambition, courage
उत्साहित (वि०) حوصلہ مند (हौसला मंद) courageous
उत्सुक (वि०) مشتاق (मुश्ताक़) fond, curious
उत्सुकता (स्त्री०) اشتیاق (इश्तेयाक़) fondness, curiosity
उत्सेक (पु०) غرور (ग़ोरूर) pride
उथल-पुथल (स्त्री०) اُلٹ پلٹ (उलट पुलट) topsy turvy
उदम्बर (पु०) چوکھٹ، دہلیز (चौखट, दहलीज़) door post, portico
उड्डयन (पु०) پرواز، ہوابازی (परवाज़, हवाबाज़ी) flight, aviation
उदक (पु०) پانی، ہاتھی (पानी, हाथी) water, elephant
उदकना (क्रि०) کودنا (कूदना) jumping
उदग्र (वि०) عظیم الشان (अज़ीमुश्शान) grand, high
उद्‌गार (पु०) خیال، تاثر (ख़्याल, तास्सुर) impression
उद्‌घोषक (पु०) ناظم، نقیب (नाज़िम, नक़ीब) announcer, compere
उदधि (पु०) سمندر، جھیل (समुन्दर, झील) sea, lake
उदवस (वि०) سُونا، اُجاڑ (सूना, उजाड़) deserted, lonely
उद्‌भव (पु०) تخلیق، پیدائش (तख़लीक़, पैदाइश) creation, birth
उदय (पु०) ترقی، طلوع، ظہور (तरक़्क़ी, तुलू, ज़ोहूर) progress, rise, appearance
उदीयमान (वि०) ہونہار (होनहार) talented
उदर (पु०) شکم، پیٹ (शिकम, पेट) abdomen, stomach
उदर-परायण (वि०) پیٹو (पेटू) glutton
उदार (वि०) فراخ دل، سخی، شریف (फ़राख़ दिल, सख़ी, शरीफ़) generous, noble
उदारता (स्त्री०) فیاضی، فراخ دلی، شرافت (फ़इयाज़ी, फ़राख़दिली, शराफ़त) generosity, nobility
उदाहरण (पु०) مثال (मिसाल) example
उदित (वि०) ترقی یافتہ، اُٹھا ہوا (तरक़्क़ी याफ़्ता, उठा हुआ) developed, elevated
उद्‌गार (पु०) ڈکار (डकार) belching
उद्‌घटन (पु०) رگڑ (रगड़) friction
उद्‌घाटन (पु०) افتتاح (इफ़्तेताह) inauguration
उद्यम (पु०) ادارہ (एदारा) organisation
उद्धरण (पु०) اقتباس (इक़्तेबास) extract
उद्धव (पु०) ہون کی آگ (हवन की आग) sacrificial fire
उद्धार (पु०) نجات، رہائی (निजात, रिहाई) salvation
उद्दीपक (वि०) محرک، حس پیدا کرنے والا (मोहर्रिक, हिस पैदा करने वाला) stimulant, sensor
उद्दीपन (पु०) تحریک، حس پیدا کرنا (तहरीक, हिस पैदा करना) stimulation, sensation

उद्दीप्त (वि०) متحرک، مشتعل (मोतहर्रिक, मुश्तइल) stimulated, excited

उदासीन (पु०,वि०) غیر جانبدار، بے رغبت، بے تعلق (ग़ैर जानिबदार, बेरग़बत, बेतअल्लुक़) neutral, indifferent

उदासीनता (स्त्री०) بے تعلقی، غیر جانبداری (बेतआल्लुक़ी, ग़ैर जानिबदारी) neutrality, indifference

उदाहरण (पु०) مثال (मिसाल) example

उदित (वि०) طلوع، ظاہر (तुलू, ज़ाहिर) risen, evident

उदीयमान (वि०) آگے بڑھنے والا (आगे बढ़ने वाला) rising, promising

उद्गम (पु०) طلوع ہونا، نمودار، سرچشمہ (तुलू होना, नमूदार, सरचश्मा) rising, appearance, source

उद्घाटन (पु०) افتتاح، کھلنا (इफ्तेताह, खुलना) inauguration, opening

उद्दंड (वि०) مغرور، خود پسند (मग़रूर, ख़ुद पसंद) arrogant, wilful

उद्दाम (वि०) بے لگام، بدمعاش (बे लगाम, बदमाश) autocrat, wicked

उद्देश्य (पु०) مقصد، نیت، ارادہ (मक़सद, नीयत, इरादा) purpose, intention, motive

उद्भास (वि०) چمک، روشنی (चमक, रौशनी) shining, light

उद्यम (पु०) صنعت، کوشش، روزگار (सनत, कोशिश, रोज़गार) enterprise, effort, employment

उद्यमी (वि०) صنعت کار، پیشہ ور، سرگرم (सनतकार, पेशावर, सरगरम) enterprising, professional, active

उद्यान (पु०) باغیچہ، پھلواری، جنگل (बाग़ीचा, फुलवारी, जंगल) garden, park, forest

उद्यापन (पु०) اختتامی تقریب (इख़्तेतामी तक़रीब) concluding ceremony

उद्योग (पु०) صنعت، کوشش (सनत, कोशिश) industry, effort

उद्योगपति (पु०) صنعت کار (सनअतकार) industrialist

उद्योगीकरण (पु०) صنعت کاری (सनअतकारी) industrialisation

उद्विग्न (वि०) فکرمند، پریشان (फ़िक्रमंद, परेशान) anxious, perturbed

उद्विग्नता (वि०) فکرمندی، بے چینی (फ़िक्रमंदी, बेचैनी) anxiety, perplexity

उद्वेग (पु०) فوراً جانا، فکر، خوف (फ़ौरन जाना, फ़िक्र, ख़ौफ़) going quickly, anxiety, fear

उन्माद (पु०) جنون، پاگل پن، ہیجان (जुनून, पागलपन, हैजान) frenzy, madness, agitation

उन्मुक्त (वि०) آزاد، بے لگام (आज़ाद, बे लगाम) freed, unrestrained

उन्मुख (वि०) چہرہ اٹھانا (चेहरा उठाना) raising the face

उन्हार (वि०) قسم (क़िस्म) type, appearance

उन्नत (वि०) اوپر کیا ہوا، ترقی یافتہ (ऊपर किया हुआ, तरक़्क़ी याफ़्ता) elevated, developed

उन्नतोदर (पु०) حدبی (हदबी) convex

उन्मन (पु०) ذہنی طور پر پریشان (ज़ेहनी तौर पर परेशान) mentally disturbed

उन्निद्र (पु०) بغیر نیند کے (बग़ैर नींद के) sleepless

उन्मत्त (वि०) جنونی، پاگل (जुनूनी, पागल) frenzied, insane

उन्माद (पु०) پاگل پن، جنون (पागलपन, जुनून) madness, frenzy

उन्नायक (पु०) آگے بڑھنے والا (आगे बढ़ने वाला) progressive

उन्मादी (वि०) = उन्मत्त

उन्मूलन (पु०) جڑ سے ختم کرنا (जड़ से ख़त्म करना) eradicating

उन्मेष (पु०) آنکھ کھولنا، ظہور (आँख खोलना, ज़ोहूर) opening the eyes, appearance

उप (अव्य०) قریب، ملتا جلتا، نائب (क़रीब, मिलता जुलता, नायब) near, resembling, vice

उपकथा (स्त्री०) کہانی کا ٹکڑا (कहानी का टुकड़ा) episode

उपकरण (पु०) آلہ (आला) instrument

उपकार (पु०) مہربانی، مدد (मेहरबानी, मदद) kindness, help

उपकारी (पु०,वि०) مہربان، فیض رساں (मेहरबान, फ़ैज़रसाँ) kind, beneficial

उपक्रम (पु०) ابتدائی مرحلہ، ساز و سامان، زیر انتظام (इब्तेदाई मरहला, साज़ो सामान, ज़ेर इन्तेज़ाम) initial stage, equipments, undertaking

उपक्रमणिका (स्त्री०) فہرست، ترتیب وار نظم (फ़ेहरिस्त, तरतीबवार नज़्म) index, ordered arrange-ment

उपगति (स्त्री०) پانا، تفہیم (पाना, तफ़हीम) obtaining, comprehension

उपग्रह (पु०) مصنوعی سیارہ (मसनूई सय्यारा) artificial satellite

उपचय (पु०) بالیدگی، ترقی، مجموعہ (बालीदगी, तरक़्क़ी, मजमूआ) growth, progress, set

उपचर्या (स्त्री०) علاج، خدمت، تیمارداری (इलाज, ख़िदमत, तीमारदारी) treatment, service, nursing

उपचार (पु०) = **उपचर्या**

उपजीवक (पु०,वि०) جس کے ذریعہ گذر اوقات ہو، حامی (जिसके ज़रिया गुज़र औक़ात हो, हामी) one who supports livelihood, supporter

उपजीविका (स्त्री०) گذر اوقات (गुज़र औक़ात) livelihood

उपत्यका (स्त्री०) وادی (वादी) valley

उपदंश (पु०) ذائقہ، لذت، سوزاک (ज़ाएक़ा, लज़्ज़त, सूज़ाक) taste, flavour, syphilis

उपदेश (पु०) مشورہ، نصیحت (मशवरा, नसीहत) advice, spiritual instruction

उपदेशक (पु०,वि०) نصیحت کرنے والا، صلاح کار، مبلغ (नसीहत करने वाला, सलाहकार, मुबल्लिग़) mentor, counsellor, missionary

उपदेष्टा (पु०) = **उपदेशक**

उपद्रव (पु०) ہنگامہ، فساد (हंगामा, फ़साद) disturbance, riot

उपद्रवी (पु०) ہنگامہ کرنے والا، فسادی (हंगामा करने वाला, फ़सादी) trouble maker, rioter

उपधा (स्त्री०) دھوکا (धोका) deceive

उपधान (पु०) سہارا، تکیہ (सहारा, तकिया) support, pillow

उपनत (वि०) منکسر، جھکا ہوا (मुनकसिर, झुका हुआ) humble, submissive

उपनति (स्त्री०) جھکاؤ (झुकाओ) inclination

उपनयन (पु०) جنیو باندھنے کی رسم (مذہبی دھاگا) (जनेउ बाँधने की रसम {मज़हबी धागा}) ceremony of investiture with janeu (sacred thread)

उपनाम (पु०) عرفی نام، تخلص (उर्फ़ी नाम, तख़ल्लुस) nick name, title

उपनिविष्ट (वि०) نئی آبادی میں آکر بسا ہوا (नई आबादी में आकर बसा हुआ) settled in new population

उपनिवेश (पु०) نوآبادی (नौ-आबादी) colony

उपनिवेशन (पु०) نئی آبادی بسانا (नई आबादी बसाना) colonising

उपनीत (वि०) قریب لایا ہوا، حصول (क़रीब लाया हुआ, हुसूल) brought near, acquired

उपन्यास (पु०) ناول، قصہ، سامنے رکھنا (नाविल, किस्सा, सामने रखना) novel, story, placing near

उपपत्ति (स्त्री०) صحبت، ترکیب، ثبوت (सोहबत, तरकीब, सबूत) company, device, acquisition

उपपादन (पु०) ثابت کرنا (साबित क़रना) to prove

उपप्लव (पु०) آسمان سے تارا ٹوٹنا، مصیبت (आसमान से तारा टूटना, मुसीबत) appearance of meteor, calamity

उपबंध (पु०) گنجائش (गुंजाइश) provision

उपभाषा (स्त्री०) بولی (बोली) dialect

उपभोक्ता (पु०) صارفین (सारिफ़ीन) consumer

उपभोग (पु०) کھپت (खपत) consumption

उपमहाद्वीप (पु०) برصغیر (बर्रे सग़ीर) subcontinent

उपमा (स्त्री०) مقابلہ، مشابہت، تبسم (मुक़ाबला, मुशाबेहत, तबस्सुम) comparison, similarity, a smile

उपमान (पु०) مقابلہ، مشابہت (मुक़ाबला, मोशाबेहत) comparison, similarity

उपमेय (वि०) مقابلہ کے لائق (मोक़ाबले के लायक़) comparable

उपयुक्त (वि०) مناسب، موزوں (मुनासिब, मौज़ूँ) proper, suitable

उपयोग (पु०) استعمال، معقولیت (इस्तेमाल, माक़ूलियत) use, validity

उपयोगिता (स्त्री०) افادیت، معقولیت (अफ़ादियत, माक़ूलियत) usefulness, validity

उपयोगी (वि०) مفید، قابل استعمال (मुफ़ीद, क़ाबिले इस्तेमाल) useful, serviceable

उपरति (स्त्री०) برعکس،قربانی (बरअक्स, कुरबानी) opposite, sacrifice

उपरान्त (वि०) بعدمیں (बाद में) after

उपरोक्त (वि०) پہلے کہاہوا (पहले कहा हुआ) earlier said

उपरोध (पु०) رکاوٹ، پناہ (रुकावट, पनाह) obstacle, shelter

उपर्युक्त (वि०) مندرجہ بالا،(اوپر کہاہوا) (मुन्दरजाबाला, {ऊपर कहा हुआ}) aforesaid

उपल (पु०) پتھر،اولا (पत्थर, ओला) stone, hailstone

उपलक्ष (पु०) موقع (मौक़ा) occasion

उपलब्ध (वि०) حاصل،دستیاب (हासिल, दस्तियाब) obtained, available

उपलब्धि (स्त्री०) نمایاں کام (کامیابی) (नुमायाँ काम {कामयाबी}) achievement

उपवन (पु०) باغیچہ، درختوں کاجھنڈ (बाग़ीचा, दरख़्तों का झुंड) garden, grove

उपवास (पु०) فاقہ(روزہ) (फ़ाक़ा {रोज़ा}) fasting

उपविष्ट (वि०) بیٹھاہوا (बैठा हुआ) sitting

उपशम (पु०) ٹھنڈاپڑنا،سکون،صبر (ठंडा पड़ना, सुकून, सब्र) becoming calm, tranquility, patience

उपशमन (पु०) ٹھنڈاکرنا،پھسلانا (ठंडा करना, फुस्लाना) calming, appeasing

उपशिष्य (पु०) شاگرد کا شاگرد (शागिर्द का शागिर्द) pupil of pupil

उपस (स्त्री०) بدبو (बदबू) bad smell

उपसर्ग (पु०) سابقہ، حرف جار (साबिक़ा, हरफ़े जार) prefix, preposition

उपस्कर (पु०) اشیاء،آلات (अशिया, आलात) materials, appliances

उपस्थ (पु०) اعضائے تناسل کانچلاحصہ (आज़ाए तनासुल का निचला हिस्सा) lower part of genitalia

उपस्थित (वि०) موجود، حاضر (मौजूद, हाज़िर) present, arrived

उपस्थिति (स्त्री०) موجودگی، حاضری (मौजूदगी, हाज़री) presence, attendance

उपहार (पु०) تحفہ (तोहफ़ा) gift

उपहास (पु०) ہنسی مذاق (हंसी मज़ाक़) humours, joke

उपांत्य (वि०) ماقبلِ آخر (माक़ब्ले आख़िर) penulti mate

उपादान (पु०) لے لینا، حصولِ علم، ارادہ، مواد (ले लेना, हुसूले इल्म, एरादा, मवाद) taking away, acquisition of knowledge, motive, substance

उपाधि (स्त्री०) خطاب، عہدہ، سند (ख़िताब, ओहदा, सनद) title, rank, degree

उपाध्याय (पु०) استاد، وید پڑھانے والا، معلم، برہمنوں کا ایک طبقہ (उस्ताद, वेद पढ़ाने वाला, मुअल्लिम, ब्राहमणों का एक तबक़ा) teacher, one who teaches Ved, a section of Brahmin

उपाय (पु०) ذریعہ، ذرائع، ترکیب (ज़रिया, ज़राए, तरकीब) means, source, device

उपार्जन (पु०) حصول، کمائی، ذخیرہ کرنا (हुसूल, कमाई, ज़खीरा करना) acquisition, earning, amassing

उपासक (पु०) عابد، عقیدتمند (आबिद, अक़ीदतमंद) worshipper, devotee

उपासना (स्त्री०) خدمت، عبادت (ख़िदमत, एबादत) servlce, worship

उपेक्षा (स्त्री०) نظر انداز، توہین (नज़रअंदाज़, तौहीन) neglect, contempt

उपेक्षित (वि०) جسے نظر انداز کیا گیا (जिसे नज़रअंदाज़ किया गया) neglected

उभय (वि०) دونوں (दोनों) both

उभयचर (वि०) دوطرح کی زندگی (दो तरह की ज़िन्दगी) amphibious

उभयनिष्ठ (वि०) دونوں میں مشترک (दोनों में मुश्तरक) common to both sides

उभयत: (पु०) دونوں طرف (दोनों तरफ़) both sides

उभयलिंगी (वि०) دو زوجی (दो ज़ौजी) bisexual

उमंग (स्त्री०) آرزوؤں سے بھرا، تمنا (आरज़ुँओं से भरा, तमन्ना) strong desire, ambition

उर (पु०) سینہ، دِل (सीना, दिल) breast, heart

उरग (पु०) سانپ (साँप) snake

उरस्थल (पु०) = उर

उराउ (पु०) خوشی (खुशी) joy

उरे (अव्य०) اُس طرف، دور (उस तरफ़, दूर) that side, distant

उर्वरक (पु०) کیمیائی کھاد (कीमयाई खाद) fertilizer

उर्वरता (स्त्री०) زرخیزی، پیداوار بڑھنا (ज़रखेज़ी, पैदावार बढ़ना) fertility

उलया (पु०) ترجمہ (तरजुमा) translation

उलाहना (पु०) طنز، الزام تراشی (तन्ज़, इलज़ाम तराशी) taunt, accusation

उल्का (स्त्री०) حجر شہاب، دُمدار تارا (हज्रे शहाब, दुमदार तारा) meteor, comet

उल्लंघन (पु०) خلاف ورزی (ख़िलाफ़वर्ज़ी) violation

उल्लास (पु०) چمک، خوشی (चमक, खुशी) radiance, joy

उल्लेखा (पु०) بیان، ذکر (बयान, ज़िक्र) description, mention

उल्लेखनीय (वि०) قابلِ ذکر، قابلِ بیان (क़ाबिले ज़िक्र, क़ाबिले बयान) mentionable, worth description,

उशीर (पु०) (گھاس) خس کا پودا (ख़स का पौदा {घास}) 'khus' grass

उषा (स्त्री०) صبح سویرے (सुबह सवेरे) dawn

उष्ट्र (पु०) اونٹ (ऊँट) camel

उष्ण (वि०) گرم، گرمی (गर्म, गर्मी) hot, warmth

उष्णकटिबंध (पु०) (گرم علاقہ) منطقہ حارہ (मुनतकै हार्रा {गर्म एलाक़ा}) tropical (hot region)

उष्णांक (पु०) (کیلوری) گرمی (गरमी {कैलोरी}) calorie

उष्णीश (पु०) پگڑی، تاج (पगड़ी, ताज) turban, crown

उष्मज (पु०) گرمی سے پیدا ہونے والا (गरमी से पैदा होने वाला) heat born

उष्मता (स्त्री०) گرمی (गरमी) heat

उष्मा (स्त्री०) گرمی، غصّہ (गरमी, गुस्सा) heat, anger

उसस (क्रि०) سانس لینا (साँस लेना) to breath

उसाना (क्रि०) پھٹکنا (फटकना) to winnow

उसारा (पु०) برآمدہ (बरामदा) varandah

उहापोह (अव्यव) افراتفری، بے یقینی (अफ़रा तफ़री, बेयक़ीनी) chaos, uncertainty

ऊ

ऊ لاحقہ (लाहेक़ा) suffix

ऊक (स्त्री०) غلطی (ग़लती) error

ऊक (क्रि०) ناکام ہونا، غلطی کرنا (नाकाम होना, ग़लती करना) to fall short, to make error

ऊख (पु०) گنا (गन्ना) sugar cane

ऊटक (पु०) اوٹ پٹانگ، بے تکا، بے مقصد کام (ऊट पटाँग, बे तुका, बे मक़सद काम) haphazard, pointless, unconstructive work

ऊत (पु०) لاولد مرنے والا شخص (लावल्द मरने वाला शख़्स) a man who dies issueless

ऊद (पु०) اُد بلاؤ (جانور)، احمق، اگر کا پودا (उदबिलाओ {जानवर}, अहमक़, अगर का पौधा) otter, fool, Agar plant.

ऊदी (स्त्री०) ہلکے نیلے یا بھورے رنگ جیسا (हल्के नीले या भूरे रंग जैसा) light shade of blue or grey

ऊधम (पु०) ہنگامہ، ہلچل (हंगामा, हलचल) uproar, commotion

ऊधमी (वि०) ہنگامہ کرنے والا، جھگڑالو (हंगामा करने वाला, झगड़ालू) rowdy, quarrelsome

ऊना (स्त्री०) اون، چھوٹی تلوار (ऊन, छोटी तलवार) wool, a small sword

ऊबड़ (वि०) ناہموار، دشوار گذار (नाहमवार, दुश्वार गुज़ार) uneven (road), impassable

ऊय (पु०) اُمس بھری گرمی (उमस भरी गर्मी) sultry heat

ऊरु (पु०) جانگھ (जाँघ) thigh

ऊर्जा (स्त्री०) توانائی، طاقت (तवानाई, ताक़त) energy, power

ऊर्जस्वित (वि०) طاقتور (ताक़तवर) powerful

ऊर्णनाभ (पु०) اون سے بھرا جسم، مکڑا (ऊन से भरा जिस्म, मकड़ा) wool-bodied, spider

ऊर्ध्व (वि०) سیدھا، عمودی، اوپر، اونچا (सीधा, उमूदी, ऊपर, ऊँचा) erect, vertical, upper, height

ऊर्ध्व पातन (पु०) عمل تصعید (अमले तसईद) sublimation

ऊर्ध्वाधार (स्त्री०) عمودی (उमूदी) vertical
ऊर्मि (स्त्री०) لہر (लहर) wave
ऊर्मिला (वि०) لہروں سے تتر بتر، شری لکشمن کی بیوی (लहरों से तितर-बितर, श्री लक्ष्मण की बीवी) rough with waves, wife of Sri Laxman
ऊल जलूल (वि०) بیوقوف (बेवकूफ़) stupid
ऊष्ण (पु०) ادرک (अदरक) ginger
ऊष्मा (स्त्री०) گرمی (गर्मी) heat
ऊसर (पु०,वि०) غیر زرخیز زمین، نمکین مٹی (ग़ैर ज़रखेज़ ज़मीन, नमकीन मिट्टी) barren land, saline soil

ए

एकक (पु०) ایک اکائی (एक एकाई) a unit
एकत्र (वि०) اکٹھا، جمع (इकट्ठा, जमा) collected together, accumulated
एकत्रित (वि०) جمع شدہ (بھیڑ)، اکٹھا ہونا (जमाशुदा {भीड़}, इकट्ठा होना) collected together assembled
एकत्व (पु०) اکائی، اتحاد (इकाई, इत्तेहाद) unit, unity
एकला (वि०) تنہا (तन्हा) alone
एकस्व (पु०) مخصوص (मख़सूस) patent
एकांत (पु०) تنہائی (तन्हाई) secluded place, lonely
एकाग्रता (स्त्री०) یکسوئی (यकसूई) concentration
एकादश (वि०) گیارہواں (ग्यारहवाँ) eleventh
एकादशी (स्त्री०) گیارہواں دن (ग्यारहवाँ दिन) eleventh day
एकाधिपत्य (पु०) مطلق العنانیت (मुत्लकुल अनानियत) absolute power
एकीकरण (पु०) ایک کردینا (एक कर देना) unification
एकोत्तर (वि०) ایک سے زیادہ (एक से ज़्यादा) more than one
एतद (वि०) یہ (ये) this
एतदर्थ (क्रि०वि०) اس وجہ سے (इस वजह से) for this reason
एषण (स्त्री०) خواہش، شاعر (ख़्वाहिश, शायर) desire, poet

ऐ

ऐंच (स्त्री०) کھینچنا (खैंचना) pulling
ऐंची (आँख वाला) (वि०) بھینگی (ڈیری) (भैंगी {डेरी}) squint eyed
ऐतिहासिक (वि०) تاریخی (तारीख़ी) historical
ऐरावत (पु०) گرجنے والا بادل (गरजने वाला बादल) thunder cloud
ऐश्वर्य (पु०) حاکمیت، فوق البشری، قوت، عالی جاہ (हाकमियत, फ़ौकुल बशरी, कुव्वत, आली जाह) supremacy, super human power, majesty

ऋ

ऋक्ष (पु०) بھالو، تارا (भालू, तारा) bear, star
ऋग्वेद (पु०) چاروں ویدوں میں پہلا اور اہم ترین وید (चारों वेदों में पहला और अहमतरीन वेद) first & the most important of four Vedas
ऋचा (स्त्री०) ویدک پاک منتر، حمد (वैदिक पाकमंत्र, हम्द) vedic sacred verses, praising diety
ऋजु (वि०) سیدھا، ایماندار (सीधा, ईमानदार) straight, honest
ऋण (पु०) قرض، احسان (क़र्ज़, एहसान) debt, obligation
ऋणात्मक (वि०) منفی (मन्फ़ी) negative
ऋणी (पु०,वि०) مقروض، ممنون (मक़रूज़, ममनून) indebted, obliged
ऋतु (स्त्री०) موسم، آب وہوا (मौसम, आबोहवा) season, weather
ऋद्ध (पु०) خوشحال (खुशहाल) prosperous
ऋषभ (पु०) بیل، ہندوستانی موسیقی کا ایک سُر (बैल, हिन्दुस्तानी मौसीक़ी का एक सुर) ox, a note of Indian music
ऋषि (पु०) سادھو، روحانی فقیر (साधु, रूहानी फ़क़ीर) saint, seer

क

कंक (पु०) سفید چیل (सुफ़ेद चील) white kite

कंकड़ (पु०) پتھر کا ٹکڑا (पत्थर का टुकड़ा) stone piece, grit

कंकाल (पु०) ہڈی کا ڈھانچہ، پنجر (हड्डी का ढाँचा, पंजर) skeleton

कंगड़ (पु०) لوہے کا چکر جو سکھ سر پر باندھتے ہیں (लोहे का चक्र जो सिख सर पर बाँधते हैं) Iron ring used by sikhs on their head

कंगाल (वि०) کنگال، دیوالیہ (कंगाल, दिवालिया) bankrupt

कंचन (पु०) دولت، سونا (दौलत, सोना) wealth, gold

कंचुक (पु०) انگرکھا، چولی (अंगिरखा, चोली) coat, bressiere

कंज (पु०) بال، کنول (बाल, कंवल) hair, lotus

कंजियाना (वि०) سست پڑنا (सुस्त पड़ना) to slow down

कंट/कंटक (पु०) کانٹا، خار (काँटा, ख़ार) thorn, barb

कंटीला (वि०) کانٹے دار، خاردار (काँटेदार, ख़ारदार) thorny, barbed

कंठ (पु०) حلق، گلا (हलक़, गला) throat

कंठस्थ (पु०) از بر، حفظ (अज़बर, हिफ़्ज़) get by heart

कंडु (पु०) کھجلی (खुजली) itching

कंडिका (स्त्री०) شق ، پیراگراف (शिक़, पैराग्राफ) item, paragraph

कंत/कंथ (पु०) خدا، محبوب، شوہر (ख़ुदा, महबूब, शौहर) god, lover, husband

कंद (पु०) گودے دار جڑ (गूदेदार जड़) fleshy root

कंदन (पु०) ناش، بربادی (नाश, बरबादी) devastation, ruin

कंदरा (स्त्री०) غار (ग़ार) cave

कंदर्प (पु०) محبت کا دیوتا، کیوپڈ (मुहब्बत का देवता, क्युपड) god of love, cupid

कंदर्य (पु०) جنسی خواہش (जिन्सी ख़्वाहिश) sexual desire

कंप/कंपन (पु०) کانپنا، لرزہ (कांपना, लरज़ा) trembling, vibration

कंपास (पु०) قطب نما (क़ुतुबनुमा) compass

कंपू (पु०) کیمپ، ڈیرا (कैंप, डेरा) camp

कक्ष (पु०) بغل، جنگل، چھوٹا کمرہ (बग़ल, जंगल, छोटा कमरा) armpit, forest, chamber

कक्षा (स्त्री०) درجہ، مدار (दर्जा, मदार) class, orbit

कगार (पु०) اونچا کنارہ، ٹیلہ (ऊँचा किनारा, टीला) high bank

कच (पु०) بال، کچا (बाल, कच्चा) hair, raw

कच कच (पु०) بک جھک (बक झक) quarreling

कच्छ (पु०) دھوتی کی لاگ (धोती की लाग) end of dhoti

कच्छप (पु०) کچھوا (कछुआ) tortoise

कच्छी (पु०) کچھ کا رہنے والا، کچھی زبان (कच्छ का रहने वाला, कच्छी जुबान) of Kutch, language of Kutch

कछार (पु०) نچلی اور نم زمین (निचली और नम ज़मीन) low & wet land

कज्जल (पु०) کاجل، بادل (काजल, बादल) carbon black, cloud

कजली (वि०) سیاہی (स्याही) blackness

कजरा (पु०,वि०) سیاہ، کاجل (स्याह, काजल) black, lampblack

कजरारा (पु०) کاجل بھری آنکھ (काजल भरी आँख) eyes with lampblack

कट (पु०) چٹائی (चटाई) mat

कटक (पु०) چھاؤنی، پہاڑ کے بیچ کا مقام (छावनी, पहाड़ के बीच का मुक़ाम) cantonment, middle of mountain

कटाक्ष (पु०) طنز، ترچھی نظر (तन्ज़, तिरछी नज़र) satire, slanting eye

कटार (पु०) دھاردار چھرا (धारदार छुरा) serrated dagger

कटारी (पु०) چھوٹا خنجر (छोटा खंजर) small dagger

कटि (स्त्री०) کمر (कमर) waste

कटिबद्ध (वि०) کمر بستہ، مستعد (कमर बस्ता, मुस्तइद) committed

कटिबद्धता (वि०) مستعدی (मुस्तैदी) commitment

कटौती (स्त्री०) کمی (कमी) reduction

कटु (वि०) تیز، کڑوا، تلخ (तेज़, कड़वा, तल्ख़) sharp, bitter, pungent

कटुता (कटुत्व) (वि०) تلخی، رنجش (तल्ख़ी, रंजिश) bitterness, unpleasantness

कट्टरपंथी (पु०) راسخ العقیدہ (रासिखुल अक़ीदा) staunch
कठ (पु०) ایک قسم کا قدیمی باجا (एक क़िस्म का क़दीमी बाजा) an ancient flute
कठमस्त (पु०) ہٹا کٹا (हट्टा कट्टा) well-built
कठरा (पु०) لکڑی کا صندوق (लकड़ी का संदूक़) wooden box
कठिन (वि०) سخت، دشوار (सख़्त, दुशवार) tough, difficult
कठिनाई (स्त्री०) دشواری (दुशवारी) difficulty
कठोर (वि०) سخت (सख़्त) hard
कठोरतम् (पु०) سخت ترین (सख़्ततरीन) hardest
कठौता (पु०) لکڑی کا بڑا برتن (लकड़ी का बड़ा बर्तन) large wooden vessel
कण (पु०) ذرّہ (ज़र्रा) particle
कणिका (स्त्री०) بہت چھوٹا ذرّہ (बहुत छोटा ज़र्रा) fine particle
कण्ठ (पु०) حلق (हलक़) throat
कण्ठस्थ (वि०) زبانی، ازبر (ज़बानी, अज़बर) get by heart
कतिपय (वि०) کچھ، کئی ایک (कुछ, कई एक) few, many
कतेक (वि०) کتنے (कितने) how many
कथन (पु०) قول، بیان (क़ौल, बयान) version, statement
कथनीय (पु०) قابلِ بیان (क़ाबिले बयान) descriptive
कथ्य (पु०) کہاہوا (कहा हुआ) spoken
कथा (स्त्री०) قصہ، کہانی، مذہبی وعظ (किस्सा, कहानी, मज़हबी वाज़) story, sermon
कथित (वि०) بیان کردہ (बयान करदा) so called
कथोप-कथन (पु०) قصہ پر قصہ، گفتگو (क़िस्से पर क़िस्सा, गुफ़्तगू) story after story, dialogue
कद (पु०) حسد، ان بن (हसद, अनबन) jealousy, difference
कदन (पु०) گناہ، لڑائی، بربادی (गुनाह, लड़ाई, बर्बादी) sin, battle, destruction
कदरज (पु०) کنجوس (कंजूस) miser
कदराना (क्रि०) ڈرنا (डरना) to fear
कदर्थ (पु०) کوڑا کرکٹ (कूड़ा करकट) garbage
कदल (पु०) چھوٹا پُل (छोटा पुल) small bridge
कदाकार (पु०) بدصورت (बदसूरत) ugly
कदाचार (पु०) بدعنوانی (बद उन्वानी) corruption
कदाचित (अव्य०) شاید (शायद) probably
कदापि (अव्य०) ہرگز نہیں، کبھی نہیں (हरगिज़ नहीं, कभी नहीं) never
कदुष्ण (वि०) نیم گرم (नीम गर्म) lukewarm
कनक (पु०) سونا (सोना) gold
कनखजूरा (पु०) کنگوجر (कंगोजर) centipede
कनहाई (स्त्री०) کھڑی فصل کی قیمت (खड़ी फ़सल की क़ीमत) valuation of standing crop
कनहार (पु०) ناخدا، ملاح (नाख़ुदा, मल्लाह) boat man
कनिष्ठ (वि०) چھوٹا (छोटा) young, junior
कनिष्ठा (वि०) کانی انگلی (कानी उंगली) last finger
कनीनिका (स्त्री०) کٹھ پتلی، آنکھ کی پتلی (कठपुतली, आँख की पुतली) puppet, pupil
कन्त (पु०) شوہر، مالک (शौहर, मालिक) husband, master
कन्या (स्त्री०) لڑکی (लड़की) girl
कन्हाई (पु०) = **कन्हैया**
कन्हैया (पु०) کرشن کا ایک نام، محبوب (कृष्ण का एक नाम, महबूब) title of Krishna, beloved
कपट (पु०) فریب، دھوکا (फ़रेब, धोका) cheating
कपाल (पु०) پیشانی (पेशानी) torehead
कपाली (वि०) کھوپڑیوں کا ہار پہنے ہوئے (खोपड़ियों का हार पहने हुए) wearing necklace of skulls
कपि (पु०) بندر، ہاتھی (बन्दर, हाथी) monkey, elephant
कपिल (वि०) بھورا (भूरा) brown
कपिस (पु०) ریشمی کپڑا (रेशमी कपड़ा) silken cloth
कपूर (पु०) کافور (काफ़ूर) camphor
कपूरा (पु०) مویشیوں کا خصیہ (मवेशियों का ख़ुसिया) testicles of cattle
कपोल (पु०) گال، رخسار (गाल, रुख़्सार) cheek
कपोल कल्पित (वि०) فرضی، سنی سنائی (फ़र्ज़ी, सुनी सुनाई) hypothetical, over heard
कबाडिया (पु०) پرانی اور ٹوٹی پھوٹی چیزوں کا تاجر (पुरानी और टूटी फूटी चीज़ों का ताजिर) dealer of old & scraps

कमण्डल (पु०) کشکول (कशकोल) bowl of alms
कमठ (पु०) بانس کی قینچی (बाँस की कैंची) scissor of wood
कमनीय (वि०) حسینہ، خوبصورت (हसीना, खुबसूरत) lovely, beautiful
कमनैत (पु०) تیرانداز (तीरंदाज़) archer
कमला (स्त्री०) لکشمی کا نام (लक्ष्मी का नाम) title of goddess Lakshmi
कमलाकार (पु०) تالاب (तालाब) pond
कमलिनी (स्त्री०) کنول (कंवल) lotus
कर (पु०) ٹیکس، ہاتھ (टैक्स, हाथ) tax, hand
करक (पु०) سادھو کے پینے کا برتن (साधु के पीने का बरतन) drinking pot of saint
करकच (पु०) سمندری نمک (समुन्द्री नमक) sea salt
करगत (पु०) دستیاب (दस्तयाब) available
करण (पु०) کرنا، کاروائی (करना, कारवाई) doing, action
करतल (पु०) ہتھیلی (हथेली) palm
करतल ध्वनि (स्त्री०) تالی (ताली) clapping
कर निर्धारण (पु०) ٹیکس کا تعین (टैक्स का तअय्युन) fixation of tax
कर मुक्त (पु०) ٹیکس معاف (टैक्स माफ़) tax exempted
कर सन्धान (पु०) ٹیکس لگانا (टैक्स लगाना) implementation of tax
कराल (वि०) خوفناک، بڑے دانت والا (ख़ौफ़नाक, बड़े दाँत वाला) horrible, large toothed
करिणी (स्त्री०) ہتھنی (हथिनी) cow elephant
करुणा (स्त्री०) ہمدردی (हमदर्दी) sympathy
करुणानिधि (वि०) نہایت رحمدل (निहायत रहमदिल) very kind hearted
करुणामय (पु०) بے حد مہربان (बेहद मेहरबान) very kind
कर्क (पु०) سرطان (सरतान) cancer
कर्कश (वि०) سخت، کرخت (सख़्त, करख़्त) hard, harsh
कर्कशता (स्त्री०) سختی، کرختگی (सख़्ती, करख़्तगी) hardness, harshness
कर्ण (पु०) کان، پتوار (कान, पतवार) ear, rudder
कर्णकटु (वि०) وہ بات جو کان کو بُری لگے، بدکلامی (वह बात जो कान को बुरी लगे, बदकलामी) unpleasant to ear, foul monthing
कर्णधार (पु०) کشتی بان، ناخدا (किश्ती बान, नाख़ुदा) steer man, boatman
कर्णहीन (पु०) بے کان (بہرا) (बे कान {बहरा}) earless, deaf
कर्णिक (स्त्री०) محرر/کلرک (मुहर्रिर/कलर्क) clerk
कर्णिका (स्त्री०) ہاتھ کی درمیانی انگلی، کان کا ایک زیور (हाथ की दरमियानी उंगली, कान का एक ज़ेवर) middle finger, ear ornament
कर्तन (पु०) کانٹ چھانٹ، چھیدن (काट छाँट, छेदन) cutting, piercing
कर्तव्य (पु०) فرض (फ़र्ज़) duty
कर्तव्य परायणता (वि०) فرض شناسی (फ़र्ज़ शनासी) dutifulness
कर्ता (पु०) فاعل، خالق، کام کرنے والا (फ़ाइल, ख़ालिक़, काम करने वाला) subject, creator, worker
कर्ताधर्ता (पु०) خاندان کا سربراہ (ख़ानदान का सरबराह) head of a family
कर्तार (पु०) خالق، خدا (ख़ालिक़, ख़ुदा) creator, God
कर्द (पु०) کیچڑ، دلدل (कीचड़, दलदल) mud, marsh
करपट (पु०) پرانا کپڑا (पुराना कपड़ा) old cloth
कर्पर (पु०) کھوپڑی (खोपड़ी) skull
कर्म (पु०) عمل، قسمت، مفعول (अमल, क़िस्मत, मफ़उल) deed, destiny, object
कर्मकार (वि०) کام کرنے والا (काम करने वाला) worker
कर्मचारी (पु०) کارکن، ملازم (कारकुन, मुलाज़िम) worker, employee
कर्मठ (वि०) کام کرنے میں ماہر (काम करने में माहिर) devoted worker
कर्मण्य (वि०) باعمل، محنت کش (बाअमल, मेहनत कश) practical, laborious
कर्मिष्ठ (वि०) مشغول (मशग़ूल) busy
कर्मनिष्ठ (वि०) فعال (फ़आल) active
कर्मभोग (पु०) پاداش، خمیازہ (पादाश, ख़मियाज़ा) punishment, nemesis

कर्षक (वि०) ہل جوتنے والا (हल जोतने वाला) one who ploughs
कर्षन (पु०) کشش (कशिश) attraction
कलंक (पु०) داغ، الزام (दाग़, इल्ज़ाम) stigma, charge
कलंकित (वि०) داغدار (दाग़दार) stigmatised
कलकण्ठ (पु०) کوئیل (कोयल) cuckoo
कलकल (पु०) شور (शोर) noise
कलछा (पु०) بڑا چمچ (बड़ा चम्मच) table spoon
कलत्र (स्त्री०) بیوی، عورت (बीवी, औरत) wife, woman
कलन (पु०) شمار کرنا، داغ، وضع (शुमार करना, दाग़, वज़ा) to count, stigma, fashion
कलपना (क्रि०) تکلیف میں ہونا (तकलीफ़ में होना) to be in pain
कलभ (पु०) ہاتھی، اونٹ (हाथी, ऊंट) elephant, camel
कलल (पु०) مشیمہ (मशीमा) placenta
कलश (कलस) (पु०) گھڑا (घड़ा) pitcher
कलह (पु०) نذاع، تکرار (नज़ा, तकरार) dispute, quarrel
कला (स्त्री०) آرٹ، فن، سود (आर्ट, फ़न, सूद) art, interest
कलाकार (पु०) فن کار (फ़नकार) artist
कलाकौशल (वि०) صنعت وحرفت، مہارت (सनअतो हिरफ़त, महारत) skill, expertise
कलावती (स्त्री०) ہنرمند عورت، گنگا (हुनरमंद औरत, गंगा) artist, female, Ganges
कलिका (स्त्री०) کلی (कली) bud
कलिकाल (पु०) کل جگ (कलजुग) present age
कलित (वि०) گِنا ہوا، حسین (गिना हुआ, हसीन) counted, beautiful
कलिमल (पु०) گناہ (गुनाह) sin
कलियुग (पु०) موجودہ عہد، چوتھا زمانہ (मौजूदा अहद, चौथा ज़माना) present age, fourth era
कलुष (पु०) گناہ، عیب (गुनाह, ऐब) sin, defect
कलेवर (पु०) جسم (जिस्म) body
कलोर (वि०) جوان بچھیا (जवान बछिया) she calf
कलोल (पु०) سیر وتفریح (सैरो तफ़रीह) picnic, entertainment
कलौस (वि०) سیاہی، کلنک (स्याही, कलंक) black, stigma
कल्प (पु०) قانون، تدبیر (क़ानून, तदबीर) rule, device
कल्पना (स्त्री०) تصور، قیاس (तसव्वुर, क़यास) imagination, guess
कल्पित (पु०) خیالی، فرضی (ख़याली, फ़र्ज़ी) imaginary, supposed
कल्मष (पु०) گناہ (गुनाह) sin
कल्माष (वि०) کالا، چتکبرا (काला, चितकबरा) black, spotted
कल्याण (पु०) فلاح، بھلائی (फ़लाह, भलाई) welfare
कल्याणी (वि०) مبارک، نوازا ہوا (मुबारक, नवाज़ा हुआ) auspicious, blessed
कल्लांच (वि०) بدمعاش، کنگال (बदमाश, कंगाल) wicked, bankrupt
कल्लाना (क्रि०) جلانا، ڈنک مارنا (जलाना, डंक मारना) to burn, to sting
कल्लोल (पु०) بڑی لہر، موج (बड़ी लहर, मौज) high wave, delight
कल्लोलिनी (स्त्री०) ندی (नदी) river
कवच (पु०) خول، زرہ بکتر (ख़ोल, ज़िरा बकतर) shell, armour
कवचधारी/कवची (वि०) زرہ بکتر سے لیس (ज़िरा बकतर से लैस) armoured
कवि (पु०) شاعر (शायर) poet
कविता (स्त्री०) نظم (नज़्म) poetry
कवित्व (पु०) شاعرانہ صلاحیت (शाएराना सलाहियत) poetic ability
कवित्री (स्त्री०) شاعرہ (शाएरा) poetess
कविलास (पु०) جنت (जन्नत) heaven
कविवर (पु०) عظیم شاعر (अज़ीम शायर) great poet
कश्यप (पु०) کچھوا، ہرن، برہمنوں کا ایک طبقہ (कछुआ, हरण, ब्राह्मणों का एक तबक़ा) tortoise, deer, a section of Brahmin
कशिक (पु०) نیولا (नेउला) mangoose
कशेरु (पु०) ریڑھ کی ہڈی (रीढ़ की हड्डी) back bone

कशेरुकी (पु०) ریڑھدار (रीढ़दार) vertebrate
कष (पु०) کسوٹی، سان (कसौटी, सान) whet, touchstone
कष्ट (पु०) تکلیف، اذیت (तकलीफ़, अज़ीयत) pain, torture
कष्टदायक (वि०) تکلیف دہ (तकलीफ़देह) painful
कष्टसाध्य (वि०) مشکل، دشوار (मुश्किल, दुश्वार) difficult
कसकुट (पु०) کانسا (कांसा) bronze
कसबिन (स्त्री०) طوائف (तवायफ़) prostitute
कहनूत (पु०) کہاوت (कहावत) proverb
कहल (पु०) گرمی، اُمس (गर्मी, उमस) summer, sultriness
काइयां (वि०) چالاک، مکار (चालाक, मक्कार) clever, cunning
कांत (पु०,वि०) محبوب، پیارا (महबूब, प्यारा) beloved, lovely
कांधा (पु०) کندھا، شری کرشن (कंधा, श्री कृष्ण) shoulder, Shri Krishna
कांड (पु०) کتاب کا باب، واقعہ (किताब का बाब, वाक़ेया) section of a book, incident
काक (पु०) کاگ (काग) cork
काका (पु०) چچا، بھیا (चचा, भइया) uncle, elder brother
काकी (स्त्री०) چچی (चची) aunt
काग (पु०) کوا، ٹھپی (कौआ, ठेपी) crow, cork
काज (पु०) کام، پیشہ (काम, पेशा) work, profession
काढ़ा (पु०) جوشاندہ (जोशान्दा) boiled herbs
कातर (वि०) خوف زدہ (ख़ौफ़ज़दा) afraid
कादम्बिनी (स्त्री०) بادلوں کی قطار (बादलों की क़तार) row of clouds
कानन (पु०) جنگل (जंगल) forest
कान्त (पु०) شوہر، محبوب، شری کرشن کا نام (शौहर, महबूब, श्री कृष्ण का नाम) husband, beloved, title of Shri Krishna
कान्ता (स्त्री०) بیوی، عورت (बीवी, औरत) wife, woman
कान्ती (स्त्री०) چمک، رونق (चमक, रौनक़) glow, splendour
कान्ह (पु०) شری کرشن (श्री कृष्ण) Shri Krishna
काम (पु०) جوش، جنسی خواہش (जोश, जिन्सी ख़ाहिश) sexual desire
कामदेव (पु०) محبت کا دیوتا (मुहब्बत का देवता) cupid
कामधेनु (स्त्री०) مراد پورا کرنے والی گائے (मुराद पूरा करने वाली गाय) wish fulfilling cow
कामना (स्त्री०) تمنا، خواہش (तमन्ना, ख़ाहिश) desire, wish
काम प्रवृति (वि०) جنسی رغبت (जिन्सी रग़बत) sexual tendency
कामशास्त्र (पु०) جنسیاتی علم (जिन्सियाती इल्म) sex knowledge
कामातुर (वि०) شہوت (خواہش نفسانی) میں متوالا (शहवत, {ख़ाहिशे नफ़्सानी} में मतवाला) sexually excited
कामिनी (स्त्री०) حسینہ، شراب (हसीना, शराब) beautiful woman, wine
कामी (पु०) مصروف، چاند (मसरूफ़, चाँद) busy, moon
कामुक (वि०) = **कामातुर**
काम्य (वि०) پسندیدہ، خوبصورت (पसंदीदा, ख़ूबसूरत) desirable, beautiful
काय (काया) (पु०) جسم (जिस्म) body
कायर (वि०) بزدل (बुज़दिल) coward
कायिक (वि०) جسمانی کام (जिस्मानी काम) physical action
कारक (वि०) حالت، عوامل (हालत, अवामिल) case, factor
कारण (पु०) وجہ، باعث (वजह, बाइस) reason
कारागार (कारागृह) (पु०) جیل خانہ، قید خانہ (जेलख़ाना, क़ैदख़ाना) prison, jail
कारादण्ड (पु०) سزائے قید (सज़ाए क़ैद) imprisonment
काराधिपति (पु०) جیلر (जेलर) jailor
काराबंदी (पु०) قیدی (क़ैदी) prisoner
कारावास (पु०) قید خانہ (क़ैदख़ाना) prison, jail
कारु (पु०) سنگ تراش، شاعر (संगतराश, शायर) sculptor, poet
कारुण्य (पु०) ہمدردی، رحم (हमदर्दी, रहम) pity
कारुणिक (वि०) دردانگیز (दर्दअंगेज़) pitiable

कार्मण्य (वि०) مفلسی (मुफ़्लिसी) poverty
कर्मिक (पु०,वि०) کارکن،عملہ(آسامی) (कारकुन, अमला {आसामी}) worker,personnel
कार्य (पु०) عمل،کام (अमल, काम) function, work
कार्यकारी (वि०) عاملہ،قائم مقام (आमला, क़ाएम मुक़ाम) executive,acting
कार्यक्रम (पु०) پروگرام،دستورالعمل (प्रोग्राम, दस्तूररुल अमल) programme
कार्यकर्ता (पु०) کارکن (कारकुन) worker
कार्यकारिणी समिति (स्त्री०) مجلس عاملہ (मजलिसे आमला) working committee
कार्यकाल (पु०) مدّت ملازمت،میعاد (मुद्दते मुलाज़मत, मीयाद) service period, tenure
कार्यपद्धति/कार्यप्रणाली (स्त्री०) طریقۂ کار (तरीक़ैकार) procedure
कार्यपालिका (स्त्र०,वि०) انتظامیہ (इन्तेज़ामिया) executive
कार्यभार (पु०) چارج،ذمہ داری کا بوجھ (चार्ज, ज़िम्मेदारी का बोझ) charge, burden of responsibility
कार्यवाहक (वि०) عارضی،قائم مقام (आरज़ी, क़ायम मुक़ाम) working,acting
कार्यवाही (स्त्र०,पु०) نظم کرنا،کارروائی (नज़्म करना, कार्रवाई) proceeding,managing
कार्यालय (पु०) دفتر (दफ़्तर) office
कार्यावली (स्त्री०) ایجنڈا (एजेंडा) agenda
काल (पु०) مدت،موت (मुद्दत, मौत) period, death
कालकूट (पु०) سانپ کا زہر (साँप का ज़हर) snake poison
कालचक्र (पु०) گردشِ زمانہ (गरदिशे ज़माना) time rotation
कालस (पु०) سیاہی (स्याही) blackness
कालातीत (पु०) مقررہ وقت کا گذر جانا (मुक़र्रा वक़्त का गुज़र जाना) lapse of fixed time
कालान्तर (पु०) درمیانی وقفہ،دوسرا عہد (दरमियानी वक़्फ़ा, दूसरा अहद) interval, another age
कालिक (वि०) وقتی،ہنگامی (वक़्ती, हंगामी) temporary,emergent
कालिख (स्त्री०) سیاہی،کلنک (स्याही, कलंक) black,stigma
कालिन्द (पु०) تربوز (तरबूज़) watermelon
कालिन्दी (स्त्री०) جمنا ندی (जमना नदी) Yamuna river
कालिमा (स्त्री०) = **कालिख**
काल्पनिक (वि०) فرضی،خیالی (फ़र्ज़ी, ख़याली) hypothetical,imaginary
काँवर (पु०) چھوٹا برچھا (छोटा बर्छा) lancet
काव्य (पु०) شعروشاعری (शेरो शायरी) poetry
काष्ठ (पु०) لکڑی، ایندھن (लकड़ी, ईंधन) wood, fuel
काष्ठा (स्त्री०) حد،سرحد،چوٹی (हद, सरहद, चोटी) limit,boundary,peak
कास (पु०) کھانسی (खांसी) cough
कासार (पु०) بڑا تالاب (बड़ा तालाब) large pond
किंकर (पु०) خادم (ख़ादिम) servant
किंचित (अव्य०,वि०) قلیل،تھوڑا بہت (क़लील, थोड़ा बहुत) little, somewhat
किंजल्क (पु०) زردانہ،کنول کی ڈالی (ज़र्दाना, कंवल की डाली) pollen, tendril of lotus
किंतु (अव्य०) لیکن،تو بھی (लेकिन, तो भी) but,still
किंपुरुष (पु०) ہجڑا،کم ذات (हिजड़ा, कम ज़ात) intersex,mean
किञ्चन (क्रि०, वि०) کم،تھوڑا (कम, थोड़ा) little, small
किंवदन्ती (पु०) افواہ (अफ़वाह) rumour
किन्नर (पु०) ہجڑا (हिजड़ा) inter sex
किरण (स्त्री०) شعاع (शोआ) rays
किरमाल (पु०) تلوار (तलवार) sword
किरानी (पु०) محرر،کلرک (मोहर्रिर, कलर्क) clerk
किशोर (पु०) نوعمر لڑکا (नौउमर लड़का) adolescent
किशोरी (पु०) دوشیزہ (दोशीज़ा) adolescent girl
किसलय (पु०) کونپل،کلی (कोंपल, कली) bud
कीक (स्त्री०) رونا،چیخ (रोना, चीख़) scream,cry
कीट (पु०) کیڑا (कीड़ा) insect
कीटाणु (पु०) جراثیم (जरासीम) bacteria
कीर्तन (पु०) حمد،بھجن (हम्द, भजन) praise song

कीर्ति (पु०) شہرت، نیک نامی (शोहरत, नेक नामी) fame, reputation

कीर्तिमान (पु०) شہرت کا ریکارڈ، نیک نام (शोहरत का रिकार्ड, नेक नाम) record, of reputation

कीलन (पु०) بندھن، رکاوٹ (बंधन, रुकावट) binding

कीश/कीस (पु०) بندر، چڑیا (बंदर, चिड़िया) monkey, bird

कुंज (पु०) پھلواری (फुलवारी) garden

कुंड (पु०) حوض، گڈھا (हौज़, गड्ढा) tank, pond

कुंडली (स्त्री०) ستاروں کا زائچہ (सितारों का ज़ाएचा) horoscope

कुंदना (पु०) سونے کا ورق (सोने का वर्क़) thin plate of gold

कुंदरु (स्त्री०) پرول جیسا پھل (परवल जैसा फल) a type of fruit

कुंभ (पु०) گھڑا (घड़ा) pitcher

कुकर्म (पु०) بُرا کام (बुरा काम) misdeed

कुकुट (पु०) مُرغ (मुर्ग़) fowl

कुकुर (पु०) کُتّا (कुत्ता) dog

कुक्करी (स्त्री०) کُتّی (कुत्ती) bitch

कुक्षि (स्त्री०) معدہ (پیٹ)، رحم (मेदा {पेट}, रहम) stomach, womb

कुख्यात (वि०) بدنام زمانہ (बदनामे ज़माना) notorious

कुच (पु०) (پستان (عورتوں کا سینہ) (पिस्तान {औरतों का सीना}) breast of female

कुचाली (पु०) گمراہ، بدمعاش (गुमराह, बदमाश) misconduct, wicked

कुञ्ज (पु०) پیڑ پودوں سے ڈھکا پہاڑی مقام (पेड़ पौदों से ढका पहाड़ी मुक़ाम) a grove

कुटनी (स्त्री०) رنڈیوں کی دلالہ (रंडियों की दल्लाला) bawd

कुटिल (पु०) ٹیڑھا، بدمعاش (टेढ़ा, बदमाश) crooked, wicked

कुटिया (स्त्री०) جھونپڑی (झोंपडी) hut

कुट (पु०) گھڑا (घड़ा) pitcher

कुटिल (वि०) مکار، بدمعاش (मक्कार, बदमाश) cunning, wicked

कुटीर (पु०) جھونپڑا (झोंपड़ा) hut

कुटुम्ब/कुटुम (पु०) خاندان، رشتہ دار (ख़ानदान, रिश्तेदार) family, relatives

कुण्ठ (पु०) بیوقوف، کاہل (बेवकूफ़, काहिल) fool, lazy

कुण्ठित (वि०) سرد، کند، سست (सर्द, कुंद, सुस्त) cold, blunt, dull

कुण्ड (पु०) تالاب (तालाब) pond

कुण्डली (स्त्री०) جنم پتری، لچھا، کان کی چھوٹی بالی (जन्म पतरी, लचछा, कान की छोटी बाली) horoscope, coil, a small ear ring

कुतूहल (पु०) اشتیاق، تفریح، کھیل (इश्तेयाक़, तफ़रीह, खेल) curiosity, sport

कुत्सा (स्त्री०) الزام، توہین (इल्ज़ाम, तौहीन) allegation, contempt

कुनकुना (वि०) سُسُم (सुसुम) lukewarm

कुन्तल (पु०) زلف، بال (ज़ुल्फ़, बाल) hairs

कुटिल (पु०) ٹیڑھا، شریر (टेढ़ा, शरीर) naughty

कुपित (वि०) ناخوش (नाख़ुश) unhappy

कुपुत्र (पु०) خراب بیٹا (ख़राब बेटा) bad son

कुम कुम (पु०) لاہ کا بنا گولہ جس میں رنگ بھرا ہو، زعفران (लाह का बना गोला जिसमें रंग भरा हो, ज़ाफ़रान) lack ball containing colour, saffron

कुमाति (स्त्री०) حماقت (हेमाक़त) stupidity

कुमार (पु०) بیٹا، لڑکا (बेटा, लड़का) son, boy

कुमारिका (स्त्री०) دوشیزہ، لڑکی (दोशीज़ा, लड़की) damsel, girl

कुमारी (स्त्री०) بارہ سال کی لڑکی (बारह साल की लड़की) 12 year old girl

कुमुद (पु०) شعر، کنول (शेर, कंवल) verse, lotus

कुमुदिनी (स्त्री०) چاندنی، کنول کا گچھا (चाँदनी, कंवल का गुच्छा) moonlight, cluster of lotus

कुमुदिनी नायक (पु०) چاند (चाँद) moon

कुम्भ (पु०) مٹی کا گھڑا (मिट्टी का घड़ा) earthen pitcher

कुम्भीर (पु०) گھڑیال (घड़ियाल) crocodile

कुरूप (वि०) بدشکل (बदशक्ल) ugly

कुरूपता (स्त्री०) بدصورتی (बदसूरती) ugliness

कुल (पु०) نسل، ذات (नस्ल, ज़ात) generation, caste

कुलकना (क्रि०) خوش ہونا (खुश होना) to be happy

कुलटा (स्त्री०) بدچلن عورت (बदचलन औरत) promiscuous woman, bad character
कुलतारन (वि०) نسل کو پاک کرنے والا (नस्ल को पाक करने वाला) purifier of race
कुलतिलक/कुल दीप (पु०) خاندان کا سب سے اچھا شخص (ख़ानदान का सबसे अच्छा शख़्श) best man of the family
कुलपति (पु०) شیخ الجامعہ (शैख़ुल जामिआ) vice chancellor
कुलवंत (पु०) = **कुलीन**
कुलानुशासक (पु०) پروکٹر (प्रौक्टर) proctor
कुलाल (पु०) کمہار (कुम्हार) potter
कुलि (अव्य०) سب (सब) all
कुली (पु०) بوجھ اٹھانے والا (बोझ उठाने वाला) coolie
कुलीन (वि०) خاندانی، اعلیٰ خاندان (ख़ानदानी, आला ख़ानदान) a person of good family, high family
कुल्या (स्त्री०) دریا کی گذرگاہ، جھرنا (दरिया की गुज़रगाह, झरना) channel, stream
कुल्हड़ (पु०) مٹی کا کپ، چکڑ (मिट्टी का कप, चुक्कड़) earthenware cup
कुबेर (पु०) دولت کا دیوتا (दौलत का देवता) god of wealth
कुव्यवस्था (स्त्री०) بدنظمی (बदनज़मी) mismanagement
कुश (पु०) ایک طرح کی گھاس (एक तरह की घास) a type of grass
कुशल (पु०) خیریت، ماہر (ख़ैरियत, माहिर) welfare, skilled
कुशलता (स्त्री०) مہارت، فلاح (महारत, फ़लाह) expertise, welfare
कुशील (वि०) غیر مہذب (ग़ैर मुहज़्ज़ब) uncultured
कुष्ठ (पु०) جذام/کوڑھ (जज़ाम/कोढ़) leprosy
कुसमय (पु०) براوقت (बुरा वक़्त) bad time
कुसुम (पु०) پھول (फूल) flower
कुसुमी (वि०) سرخی لئے ہوئے زرد (सुर्ख़ी लिए हुए ज़र्द) reddish yellow
कुसंगति (वि०) بری صحبت (बुरी सोहबत) bad company
कुस्सा (पु०) کدال (कुदाल) pick axe
कुहप (पु०) رات میں چرنے والا (रात में चरने वाला) nocturnal
कुहर (पु०) سوراخ، گڈھا (सूराख़, गड्ढा) hole, cavity
कूंची (स्त्री०) چھوٹی جھاڑو (छोटी झाड़ू) brush
कूज (स्त्री०) آواز، بولی (आवाज़, बोली) voice
कूट (पु०) مصنوعی، جھوٹ، ذخیرہ (मसनूई, झूट, ज़ख़ीरा) artificial, false, stock
कूटनीति (पु०) شاطرانہ پالیسی، سیاست (शातिराना पालीसी, सियासत) policy of deceiving, diplomacy
कूढ़ (वि०) احمق (अहमक़) fool, idiot
कूत (स्त्री०) اندازہ (अंदाज़ा) estimation
कूप (पु०) کنواں (कुआँ) well
कूपज (पु०) زلف، بال (ज़ुल्फ़, बाल) hair
कूल (पु०) ساحل، جھیل (साहिल, झील) bank of river, lake
कृकलास (पु०) گرگٹ (गिरगिट) garden lizard
कृत (वि०) کارکردگی (कारकर्दगी) work done, performance
कृतक (वि०) مصنوعی بنایا گیا (मसनूई बनाया गया) artificially made
कृतज्ञ (वि०) احسان مند، شکرگزار (एहसानमंद, शुक्रगुज़ार) grateful, thankful
कृतज्ञता (स्त्री०) احسان مندی (एहसानमंदी) greatful-ness
कृत/कृत्य (पु०) احسان مند (एहसानमंद) obliged
कृतार्थ (वि०) بامراد، کامیاب (बामुराद, कामयाब) successful
कृति (पु०) عمل، کارنامہ (अमल, कारनामा) action, deed
कृते (क्रि०वि०) طرف سے (तरफ़ से) on behalf of
कृत्रिम (वि०) نقلی، مصنوعی (नक़ली, मसनूई) artificial, imitation
कृन्तन (पु०) کاٹ چھاٹ (काट छाट) cutting
कृपण (वि०) کنجوس (कंजूस) miser
कृपया (अव्य०) براہ کرم (बराहे करम) kindly
कृपा (स्त्री०) مہربانی، کرم (मेहरबानी, करम) kindness, mercy

कृपाण (पु०) تلوار، خنجر (तलवार, ख़ंजर) sword, dagger
कृपानिधि (पु०) نہایت مہربان (नेहायत मेहरबान) very merciful
कृपापात्र (पु०) قابلِ رحم (क़ाबिले रहम) pitiable
कृपालु (वि०) رحم دل (रहम दिल) kind
कृमि (पु०) کرم (جونک) (कृम {जोंक}) worm
कृश (वि०) دبلا پتلا (दुबला पतला) lean & thin
कृशानु (पु०) آگ (आग) fire
कृषक (पु०) کسان (किसान) farmer
कृषि/कृषी (स्त्री०) کھیتی (खेती) agriculture
कृष्ण (वि०) کالا، نیلے رنگ کا (काला, नीले रंग का) black, blue coloured
कृष्णकाय (पु०) بھینس، کالے جسم والا (भैस, काले जिस्म वाला) buffalo, black bodied
कृष्णसार (पु०) سیاہ ہرن (स्याह हिरण) black deer
केंचुल (स्त्री०) سانپ کی گر جانے والی کھال (साँप की गिर जाने वाली खाल) moulted skin of snake
केकी (पु०) مور (मोर) peacock
केतक (केतकी) (पु०) کیوڑا (केवड़ा) kevra, a type of scent
केतु (पु०) دمدار ستارہ، جھنڈا (दुमदार सितारा, झंडा) comet, flag
केन्द्र (पु०) مرکز (मरकज़) centre
केन्द्रस्थ (वि०) مرکز میں واقع (मरकज़ में वाक़े) situated at centre
केन्द्रापसारी (वि०) مرکز گریز (मरकज़ गुरेज़) centrifugal
केन्द्रित (वि०) مرکوز (मरकूज़) centred
केन्द्रीकृत (वि०) مرکز کے تحت (मरकज़ के तहत) centralised
केन्द्रीय (वि०) مرکزی (मरकज़ी) central
केरानी (पु०) دوغلا (दोग़ला) hybrid
केवट (पु०) ملاّح (मल्लाह) boat man
केवल (वि०) صرف (सिर्फ़) only
केश (पु०) بال (बाल) hair
केशपाश (पु०) زلفوں کی لٹ (जुल्फ़ो की लट) lock of hair
केशव (पु०) لمبی زلفوں والا، وشنو (लम्बी जुल्फ़ों वाला, विष्णु) having long hairs, Vishnu
केसर (पु०) زعفران، گھوڑوں کے گردن پر کے بال (ज़ाफ़रान, घोड़ो के गर्दन पर के बाल) saffron, hair of horse neck
केसरी (पु०) گھوڑا، شیر (घोड़ा, शेर) horse, lion
केहर (पु०) مور (मोर) peacock
कैलाश (पु०) ہمالیہ کی ایک چوٹی (हिमालय की एक चोटी) peak of Himalaya
कोक (पु०) رحم (रहम) uterus
कोकिल (पु०) کوئل (कोयल) cuckoo
कोकिला (स्त्री०) سیاہ کوئل (बाल) black cuckoo
कोख (पु०) = **कोक**
कोट (पु०) قلعہ (क़िला) fort
कोटर (पु०) کھوکھلا (खोखला) hollow
कोटि (स्त्री०) جماعت، ایک کروڑ، طبقہ (जमाअत, एक करोड़, तब्क़ा) group, ten million, category
कोटिक (वि०) لاکھوں (लाखों) millions
कोटिश (अव्य) کروڑوں، بے حساب (करोड़ों, बेहिसाब) millions of millions, countless
कोण (पु०) زاویہ، گوشہ (ज़ाविया, गोशा) angle, corner
कोप (पु०) غصّہ (गुस्सा) anger
कोपित (वि०) غصّہ میں (गुस्से में) in anger
कोमल (वि०) نرم و نازک (नरमो नाज़ुक) soft
कोर (स्त्री०) حصّہ، کنارہ (हिस्सा, किनारा) part, edge
कोलाहल (पु०) شور (शोर) noise
कोविद (पु०) عالم، ماہر (आलिम, माहिर) scholar, expert
कोश (पु०) گودام، لغت (गोदाम, लुग़त) store room, dictionary
कोशागार (पु०) خزانہ (ख़ज़ाना) treasury
कोष (पु०) ذخیرہ (ज़ख़ीरा) fund
कोष्ठ (पु०) گھری ہوئی جگہ (घिरी हुई जगह) enclosed place
कोष्ठक (पु०) قوسین (क़ौसैन) bracket
कोषालय (पु०) گودام (गोदाम) store house
कौटिल्य (पु०) ظلم، فریب (जुल्म, फरेब) cruelty, deceit
कौतुक (पु०) تعجب، حیرت (ताज्जुब, हैरत) wonder

कौतूहल (पु०) کسی نئی چیز کو دیکھنے یا جاننے کا شوق (किसी नई चीज़ को देखने या जानने का शौक़) desire to see or know new things

कौमार (पु०) بچپن (बचपन) childhood

कौर (पु०) نوالہ (निवाला) mouthful (of food)

कौलिक (पु०) جولاہا (जोलाहा) weaver

कौशल (पु०) مشاقی (मशशाक़ी) skill

कौशल्या (स्त्री०) شری رام کی ماں (श्री राम की माँ) mother of Shri Ram

कौशेय (पु०) ریشمی (रेशमी) silken

क्रन्द (पु०) چیخ، گھوڑے کی ہنہناہٹ (चीख़, घोड़े की हिनहिनाहट) cry, neigh

क्रन्दन (पु०) رلائی، گریہ وزاری (रुलाई, गिरयाओज़ारी) weeping, lamenting

क्रतु (वि०) شعور، خواہش (शाेऊर, ख़्वाहिश) conscious, desire

क्रम (पु०) ترتیب، سلسلہ (तरतीब, सिलसिला) arrangement, order

क्रमशः (अव्य०) بالترتیب (बित्तरतीब) respectively

क्रमांक (पु०) نمبر، سلسلہ (नम्बर, सिलसिला) number, order

क्रमागत (वि०) حسب ترتیب (हस्बे तरतीब) accordingly

क्रमानुसार (अव्य०) حسب ترتیب (हस्बे तरतीब) according to order

क्रमिक (वि०) درجہ بدرجہ (दर्जा बदर्जा) gradually

क्रय (पु०) خرید (ख़रीद) purchase

क्रान्ति (स्त्री०) انقلاب، تبدیلی (इंक़ेलाब, तबदीली) revolution, change

क्रान्तिकारी (वि०) انقلابی (इन्क़ेलाबी) revolutionary

क्रिया (स्त्री०) عمل، ترکیب (अमल, तरकीब) action, process

क्रियाकाण्ड (पु०) مذہبی اعمال (मज़हबी आमाल) religious rites

क्रियान्वयन (पु०) نفاذِ عمل (नेफ़ाज़े अमल) implimentation

क्रिस्तान (पु०) عیسائی (ईसाई) Christian

क्रीड़ा (स्त्री०) تفریح، کھیل کود (तफ़रीह, खेलकूद) recreation, sport

क्रीत (वि०) خریدا ہوا (ख़रीदा हुआ) purchased

क्रुद्ध (वि०) برہم، غضب ناک (बरहम, ग़ज़बनाक) angry, furious

क्रूर (वि०) سخت، بے رحم (सख़्त, बे रहम) cruel

क्रेता (वि०) خریدار (ख़रीदार) purchaser

क्रोड़ (पु०) آغوش (आग़ोश) embrace

क्रोध (पु०) غصّہ (ग़ुस्सा) anger

क्रोधित/क्रोधी (वि०) غضب ناک (ग़ज़बनाक) angry

क्लांत (वि०) تھکا ہوا، مضمحل (थका हुआ, मुज़महिल) tired, shabby

क्लेद (पु०) پسینہ (पसीना) sweat

क्लेश (पु०) دکھ، جھگڑا (दुख, झगड़ा) pain, browling

क्लोम (पु०) پھیپھڑا (फेफड़ा) lungs

क्ष

क्षण (पु०) لمحہ، پل (लम्हा, पल) moment

क्षण भंगुर (वि०) فانی (फ़ानी) mortal

क्षणिक (वि०) عارضی، وقتی (आरज़ी, वक़्ती) momentous, temporary

क्षणिका (स्त्री०) بجلی (बिजली) electricity

क्षत (वि०) زخمی (ज़ख़्मी) wounded

क्षत-विक्षत (वि०) زخموں سے چور (ज़ख़्मों से चूर) badly wounded

क्षति (स्त्री०) نقصان، گھاٹا (नुक़सान, घाटा) loss, damage

क्षतिग्रस्त (वि०) تباہ (तबाह) damaged

क्षतिपूर्ति (स्त्री०) نقصان کا ہرجانہ (नुक़सान का हर्जाना) compensation

क्षतिपूरक (पु०) تلافی کرنے والا (तेलाफ़ी करने वाला) compensatory

क्षत्र (पु०) قوم، ریاست (क़ौम, रेयासत) nation, state

क्षपा (स्त्री०) رات (रात) night

क्षम (वि०) اہل، قابل (अह्ल, क़ाबिल) able, efficient

क्षमता (वि०) صلاحیت، قدرت (सलाहियत, कुदरत) capacity, ability

क्षमा (वि०) معافی، بخشش (माफ़ी, बख़्शिश) pardon

क्षमादान (पु०) معافی دینا (माफ़ी देना) to grant pardon

क्षमायाचना (स्त्री०) معافی چاہنا (माफ़ी चाहना) to seek forgiveness

क्षमालु (पु०) معاف کرنے والا (माफ़ करने वाला) one who pardons

क्षम्य (वि०) قابلِ معافی (क़ाबिले माफ़ी) pardonable

क्षय (पु०) بربادی، دق (बरबादी, दिक़) destruction, T.B.

क्षय रोग (पु०) تپ دق (तपेदिक़) T.B

क्षर (पु०) بادل (बादल) cloud

क्षरण (पु०) ٹپکنا، برباد ہونا (टपकना, बरबाद होना) dropping, erosion

क्षार (पु०,वि०) القلی، تیکھا (अल्क़ली, तीखा) alkali, pungent

क्षिति (स्त्री०) زمین، مقام (ज़मीन, मुक़ाम) earth, habitat

क्षितिज (पु०) افق (उफ़ुक़) horizon

क्षितिदेव (पु०) برہمن (ब्राहमण) Brahmin

क्षितीश (पु०) زمین کا مالک، حکمراں (ज़मीन का मालिक, हुक्मराँ) landlord, ruler

क्षीण (वि०) کمزور (कमज़ोर) weak, lean & thin

क्षीर (पु०) سیال چیزیں (सइयाल चीज़ें) liquid

क्षुद्र (वि०) کمینہ، پست (कमीना, पस्त) mean, inferior

क्षुद्रता (पु०) کمینہ پن، کمتری (कमीनापन, कमतरी) meanness, inferiority

क्षुधा (स्त्री०) بھوک (भूक) appetite

क्षुधातुर/क्षुधालु (वि०) بھوکا (भूका) hungry

क्षुप (पु०) پودا، جھاڑی (पौदा, झाड़ी) shrubs

क्षुब्ध (वि०) رنجیدہ، بے قرار (रंजीदा, बेक़रार) sad, agitated

क्षुरिका(स्त्री०) چھوٹی چھری (छोटी छुरी) edge, knife

क्षेत्र (पु०) علاقہ، میدان (इलाक़ा, मैदान) area, ground

क्षेत्रफल (पु०) رقبہ (रक़्बा) area

क्षेत्रीय (वि०) علاقائی (इलाक़ाई) regional

क्षेप (पु०) مذمت، ترک (मुज़म्मत, तर्क) condemnation, boycott

क्षेपक (वि०) قابلِ مذمت (क़ाबिले मुज़म्मत) condemnable

क्षेपण (पु०) پھینکنا (फेंकना) to throw away

क्षेम (पु०) خیریت، خوشی (ख़ैरियत, ख़ुशी) welfare, happiness

क्षेमकर (वि०) بھلائی کرنے والا (भलाई करने वाला) benevolent

क्षोभ (पु०) رنج، غم و غصہ (रंज, ग़मो गुस्सा) sad, anger

क्षोभित (पु०) پریشان (परेशान) worried

क्षौर (पु०) سر کے بال یا داڑھی منڈوانا (सर के बाल या दाढ़ी मुंडवाना) shaving of the head or beard

क्ष्मा (वि०) زمین (ज़मीन) earth

ख

खंग (पु०) تلوار (तलवार) sword

खंजरी (स्त्री०) چھوٹی ڈفلی (छोटी डफ़ली) tambourine

खंड (पु०) = **खण्ड**

खग (पु०) ہوا، سورج، چاند، پرندے (हवा, सूरज, चाँद, परिन्दे) wind, sun, moon, birds

खगहा (पु०) گینڈا (गैंडा) rhinoceros

खगोल (पु०) سیارہ، فضائے آسمانی (सैयारा, फ़ेज़ाए आसमानी) planet, sphere of the heavens

खगोलविद (पु०) ماہر فلکیات (माहिरे फ़लकियात) astronomer

खगोल विद्या (स्त्री०) علم الافلاک، علم نجومی (इल्मुल अफ़लाक, इल्म नजूमी) astronomy

खग्ग (पु०) = **खंग**

खग्रास (पु०) سورج یا چاند کا پورا گرہن (सूरज या चाँद का पूरा ग्रहण) full solar or lunar eclipse

खचर (पु०) بارش، ہوا، آسمان میں حرکت کرنے والا (बारिश, हवा, आसमान में हरकत करने वाला) rain, air, heavenly bodies

खचिया (स्त्री०) چھوٹی ٹوکری (छोटी टोकरी) small basket

खजल (पु०) پالا (पाला) frost

खंज (पु०) لنگڑا (लंगड़ा) lame
खड्ग (पु०) تلوار (तलवार) sword
खड्ड (पु०) گڈھا (गढ़ा) pit
खड़मंडल (वि०) گڑبڑی (गड़बड़ी) wrangling
खड़िया (स्त्री०) سفید مٹی (सुफ़ैद मिट्टी) chalk
खण्ड (पु०) ٹکڑا، جز (टुकड़ा, जुज़) part, fraction
खण्डन (पु०) کاٹ چھانٹ، تردید (काट छाँट, तरदीद) cutting, denial
खत्री (पु०) ہندوؤں کی ایک ذات (हिन्दुओं की एक ज़ात) a cast of Hindus
खदान (स्त्री०) کان، معدن (कान, मादन) mines
खदेरना (क्रि०) بھگانا (भगाना) chase away
खद्योत (पु०) جگنو، آفتاب (जुगनू, आफ़ताब) fire fly, sun
खन (पु०) جز، لمحہ (जुज़, लम्हा) part, moment
खनिज (वि०) معدنیات (मादनियात) minerals
खपची/खपाची (स्त्री०) بانس کی تیلی (बाँस की तीली) spoke of bamboo
खमस (पु०,वि०) نم، نمی (नम, नमी) humid, humidity
खरतल (वि०) کھرّا، صاف گو (खुर्रा, साफ़ गो) rough, frank
खरहा (पु०) خرگوش (ख़रगोश) hare (rabbit)
खरांशु (पु०) آفتاب (आफ़ताब) sun
खाग (पु०) تلوار (तलवार) sword
खाज (स्त्री०) کھجلی (खुजली) itching
खात (पु०) جوہڑ، تالاب (जोहड़, तालाब) pond
खाता (पु०) حساب کتاب، کھاتا (हिसाब किताब, खाता) accounts book
खाद्य (वि०) غذا، کھانا (गिज़ा, खाना) food
खाद्यान्न(पु०) غذائی اناج (ग़िज़ाइ अनाज)food grains
खान (स्त्री०) کان، معدن (कान, मादन) mines
खार (पु०) چھار، کھار، القلی (छार, खार, अल्कली) alkali
खिन्न (वि०) ناخوش، پریشان (नाखुश, परेशान) unhappy, anxious
खीज (स्त्री०) جھنجھلاہٹ (झुंझुलाहट) irritation
खीस (वि०) چڑھ، غصہ (चिढ़, गुस्सा) anger
खूसट (पु०,वि०) ضعیف، خشک، شکستہ (ज़ईफ़, खुश्क, शिकस्ता) old, dry, wornout
ख्रीष्ट (पु०) حضرت عیسیٰ مسیح (हज़रत ईसा मसीह) Jesus Christ
खेतिहर (पु०) کسان (किसान) farmer
खेद (पु०) رنج، افسوس (रंज, अफ़सोस) sorrow
खेदजनक (वि०) افسوسناک (अफ़सोसनाक) to be regretted
खेवट/खेवनहार (पु०) ملاح، ناخدا (मल्लाह, नाख़ुदा) boatman
खोट (स्त्री०) عیب، برائی، ملاوٹ (ऐब, बुराई, मिलावट) fault, defect, adulteration
खोटा (पु०,वि०) غلط، ملاوٹی (ग़लत, मिलावटी) false, adulterated
ख्याता (स्त्री०) نیک نام، مشہور (नेकनाम, मशहूर) famous, well known
ख्याति (वि०) نیک نامی، شہرت (नेकनामी, शोहरत) fame, reputation

ग

गंड (पु०) رخسار، مندر (रुख़सार, मंदिर) cheek, temple
गंडा (पु०) گرہ (गिरह) knot
गंतव्य (पु०) منزل (मंज़िल) goal
गंध (स्त्री०) بو، مہک (बू, महक) odour, smell
गंधर्व (पु०) فلکی موسیقار، گانے والیوں اور رقاساؤں کا ایک طبقہ (फ़लकी मौसीक़ार, गाने वालियों और रक़्क़ासाओं का एक तब्क़ा) heavenly musician, a section of female singers & dancers
गंभीर (वि०) سنجیدہ، سنگین (संजीदा, संगीन) sober, serious
गगन (पु०) آسمان (आसमान) sky
गगनचर (पु०) آسمان میں گھومنے والا (आसमान में घूमने वाला) heavenly body
गगनचुम्बी (वि०) فلک بوس (फ़लकबोस) sky touching
गगनभेदी (पु०) فلک شگاف (फ़लक शिगाफ़) sky scraper
गगनस्पर्शी (पु०) آسمان چھونے والا (आसमान छूने वाला) sky touching
गगरा (पु०) پانی کا بڑا برتن (पानी का बड़ा बरतन) large pot of water

गज (पु०) ہاتھی (हाथी) elephant

गजर (पु०) جھنکار، گھنٹی بجنا (झंकार, घंटी बजना) chimes, belling

गजरा (पु०) پھولوں کا ہار (फूलों का हार) garlands

गजराज (पु०) ہاتھیوں کے قافلے کا سردار (हाथियों के क़ाफ़िले का सरदार) the leader of the herd of elephant

गजारन (वि०) ہاتھی کی شکل کا (हाथी की शक्ल का) elephant faced

गजेन्द्र (पु०) بڑا ہاتھی (बड़ा हाथी) large elephant

गञ्जन (पु०) مذمت، توہین (मुज़म्मत, तौहीन) disrespect, contempt

गठन (पु०) ساخت، ترکیب (साख़्त, तरकीब) structure, to organize

गठीला (वि०) بھرا جسم والا (भरा जिस्म वाला) compact body

गढ़ (पु०) قلعہ (क़िला) fort

गढ़ी (स्त्री०) قلعہ بندی، چھوٹا قلعہ (क़िलाबंदी, छोटा क़िला) fortification, small fort

गण (पु०) عوام، جمہوریہ، طبقہ (अवाम, जमहूरिया, तबक़ा) people, public, section

गणक (पु०) نجومی (नजूमी) astronomer

गणतंत्र (पु०) جمہوری حکومت (जमहूरी हुकूमत) democracy

गणना (स्त्री०) حساب، گننا (हिसाब, गिनना) accounts, counting

गणनापूर्ति (पु०) کورم، تکمیل (कोरम, तकमील) quorum, counting

गणपति (पु०) گنیش، شیوا (गणेश, शिवा) lord Ganesh, Shiva

गणराज्य (पु०) = **गणतंत्र**

गणिका (स्त्री०) طوائف، رنڈی (तवाएफ़, रंडी) prostitute

गणित (पु०) علم الحساب (इल्मुल हिसाब) mathematics

गणितकार/गणितज्ञ (पु०) حساب داں (ماہر ریاضی) (हिसाबदाँ {माहिरे रेयाज़ी}) mathe-matician

गणितशास्त्र (पु०) علم ریاضی (इल्मे रेयाज़ी) mathematics

गण्य (स्त्री०) گننے کے لائق (गिनने के लायक़) able to be counted

गत (स्त्री०,वि०) روانہ، پچھلا، حالت (रवाना, पिछला, हालत) departed, last, state

गति (स्त्री०) رفتار، جانا، حالت (रफ़्तार, जाना, हालत) speed, going, state

गतिकी (स्त्री०) علم حرکیات (इल्मे हरकियात) dynamics

गतिया (स्त्री०) بچوں کے گلے میں باندھنے کا رومال (बच्चों के गले में बाँधने का रूमाल) neck cloths of babies

गदगद (पु०) شاداں وفرحاں، جذباتی (शादाँ ओ फ़रहाँ, जज़्बाती) over joyed, emotional

गद्य (वि०) نثر، انشاء (नस्र, इन्शा) prose

गद्य-पद्य (पु०) نثر و نظم (नस्रो नज़्म) prose & poetry

गबदी (वि०) سُست، بے وقوف (सुस्त, बेवकूफ़) lazy, idiot

गमकना (क्रि०) مہکنا (महकना) to be fragrant

गमन (पु०) روانگی (रवानगी) departure

गमना गमन (पु०) آمد و رفت (आमदो रफ़्त) arrival & departure

गम्य (वि०) ممکن الحصول، جہاں رسائی ہو سکے (मुमकिनुल हुसूल, जहाँ रेसाई हो सके) accessible, attainable

गर (पु०) زہر، گردن (ज़हर, गरदन) poison, neck

गरई (स्त्री०) ایک قسم کی مچھلی (एक क़िस्म की मछली) a kind of fish

गरनाल (स्त्री०) بہت چھوٹے منھ کا توپ (बहुत छोटे मुँह का तोप) canon with small mouth

गरल (पु०) زہر (ज़हर) poison

गरिमा (स्त्री०) بڑائی، شان (बड़ाई, शान) prestige

गरुड़ (पु०) وشنو کی سواری (پرندہ) (विष्णु की सवारी {परिन्दा}) vehicle of Vishnu (bird)

गर्दभ (पु०) خر، گدھا (ख़र, गदहा) mule, ass

गर्भ (पु०) حمل، جنین (हमल, जनैन) pregnancy, foetus

गर्भधारण (पु०) استقرار حمل (इसतक़रारे हमल) conception (pregnancy)

गर्भपात (पु०) اسقاط حمل (इसक़ाते हमल) miscarriage (abortion)

गर्भवती (स्त्री०) حاملہ عورت (हामला औरत) pregnant woman

गर्भाशय (पु०) رحم مادر (रहमे मादर) womb

गर्व (पु०) فخر،غرور (फ़ख़, ग़ुरूर) pride, vanity

गर्वित (वि०) مغرور (मग़रूर) proud

गलंश (स्त्री०) لاوارث دولت (लावारिस दौलत) unclaimed wealth

गलग्राह (पु०) مگرمچھ (मगरमच्छ) crocodile

गलतंस (क्रि०) ایسا آدمی جو لاولد مرگیا ہو (ऐसा आदमी जो लावल्द मर गया हो) one who died issueless

गलतान (वि०) پھٹاپرانا (फटा पुराना) decayed

गव्य (वि०) گائے سے حاصل (دودھ، دہی) (गाय से हासिल {दूध, दही}) obtained from cow e.g. milk, curd

गहन (पु०) گھنا، گہرا، خصوصی، داغ (घना, गहरा, ख़ुसूसी, दाग़) dense, deep, intense, stigma

गहिला (वि०) مجنوں، پاگل (मजनूँ, पागल) insane, mad

गांडीव (पु०) ارجن کا کمان (अर्जुन का कमान) bow of Arjuna

गाछ (पु०) پودا، چھوٹا درخت (पौदा, छोटा दरख़्त) small tree

गात्र (पु०) جسم (जिस्म) body

गाथा (स्त्री०) مثنوی (نظمیہ داستان)، گیت (मसनवी (नज़मिया दास्तान), गीत) a narrative poem, a song

गाभ (पु०) جانوروں کا حمل (जानवरों का हमल) foetus of animals

गाभिन (वि०) حاملہ جانور (हामला जानवर) pregnant cattle

गामी (वि०) چلنے والا (चलने वाला) moving on, one who goes

गायक (पु०) گانے والا (गाने वाला) singer

गायन (क्रि०) گانا (गाना) singing

गायिका (स्त्री०) گلوکارا (गुलूकारा) female singer

गाहा (स्त्री०) کہانی، بیان (कहानी, बयान) story, description

गिर/गिरि (पु०) پربت، پہاڑ (परबत, पहाड़) hill, mountain

गुइयाँ (स्त्री०) سہیلی (सहेली) girl's friend

गुजरी (स्त्री०) پہنچی (کنگن)، گوالن (पहुँची {कंगन}, ग्वालन) bracelet, milk woman

गुण (पु०) صفت، فن (सिफ़त, फ़न) property, art

गुणक (पु०) ضرب کرنے والا (ज़रब करने वाला) multiplier

गुणवत्ता (स्त्री०) معیار، پائداری (मेयार, पाएदारी) standard, stability

गुणा (स्त्री०) ضرب (ज़रब) multiplication

गुणी (पु०) اچھی صفت والا، لائق (अच्छी सिफ़त वाला, लायक़) having good qualities, worthy

गुण्ठन (पु०) پردہ، جھلی (परदा, झिल्ली) curtain, membrane

गुदा (स्त्री०) مقعد (پاخانہ کا راستہ) (मेक़द {पख़ाना का रास्ता}) anus

गुप्त (वि०) خفیہ، چھپا ہوا (ख़ुफ़िया, छुपा हुआ) secret, hidden

गुप्तचर (पु०) جاسوس (जासूस) spy

गुप्ती (स्त्री०) کرچ (پتلی تلوار) (किरिच {पतली तलवार}) a thin sword

गुफा (स्त्री०) غار (ग़ार) cave

गुबरैला (पु०) گوبر کا کیڑا (गोबर का कीड़ा) insect of cowdung

गुम्फ (पु०) غدود، گانٹھ (ग़ोदूद, गाँठ) gland, node

गुर (पु०) راز یا پتہ کی بات (राज़ या पते की बात) secret matter

गुरु (पु०) بھاری، رہنما، معلم (भारी, रहनुमा, मोअल्लिम) heavy, guide, teacher

गुरुकुल (पु०) قدیم ہندوستانی درسگاہ جہاں شاگرد استادوں کے ساتھ رہتے تھے (क़दीम हिन्दुस्तानी दरसगाह जहाँ शागिर्द उस्तादों के साथ रहते थे) guru's place of residence (seminary)

गुरुजन (पु०) اہم ہستیاں (अहम हस्तियाँ) eminent personality

गुरुत्व (पु०) عظمت (अज़मत) gravity

गुरूत्वकेन्द्र (पु०) مرکز ثقل (मरकज़े सक़्ल) centre of gravity

गुरुत्वाकर्षण (पु०) کششِ ثقل (कशिशे सक़्ल) gravitational force

गुरुवार (पु०) جمعرات (जुमेरात) thursday

गुसांई (पु०) ایک بزرگ آدمی، گائے کا دیوتا (एक बुज़ुर्ग आदमी, गाय का देवता) a holy man, lord of cows

गुहा (स्त्री०) غار (ग़ार) cavity

गुहार (स्त्री०) اپنی مدد کے لئے آواز لگانا (अपनी मदद के लिए आवाज़ लगाना) call for help

गूढ़ (वि०) سخت، چھپا ہوا، مخفی (सख़्त, छुपा हुआ, मख़्फ़ी) hard, hidden

गून (स्त्री०) کشتی کھینچنے کی رسّی (कश्ती खींचने की रस्सी) boat rope

गृह (पु०) مکان، گھر (मकान, घर) house

गृहिणी (स्त्री०) گھر کی مالکن، بیوی (घर की मालकिन, बीवी) house hold lady, wife

गृहमंत्री (पु०) وزیر داخلہ (वज़ीरे दाख़िला) home minister

गृह विभाग (पु०) محکمہ امور داخلہ (महकमै ओमूरे दाखिला) home dept

गो (पु०) گائے، زمین، آنکھ (गाय, ज़मीन, आँख) cow, land, eye

गोचर (पु०) چراگاہ، محسوس ہونے لائق (चरागाह, महसूस होने लायक़) grazing ground, perceptible

गोत्र (पु०) خاندان، بھائی (ख़ानदान, भाई) family, brother

गोधूली (स्त्री०) شام کا وقت، ارغوانی روشنی (शाम का वक़्त, अरग़वानी रौशनी) dusk, purple light

गोप (पु०) گوالا، گلے میں پہننے کا زیور (गोआला, गले में पहनने का ज़ेवर) milkman, an ornament of neck

गोपनीय (वि०) خفیہ (ख़ुफ़िया) secret

गोपाल (पु०) گائے کا محافظ، شری کرشن، گوالہ (गाय का मुहाफ़िज़, श्री कृष्ण, ग्वाला) cow protector, Sri Krishna, milkman

गोपी (स्त्री०) گلہ بان کی بیوی، گوالن (गिल्लोबान की बीवी, ग्वालन) wife of the herd man, milkmaid

गोलाकार (वि०) دائرہ نما (दायरानुमा) spherical

गोलार्ध (पु०) نصف دائرہ، زمین کا نصف حصّہ (निस्फ़ दायरा, ज़मीन का निस्फ़ हिस्सा) hemisphere, half of the earth

गोवध (वि०) گوکشی (गौकुशी) cow slaughter

गोशाला (स्त्री०) گائے کے رہنے کی جگہ (गाय के रहने की जगह) cow shed

गोष्ठी (स्त्री०) مذاکرہ، مجلس، مباحثہ (मुज़ाक्रा, मजलिस, मुबाहिसा) seminar, meeting, discussion

गोह (स्त्री०) چھپکلی کی ذات کا ایک جانور (छिपकली की ज़ात का एक जानवर) varanus

गोहार (स्त्री०) پکار، فریاد (पुकार, फ़रियाद) call, plead

गौर (वि०) گورا، زرد (गोरा , ज़र्द) white, yellow

गौरव (पु०) شان، احترام (शान, एहतेराम) pride, respect

गौरी (स्त्री०) گورے رنگ کی عورت (गोरे रंग की औरत) fair coloured woman

ग्रसन (पु०) نگلنا (निगलना) swallow

ग्रसनी (स्त्री०) غذائی نلی (ग़ेज़ाई नली) oesophagus

ग्रह (पु०) سیارہ (सय्यारा) planet

ग्रहकक्षा (स्त्री०) مدارِ سیارہ (मदारे सय्यारा) orbit

ग्रहण (पु०) حاصل یا منظور کرنا، علم، گہن (हासिल या मंजूर करना, इल्म, गहन) acquire, accept, knowledge, eclipse

ग्रीवा (स्त्री०) کندھا، گلا (कंधा, गला) shoulder, neck

ग्रीष्म (पु०) موسم گرما (मौसमे गर्मा) summer season

ग्लानि (स्त्री०) ناپسندیدگی، مایوسی (नापसन्दीदगी, मायूसी) depression, disgust

घ

घंट (पु०) گھڑا، گھنٹہ (घड़ा, घंटा) pitcher, hour

घई (स्त्री०) چکّر (चक्कर) rotation

घटक (पु०) دلال، حصّہ (दलाल, हिस्सा) mediator, partner

घटना (स्त्री०) واقعہ، سانحہ (वाक़ेआ, सानेहा) incident, event

घटनास्थल (पु०) جائے وقوع (जाए वोक़ू) spot of incident

घटहा (पु०) گھاٹ کا ٹھیکے دار (घाट का ठेकेदार) contractor of Jetti

घटित (वि०) وقوع پذیر (ہونے والا) (वक़ू पज़ीर {होने वाला}) happening

घन (पु०) مکعب، گرہ، بادل (मकअब, गिरह, बादल) cube, node, cloud

घनकारा (वि०) گرجنے والا (गरजने वाला) thundering

घनफल (पु०) جسامت (जसामत) volume

घनश्याम (पु०) شری کرشن، بادل جیسا کالا (श्री कृष्ण, बादल जैसा काला) Shri Krishna, black like cloud

घनसार (वि०) کافور (काफूर) camphor

घनिष्ठ (वि०) گہرا (गहरा) intimate

घपला (पु०) گڑبڑی، گول مال (गड़बड़ी, गोलमाल) scam

घरघालक (वि०) خاندان کو ختم کرنے والا (ख़ानदान को ख़त्म करने वाला) destroyer of family

घरजाया (स्त्री०) گھر کا غلام (घर का ग़ुलाम) slave of the house

घरदासी (स्त्री०) گرہستن، بیوی (गृहस्तिन, बीवी) housewife, wife

घर्म (पु०) گرمی، دھوپ (गर्मी, धूप) heat, Sun

घर्मांशु (पु०) سورج (सूरज) Sun

घर्षण (पु०) رگڑ (रगड़) friction

घांटी (स्त्री०) حلق کے اندر کی گھنٹی (हलक़ के अंदर की घंटी) uvula

घाई (स्त्री०) چوٹ، دھوکہ (चोट, धोका) hurt, deceive

घातक (वि०) مہلک، خطرناک (मुहलिक, ख़तरनाक) fatal, dangerous

घाम (पु०) دھوپ (धूप) sun

घामड़ (वि०) احمق (अहमक़) idiot

घिरत (पु०) گھی (घी) ghee

घीकुंमार (पु०) (گھیکوار) ڈھیکوار (ढेकवार {घेकवार}) aloe

घुन (पु०) چھوٹا کیڑا (छोटा कीड़ा) small insect

घुनना (क्रि०) (گھن لگنا) کیڑوں سے لکڑی کا کھایا جانا (कीड़ों से लकड़ी का खाया जाना {घुन लगना}) loss of wood by insect

घुन्ना (वि०) دل میں برا ماننے والا (दिल में बुरा मानने वाला) one who takes ill at heart

घुमंतू (वि०) خوب گھومنے والا (ख़ूब घूमने वाला) wanderer

घुसपैठ (स्त्री०) دراندازی (दरे अन्दाज़ी) infiltration

घूक (पु०) الو (उल्लू) owl

घूर (पु०) کوڑا کرکٹ (कूड़ा कर्कट) garbage

घूस (स्त्री०) رشوت (रिश्वत) bribe

घृत (पु०) = **घिरत**

घृणा (स्त्री०) نفرت (नफ़रत) hate

घेटा (पु०) سور کا چھوٹا بچہ (सुअर का छोटा बच्चा) piglets

घेवर (पु०) ایک طرح کی مٹھائی (एक तरह की मिठाई) a kind of sweet

घोष (पु०) شور، گرج (शोर, गरज) noise, roar

घोषणा (स्त्री०) اعلان (एलान) announcement

घोषणापत्र (पु०) منشور (मंशूर) manifesto

घ्राण (पु०) سونگھنے کی طاقت، ناک (सूंघने की ताक़त, नाक) smelling power, nose

च

चंक (वि०) پورا، مکمل (पूरा, मुकम्मल) whole, entire

चंक्रमण (पु०) ٹہلنا (टहलना) strolling

चंगना (क्रि०) تکلیف دینا (तकलीफ़ देना) to give trouble

चंगा (वि०) صحت مند (सेहतमंद) healthy

चंगेर (स्त्री०) = **चंगेरी**

चंगेरी (स्त्री०) بانس کی ٹوکری (बाँस की टोकरी) a small basket

चंचरीक (स्त्री०) شہد کی مکھی (शहद की मक्खी) bee

चंचला (स्त्री०) بجلی، لکشمی (बिजली, लक्ष्मी) lightning, Lakshmi

चंचा (स्त्री०) چڑیوں کو ڈرانے کے لئے کھیتوں میں رکھا ہوا پتلا (चिड़ियों को डराने के लिए खेतों में रखा हुआ पुतला) effigy in field to scare birds

चंचु (स्त्री०) چونچ (चोंच) beak

चंट (वि०) عیار، چالاک (अईयार, चालाक) cunning, clever

चंडाल (पु०) ڈوم (डोम) sweeper

चंड (पु०) خوفناک، غصہ (खौफनाक, गुस्सा) fierce, anger

चंडी (स्त्री०) بدمزاج عورت، درگا کا ایک نام (बदमिज़ाज औरत, दुर्गा) ill-tempered woman, title of Durga

चंडू (पु०) ایک نشیلا مادہ (एक नशीला माद्दा) a sedative substance

चंडूल (पु०) ایک قسم کی چڑیا، بیوقوف (एक क़िस्म की चिड़िया, बेवकूफ़) lark (bird), fool

चंदक (पु०) چاندنی (चाँदनी) moon light

चंदला (वि०) گنجا (गंजा) bald headed

चंद्र (चंद्रमा) (पु०) چاند (चाँद) moon

चंद्रकार (वि०) چاندنما (चाँद नुमा) moon like

चकला (पु०) طوائفوں کی جگہ (तवायफ़ों की जगह) red light area

चकित (वि०) حیرت زدہ (हैरत ज़दा) surprised

चकोर (पु०) تیتر (तीतर) partridge

चकोरी (स्त्री०) مادہ تیتر (मादा तीतर) female partridge

चक्रवर्ती (वि०) شہنشاہ، طاقتور (शहंशाह, ताक़तवर) emperor, mighty

चक्रवात (पु०) چکر کھانے والی تیز ہوا (चक्कर खाने वाली तेज़ हवा) cyclone

चक्रव्यूह (पु०) کسی کے چاروں طرف حفاظت کے لئے فوجی گھیرا (किसी के चारों तरफ़ हिफ़ाज़त के लिए फ़ौजी घेरा) circle of army men to protect some one

चटोरा (पु०,वि०) لالچی، پیٹو (लालची, पेटू) greedy, glutton

चक्षु (पु०) آنکھ (आँख) eye

चञ्चु (पु०) پرندوں کی چونچ (परिन्दों की चोंच) beak of birds

चटक (पु०) گوریا، چمک (गौरैया, चमक) sparrow glitter

चटकल (स्त्री०) بورا بنانے کا کارخانہ (बोरा बनाने का कारख़ाना) sack factory

चटुक (चटुल) (वि०) چنچل، فعال (चंचल, फ़आल) elegant, active

चण्ड (वि०) طاقتور (ताक़तवर) strong

चण्डी (स्त्री०) = **चंडी**

चतुरंग (वि०) شطرنج کا کھیل (शतरंज का खेल) chess game

चतुर (वि०) چالاک (चालाक) clever

चतुरई/चतुराई (स्त्री०) چالاکی، مکاری (चालाकी, मक्कारी) cleverness, shrewdness

चतुर्थ (वि०) چوتھا (चौथा) fourth

चतुर्थांश (वि०) چوتھائی حصہ (चौथाई हिस्सा) one fourth

चतुर्दश (वि०) چودہ (चौदह) fourteen

चतुर्दशी (स्त्री०) چودہویں تاریخ (चौदहवीं तारीख़) fourteenth of the month

चतुर्भुज (वि०) چار ضلع والا (चार ज़िला वाला) quadrilateral

चतुष्क (वि०) چار پہل (चार पहल) four sided

चतुष्कर (पु०) پنجے والا جانور (पंजे वाला जानवर) clawed animals

चतुष्पद (पु०) چوپایا (चौपाया) four footed

चन्द्रकान्त (पु०,वि०) چاند جیسا پیارا (चाँद जैसा प्यारा) as lovely as a moon

चन्द्रकान्ता (स्त्री०) رات، چاند کی عورت (रात, चाँद की औरत) night, lady of moon

चन्द्रचूड़ (पु०) کلغی دار چاند، شیو کا نام (कल्ग़ीदार चाँद, शिव का नाम) crested, moon, Shiva

चन्द्रप्रभा (स्त्री०) چاندنی (चाँदनी) moon light

चन्द्रलोक (पु०) چاند کی جنت (चाँद की जन्नत) the heaven of moon

चन्द्रशेखर (पु०) چاندنی (चाँदनी) moon light

चन्द्रिका (स्त्री०) چاندنی، ایک طرح کا زیور (चाँदनी, एक तरह का ज़ेवर) moon light, a type of ornament

चन्द्रोदय (पु०) چاند کا نکلنا (चाँद का निकलना) rising of moon

चपला (स्त्री०) شوخ، بجلی، عورت (शोख़, बिजली, औरत) cute, lightning, woman

चपलता (स्त्री०) چنچلاپن، شوخی (चंचलापन, शोख़ी) elegance, cuteness

चब्बू, चब्भू (पु०) (پیٹو) زیادہ کھانے والا (ज़्यादा खाने वाला {पेटू}) glutton

चमत्कार (पु०) کرامت (करामत) miracle

चमीकर (पु०) سونے کی کان (सोने की कान) gold mines

चमोटी (स्त्री०) چمڑے کا فیتہ (चमड़े का फ़ीता) leather strap

चयन (पु०) انتخاب (इंतेख़ाब) collection, selection

चर (पु०,वि०) منقولہ، چلنے والا (मन्कूला, चलने वाला) mobile, moving

चरक (पु०) برص(سفید داغ) (बर्स {सुफ़ीद दाग़}) leucoderma

चरण (पु०) پاؤں، کسی چیز کا چوتھا حصّہ، مرحلہ (पाँव, किसी चीज़ का चौथा हिस्सा, मरहला) foot, one fourth of any thing, phase

चरम (वि०) آخری، انتہا (आख़िरी, इन्तेहा) last, climax

चरमराना (क्रि०) ٹھپ پڑنا، درہم برہم ہونا (ठप पड़ना, दरहम बरहम होना) to collapse

चरित (पु०) سوانح عمری (सवानेह उमरी) biography

चरितार्थ (वि०) مُراد پوری ہونا، وقوع پذیر (मुराद पूरी होना, वकू पज़ीर) attaining one's object, happened

चरित्र (पु०) کردار، سیرت، رویہ (किरदार, सीरत, रवैइया) character, behaviour

चरित्र-चित्रण (वि०) کردارنگاری (किरदार निगारी) characterisation

चरित्रवान (वि०) اچھی سیرت والا (अच्छी सीरत वाला) man of characters

चरित्रहनन (वि०) کردارکشی (किरदारकशी) character assasination

चरित्रहीन (वि०) بدکردار، بدچلن (बदकिरदार, बदचलन) characterless

चर्चित (वि०) جس کی چرچا کی جائے (जिस की चर्चा की जाए) to be talked about

चर्पट (वि०) کھلی ہوئی، ہتھیلی (खुली हुई, हथेली) open, palm

चर्भट (पु०) ککڑی (ककड़ी) cucumber

चर्म (पु०) جلد، چمڑا (जिल्द, चमड़ा) skin

चर्मोत्कर्ष (पु०) نقطۂ عروج (नुक़्तए ओरूज) climax

चर्या (स्त्री०) خدمت، اخلاق، معاش (ख़िदमत, एख़लाक़, मआश) service, manner, occupation

चर्वण (पु०) بھنا اناج، دانتوں سے چبانا (भुना अनाज, दाँतों से चिबाना) roasted grain, chewing

चल (वि०) متحرک (मुतहर्रिक) movable

चलचित्र (पु०) سنیما(متحرک تصویر) (सिनेमा {मुतहर्रिक तसवीर}) movie, film

चलन (पु०) چال، طور طریقہ، رواج (चाल, तौर तरीक़ा, रिवाज) movement, custom

चलनौस (पु०) چوکر (चोकर) husk, bran

चष (पु०) آنکھ (आँख) eye

चषक (पु०) جام، شراب پینے کا برتن (जाम, शराब पीने का बरतन) wine cup, drinking vessel

चषण (पु०) غذا، جان سے مارنا (ग़िज़ा, जान से मारना) food, to kill

चस (स्त्री०) کپڑے کے کنارے کی سلی ہوئی گوٹ (कपड़े के किनारे की सिली हुई गोट) brocaded margin of cloth

चहल (स्त्री०) جشنِ مسرّت، کیچڑ (जश्ने मुसर्रत, कीचड़) festival, mud

चाक (पु०) کمہار کا گول پتھر (कुम्हार का गोल पत्थर) potter's wheel

चाकना (क्रि०) خاکہ کھینچنا (ख़ाका खींचना) drawing outlines

चाटु (पु०) جھوٹی تعریف، میٹھی میٹھی بات (झूटी तारीफ़, मीठी मीठी बात) flattery

चाटुकारिता (वि०) خوشامد (खुशामद) appeasement

चाण्डाल (पु०) ڈوم (डोम) sweeper

चातुर (वि०) چالاک، چار چکے کی گاڑی (चालाक, चार चक्के की गाड़ी) clever, four-wheeler vehicle

चाप (पु०) قوس (क़ौस) arc

चाम (पु०) جلد، چمڑا (जिल्द, चमड़ा) skin, leather

चारी (वि०) کردار، عمل کرنے والا (किरदार, अमल करने वाला) character, one who acts

चारु (वि०) حسین (हसीन) beautiful

चालीं (वि०) بدمعاش، مکّار (बदमाश, मक्कार) miscreant, cunning

चाव (पु०) شوق، چاہت (शौक़, चाहत) fond of, eagerness

चिंतक (पु०) مفکر (मुफ़क्किर) thinker

चिंतन (पु०) فکر، سوچنا، مراقبہ (फ़िक्र, सोचना, मुराक़बा) thinking, meditating

चिंतनीय (वि०) قابلِ غور وفکر (क़ाबिले ग़ौरो फ़िक्र) to be thought about

चिंता (स्त्री०) فکر (फ़िक्र) anxiety

चिंताजनक (वि०) تشویشناک (तश्वीशनाक) critical, grave

चिकित्सक (पु०) معالج، ڈاکٹر (मुआलिज, डाक्टर) doctor
चिकित्सा (स्त्री०) علاج (इलाज) treatment
चिकित्सालय (पु०) شفاخانہ (शफ़ाख़ाना) clinic, hospital
चिकिल (वि०) کیچڑ (कीचड़) mud
चिकुर (पु०) سر کے بال (सर के बाल) hair of head
चिक्कट (वि०) میلا کچیلا، چپچپا (मैला कुचैला, चिपचिपा) dirty, sticky
चिखुर (पु०) گلہری (गिलहरी) squirrel
चिञ्जा (स्त्री०) املی (इमली) tamarind
चिट (स्त्री०) کاغذ کا ٹکڑا (काग़ज़ का टुकड़ा) piece of paper
चिट्ठा (पु०) نوٹ، حساب کتاب (नोट, हिसाब किताब) note, accounts
चिट्ठी (स्त्री०) خط، حکم (ख़त, हुकुम) letter, order
चित (क्रि०) دیکھنا (देखना) to look
चितचोर (पु०) دلکش (दिलकश) attractive
चित्त (पु०) دل، ضمیر، ذہن (दिल, ज़मीर, ज़ेहन) heart, conscious, mind
चितभंग (वि०) دھیان نہ لگانا (ध्यान न लगाना) to divert attention
चितवन (स्त्री०) نظر، جھلک (नज़र, झलक) a look, glance
चितवृत्ति (स्त्री०) قلبی کیفیت (क़ल्बी कैफ़ियत) inner condition
चित्र (पु०) نقشہ، تصویر، نقش (नक़्शा, तस्वीर, नक़्श) picture, diagram
चित्रकला (वि०) فن مصوری، نقاشی (फ़ने मुसव्विरी, नक़्क़ाशी) drawing, the art of painting
चित्रकार (पु०) مصور، نقاش (मुसव्विर, नक़्क़ाश) artist, designer
चित्रण (पु०) نقشہ کھینچنا (नक़्शा खींचना) drawing
चित्रपट (पु०) پردۂ تصویر (परदै तसवीर) screen
चित्रित (वि०) منقش، تصویروں سے سجا (मुनक़्क़श, तस्वीरों से सजा) traced, illustrated, decorated with pictures
चित्रधार (पु०) البم (अलबम) album
चिन्तित (वि०) فکرمند، پریشان (फ़िक्रमंद, परेशान) anxious, worried
चिन्तनीय (वि०) قابلِ غور (क़ाबिले ग़ौर) considerable
चिन्मय (वि०) عالمانہ، خدا (आलिमाना, ख़ुदा) scholarly, God
चिरंजीव (वि०) عمر دراز (उम्र दराज़) long life
चिरंजीवी (वि०) لمبی عمر والا، لافانی (लम्बी उम्र वाला, लाफ़ानी) long lived, immortal
चिरंतन (वि०) قدیم، پرانا (क़दीम, पुराना) ancient, old
चिर (वि०) لمبی عمر، قدیم (लम्बी उम्र, क़दीम) long life, ancient
चिरकालिक (वि०) قدیم زمانہ کا (क़दीम ज़माने का) of ancient age
चिरकुट (पु०) ٹکڑا (टुकड़ा) piece
चिरस्थायी (वि०) دیرپا، دائمی (देरपा, दाएमी) durable, persistent
चिरायु (वि०) لمبی عمر والا (लम्बी उम्र वाला) long lived
चिरजीवन (पु०) لافانی زندگی (लाफ़ानी ज़िन्दगी) immortal life
चिरस्मरणीय (वि०) کافی عرصہ تک یاد رکھنے لائق (काफ़ी अरसे तक याद रखने लायक़) long memorable
चीत्कार (पु०) چیخ (चीख़) scream
चीर (पु०) لباس، ریشوں کا کپڑا (लिबास, रेशों का कपड़ा) uniform, cloth of fibres
चीखुर, चीपुर (स्त्री०) گلہری (गिलहरी) squirrel
चीर्ण (वि०) پھٹا ہوا (फटा हुआ) torn
चीवर (पु०) فقیروں کا پھٹا کپڑا (फ़क़ीरों का फटा कपड़ा) torn cloth of beggars
चुकाना (क्रि०) قرض ادا کرنا (क़र्ज़ अदा करना) to pay debt
चुचुक (वि०) پستان (سینہ) کا اگلا حصہ (पिस्तान {सीना} का अगला हिस्सा) nipple, teat
चुटल (वि०) جسے چوٹ لگی ہو (जिसे चोट लगी हो) hurt
चुन (पु०) آٹا، سفوف (आटा, सफ़ूफ़) flour, powder
चुप्पी (स्त्री०) خاموشی (ख़ामोशी) silence
चुम्बक (पु०) مقناطیس (मक़नातीस) magnet
चुम्बन (पु०) بوسہ (बोसा) kiss

चुल (स्त्री०) کھجلاہٹ (खुजलाहट) itching
चूक (स्त्री०) بھول (भूल) mistake
चूर्ण (पु०) سفوف (सफ़ूफ़) powder
चूल (पु०) لکڑی کی کیل (लकड़ी की कील) wooden nail
चूषण (पु०) چوسنا (चूसना) sucking
चूहड़ (पु०) مہتر، بھنگی (मेहतर, भंगी) sweeper
चेंगड़ा (पु०) بچہ (बच्चा) child
चंगी (स्त्री०) چمڑے کی چکتی (चमड़े की चकती) disc of leather
चेटुआ (पु०) چڑیے کا بچہ (चिड़िये का बच्चा) baby of birds
चेत (पु०) شعور، ہوشیاری (शउर, होशियारी) senses, caution
चेतना (स्त्री०) ذہانت، شعور (ज़ेहानत, शउर) intelligence, consciousness
चेतावनी (स्त्री०) تنبیہ (तंबीह) warning
चेर, चेरा (पु०) خادم، غلام (ख़ादिम, गुलाम) servant, slave
चेरी (स्त्री०) نوکرانی (नौकरानी) woman servant
चेला (पु०) شاگرد، طالب علم (शार्गिद, तालिब इल्म) disciple, student
चेष्टा (स्त्री०) کوشش، خواہش (कोशिश, ख़ाहिश) effort, wish
चैतन्य (पु०) روح، عقلیت (रूह, अक़्लियत) spirit, rationality
चैतन्यता (स्त्री०) حالتِ شعور (हालते शउर) state of consciousness
चैत्य (पु०) مندر (मंदिर) temple
चैत्र (पु०) چیت کا مہینہ (चैत का महीना) a Hindi month
चैली (स्त्री०) لکڑی کا ٹکڑا (लकड़ी का टुकड़ा) chip of wood
चोकर (पु०) گیہوں کا بھوسہ (गेहूँ का भूसा) husk of wheat
चोप (पु०) خواہش، امنگ (ख़ाहिश, उमंग) wish, craze
चोखा (पु०,वि०) عمدہ، تیز، بھرتہ (उम्दा, तेज़, भुरता) excellent, sharp, fried potato
चौंघना (पु०) آنکھ چمکنا (आँख चमकना) dazzling
चौकड़ (स्त्री०) عمدہ (उम्दा) excellent
चौखूंट (पु०) چاروں سمت (चारों सम्त) four sides
चौघड़ (पु०) چو والا دانت (चौ वाला दाँत) molar tooth
चौचन्द (पु०) مستثنیٰ (मुस्तसना) exception
चौथ (स्त्री०) چوتھا دن (चौथा दिन) fourth day
चौधरी (पु०) سماج کا مکھیا (समाज का मुखिया) head of society
चौपद (पु०) چوپایا، مویشی (चौपाया, मवेशी) four footed, cattle
चौपाई (स्त्री०) ایک قسم کی بحر (एक क़िस्म की बहर) a type of meter of poetry
चौपाल (पु०) گاؤں کا مجلسی مقام (गाँव का मजलिसी मुक़ाम) meeting place of village
चौबे (पु०) برہمنوں کی ایک شاخ (ब्राह्मणों की एक शाख़) a branch of Brahmins
चौर (पु०) کھلی جگہ (खुली जगह) open space
चौहट (पु०) چوک، چوراستہ (चौक, चौरास्ता) square, cross road
च्यवन (पु०) ٹپکنا، عرق ریزی (टपकना, अर्क़ रेज़ी) dropping, distillation
च्युत (वि०) گرا ہوا، منحرف (गिरा हुआ, मुनहरिफ़) fallen, deviated

छ

छंग (पु०) ہندسہ، گود، آغوش (हिंदसा, गोद, आग़ोश) digit, lap, embrace
छंगा (पु०) چھ انگلیوں والا (छः उंगलियों वाला) six fingered
छंगुली (स्त्री०) چھٹی انگلی (छठी उंगली) sixth finger
छंद (पु०) بالا، بحر، مقصد (बाला, बहर, मक़्सद) wrist ornament, metre, purpose
छंदी (पु०) چالباز (चालबाज़) trickster
छक (स्त्री०) تشفی، اطمینان (तशफ़्फ़ी, इत्मिनान) satisfaction
छकना (वि०) پریشان ہونا (परेशान होना) to be harassed
छगन (पु०) چھوٹا لڑکا (छोटा लड़का) small boy
छगरा (पु०) بکرا (बकरा) goat
छगरी (स्त्री०) میمنہ (मेमना) lamb

छगल (पु०) بکرا (बकरा) goat
छजना (क्रि०) سجنا، زیب دینا (सजना, ज़ेब देना) to look nice
छटा (स्त्री०) روشنی، زیب، حسن (रौशनी, ज़ेब, हुस्न) light, beauty
छटैल (वि०) چالاک (चालाक) clever
छण (पु०) لمحہ (लम्हा) moment
छतरी (स्त्री०) چھاتا، ککرمتا (छाता, कुकरमत्ता) umbrella, mushroom
छति (स्त्री०) نقصان (नुक़्सान) loss
छतीसा (वि०) ہوشیار، مکار (होशियार, मक्कार) alert, cunning
छत्तीसा (पु०,वि०) حجام، چالاک (हज्जाम, चालाक) barber, clever
छतीसी (वि०) فاحشہ (फ़ाहेशा) woman of loose character
छत्रक (पु०) ککرمتا، فنجی (कुकरमत्ता, फ़ंजी) mushroom, fungi
छत्रपति (पु०) راجا (राजा) king
छत्रभंग (पु०) لاقانونیت (लाक़ानूनियत) anarchy
छद (पु०) غلاف، چھال (ग़ेलाफ़, छाल) cover, bark
छद्‌म (पु०) بہانا (बहाना) pretext
छन्न (वि०) ڈھکا ہوا، غائب (ढका हुआ, ग़ायब) covered, disappear
छन्नमति (वि०) بے وقوف، لاعلم (बेवक़ूफ़, ला इल्म) fool, ignorant
छन्द (पु०) بندش، بحر (बंदिश, बहर) meter (Poetry)
छपा (स्त्री०) رات (रात) night
छपाकर (पु०) چاند (चाँद) moon
छबि (स्त्री०) تصویر، تشبیہ (तसवीर, तशबीह) portrait, likeness
छबीला (वि०) خوبصورت، پروقار، بنا ٹھنا (खूबसूरत, पुरविक़ार, बना ठना) handsome, attractive, modish
छम (स्त्री०) پائل کی آواز (पायल की आवाज़) sound of payal
छमक (स्त्री०) ٹھسک، ٹھاٹھ باٹ (ठसक, ठाठ बाट) cuquetry, pomp & show
छमकना (क्रि०) ٹھسک دکھانا (ठसक दिखाना) to showing coquetry
छमा (स्त्री०) معاف (माफ़) pardon
छमावान (स्त्री०) معاف کرنے والا (माफ़ करने वाला) one who forgives
छमिच्छा (स्त्री०) مسئلہ، علامت (मसला, अलामत) problem, symbol
छय (पु०) بربادی، ٹوٹنا (बरबादी, टूटना) erosion, destruction
छल (पु०) فریب، مکاری (फ़रेब, मक्कारी) deceive, cunningness
छलना (क्रि०) دھوکا دینا (धोका देना) to deceive
छलना (पु०) بڑی چلنی (बड़ी चलनी) large sieve
छलनी (स्त्री०) چلنی (चलनी) sieve
छलावा (पु०) فریب نظر، دھوکا (फ़रेबे नज़र, धोका) illusion, deceit
छलिया (वि०) دھوکا دینے والا (धोका देने वाला) cheater
छवि (स्त्री०) حسن، شخصیت (हुस्न, शख़्सियत) beauty, image
छाग (पु०) بکرا (बकरा) he goat
छाछ (स्त्री०) مکھن نکالا ہوا دہی (मक्खन निकाला हुआ दही) curd without cream
छात्र (पु०) طالب علم، شاگرد (तालिबे इल्म, शार्गिद) student, pupil
छात्रवृति (स्त्री०) طلبہ کا وظیفہ (तल्बा का वज़ीफ़ा) scholarship of students
छात्रावास (पु०) اقامت گاہ (अक़ामतगाह) hostel
छादित (वि०) ڈھکا ہوا (ढका हुआ) covered
छाम (पु०) کمزور (कमज़ोर) weak
छाया (स्त्री०) پرچھائی، عکس (परछाई, अक्स) image, shadow
छायालोक (पु०) نظر نہ آنے والی دنیا (नज़र न आने वाली दुनिया) unseen world
छार (पु०) القلی (अलक़ली) alkali
छाला (पु०) آبلہ (आबला) blister
छावनी (स्त्री०) پڑاؤ، فوج کے رہنے کی جگہ (पड़ाव, फ़ौज के रहने की जगह) camp, cantonment
छावरा (पु०) جانور کا بچہ (जानवर का बच्चा) baby of animal
छावा (पु०) بیٹا، بچہ (बेटा, बच्चा) son, baby
छिच्छ (स्त्री०) بوند (बूंद) rain drops

छितनी (स्त्री०) بانس کی چھچھلی ٹوکری (बाँस की छिछली टोकरी) shallow, basket of bamboo

छिति, छितिज (स्त्री०) زمین (ज़मीन) earth

छितिपाल (पु०) راجا (राजा) king

छिद्र (पु०) سوراخ (सूराख़) hole

छिन (पु०) لمحہ (लम्हा) moment

छिन्न (वि०) ٹکڑے ٹکڑے (टुकड़े-टुकड़े) fragmented

छिन्न-भिन्न (वि०) ٹوٹا پھوٹا، برباد، درہم برہم (टूटा फूटा, बरबाद, दरहम बरहम) fragmented, ruined, topsyturvy

छिया (पु०) گندگی (गंदगी) dirts

छीज (स्त्री०) کمی، گھاٹا، گراوٹ (कमी, घाटा, गिरावट) loss, deterioration

छीति (स्त्री०) نقصان، برائی (नुक़्सान, बुराई) loss, evil

छीमी (स्त्री०) مٹر وغیرہ کی پھلی (मटर वग़ैरा की फली) legume

छीरज (पु०) دہی (दही) curd

छुई-मुई (स्त्री०) لاجونتی (लाजवंती) sensitive plant

छुहारा (पु०) خورمہ (ख़ोरमा) a dried date

छुबुन (स्त्री०) پایل (पायल) payal

छुतहरा (वि०) ناپاک (नापाक) impure/unholy

छुतहा (पु०) متعدی، ناپاک (मुतअद्दी, नापाक) contagious, unclean

छुद्र (पु०) کمینہ (कमीना) mean

छुधा (स्त्री०) بھوک (भूक) hunger

छूछा (वि०) خالی (ख़ाली) empty

छूछी (स्त्री०) پتلی نلی (पतली नली) thin tube

छू-छू (पु०) احمق (अहमक़) idiot

छेद (पु०) سوراخ، بل (सूराख़, बिल) hole

छेब (पु०) چوٹ، زخم (चोट, ज़ख़्म) hurt, wound

छैल (पु०) بنا ٹھنا آدمی (बना ठना आदमी) fashionable

छैला (पु०) خوبصورت لباس پہنے ہوئے، خوبصورت (ख़ूबसूरत लिबास पहने हुए, ख़ूबसूरत) man in beautiful dress, handsome

छोकरा (पु०) لڑکا (लड़का) boy

छोकरी (स्त्री०) لڑکی (लड़की) girl

छोनिप (पु०) راجا (राजा) king

छोनी (स्त्री०) زمین (ज़मीन) earth

छोप (पु०) حملہ، لیپ (हमला, लेप) attack, coat

छोभ (पु०) افسوس، صدمہ (अफ़सोस, सदमा) regret, grief

छोर (पु०) کنارا، سرا (किनारा, सिरा) edge, end

छोह (पु०) ہمدردی، محبت (हमदर्दी, मुहब्बत) sympathy, affection

छौना (पु०) جانور کا بچہ (जानवर का बच्चा) baby of animal

छौर (पु०) چارا والا پودا (चारा वाला पौधा) fodder plant

ज

जंगम (वि०) منقولہ، گھومنے پھرنے والا (मन्कूला, घूमने फिरने वाला) movable, wandering

जंगरा (पु०) دلہن کے ڈنٹھل (दलहन के डंठल) stem of legumes

जंगरैत (वि०) محنتی (मेहनती) laborious

जंगला (पु०) کھڑکی، کٹھرا (खिड़की, कटघरा) window, dock

जंघा (स्त्री०) زانو، ران (ज़ानू, रान) thigh

जंड (पु०) سمدھیوں کا کھانا (समधियों का खाना) feast of samdhis

जंतर (पु०) تعویذ، آلہ (तावीज़, आला) amulet, instruments

जंतु (पु०) حیوان (हैवान) animal

जंत्र (यंत्र) (पु०) آلہ، تالاب (आला, तालाब) instrument, pond

जंबू (पु०) جامن (जामुन) black berry

जंबूरा (पु०) جس گاڑی پر توپ چڑھائی جاتی ہے (जिस गाड़ी पर तोप चढ़ाई जाती है) cannon carrying vehicle

जंभ (पु०) جبڑا، داڑھ (जबड़ा, दाढ़) jaw

जक (पु०) بھوت پریت، کنجوس (भूत प्रेत, कंजूस) ghost & fiend, miser

जकना (क्रि०वि०) حیرت میں پڑنا (हैरत में पड़ना) surprised

जक्षण (पु०) کھانا، غذا (खाना, ग़िज़ा) engulf, food

जग (पु०) دنیا، عالم (दुनिया, आलम) world, the universe

जगत (वि०) کوئیں کے اوپر کا چبوترہ (कुएं के ऊपर का चबूतरा) fencing wall of well

जगत् (पु०) دنیا، کائنات (दुनिया, कायनात़) the world, the universe

जगती (स्त्री०) دنیا، زمین (दुनिया, ज़मीन) world, earth

जगद (पु०) محافظ (मुहाफ़िज़) protector

जगदंबा (स्त्री०) دنیا کی ماں، دُرگا (दुनिया की माँ, दुर्गा) mother of the world, Durga

जगदन्तक (पु०) موت، ملک الموت (मौत, मलकुलमौत) death, angel of death

जगदगरू (पु०) خدا، لائقِ عبادت (ख़ुदा, लाएक़े एबादत) God, worthy of worship

जगन्नाथ (पु०) دنیا کا مالک، وشنو کا مجسمہ (दुनिया का मालिक, विष्णु का मुजस्सेमा) lord of world, statue of Vishnu

जगरनाथ = **जगन्नाथ**

जघन (पु०) چوتڑ (चूतड़) buttock

जघन्य (वि०) بے رحمی، نیچا (बेरहमी, नीचा) cruelty, low

जजमान (पु०) برہمنوں کو عطا کرنے والا (बाह्मणों को अता करने वाला) one who donates to Brahmins

जटना (क्रि०) ٹھگنا (ठगना) to cheat

जटल (स्त्री०) بکواس (बकवास) nonsense talk

जटा (स्त्री०) الجھے ہوئے سر کے بال (उलझे हुए सर के बाल) tangled locks of hairs

जटिल (वि०) پیچیدہ (पेचीदा) complex

जठर (पु०) پیٹ، معدہ (पेट, मेदा) stomach, gastric

जड़ (वि०) بنیاد، احمق، جامد (बुनियाद, अहमक़, जामिद) root, idiot, inert

जड़ता (स्त्री०) جمود، حماقت (जमूद, हिमाक़त) inertia, foolness

जड़त्व (वि०) = **जड़ता**

जतन (पु०) کوشش (कोशिश) effort

जतु (पु०) گوند، لاہ (गोंद, लाह) gum, lac

जत्था (पु०) جماعت (जमाएत) group

जद (अव्यव) جب (जब) when

जन (पु०) لوگ، عوام (लोग, अवाम) people

जनक (पु०) خالق، باپ (ख़ालिक़, बाप) creator, father

जनगणना (स्त्री०) مردم شماری (मर्दुम शुमारी) census

जनतंत्र (पु०) جمہوریت (जमहूरियत) democracy

जनता (स्त्री०) عوام (अवाम) public

जनन (पु०) پیدائش، جنم (पैदाइश, जनम) birth

जननी (स्त्री०) پیدا کرنے والی، ماں (पैदा करने वाली, माँ) mother

जनपद (पु०) عوام، ضلع (अवाम, ज़िला) people, district

जनप्रिय (वि०) سب کا پیارا (सबका प्यारा) popular

जनम (पु०) پیدائش (पैदाइश) birth

जनमत (पु०) عوام کی رائے (अवाम की राय) vote of the people

जनख (पु०) ہنگاما، عوامی شکایت (हंगामा, अवामी शिकायत) chaos, public complaint

जनवास (पु०) باراتیوں کے ٹھہرنے کی جگہ (बरातियों के ठहरने की जगह) place where baratis stay

जनवासा = **जनवास**

जनश्रुत (वि०) مشہور (मशहूर) famous

जनसंख्या (स्त्री०) آبادی (आबादी) population

जनाशन (पु०) آدم خور (आदमख़ोर) cannibal

जनाश्रय (पु०) مسافر خانہ (मुसाफ़िर ख़ाना) inn

जनिका (स्त्री०) پہیلی، معمہ (पहेली, मुअम्मा) puzzle

जनेऊ (पु०) ہندوؤں کا مقدس دھاگا (हिन्दुओं का मुक़द्दस धागा) sacred thread of Hindus

जनत (स्त्री०) بارات (बारात) barat

जनेश (पु०) زمیندار، راجا (ज़मीनदार, राजा) land lord, king

जन्तु (पु०) جانور، حیوان (जानवर, हैवान) animals

जन्म (पु०) = **जनम**

जन्य (पु०) ہاٹ، بازار، مذمت (हाट, बाज़ार, मुज़म्मत) market, condemnation

जप (पु०) پڑھنا، ورد کرنا (पढ़ना, विर्द करना) to recite

जपजी (स्त्री०) سکھوں کی مذہبی کتاب (सिखों की मज़हबी किताब) religious text of Sikhs

जमज (वि०) جڑواں (जुड़वाँ) twins

जमन (पु०) کھانے کی چیز (खाने की चीज़) eatable

जमनिका (स्त्री०) پردہ (परदा) curtain

जमाई (पु०) داماد (दामाद) son-in-law

जम्बुक (पु०) جامن،سیار (जामुन, सियार) black berry, jackal

जम्बूक = **जम्बुक**

जय (स्त्री०) فتح، زندہ باد (फ़तह, ज़िंदाबाद) victory, long live

जय जय कार (पु०) فتح کا اعلان (फ़तह का ऐलान) shout of victory

जयजीव (पु०) استقبالیہ الفاظ (इस्तक़बालिया अलफ़ाज़) words of welcome

जयपाल (पु०) فتح کا سرپرست (फ़तह का सरपरस्त) guardian of victory

जयमंगल (पु०) راجا کی سواری کا ہاتھی (राजा की सवारी का हाथी) elephant of king

जयमाला (पु०) فتح کا ہار، دلہن کے ذریعہ اپنے دلہا کی گردن میں ڈالا جانے والا ہار (फ़तह का हार, दुल्हन के ज़रिया अपने दुल्हा की गरदन में डाला जाने वाला हार) garland of victory, garland put around neck of bridegroom by his bride

जय श्री (स्त्री०) فتح (फ़तह) victory

जयी (वि०) فاتح (फ़ातेह) victorious

जर (पु०) بڑھاپا (बुढ़ापा) old age

जरजर (वि०) ٹوٹا پھوٹا، بہت پرانا، خستہ (टूटा फूटा, बहुत पुराना, ख़स्ता) broken, very old, decayed

जरायु (पु०) مشیمہ (मशीमिया) placenta

जर्जर (वि०)= **जर जर**

जल (पु०) پانی (पानी) water

जलधर (पु०) پیٹ میں پانی بھر جانے کا مرض (पेट में पानी भर जाने का मरज़) odema in abdomen

जलकुंभी (स्त्री०) پانی کا ایک پودا (पानी का एक पौदा) water hyacinth

जलक्रीड़ा (स्त्री०) پانی میں تفریح (पानी में तफ़रीह) entertainment in water

जलचर (पु०) آبی جانور (आबी जानवर) aquatic animals

जलज (पु०) پانی میں اگنے والا، کنول (पानी में उगने वाला, कंवल) water born, lotus

जलडमरू मध्य (पु०) آبنائے (अब्नाए) strait

जलद (पु०) بادل، پانی دینے والا (बादल, पानी देने वाला) clouds

जलधर (पु०) بادل، سمندر (बादल, समुन्दर) clouds, sea

जलधि/जलपति (पु०) سمندر (समुन्दर) sea

जलपान (पु०) صبح کا ناشتہ (सुबह का नाश्ता) breakfast

जलपोत (पु०) کشتی (किश्ती) boat

जलप्रभा (स्त्री०) سبیل (सबील) stall for drinking water

जलभू (पु०) بادل (बादल) clouds

जलमार्ग (पु०) بحری راستہ (बहरी रास्ता) water ways

जलयान (पु०) جہاز، کشتی (जहाज़, कश्ती) ship, boat

जलाकर (पु०) سمندر، ندی (समुन्दर, नदी) sea, river

जलापा (पु०) حسد کی وجہ سے ہونے والا غم (हसद की वजह से होने वाला ग़म) pain due to jealousy

जलायुका (स्त्री०) جونک (जोंक) leech

जलाशय (पु०) جہاں پانی جمع ہو (जहाँ पानी जमा हो) water body

जलज/जलजात (पु०) کنول (कंवल) lotus

जलौकस/जलौका (पु०) جونک (जोंक) leech

जसद (पु०) جستہ (जस्ता) zinc

जस (वि०) جیسا، برکت (जैसा, बरकत) as, good fortune

जसवंत (पु०) ایک قسم کا پھول (एक क़िस्म का फूल) a kind of flower

जहला (स्त्री०) حرارت، گرمی (हरारत, गर्मी) warmth, heat

जाँगर (पु०) جسم، طاقت (जिस्म, ताक़त) body, strength

जाँवर (पु०) روانگی (रवानगी) departure

जाई (स्त्री०) بیٹی (बेटी) daughter

जाउर (स्त्री०) کھیر (खीर) pudding

जाके (अव्यव) جس کے/کو (जिसके/को) whose

जागरण (पु०) جاگنا، رت جگا (जागना, रतजग्गा) awakening, sleeplessness

जागरूक (वि०) بیدار، ہوشیار (बेदार, होशियार) aware, alert

जागरूकता (स्त्री०) بیداری، ہوشیاری (बेदारी, होशियारी) awareness, alertness

जागृत (वि०) حالت بیداری (हालते बेदारी) awaking state
जाचक (पु०) بھکاری (भिकारी) beggar
जाचना (क्रि०) مانگنا (माँगना) to beg
जाज्वल्य (वि०) روشن،منور (रौशन, मुनव्वर) illuminated
जाठ (पु०) تالاب کے بیچ کا کھونٹا (तालाब के बीच का खूंटा) pole in the centre of pond
जातवेधस (पु०) آگ،آفتاب (आग, आफ़ताब) fire, sun
जाति (स्त्री०) جنم،ذات،برادری (जनम, ज़ात, बिरादरी) birth, caste
जातिवाद (पु०) ذاتیات،قوم پرستی (ज़ातियात, क़ौम परस्ती) casteism, nationalism
जातुधान (पु०) راچھش (राक्षस) demon
जात्यन्ध (वि०) پیدائشی اندھا (पैदाइशी अंधा) blind by birth
जादव (पु०) = **यादव**
जानि (स्त्री०) محبوبہ،بیوی (महबूबा, बीवी) beloved, wife
जानु (पु०) گھٹنا (घुटना) knee
जामन (पु०) دودھ کو جمانے کے لئے تھوڑا سا دہی یا کوئی کھٹی چیز (दूध को जमाने के लिए थोड़ा सा दही या कोई खट्टी चीज़) addition of sour substance in milk for curding
जामाता (पु०) داماد (दामाद) son-in-law
जामेय (पु०) بھانجا،بہن کا بیٹا (भांजा, बहन का बेटा) son of sister
जाँय (वि०) مناسب (मुनासिब) proper
जाया (स्त्री०) بیوی،شادی شدہ عورت (बीवी, शादीशुदा औरत) wife, married woman
जारक (वि०) ہضم کرنے والا (हज़म करने वाला) digesting
जारण (पु०) دھات کا کشتہ بنانا،جلانا (धात का कुश्ता बनाना, जलाना) preparation of alkaloids of metal, burning
जाल्म (वि०) کمین،بیوقوف (कमीन, बेवकूफ़) mean, fool
जिगरा (पु०) ہمت،جرأت (हिम्मत, जुर्रत) courage
जिगीषा (स्त्री०) فتح پانے کی خواہش (फ़तह पाने की ख़ाहिश) desire for victory
जिगीषु (वि०) محنتی (मेहनती) laborious
जिघत्सा (स्त्री०) بھوک،کھانے کی خواہش (भूक, खाने की ख़ाहिश) appetite
जिघांसक (वि०) مشتعل،قاتل (मुश्तइल, क़ातिल) violent, murderer
जिघांसु (वि०) مارنے والا (मारने वाला) killer
जिज्ञासन (पु०) پوچھ تاچھ (पूछ ताछ) enquiry
जिज्ञासा (स्त्री०) جاننے کی خواہش،تفتیش،اشتیاق (जानने की ख़ाहिश, तफ़तीश, इश्तेयाक़) desire to know, investigation, curiosity
जिज्ञासु (पु०,वि०) مشتاق (मुश्ताक़) curious
जिजीविषा (स्त्री०) جینے کی خواہش (जीने की ख़ाहिश) wish to live
जिठानी (स्त्री०) شوہر کے بڑے بھائی کی بیوی (शौहर के बड़े भाई की बीवी) wife of elder brother of husband
जित (वि०) شکست خوردہ،مفتوح (शिकस्त ख़ुरदा, मफ़्तूह) defeated, conquered
जिब्भा/जिय्या (स्त्री०) زبان (ज़बान) tongue
जियन (पु०) زندگی (ज़िन्दगी) life
जियरा (पु०) طبیعت،دل،روح (तबीयत, दिल, रूह) temperament, heart, soul
जिहान (वि०) جانے والا (जाने वाला) outgoing
जिह्वल (वि०) لالچی،کھانے کے لئے بیتاب (लालची, खाने के लिए बेताब) greedy, impatient to eat
जिह्वा (स्त्री०) زبان (ज़बान) tongue
जीजा (पु०) بہنوئی (बहनोई) brother-in-law
जीजी (स्त्री०) بڑی بہن (बड़ी बहन) elder sister
जीर्ण (पु०) پھٹا پرانا،بوسیدہ (फटा पुराना, बोसीदा) torn, old
जीर्णता (वि०) بڑھاپا (बुढ़ापा) old age
जीभ (स्त्री०) = **जिह्वा**
जीवंत (वि०) زندہ (ज़िन्दा) living
जीवक (पु०) زندہ مخلوق (जिन्दा मख़लूक़) a living creature
जीवग्रह (पु०) قیدی (क़ैदी) prisoner
जीवज (स्त्री०) ہمت (हिम्मत) courage
जीवद (पु०) وید (वैद्य) doctor
जीवन (पु०) زندگی (ज़िन्दगी) life

जीवनदान (पु०) زندگی کا عطیہ (ज़िन्दगी का अतिया) new life

जीवनी (स्त्री०) سوانح حیات (सवाने हयात) biography

जीवनोपाय (पु०) گزر بسر (गुज़र बसर) subsistence, livelihood

जीवनोपार्जन (पु०) کسب معاش (कस्बे मआश) earning of livelihood

जीवमन्दिर (पु०) جسم (जिस्म) body

जीवरा (पु०) جان، روح (जान, रूह) soul

जीविका (स्त्री०) زندگی کی گزر اوقات (ज़िन्दगी की गुज़र औक़ात) livelihood

जीवित (पु०,वि०) زندہ، وجود (ज़िन्दा, वजूद) living, existence

जुआ (पु०) قماربازی (कुमारबाज़ी) gambling

जुंग (स्त्री०) جذبات، حرکت (जज़्बात, हरकत) emotion, impulse

जुगत (स्त्री०) پالیسی، ترکیب (पालिसी, तरकीब) policy, solution

जुगती (वि०,पु०) چالاک، کفایت شعار (चालाक, किफ़ायत शआर) clever, economical person

जुगाली (स्त्री०) پاگر کرنا (पागुर करना) ruminate (to chew the cud)

जुगुप्सु (वि०) مذمت کرنے والا، ناقد (मुज़म्मत करने वाला, नाक़िद) disgusting, critic

जुगल (वि०) جوڑا (जोड़ा) couple

जून (पु०) وقت، زمانہ (वक़्त, ज़माना) time, period

जेठ (पु०) شوہر کا بڑا بھائی (शौहर का बड़ा भाई) elder brother of husband

जेमन (पु०) ہڑپ کرنا، غذا (हड़प करना, गिज़ा) engulfing, food

जेष्ठ (पु०,वि०) جیٹھ، بڑا (जेठ, बड़ा) Hindi month, elder

जैव (वि०) زندگی سے متعلق، نامیاتی (ज़िन्दगी से मुतअल्लिक़, नामियाती) life concerned, organic

जैवमंडल (पु०) کرہ حیات (कुर्रे हियात) biosphere

जैविकी (स्त्री०) علم حیات (इल्मे हयात) biology

जोगड़ा (पु०) ریاکار، بناوٹی (रेयाकार, बनावटी) hypocrite, artificial

जोगिन (स्त्री०) ہندوؤں کی زنانہ سادھو (हिन्दुओं की ज़नाना साधु) Hindu sorcereress

जोगी (पु०) یوگ کرنے والا، سادھو (योग करने वाला, साधु) Hindu sorcerer, saint

जोगेश्वर (पु०) = **योगेश्वर**

जोड़ू (स्त्री०) بیوی (बीवी) wife

जोना (क्रि०) دیکھنا (देखना) to see

जोप (पु०) اگر، اگرچہ (अगर, अगरचे) if, though

जोबन (पु०) جوانی، حُسن، جوان عورت کا سینہ (जवानी, हुस्न, जवान औरत का सीना) youth, beauty, breast of young woman

जोबना (पु०) جوانی (जवानी) youth

जोरू (स्त्री०) = **जोड़ू**

जोषी (पु०) نجومی (नजूमी) astrologer

जोह ((स्त्री०) کھوج، انتظار (खोज, इन्तेज़ार) search, wait

जोहन (स्त्री०) = **जोह**

जोहार (पु०) استقبال، سلام (इस्तक़बाल, सलाम) welcome, salute

ज्ञप्ति (स्त्री०) عقل، اشتہار (अक़्ल, इश्तेहार) wisdom, advertisement

ज्ञात (वि०) معلوم، جانا ہوا (मालूम, जाना हुआ) known

ज्ञातक (वि०) = **ज्ञात**

ज्ञाता (पु०) جاننے والا (जानने वाला) one who knows

ज्ञान (पु०) علم، عقل (इल्म, अक़्ल) knowledge, wisdom

ज्ञानी (वि०) جس کو حقیقی علم ہو (عالم) (जिसको हक़ीक़ी इल्म हो {आलिम}) real scholar

ज्ञानेन्द्रिय (पु०) حواسِ خمسہ (हवासे ख़मसा) sense organs

ज्ञानोदय (पु०) علم کا آغاز (इल्म का आग़ाज़) beginning of knowledge

ज्ञापक (वि०) علمی، پتا دینے والا (इल्मी, पता देने वाला) informative, indicator

ज्ञापन (पु०) اعلانیہ، عرضداشت (एलानिया, अर्ज़दाश्त) notification, memorandum

ज्या (स्त्री०) کمان کی ڈوری (कमान की डोरी) chord of an arc

ज्यामिति (स्त्री०) جیومیٹری (ज्योमेट्री) geometry

ज्यायस् (वि०) پرانا، عمردراز (पुराना, उम्रदराज़) old, aged

ज्येष्ठ (वि०) بڑا، بوڑھا، بزرگ (बड़ा, बूढ़ा, बुजुर्ग) elders

ज्योति (पु०) روشنی (रौशनी) light

ज्योतित (वि०) روشن (रौशन) enlightened

ज्योतिर्मय (वि०) منور (मुनव्वर) illuminated

ज्योतिष (पु०) علم فلکیات (इल्मे फ़लिकयात) astronomy

ज्योतिषी (पु०) نجومی (नजूमी) astrologer

ज्योतिष्पथ (पु०) آسمان (आसमान) sky

ज्योत्सना (स्त्री०) چاندنی رات (चाँदनी रात) moon light

ज्वर (पु०) بخار (बुख़ार) fever

ज्वल (पु०) شعلہ، روشنی (शोला, रौशनी) flame, light

ज्वलन्त (वि०) جلتا ہوا (जलता हुआ) burning

ज्वारभाटा (पु०) سمندر کے پانی کا اتار چڑھاؤ (समुन्द्र के पानी का उतार चढ़ाव) tide

ज्वाल (पु०) آنچ، آگ کی لو (आँच, आग की लौ) heat, flame of fire

ज्वाला (स्त्री०) آگ کی لپٹ (आग की लपट) spread of fire

झ

झउआ (पु०) ٹوکرا، خونچہ (टोकरा, ख़ोन्चा) basket, tray

झंकृत (वि०) جس میں جھنکار ہو (जिसमें झंकार हो) jingled

झंखना (क्रि०) اظہار غم کرنا، پچھتانا (इज़हार ग़म करना, पछताना) consolation, repentance

झंगरा (पु०) بانس کا ٹوکرا (बाँस का टोकरा) bamboo's basket

झंझरा (वि०) مہین سوراخ والا (महीन सूराख़ वाला) porous

झंझा (पु०) بارش کے ساتھ تیز آندھی (बारिश के साथ तेज़ आँधी) rain with storm

झंझार (पु०) آگ کی لپٹ (आग की लपट) flame of fire

झंद (पु०) گچھا (गुच्छा) bunch

झंप (पु०) چھلانگ (छलांग) jump

झक्कड़ (पु०) تیز آندھی (तेज़ आँधी) violent storm

झरित (वि०) گلا ہوا (गला हुआ) rotten

झरी (स्त्री०) جھرنا (झरना) water fall

झाँझर (वि०) پرانا، خستہ، سوراخ دار (पुराना, ख़स्ता, सुराख़दार) old, porous

झाँवर (स्त्री०) نیچی زمین، مرجھایا ہوا (नीची ज़मीन, मुरझाया हुआ) low land, faded

झुकमुक (पु०) گھپ اندھیرا (घुप अंधेरा) complete darkness

झुर्री (स्त्री०) سکڑن (सिकुड़न) wrinkles

झूमक (पु०) ہولی میں گانے جانے والا ایک گیت (होली में गाने जाने वाला एक गीत) a song of Holi

झूरा (पु०) قحط (क़हत) femine

ट

टंक (पु०) کدال، تلوار، پتھر کا ٹکڑا (कदाल, तलवार, पत्थर का टुकड़ा) spade, sword, piece of stone

टंकक (पु०) ٹائپ کرنے والا، چاندی کا سکہ (टाइप करने वाला, चाँदी का सिक्का) typist, silver coin

टंकण (पु०) ٹائپ کرنا، سہاگہ (टाइप करना, सुहागा) typing, borax

टंकिका (स्त्री०) چھینی (छेनी) chisel

टंच (वि०) کنجوس، بے رحم (कंजूस, बे रहम) miser, unkind

टंटा (पु०) ہنگامہ، لڑائی جھگڑا (हंगामा, लड़ाई झगड़ा) pandamonium, quarrelling

टकौरी (स्त्री०) سونے چاندی کو تولنے والا ترازو (सोने चाँदी को तौलने वाला तराज़ू) balance to weigh gold & silver

टगर (पु०) القلی، سہاگہ (अलक़ली, सुहागा) alkali, borax

टगरा (वि०) بھینگا (भेंगा) squint

टनमना (वि०) صحت مند، چنگا (सेहतमंद, चंगा) healthy, cheerful

टरकुल (वि०) عام (आम) general

टसुआ (पु०) آنسو (आँसू) tear

टहलू (पु०) نوکر (नौकर) servant

टहूका (पु०) پہیلی، لطیفہ (पहेली, लतीफ़ा) puzzle, joke

टाँगन (पु०) چھوٹا گھوڑا، ٹٹو (छोटा घोड़ा, टट्टू) small horse, pony

टापू (पु०) جزیرہ (जज़ीरा) island

टिकस (पु०) ٹیکس، محصول (टैक्स, महसूल) tax, revenue

टिकुली (स्त्री०) ٹیکہ (टीका) bindi

टिक्कड़ (पु०) موٹی روٹی، لٹی (मोटी रोटी, लिट्टी) litti (eatable)

टिपुर/टिपोर (पु०) غرور، شان (ग़ोरूर, शान) pride

टिप्पनी (स्त्री०) نوٹ، تبصرہ (नोट, तब्सेरा) note, comment

टीका (पु०) مرض سے بچنے کے لئے لی گئی دوا، تبصرہ (मरज़ से बचने के लिए ली गई दवा, तब्सेरा) vaccination, commentary

टीकाकार (पु०) تبصرہ نگار (तब्सेरा निगार) commentator

टुंगना (क्रि०) کتر کر کھانا (कुतर कर खाना) prunning

टुक (वि०) ذرا (ज़रा) little

टुच्चा (वि०) نیچ، کمینہ (नीच, कमीना) mean, wicked

टूम (स्त्री०) زیور، طعنہ (ज़ेवर, ताना) ornament, taunt

टूमना (क्रि०) طعنہ مارنا (ताना मारना) taunting

टेम (स्त्री०) دیئے کی روشنی (दीये की रौशनी) light of earthen lamp

टोटका (पु०) جادوئی عمل، سحر (जादूई अमल, सेहर) witch craft, spell

टोटा (पु०) نقصان (नुक़सान) loss

टोल (पु०) جماعت (जमाअत) group of people

टोह (स्त्री०) کھوج، جستجو (खोज, जुस्तुजू) search, quest

ठ

ठंका (पु०) بجلی (बिजली) lightning

ठंठ (वि०) خشک (ख़ुश्क) dry

ठकुरानी (स्त्री०) شریف عورت، مالکن (शरीफ़ औरत, मालिकन) lady, mistress

ठट (पु०) بھیڑ (भीड़) crowd

ठटरी (स्त्री०) ڈھانچہ (ढाँचा) skeleton

ठट्टा (पु०) ہنسی مذاق (हंसी मज़ाक़) wit & humour

ठरन (स्त्री०) کافی جاڑا، ٹھٹھرن (काफ़ी जाड़ा, ठिठुरन) chilly cold, shivering

ठर्रा (पु०) موٹا سوت، اینٹ، شراب (मोटा सूत, ईंट, शराब) thick thread, brick, wine

ठाड़ा (वि०) کھڑا، سیدھا (खड़ा, सीधा) standing, erect

ठार (पु०) جاڑا، پالا (जाड़ा, पाला) cold, frost

ठिठोली (स्त्री०) ہنسی مذاق (हंसी मज़ाक़) joke

ठिल्ला (पु०) گھڑا (घड़ा) pitcher

ठिवन (पु०) تھوک، بلغم (थूक, बलग़म) spit, sputum

ठुंठ (पु०) سوکھے پیڑ کا تنا (सूखे पेड़ का तना) stem of dry tree

ठुमक (पु०) بچے کا چلنا (बच्चे का चलना) walking of babies

ठुमरी (स्त्री०) دو بول کا چھوٹا گیت (दो बोल का छोटा गीत) small lyric

ठूँठ (पु०) بغیر شاخ اور پتوں والا درخت (बग़ैर शाख़ और पत्तों वाला दरख़्त) a tree without branch & leaves

ठौर (पु०) ٹھکانا (ठिकाना) staying place

ड

डंक (पु०) زہریلا کانٹا (ज़हरीला काँटा) poisonous spine

डंगर (पु०) چوپایا، غلام، شریر (चौपाया, गुलाम, शरीर) four footed, slave, naughty

डंडाल (पु०) نگاڑا (नगाड़ा) drum

डाँवरी (स्त्री०) بیٹی (बेटी) daughter

डाँवरु (पु०) شیر کا بچہ (शेर का बच्चा) cub

डाकना (स्त्री०) پھاندنا (फाँदना) jump over

डाभ (पु०) کچا ناریل (कच्चा नारियल) unriped coconut

डावरी (स्त्री०) بیٹی (बेटी) daughter

डासन (पु०) بستر (बिस्तर) bed

डासना (क्रि०) پھیلانا (फैलाना) spread

डासनी(स्त्री०) چارپائی (चारपाई) cot

डाह (स्त्री०) حسد،جلن (हसद, जलन) jealous
डिग्गी (स्त्री०) تالاب،پوکھر (तालाब, पोखर) pond
डिठिर (वि०) آنکھ والا (आँख वाला) eyed man
डिम्ब (पु०) خوف،ڈر،لاروا (ख़ौफ़, डर, लारवा) fear, larva
डिम्बज (पु०) انڈے سے پیدا (अण्डे से पैदा) oviparous
डिम्भक (पु०) لاروا،بچہ (लारवा, बच्चा) larva, baby
डुंग (पु०) ڈھیر،رقم (ढेर, रक़म) heap, amount
डुक (पु०) گھونسہ (घूँसा) fist
डूंगा (पु०) چمچہ (चमचा) table spoon
डेरा (पु०) پڑاؤ،چھاؤنی (पड़ाव, छावनी) stoppage, cantt
डोंगा (पु०) بڑی کشتی، ناند (बड़ी कश्ती, नाद) large boat, trough
डोंगी (स्त्री०) چھوٹی کشتی (छोटी कश्ती) small boat
डोका (पु०) تیل رکھنے کا کاٹھ کا برتن (तेल रखने का काठ का बरतन) wooden vessel
ड्योढ़ी (स्त्री०) دہلیز،دروازہ (दहलीज़, दरवाज़ा) porch, door

ढ

ढंगी (वि०) عیار،مکار (अइयार, मक्कार) cunning
ढंढार (पु०,वि०) بے ڈول،احمق (बेडौल, अहमक़) asymmetrical, idiot
ढँढोर (पु०) آگ کی لپٹ (आग की लपट) spreading fire
ढचर (पु०,वि०) کمزور (कमज़ोर) fragile
ढड्ढा (वि०) بہت بڑا (बहुत बड़ा) very large
ढब (पु०) ڈھنگ،قسم،موزوں (ढंग, क़िस्म, मौज़ूँ) type, manner, suitable
ढरनि (स्त्री०) زوال، جھکاؤ (ज़वाल, झुकाओ) downfall, inclination
ढर्रा (पु०) راستہ،انداز (रास्ता, अन्दाज़) way, style
ढाबर (पु०,वि०) مٹ میلا،گندے پانی کا تالاب (मटमैला, गंदे पानी का तालाब) soilish, pool of dirty water
ढाबा (पु०) اولتی،چھوٹا موٹا ہوٹل (ओल्ती, छोटा मोटा होटल) edge of roof, a small hotel
ढिग (पु०) نزدیک،قرب و جوار (नज़दीक, कुरबो ज्वार) near, vicinity
ढेला (पु०) پتھر، اینٹ کا ٹکڑا (पत्थर, ईंट का टुकड़ा) stone, piece of brick
ढोंग (पु०) دھوکہ،جھوٹا دعویٰ (धोका, झूटा दावा) fraudulent, pretence
ढोकना (क्रि०) ہڑپ کر جانا (हड़प कर जाना) to gulp down
ढोटा (पु०) بیٹا (बेटा) son
ढोली (स्त्री०) دوسو پان کی گڈی، ڈھول بجانے والا (दो सौ पान की गड्डी, ढोल बजाने वाला) bundle of 200 pan leaves, drummer
ढौंकन (पु०) رشوت (रिश्वत) bribe
ढोटी (स्त्री०) بیٹی (बेटी) daughter
ढकोसना (क्रि०) ہڑپ کر جانا (کھانا) (हड़प कर जाना {खाना}) to gulp (food)

त

तई (प्रत्य०, अव्य०) سے، فی، کو، واسطے (से, फ़ी, को, वास्ते) from, each, to, for
तई (स्त्री०) چھچھلی کڑاہی (छिछली कड़ाही) shallow cauldron (pan)
तऊ (अव्य०) تو بھی (तो भी) even then
तंडुल (पु०) چاول (चावल) rice
तंती (स्त्री०) موسیقار (मौसीक़ार) musician
तंतु (पु०) دھاگا،سوت (धागा, सूत) thread, fibre
तंत्र (पु०) نظام، جادو، کلیہ (नेज़ाम, जादू, कुल्लिया) system, spell, theory
तंत्रमंत्र (पु०) جادو منتر (जादू मंतर) incarntation
तंत्रिका (स्त्री०) اعصاب (आसाब) nerve
तंदुल (पु०) چاول (चावल) rice
तंद्रा (स्त्री०) اونگھنا (उँघना) drowsiness
तंबू (पु०) خیمہ،ڈیرا (ख़ेमा, डेरा) tent, pavillion, camp
तंबूल (पु०) پان (पान) betel
तंबोली (पु०) پان بیچنے والا (पान बेचने वाला) betel seller
तक्र (पु०) مٹھا، چھاچھ (मट्ठा, छाछ) drink of curd
तक्षण (पु०) بڑھی کا کام (बढ़ी का काम) carpentary work

तगाई (स्त्री०) سلائی کا کام (सिलाई का काम) sewing work

तचित (वि०) پریشان (परेशान) worried

तजना (पु०) تیاگ،قربانی (त्याग, क़ुरबानी) sacrifice

तज्ञ (वि०) عنصر کو جاننے والا (उन्सुर को जानने वाला) one who knows about elements

तट (पु०) ندی کا کنارا (नदी का किनारा) bank of river

तटवर्ती (पु०) ساحل کے کنارے پر واقع (साहिल के किनारे पर वाक़े) situated at sea shore

तटस्थ (वि०) غیر جانب دار (ग़ैर जानिबदार) neutral (impartial)

तटस्थता (पु०) غیر جانبداری (ग़ैर जानिबदारी) neutrality (impartiality)

तटाक (पु०) تالاب (तालाब) pond

तटिनी (स्त्री०) ندی،جھرنا (नदी, झरना) river, stream

तटीय (वि०) ندی کا کنارا سے متعلق (नदी का किनारा से मुतल्लिक़) having to do with bank, shore

तड़का (पु०) صبح سویرے (सुबह सवेरे) early morning

तड़ित (स्त्री०) بجلی،بجلی کی چمک (बिजली, बिजली की चमक) electricity, lightning

तड़िया (स्त्री०) سمندر کے کنارے کی ہوا (समुन्दर के किनारे की हवा) air at sea shore

तड़ी (स्त्री०) چپت (चपत) slap

तत्र (क्रि०वि०) کے لئے (के लिए) for

तत्ता (वि०) گرم (गरम) hot

तताई (स्त्री०) گرمی (गर्मी) heat

ततारना (क्रि०) گرم پانی سے دھونا (गरम पानी से धोना) to wash with hot water

तति (स्त्री०) قطار (क़तार) queue

तत्काल/तत्क्षण (वि०) اسی وقت،فوری (उसी वक़्त, फ़ौरी) same time, immediate

तत्पर (वि०) تیار (तैयार) in readiness

तत्व (पु०) حقیقتِ حال،عنصر،خلاصہ (हक़ीक़ते हाल, उन्सुर, खुलासा) reality, element, abstract

तत्वज्ञ (पु०) عالم،دینی علوم کا ماہر،فلسفی (आलिम, दीनी ओलूम का माहिर, फ़लसफ़ी) scholar, philosopher

तत्वज्ञान (पु०) کسی چیز کا حقیقی علم (किसी चीज़ का हक़ीक़ी इल्म) real knowledge of any thing

तत्वावधान (पु०) نگرانی، زیر اہتمام (निगरानी, ज़ेरे एहतेमाम) supervision, under the banner of

तत्पर (वि०) تیار، جاں نثار (तैयार, जाँनिसार) ready, devoted

तत्पश्चात (क्रि०वि०) اس کے بعد (इसके बाद) thereafter

तत्पूर्व (वि०) سب سے پہلا (सबसे पहला) first of all

तथा (अव्य०) اور،اس طرح (और, इस तरह) and, likewise

तथाकथित (वि०) نام نہاد (नाम नेहाद) so called

तथापि (अव्य०) تو بھی،تاہم (तो भी, ताहम) even then, nevertheless

तथाभावी (वि०) اسی فطرت کا (इसी फ़ितरत का) of same nature

तथ्य (पु०) سچائی،حقیقت (सच्चाई, हक़ीक़त) fact, reality

तदनंतर (अव्य०) اس کے بعد،فوراً (इसके बाद, फ़ौरन) there after, immediately

तदन्तर (पु०) اس کے بعد (इसके बाद) after that

तदर्थ (अव्य०) اس کے لئے (इसके लिए) for that

तदुपरान्त (अव्य०) اس کے بعد (इसके बाद) after that

तद्दिन (वि०) کنجوس (कंजूस) miser

तद्यपि (क्रि०वि०) = **तथापि**

तद्वत (अव्य०) جیوں کا توں (ज्यों का तों) as it is

तनत्राण (पु०) خول (ख़ोल) shell

तनय (पु०) بیٹا،لڑکا (बेटा, लड़का) son, boy

तनया (स्त्री०) بیٹی،لڑکی (बेटी, लड़की) daughter, girl

तनिक (वि०) تھوڑا،کم (थोड़ा, कम) little, few

तनिमा (स्त्री०) دُبلاپن (दुबलापन) thinness

तनु (स्त्री०) جسم،چمڑا (जिस्म, चमड़ा) body, skin

तनु (वि०) پتلا، نازک (पतला, नाज़ुक) thin, dilute, delicate

तनुज (पु०) بیٹا،لڑکا (बेटा, लड़का) son, boy

तनुजा (स्त्री०) بیٹی،لڑکی (बेटी, लड़की) daughter, girl

तनुता (स्त्री०) کمزوری (कमज़ोरी) weakness
तनुभव (पु०) بیٹا (बेटा) son
तनू (पु०) = **तनु**
तनोज (पु०) رواں،بیٹا (रोआँ, बेटा) hairs, son
तन्तु (पु०) دھاگا،ریشہ (धागा, रेशा) thread, fibre
तन्तुकीट (पु०) ریشم کا کیڑا (रेशम का कीड़ा) silk worm
तन्तुनाभ (पु०) مکڑی (मकड़ी) small spider
तन्त्र (पु०) حکومت، نظام، جادو (हुकूमत, नेज़ाम, जादू) rule, system, spell
तन्त्रिका (स्त्री०) اعصاب (आसाब) nerve
तन्द्रिता (स्त्री०) کاہلی (काहिली) laziness
तन्नी (स्त्री०) ترازو کی رسّی (तराजू की रस्सी) chords of balance
तन्मय (वि०) دل لگائے ہوئے (दिल लगाए हुए) at heart
तन्वी (स्त्री०) نازک عورت (नाजुक औरत) delicate woman
तप (पु०) گرمی،کفارہ،نفس کشی (गर्मी, कफ़्फ़ारा, नफ़्सकुशी) heat, mortification, penance
तपन (पु०) آفتاب،حرارت (आफ़ताब, हरारत) sun, heat
तपसी (पु०) عبادت کرنے والا (इबादत करने वाला) worshipper
तपस्या (स्त्री०) عبادت، ریاضت (एबादत, रेयाज़त) worship, meditation
तपस्वी (पु०) عبادت کرنے والا،جاں نثار (एबादत करने वाला, जाँनिसार) worshipper, devotee
तपित (वि०) گرم (गर्म) hot
तप्त (वि०) غم زدہ،گرم (ग़मज़दा, गर्म) grieved, hot
तमचर (पु०) راکشس (राक्षस) demon
तमता (स्त्री०) اندھیرا (अंधेरा) darkness
तमस (पु०) اندھیرا،لاعلمی (अंधेरा, लाइल्मी) darkness, ignorance
तमस्वी (वि०) اندھیرا،افسردہ (अंधेरा, अफ़सुर्दा) dark, gloomy
तमारि (पु०) آفتاب،دن (आफ़ताब, दिन) sun, day
तमाई (स्त्री०) لالچ،خواہش (लालच, ख़ाहिश) greed, desire
तमीश (पु०) چاند (चाँद) moon
तमो (वि०) اندھیرا (अंधेरा) darkness
तमोभित (पु०) جگنو (जुगनू) firefly
तमोभूत (वि०) لاعلم،احمق (लाइल्म, अहमक़) ignorant, idiot
तमोमय (वि०) اندھیروں سے بھرا ہوا (अंधेरों से भरा हुआ) fully dark
तमोर (पु०) پان (पान) betel
तरई (स्त्री०) تارا (तारा) star
तरण (पु०) پانی پر تیرنے والا تختہ، ندی پار کرنا (पानी पर तैरने वाला तख़्ता, नदी पार करना) floating plank, to cross river
तरणि (स्त्री०) آفتاب (आफ़ताब) the sun
तरणी (स्त्री०) کشتی (किश्ती) boat
तरन्ती (स्त्री०) = **तरणी**
तरल (वि०) بہنے والا، رقیق (बहने वाला, रक़ीक़) fluid
तरस (पु०) ہمدردی،رحم (हमदर्दी, रहम) kindness
तरारा (पु०) اُچھال، گرنے والے پانی کی دھار (उछाल, गिरने वाले पानी की धार) buoyancy, falling water
तरित (वि०) پار کیا ہوا (पार किया हुआ) crossed
तरिवर (पु०) مقدس درخت (मुक़द्दस दरख़्त) sacred tree
तरु (पु०) درخت (दरख़्त) tree
तरुतल (पु०) = **तरू**
तरुज (वि०) درخت سے پیدا (दरख़्त से पैदा) produced from tree
तरुण (पु०,वि०) جواں سال،نیا (जवाँ साल, नया) young one, new
तरुणाई (स्त्री०) جوانی، جوانی کے سال (जवानी, जवानी के साल) youthfulness, years of youth
तरुणी (स्त्री०) دوشیزہ (दोशीज़ा) girl
तरुवर (पु०) درخت (दरख़्त) tree
तर्क (पु०) منطق، بحث، استدلال (मंतिक़, बहस, इस्तेदलाल) logic, discussion, reasoning
तर्की (पु०) منطق کرنے والا (मंतिक़ करने वाला) logician
तर्कु (पु०) تکوا (तकुआ) spindle
तर्कुट (क्रि०) کاتنا (कातना) to weave
तर्जन (पु०) پھٹکار، غصہ (फिटकार, गुस्सा) scolding, anger

तर्जनी (स्त्री०) شہادت کی انگلی (शहादत की उँगली) forefinger

तर्जित (वि०) جسے ذلیل کیا گیا (जिसे ज़लील किया गया) humiliated

तर्पण (पु०) اطمینان کا عمل، تسکین (इत्मीनान का अमल, तसकीन) satisfaction, consolation

तर्पित (वि०) مطمئن (मुतमइन) satisfied

तर्षण (पु०) پیاس، خواہش (प्यास, ख़ाहिश) thirst, desire

तल (पु०) پیندی، چھت، طمانچہ (पेंदी, छत, तमाँचा) bottom, roof, slap

तलध्वनि (पु०) تالی کی آواز (ताली की आवाज़) clapping sound

तलपट (वि०) برباد، چوپٹ (बरबाद, चौपट) ruined

तलप्रहार (पु०) تھپڑ، طمانچہ (थप्पड़, तमांचा) slap

तलहटी (स्त्री०) پہاڑ کی ترائی (पहाड़ की तराई) land at foot hill

तलावत (स्त्री०) جھگڑا (झगड़ा) quarreling

तलिन (पु०) پلنگ (पलंग) cot

तली (स्त्री०) پیندی، تلچھٹ (पेंदी, तलछट) bottom, sediment

तलेटी (स्त्री०) وادی (वादी) valley

तलैया (स्त्री०) چھوٹا تالاب (छोटा तालाब) small pond

तल्प (पु०) پلنگ، بستر (पलंग, बिस्तर) cot, bed

तल्लिका (स्त्री०) کنجی (कुंजी) key

तल्ली (स्त्री०) کشتی، جوان عورت (कश्ती, जवान औरत) boat, young woman

तवना (क्रि०) گرم ہونا، تپنا (गरम होना, तपना) to become hot

तवारा (पु०) گرمی، جلن (गर्मी, जलन) heat, burning

तवर्ग (पु०) ہندی کے پانچ حروف (हिन्दी के पाँच हुरूफ़ त, थ, द, ध, न) five letters of Hindi

तस (वि०) ویسا ہی (वैसा ही) as it is

तसू (पु०) سوا انچ کی ناپ (सवा ईंच की नाप) one and one fourth of an inch

तस्कर (पु०) ڈاکو، اسمگلر (डाकू, स्मगलर) robber, smuggler

तस्करी (स्त्री०) ڈاکہ زنی، اسمگلنگ (डाकाज़नी, स्मगलिंग) robbery, smuggling

तस्मात (अव्य०) اس لئے (इस लिए) therefore

ताइ (स्त्री०) حرارت، جاڑا، چچی (हरारत, जाड़ा, चची) heat, winter, aunt

तांई (अव्य०) قریب، پاس (क़रीब, पास) near, beside

ताऊ (पु०) بڑے چچا (बड़े चचा) elder uncle

तातड़ी (स्त्री०) تانت، ریشہ (तांत, रेशा) membranous cord, fibres

तांडव (पु०) جنونی رقص (जुनूनी रक़्स) frenzied dancing

ताँता (पु०) قطار، سلسلہ (क़तार, सिलसिला) chain, row

ताँति (स्त्री०) = **तातड़ी**

ताँबुल (पु०) پان (पान) betel

ताँसना (क्रि०) ڈانٹنا (डांटना) to rebuke

ताड़ (पु०) ستم، چوٹ (सितम, चोट) oppression, hurt

ताड़क (पु०,वि०) ظلم کرنے والا، سزا دینے والا (जुल्म करने वाला, सज़ा देने वाला) oppressor, one who punishes

ताड़न (क्रि०) ظلم، حملہ، سزا (जुल्म, हमला, सज़ा) oppression, attack, punishment

ताड़ना (क्रि०) سزا دینا، مارنا، اندازہ کرنا (सज़ा देना, मारना, अन्दाज़ा करना) to punish, to beat, to guess

ताड़नी (स्त्री०) کوڑا، چابک (कोड़ा, चाबुक) whip

ताड़नीय (वि०) قابلِ سزا (क़ाबिले सज़ा) punishable

ताड़ित (वि०) سزایافتہ (सज़ा याफ़्ता) punished

ताण्डव (पु०) = **तांडव**

तात (पु०) بزرگ، محترم، باپ (बुज़ुर्ग, मोहतरम, बाप) elder, respected, father

ताता (वि०) تپا ہوا، گرم (तपा हुआ, गर्म) hot, warm

तात्कालिक (वि०) فوراً (फ़ौरन) immediate

तात्पर्य (पु०) منشاء، مدعاء، معنی (मनशा, मुद्दआ, मानी) purpose, objective, meaning

तात्विक (वि०) بنیادی، حقیقی (बुनियादी, हक़ीक़ी) basic, real

तादृश (वि०) ہم معنی، اسی طرح (हम मानी, इसी तरह) synonym, like that

तादात्म्य (पु०) کردار کی یکسانیت، مشابہت (किरदार की यकसानियत, मुशाबेहत) sameness of character, similarity

तान्तव (पु०) لباس، کپڑا (लेबास, कपड़ा) uniform, cloth

तान्त्रिक (पु०,वि०) عامل، جھاڑ پھونک کرنے والا، تکنیکی (आमिल, झाड़ फूंक करने वाला, तकनीकी) exorcist, technical

ताप (पु०) حرارت، بخار، گرمی (हरारत, बुख़ार, गर्मी) temperature, fever, heat

तापमान (पु०) درجۂ حرارت (दरजए हरारत) temperature

तापमापक (पु०) آلۂ مقیاس الحرارت، تھرمامیٹر (आलए मक़यासुल हरारत, थर्मामीटर) thermometer

तापस (पु०) عبادت گذار، زاہد (इबादत गुज़ार, ज़ाहिद) worshipper, ascetic

तापरहरा (वि०) بخار دور کرنے والا (बुख़ार दूर करने वाला) assuaging fever

ताम (पु०) حسد، غصہ، اندھیرا (हसद, गुस्सा, अंधेरा) jealousy, anger, darkness

तामड़ा (पु०,वि०) تانبے جیسا رنگ، ایک نیلے رنگ کا مصنوعی پتھر (ताँबे जैसा रंग, एक नीले रंग का मसनूई पत्थर) colour like copper, an artificial bluestone

तामरस (पु०) سونا، تانبا، کنول (सोना, ताँबा, कँवल) gold, copper, lotus

तामस (पु०,वि०) غصّہ، تاریکی، جہالت (गुस्सा, तारीकी, जहालत) anger, darkness, ignorance

तामसिक (वि०) اندھیراپن (अंधेरापन) darkness

तामिस्त्र (पु०) غصہ، مایوسی (गुस्सा, मायूसी) anger, frustration

ताम्बुली (पु०) پان (पान) betel

ताम्बूली (पु०) پان بیچنے والا (पान बेचने वाला) betel seller

ताम्र (पु०) تانبا (ताँबा) copper

ताय (पु०) حرارت، جلن (हरारत, जलन) heat, burning

ताया (पु०) باپ کا بڑا بھائی، چچا (बाप का बड़ा भाई, चचा) elder brother of father, uncle

तारक (पु०)/**तारका** (स्त्री०) آنکھ کی پتلی، ستارہ (आँख की पुतली, सितारा) pupil, star

तारण (पु०) پار کرانے کا عمل، نجات دینا (पार करने का अमल, निजात देना) causing cross, to grant salvation

तारणि (स्त्री०) کشتی (कश्ती) boat

ताराधिप/ताराधीश (तारानाथ) (पु०) چاند (चाँद) moon

तारापथ (पु०) آسمان (आसमान) sky

तारामण्डल (पु०) تاروں اور سیاروں کا ہجوم (तारों और सइयारों का हुजूम) planetarium

तारिणी (वि०) سخاوت کرنے والی درگا دیوی کا ایک روپ (सख़ावत करने वाली दुर्गा देवी का एक रूप) generous form of goddess Durga

तारुण (वि०) کمسن، نوجوان (कमसिन, नौजवान) teen aged, youth

तारुण्य (पु०) نوجوان، شباب (नौजवान, शबाब) youth, youthfulness

तारेश (पु०) چاند (चाँद) moon

तार्किक (पु०) منطقی، منطق اور فلسفہ جاننے والا (मन्तक़ी, मन्तिक़ और फ़ल्सफ़ा जानने वाला) logical, one who knows logic & philosophy

ताल (पु०) ہتھیلی، تالی، موسیقی کا ایک رکن (हथेली, ताली, मौसीक़ी का एक रुकन) clap, an element of music

तालव्य (पु०,वि०) تالو سے، تالو سے تلفظ کیے جانے والا حرف (तालू से, तालू से तलफ़्फ़ुज़ कहे जाने वाला हर्फ़) palatal, palatal letters

तालिका (स्त्री०) فہرست، کاغذ کا پلندہ (फ़ेहरिस्त, काग़ज़ का पुलिन्दा) list, bundle of papers

ताली (स्त्री०) کنجی، اینٹ، چھوٹا تالاب (कुंजी, ईंट, छोटा तालाब) key, brick, small tank

तालेवर (पु०) امیر (अमीर) rich

ताव (पु०) حرارت، غصّے کا آجانا (हरारत, गुस्से का आ जाना) temperature, rage

तावना (क्रि०) گرم کرنا (गर्म करना) to heat

तावर (पु०) کمان کی ڈوری (कमान की डोरी) chord of bow

तावीष (पु०) سونا، جنت، سمندر (सोना, जन्नत, समुन्दर) gold, heaven, sea

तिआह (पु०) تیسری شادی (तीसरी शादी) third marriage

तिकड़म (स्त्री०) جوڑتوڑ (जोड़तोड़) manoeuvering

तिक्ख (वि०) تیکھا، تیز (तीखा, तेज़) sharp, bright

तिक्त (वि०) تلخ، کڑوا (तल्ख़, कड़वा) bitter

तिक्ष (वि०) = **तिक्त**

तिक्षता (स्त्री०) تلخی، تیزی (तल्ख़ी, तेज़ी) bitterness, sharpness

तिग्म (वि०) تیز، تیکھا، شعلہ فشاں (तेज़, तीखा, शोला फशाँ) sharp, pungent, fiery

तितिक्ष (वि०) سہنے والا (सहने वाला) pains taking

तितिक्षा (स्त्री०) سردی گرمی برداشت کرنے کی طاقت، صبر (सर्दी गर्मी बंदाशत करने की ताक़त, सब्र) tolerance of hot & cold, endurance

तितिक्षु (वि०) برداشت کرنے والا (बर्दाश्त करने वाला) one who tolerates

तित्तिर (पु०) تیتر نام کا پرندہ (तीतर नाम का परिन्दा) partridge (bird)

तितेक (वि०) اتنا (इतना) that much

तिथि (स्त्री०) تاریخ (तारीख़) date

तिथित (वि०) مورخہ (मोअर्रख़ा) dated

तिदरा (वि०) تین دروں والا (तीन दरों वाला) 3-doored

तिनकना (क्रि०) چڑھنا، غصہ ہونا (चिढ़ना, गुस्सा होना) to irritate, to become angry

तिनूका (पु०) تنکا (तिनका) straw, blade

तिम (पु०) نگاڑا (नगाड़ा) big drum

तिमि (अव्य०) اس طرح سے (इस तरह से) in such a way

तिमिर (पु०) تاریکی (तारीकी) darkness

तिमिरहर (पु०) آفتاب (आफ़ताब) sun

तिय (स्त्री०) عورت، بیوی (औरत, बीवी) woman, wife

तिरखा (स्त्री०) پیاس (प्यास) thirst

तिरपित (वि०) مطمئن، آسودہ (मुतमइन, आसूदा) satisfied

तिरस्कार (पु०) بے عزتی، تحقیر (बेइज़्ज़ती, तहक़ीर) humiliation, disrespect

तिरस्कृत (वि०) بے عزت (बेइज़्ज़त) scorned

तिरिन (पु०) گھاس، تنکا (घास, तिनका) grass, straw blade

तिरिया (स्त्री०) عورت (औरत) woman

तिरेंदा (पु०) سمندر میں تیرتا ہوا پیپا (समुन्दर में तैरता हुआ पीपा) floating barrel in sea

तिरोगत (वि०) غائب، نظر نہ آنے والا (ग़ायब, नज़र न आने वाला) invisible, unseen

तिरोहित (वि०) چھپا ہوا، غائب (छुपा हुआ, ग़ायब) concealed, disappeared

तिर्यक (वि०) خم، ترچھا، ٹیڑھا (ख़म, तिरछा, टेढ़ा) curved, slant, crooked

तिलक (पु०) پیشانی پر لگا ٹیکا یا زیور، شادی کی ایک رسم، عمدہ (पेशानी पर लगा टीका या ज़ेवर, शादी की एक रस्म, उम्दा) stigma or ornament of forehead, a custom of marriage, excellent

तिलकित (वि०) چھاپا ہوا، اندراج (छापा हुआ, इन्दराज) printed, endorsed

तिलज (पु०) تل کا تیل (तिल का तेल) oil of til (sesanum)

तिलावा (पु०) بڑا کنواں (बड़ा कुआँ) large well

तिल्ली (स्त्री०) طحال (तेहाल) spleen

तिसाना (क्रि०) پیاسا ہونا (प्यासा होना) to be thirsty

तिहारा (क्रि०वि०) تمہارا (तुम्हारा) yours

तिहाव (पु०) غصہ، ناراضگی (गुस्सा, नाराज़गी) anger, unhappiness

तिहूँ (पु०) تین، تینوں (तीन, तीनों) three, all the three

ती (स्त्री०) عورت، بیوی (औरत, बीवी) woman, wife

तीक्ष्ण (वि०) شدید، تیز (शदीद, तेज़) acute, fast

तीक्ष्णदृष्टि (स्त्री०) باریک بینی (बारीक बीनी) fine observation

तीक्ष्णधार (पु०) تلوار، تیز دھار والا (तलवार, तेज़ धार वाला) sword, sharp edged

तीख (वि०) تلخ، کڑوا (तल्ख़, कड़वा) bitter

तीरान्तर (पु०) دوسرے پار (दूसरे पार) across

तीर्ण (वि०) جو پار گیا ہو (जो पार गया हो) spread, crossed

तीर्थ (पु०) زیارت (ज़ियारत) pilgrimage

तीवर (पु०) مچھوا (मछुआ) fisherman

तीव्र (पु०) تیکھا، شدید، تیز (तीखा, शदीद, तेज़) bitter, intense, swift

तीव्रता (स्त्री०) شدت (शिद्दत) acuteness, intensity

तुअर (पु०) ارہر (अरहर) a kind of pulse (arhar)

तुख (पु०) چھلکا،بھوسہ (छिलका, भूसा) husk
तुचार (वि०) تیکھا،تیز (तीखा, तेज़) bitter, sharp
तुच्छ (वि०) ذلیل،حقیر،نیچ،کم (ज़लील, हक़ीर, नीच, कम) abject, mean, little
तुजह (स्त्री०) کمان (कमान) bow
तुट (वि०) کم مقدار میں، ذرا سا (कम मिक़दार में, ज़रा सा) little
तुट्‌टना (क्रि०) خوش ہونا،مطمئن کرنا (खुश होना, मुतमइन करना) to become happy, to satisfy
तुड़म (पु०) بگل (बिगुल) bugle
तुण्ड (पु०) منھ،چونچ (मुँह, चोंच) mouth, bill, snout
तुण्डिका (स्त्री०) ناف (नाफ़) navel
तुत्थ (पु०) توتیا (तूतिया) blue vitrol
तुदना (क्रि०) تکلیف دینے کا عمل (तकलीफ़ देने का अमल) to give pain
तुन्द (पु०) پیٹ (पेट) abdomen
तुन्दिक/तुन्दिकर (वि०) توندوالا (तोंद वाला) pot bellied
तुन्दिका (स्त्री०) ناف (नाफ़) navel
तुन्न (वि०) تکلیف میں، غمزدہ (तकलीफ़ में, ग़मज़दा) sufferer, grieved
तुमुर/तुमुल (पु०) لڑائی کا لفظ (लड़ाई का लफ़्ज़) words of battle
तुरग (पु०) گھوڑا (घोड़ा) horse
तुरगीय (वि०) گھوڑے سے متعلق (घोड़े से मुतअल्लिक़) regarding horse
तुरंत (अव्य०) فوراً (फ़ौरन) at once
तुराई (स्त्री०) روئی سے بھرا ہوا گدا (रूई से भरा हुआ गद्दा) cushion full of cotton
तुराय (अव्य०) جلدی میں، بے صبری سے (जल्दी में, बे सब्री से) in haste, impatiently
तुर्य (वि०) چوتھا (चौथा) fourth
तुल (वि०) برابر (बराबर) equal
तुलना (स्त्री०) مقابلہ (मुक़ाबला) comparison
तुला (स्त्री०) ترازو (तराज़ू) balance
तुलाकूट (स्त्री०) ڈنڈی مارنے والا (डंडी मारने वाला) one who gives short weight
तुलादान (पु०) کسی شخص کے وزن کے برابر کوئی چیز خیرات کرنا (किसी शख़्स के वज़न के बराबर कोई चीज़ खैरात करना) traditional donation equal to one's of weight
तुलि (स्त्री०) جولاہے یا مصور کی کونچی (برش) (जुलाहे या मुसव्विर की कूंची {बरश}) brush of weaver or artist
तुलिका (स्त्री०) کونچی (कूंची) large brush
तुलित (वि०) تُلا ہوا (तुला हुआ) weighed
तुल्य (वि०) برابر، مساوی (बराबर, मसावी) equal, similar
तुवर (पु०) کسیلا (تلخ)، دال (कसैला {तल्ख}, दाल) bitter, a pulse
तुष (पु०) اناج کا چھلکا،بھوسہ (अनाज का छिलका, भूसा) husk, chaff
तुषार (पु०) اژالہ باری، برف، پالا (अज़ालाबारी, बर्फ़, पाला) snow fall, ice, frost
तुषारकाल (पु०) ٹھنڈک کا زمانہ (ठंडक का ज़माना) frosty period
तुषारपाहाण (पु०) اولا (ओला) snow fall
तुषार शेखर (पु०) ہمالیہ (हिमालया) the Everest
तुषारापात (पु०) اوس گرنا (ओस गिरना) snow fall
तुष्टि (वि०) آسودگی،سیری (आसूदगी, सैरी) satisfaction
तुष्टिकरण (पु०) رِجھانا،خوش کرنا (रिझाना, खुश करना) appeasement
तुसार (पु०) = **तुषार**
तुसी (स्त्री०) چھلکا،بھوسی (छिलका, भूसी) husk
तुहिन (पु०) برف، کہرا (बर्फ़, कुहरा) snow, fog
तूँबा (पु०) لوکی (लौकी) pumpkin
तूख (पु०) تنکے کا ٹکڑا (तिनके का टुकड़ा) piece of straw blade
तूण/तूणी/तुणीर (पु०) ترکش (तरकश) quiver
तूबर (पु०) بغیر سینگ کا بیل، بغیر داڑھی مونچھ والا آدمی (बग़ैर सींग का बैल, बग़ैर दाढ़ी मूंछ वाला आदमी) hornless ox, man without beard or moustache
तूय (पु०) پانی، جلدی سے (पानी, जल्दी से) water, hurriedly
तूर (पु०) نگاڑا، باجا (नगाड़ा, बाजा) drum, musical instrument
तूर्त (पु०) جلدی،عجلت (जल्दी, उज्लत) soon, hurry

तूल (पु०) آسمان، کپاس، جیسا (आसमान, कपास, जैसा) sky, cotton, equal

तूला (स्त्री०) رُوئی (रूई) cotton

तूलिका (स्त्री०) رنگ ساز کی بُرش (रंगसाज़ की ब्रुश) painter's brush

तूष्णी (अव्य०) خاموش، چپ (ख़ामोश, चुप) silent

तूष्णीक (वि०) خاموشی برتنے والا (ख़ामोशी बरतने वाला) one who maintains silence

तूस (पु०) بھوسا، پہاڑی بکرے کا اون (भूसा, पहाड़ी बकरे का ऊन) husk, wool of hill goat

तृखा (स्त्री०) پیاس (प्यास) thirst

तृण (पु०) گھاس، نرکٹ (घास, नरकट) grass

तृणमूल (पु०) تنکے/گھاس کی جڑ (तिनके/घास की जड़) grass root

तृतीय (वि०) تیسرا (तीसरा) third

तृपति (स्त्री०) آسودگی، اطمینان (आसूदगी, इत्मिनान) satisfaction

तृपित (वि०) مطمئن، آسودہ (मुतमईन, आसूदा) satisfied

तृपिता (वि०) = **तृपति**

तृप्ति (स्त्री०) آسودگی، سیری (आसूदगी, सैरी) satisfaction

तृषा (स्त्री०) پیاس، خواہش (प्यास, ख़्वाहिश) thurst, ambition, desire

तृषित (वि०) پیاسا (تشنہ)، حریص (प्यासा {तिशना}, हरीस) thirsty, greedy

तृष्णा (स्त्री०) آرزو، خواہش، پیاس (आरज़ू, ख़्वाहिश, प्यास) longing, desire, thirst

तेज/तेजस (पु०) رعب، شان، رونق، ہمت (रोब, शान, रौनक़, हिम्मत) awe, dignity, glaze, courage

तेजधारी (वि०) رعب دار، ہمت ور (रोबदार, हिम्मतवर) awful, courageous

तेजसी (वि०) = **तेजस्वी**

तेजस्वी (वि०) رعب دار، شاندار، ہمت ور (रोबदार, शानदार, हिम्मतवर) awful, dignified, courageous

तेलहंडा (पु०) تیل رکھنے کا بڑا برتن (तेल रखने का बड़ा बरतन) oil vessel

तेवान (पु०) فکر (फ़िक्र) anxiety

तेह (पु०) غصّہ، غرور، جذبات (ग़ुस्सा, ग़ुरूर, जज़्बात) anger, proud, passion

तेहा (पु०) = **तेह**

तैतिक्ष (वि०) معاف کرنے والا (माफ़ करने वाला) one who forgives

तैतिर (पु०) تیتر (तीतर) partridge

तैनाती (स्त्री०) بحالی (बहाली) appointment

तोंदी (स्त्री०) ناف (नाफ़) navel

तोख (पु०) اطمینان (इत्मिनान) satisfaction

तोतर (वि०) غیر واضح (ग़ैर वाज़ेह) not clear

तोड़/तोड़ा (पु०) ایک قسم کا زیور، گھاٹا (एक क़िस्म का ज़ेवर, घाटा) a type of ornament, loss

तोण (पु०) ترکش (तरकश) quiver

तोमर (पु०) پرانے قسم کا اسلحہ، بھالا (पुराने क़िस्म का असलहा, भाला) an old weapon, lance

तोय (पु०) پانی (पानी) water

तोयालय (पु०) سمندر (समुन्दर) sea

तोरण (पु०) باہری پھاٹک، پھاٹک کی سجاوٹ (बाहरी फाटक, फाटक की सजावट) outer gate, decorations of gate

तोष (पु०) اطمینان، خوشی (इत्मिनान, ख़ुशी) satisfaction, happiness

तोषित (वि०) مطمئن (मुतमइन) satisfied

तौरि (स्त्री०) چکر (चक्कर) vertigo

त्यक्त (वि०) چھوڑا ہوا، دست بردار (छोड़ा हुआ, दस्तबरदार) abandoned (left), relinquished

त्यजना (क्रि०) چھوڑ دینا (छोड़ देना) to leave

त्याग (पु०) علیحدگی، چھوڑنا، استعفیٰ (अलैहदगी, छोड़ना, इस्तेफ़ा) separation, leaving, resignation

त्यागपत्र (पु०) استعفیٰ نامہ (इस्तेफ़ानामा) resignation letter

त्यागशील (वि०) سخی، فراخ دل (सख़ी, फ़राख़ दिल) generous, liberal

त्यागी (पु०,वि०) دنیاوی سکھ کو چھوڑنے والا، چھوڑنے والا، زاہد (दुनियावी सुख को छोड़ने वाला, छोड़ने वाला, ज़ाहिद) one who leaves worldly lust

त्योहार (पु०) تیوہار (त्योहार) festival

त्रपा (स्त्री०) شرم (शर्म) modesty

त्रपु (पु०) سیسہ (सीसा) lead

त्रय (पु०) تیسرا (तीसरा) third

त्रयी (स्त्री०) تین چیزوں کا مجموعہ (तीन चीज़ों का मजमूआ) group of three substances

त्रष्टा (पु०) طشتری (तश्तरी) saucer

त्रसन (पु०) خوف،ڈر (ख़ौफ़, डर) fear

त्रस्त (वि०) خوف زدہ، پریشان (ख़ौफ़ज़दा, परेशान) fearful, perturbed

त्रसाना (क्रि०) ڈرانا (डराना) to frighten

त्राण (पु०) حفاظت،خول (हिफ़ाज़त, ख़ोल) defence, shell

त्रास (पु०) ڈر،تکلیف (डर, तकलीफ़) fear, pain

त्रासक/त्रासकर (पु०) ڈرانے والا (डराने वाला) frightener

त्रासदी (स्त्री०) المیہ (अल्मिया) tragedy

त्रासन (पु०) ڈرانا (डराना) to fright

त्राहि (क्रि०) بچاؤ، مدد کرو، پکار (बचाओ, मदद करो, पुकार) save, help, call

त्राहिमाम (पु०) بچاؤ کا پیغام (बचाओ का पैग़ाम) S.O.S

त्रि (वि०) تین (तीन) three

त्रिकाल (पु०) ماضی، مستقبل اور حال (माज़ी, मुस्तक़बिल और हाल) past, future & present

त्रिकुटी (स्त्री०) دو بھوؤں کے بیچ کا حصّہ (दो भँओं के बीच का हिस्सा) part between two eye brows

त्रिकुट (पु०,वि०) تین چوٹیوں والا (तीन चोटियों वाला) having three peaks

त्रिकोण (पु०) مثلث (मुसल्लस) triangle

त्रिकोणमिति (स्त्री०) علم مثلث (इल्मे मुसल्लस) trigonometry

त्रिगण (पु०) مذہب، معنی اور کام (मज़हब, मानी और काम) religion, meaning & work

त्रिगुणित (वि०) تین گنا کیا ہوا (तीन गुना किया हुआ) three times

त्रिज्या (स्त्री०) نصف قطر (निस्फ़ क़ुत्र) radius

त्रिदश (पु०) دیوتا،تیس (देवता, तीस) god, thirty

त्रिदिष (पु०) جنت، آسمان (जन्नत, आसमान) heaven, sky

त्रिदिवेश (पु०) دیوتا (देवता) god

त्रिधा (वि०) تین گنا، تین طرح کا (तीन गुना, तीन तरह का) triple, in three forms

त्रिन (पु०) تنکا (तिनका) straw blade

त्रिपाठी (पु०) تین ویدوں کو پڑھنے والا برہمن (तीन वेदों को पढ़ने वाला ब्राह्मण) Brahmin who studies 3 Vedas

त्रिभुज (पु०) مثلث (मुसल्लस) triangle

त्रिमुकुट (पु०) جس پہاڑ میں تین چوٹیاں ہوں (जिस पहाड़ में तीन चोटियाँ हों) mountain with three peaks

त्रिया (स्त्री०) عورت (औरत) woman

त्रियामा (स्त्री०) رات (रात) night

त्रिलोक (पु०) تین دنیا، فضا، آسمان و زمین (तीन दुनिया, फ़िज़ा, आसमानो ज़मीन) three worlds, atmosphere, sky & earth

त्रिलोकीनाथ (पु०) خدا، مطلق، وشنو کا ایک نام (ख़ुदा, मुतलक़, विष्णु का एक नाम) God, almighty, title of Vishnu

त्रिलोचन (पु०) شیو، وشنو اور برہما، تین آنکھوں والا (شیو) (शिव, विष्णु और बाह्मा, तीन आँखों वाला) Shiv, Vishnu & Brahma, 3-eyed (Shiva)

त्रिविष्टम (पु०) جنت (जन्नत) heaven

त्रिवेणी (स्त्री०) تین ندیوں کا سنگم (گنگا، جمنا اور سرسوتی) (तीन नदियों का संगम {गंगा, जमना और सरस्वती}) confluence of three rivers (Ganges, Jamuna & Saraswati)

त्रिवेनी (स्त्री०) = **त्रिवेणी**

त्रिशूल (पु०) تین شاخوں والی برچھی (तीन शाखों वाली बरछी) trident

त्रुटि (स्त्री०) عیب، غلطی (ऐब, ग़लती) defect, mistake

त्रुटित (वि०) ٹوٹا پھوٹا ہوا (टूटा फूटा हुआ) broken

त्रुटी (वि०) = **त्रुटि**

त्रै (पु०) تین (तीन) three

त्रोटक (पु०) ایک قسم کا ڈرامہ جس میں اجرام فلکی اداکار ہوں (एक क़िस्म का ड्रामा जिसमें एजराम फ़ल्की अदाकार हों) a kind of drama in which hero is celestial being

त्वक् (पु०) چھلکا، کھال (छिलका, खाल) rind, skin

त्वचा (स्त्री०) چمڑا (चमड़ा) skin

त्वदीय (स्त्री०) تمہارا (तुम्हारा) your

त्वरण (पु०) سُرعت (सुरअत) acceleration

त्वरा (स्त्री०) جلدی سے (जल्दी से) hurriedly
त्वरित (वि०) جلد،فوراً (जल्द, फ़ौरन) hurry, rapid, accelerated
त्वष्टा (पु०) بڑھئی (बढ़ई) carpenter

थ

थंब, थंम (पु०) ستون،کھمبا (सुतून, खंबा) pillar, pole
थंभन (पु०) رکاوٹ (रुकावट) hindrance
थंभित/थगित (वि०) غیرمتحرک،ٹھہراہوا (ग़ैर मुतहर्रिक, ठहरा हुआ) immovable, static
थड़ा (पु०) بیٹھنے کی جگہ، بیٹھک (बैठने की जगह, बैठक) sitting place
थत्ती (स्त्री०) رقم،ڈھیر (रक़म, ढेर) amount
थन (पु०) چوپایوں کا سینہ،چوچی (चौपायों का सीना, चूची) udder, teat
थनैला (पु०) عورتوں کے سینہ کا زخم (औरतों के सीने का जख़्म) abscess of female breast
थनैत (पु०) گاؤں کا مکھیا (गाँव का मुखिया) head of village
थपका (पु०) تھکّا (थक्का) clot
थर (पु०) تہ،پرت (तह, परत) layer
थरहरी (स्त्री०) خوف سے پیدا کپکپی (ख़ौफ़ से पैदा कपकपी) shivering due to fear
थलचर (पु०,वि०) زمین(خشکی) کا جانور (ज़मीन {खुश्की} का जानवर) terrestrial (land) animals
थलज (वि०) زمین پر پیدا (ज़मीन पर पैदा) land born
थलपति (पु०) زمین کا مالک، راجہ (ज़मीन का मालिक, राजा) landlord, ruler
थाक (पु०) گاؤں کی سرحد، ڈھیر، رقم (गाँव की सरहद, ढेर, रक़म) border of village, heap, amount
थाती (स्त्री०) عہد،وعدہ (अहद, वादा) pledge, promise
थानैत (पु०) کسی جگہ کا مالک (किसी जगह का मालिक) proprietor of a place
थार (स्त्री०) بڑی تھالی (बड़ी थाली) large plate
थित (पु०) ٹھہراہوا (ठहरा हुआ) stayed
थिति (स्त्री०) پختگی (पुख़्तगी) stability
थिर (वि०) غیرمتحرک، غیرمنقولہ، مستقل، پُرسکون (ग़ैर मुतहर्रिक, ग़ैर मन्कूला, मुसतक़िल, पुरसुकून) immovable, permanent, calm
थीता (वि०) ٹھہراؤ، امن (ठहराव, अमन) stoppage, peace
थूथन (पु०) منہ کا اگلا حصہ (मुँह का अगला हिस्सा) snout
थूनी (पु०) ستون،کھمبا (सुतून, खंबा) pole, pillar
थूल (वि०) بھاری،موٹا (भारी, मोटा) heavy, fat
थूला (वि०) صحت مند (सेहतमंद) healthy
थोथ (पु०) توند،کھوکھلا (तोंद, खोखला) belly, hollowness
थोथा (वि०) بھوترا (भोत्रा) blunt
थोबड़ा (पु०) مٹی کا لیپ، منہ(تھوتھنا) (मिट्टी का लेप, मुँह {थोथना}) casting of mud (soil), muzzle

द

दंगल (पु०) جوشیلی بھیڑ، اکھاڑا (जोशीली भीड़, अखाड़ा) excited crowd, arena
दंगली (वि०) جھگڑالو، مقابلہ کرنے والا (झगड़ालू, मुक़ाबला करने वाला) quarrelsome, contestant
दंगाई (पु०,वि०) جھگڑالو، فسادی (झगड़ालू, फ़सादी) quarrelsome, rioter
दंगैत (पु०,वि०) فسادی (फ़सादी) rioters
दंड (पु०) سزا (सज़ा) punishment
दंत (पु०) دانت (दाँत) tooth
दँतुला (वि०) بڑے بڑے دانت والا (बड़े बड़े दाँत वाला) large toothed
दंद (वि०) نکلتی ہوئی گرمی جھگڑا (निकलती हुई गर्मी, झगड़ा) evaporation, quarreling
दंदी (वि०) جھگڑالو، فسادی (झगड़ालू, फसादी) browler, rioters
दंपति (पु०) شادی شدہ جوڑا (शादी शुदा जोड़ा) married couple
दंभ (पु०) غرور، اکڑ (गुरूर, अकड़) pride
दंभी (वि०) مغرور (मग़रूर) proud

दंश (पु०) دانتوں سے کاٹنا، زہریلے جانوروں کا ڈنک، دانت (दाँतों से काटना, ज़हरीले जानवरों का डंक, दाँत) tooth bite, sting of poisonous animals, tooth

दंशन (क्रि०) دانت کاٹنا، ڈسنا (दाँत काटना, डसना) tooth bite, stinging

दक्ष (वि०) ماہر، باصلاحیت، داہنا (माहिर, बासलाहियत, दाहिना) efficient, skilled, right side

दक्षता (स्त्री०) صلاحیت، مہارت (सलाहियत, महारत) efficiency, skill

दक्षिण (पु०,वि०) دکھن (جنوب)، داہنی طرف، ایماندار (दक्खिन {जोनूब}, दाहिनी तरफ, ईमानदार) south, right hand, honest

दक्षिणा (स्त्री०) جنوب کی طرف، اعزاز، انعام، برہمن کو دیا جانے والا عطیہ (जुनूब की तरफ़, एज़ाज़, इनाम, ब्राह्मण को दिया जाने वाला अतिया) towards south, honour, prize, donation to be given to Brahmins

दक्षिणेतर (वि०) بایاں (बायाँ) left

दगड़ (पु०) بڑا ڈھول (बड़ा ढोल) big drum

दगदगी (वि०) خوف، شک (ख़ौफ़, शक) fear, doubt

दगध (क्रि०) جلانا، صدمہ پہنچانا، دھوکہ دینا (जलाना, सदमा पहुँचाना, धोका देना) to burn, to cause grief, to deceive

दगर/दगरा (पु०) دیر، راستہ (देर, रास्ता) late, way

दगला (पु०) اونی کوٹ (ऊनी कोट) woolen coat

दगैल (वि०) داغدار، عیب والا (दाग़दार, ऐब वाला) spotted, tainted

दग्ध (वि०) جلا ہوا، جلایا ہوا، بدقسمت، فریبی (जला हुआ, जलाया हुआ, बदक़िस्मत, फ़रेबी) burnt, cremated, unlucky, cunning

दचक (पु०) دباؤ (दबाव) pressure

दचका (पु०) دھکا (धक्का) push

दचना (पु०) گر پڑنا (गिर पड़ना) to fall

दढ़ना (क्रि०) جلنا (जलना) burning

दण्ड (पु०) سزا، جرمانہ (सज़ा, जुर्माना) punishment, penalty

दण्डकी (स्त्री०) ڈھولک (ढोलक) drum

दण्डधर (पु०) ڈنڈا رکھنے والا، ملک الموت (डंडा रखने वाला, मलकुल मौत) staff holder, the angel of death

दण्डनायक (पु०) سپہ سالار (सिपहसालार) leader of an army

दण्डनीय (वि०) قابل سزا (क़ाबिले सज़ा) punishable

दण्डाधिकारी (पु०) مجسٹریٹ (मैजिस्ट्रेट) magistrate

दण्डित (वि०) سزایافتہ (सज़ा याफ़्ता) punished

दत्त (पु०,वि०) بچایا ہوا، سونپا گیا، عطیہ، تحفہ (बचाया हुआ, सौंपा गया, अतिया, तोहफ़ा) saved, assigned, donation, gift

दत्तक (पु०) گود لیا ہوا بیٹا، عطیہ (गोद लिया हुआ बेटा, अतिया) adopted son, grant

दत्ती (पु०) گہرا تعلق، شادی (गहरा तअल्लुक़, शादी) strong relation, marriage

ददरा (पु०) چھاننے کا کپڑا (छानने का कपड़ा) filtering cloth

दद्रु (पु०) کچھوا، داد (कछुआ, दाद) tortoise, ring worm

दधि (पु०) جمایا ہوا دودھ، دہی (जमाया हुआ दूध, दही) curd

दधिध (पु०) مکھن (मक्खन) butter

दन्त (पु०) دانت (दाँत) tooth

दन्तच्छद (पु०) ہونٹ (होंट) lips

दन्ती (पु०,वि०) جانوروں کا نکلا ہوا دانت، دانت والا (जानवरों का निकला हुआ दाँत, दाँत वाला) projected tooth of animals, toothed

दन्तुर (पु०,वि०) جس کے دانت آگے نکلے ہوں (जिसके दाँत आगे निकले हों) having projected teeth

दबंग (पु०,वि०) رُعب دار، زبان دراز، بھونڈا (रोबदार, ज़बानदराज़, भोंडा) effective, blustering, crude

दब्बू (वि०) منکسر، کمزور (मुनकसिर, कमज़ोर) submissive, weak

दम (पु०) سزا، جبر، کش، سانس (सज़ा, जब्र, कश, साँस) punishment, force, puff, breath

दमन (पु०) جبر کا عمل، ظلم (जब्र का अमल, ज़ुल्म) process of suppression, oppression

दमनीय (वि०) دبانے کے قابل (दबाने के क़ाबिल) to be suppressed

दमारी (पु०) جنگل کی آگ (जंगल की आग) wildfire

दमित (वि०) دبایا ہوا، اپنے بس میں کیا ہوا (दबाया हुआ, अपने बस में किया हुआ) repressed, controlled

दमैया (पु०,वि०) ظلم کرنے والا (ज़ुल्म करने वाला) oppressor

दमोड़ा (पु०) قیمت (क़ीमत) price

दम्पति (पु०) = **दंपति**

दम्भ (पु०,वि०) فریب، دھوکہ، غرور (फ़रेब, धोका, गुरूर) cheat, pride

दम्भक (पु०) دھوکے باز، مغرور (धोकेबाज, मगरूर) fraudulent, proud

दम्भन (पु०) لبھانے کا عمل (लुभाने का अमल) appeasement

दम्भी (वि०) دھوکے باز، مغرور (धोकेबाज़, मग़रूर) fraudulent, proud

दम्य (वि०) قابل جبر (क़ाबिले जब्र) suppressable

दयंत (पु०) = **दैत्य**

दय/दया (स्त्री०) رحم، ہمدردی (रहम, हमदर्दी) kindness, sympathy

दयानिधान (पु०,वि०) بہت مہربان (बहुत मेहरबान) very kind

दयार्द्र/दयाल/दयालु/दयावान (वि०) ہمدرد (हमदर्द) kind, sympathiser

दयिता (स्त्री०) بیوی (बीवी) wife

दयोतक (पु०) = **द्योतक**

दर (पु०) جماعت، ٹھکانہ، دروازہ، شرح (जमाअत, ठिकाना, दरवाज़ा, शरह) group, residence, door, rate

दरगाह (स्त्री०) کسی صوفی کا مزار (किसी सूफ़ी का मज़ार) tomb of a saint

दरण (क्रि०) ڈھانا (ढाना) to demolish

दरपन (पु०) = **दर्पण**

दरपना (क्रि०) غرور کرنا (गुरूर करना) to be proud, to boast

दरब (पु०) دھن، دھات (धन, धात) wealth, metal

दरभ (पु०) گھاس (घास) grass

दरवी (पु०) کرچھل، سرسی (करछुल, सरसी) large spoon, pincer

दरस (क्रि०) زیارت، ملاقات کرنا، ظاہر ہونا (ज़ियारत, मुलाक़ात करना, ज़ाहिर होना) priviledge of seeing, meeting, to appear

दरसान (पु०) روشنی، چمک (रौशनी, चमक) light, glitter

दरि (स्त्री०) غار، وادی (ग़ार, वादी) cave, valley

दरित (वि०) بزدل، ڈرپوک، خوفزدہ (बुज़दिल, डरपोक, ख़ौफ़ज़दा) coward, afraid

दरिद्र (पु०,वि०) مفلس، کنگال (मुफ़लिस, कंगाल) poor, pauper

दरिद्रता (स्त्री०) مفلسی (मुफ़लिसी) poverty

दरी (स्त्री०) = **दरि**

दरेसी (स्त्री०) تیاری، اچھی مرمت، مناسب ہم آہنگی (तैयारी, अच्छी मरम्मत, मुनासिब हम आहंगी) preparation, good repair, proper adjustment

दर्दुर (पु०) مینڈک، بادل، بانسری (मेंडक, बादल, बाँसरी) frog, cloud, flute

दर्प (पु०) فخر، غرور (फ़ख, गुरूर) pride, arrogance

दर्पण (पु०) آئینہ (आइना) mirror

दर्भ (पु०) = **दरभ**

दृग (स्त्री०) آنکھ (आँख) eye

दर्वी (स्त्री०) چمچہ، کرچھی (चम्चा, करछी) spoon, ladle

दर्शक (पु०,वि०) ناظر، دیکھنے والا (नाज़िर, देखने वाला) spectator, viewer

दर्शन (पु०) زیارت، نظارہ، فلسفہ، عبادت کرنا (ज़ियारत, नज़ारा, फ़लसफ़ा, इबादत करना) pilgrimage, sight, philosophy, worshipping

दर्शनीय (वि०) قابلِ دید، اچھا لگنا (क़ाबिले दीद, अच्छा लगना) worth seen, fine looking

दर्शाना (क्रि०) دکھانا، نمودار ہونا (दिखाना, नमूदार होना) to show, to appear

दर्शी (पु०,वि०) دیکھنے والا، مشاہدہ (देखने वाला, मुशाहेदा) viewers, observing

दल (पु०) پنکھڑی، جماعت، ٹکڑا (पंखड़ी, जमाअत, टुकड़ा) petals, party, part

दलक (स्त्री०) تھرتھراہٹ، ہلنا (थरथराहट, हिलना) trembling, shaking

दलन (पु०) بربادی، ناس، پیسنا (बरबादी, नास, पीसना) spoil, ruin, crushing

दलना (क्रि०) کچلنا (कुचलना) to crush

दलपति (पु०) سردار، سپہ سالار (सरदार, सिपहसालार) head, commander

दलबल (पु०) فوج،قوت (फ़ौज, कुव्वत) army, force

दलमलना (क्रि०) = **दलना**

दलहन (पु०) وہ اناج جس سے دال بنے (वह अनाज जिससे दाल बने) pulse crops

दलित (वि०) مظلوم،ستم رسیدہ،دبا کچلا (मज़लूम, सितम रसीदा, दबा कुचला) oppressed, trampled

दलेपंज (पु०) بوڑھا آدمی،ضعیف (बूढ़ा आदमी, ज़ईफ़) old man

दव (पु०) جنگل،خودبخود لگنے والی جنگل کی آگ (जंगल, ख़ुदबख़ुद लगने वाली जंगल की आग) forest, fire of forest

दवदहन (पु०) جنگل کی آگ (जंगल की आग) fire of forest

दवना (क्रि०) جلانا (जलाना) to burn

दवादर्पन (पु०) دوا (दवा) medicines, drugs

दश (पु०) دس (दस) ten

दशक (पु०) ایک دہائی (एक दहाई) a decade

दशकण्ठ/दशग्रीव (पु०) راون (रावण) Ravana

दशधा (वि०) دس طرح سے (दस तरह से) by ten ways

दशन (पु०) دانت،عروج،خول (दाँत, ओरूज, ख़ोल) teeth, top, cover

दशम (पु०,वि०) دسواں، دسواں حصہ (दसवाँ, दसवाँ हिस्सा) tenth, tenth part

दशमलव (पु०) اعشاریہ (इशारिया) decimal

दशमांश (पु०) دسواں حصہ (दसवाँ हिस्सा) one tenth

दशमुख (पु०) راون (रावण) Ravana

दशवाजिन (पु०) چاند (चाँद) moon

दशवार्षिक (वि०) دس سالہ (दस साला) decade

दशविध (वि०) دس طرح کا (दस तरह का) of ten types

दशा (स्त्री०) حالت، دیا کی بتی (हालत, दिया की बत्ती) condition, wick of earthen lamp

दशानन (पु०) راون (रावण) Ravana

दष्ट (वि०) دانت سے کاٹا ہوا (दाँत से काटा हुआ) bitten by teeth

दसा (पु०) = **दशा**

दस्यु (पु०) ظالم،چور (ज़ालिम, चोर) barbarian, thief

दस्युता (स्त्री०) ڈاکہ زنی، بربریت (डाकाज़नी, बरबरीयत) robbery, barbaric act

दह (पु०) ندی کے اندر کا گڈھا (नदी के अंदर का गड्ढा) ditch in river

दहन (पु०) آگ (आग) fire

दहनीय (वि०) جلانے کے قابل (जलाने के क़ाबिल) to be burnt

दहपटना (क्रि०) ڈھادینا (ढा देना) to demolish

दहर (पु०) ندی کا گہرا مقام (नदी का गहरा मुक़ाम) deep place of river

दहरी (स्त्री०) پانی سے بھری مٹی (पानी से भरी मिट्टी) water logged soil

दाइज (पु०) جہیز (जहेज़) dowry

दाऊ (पु०) بڑا بھائی (बड़ा भाई) elder brother

दाँकना (क्रि०) گرجنا (गरजना) to thunder

दाँज (स्त्री०) برابری،مساوات (बराबरी, मसावात) equality

दाँड़ना (क्रि०) سزا دینا (सज़ा देना) to punish

दाँडिक (पु०) نقصاندہ،سزا دینے والا (नुक़सानदह, सज़ा देने वाला) harmful, punisher

दाँवरी (स्त्री०) رسّی (रस्सी) rope

दाक (पु०) برہمنوں کو خیرات دینے والا،فیاض (ब्राह्मणों को ख़ैरात देने वाला, फ़ैयाज़) one who donates to Brahmins, donors

दाख (स्त्री०) انگور، منقہ (अंगूर, मुनक्का) grapes, large raisin

दाथ (क्रि०) جلانا،گرمی (जलाना, गर्मी) to burn, heat

दाजन (स्त्री०) جلن (जलन) burning

दाड़िय (पु०) انار (अनार) pomegranate

दाढ़ (स्त्री०) چوکا دانت (चौ का दाँत) molar tooth

दाढ़ना (क्रि०) جلانا، دکھ دینا (जलाना, दुख देना) to burn, to give pain

दात (पु०,वि०) کاٹا ہوا،تحفہ (काटा हुआ, तोहफ़ा) cut, bitten, gift

दातव्य (वि०) خیرات دینے کے قابل (ख़ैरात देने के क़ाबिल) deserving for charity (alms)

दातु (पु०) عطیہ،خیرات (अतिया, ख़ैरात) donation, alms

दात्र (पु०) خیرات دینے والا (ख़ैरात देने वाला) donor

दादुर (पु०) ایک طرح کا مینڈک (एक तरह का मेंडक) toad

दादू (पु०) دادا (दादा) grand father

दाध (स्त्री०) = **दाध**

दान (पु०) = **दातु**

दानव (पु०) راکشس (राक्षस) demon

दानवीर (पु०) کافی مخیّر (काफ़ी मुख़ैयर) highly generous

दानुत (पु०) = **दात्र**

दाप (पु०) غرور، فخر، غصّہ (गुरूर, फ़ख़, गुस्सा) boasting, pride, anger

दापनीय (वि०) قابلِ سزا (क़ाबिले सज़ा) punishable

दाम (पु०) قیمت، مالا، جماعت، رقم، ڈوری، پھندا (क़ीमत, माला, जमात, रक़म, डोरी, फन्दा) price, garland, group, amount, cord, trap

दामनी/दामार/दामरी (स्त्री०) رسّی، ڈوری (रस्सी, डोरी) rope, chord

दामिनी (स्त्री०) بجلی (बिजली) electricity, lightning

दाम्पत्य (पु०,वि०) ازدواجی زندگی کے متعلق، رشتہ (इज़दवाजी ज़िन्दगी के मुतल्लिक़, रिश्ता) concerned with married life, relationship

दाम्भिक (वि०) گنہگار، فریبی (गुनहगार, फरेबी) sinner, fraud

दाय (पु०) وارثوں میں تقسیم ہونے والی دولت، جہیز (वारिसों में तक़सीम होने वाली दौलत, जहेज़) property for distribution among heirs, dowry

दायागत (पु०,वि०) وراثت میں ملا ہوا حصّہ (विरासत में मिला हुआ हिस्सा) obtained hereditary property

दायाद (पु०) رشتہ دار، وارث، دعویدار (रिश्तादार, वारिस, दावेदार) relatives, heir, claimant

दायित्व (पु०) ذمہ داری (ज़िम्मेदारी) responsibility

दार (स्त्री०) بیوی، لکڑی، پھانسی کا تختہ (बीवी, लकड़ी, फाँसी का तख़्ता) wife, wood, gallows

दारक (पु०) بیٹا، لڑکا (बेटा, लड़का) son, boy

दारकर्म (पु०) شادی (शादी) marriage

दारण (पु०) جراحی کا کام (जर्राही का काम) surgery

दारा (स्त्री०) بیوی (बीवी) wife

दारि (स्त्र०,वि०) پھاڑنے والا، طوائف (फाड़ने वाला, तवायफ़) one who tears, prostitute

दारिका (स्त्री०) لڑکی، بیٹی (लड़की, बेटी) girl, daughter

दारू (पु०,स्त्र०) لکڑی، شراب (लकड़ी, शराब) wood, (xylem), wine

दारूक (पु०) کٹھ پتلی (कठपुतली) puppet

दारुण (पु०,वि०) خوف ناک، مشکل، ظالم، سختی (ख़ौफ़नाक, मुश्किल, ज़ालिम, सख़्ती) dreadful, difficult, cruel, harshness

दारुसार (पु०) صندل (संदल) sandal wood

दार्दुरिक (पु०) کمہار (कुम्हार) potter

दार्शनिक (पु०,वि०) فلسفہ کا عالم، فلسفیانہ (फ़लसफ़े का आलिम, फ़लसफ़ियाना) philosopher, philosophical

दाव (पु०) جنگل، آگ، ہسوا (जंगल, आग, हसुआ) forest, fire, sickle

दावन (पु०) ظلم، بربادی، ہسوا (ज़ुल्म, बरबादी, हसुआ) oppression, ruin, sickle

दाश (पु०) ملاح، نوکر (मल्लाह, नौकर) boat man, servant

दास (पु०) غلام، خدمتگار (गुलाम, ख़िदमतगार) slave, servant

दासानुदास (पु०) خدمتگار کا خدمتگار (ख़िदमतगार का ख़िदमतगार) servant of servant

दास्थ (पु०) خدمت، غلامی (ख़िदमत, गुलामी) service, slavery

दाह (स्त्री०) جلانے کی رسم، حسد (जलाने की रस्म, हसद) cremation, jealousy

दाहक्रम (पु०) مردہ جلانے کی رسم (मुर्दा जलाने की रस्म) process of cremation

दाहक्रिया (स्त्री०) / **दाहसंस्कार** (पु०) = **दाहक्रम**

दाही (पु०,वि०) جلانے والا (जलाने वाला) one who burns

दिक (पु०) سمت (सिम्त) direction

दिक्षा (स्त्री०) ہدایت، دینی اعمال، خود کو وقف کر دینا، تیاری برائے تقریب (हिदायत, दीनी आमाल, खुद को वक्फ़ कर देना, तैयारी बराए तक़रीब) instruction, religious observance, self-dedication, preparation for a ceremony

दिगन्त (पु०) افق، سمت کا کنارہ، خلا (उफ़ुक़, सिम्त का किनारा, ख़ला) horizon, edge of direction, space

दिगम्बर (पु०) شیو، ننگا (शिव, नंगा) lord Shiva, naked

दिग् (स्त्री०) سمت (सिम्त) direction

दिगंश (पु०) السمت (अलसिम्त) azimuth

दिग्गी (स्त्री०) بیضاوی تالاب (बैज़ावी तालाब) an oblong tank

दिग्गज (पु०) بہت بھاری، سورما (बहुत भारी, सूरमा) very heavy, mighty

दिग्ध (वि०) لمبا، بڑا (लंबा, बड़ा) long, large

दिग्भ्रमित (वि०) راستے سے بھٹکا (रास्ते से भटका) diviated

दिग्विजय (पु०) جنگ کے ذریعہ چاروں سمتوں کی فتح (जंग के ज़रिया चारों सिम्तों की फ़तह) victory over four directions by war

दिठाना (क्रि०) بری نظر لگانا (बुरी नज़र लगाना) to bring under influence of an evil eye

दिठौना (पु०) بچے کی پیشانی پر کاجل کا ٹیکا لگانا (बच्चे की पेशानी पर काजल का टीका लगाना) to put black spot on babies forehead

दिदृक्षा (स्त्री०) دیکھنے کی آرزو (देखने की आरज़ू) desire to see

दिनकंत/दिनर्कता (पु०) آفتاب (आफ़ताब) sun

दिनचर्या (स्त्री०) دن بھر کا کام دھندا (दिन भर का काम धंदा) daily routine

दिनप (पु०) سورج، درخت (सूरज, दरख़्त) sun, tree

दिनी (वि०) بہت دنوں کا پرانا (बहुत दिनों का पुराना) very old

दिनेर/दिनेश (पु०) سورج (सूरज) sun

दिनेश्वर (पु०) = **दिनेश**

दिपना (पु०) چمکنا (चमकना) to shine

दियना (क्रि०) چمکانا (चमकाना) to make bright

दिरिस (पु०) منظر (मनज़र) scene

दिवंगत (वि०) مرحوم، متوفی (मरहूम, मुतवफ़्फ़ी) late, deceased

दिव (स्त्री०) آسمان، دن (आसमान, दिन) sky, day

दिवस (पु०) دن (दिन) day

दिवसीय (वि०) دیرپا، دنوں کا (देरपा, दिनों का) lasting, of days

दिवा (पु०) دن، دن کی روشنی (दिन, दिन की रौशनी) day, daylight

दिवाकर (पु०) آفتاب (आफ़ताब) sun

दिवाचर (पु०) پرندہ، چڑیا (परिन्दा, चिड़िया) aves, birds

दिवाचरी (वि०) دن میں چلنے والا (दिन में चलने वाला) diurnal

दिवानाथ (पु०) سورج (آفتاب) (सूरज {आफ़ताब}) sun

दिवानिशि (स्त्री०) دن رات (दिन रात) day night

दिवान्ध (पु०) الو، جس کو دن میں نہ نظر آتا ہو (उल्लू, जिसको दिन में नज़र न आता हो) owl, one who can't see in day

दिवाभीत (पु०) الو (उल्लू) owl

दिवामणि (पु०) = **दिवाकर**

दिवसावसान (पु०) شام (शाम) evening

दिविष्ठ (वि०) جنت میں رہنے والا (जन्नत में रहने वाला) inhabitant of paradise

दिवोदभव (वि०) جنت میں پیدا، دیوتا (जन्नत में पैदा, देवता) born in heaven, goddess

दिवौकस (वि०) جنت کا باسی (जन्नत का बासी) one who lives in heaven

दिव्य (वि०) مافوق الفطرت، خدائی، حیرت ناک (माफ़ौक़ुल फ़ितरत, ख़ुदाई, हैरतनाक) super natural, divine, wonderful

दिव्यता (स्त्री०) خوبصورتی، مافوق الفطری وصف، روحانیت (ख़ूबसूरती, माफ़ौक़ुल फ़ितरी वस्फ़, रूहानियत) beauty, super natural quality, divinity

दिव्यदर्शी (पु०,वि०) نظر نہ آنے والی چیزوں کو دیکھنے والا (नज़र न आने वाली चीज़ों को देखने वाला) one who sees invisible things

दिव्यसरित/दिव्याङ्गना (स्त्री०) اپسرا، رقاصہ (अप्सरा, रक़्क़ासा) gay girl, dancer

दिव्यांश (पु०) سورج (सूरज) sun

दिव्योदक (पु०) بارش کا پانی (बारिश का पानी) rain water

दिशा/दिशि (स्त्री०) سمت، افق (सिम्त, उफ़ुक़) direction, horizon

दिष्ट (पु०) قسمت، زمانہ، طئے شدہ (क़िस्मत, ज़माना, तैशुदा) fate, time, determined

दिष्टि (स्त्री०) خوشی، نصیحت کی بات (खुशी, नसीहत की बात) happiness, good counsel

दिसंतर (पु०) غیر ملک، پردیس (ग़ैर मुल्क, परदेस) foreign

दिस (स्त्री०) سمت (सिम्त) direction

दिसना (क्रि०) دکھائی پڑنا (दिखाई पड़ना) to appear

दिसा (स्त्री०) سمت، رفع حاجت (सिम्त, रफ़ा हाजत) direction, passing out of stool

दिहाड़ा (पु०) بُری حالت (बुरी हालत) deplorable state

दिहाड़ी (पु०) یومیہ تنخواہ (यौमिया तन्ख़्वाह) daily wage

दीक्षक (पु०) نصیحت دینے والا، معلم (नसीहत देने वाला, मुअल्लिम) counsellor, teacher

दीक्षा (स्त्री०) = **दिक्षा**

दीक्षांत (पु०) دینی علوم کی تکمیل، جلسۂ تقسیم اسناد (दीनी उलूम की तकमील, जलसै तक्सीमे स्नाद) completion of religious course, convocation

दीक्षित (वि०) جس نے عالم سے باضابطہ علم حاصل کیا ہو، برہمنوں کا ایک خطاب (जिसने आलिम से बाज़ाब्ता इल्म हासिल किया हो, ब्रह्ममणों का एक ख़िताब) one who got formal education, a title of Brahmins

दीघी (स्त्री०) تالاب، پوکھر (तालाब, पोखर) pond, pool

दीठ/दीठि (स्त्री०) آنکھ کی روشنی، قوتِ بصارت، بُری نظر ڈالنا (आँख की रौशनी, कुवते बसारत, बुरी नज़र डालना) eye sight, power of sight, to cast evil eye

दीति (स्त्री०) روشنی (रौशनी) light

दीदी (स्त्री०) بڑی بہن (बड़ी बहन) elder sister

दीधिति (स्त्री०) سورج، چاند وغیرہ کی کرنیں (सूरज, चाँद वग़ैरह की किरणें) rays of sun, moon etc

दीन (वि०) مفلس، اُداس، عاجز (मुफ़्लिस, उदास, आजिज़) poor, sad, submissive

दीनताई (स्त्री०) مفلسی، عاجزانہ رویہ (मुफ़्लिसी, आजिज़ाना रवैया) poverty, submissive behaviour

दीनानाथ (पु०) دُکھیوں کا محافظ، خدا (दुखियों का मुहाफ़िज़, ख़ुदा) protector of poors, God

दीप (पु०) شمع، دیا (शमा, दिया) lamp, earthen lamp

दीपक (पु०) دیا، روشنی پھیلانے والا، محرک (दिया, रौशनी फैलाने वाला, मुहर्रिक) earthen lamp, illuminator, stimulator

दीपन (पु०) روشن کرنا، تحریک پیدا کرنا (रौशन करना, तहरीक पैदा करना) illuminating, stimulating

दीपनीय (वि०) قابل تحریک، روشن کرنے لائق (क़ाबिले तहरीक, रौशन करने लायक़) worth stimulating, to be kindled

दीपिका (स्त्री०) چراغ (चिराग़) lamp

दीपित (वि०) روشن، جل اُٹھنا (रौशन, जल उठना) illuminated be kindled

दीपोत्सव (पु०) روشنی کا تہوار (دیوالی) (रौशनी का त्योहार {दीवाली}) festival of light

दीप्त (वि०) جلتا ہوا، روشن (जलता हुआ, रौशन) burning, lighted

दीप्तांशु (पु०) سورج، ایک قسم کا درخت (सूरज, एक क़िस्म का दरख़्त) sun, a kind of tree

दीप्ति (पु०) روشنی، اُجالا، چمک (रौशनी, उजाला, चमक) light, dawn, glitter

दीप्यमान (वि०) چمکتا ہوا (चमकता हुआ) glittering

दीर्घ (वि०) مستطیل، لمبا، وسیع (मुस्ततील, लम्बा, वसी) rectangle, long, vast

दीर्घकाय (वि०) لحیم شحیم (लहीम शहीम) giant body

दीर्घलोचन (वि०) بڑی بڑی آنکھوں والا (बड़ी बड़ी आँखों वाला) large eyed

दीर्घा (स्त्री०) تصویر خانہ، گیلری (तस्वीरख़ाना, गैलरी) gallery

दीर्घास्य (वि०) بڑے منہ والا (बडे मुंह वाला) big mouthed

दीर्घिका (स्त्री०) چھوٹا تالاب (باؤلی) (छोटा तालाब {बावली}) small pond

दीर्घायु (वि०) لمبی عمر والا (लम्बी उम्र वाला) long lived

दीह (वि०) لمبا، بڑا (लम्बा, बड़ा) long, large

दुंद (पु०) جوڑا، نگاڑا (जोड़ा, नगाड़ा) couple, large drum

दुंदुभ (पु०) پانی کا سانپ (पानी का साँप) water snake

दुःख (पु०) تکلیف، مصیبت، غم (तकलीफ़, मुसीबत, ग़म) trouble, sorrow

दुःखद (वि०) افسوسناک (अफ़सोसनाक) tragic

दुःखदायक (वि०) غم دینے والا، ستمگر (ग़म देने वाला, सितमगर) one who gives pain, oppressor

दुःखान्त (पु०) غم کا خاتمہ (ग़म का ख़ात्मा) end of sorrow

दुःखित (वि०) غم زدہ، اُداس (ग़मज़दा, उदास) grieved, sad

दुःशासन (वि०) جس پر حکومت کرنا مشکل ہو (जिस पर हुकूमत करना मुश्किल हो) difficult to govern

दुःशील (वि०) برے اخلاق کا (बुरे इख़्लाक़ का) rude

दुःसाहस (पु०) غیر معمولی ہمت (ग़ैरमामूली हिम्मत) extraordinary courage

दुआर (पु०) دروازہ (दरवाज़ा) door

दुकना (क्रि०) چھپنا (छिपना) hide

दुकूल (पु०) مہین کپڑا (महीन कपड़ा) fine cloth

दुक्का (वि०) جو اکیلا نہ ہو، جوڑا (जो अकेला न हो, जोड़ा) one who is not alone, pair

दुखी (वि०) غمزدہ (ग़मज़दा) grieved

दुगदुगी (स्त्री०) گلے میں پہننے کا ایک زیور (गले में पहनने का एक ज़ेवर) an ornament of neck

दुगुण (वि०) دوہری صفت والا، دگنا (दोहरी सिफ़त वाला, दुग्ना) double quality, double

दुग्य (पु०) قلعہ (क़िला) fort

दुग्ध (पु०) دودھ (दूध) milk

दुग्धता (स्त्री०) دودھیاپن (दूधियापन) milkiness

दुजीह (पु०) دوزبان والا، سانپ (दो ज़बान वाला, साँप) double tongued, snake

दुत्ता (पु०) چالبازی (चालबाज़ी) trick

दुति (स्त्री०) چمک، عکس (चमक, अक्स) shining, image

दुतिर्वत (वि०) چمکیلا (चमकीला) glittering

दुधार (वि०) دودھ دینے والی (दूध देने वाली) one who gives milk

दुधारू (वि०) = **दुधार**

दुधैल (वि०) بہت دودھ دینے والی (बहुत दूध देने वाली) one who gives milk in large amount

दुनका (पु०) دانہ، رڈی (दाना, रद्दी) grain, scrap

दुन्दुभ (पु०) ڈنکا (डंका) kettle drum

दुभाषिया/दुभासी (पु०) وہ جو دو زبانوں کو جانتا ہو (वह जो दो ज़बानो को जानता हो) expert of two languages

दुमन (पु०) مضمحل، ناخوش (मुज़महिल, नाख़ुश) exhausted, unhappy

दुमाता (स्त्री०) سوتیلی ماں (सौतेली माँ) step mother

दुमाला (पु०) پھندا (फंदा) trap

दुरजन (वि०) بدمعاش (बदमाश) notorious

दुरध्व (पु०) غلط راستہ، گمراہ (ग़लत रास्ता, गुमराह) wrong path, misled

दुरबार (वि०) اٹل (अटल) rigid

दुरभेद (पु०) دل میلا ہونا (दिल मैला होना) to be grieved

दुराकांक्षा (स्त्री०) برے چیز کی تمنا (बुरे चीज़ की तमन्ना) desire for bad things

दुराचरण (पु०) بداخلاقی (बद एख़्लाक़ी) misbehaviour

दुराचार (पु०) بدکردار (बदकिरदार) bad character

दुरात्मा (वि०) کمینہ، کھوٹا (कमीना, खोटा) mean, fake

दुरालाप (पु०) گالی گلوج (गाली गलौज) abusing words

दुराव (पु०) فریب، بات چھپانا (फ़रेब, बात छुपाना) fraud, to conceal something

दुराश (पु०) جس کو اچھی امید نہ ہو (जिस को अच्छी उम्मीद न हो) pessimist

दुराशा (स्त्री०) بیکار کی امید (बेकार की उम्मीद) a vain hope

दुरुपचार (पु०) بدسلوکی (बदसुलूकी) misbehaviour

दुरुपयोग (पु०) ناجائز استعمال (नाजायज़ इस्तेमाल) misuse

दुर्ग (पु०,वि०) مشکل، پہاڑی، قلعہ (मुश्किल, पहाड़ी, क़िला) difficult, hill, fort

दुर्गत (वि०) نادار، برا حال (नादार, बुरा हाल) poor, bad condition

दुर्गति (स्त्री०) بری حالت (बुरी हालत) bad condition

दुर्गन्ध (पु०) بدبو (बदबू) bad smell

दुर्गम (वि०) دشوار گزار (दुश्वार गुज़ार) impassable (difficult)
दुर्गुण (पु०) بری صفت،عیب (बुरी सिफ़त, ऐब) defect, demerit
दुर्घटना (स्त्री०) حادثہ (हादसा) accident
दुर्जन (पु०) بدمعاش (बदमाश) wicked
दुर्जय (वि०) جس کو فتح کرنا مشکل ہو (जिसको फ़तह करना मुश्किल हो) difficult to win over
दुर्दशा (स्त्री०) بری حالت، دُرگت (बुरी हालत, दुरगत) bad condition, misery
दुर्दान्त (वि०) بے قابو (बेक़ाबू) uncontrolled
दुर्दिन (पु०) برے دن، تکلیف کا وقت (बुरे दिन, तकलीफ़ का वक़्त) bad day, time of trouble
दुम (पु०) پیاز (प्याज़) onion
दुर्धर्ष (वि०) مضبوط (मज़बूत) strong
दुर्नाद (पु०) ناپسندیدہ آواز (नापसंदीदा आवाज़) unpleasant sound
दुर्नाम (पु०) گالی گلوج (गाली गलौज) abuse
दुर्नीत (पु०) بری چال (बुरी चाल) bad policy
दुर्बल (वि०) کمزور، دبلا پتلا (कमज़ोर, दुबला पतला) weak, lean & thin
दुर्बलता (स्त्री०) کمزوری، دبلاپن (कमज़ोरी, दुबलापन) weakness, leanness
दुर्बुध (वि०) ادق، دشوار (अदक़, दुश्वार) terse, difficult
दुर्भक्षय (वि०) کھانے میں جو اچھا نہ لگے (खाने मे जो अच्छा न लगे) unpalatable
दुर्भक्ष्य (वि०) جس کا کھانا مشکل ہو (जिसका खाना मुश्किल हो) difficult to eat
दुर्भग (वि०) بدقسمت (बदक़िस्मत) unfortunate
दुर्भागा (पु०) بدقسمت، گنہگار (बदक़िस्मत, गुनहगार) unfortunate, corrupt
दुर्भाग्य (वि०) بدقسمتی (बदक़िस्मती) misfortune
दुर्भाव (पु०) براخیال (बुरा ख़्याल) bad intention
दुर्भाषी (वि०) تلخ بولنے والا (तल्ख़ बोलने वाला) one who speaks bitterly
दुर्भिक्ष (पु०) قحط (क़हत) femine
दुर्मद (वि०) نشے میں چور، مغرور (नशे में चूर, मग़रूर) intoxicated, boastful
दुर्मर (वि०) جس کی موت تکلیف سے ہوئی ہو (जिसकी मौत तकलीफ़ से हुई हो) difficult death
दुर्मर्ष (पु०) جس کو سہنا مشکل ہو (जिसको सहना मुश्किल हो) unbearable
दुर्मुल्य (वि०) مہنگا (मंहगा) costly
दुर्लक्षण (पु०) بدشگونی (बदशगूनी) ill omen
दुर्लभ (वि०) نایاب (नायाब) rare
दुर्ललित (पु०) براکام، گناہ (बुरा काम, गुनाह) misdeed, sin
दुर्वचन (पु०) تلخ بات (तल्ख़ बात) bitter words
दुर्वाच्य (पु०) شکایت (शिकायत) complaint
दुर्वाद (पु०) = **दुर्लभ**
दुर्वासना (स्त्री०) بُری نیت (बुरी नियत) bad intention
दुलभ (वि०) = **दुर्लभ**
दुवन (पु०) بُرا آدمی (बुरा आदमी) wicked man
दुवादस (वि०) بارہ (बारह) twelve
दुविधा (स्त्री०) کش مکش (कशमकश) dilemma
दुश्चक्र (पु०) سازش (साज़िश) conspiracy
दुश्चर (वि०) بدکار، مشکل، ناقابلِ رسائی (बदकार, मुश्किल, नाक़ाबिले रसाइ) immoral, difficult, inaccessible
दुश्चरित्र (वि०) بدکردار (बदकिरदार) immoral, bad character
दुश्चिन्ता (वि०) اندیشہ (अंदेशा) apprehension
दुष्कर (वि०) بہت دکھ سے کچھ کرنے کے قابل (बहुत दुख से कुछ करने के क़ाबिल) to do something with much pain
दुष्कर्म (पु०) گناہ، بدفعلی (गुनाह, बदफ़ेली) sin, wrong act
दुष्कर्मी (वि०) گنہگار (गुनहगार) sinful
दुष्कलेवर (पु०) براجسم (बुरा जिस्म) bad body
दुष्ट (वि०) بدمعاش، شیطان (बदमाश, शैतान) wicked, evil
दुष्टात्मा (वि०) خراب فطرت کا (ख़राब फ़ितरत का) bad by nature
दुष्टपुत्र (पु०) کمینہ بیٹا (کپوت) (कमीना बेटा {कपूत}) wicked son
दुष्प्रकृति (वि०) بری فطرت کا (बुरी फ़ितरत का) of bad nature
दुष्प्राप्य (वि०) نایاب (नायाब) rarely available

दुसह (वि०) ناقابلِ برداشت (नाक़ाबिले बरदाश्त) unbearable

दुसाध (पु०) ہندوؤں کی ایک ذات (چوکیدار) (हिन्दुओं की एक ज़ात {चौकीदार}) a caste of Hindus (watchman)

दुसार (पु०) آرپار (आरपार) pierced through, across

दुसेजा (पु०) پلنگ، دو آدمیوں کی کھاٹ (पलंग, दो आदमियों की खाट) couch, cot for two persons

दुस्तर (वि०) مشکل (मुश्किल) difficult

दुस्सह (वि०) ناقابل برداشت (ना क़ाबिले बरदाश्त) unbearable

दुस्साहस (वि०) غیر معمولی ہمت (ग़ैर मामूली हिम्मत) extraordinary courage

दुहागिन (स्त्री०) بیوہ (बेवा) widow

दुहागी (वि०) بدقسمت (बदक़िस्मत) unfortunate

दुहाजू (वि०) وہ آدمی جو دوسری شادی کرے (वह आदमी जो दूसरी शादी करे) one who marries second time

दुहिता (स्त्री०) لڑکی، بیٹی (लड़की, बेटी) girl, daughter

दुहेल (पु०) مصیبت (मुसीबत) calamity

दुहोतरा (पु०,वि०) لڑکی کا بیٹا، نواسہ، دو (लड़की का बेटा, नवासा, दो) son of daughter, grand son, two

दूंद (पु०) ہنگامہ (हंगामा) nuisance

दूंदना (क्रि०) ہنگامہ مچانا (हंगामा मचाना) to creat nuisance

दूखन (पु०) عیب (ऐब) defect

दूज (स्त्री०) دوسری تاریخ (दूसरी तारीख़) second date

दूज का चाँद (पु०) نیا چاند (नया चाँद) new moon

दूजा (वि०) دوسرا (दूसरा) another

दूत (पु०) سفیر (सफ़ीर) ambassador

दूतावास (पु०) سفارت خانہ (सेफ़ारतख़ाना) embassy

दूती (स्त्री०) کٹنی (कुटनी) bawd

दूब (स्त्री०) ایک قسم کی گھاس (एक क़िस्म की घास) a type of grass

दूरगामी (वि०) دُوررس (दूररस) far reaching

दूरता (स्त्री०) دوری (दूरी) distance

दूरदर्शक (वि०) دُور اندیش (दूर अंदेश) farsighted

दूरदर्शक यंत्र (पु०) دُوربین (दूरबीन) telescope

दूरदर्शन (वि०) ٹی وی (टीवी) tv

दूरदर्शिता (स्त्री०) دُور بینی (دُور اندیشی) (दूर बीनी {दूर अंदेशी}) farsightedness

दूरदर्शी (वि०) دُور کی سوچنے والا (दूर की सोचने वाला) farsighted

दूरवर्त्ती (वि०) جو دُور کا ہو (जो दूर का हो) one who is distant

दूर्वा (स्त्री०) دوب نام کی گھاس (दूब नाम की घास) a type of grass

दूषक (वि०) عیب لگانے والا، وہ چیز جس سے خرابی ہو (ऐब लगाने वाला, वह चीज़ जिससे ख़राबी हो) one who maligns, polluter

दूषण (पु०) عیب لگانا (ऐब लगाना) to malign

दूषिका (स्त्री०) مصور کی برُش، عیب لگانے والی (मुसव्विर की ब्रुश, ऐब लगाने वाली) brush of artist, one who maligns

दूषित (वि०) عیب دار، خراب (ऐबदार, ख़राब) polluted, defective

दूष्य (वि०) عیب لگانے کے قابل، کمینہ (ऐब लगाने के क़ाबिल, कमीना) defameable, mean

दूसना (क्रि०) عیب لگانا (ऐब लगाना) to defame

दृक (पु०) آنکھ (आँख) eye

दृककर्ण (पु०) سانپ (साँप) snake

दृकपात (पु०) مشاہدہ (मुशाहेदा) observation

दृगंचल (पु०) آنکھ کی پلکیں (आँख की पलकें) eye lids

दृग (पु०) بصارت، دیکھنے کی طاقت (बसारत, देखने की ताक़त) sight, power of seeing

दृगगोचर (वि०) قابلِ دید، جسے آنکھوں سے دیکھا جائے (क़ाबिलेदीद, जिसे आँखों से देखा जाए) which can be seen

दृढ़ (वि०) پختہ، مستحکم (पुख़्ता, मुस्तहकम) firm, rigid

दृत (वि०) معزز (मुअज़्ज़ज़) respected

दृत्य (वि०) قابل احترام (क़ाबिले एहतेराम) respectable

दृन्भु (पु०) سورج، راجا (सूरज, राजा) sun, king

दृप्त (वि०) مضبوط، مغرور (मज़बूत, मग़रूर) strong, arrogant

दृश (पु०) آنکھ،علم (आँख, इल्म) eye, knowledge
दृश्य (वि०) منظر، قابل دید (मंज़र, क़ाबिलेदीद) scene, worth seen
दृष्ट (वि०) دیکھا ہوا، بہ ظاہر (देखा हुआ, बज़ाहिर) seen, apparently
दृष्टान्त (पु०) مثال (मिसाल) example
दृष्टार्थ (वि०) جس کا معنی واضح ہو (जिसका मानी वाज़ेह हो) of clear meaning
दृष्टि (पु०) آنکھ/نظر، مشاہدہ (आँख/नज़र, मुशाहिदा) eye/sight, observation
देय (वि०) دینے کے قابل، قابلِ ادائیگی (देने के क़ाबिल, क़ाबिले अदायगी) payable
देव (पु०) دیوتا، راجا، قابلِ پرستش (देवता, राजा, क़ाबिले परस्तिश) diety, king, to be worshipped
देवकुल्या (स्त्री०) گنگا ندی (गंगा नदी) the Ganges
देवक्षेत्र (पु०) مقدس جگہ، جنت (मुक़द्दस जगह, जन्नत) holy place, paradise
देवगण (पु०) دیوتاؤں کا مجموعہ (देवताओं का मजमूआ) group of gods
देवगिरा (स्त्री०) سنسکرت زبان (संस्कृत ज़बान) Sanskirt language
देवगिरि (स्त्री०) ایک قسم کی راگنی (एक किस्म की रागिनी) name of a ragini
देवजन (पु०) دیوتا جیسا آدمی (देवता जैसा आदमी) god like man
देवतर (वि०) بہت چمکیلا (बहुत चमकीला) very bright
देवदत (पु०,वि०) دیوتاؤں/خدا کو قربان (देवताओं/खुदा को कुरबान) sacrifice to gods
देवधुनि (स्त्री०) گنگا ندی (गंगा नदी) the Ganges
देवनागर/देवनागरी (पु०) ہندوستان کی قدیم رسم الخط (हिन्दुस्तान की क़दीम रस्मुल ख़त) ancient script of India
देवनिकाय (पु०) دیوتاؤں کا مقام، جنت (देवताओं का मुक़ाम, जन्नत) place of gods, heaven
देवभू (पु०) دیوتا، جنت (देवता, जन्नत) diety, heaven
देवर (पु०) شوہر کا چھوٹا بھائی (शौहर का छोटा भाई) younger brother of husband
देवरानी (स्त्री०) دیور کی بیوی (देवर की बीवी) wife of younger brother of husband
देवल (पु०) پیشہ ور پجاری (पेशेवर पुजारी) professional priest
देवलोक (पु०) جنت (जन्नत) paradise
देवसरित (स्त्री०) گنگا ندی (गंगा नदी) the Ganges
देवी (स्त्री०) دیوتا کی بیوی (देवता की बीवी) goddess
देशक (वि०) نصیحت کرنے والا (नसीहत करने वाला) counsellor
देशज (वि०) وطن میں پیدا (वतन में पैदा) born in country
देशाटन (पु०) ملکوں کا دورا (मुल्कों का दौरा) tour of countries
देशान्तर (पु०) طول البلد (तूलुलबलद) longitude
देशिक (पु०) مسافر (मुसाफ़िर) traveller
देह (पु०) جسم،عضو (जिस्म, अज़ो) body, body parts
देहत्याग (पु०) موت، جسم سے آزاد ہونا (मौत, जिस्म से आज़ाद होना) death, relinquishing the body
देहातीत (पु०) وہ عالم جسے اپنے جسم سے محبت نہ ہو (वह आलिम जिसे अपने जिस्म से मुहब्बत न हो) a scholar who doesn't care for his body
देहान्त (पु०) موت (मौत) death
दैत्य (पु०) راکشس، بہت طاقتور آدمی (राक्षस, बहुत ताक़तवर आदमी) demon, very strong man
दैनिक (पु०,वि०) روزنامہ، ہر دن کا (रोज़नामा, हर दिन का) daily, of every day
दैन्य (पु०) غربت، مفلسی (गुरबत, मुफ़्लिसी) poverty
दैव (वि०) دیوتا سے متعلق، قسمت، خدا (देवता से मुताअल्लिक़, क़िस्मत, खुदा) god concerned, fortune, God
दैवपर (वि०) قسمت پر بھروسا کرنے والا (क़िस्मत पर भरोसा करने वाला) one who depends on luck
दैववशात (अव्य०) اچانک (अचानक) suddenly
दैविक (वि०)/**दैवी** (स्त्री०) دیوتا سے متعلق، خدائی، روحانی (देवता से मुताअल्लिक़, खुदाइ, रूहानी) god concerned, heavenly, spiritual

दैहिक (वि०) جسمانی (जिस्मानी) physical, somatic

दोक (पु०) دوسال کا گھوڑا یا بچھڑا (दो साल का घोड़ा या बछड़ा) 2-year old horse or calf

दोकना (क्रि०) غرّانا (गुर्राना) growling

दोच (स्त्री०) کشمکش (कशमकश) dilemma

दोन (पु०) دوندیوں کے ملنے کی جگہ (दो नदियों के मिलने की जगह) where two rivers meet

दोना (पु०) پتّوں کی بنی ہوئی کٹوری (पत्तों की बनी हुई कटोरी) small bowl made of leaves

दोर्मध्य (पु०) بازو کا بیچ والا حصہ (बाजू का बीच वाला हिस्सा) mid part of arm

दोष (पु०) عیب،گناہ (ऐब, गुनाह) defect, sin

दोषज्ञ (पु०) وید،معالج (वैद्य, मुआलिज) doctor, physician

दोषत्रय (पु०) ہوا،پت،بلغم (हवा, पित, बलग़म) wind, bile, sputum

दोषन (पु०) عیب،جرم (ऐब, जुर्म) defect, crime

दोष मुक्त (वि०) الزام سے بری (इल्ज़ाम से बरी) exonerated of charge

दोषी (वि०) مجرم،عیب دار (मुजरिम, ऐबदार) guilty, defective

दोहता (पु०) بیٹی کا لڑکا،نواسا (बेटी का लड़का, नवासा) daughter's son, grand son

दोहद (स्त्री०) حاملہ کی خواہش (हामला की ख़्वाहिश) desire of pregnant lady

दोहदवती (स्त्री०) عورت جسے حاملہ ہونے کی خواہش ہو (औरत जिसे हामला होने की ख़ाहिश हो) woman desirous of pregnancy

दोहना (क्रि०) عیب نکالنا،دودھ دوہنا (ऐब निकालना, दूध दूहना) to find fault, milking

दोहा (पु०) ہندی شاعری کا ایک شعر (हिन्दी शायरी का एक शेर) couplet of Hindi poetry

दोहाक/दोहाग (पु०) بدقسمتی (बदकिस्मती) bad luck

दौंकना (क्रि०) چمکنا (चमकना) to shine

दौ (स्त्री०) جنگل کی آگ،جلن (जंगल की आग, जलन) fire of forest, burning

दौत्य (पु०) سفیر کا کام (सफ़ीर का काम) work of ambassador

दौरी (स्त्री०) چھوٹی ٹوکری (छोटी टोकरी) small basket

दौमनस्य (पु०) براخیال (बुरा ख़्याल) false notion

दौवारिक (पु०) دربان (दरबान) gate keeper

दौहित्र (पु०) لڑکی کا بیٹا،نواسا (लड़की का बेटा, नवासा) daughter's son

द्युति (स्त्री०) چمک، زینت (चमक, ज़ीनत) shine, grace

द्युपति (पु०) آفتاب (आफ़्ताब) sun

द्यून (वि०) کمزور،دبلا پتلا (कमज़ोर, दुबला पतला) weak, lean & thin

द्यो (पु०) جنت،آسمان (जन्नत, आसमान) paradise, sky

द्योतक (पु०,वि०) روشنی،مظہر (रौशनी, मज़हर) light, indicator

द्रग (पु०) آنکھ (आँख) eye

द्रव (पु०,वि०) نم،رقیق (नम, रक़ीक़) moist, liquid

द्रवनांक (पु०) نقطۂ تحلیل (नुक़्तै तहलील) melting point

द्रवण (पु०) بہاؤ،پگھلنا (बहाव, पिघलना) flow, melting process

द्रवीकरण (पु०) پگھلنے کا عمل (पिघलने का अमल) melting process

द्रवीकृत (वि०) پگھلا ہوا (पिघला हुआ) melted

द्रवीभूत (वि०) رحم دل (रहम दिल) kind

द्रव्य (पु०) چیز، سامان، دولت (चीज़, सामान, दौलत) matter, wealth

द्रव्यमान (पु०) کیمیت (कीमियत) mass

द्रव्यवान (वि०) دولت مند (दौलतमंद) wealthy

द्रष्टा (वि०) ناظر، دیکھنے والا (नाज़िर, देखने वाला) viewers

द्रूत (वि०) فوراً جانے والا، بھاگا ہوا (फ़ौरन जाने वाला, भागा हुआ) express, fled

द्रूतगामी (वि०) جلد چلنے والا (जल्द चलने वाला) express

द्रुति (स्त्री०) رقیق،رفتار (रक़ीक़, रफ़्तार) liquid, speed

द्रुम (पु०) درخت (दरख़्त) tree

द्रुह (पु०) درخت،بیٹا (दरख़्त, बेटा) tree, son

द्रुही (स्त्री०) لڑکی، بیٹی (लड़की, बेटी) girl, daughter

द्रोण (पु०) لکڑی کا رتھ، ڈوم، کوا، بچھو (लकड़ी का रथ, डोम, कौआ, बिच्छू) wooden chariot, sweeper, crow, scorpion

द्रोणी (स्त्री०) لکڑی کا بنا ہوا برتن (लकड़ी का बना हुआ बरतन) wooden pot

द्रोह (पु०) نفرت، بیر (नफ़रत, बैर) hate, enmity

द्वन्द/द्वन्द्व (पु०) جوڑا، جھگڑا، اختلاف (जोड़ा, झगड़ा, एख़्तेलाफ़) pair, quarreling, difference

द्वन्दर (वि०) جھگڑالو (झगड़ालू) quarrelsome

द्वादश (वि०) دس اور دو، بارہ (दस और दो, बारह) ten plus two, twelve

द्वार (पु०) دروازہ، راستہ، ذریعہ (दरवाज़ा, रास्ता, ज़रिया) door, passage, source

द्वारका (स्त्री०) کئی دروازوں والا (कई दरवाज़ों वाला) having many gates

द्वारपाल (पु०) دربان (दरबान) gate keeper

द्वारा (पु०) ذریعہ (ज़रिया) through

द्वारिका (पु०) = **द्वारका**

द्वि (वि०) دو، دُہرا (दो, दुहरा) two, double

द्विगु (पु०) جس کے پاس دو گائیں ہوں، مرکب لفظ (जिसके पास दो गायें हों, मुरक्कब लफ़्ज़) one who has two cows, compound word

द्विगुणा (पु०,वि०) دوگنا (दुगुना) two times

द्विज (पु०) جس نے دو بار جنم لیا ہو، پرندہ (जिसने दो बार जनम लिया हो, परिन्दा) who is born twice, birds

द्विजिह्व (पु०) سانپ، بدمعاش (साँप, बदमाश) snake, notorious

द्विजोत्तम (पु०) برہمن (ब्राह्मण) Brahmin

द्वितीय (पु०) دوسرا، بیٹا (दूसरा, बेटा) second, son

द्विदश (वि०) بیس (बीस) twenty

द्विधा (अव्य०) دوقسم (दो क़िस्म) two kinds

द्विप (पु०) ہاتھی (हाथी) elephant

द्विपक्ष (पु०) پرندے، ایک مہینہ (परिन्दे, एक महीना) birds, one month

द्विपक्षीय (वि०) دوطرفہ (दो तरफ़ा) bilateral

द्विपद/द्विपाद (पु०) آدمی، دو پیر (आदमी, दो पैर) man, two legs

द्विभाषी (पु०) دو زبان جاننے والا (दो जुबान जानने वाला) one who knows two languages

द्विर (पु०) بھونرا، شہد کی مکھی، دو بار (भंवरा, शहद की मक्खी, दो बार) wasp, honey bee, twice

द्विरद (पु०) ہاتھی، دو دانت والا (हाथी, दो दाँत वाला) elephant, two toothed

द्विलिंगी (वि०) دوصنفی (दो सिन्फ़ी) bisexual

द्विविध (वि०) دو طرح کا (दो तरह का) of two types

द्विशीर्ष (पु०,वि०) آگ، دوسر والا (आग, दो सर वाला) fire, two headed

द्विष (पु०) دشمن (दुश्मन) enemy

द्विहृदया (स्त्री०) حاملہ عورت (हामला औरत) pregnant woman

द्वीप (पु०) جزیرہ (ٹاپو)، باگھ کا چمڑا (जज़ीरा {टापू}, बाघ का चमड़ा) island, skin of lion

द्वीपवती (स्त्री०) زمین (ज़मीन) land

द्वेष (पु०,वि०) نفرت، مخالفت، دشمنی (नफ़रत, मुख़ालिफ़, दुश्मनी) hate, opposition, enmity

द्वैषी (वि०) مخالف (मुख़ालिफ़) against, opposition

द्वैत (पु०) فرق، بھرم، دوہری فطرت (फ़र्क, भरम, दोहरी फ़ितरत) difference, illusion, double nature

द्वैध (पु०) دوہری فطرت، دوہرا وجود (दोहरी फ़ितरत, दोहरा वजूद) double nature, double existence

द्वैराज्य (पु०) جس حکومت کو مشترکہ کنٹرول کیا جائے (जिस हुकूमत को मुश्तर्का कन्ट्रोल किया जाए) jointly controlled state

द्वैविध्य (पु०) بھرم، شک، دورنگی (भरम, शक, दो रंगी) illusion, doubt, duality

द्वुर्जेय (वि०) جسے جیتنا مشکل ہو (जिसे जीतना मुश्किल हो) difficult to win

ध

धंका (पु०) دھکا (धक्का) jostle (push)

धंगर (पु०) گوالا، چرواہا (ग्वाला, चरवाहा) milkman, shepherd

धंध/धंधक (पु०) جنجال (जंजाल) embrassment

धंधला (पु०) جھوٹی شان، ڈھونگ (झूटी शान, ढोंग) false pride, hoax

धंधा (पु०) کام کاج، پیشہ (काम काज, पेशा) activity, occupation
धकपक (स्त्री०) دل کی دھڑکن، ڈرتے ہوئے (दिल की धड़कन, डरते हुए) heart beat, fearing
धकपकाना (क्रि०) ڈرنا (डरना) fear
धज (स्त्री०) خوبصورت شکل، حُسن (खूबसूरत शक्ल, हुस्न) beautiful face, beauty
धजा (स्त्री०) جھنڈا (झंडा) flag
धजीला (वि०) سج دھج والا، جھنڈا (सज धज वाला, झंडा) decorated, flag
धड़ंग (वि०) ننگا (नंगा) nude
धड़ा (पु०) ترازو کے پلڑوں کو برابر کرنے کی تول، ترازو (तराजू के पलड़ों को बराबर करने की तौल, तराजू) wieght to equalise the pans of balance, balance
धता (वि०) دور کیا ہوا (दूर किया हुआ) put far away
धतींगड़ (पु०) موٹا آدمی (मोटा आदमी) fat man
धत्ती (पु०,वि०) گناہوں کا عادی (गुनाहों का आदी) addicted to vice
धन (पु०) دولت، جائیداد، مُثبت (दौलत, जायदाद, मुस्बत) wealth, property, positive
धनक (पु०) کمان، ٹوپی کا گوٹا (कमान, टोपी का गोटा) bow, lace of cap
धनकुवेर (पु०) بہت دولت مند (बहुत दौलतमंद) very rich
धनक्षय (पु०) دولت کی بربادی (दौलत की बरबादी) destruction of wealth
धनञ्जय (पु०) آگ، ارجن (आग, अर्जुन) fire, Arjuna
धनद (पु०) دولت دینا (दौलत देना) wealth giving
धनदेव (पु०) دولت کا دیوتا (दौलत का देवता) God of wealth
धनधान्य (पु०) دولت اور اناج، جائداد (दौलत और अनाज, जायदाद) wealth & grains, property
धनवन्त (वि०) امیر (अमीर) rich
धनवान (वि०) امیر (अमीर) rich
धनसंचय (पु०) دولت جمع کرنا (दौलत जमा करना) to collect wealth
धनस्पृहा (स्त्री०) دولت کی تمنا (दौलत की तमन्ना) desire of wealth
धनहर (वि०) اِسمگر، چور (स्मग्लर, चोर) smuggler, thief
धनाढ्य (वि०) دولت مند (दौलतमंद) wealthy
धनात्मक (वि०) (+) مُثبت(+) (मुस्बत {+}) positive
धनादेश (पु०) منی آرڈر (मनीआर्डर) money order
धनाधिप (पु०) دولت کا محافظ، دولت کا دیوتا (दौलत का मुहाफ़िज़, दौलत का देवता) protector of wealth, god of wealth
धनार्थ (वि०) دولت کے لئے (दौलत के लिए) for wealth
धनार्जन (पु०) دولت کی تلاش (दौलत की तलाश) seeking wealth
धना/धनिक (वि०) جس کے پاس دولت ہو (जिसके पास दौलत हो) wealthy
धनिष्ठ (वि०) بہت بڑا دولت مند (बहुत बड़ा दौलतमंद) very rich
धनी (वि०) دولت مند (दौलतमंद) wealthy
धनु (पु०) کمان (कमान) bow
धनुक (पु०) قوس قزح (कौस कज़ा) rainbow
धनुकी (वि०) کمان نما (कमान नुमा) bow shaped
धनुष (पु०) کمان (कमान) bow
धनुष्कर (पु०) کمان بنانے والا (कमान बनाने वाला) bow maker
धनेश/धनेस (पु०) دولت کا مالک (दौलत का मालिक) owner of wealth
धनोपार्जन (पु०) دولت کمانا (दौलत कमाना) earning of wealth
धन्य (वि०) مبارک، قابلِ تعریف (मुबारक, क़ाबिले तारीफ़) congratulation, praiseworthy
धन्यवाद (पु०) شکریہ (शुक्रिया) thanks
धन्वन्तर (पु०) چار ہاتھ کی پیمائش (चार हाथ की पैमाइश) measurment of four hands
धन्वा (पु०) کمان (कमान) bow
धन्वी (पु०) بہادر، مکار، کمان کے ساتھ لیس (बहादुर, मक्कार, कमान के साथ लैस) brave, cunning, armed with bow
धप (स्त्री०) طمانچہ (तमाचा) slap
धपना (क्रि०) تیزی سے چلنا، جھپٹنا (तेज़ी से चलना, झपटना) movement with speed, to pounce

धप्पा (पु०) تھپڑ،نقصان (थप्पड़, नुक़सान) slap, loss
धपियाना (क्रि०) مارنا،تھپڑ لگانا (मारना, थप्पड़ लगाना) to strike, to slap
धमधूसर (वि०) موٹا آدمی (मोटा आदमी) fat man
धमना (क्रि०) پھینکنا (फेकना) to throw away
धमनी (स्त्री०) شریان (خون کی نلی) (शिरयान {खून की नली}) artery (blood vessel)
धमसा (पु०) نگاڑا (नगाड़ा) drum
धमार (स्त्री०) ہنگامہ، ہولی میں گایا جانے والا گیت (हंगामा, होली में गाया जाने वाला गीत) uproar, song sung during Holi
धमारिया (पु०) ہولی کا گیت گانے والا (होली का गीत गाने वाला) singer of Holi songs
धर (पु०) پہاڑ، زمین (पहाड़, ज़मीन) mountain, earth
धरण (पु०) سہارا دینا، رکھنا (सहारा देना, रखना) supporting, bearing
धरणी (स्त्री०) زمین، نبض (ज़मीन, नब्ज़) earth, pulse
धरता (पु०) رعایت (रेयायत) discount
धरती (स्त्री०) زمین، دنیا (ज़मीन, देना) earth, world
धरन (स्त्री०) رکھنے کا عمل، ٹیک، رحم (रखने का अमल, टेक, रहम) to keep, support, womb
धरम (पु०) مذہب (मज़हब) religion
धरहर (स्त्री०) صبر، دھڑ پکڑ، حفاظت (सबर, धड़पकड़, हिफ़ाज़त) patience, arresting, protection
धरहरा (पु०) اونچا برج (ऊँचा बुर्ज) high tower
धरहारिया (पु०) بیچ بچاؤ کرنے والا (बीच बचाव करने वाला) mediator
धरा (स्त्री०) زمین، دنیا، بٹکھڑا (ज़मीन, दुनिया, बटखड़ा) earth, world, weight
धरातल (पु०) زمین، رقبہ (ज़मीन, रक़बा) earth, area
धराशायी (वि०) زمین پر گرنا، ہارا ہوا (ज़मीन पर गिरना, हारा हुआ) fallen to the ground, defeated
धराधिप/धराधिपति/धराधीश (पु०) راجا (राजा) king
धरित्री (स्त्री०) زمین، دنیا (ज़मीन, दुनिया) land, earth
धरोहर (स्त्री०) وراثت، اثاثہ، وقف (विरासत, असासा, वक़्फ़) inheritance, heritage, trust
धर्ता (पु०) بوجھ لینے والا (बोझ लेने वाला) bearer
धर्म (पु०) اصول، مذہب، اخلاق (उसूल, मज़हब, एख़लाक़) principle, religion, moral
धर्मचारी (वि०) مذہب پر عمل کرنے والا (मज़हब पर अमल करने वाला) follower of religion
धर्मत: (अव्य०) مذہب کا خیال کرتے ہوئے (मज़हब का ख़्याल करते हुए) in view of religion
धर्मनिष्ठा (स्त्री०) مذہب میں اعتماد (मज़हब में एतेमाद) faith in religion
धर्मपत्नी (स्त्री०) شادی شدہ عورت (शादी शुदा औरत) married lady
धर्मभगिनी (स्त्री०) استاد کی بیٹی (उस्ताद की बेटी) daughter of teacher
धर्मभ्राता (पु०) بھائی جیسا (भाई जैसा) brother like
धर्मयुग (पु०) دنیا کے چار عہدوں میں پہلا عہد (ہندو) (दुनिया के चार अहदों में पहला अहद {हिन्दू}) first of the four ages of the world
धर्मयुद्ध (पु०) مذہبی جنگ (मज़हबी जंग) crusade
धर्मराज (पु०) راجا، منصف (राजा, मुन्सिफ़) king, judge
धर्मवीर (पु०) جو مذہبی کام کرنے میں ہمت ور ہو (जो मज़हबी काम करने में हिम्मतवर हो) one who is bold in performing religious rites
धर्मशाला (पु०) مسافر خانہ (मुसाफ़िर ख़ाना) inn
धर्मशास्त्र (पु०) علم مذہبیات (इल्मे मज़हबियात) study of religions
धर्मसंकट (पु०) کشمکش (कशमकश) dilemma
धर्मागम (पु०) مذہب کی کتاب (मज़हब की किताब) religious book
धर्माचार्य (पु०) معلم دینیات (मुअल्लिमे दीनियात) theology teacher
धर्मात्मा (वि०) مذہبی کام کرنے والا (मज़हबी काम करने वाला) religious man
धर्माधर्म (पु०) گناہ اور ثواب (गुनाह और सवाब) sin & virtue
धर्माधिकारी (पु०) مذہبی معاملات کا ماہر (مفتی) (मज़हबी मामलात का माहिर {मुफ़्ती}) one who determines matter of religion

धर्मावलंबी (पु०) مذہبی پیرو (मज़हबी पैरो) follower of religion

धर्मिष्ठ (पु०) مقدس، روح، کافی مذہبی (मुकद्दस, रूह, काफ़ी मज़हबी) holy, soul, highly religious

धर्मी (वि०) مذہبی (मज़हबी) religious

धर्ष (पु०) غصّہ، ذلت (गुस्सा, ज़िल्लत) anger, humiliation

धर्षक (वि०) ذلیل کرنے والا (ज़लील करने वाला) one who humiliates

धर्षण (पु०) ذِلت، بے عزتی (ज़िल्लत, बे इज़्ज़ती) dis respect, humiliation

धर्षणा (स्त्री०) = **धर्षण**

ध्रुव (वि०) طے، پختہ، قطب (तै, पुख़्ता, कुतुब) fixed, rigid, pole

धव (पु०) شوہر، مالک (शौहर, मालिक) husband, master

धवरा (वि०) سفید (सुफ़ीद) white

धवल (वि०) سفید، خوبصورت (सुफ़ीद, खूबसूरत) white, beautiful

धस (पु०) غوطہ (ग़ोता) diving

धायी (स्त्री०) رضائی ماں، دھات (रज़ाई माँ, धात) foster mother, metal

धातु (पु०) خدا، مادّہ، دھات (खुदा, माद्दा, धात) God, matter, metal

धात्र (वि०) پرورش کرنے والا، روح (परवरिश करने वाला, रूह) nourisher, soul

धात्री (स्त्री०) ماں، بچوں کی پرورش کرنے والی عورت (माँ, बच्चों की परवरिश करने वाली औरत) mother, a woman who nourishes children

धाना (क्रि०) دوڑنا، بھاگنا (दौड़ना, भागना) to run, flee away

धानी (स्त्री०) دھان کی پتّی جیسا رنگ، جس میں کوئی چیز رکھی جائے (धान की पत्ती जैसा रंग, जिसमें कोई चीज़ रखी जाए)colour like paddy leaf, container

धान्य (पु०) دھان، اناج (धान, अनाज) paddy, grains

धाप (पु०) لمبا چوڑا میدان، ایک خاص دوری (लंबा चौड़ा मैदान, एक ख़ास दूरी) vast field, a specific distance

धापना (क्रि०) مطمئن ہونا، دوڑنا (मुतमइन होना, दौड़ना) to become satisfied, to run

धाम (पु०) گھر، جسم، مقام (घर, जिस्म, मुक़ाम) home, body, place

धामा (पु०) کھانے کی دعوت (खाने की दावत) invitation for meal

धाय (स्त्री०) رضائی ماں (रज़ाइ माँ) foster mother

धायना (स्त्री०) دوڑنا دھوپنا (दौड़ना धूपना) to toil hard

धारक (वि०) رکھنے والا، روکنے والا (रखने वाला, रोकने वाला) bearer, barrier

धारण (पु०) رکھنا، پہننا (रखना, पहनना) keeping, wearing

धारणा (स्त्री०) یاد، خیال (याद, ख़्याल) memory, notion

धारणीय (वि०) رکھنے لائق، قابلِ عمل (रखने लायक़, क़ाबिले अमल) adoptable, practicable

धारा (स्त्री०) بہاؤ، جماعت، بارش (बहाव, जमाअत, बारिश) flow, group, rain

धारांकुर (पु०) بارش کا قطرہ (बारिश का क़तरा) rain drops

धारा प्रवाह (क्रि०वि०) روانی کے ساتھ (रवानी के साथ) fluently, freely

धारावाही (वि०) بغیر رکاوٹ کے آگے بڑھنا، بہنا (बग़ैर रुकावट के आगे बढ़ना, बहना) flow without hindrance, flowing

धारिणी (स्त्री०) دنیا، زمین (दुनिया, ज़मीन) world, earth

धारोष्ण (पु०) تھن سے نکلا تازہ دودھ (थन से निकला ताज़ा दूध) fresh milk from breast

धार्मिक (वि०) مذہبی، مقدس روح (मज़हबी, मुक़द्दस रूह) religious, holy soul

धार्य (वि०) کپڑا، رکھنے کے قابل (कपड़ा, रखने के क़ाबिल) cloth, adoptable

धावक (पु०) ہرکارا، دھوبی، دوڑنے والا (हरकारा, धोबी, दौड़ने वाला) courier, washer man, runner

धावन (पु०) تیز رفتار، دھونے کا کام (तेज़ रफ़्तार, धोने के काम) fast running, work of washing

धावा (पु०) حملہ (हमला) attack

धाह (स्त्री०) چلّا کر رونا (चिल्ला कर रोना) to cry loudly

धिंग (स्त्री०) ہنگامہ، اُدھم (हंगामा, उधम) uproar, disturbance

धिंगा (वि०) ہنگامہ کرنے والا (हंगामा करने वाला) one who makes uproar

धिआ (स्त्री०) لڑکی، بیٹی (लड़की, बेटी) girl, daughter

धिक्/धिक्कार (अव्य०) مذمت، شکایت (मज़म्मत, शिकायत) condemnation, complaint

धिया (स्त्री०) = **धिआ**

धिषणा (स्त्री०) عقل، تعریف (अक़्ल, तारीफ़) wisdom, appreciation

धींग (पु०) بدمعاش، صحت مند آدمی (बदमाश, सेहतमंद आदमी) wicked, healthy person

धींगा (वि०) = **धिंग**

धीवर (पु०) ملاّح (मल्लाह) boat man

धी (स्त्री०) عقل، علم، عمل (अक्ल, इल्म, अमल) wisdom, knowledge, action

धीति (स्त्री०) پیاس، خدمت (प्यास, ख़िदमत) thirst, service

धीदा (स्त्री०) لڑکی، بیٹی (लड़की, बेटी) girl, daughter

धीमर (पु०) = **धीवर**

धीमान् (पु०) عقلمند (अक़्लमंद) wise

धीय/धीया (स्त्री०) لڑکی (लड़की) girl

धीर (वि०) نیک، سنجیدہ، خوبصورت (नेक, संजीदा, ख़ूबसूरत) noble, sober, beautiful

धीरज (पु०) ہمت (हिम्मत) courage

धीर्य (वि०) ڈرپوک، بزدل (डरपोक, बुज़दिल) coward

धीवर (पु०) مچھوا (मछुआ) fisher man

धु (स्त्री०) کپکپی (कपकपी) trembling

धुँदा (वि०) اندھا (अंधा) blind

धुजिनी (स्त्री०) فوج (फ़ौज) army

धुड़ंगा/धुडंगी (वि०) بےلباس (बे लिबास) without dress

धुधुकार (स्त्री०) کرخت آواز (करख़्त आवाज़) harsh sound

धुपना (क्रि०) دھونا (धोना) to wash

धुर (पु०) گاڑی یا رتھ کی دھوری، زمین کی ایک ناپ (गाड़ी या रथ की धूरी, ज़मीन की एक नाप) axle, a measurement of land

धुरन्धर (पु०) بوجھ ڈھونے والا آدمی یا جانور، طاقتور (बोझ ढोने वाला आदमी या जानवर, ताक़तवर) man or animal who carries the load, mighty

धुरी (स्त्री०) محور (महवर) axis

धुरीण (वि०) بوجھ لے جانے والا، اعلیٰ (बोझ ले जाने वाला, आला) carrier of load, chief

धुर्रा (पु०) کسی چیز کا بہت چھوٹا حصہ، ذرّہ (किसी चीज़ का बहुत छोटा हिस्सा, ज़र्रा) very small piece of any thing, particle

धूत (वि०) کانپتا ہوا (कांपता हुआ) trembling

धूधू (पु०) آگ لہکنے کی آواز (आग लहकने की आवाज़) sound of fire burning

धून (वि०) = **धूम**

धूनी (स्त्री०) پوجا کے لئے کچھ چیزوں کو جلا کر اٹھایا ہوا دھواں (पूजा के लिए कुछ चीज़ों को जला कर उठाया हुआ धुआँ) fume for religious purpose

धूमकेतू (पु०) دمدار تارا (दुमदार तारा) comets

धूमाल (पु०) دھوئیں کے رنگ کا (धुएँ के रंग का) smoke coloured

धूमिल (वि०) دھندھلا، دھوئیں کے رنگ کا (धुंदला, धूएँ के रंग का) faint, smoke coloured

धूम्र (पु०) دھواں (धुआँ) smoke

धूम्रपान (पु०) تمباکونوشی (तम्बाकूनोशी) smoking

धूर्त (वि०) چالاک، فریبی (चालाक, फ़रेबी) clever, cheat

धूसर (पु०) مٹ میلا رنگ (मटमैला रंग) soil coloured

धृत (वि०) اختیار کیا ہوا (एख़्तेयार किया हुआ) adopted

धृष्ट (वि०) بےشرم، بےرحم (बेशर्म, बेरहम) immodest, cruel

धृष्टता (स्त्री०) بےشرمی، ڈھٹائی (बेशर्मी, ढिटाई) shamelessness, obstinance

धेन/धेनु (स्त्री०) گائے (गाय) cow

धैर्य (पु०) صبر، ہمت (सब्र, हिम्मत) patience, courage

धोंधा (पु०) بھدّا، بدعقل (भद्दा, बदअक़्ल) clumsy, idiot

धोप (स्त्री०) تلوار (तलवार) sword

धोम (पु०) دھواں (धूआँ) fume

धौंज (स्त्री०) بےچینی، گھبراہٹ (बेचैनी, घबराहट) restlessness, worry

धौत (वि०) دھلا ہوا، صاف (धुला हुआ, साफ़) washed, clean
धौरा (वि०) سفید (सुफ़ेद) white
धौल (वि०) طمانچہ، مکا (तमांचा, मुक्का) slap, blow with fist
ध्येय (वि०) دھیان کرنے کے قابل (ध्यान करने के क़ाबिल) deserving for attention
ध्वंस (पु०) برباد، نقصان (बरबाद, नुक़्सान) demolish, ruin
ध्वंसक (वि०) برباد کرنے والا (बरबाद करने वाला) one who ruins
ध्वज (पु०) جھنڈا، علامت (झंडा, अलामत) flag, symbol
ध्वजा (पु०) جھنڈا (झंडा) flag
ध्वजारोहण (पु०) جھنڈا لہرانا، پرچم کشائی (झंडा लहराना, परचम कुशाई) flag hoisting
ध्वन (पु०) لفظ (लफ़्ज़) word
ध्वनि (स्त्री०) آواز (आवाज़) sound
ध्वस्त (वि०) نیست و نابود (नीस्तो नाबूद) demolished
ध्वांत (पु०) اندھیرا (अंधेरा) dark
ध्वान (पु०) آواز، گونج (आवाज़, गूँज) sound, echo
ध्वानिक (पु०) آواز کا، سماعی (आवाज़ का, समाई) acoustic

न

नंदन (स्त्री०) لڑکی، بیٹی (लड़की, बेटी) girl, daughter
नंदोई (पु०) شوہر کا بہنوئی (शौहर का बहनोई) brother-in-law of husband
नंस (पु०) برباد (बरबाद) ruined
नइहर (पु०) مائیکہ (माइका) mother's house of woman
नउर (पु०) نیولا (नेउला) mongoose
नकारात्मक (वि०) منفی (मन्फ़ी) negative
नकासा (पु०) انکار کرنا (इन्कार करना) to deny
नकिंचन (वि०) مفلس، کنگال (मुफ़्लिस, कंगाल) poor, bankrupt
नकुल (पु०) = **नउर**
नक्कार (पु०) ذلت (ज़िल्लत) humiliation
नक्त (पु०) رات (रात) night
नक्तचर (पु०) رات کو گھومنے والا (रात को घूमने वाला) nocturnal
नक्षत्र (पु०) تارا، سیارہ، اجسام فلکی (तारा, सैयारा, अजसामे फ़ल्की) star, planet, heavenly bodies
नख (पु०) ناخن (नाखुन) nail
नखत (पु०) = **नक्षत्र**
नखतेस (पु०) چاند (चाँद) moon
नखतारण (पु०) نہرنی (नहरनी) nail cutter
नखेद (पु०) پابندی (पाबंदी) prohibition
नग (पु०) پہاڑ، درخت (पहाड़, दरख़्त) mountain, tree
नगण्य (वि०) ناقابل شمار، نیچ (नाक़ाबिले शुमार, नीच) negligible, mean
नगन (वि०) ننگا (नंगा) naked
नगपति (पु०) ہمالہ پہاڑ (हिमाला पहाड़) the Everest
नगर (पु०) شہر (शहर) town
नगी (स्त्री०) نگینہ، قیمتی پتھر (नगीना, क़ीमती पत्थर) gem, precious stone
नगेन्द्र/नगेश (पु०) = **नगपति**
नग्न (वि०) ننگا (नंगा) naked
नग्नता (स्त्री०) ننگاپن (नंगापन) nudity
नघना (क्रि०) پار کرنا (पार करना) to cross
नछगी (वि०) قسمت والا (क़िस्मत वाला) fortunate
नट (पु०) ڈرامہ کرنے والا (ड्रामा करने वाला) dramatist
नटई (स्त्री०) گردن (गर्दन) neck
नटन (पु०) ناچ (नाच) dance
नटनी (स्त्री०) نٹ کی بیوی (नट की बीवी) wife of dramatist
नटवर (पु०) ڈرامہ کا ماہر (ड्रामे का माहिर) expert of drama
नत (वि०) جھکا ہوا (झुका हुआ) inclined
नतम (वि०) بانکا (बाँका) fop
नतर/नतु (अव्य०) ورنہ (वरना) otherwise
नतैत (पु०) رشتہ دار (रिश्तेदार) relative
नद (पु०) ندی (नदी) river
नदर (वि०) بےخوف (बेख़ौफ़) fearless
नदराज (पु०) سمندر (समुन्दर) sea

नदि (पु०) تعریف (तारीफ़) admiration

नन्दन (पु०) جنتی باغیچہ، بیٹا (जन्नती बाग़ीचा, बेटा) garden of heaven, son

नन्दरानी (स्त्री०) یشودھا (यशोदा) Yashodha

नन्दलाल (पु०) شری کرشن (श्री कृष्ण) shri Krishna

नन्दित (वि०) خوش، مسرور (खुश, मसरूर) happy delighted

नन्दिनी (स्त्री०) گنگا، بیٹی (गंगा, बेटी) Ganges, daughter

नपुंसक (पु०,वि०) نامرد، بُزدل (नामर्द, बुज़दिल) impotent, coward

नप्ता (स्त्री०) پوتا یا نواسہ (पोता या नवासा) grandson

नपत्री (स्त्री०) پوتی یا نواسی (पोती या नवासी) grand daughter

नभ (पु०) آسمان، خلا (आसमान, ख़ला) sky, space

नभग (पु०) پرندے، ہوا (परिन्दे, हवा) birds, wind

नमन/नमस्कार (पु०) سلام، جُھکاؤ (सलाम, झुकाव) salute, bowing

नमस्ते (पु०) آپ کو سلام (आप को सलाम) salute to you

नमित (वि०) جھکا ہوا (झुका हुआ) bowed

नम्र (वि०) جھکا ہوا، منکسر (झुका हुआ, मुन्कसिर) bowed, humble

नय (पु०) انصاف، حکمت (इंसाफ़, हिकमत) justice, statesmanship

नयन (पु०) آنکھ (आँख) eye

नयनगोचर (वि०) جو آنکھ کے سامنے ہو (जो आँख के सामने हो) before eyes

नयन वारि/नयन सलिल (पु०) آنکھ کا پانی، آنسو (आँख का पानी, आँसू) tears

नयना (पु०) جھکنا، آنکھ (झुकना, आँख) to bow, eye

नयनी (स्त्री०) آنکھ کی پتلی (आँख की पुतली) pupil of eye

नयनू (पु०) ایک قسم کا ململ، مکھن (एक क़िस्म का मलमल, मक्खन) a type of muslin, cream

नरकंत (पु०) راجہ، سردار (राजा, सरदार) king, chief

नरक (पु०) دوزخ (दोज़ख़) hell

नरता/नरत्व (स्त्री०) انسانیت (इंसानियत) humanity

नरदान (स्त्री०) گرجنا (गरजना) to roar

नरपद (पु०) شہر، ملک (शहर, मुल्क) city, country

नरपिशाच (पु०) بہت بدمعاش، کمینہ (बहुत बदमाश, कमीना) very wicked, mean

नरसिंघा (पु०) منہ سے پھونک کر بجایا جانے والا ایک باجا (मुँह से फूंक कर बजाया जाने वाला एक बाजा) a musical instrument

नरहर (स्त्री०) پاؤں کی پنڈلی کے اوپر کی ہڈی (पाँव की पिन्डली के ऊपर की हड्डी) bone above shin

नराच (पु०) تیر (तीर) arrow

नरेन्द्र/नरेश (पु०) راجہ، سردار (राजा, सरदार) king, chief

नरोत्तम (पु०) آدمیوں میں عمدہ (आदमियों में उम्दा) excellent among humans

नर्क (पु०) = **नरक**

नर्तक (पु०) نٹ، ناچنے والا (नट, नाचने वाला) dancer

नर्तकी (स्त्री०) ناچنے والی (नाचने वाली) dancer

नर्तन (पु०) (ناچ) رقص (रक़्स {नाच}) dance

नर्मद (वि०) مزا لینے والا، بھانڈ (मज़ा लेने वाला, भांड) one who enjoys, jester

नलिन (पु०) کنول، پانی (कंवल, पानी) lotus, water

नलिनी (स्त्री०) چھوٹا کنول (छोटा कंवल) small lotus

नव (पु०) نیا (नया) new

नवका (स्त्री०) کشتی (किश्ती) boat

नवजात (वि०) نوزائیدہ (नौज़ाइदा) newly born

नवत (वि०) نیا (नया) new

नवनी, नवनीत (पु०) تازہ مکھن (ताज़ा मक्खन) fresh butter

नवम (वि०) نو، نواں (नौ, नवाँ) nine, ninth

नवमी (वि०) قمری مہینہ کا نواں دن (क़मरी महीना का नवाँ दिन) ninth day of lunar month

नवयुवक/नवयुवा (पु०) نوجوان (नौजवान) young man

नवरंग (वि०) خوبصورت، نئے ڈھنگ کا (खूबसूरत, नए ढंग का) beautiful, of new style

नवल (पु०) نیا، خوبصورت (नया, खूबसूरत) new, beautiful

नवलता (वि०) نیاپن (नयापन) modernism

नववधू (स्त्री०) نئی شادی شدہ عورت (नई शादी शुदा औरत) newly married woman

नववर्ष (पु०) نیا سال (नया साल) new year

नवागत (वि०) نیا آیا ہوا (नया आया हुआ) newly arrived

नवाह (पु०) نیادن (नया दिन) new day

नवि (स्त्री०) بچھڑا باندھنے کی رسّی (बछड़ा बाँधने की रस्सी) rope to tie the calf

नवीकरण (पु०) تجدید (तजदीद) renewal

नवीन (वि०) نیا، عجوبہ (नया, अजूबा) new, peculiar

नवीनता (वि०) نیاپن (नयापन) novelty

नवीनीकरण (पु०) = **नवीकरण**

नश्वर (वि०) ختم ہونے والا، فانی (ख़त्म होने वाला, फ़ानी) mortal

नष्ट (वि०) برباد (बर्बाद) ruined

नसंक (वि०) بےخوف (बेख़ौफ़) fearless

नस (स्त्री०) اعصاب (आसाब) nerves

नसवार (पु०) ناس(لینا) (नास {लेना}) snuff

नसना (क्रि०) برباد ہونا (बर्बाद होना) to be ruined

नसीठ (पु०) بدشگون (बदशगुन) ill omen

नसेनी (स्त्री०) سیڑھی (सीढ़ी) ladder

नाकना (क्रि०) خلاف ورزی کرنا (ख़िलाफ़ वर्ज़ी करना) to violate

नाग (पु०) سانپ، ہاتھی (साँप, हाथी) snake, elephant

नागर (वि०) شہر سے متعلق، شہر میں رہنے والا (शहर से मुताल्लिक़, शहर में रहने वाला) city related, one who lives in city

नागरिक (वि०) شہری، مہذب (शहरी, मुहज़्ज़ब) citizen, cultured

नागरिकता (स्त्री०) شہریت (शहरीयत) citizenship

नागिन (स्त्री०) مادہ سانپ (मादा साँप) female snake

नागेन्द्र/नागेश्वर (पु०) بڑا ہاتھی، بڑا سانپ (बड़ा हाथी, बड़ा साँप) big elephant, big snake

नागोद (पु०) زرہ بکتر (ज़रा बक्तर) armour

नाटक (पु०) ڈرامہ (ड्रामा) drama

नाटकीय (वि०) ڈرامائی (ड्रामाई) dramatic

नाड़ (स्त्री०) گردن (गर्दन) neck

नात (पु०) رشتہ دار، تعلق (रिश्तेदार, ताल्लुक़) relative, relation

नाती (पु०) نواسہ (नवासा) daughter's son

नात्युष्ण (वि०) گن گنا (गुनगुना) lukewarm

नाथ (पु०) خدا، مالک، شوہر، ناک کی رسّی (ख़ुदा, मालिक, शौहर, नाक की रस्सी) God, master, husband, rope through nose

नादित (वि०) بجتا ہوا (बजता हुआ) playing (instrument)

नादी (वि०) بجنے والا (बजने वाला) one which plays

नाधना (क्रि०) بیل یا گھوڑے کو جوتنا (बैल या घोड़े को जोतना) to attach ox or horse

नाना (अव्य०) بہت طرح کے (बहुत तरह के) of many types

नाना प्रकार (वि०) = **नाना**

नाभ (स्त्री०) ناف (नाफ़) navel

नाभि (पु०) مرکزہ، ناف (मरकज़ा, नाफ़) nucleus, navel

नाभि/नाल (स्त्री०) آل(نار) (आल {नार}) umbilical cord

नाभिक (स्त्री०) مرکزہ(نیوکلیس) (मरकज़ा {न्युकलियस}) nucleus

नामक (वि०) نام سے مشہور (नाम से मशहूर) named by

नामकरण (पु०) نام رکھا جانا (नाम रखा जाना) nomenclature

नामांकन (पु०) نامزدگی، داخلہ (नामज़दगी दाख़िला) nomination, admission

नामिक (वि०) نام سے متعلق (नाम से मुतालिक़) related with name

नायक (पु०) رہنما، اہم کردار (रहनुमा, अहम किरदार) leader, main character, hero

नायर (पु०) بڑی کشتی (बड़ी कश्ती) big boat

नायिका (स्त्री०) رہنما، اہم اداکارا (रहनुमा, अहम अदाकारा) leader, heroine

नार (पु०) گردن، موٹا رسّا، نر (गर्दन, मोटा रस्सा, नर) neck, thick rope, male

नारायण (पु०) خدا، وشنو کا نام (ख़ुदा, विष्णु का नाम) god, title of Vishnu

नारी (स्त्री०) عورت (औरत) woman

नारीत्व (स्त्री०) نسوانی فطرت، نسائیت (निसवानी फ़ितरत, निसाइयत) female nature, womanhood

नारु (पु०) جوں (जूँ) lice

नाड़ी (स्त्री०) نبض (नब्ज़) pulse
नावक (पु०) ملاح،مانجھی (मल्लाह, मांझी) boat man
नावना (क्रि०) جھکانا (झुकाना) to incline
नावर (स्त्री०) ناؤ،کشتی (नाव, कश्ती) boat
नाविक (पु०) مانجھی (मांझी) boat man
नाश (पु०) برباد (बर्बाद) destroyed
नासिका (स्त्री०) ناک، ہاتھی کا سونڈ (नाक, हाथी का सूंड) nose, elephant's trunk
नास्तिक (पु०) منکرِ خدا (मुन्किरे खुदा) atheist
नाहर (पु०) شیر (शेर) lion
निआन (पु०) آخر، آخر میں (आखिर, आखिर में) last, at the end
निः (अव्य०) دُور، نہیں، بغیر (दूर, नहीं, बग़ैर) away, not, without
निकंदन (पु०) برباد (बरबाद) destroyed
निःशुल्क (वि०) مفت، بلا معاوضہ (मुफ़्त, बिला मुआवज़ा) free, without fee
निःशेष (वि०) مکمل (मुकम्मल) complete
निःश्वसन (क्रि०) سانس چھوڑنا (सांस छोड़ना) expiration
निःसंकोच (वि०) بے جھجک (बेझिझक) without hesitation
निःसंदेह (वि०) بے شک، یقینی (बेशक, यक़ीनी) undoubted, certain
निःस्वार्थ (वि०) بے لوث، بے غرض (बेलौस, बेग़रज़) selfless
निकंदन (पु०) بربادی (बर्बादी) destruction
निकट (वि०) قریب (क़रीब) near, close
निकटवर्ती (वि०) قریب کا (क़रीब का) near by
निकन्दन (पु०) = **निकंदन**
निकर (पु०) جماعت، ڈھیر، جھنڈ (जमात, ढेर, झंड) group, pile, assemblage
निकष/निकस (पु०) کسوٹی (कसौटी) touch stone
निकाज (पु०) نکما (निकम्मा) good for nothing
निकाय (पु०) مجلس، جماعت (मजलिस, जमाअत) body, group
निकृति (स्त्री०) ذلّت، کمینا پن (ज़िल्लत, कमीनापन) insult, meanness
निकृष्ट (वि०) ذلیل، نیچ (ज़लील, नीच) mean
निकेतन (पु०) گھر (घर) house
निक्षेप (पु०) پھینکنے کا عمل (फेंकने का अमल) to throw away
निगड़ (पु०) لوہے کی زنجیر (लोहे की जंजीर) iron chain
निगद (पु०) تقریر، قول، زبانی سنانا (तक़रीर, कौल, ज़बानी सुनाना) speech, statement, reciting
निगदित (वि०) کہا ہوا (कहा हुआ) as told
निगम (पु०) تاجر، کارپوریشن، صحیفہ (ताजिर, कारपोरेशन, सहीफ़ा) trader, corporation, scripture
निगमन (पु०) شمولیت، نتیجہ، حوالہ (शमूलियत, नतीजा, हवाला) insertion, conclusion, quotation
निगर (पु०) کھانا، سب، ٹھوس (खाना, सब, ठोस) food, all, solid
निगरण (पु०) کھاجانا (खा जाना) to eat away
निग्रह (पु०) روکنا، قابو (रोकना, क़ाबू) restraining, control
निग्रही (वि०) دبانے والا، سزا دینے والا (दबाने वाला, सज़ा देने वाला) one who punishes
निघरघट (पु०) جس کو کہیں رہنے کی جگہ نہ ہو (जिसको कहीं रहने की जगह न हो) one who has no house to live in
निघरा (वि०) بے گھر بار کا (बेघर बार का) homeless
निघ्न (वि०) زخمی، کمزور، ضرب کیا ہوا (ज़ख़्मी, कमज़ोर, ज़रब किया हुआ) wounded, weak, multiplied
निचय (पु०) مجموعہ، طئے (मजमूआ, तै) collection, definite
निछल (वि०) بغیر دھوکہ فریب کے (बेग़ैर धोके फ़रेब के) without cheating
निछोह/निछोही (वि०) بے رحم، بے حس (बेरहम, बेहिस) cruel, insensitive
निज/निजी (वि०) ذاتی، اپنا (ज़ाती, अपना) personal, own
निटर (वि०) جس میں کچھ دم نہ ہو (जिसमें कुछ दम न हो) powerless
निठुर (वि०) = **निछोह**
निठुरता (वि०) بے رحمی، ظالمانہ (बेरहमी, ज़ालिमाना) cruelty, oppressive
निठौर (पु०) بے ٹھکانہ (बेठिकाना) having no place

नित (अव्य०) ہمیشہ، ہرروز (हमेशा, हर रोज़) always, every day

नितंब/नितम्ब (पु०) کمر کا پچھلا حصہ، چوتڑ (عورت کا) (कमर का पिछला हिस्सा, चूतड़ {औरत का}) hip, buttock (woman)

नितान्त (क्रि०वि०) انتہا، زیادتی، بہت (इन्तेहा, ज्यादती, बहुत) extreme, excessive, very

निति (अव्य०) ہرروز (हर रोज़) daily

नित्य (अव्य०) ہمیشہ، ہردن (हमेशा, हर दिन) always, daily

नित्यशः (अव्य०) = नित्य

निभंभ (पु०) ستون، کھمبا (सुतून, खम्बा) pole

निदर्शन (पु०) ظاہر کرنا، مثال (ज़ाहिर करना, मिसाल) indicating, example

निदाद (पु०) گرمی (गर्मी) warmth

निदान (पु०) تشخیص (مرض کی پہچان)، وجہ، خاتمہ (तश्ख़ीस {मर्ज़ की पहचान}, वज्ह, ख़ात्मा) diagnosis, cause, end

निदिष्ट (वि०) ہدایت دیا گیا (हिदायत दिया गया) directed

निदेश (पु०) ہدایت، حکم (हिदायत, हुक्म) direction, order

निदेशक (पु०) ڈائرکٹر (डायरेक्टर) director

निदेशिका (स्त्री०) ڈائرکٹری (डायरेक्ट्री) directory

निदोष (पु०) = निर्दोष

निद्रा (स्त्री०) نیند، خواب (नींद, ख़्वाब) sleep, dream

निद्राकुल (वि०) نیند سے پریشان (नींद से परेशान) sleepy

निधन (पु०) انتقال، خاتمہ، مفلس (इंतेक़ाल, ख़ात्मा, मुफ़्लिस) death, end, poor

निधान (पु०) جمع کرنا، بنیاد، خزانہ (जमा करना, बुनियाद, ख़ज़ाना) storing, base, treasury

निधि (पु०) سمندر، بنیاد، ذخیرہ، فنڈ (समुन्दर, बुनियाद, ज़ख़ीरा, फ़ंड) sea, base, store, fund

निनरा (वि०) نیارا، الگ (न्यारा, अलग) extra ordinary, different

निनाद (पु०) لفظ، آواز، شور، جھن جھن بجنا (लफ़्ज़, आवाज़, शोर, झन-झन बजना) word, sound, noise, ringing

निनान (वि०) بُرا، مشکل (बुरा, मुश्किल) bad, difficult

निनावाँ (पु०) زبان اور مسوڑھے پر نکلنے والے لال دانے (ज़बान और मसूढ़े पर निकलने वाले लाल दाने) red blisters on tongue & gum

निन्दक (वि०) دوسروں کے عیب کہنے والا (दूसरों के ऐब कहने वाला) one who points out defects of others

निन्दा (स्त्री०) مذمت، شکایت (मुज़म्मत, शिकायत) condemnation, complaint

निन्दनीय (वि०) قابل مذمت (क़ाबिले मुज़म्मत) condemnable

निपजी (स्त्री०) فائدہ، اُپج (फायदा, उपज) advantage, yield

निपतन (वि०) نیچے آنا، زوال (नीचे आना, ज़वाल) falling down, down fall

निपतित (वि०) گرا ہوا، پھینکا ہوا (गिरा हुआ, फेंका हुआ) fallen down, over thrown

निपात (पु०) زوال، بربادی، موت (ज़वाल, बरबादी, मौत) down fall, destruction, death

निपुण (वि०) ماہر، ممتاز (माहिर, मुमताज़) expert, eminent

निबन्ध (पु०) مضمون، مقالہ (मज़मून, मक़ाला) essay, write up

निबन्धन (पु०) باندھنا، رجسٹریشن (बाँधना, रजिस्ट्रेशन) binding, registration

निबिड़ (वि०) بندھا ہوا، گھنا (बंधा हुआ, घना) bound, dense

निबेरा (पु०) نجات، چھٹکارا (निजात, छुटकारा) salvation, liberation

निभ (अव्य०) جیسا (जैसा) like

निभरम (वि०) جس میں کوئی شک نہ ہو (जिसमें कोई शक न हो) without suspicion

निभृत (वि०) رکھا ہوا، بھرا ہوا (रखा हुआ, भरा हुआ) kept, filled up

निमंत्रना (पु०) دعوت دینا (दावत देना) to invite

निमंत्रक (पु०) دعوت دینے والا (दावत देने वाला) one who invites

निमंत्रण (पु०) دعوت نامہ (दावतनामा) invitation

निमन्यु (वि०) غصہ سے خالی (गुस्सा से ख़ाली) free of anger

निमान (पु०) قیمت، دام (क़ीमत, दाम) price

निमि (पु०) لحہ، پلک جھپکنے کا وقت (लमहा, पलक झपकने का वक़्त) moment, time of blinking

निमित्त (पु०) نشان، علامت، وجہ (निशान, अलामत, वजह) mark, symbol, cause

निमिष (पु०) پلکوں کا گرنا (पल्कों का गिरना) blinking (of eye)

निमीलन/निमेष (पु०) = **निमि**

निम्न (वि०) نیچا (नीचा) lower

निम्नलिखित/निम्नांकित (वि०) درج ذیل (दर्ज ज़ैल) following, mention below

निम्नीकरण (पु०) پست کاری (पस्तकारी) degradation

निम्ब (पु०) نیم کا درخت (नीम का दरख़्त) tree of Neem

नियंत्रक (पु०) ناظم (नाज़िम) controller

नियंत्रण (पु०) نظم کرنا، کنٹرول (नज़्म करना, कन्ट्रोल) governing, control

नियंत्रित (वि०) منظّم، قابو میں (मुनज़्ज़म, क़ाबू में) controlled, restrained

नियत (वि०) معین، طئے (मुअइयन, तै) fixed, constant

नियति (स्त्री०) مقدر، ضبط نفس (मुक़द्दर, ज़ब्ते नफ़्स) fate, self-control

नियम (पु०) قاعدہ، قانون، طریقہ (क़ायदा, क़ानून, तरीक़ा) rule, law, method

नियमबद्ध (वि०) باضابطگی، اصول اور قاعدہ کے مطابق (बाज़ाप्तगी, उसूल और क़ायदे के मुताबिक़) in accordance with law

नियामक (वि०) قاعدہ/اصول بنانے والا (क़ायदा/उसूल बनाने वाला) one who forms law, rule, regulating

नियामावली (पु०) مجموعہ قوانین (मजमूऐ क़वानीन) body of rules

नियार (पु०) سنار کی دکان کا کوڑا کرکٹ (सोनार के दुकान का कूड़ा करकट) dust in shop of goldsmith

नियुक्त (वि०) بحال (बहाल) appointed

नियुक्ति (स्त्री०) بحالی، عہدہ (बहाली, ओहदा) appointment, post

नियोक्ता (पु०) بحال کرنے والا (बहाल करने वला) one who appoints, employer

नियोग (पु०) بحالی، جوتا ہوا (बहाली, जोता हुआ) appointment, attached

नियोगी (वि०) بحال، جسے لگایا گیا ہو (बहाल, जिसे लगाया गया हो) appointed, engaged

नियोजक (पु०) بحال کرنے والا (बहाल करने वाला) employer

नियोजन (पु०) بحالی، حکم کرنا، منصوبہ بندی (बहाली, हुक्म करना, मंसूबाबंदी) employment, ordering, planning

नियोजित (वि०) بحال، وابستہ، منصوبہ بند (बहाल, वाबिस्ता, मंसूबाबंद) appointed, attached (to), planned

निरक्षर (वि०) ان پڑھ، بیوقوف (अनपढ़, बेवक़ूफ़) illiterate, idiot

निरक्षरता (स्त्री०) جہالت (जहालत) illiteracy

निरंकुश (वि०) بے لگام، آمرانہ (बेलगाम, अमिराना) unrestrained, autocratic

निरंजन (वि०) بغیر کاجل کا (बग़ैर काजल का) without collyrium

निरंतर (वि०) لگاتار، بے روک ٹوک (लगातार, बेरोक टोक) continuous, uninterrupted

निरत (वि०) مشغول، وقف (मशग़ूल, वक़्फ़) engaged, devoted

निरति (स्त्री०) انہماک، جذبہ (इन्हेमाक, जज़्बा) engrossment, passion

निरध्व (वि०) جو اپنا راستہ بھول گیا ہو (जो अपना रास्ता भूल गया हो) one who has forgot one's path

निरपेक्ष (वि०) غیر جانبدار (ग़ैर जानिबदार) neutral

निरब (वि०) شانت، پرسکون (शांत, पुरसूकून) peaceful, calm

निरमा (क्रि०) بنانا، تخلیق کرنا (बनाना, तख़लीक़ करना) to make, to create

निरम्बु (वि०) بغیر پانی کا (बग़ैर पानी का) without water

निरर्थ (वि०) بے معنی، بیکار (बेमानी, बेकार) meaningless, useless

निरवध (वि०) بے قصور (बेक़सूर) innocent

निरसन (क्रि०) رد ہونا، ہٹنا (रद्द होना, हटना) repeal, removing

निरस (वि०) پھیکا، بے رس (फीका, बेरस) tasteless, dry

निरस्त (वि०) رد، ہٹایا گیا (रद्द, हटाया गया) cancelled, repealed

निरस्त्र (वि०) غیر مسلح (ग़ैर मुसल्लह) unarmed

निराकृत (वि०) حذف، ہٹایا ہوا (हज़फ, हटाया हुआ) deleted, removed

निरादर (पु०) بے عزتی (बेइज़्ज़ती) disrespect

निरादेश (पु०) قرض کی ادائیگی (क़र्ज़ की अदायगी) payment of a debt

निराधार (वि०) بے بنیاد، فرضی (बेबुनियाद, फ़र्ज़ी) baseless, fake

निराधि (वि०) مرض سے آزاد (मर्ज़ से आज़ाद) free of diseases

निरापद (वि०) محفوظ، بے ضرر (महफ़ूज़, बेज़रर) safe, harmless

निरामिषी (वि०) گوشت نہ کھانے والا (गोश्त न खाने वाला) one who does not eat meat

निराश (वि०) مایوس، ناامید (मायूस, नाउम्मीद) disappointed, hopeless

निराशा (स्त्री०) نا اُمیدی، مایوسی (नाउम्मीदी, मायूसी) hopelessness, disappointment

निरासी (स्त्री०) = **निराश**

निराहार (पु०,वि०) بغیر کھانے کے، فاقہ کشی (बग़ैर खाने के, फ़ाक़ा कशी) without food, starvation

निरीक्षक (पु०) دیکھ بھال/معائنہ کرنے والا (देखभाल/ मुआइना करने वाला) supervisor, inspector

निरीक्षण (पु०) دیکھ بھال، معائنہ (देखभाल, मुआइना) supervision, inspection

निरीक्षित (वि०) معائنہ کیا ہوا (मुआइना किया हुआ) inspected

निरीश (वि०) (ملحد (ناستک (मुल्हिद {नास्तिक}) atheist

निरुत्तर (वि०) لاجواب، جو جواب نہ دے سکے लाजवाब, जो जवाब न दे सके) who cannot reply

निरुद्ध (वि०) رُکا ہوا، بندھا ہوا (रुका हुआ, बंधा हुआ) stopped, tied

निरुधम (पु०) کاہل (काहिल) lazy

निरुपम (वि०) بلا مقابلہ (बिला मुक़ाबला) incomparable

निरुपयोगी (वि०) بیکار (बेकार) useless

निरुपाय (वि०) لاعلاج، مجبور (लाइलाज, मजबूर) without remedy, helpless

निरुपेक्ष्य (वि०) نااُمید (नाउम्मीद) hopeless

निरुवरना (क्रि०) مشکل ہٹانا (मुश्किल हटाना) to remove difficulty

निरुवार (पु०) نجات، چھٹکارا (निजात, छुटकारा) salvation, freedom

निरूढ़ (वि०) مشہور، کنوارا (मशहूर, कुवाँरा) famous, bachelor

निरूप (वि०) جس کی کوئی شکل نہ ہو (जिसकी कोई शक्ल न हो) formless

निरूपण (पु०) غور وخوض (ग़ौरो खौज़) consideration

निरूपना (क्रि०) طے کرنا (तै करना) to fix

निरूपित (वि०) طے شدہ، تحقیق شدہ (तै शुदा, तहक़ीक़ शुदा) determined, investigated

निरै (पु०) دوزخ (दोज़ख़) hell

निरोग (वि०) صحت مند (सेहतमंद) healthy

निरोध (पु०) رُکاوٹ (रुकावट) hindrance, obstruction

निरोधी (वि०) روکنے والا (रोकने वाला) obstructor

निर्गत (वि०) نکلا ہوا (निकला हुआ) released

निर्गम (पु०) چلے جانا، شمارہ (चले जाना, शुमारा) going away, issue

निर्गमन (पु०) دروازہ، دربان (दरवाज़ा, दरबान) door, gate keeper

निर्गुण (वि०) بے صفت (बेसिफ़्त) without qualities

निर्घृण (वि०) بے رحم، بے شرم (बेरहम, बे शर्म) merciless, shameless

निर्घुरिणी (स्त्री०) پانی کا سوتا (पानी का सोता) fountainhead

निर्घोष (वि०) بے آواز (बे आवाज़) soundless

निर्जन (वि०) سُنسان، ویرانہ (सुनसान, वीराना) uninhabited

निर्जर (पु०) دیوتا، لازوال (देवता, लाज़वाल) god, everlasting

निर्जल (वि०) بغیر پانی کا (बग़ैर पानी का) without water

निर्जित (वि०) شکست خوردہ، مفتوح (शिकस्त खूरदा, मफ़्तूह) defeated

निर्जीव (वि०) بے جان (बेजान) non-living

निर्झर (पु०) جھرنا، سوتا (झरना, सोता) spring, fountain

निर्झरिणी (स्त्री०) ندی (नदी) river

निर्णय (पु०) فیصلہ،غوروخوض (फैसला, ग़ौरो ख़ौज़) decision, consideration

निर्णायक (पु०) فیصلہ کن (फ़ैसलाकुन) decisive

निर्त (पु०) ناچ (नाच) dance

निर्दय (वि०) بےرحم (बेरहम) cruel, unkind

निर्दयता (स्त्री०) بےرحمی، ظالمانہ (बेरहमी, ज़ालिमाना) cruelty, mercilessness

निर्दयी (वि०) = **निर्दय**

निर्दहना (क्रि०) جلانا (जलाना) to burn

निर्दिष्ट (वि०) طئے شدہ، ٹھہرایا ہوا، ہدایت یافتہ (तैशुदा, ठहराया हुआ) determined, stayed, directed

निर्देश (पु०) وضاحت، ہدایت (वज़ाहत, हिदायत) explanation, direction

निर्देशक (पु०) ہدایت کار، نگراں (हिदायतकार, निगराँ) director, supervisor

निर्दोष (वि०) بےقصور، معصوم (बेक़सूर, मासूम) faultless, innocent

निर्द्रव्य (वि०) مفلس، بےزر (मुफ़्लिस, बेज़र) poor, without wealth

निर्द्वन्द्व (वि०) بلا مقابلہ (बिला मुक़ाबला) uncontested

निर्धन (वि०) مفلس، کنگال (मुफ़लिस, कंगाल) poor, bankrupt

निर्धारण (क्रि०) طے کرنا (तै करना) fixation

निर्धारित (वि०) طے کیا ہوا (तै किया हुआ) fixed

निर्धूत (वि०) دھلا ہوا (धुला हुआ) washed

निर्नाथ (वि०) یتیم (यतीम) orphan

निर्पक्ष (वि०) غیر جانبدار (ग़ैर जानिबदार) neutral

निर्फल (वि०) بغیر پھل والا (बग़ैर फल वाला) fruitless

निर्बन्ध (पु०) اصرار (इसरार) request

निर्बल (वि०) کمزور (कमज़ोर) weak

निर्बलता (वि०) کمزوری، ناطاقتی (कमज़ोरी, नाताक़ती) weakness

निर्बोध (वि०) ناسمجھ (नासमझ) unwise

निर्भय (वि०) بےخوف (बेख़ौफ़) fearless

निर्भयता (स्त्री०) بےخوفی (बेख़ौफ़ी) fearlessness

निर्भर (पु०) منحصر (मुन्हसर) dependence

निर्भीक/निर्भीत (वि०) بےخوف (बेख़ौफ़) fearless

निर्मम (वि०) بےرحم (बेरहम) cruel

निर्ममता (स्त्री०) بےرحمی (बेरहमी) cruelty

निर्मल (वि०) صاف، بےداغ (साफ़, बेदाग़) pure, spotless

निर्माण (पु०) تعمیر، بناوٹ (तामीर, बनावट) construction

निर्माता (पु०) تعمیر کرنے والا، بنانے والا (तामीर करने वाला, बनाने वाला) one who constructs, producer

निर्मित (वि०) تعمیر شدہ، تیار (तामीरशुदा, तैयार) built, made

निर्मिमेष (वि०) بغیر پلک جھپکے (बग़ैर पलक झपके) without blinking

निर्मुक्त (वि०) آزاد (आज़ाद) free

निर्मोह (वि०) محبت سے خالی (मुहब्बत से ख़ाली) without love

निर्मोही (वि०) سنگ دل، بےرحم (संग दिल, बेरहम) hard hearted, unkind

निर्यात (पु०) برآمد (बरामद) export

निर्लज्ज (वि०) بےشرم (बेशर्म) shameless

निर्वंश (वि०) لاولد (लावल्द) without issue

निर्वाचन (वि०) انتخاب، چناؤ (इंतेख़ाब, चुनाव) election

निर्वाचित (वि०) چنا ہوا، منتخب (चुना हुआ, मुन्तख़िब) elected

निर्वाध (वि०) بےروک ٹوک (बेरोक टोक) unchecked

निर्वाण (पु०) شانتی، سکون، موت (शांति, सुकून, मौत) peace, death

निर्वासन (पु०) جلاوطنی (जिला वतनी) externed

निर्वाह (पु०) گزر بسر (गुज़र बसर) subsistence

निर्विवाद (वि०) بغیر تنازعہ کے (बग़ैर तनाज़ा के) indisputed

निलंबन (पु०) معطلی (मुअत्तली) suspension

निलंबित (वि०) معطل (मुअत्तल) suspended

निलय (पु०) گھر، خانہ، اذن القلب (घर, ख़ाना, इज़्नुल क़ल्ब) chamber, house, ventricle

निवर्तक (वि०) پابندی لگانے والا (पाबंदी लगाने वाला) prohibitor

निवसथ (पु०) گاؤں، حد (गाँव, हद) village, border

निवसन (पु०) گھر، کپڑا (घर, कपड़ा) house, cloths
निवार (वि०) روکنے والا (रोकने वाला) stopper
निवारण (वि०) چھٹکارا، حل (छुटकारा, हल) freedom, remedy
निवास/निवास स्थान (पु०) رہنے کی جگہ، رہائش گاہ (रहने की जगह, रिहाइश) residence
निवासी (वि०) بسنے والا (باسی) رہنے والا (बसने वाला {बासी} रहने वाला) inhabitant, resident
निविष्ट (वि०) جو داخل ہوا ہو (जो दाखिल हुआ हो) entered
निवृत्ति (स्त्री०) آزادی، نجات (आज़ादी, निजात) freedom, salvation
निवेदक (पु०) درخواست کرنے والا، ملتمس (दरख़्वास्त करने वाला, मुलतमिस) applicant, petitioner
निवेदन (पु०) درخواست، التماس (दरख़्वास्त, इल्तमास) request, petition
निवेश (पु०) کیمپ، ڈیرا، سرمایہ کاری (कैंप, डेरा, सरमायाकारी) camp, make shift, investment
निश/निशा (स्त्री०) رات (रात) night
निशाचर (पु०) بھوت پریت، رات کو چلنے والا (भूत परेत, रात को चलने वाला) ghosts, nocturnal
निशाजल (पु०) پالا، اوس (पाला, ओस) frost, dew
निशाटन (पु०) رات میں گھومنا (रात में घूमना) nocturnal
निशान्त (पु०) صبح کا تڑکا (सुबह का तड़का) dawn
निशावसान (पु०) رات کا آخری حصہ (रात का आखिरी हिस्सा) last part of night
निशि (स्त्री०) رات (रात) night
निश्चय (पु०) فیصلہ، یقین، طئے شدہ (फ़ैसला, यक़ीन, तैशुदा) decision, assurance, certainty
निश्चित (वि०) یقیناً، طئے (यक़ीनन, तै) ascertained, determined
निषंग (पु०) ترکش (तरकश) quiver
निषंगी (पु०) تیر چلانے والا (तीर चलाने वाला) bowman
निषिद्ध (वि०) ممنوع (ममनू) prohibited
निश्चिन्त (वि०) بے فکر، آرام سے (बेफ़िक्र, आराम से) free from care, relaxed
निशेष (वि०) جس میں کچھ باقی نہ ہو (जिसमें कुछ बाक़ी न हो) nothing dues
निषाद (पु०) مچھوا (मछुआ) fisherman
निषेचन (पु०) زرخیزی، سینچنا (ज़रखे़ज़ी, सींचना) fertilization, to irrigate
निषेध (पु०) پابندی، رکاوٹ (पाबंदी, रुकावट) ban, prohibition
निषेधाज्ञा (स्त्री०) حکم امتناعی (हुक्मे इम्तनाइ) prohibitory order
निष्कर्ष (पु०) نتیجہ، خلاصہ (नतीजा, खुलासा) result, conclusion
निष्काम (वि०) خواہشات سے دور (ख़ाहिशात से दूर) without desires
निष्कासन (पु०) باہر کرنا (बाहर करना) to expel
निष्कासित (वि०) نکالا ہوا (निकाला हुआ) expelled
निष्क्रिय (वि०) ناکارہ (नाकारा) inert, inactive
निष्ठा (स्त्री०) عقیدت، عقیدہ (अक़ीदत, अक़ीदा) devotion, faith
निष्ठान (पु०) چٹنی (चटनी) sauce
निष्ठुर (वि०) سخت، سنگدل (सख़्त, संगदिल) rigid, cruel
निष्पक्ष (वि०) غیر جانبدار (ग़ैर जानिबदार) neutral
निष्पक्षता (स्त्री०) غیر جانبداری (ग़ैर जानिबदारी) impartiality
निष्पादित (वि०) انجام دیا گیا (अंजाम दिया गया) completed
निसर्ग (पु०) فطرت، خاکہ (फ़ितरत, ख़ाका) nature, outline
निसित (वि०) شدید، تیز (शदीद, तेज़) severe, intense
निसु (स्त्री०) رات (रात) night
निसेस (पु०) چاند (चाँद) moon
निस्तरण (पु०) چھٹکارا (छुटकारा) freedom
निस्तारण (पु०) نپٹارا (निपटारा) expedite
निस्त्रप (वि०) بے شرم (बेशर्म) shameless
निस्पंद (वि०) بے حرکت (बेहरकत) unmoving
निस्व (वि०) غریب، نادار (ग़रीब, नादार) poor
निस्संदेह (अव्य०) بے شک (बेशक) sure, undoubtedly
निस्सहाय (वि०) مجبور (मजबूर) helpless

निहंग (वि०) ننگا، بےشرم (नंगा, बेशर्म) nude, shameless
निहत्ता (वि०) جان لیوا (जान लेवा) fatal
निहित (वि०) پوشیدہ (पोशीदा) hidden
निहनन (पु०) قتل (क़त्ल) killing
निहार (पु०) اوس، کہرا (ओस, कुहरा) dew, frost
निहारना (क्रि०) گھورنا (घूरना) to gaze at
निहारिका (स्त्री०) سدیم (تاروں کا جھرمٹ) (सदीम {तारों का झुरमुट}) nebula
निहुत (वि०) چھپایا ہوا (छुपाया हुआ) concealed
नीक, नीका (वि०) نیک، اچھا (नेक, अच्छा) noble, good
नीचट (वि०) پکا، مستحکم (पक्का, मुस्तहकम) rigid, sure
नीझर (पु०) پانی کا سوتا (पानी का सोता) spring
नीठ (अव्य०) مشکل سے (मुश्किल से) with difficulty
नीड़ (पु०) پرندوں کا گھونسلہ (परिन्दों का घोंसला) birds' nest
नीति (स्त्री०) ترکیب، پالیسی، سیاست (तरकीब, पालिसी, सियासत) method, policy, politics
नीतिज्ञ (वि०) سیاست جاننے والا (सियासत जानने वाला) politician
नीमर (वि०) کمزور، بے طاقت (कमज़ोर, बे ताक़त) weak, powerless
नीर (पु०) پانی، رقیق مادہ (पानी, रक़ीक़ माद्दा) water, liquid
नीरज (पु०) کنول، موتی (कंवल, मोती) lotus, pearl
नीरद (पु०) بادل (बादल) clouds
नीरव (वि०) خاموش (ख़ामोश) silent
नीरस (वि०) بے مزہ، خشک (बेमज़ा, ख़ुश्क) tasteless, dry
नीरुज/नीरोग (वि०) بے مرض، صحت مند (बेमर्ज़, सेहतमंद) free from diseases, healthy
नीलकंठ (पु०) مور، شیو کا ایک نام (मोर, शिव का एक नाम) peacock, title of Shiva
नीलसर (पु०) جنگلی بطخ (जंगली बत्तख़) mallard duck
नीला थोथा (पु०) توتیا (तूतिया) blue vitrol
नीलाम्बर (वि०) نیلا کپڑا پہننے والا (नीला कपड़ा पहनने वाला) one who wears blue cloths
नीलिमा (स्त्री०) نیلاپن (नीलापन) bluish
नीव (स्त्री०) بنیاد (बुनियाद) foundation

नीसक (वि०) = **नीमर**
नीहार (पु०) = **निहार**
नीहारिका (स्त्री०) = **निहारिका**
नुति (स्त्री०) عبادت، پوجا (इबादत, पूजा) worship, offering
नुनाई (स्त्री०) خوبصورتی، ملاحیت (نمک) (ख़ूबसूरती, मलाहियत {नमक}) beauty, charm
नूतन (वि०) نیا، جدید (नया, जदीद) new, modern
नून (पु०) نمک، کم (नमक, कम) salt, less
नूनताई (पु०) کمی (कमी) deficiency
नूपुर (पु०) پیر کا زیور، پایل (पैर का ज़ेवर, पायल) an ornament of foot, payal
नृ (पु०) آدمی، مرد (आदमी, मर्द) man, male
नृतक (पु०) ناچنے والا (नाचने वाला) dancer
नृत्य (पु०) ناچ (नाच) dance
नृत्यशाला (पु०) ناچ گھر (नाच घर) theater
नृप (पु०) راجا (राजा) king
नृपता (स्त्री०) حاکمیت، بادشاہت (हाकमियत, बादशाहत) sovereignty, royalty
नृशंस (वि०) ظالم، بے رحم (ज़ालिम, बेरहम) cruel, merciless
नेग (पु०) شادی شدہ جوڑے کے ذریعہ رشتہ داروں کو عطا نچھاور (शादी शुदा जोड़े के ज़रिये रिश्तेदारों को अता निछावर) cash gifted by marrying couple to relatives
नेता (पु०) رہنما، لیڈر (रहनुमा, लीडर) guide, leader
नेतृत्व (पु०) قیادت، رہنمائی (क़यादत, रहनुमाई) leadership, guidance
नेत्र (पु०) آنکھ (आँख) eye
नेत्री (स्त्री०) رہنما (रहनुमा) leader
नेत्रफल (पु०) آنسو (आँसू) tears
नेत्ररञ्जन (पु०) کاجل (काजल) carbon black
नेब (पु०) دیوان، نائب وزیر (दीवान, नायब वज़ीर) diwan (asstt. minister)
नेवता (पु०) دعوت (दावत) invitation
नेसुक (पु०) کم، تھوڑا (कम, थोड़ा) little, few
नेह (पु०) محبت، شفقت (मोहब्बत, शफ़क़त) love, affection
नेहा (पु०) = **नेह**

नैकशः (पु०) کئی بار (कई बार) many times

नैज (पु०) ذاتی تعلق دار، اپنا (ज़ाती ताल्लुक़दार, अपना) personal, relative, own

नैतिक (वि०) اخلاقی (एख़लाक़ी) moral (ethical)

नैन (पु०) آنکھ، مکھن (आँख, मक्खन) eye, cream

नैना (पु०) آنکھ (आँख) eye

नैनसुख (पु०) ایک طرح کا سوتی کپڑا (एक तरह का सूती कपड़ा) a type of cotton cloth

नैर (पु०) شہر (शहर) town

नैश (वि०) رات کا (रात का) of night

नैहर (पु०) مائیکہ (मायका) father's house of wife

नोई (पु०) رسّی (रस्सी) rope

नोहर (पु०) نایاب (नायाब) rare

नौसेना (पु०) بحری فوج (बहरी फ़ौज) navy

न्याय (पु०) انصاف (इंसाफ़) justice

न्यायिक (पु०) عدالتی (अदालती) judicial

न्यायपथ (पु०) انصاف کا راستہ (इंसाफ़ का रास्ता) path of justice

न्याय पालिका (स्त्री०) عدلیہ (अदलिया) judiciary

न्यायपूर्ण (वि०) منصفانہ، صحیح (मुन्सिफ़ाना, सही) just, proper

न्यायाधीश (पु०) قاضی، جج (क़ाज़ी, जज) judge

न्यायालय (पु०) عدالت، کورٹ (अदालत, कोर्ट) court

न्यास (पु०) وقف، امانت (वक़्फ़, अमानत) heritage, trust

न्यासी (पु०) وقف کرنے والا (वक़्फ़ करने वाला) trustee

न्यन (पु०) نیچ، کمینا (नीच, कमीना) mean, low

न्यून (वि०) کم، کمی، کمتر (कम, कमी, कमतर) less, lacking, inferior

न्यूनकोण (पु०) زاویہ مادہ (ज़ावियै माद्दा) acute angle

न्यूनतम (वि०) کم سے کم (कम से कम) minimum

न्योछावर (स्त्री०) قربانی (क़ुर्बानी) offering

न्योता (पु०) دعوت نامہ، ضیافت (दावतनामा, ज़ेयाफ़त) invitation, feast

प

पंक (पु०) کیچڑ (कीचड़) mud

पंकज (पु०,वि०) کیچڑ میں پیدا (कीचड़ में पैदा) born in mud

पंकिल (वि०) کیچڑ سے بھرا ہوا (कीचड़ से भरा हुआ) full of mud

पंकज (पु०) = **पंकज**

पंक्ति (स्त्री०) قطار (क़तार) queue

पंख (पु०) پر، ڈینا (पर, डैना) feather, wings

पंखी (स्त्री०) چڑیا (चिड़िया) birds

पंग (वि०) لنگڑا، اپاہج (लंगड़ा, अपाहज) lame, handicapped

पंगत (स्त्री०) کھانا کھانے والوں کی قطار، جلسہ (खाना खाने वालों की क़तार, जलसा) line of boarders, meeting

पंच (पु०) پانچ پانچ آدمیوں کی جماعت، عدالتی نشست (पाँच पाँच आदमियों की जमाअत, अदालती नशिस्त) group of five people, judicial meeting

पन्चनद (पु०) پنجاب کی پانچ ندیاں (पंजाब की पाँच नदियाँ) five rivers of he Panjab

पंचम (वि०) پانچواں، مترنم، ایک قسم کی راگ (पाँचवाँ, मुतरन्निम, एक क़िस्म की राग) fifth, melodious, a kind of 'rag'

पंचमुख (पु०) شیر، شیو (शेर,शिव) lion, shiva

पंचांग (पु०) جنتری (जंतरी) almanac

पंचाली (स्त्री०) گڑیا (गुड़िया) doll

पंछा (पु०) چھالا، ایک قسم کا مادہ جو جسم سے نکلتا ہے (छाला, एक क़िस्म का माद्दा जो जिस्म से निकलता है) blister, a kind of fluid oozing from body

पंछी (पु०) پرندہ (परिन्दा) bird

पंजर (पु०) ہڈیوں کا ڈھانچہ (हड्डियों का ढाँचा) skeleton

पंजरी (स्त्री०) ارتھی، پسلی (अर्थी, पसली) bier (of Hindu, rib)

पंजारा (पु०) دُھنیا (نداف) (धुनिया {नदाफ}) cotton beater

पंजिका (स्त्री०) فہرست، رجسٹر (फ़ेहरिस्त, रजिस्टर) list, register

पंजीकरण (स्त्री०) اندراج، رجسٹریشن (इंद्राज,

रजिस्ट्रेशन) entry, registration

पंडल (पु०,वि०) پیلے رنگ کا، جسم (पीले रंग का, जिस्म) yellow coloured, body

पंड़वा (पु०) بھینس کا بچہ (भैंस का बच्चा) calf (buffalo)

पंडा (पु०) مندر کا پجاری (मंदिर का पुजारी) priest

पंडुक (पु०) فاختہ (फ़ाख़्ता) dove

पंथ (पु०) رواج، فرقہ، مذہب کا راستہ (रिवाज, फ़िरक़ा, मज़हब का रास्ता) custom, community, path of religion

पंथान (पु०) راستہ (रास्ता) path

पंथी (पु०) کسی فرقے کا پیرو (किसी फ़िरक़े का पैरो) follower of a community

पँखेरू (पु०) چڑیا، پرندہ (चिड़िया, परिन्दा) birds

पँधलाना (क्रि०) بہلانا (बहलाना) to appease

पँवर (पु०) سامان (सामान) articles

पँवरना (क्रि०) تیرنا (तैरना) to swim

पँवरि (स्त्री०) ڈیوڑھی (डयोढ़ी) door

पँवरिया (पु०) دربان، دروازے پر بیٹھ کر بھجن گانے والا (दरबान, दरवाज़े पर बैठ कर भजन गाने वाला) gate keeper, singer at door

पँवरि (स्त्री०) کھڑاؤں (खड़ाऊँ) wooden foot wear

पँवाड़ा (पु०) منگھڑت کہانی (मनगढ़हत कहानी) fictitious story

पँवारना (क्रि०) دور کرنا، ہٹانا (दूर करना, हटाना) to remove

पइसना (क्रि०) گھسنا (घुसना) to infiltrate

पक्व (वि०) پکا ہوا (पका हुआ) cooked

पक्वाशय (पु०) چھوٹی آنت کا پہلا حصہ (छोटी आँत का पहला हिस्सा) duodenum

पक्ष (पु०,वि०) ڈینا، طرفداری (डैना, तरफ़दारी) wings, favour

पक्षघात (पु०) فالج (फ़ालिज) paralysis

पक्षधर (पु०,वि०) طرفدار (तरफ़दार) supporter

पक्षपात (वि०) غیر منصفانہ طرفداری (ग़ैर मुन्सिफ़ाना तरफ़दारी) unreasonable support

पक्षाघात (पु०) = **पक्षघात**

पक्ष्म (पु०) آنکھ کی پتّی (आँख की पप्नी) eye lashes

पखंड (वि०) فریب (फ़रेब) cheat

पखरना (क्रि०) دھونا (धोना) to wash

पखवाड़ा (पु०) پندرہ دن کا وقت (पंद्रह दिन का वक़्त) fortnight

पखान (पु०) پتھر (पत्थर) stone

पखाली (पु०) مشکیزہ میں پانی بھرنے والا (मश्कीज़े में पानी भरने वाला) water-carrier

पखावज (पु०) ایک قسم کا ساز (एक क़िस्म का साज़) a musical instrument

पखिया (वि०) جھگڑالو (झगड़ालु) quarrelsome

पखेरू (पु०) پرندے (परिन्दे) birds

पखौआ/पखौटा (पु०) پنکھ، پر (पंख, पर) feathers, wings

पखौरा (पु०) کندھے کی ہڈی (कंधे की हड्डी) shoulder bone

पग (पु०) قدم، پاؤں (क़दम, पाँव) step, foot

पगतरी (स्त्री०) جوتا (जूता) shoe

पगदासी (स्त्री०) جوتا، کھڑاؤں (जूता, खड़ाँव) shoe, wooden foot wear

पगना (क्रि०) مگن رہنا، محبت میں ڈوبنا (मगन रहना, मुहब्बत मे डूबना) to remain absorbed in love

पगनियाँ (स्त्री०) جوتی (जूती) sandals

पगरा (पु०) = **पग**

पगहा (पु०) جانور باندھنے کی رسّی (जानवर बाँधने की रस्सी) rope to tie animals

पगा (पु०) پٹکا (पटका) a piece of cloth

पगार (पु०) پیر میں لگی ہوئی مٹی، تنخواہ (पैर में लगी हुई मिट्टी, तन्ख़्वाह) mud of foot, wage

पघा (पु०) = **पगहा**

पघैया (पु०) پھیری والا تاجر (फेरी वाला ताजिर) hawkers

पचहरा (वि०) پانچ پرتوں کا (पाँच परतों का) of five layers

पचारना (क्रि०) للکارنا (ललकारना) to challenge

पचोका (पु०) پچکاری (पिचकारी) syringe

पचौर (पु०) گاؤں کا مکھیا (गाँव का मुखिया) head of the village

पजोड़ा (वि०) بدمعاش (बदमाश) wicked

पट (पु०) کپڑا، پردہ، دیوار (कपड़ा, पर्दा, दीवार) cloth, curtain, wall

पटकार (पु०) کپڑا بننے والا،مصور (कपड़ा बुनने वाला, मुसव्विर) weaver, artist

पटना (क्रि०) مسطح ہونا،دوستی ہونا،دام کا طے ہونا (मुसत्तह होना, दोस्ती होना, दाम का तै होना) to be in level, to be in friendship, fixation of price

पटनी (पु०) کوٹھے کے نیچے کا گھر،ملاح (कोठे के नीचे का घर, मल्लाह) ground floor, boatman

पटमंडप (पु०) خیمہ (ख़ेमा) camp, tent

पटल (पु०) جھلی، پرت، کتاب کا ایک حصّہ (झिल्ली, परत, किताब का एक हिस्सा) membrane, layer, part of book

पटीलना (क्रि०) ٹھگنا، اپنے بس میں کر لینا (ठगना, अपने बस में कर लेना) to cheat, to win over

पटुका (पु०) چادر، دھاریدار پوشاک (चादर, धारीदार पोशाक) cloth sheet, striped dress

पटुता (स्त्री०) چالاکی،مہارت (चालाकी, महारत) cleverness, efficiency

पटेल (पु०) گاؤں کا سردار (गाँव का सरदार) head of the village

पट्टीदार (पु०) مشترکہ جائداد کا حصّہ دار (मुश्तर्का जायदाद का हिस्सादार) partner in joint property

पठन (पु०) پڑھنا،مطالعہ (पढ़ना, मुताला) to read, study

पठनीय (वि०) پڑھنے کے قابل (पढ़ने के क़ाबिल) worth reading

पठित (वि०) پڑھا لکھا (पढ़ा लिखा) literate

पण (पु०) جُوا، قیمت، دولت (जुआ, क़ीमत, दौलत) gambling, price, wealth

पणनीय (वि०) خریدنے یا بیچنے کے قابل (ख़रीदने या बेचने के क़ाबिल) to purchase or sale

पतन (पु०) زوال، گرنا (ज़वाल, गिरना) down fall, falling

पताका (स्त्री०) جھنڈا (झंडा) flag

पति (पु०) شوہر، مالک،شرم (शौहर, मालिक, शर्म) husband, master, shame

पतित (वि०) گرا ہوا، خاکسار، عاجز (गिरा हुआ, ख़ाकसार, आजिज़) humble, down to the earth

पतित पावन (वि०) گناہوں سے پاک کرنے والا،خدا (गुनाहों से पाक करने वाला, ख़ुदा) purifying the sinful, God

पतियाना (क्रि०) سچ ماننا،اعتبار کرنا (सच मानना, एतबार करना) to trust

पतेर (पु०) چڑیا، پرندہ (चिड़िया, परिन्दा) bird, sparrow

पत्नी (स्त्री०) بیوی،عورت (बीवी, औरत) wife, woman

पत्र (पु०) پتّا، خط، اخبار (पत्ता, ख़त, अख़बार) leaf, letter, news paper

पत्रकार (पु०) صحافی، نامہ نگار (सहाफ़ी, नामानिगार) journalist, reporter

पत्रकारिता (स्त्री०) صحافت (सहाफ़त) journalism

पत्रवाहक (पु०) خط لے جانے والا، تیر (ख़त ले जाने वाला, तीर) letter bearer, arrow

पत्रा (पु०) جنتری، کنڈلی (जंतरी, कुंडली) almanac, horoscope

पत्रिका (स्त्री०) خط وکتابت، رسالہ (ख़तोकिताबत, रिसाला) letter, magazine

पथ (पु०) راستہ، قانون (रास्ता, क़ानून) path, legislation

पथप्रदर्शक (पु०) راستہ دکھانے والا، رہنما (रास्ता दिखाने वाला, रहनुमा) one who shows the path, leader

पथिक (पु०) راستہ چلنے والا، مسافر (रास्ता चलने वाला, मुसाफ़िर) traveller, passenger

पथ्य (पु०) مریض کو دی جانے والی ہلکی غذا (मरीज़ को दी जाने वाली हल्की ग़िज़ा) light meal given to a patient

पद (पु०) پیر، گیت، چوتھا مصرعہ (पैर, गीत, चौथा मिसरा) foot, lyric, fourth line of stanza

पदक (पु०) سونے یا چاندی کا تمغہ (सोने या चाँदी का तमग़ा) gold or silver medal

पदच्युत (वि०) اپنے عہدے سے ہٹایا ہوا (अपने ओहदे से हटाया हुआ) removed from the post

पदज (पु०) پیر کی انگلی، شودر (पैर की उँगली, शूद्र) finger of foot, untouchable

पदतल (पु०) تلوا (तलवा) sole

पदत्याग (पु०) اپنے عہدے کو چھوڑنا، استعفا (अपने ओहदे को छोड़ना, इस्तेफ़ा) to relinquish the post, resignation

पदवी (स्त्री०) عہدہ،خطاب (ओहदा, ख़िताब) post, title

पदाधिकारी (पु०) عہدے دار،افسر (ओहदेदार, अफ़सर) officer

पदार्थ (पु०) مادہ،شے (माद्दा, शै) matter, thing

पदार्थ विज्ञान (पु०) علم طبیعات (इल्मे तबीयात) physics

पदार्पण (पु०) تشریف لانا، قدم رکھنا (तशरीफ़ लाना, क़दम रखना) to step in

पद्धति (स्त्री०) طریقہ،رواج (तरीक़ा, रिवाज) method, custom

पदनामित (वि०) عہدہ کا بدلنا (ओहदे का बदलना) redesignated

पद्म (पु०) کنول کا پھول یا پودا (कंवल का फूल या पौदा) lotus flower or plant

पद्मिनी (स्त्री०) کنول، حسین عورت (कंवल, हसीन औरत) lotus, a woman of beauty

पद्य (पु०) شاعری،نظم (शायरी, नज़्म) poetry, poem

पधराना (क्रि०) عزّت کے ساتھ لے جانا (इज़्ज़त के साथ ले जाना) to escort with respect

पन (अव्य०) لاحقہ (लाहिक़ा) suffix

पनच (स्त्री०) کمان کی ڈوری (कमान की डोरी) cord of bow

पनस (पु०) کٹھل (कटहल) jack fruit

पनसल्ला (स्त्री०) جہاں مسافروں کو پانی پلایا جاتا ہو (जहाँ मुसाफिरों को पानी पिलाया जाता हो) water arrangement for travellers

पनसुइया (स्त्री०) چھوٹی کشتی (छोटी कश्ती) small boat

पन्नग (पु०) سانپ (साँप) snake

पय (पु०) پانی،دودھ (पानी, दूध) water, milk

परंपरा (स्त्री०) روایت (रिवायत) tradition

पर (अव्य०) دوسرا،بہترین (दूसरा, बेहतरीन) another, excellent

परनि (स्त्री०) عادت،ٹیک (आदत, टेक) habit, support

परनौत (स्त्री०) سلام (सलाम) salute

परन्तु (अव्य०) لیکن (लेकिन) but

परम (वि०) اہم،اعلیٰ (अहम, आला) chief, superior most

परमहंस (पु०) اعلیٰ ترین مخلوق، ولی اللہ (صوفی) (आला तरीन मख़लूक़, वली अल्लाह {सूफ़ी}) supreme soul, an ascetic

परमात्मा (पु०) اللہ تعالیٰ (अल्लाह तआला) almighty God

परमेश्वर (पु०,वि०) سب سے بہترین، خدائے مطلق (सबसे बेहतरीन, खुदाए मुतलक़) superior most, almighty God

परस्पर (वि०) آپسی (आपसी) mutual

परहित (पु०) دوسرے کا فائدہ (दूसरे का फ़ायदा) welfare of others

परहेलना (क्रि०) ذلیل کرنا (ज़लील करना) to insult

पराकाष्ठा (स्त्री०) نقطۂ عروج، حد (नुक़तए ओरूज, हद) climax

पराक्रम (पु०) قوت،طاقت (कुवत, ताक़त) power, strength

पराक्रमी (वि०) دم خم والا، بے خوف (दमख़म वाला, बेख़ौफ़) vigorous, fearless

पराग (पु०) زردانا (ज़रदाना) pollens

परांग (पु०) جسم کا پچھلا حصّہ (जिस्म का पिछला हिस्सा) posterior part of body

परांगमुख (वि०) برعکس، خلاف (बरअक्स, ख़िलाफ़) contrary, adverse

पराजय (पु०) شکست (ہار) (शिकस्त {हार}) defeat

पराजित (वि०) مفتوح، ہارا ہوا (मफ़्तूह, हारा हुआ) defeated, beaten

परात (स्त्री०) بڑی رکابی (बड़ी रिकाबी) large metal dish

पराधीन (वि०) محکوم (महकूम) state of subjugation

पराना (क्रि०) بھاگنا (भागना) to flee away

पराभव (पु०) شکست،ہار (शिकस्त, हार) defeat

पराभूत (वि०) ہاراہوا (हारा हुआ) defeated

परामर्श (पु०) مشورہ،فیصلہ (मशविरा, फ़ैसला) consultation, decision

परामर्शी (पु०) مُشیر،صلاح کار (मुशीर, सलाहकार) adviser, counsellor

परावर्तन (पु०) انعکاس (इनेकास) reflection

परावृत (वि०) بدلا ہوا (बदला हुआ) changed

परास्त (वि०) ہاراہوا، پھیکا ہوا (हारा हुआ, फेका हुआ) defeated, thrown

परिकल्पना (पु०) غور وفکر،مفروضہ (ग़ौरो फ़िक्र, मफ़रूज़ा) imagination, presumption

परिकीर्ण (वि०) وسیع، پھیلا ہوا (वसी, फैला हुआ) vast, spread

परिक्रमा, परिक्रमण (स्त्री०) طواف، چکر کاٹنا (तवाफ़, चक्कर काटना) circumambulation, encircling

परिगत (वि०) جانا ہوا، معلوم، گزرا ہوا (जाना हुआ, मालूम, गुज़रा हुआ) known, past

परिचय (पु०) تعارف، جان پہچان (तआरुफ़, जान पहचान) introduction

परिचरण (पु०) خدمت، چہل قدمی (ख़िदमत, चहल क़दमी) service, strolling

परिचारिका (स्त्री०) خدمت گار(عورت) (ख़िदमतगार (औरत)) nurse

परिचालक (पु०) چلانے والا (चलाने वाला) conductor

परिचालन (पु०) کام کاج چلنا (कामकाज चलना) conducting (work), transportation

परिजन (पु०) خاندان، حاضرین (ख़ानदान) family, attendants

परिणत (वि०) تبدیل شدہ،ضعیف (तबदीलशुदा, ज़ईफ़) changed, old

परिणय (पु०) شادی (शादी) marriage

परिणाम (पु०) نتیجہ، تبدیلی (नतीजा, तब्दीली) result, change

परितप्त (वि०) کافی گرم، تپا ہوا (काफ़ी गरम, तपा हुआ) very hot

परिताप (पु०) صدمہ، دکھ، گرمی (सदमा, दुख, गर्मी) tragedy, heat

परितारिका (स्त्री०) قرصیہ (क़र्सिया) iris

परितोष (पु०) پورا اطمینان،خوشی (पूरा इत्मीनान, ख़ुशी) full satisfaction, pleasure

परित्यक्त (वि०) چھوڑا ہوا (छोड़ा हुआ) abandoned

परित्रस्त (वि०) خوف زدہ (ख़ौफ़ज़दा) afraid

परित्रात (वि०) محفوظ (महफ़ूज़) protected

परिदृश्य (पु०) تناظر (तनाज़ुर) perspective

परिधान (पु०) لباس (लिबास) dress

परिधि (पु०) محیط (मोहीत) circumference

परिनय (पु०) = **परिणय**

परिपक्व (वि०) پختہ، پکا ہوا (पुख़्ता, पका हुआ) matured, ripe

परिपाक (पु०) کام کا نتیجہ، تکمیل (काम का नतीजा, तकमील) result of deed, completion

परिपाटी (स्त्री०) ترکیب، رواج (तरकीब, रिवाज) method, custom

परिपालन (पु०) حفاظت (हिफ़ाज़त) defence

परिपूत (वि०) خالص، مقدس (ख़ालिस, मुक़द्दस) pure, sacred

परिपूर्ण (वि०) مکمل (मुकम्मल) complete

परिभव (पु०) ذلت، بے عزتی (ज़िल्लत, बेइज़्ज़ती) humiliation, insult

परिभावन (पु०) ملاپ (मिलाप) union

परिभावी (वि०) ذلیل کیا ہوا، ذلیل کرنے والا (ज़लील किया हुआ, ज़लील करने वाला) humiliated, one who insults

परिभाषा (स्त्री०) تعریف (तारीफ़) definition

परिमंडल (पु०) بڑا علاقہ، دائرہ (बड़ा इलाक़ा, दायरा) realm, circle

परिमल (पु०) عمدہ خوشبو (उम्दा ख़ुश्बू) nice scent

परिमाण (पु०) ناپ، پیمائش، مقدار (नाप, पैमाइश, मिक़्दार) measurement, quantity

परिमार्जक (पु०) دھونے والا (धोने वाला) detergent

परिमार्जित (वि०) دھویا ہوا (धोया हुआ) washed

परिमिति (स्त्री०) احاطہ (अहाता) perimeter

परिरम्भ (पु०) آغوش (आग़ोश) embracing

परिलेख (पु०) خاکہ (ख़ाका) outlines

परिवर्जक (वि०) قربانی دینے والا (क़ुरबानी देने वाला) one who sacrifices

परिवर्तक (वि०) بدلنے والا (बदलने वाला) convertor

परिवर्तन (पु०) تبادلہ، بدلنے کا عمل (तबादला, बदलने का अमल) exchange, to change

परिवर्तित (वि०) بدلا ہوا (बदला हुआ) changed

परिवर्धन (पु०) بالیدگی، نشوونما (बालीदगी, नशुओनुमा) growth, development

परिवाद (पु०) تنقید، شکایت (तन्क़ीद, शिकायत) censure, complaint

परिवार (पु०) خاندان (ख़ानदान) family

परिविष्ट (वि०) گھرا ہوا (घिरा हुआ) surrounded

परिवेश (पु०) ماحول،احاطہ (माहौल, अहाता) environment, compound
परिवेष (पु०) احاطہ، نظام شمسی (अहाता, नेज़ामे शम्सी) compound, solar system
परिशिष्ट (पु०,वि०) باقی،ضمیمہ (बाक़ी, ज़मीमा) remaining, supplement
परिशोध (पु०) قرض کی ادائیگی، خالص کرنا (क़र्ज़ की अदायगी, ख़ालिस करना) payment of debts, purifying
परिश्रम (पु०) محنت،کوشش (मेहनत, कोशिश) labour, effort
परिश्रमी (वि०) محنتی (मेहनती) laborious
परिषद (स्त्री०) سماج،ایوان (समाज, ऐवान) society, council
परिषिक्त (वि०) سینچا ہوا (सींचा हुआ) irrigated
परिषेक (पु०) چھڑکاؤ،غسل (छिड़काव, ग़ुस्ल) spraying, bathing
परिष्कार (पु०) خالصیت،سجاوٹ (ख़ाल्सियत, सजावट) purity, decoration
परिष्कृत (वि०) آراستہ (आरास्ता) decorated
परिसर (पु०) نزدیکی،حدود (नज़दीकी, होदूद) proximity, extent
परिहरण (पु०) تیاگ (त्याग) sacrifice
परिहार (पु०) دفع کرنا، تیاگ کرنا (दफ़ा करना, त्याग करना) repelling, abandoning
परिहार्य (पु०) گریز کے قابل (गुरेज़ के क़ाबिल) avoidable
परिहास (पु०) ہنسی،مضحکہ (हंसी, मज़्हका) laughter, ridicule
परिज्ञान (पु०) ادراک،فہم (इदराक, फ़हम) comprehension, understanding
परीक्षक (पु०) ممتحن، جانچنے والا (मुमतहिन, जाँचने वाला) examiner
परीक्षण (पु०) جانچ،آزمائش (जाँच, आज़माइश) investigation, test
परीक्ष्यमान (वि०) آزمائشی (आज़मायशी) probation
परीक्षा (स्त्री०) امتحان،جانچ (इम्तेहान, जाँच) examination, test
परीक्षार्थी (पु०) امتحان دینے والا (इम्तेहान देने वाला) examinee
परुष (वि०) سخت، بے رحم (सख़्त, बेरहम) hard, cruel
परेट (पु०) فوجی تعلیم (फ़ौजी तालीम) military education
परोक्ष (पु०) مخفی، بالواسطہ (मख़्फ़ी, बिलवास्ता) hidden, indirect
परोपकार (पु०) دوسرے کا بھلا (दूसरे का भला) commensalism, altruism
परोसना (क्रि०) کھانا لگانا (खाना लगाना) to serve food
पर्ण (पु०) پتا (पत्ता) leaf
पर्यटक (पु०) گھومنے پھرنے والا (घूमने फिरने वाला) tourist
पर्यटन (पु०) گھومنا، سیاحت (घूमना, सेयाहत) wandering, tourism
पर्यन्त (पु०) سرحد (सरहद) boundary
पर्यवेक्षक (वि०) نگراں (निगरां) supervisor
पर्याप्त (वि०) کافی (काफ़ी) sufficient
पर्याय (पु०) تکرار (तकरार) recurrence
पर्यायवाची (वि०) مترادف (मुतरादिफ़) synonymous
पर्यावरण (पु०) ماحول (माहौल) environment
पर्व (पु०) گانٹھ، انگلی کا جوڑ، تہوار (गाँठ, उँगली का जोड़, तहवार) node, joints of finger, festival
पर्वत (पु०) پہاڑ (पहाड़) mountain
पर्षद (स्त्री०) مجلس، مشاورتی بورڈ (मजलिस, मुशावरती बोर्ड) council, board
पलल (पु०) گوشت،کیچڑ (गोश्त, कीचड़) flesh, mud
पलाद (पु०) راکشس (राक्षस) demon
पलायन (पु०) بھاگنے کا عمل، ہجرت (भागने का अमल, हिजरत) migration
पल्लव (पु०) نیا تنا، کلی، پھول (नया तना, कली, फूल) shoot, bud, flower
पल्लवन (पु०) نئی کونپلوں کا پھوٹنا، انکرن (नई कोंपलों का फूटना, अंकुरन) appearance of new shoots, sprouting
पल्लवी (वि०) = **पल्लवन** (पु०)
पलेथन (पु०) خشکی جو لوئی میں لگایا جاتا ہے (खुश्की जो लोइ में लगाया जाता है) flour spread with dough

पल्लि/पल्ली (स्त्री०) گاؤں،چھپکلی (गाँव, छिपकली) village, lizard

पवन (पु०) ہوا (हवा) wind

पवारना (क्रि०) گرانا،پھینکنا (गिराना, फेकना) to drop, to throw away

पवित्र (वि०) پاک (पाक) holy

पवित्रता (स्त्री०) تقدیس، پاکی (तकदीस, पाकी) holiness, purity

पशु (पु०) جانور، چوپایا (जानवर, चौपाया) animal, four footed

पशुता (स्त्री०) حیوانیت (हैवानियत) beastliness

पशुपति (पु०) شیو،مہادیو (शिव, महादेव) Shiv, Mahadev

पश्चात (अव्य०) بعد میں، پیچھے سے (बाद में, पीछे से) after, later

पश्चाताप (पु०) پچھتاوا (पछतावा) repentence

पश्चिम (पु०,वि०) (پچھّم) مغرب (मग़रिब {पच्छिम}) west

पश्चिमी (वि०) (پچھمی) مغربی (मग़रिबी {पच्छिमी}) western

पांक/पाक (क्रि०) پکانا (पकाना) to cook

पाकशाला/पाकागार (स्त्री०) باورچی خانہ (बावर्ची ख़ाना) kitchen

पाखंडी (वि०) ڈھونگی،ریاکار (ढोंगी, रियाकार) fraud, hypocrite

पांडु (वि०) ہلکا پیلا،زرد (हल्का पीला, ज़र्द) light yellow, pale

पांडुलिपि (स्त्री०) مسودہ،دستاویز (मुसव्वदा, दस्तावेज़) manuscript, handwritten draft

पागुर (पु०) جگالی (जुगाली) curding

पाचक (पु०,वि०) ہضم کرنے والا (हज़्म करने वाला) digestive

पाचन (पु०) ہاضمہ (हाज़्मा) digestion

पाटन (पु०) بھرنا،شہر (भरना, शहर) filling, city

पाठ (पु०) سبق، پڑھنا (सबक़, पढ़ना) lesson, to read

पाठक (पु०) معلم، پڑھنے والا (मुअल्लिम, पढ़ने वाला) teacher, reader

पाठशाला (स्त्री०) درس گاہ (दरसगाह) school

पाठ्य (वि०) پڑھنے لائق (पढ़ने लायक़) worth reading

पाठ्यक्रम (पु०) نصاب (नेसाब) syllabus

पाड़ा (पु०) محلّہ،ٹولہ (मुहल्ला, टोला) mohalla

पाणि (पु०) (ہاتھ) دست (दस्त {हाथ}) hand

पाण्डित्यपूर्ण (पु०,वि०) ایک قابل آدمی (एक क़ाबिल आदमी) erudite

पाण्डु (पु०)= **पांडू**

पातक (पु०) گناہ (गुनाह) sin

पाताल (पु०) غار، دنیا کا گہرا ترین حصّہ (ग़ार, दुनिया का गहरा तरीन हिस्सा) cave, deepest region of world

पाती (स्त्री०) پتّی،خط (पत्ती, ख़त) leaf, letter

पात्र (पु०) خوبیوں والا، اداکار (ख़ूबियों वाला, अदाकार) of qualities, actor

पात्रता (स्त्री०) لیاقت، صلاحیت (लियाक़त, सलाहियत) ability, eligibility

पाद (पु०) پاؤں (पाँव) leg

पादज (पु०) پیر سے پیدا ہونے والا،شُودر (पैर से पैदा होने वाला, शूद्र) born by feet, untouchables

पादप (पु०) پودا،درخت (पौदा, दरख़्त) plant, tree

पादोदर (पु०) سانپ (साँप) snake

पान (पु०) پینا، پینے کی چیز،شراب (पीना, पीने की चीज़, शराब) to drink, wine

पानप (वि०) شرابی، بہت پینے والا (शराबी, बहुत पीने वाला) drunkard

पानागार (पु०) میخانہ (मैख़ाना) bar

पाप (पु०) گناہ (गुनाह) sin

पामर (पु०,वि०) بدکردار، کمینہ، جلدی مرض میں مبتلا (बदकिरदार, कमीना, जिल्दी मर्ज़ में मुब्तला) bad character, vile, suffering from skin disease

पायस (पु०) کھیر (खीर) pudding

पारंपरिक (वि०) روایتی (रिवायती) traditional

पारदर्शक (वि०) شفاف (शफ़्फ़ाफ़) transparent

पारदर्शिता (स्त्री०) شفافیت (शफ़्फ़ाफ़ियत) transparency

पारस (पु०) ایک قسم کا فرضی پتھر (एक क़िस्म का फ़र्ज़ी पत्थर) an imaginary stone

पारितोषिक (पु०) تحفہ،انعام (तोहफ़ा, इनाम) prize, gift

पारिस्थितिकी (स्त्री०) ماحولیات (माहौलियात) ecology

पारी (स्त्री०) باری (बारी) turn

पार्थिव (पु०) مٹی کا بنا ہوا، خاکی (मिट्टी का बना हुआ, ख़ाकी) earthly, clayed

पार्श्व (पु०) بغل کا نچلا حصہ (बग़ल का निचला हिस्सा) lower part of axilla

पार्षद (पु०) کانسلر (कौंस्लर) councillor

पावर (वि०) کمینہ، ذلیل (कमीना, ज़लील) mean, disgraced

पावक (पु०) آگ (आग) fire

पावती (स्त्री०) موصول، رسید (मौसूल, रसीद) receipt

पावन (वि०) پاک، مقدس (पाक, मुक़द्दस) pure, holy

पाश (पु०) پھندا، رسّی (फंदा, रस्सी) trap, string

पाश्चात्य (वि०) پچھلا، مغربی ملکوں کا (पिछला, मग़रबी मुल्कों का) back, of western countries

पाषाण/पाहन (पु०) پتھر (पत्थर) stone

पाहुन (पु०) مہمان (मेहमान) guest

पाहुना (पु०) مہمان، داماد (मेहमान, दामाद) guest, son-in-law

पिंगल (पु०,वि०) پیلا، لال (पीला, लाल) yellow, red

पिंजल (पु०) پریشان، گھبرایا ہوا (परेशान, घबराया हुआ) worried

पिण्ड (पु०) ثواب کی خاطر اناج کی بھینٹ، گیند، جسم (सवाब की ख़ातिर अनाज की भेंट, गेंद, जिस्म) religious offering of cereals for reward, ball, body

पिता (पु०) باپ، والد (बाप, वालिद) father

पितामह (पु०) دادا (दादा) grand father

पितिया (पु०) چچا (चचा) father's brother (uncle)

पितृ (पु०) باپ، خالق (बाप, ख़ालिक़) father, creator

पितृगृह (पु०) میکہ، باپ کا گھر، شمشان گھر (मायका, बाप का घर, शमशान घर) father's house, cremation home

पित्त (पु०) صفرہ، جگر سے نکلنے والا ایک قسم کا رقیق (सफ़रा, जिगर से निकलने वाला एक क़िस्म का रक़ीक़) bile, a secretion of liver

पित्ती (स्त्री०) پتّی، چھوٹے چھوٹے دانے (पित्ती, छोटे छोटे दाने) urticaria, rashes

पिपासा (स्त्री०) پیاس، خواہش (प्यास, ख़ाहिश) thirst, desire

पिपासु (वि०) پیاسا، خواہشمند (प्यासा, ख़ाहिशमंद) thirsty, desirous

पिया (पु०,वि०) پیارا و محبوب (प्यारा व महबूब) lover, beloved

पिशाच (पु०) بھوت پریت (भूत प्रेत) ghost

पिशुन (पु०,वि०) بدمعاش، ظالم (बदमाश, ज़ालिम) villain, cruel

पिष्ट (वि०) پیسا ہوا سفوف (पीसा हुआ सफ़ूफ़) ground to powder

पीड़क (पु०,वि०) درد دینے والا، تکلیف دہ (दर्द देने वाला, तकलीफ़दह) painful

पीड़ा (स्त्री०) درد، تکلیف (दर्द, तकलीफ़) pain

पीड़ित (वि०) متاثر، مظلوم (मुतास्सिर, मज़लूम) affected, oppressed

पीताम्बर (पु०) زرد (پیلا) لباس (ज़र्द {पीला} लिबास) yellow dress

पीयूष (पु०) گائے کا دودھ، رس، امرت (गाय का दूध, रस, अमृत) cow milk, nectar, pituitary

पीयुषिका (स्त्री०) زیرنامی (ज़ेरनामी) hypophysis

पीन (वि०) کاہل، موٹا، خوشحال (काहिल, मोटा, खुशहाल) idle, fat, well to do

पुण्य (पु०) نیک کام، ثواب (नेक काम, सवाब) noble deed, reward

पुत्र (पु०) بیٹا (बेटा) son

पुत्री (स्त्री०) بیٹی (बेटी) daughter

पुनः (अव्य०) پھر، دوبارا (फिर, दोबारा) again, second time

पुनरागत/पुनरागमन (वि०) دوبارا آیا ہوا (दोबारा आया हुआ) second arrival

पुनरावृत्ति (स्त्री०) دُہرانا (दुहराना) repetition

पुनीत (वि०) مقدس، پاک (मुक़द्दस, पाक) holy, sacred

पुराण (वि०) قدیم، پرانا، ہندوؤں کا مذہبی گرنتھ (क़दीम, पुराना, हिन्दुओं का मज़हबी ग्रंथ) ancient, old, holy scripture of Hindus

पुरातत्व (वि०) آثار قدیمہ (आसार क़दीमा) archaeological

पुरातन (वि०) قدیم،پرانا (क़दीम, पुराना) ancient, old

पुरुष (पु०) مرد،شوہر،سورج (मर्द, शौहर, सूरज) male, husband, sun

पुरुषता (वि०) مردانگی (मर्दानगी) maleness

पुरुषोत्तम (वि०) سب سے بہترین مرد، خدا (सब से बेहतरीन मर्द, ख़ुदा) excellent man, God

पुरोधा (पु०) پجاری (पुजारी) priest

पुरोहित (पु०) پوجا پاٹھ کرانے والا برہمن (पूजा पाठ कराने वाला ब्राहमण) Brahmin who conducts rituals

पुलकना (क्रि०) خوشی سے مچلنا (ख़ुशी से मचलना) thrill of delight

पुलिन (पु०) ندی کا ریتیلا کنارا (नदी का रेतीला किनारा) sandy river bank

पुष्ट (वि०) صحتمند،طاقتور،پختہ (सेहतमंद, ताक़तवर, पुख़्ता) healthy, strong, firm

पुष्टि (स्त्री०) پختگی، پرورش،تصدیق (पुख़्तगी, परवरिश, तस्दीक़) firmness, nutrition, confirmation

पुष्प (पु०) پھول (फूल) flower

पुष्पक (पु०) = **पुष्प**

पुस्तक (स्त्री०) کتاب (किताब) book

पुस्तिका (स्त्री०) چھوٹی کتاب یا کاپی (छोटी किताब या कापी) small book or copy

पुहुप (पु०) = **पुष्प**

पूखन (पु०) سپاری کا درخت (सुपारी का दरख़्त) tree of betel nut

पूजन/पूजा (पु०) پوجا،عبادت (पूजा, इबादत) pooja, worship

पूज्य (वि०) لائق احترام، قابلِ عبادت (लाएक़ एहतेराम, क़ाबिले इबादत) respectable, to be worshipped

पूरक (पु०,वि०) ضمنی، پورا کرنا (ज़िम्नी, पूरा करना) supplementary, filling up

पूर्ण (वि०) مکمل، پورا،ختم (मुकम्मल, पूरा, ख़त्म) complete, entire, end

पूर्णता (स्त्री०) پوری طرح سے، خاتمہ، تکمیلیت (पूरी तरह से, ख़ात्मा, तक्मीलियत) fullness, completion, perfection

पूर्णविराम (पु०) جملہ ختم ہونے کا نشان (जुमला ख़त्म होने का निशान) mark of ending sentence

पूर्णांक (पु०) عدد صحیح (अदद सही) whole number

पूर्णानन्द (पु०) خدا (ख़ुदा) God

पूर्ति (स्त्री०) پورا کرنے کا کام، ضرورت پوری ہونا (पूरा करने का काम, ज़रूरत पूरी होना) process of completion, making good

पूर्व (पु०,वि०) پرانا، ماضی، مشرق (पुराना, माज़ी, मशरिक़) old, past, east

पूर्वी/पूर्वीय (वि०) مشرقی (मशरिक़ी) eastern

पूर्वक (प्रत्यय) ساتھ (साथ) with

पूर्वज (पु०,वि०) جدامجد (پہلے کے لوگ) (जद्दे अमजद (पहले के लोग)) ancestors

पूर्वाग्रह (पु०,वि०) بدگمانی،تعصب (बदगुमानी, तास्सुब) prejudiced

पूर्वाह्न (पु०) دن کا پہلا حصہ (दिन का पहला हिस्सा) first part of the day

पृथक (वि०) علیحدہ (الگ) مختلف (अलैहदा (अलग) मुख़्तलिफ़) separate, different

पृथक्करण (पु०) علیحدہ کرنا (अलैहदा करना) separation

पृथिवी (स्त्री०) دنیا، زمین (दुनिया, ज़मीन) earth, land

पृथुल (वि०) بہت بھاری (बहुत भारी) very heavy

पृथ्वी (स्त्री०) کرۂ ارض (कुर्रे अर्ज़) the earth

पृथ्वीधर (पु०) پہاڑ (पहाड़) mountain

पृष्ठ (पु०) پیٹھ، پُشت، صفحہ (पीठ, पुश्त, सफ़ा) back, page

पृष्ठफल (पु०) سطحی رقبہ (सतही रक़बा) surface area

पृष्ठभूमि (स्त्री०) تناظر، پس منظر (तनाज़ुर, पसमंज़र) background, context

पृष्ठवंश (पु०) ریڑھ کی ہڈی (रीढ़ की हड्डी) back bone

पेचक (पु०) اُلو (उल्लू) owl

पेचिका (स्त्री०) مادہ اُلّو (मादा उल्लू) she owl

पेय (पु०,वि०) مشروب، پانی، دودھ (मशरूब, पानी, दूध) drink, water, milk, beverage

पेशी (स्त्री०) عضلات، پٹھا (अज़लात, पट्ठा) muscles

पेषक/पेषणी (वि०) جاتا، پیسنے والا (जाता, पीसने वाला) gizzard, grinder

पैतृक (वि०) جدی، والد سے متعلق (जद्दी, वालिद से मुतअल्लिक़) paternal

पोटा (पु०) چڑیا کا بچہ، انگلی کا سرا (चिड़िया का बच्चा, उँगली का सिरा) bird's baby, apex of finger

पोषक (पु०,वि०) پالنے والا، مقوی (पालने वाला, मुक़व्वी) nourisher, strengthening

पोषण (पु०) پرورش، قوت (परवरिश, कुव्वत) nourishment, strength

पौत्र (पु०) پوتا (पोता) grand son

पौत्री (स्त्री०) پوتی (पोती) grand daughter

पौरुष/पौरुष्य (पु०,वि०) ہمت، مردانگی (हिम्मत, मर्दांगी) courage, bravery

पौष्टिक (वि०) غذائیت سے بھرپور (ग़िज़ाइयत से भरपूर) nutritious

प्रकट (वि०) نمودار، ظاہر (नमूदार, ज़ाहिर) visible, apparent

प्रकरण (पु०) معاملہ، موضوع (मामला, मौजू) episode, topic

प्रकार (पु०) قسم، طرح (क़िस्म, तरह) kind, type, like

प्रकाश (पु०,वि०) روشنی، شہرت (रौशनी, शोहरत) light, fame

प्रकाशक (पु०,वि०) ناشر، ظاہر کرنے والا (नाशिर, ज़ाहिर करने वाला) publisher, one who brings into light

प्रकाशन (पु०) اشاعت، شائع شدہ تصنیفات (इशाअत, शाया शुदा तसनीफ़ात) publication, published work

प्रकाश संश्लेषण (पु०) شعاعی ترکیب (शोआई तरकीब) photosynthesis

प्रकीर्ण (वि०) چھترایا ہوا (छितराया हुआ) scattered

प्रकृति (स्त्री०) فطرت، خاصیت (फ़ितरत, ख़ासियत) nature, property

प्रकोप (पु०) غصّہ، آفت (गुस्सा, आफ़त) anger, calamity

प्रक्रिया (स्त्री०) ترکیب، عمل (तरकीब, अमल) process, phenomenon

प्रक्षेत्र (पु०) حلقہ (हल्क़ा) zone

प्रक्षेप (पु०) پھینکنا، چھترانا، سرمایہ (फेंकना, छितराना, सरमाया) to throw away, to spread, capital

प्रक्षेपण (पु०) پھینکنا (फेंकना) to throw away

प्रखर (वि०) تیکھا، تیزطرار (तीखा, तेज़ तर्रार) pungent, very sharp

प्रख्यात (वि०) مشہور (मशहूर) famous

प्रगट (वि०) = **प्रकट**

प्रगति (स्त्री०) چال، ترقی (चाल, तरक्क़ी) speed, progress

प्रगतिशील (वि०) ترقی پذیر (तरक़्क़ी पज़ीर) progressive

प्रचण्ड (वि०) خوفناک، زبردست، طاقتور (ख़ौफ़नाक, ज़बरदस्त, ताक़तवर) dreadful, strong

प्रचलन (पु०) چلنا، مروّج (चलना, मुरव्व्ज) locomotion, customary

प्रचलित (वि०) مروّج، جاری (मुरव्वज, जारी) in vogue, current

प्रचार (पु०) چلن، اشتہار (चलन, इश्तेहार) publicity, advertisement

प्रचारक (पु०,वि०) مشتہر کرنے والا، داعی (मुश्तहिर करने वाला, दाई) publicising, proclaimer

प्रचूर (वि०) کافی زیادہ (काफ़ी ज़्यादा) abundant

प्रजनन (पु०) عمل تولید (अमले तौलीद) reproduction

प्रजा (स्त्री०) عوام، رعیت (अवाम, रइयत) people, subjects

प्रजातंत्र (पु०) جمہوریت (जमहूरियत) democracy

प्रजापति (पु०) کائنات کا خالق، راجا (कायनात का ख़ालिक़, राजा) creater of universe, king

प्रज्ञ (स्त्री०) عالم، عقلمند (आलिम, अक़्लमंद) scholar, wise

प्रज्ञा (वि०) علم، عقل (इल्म, अक़्ल) knowledge, wisdom

प्रज्वलित (वि०) جلتا ہوا (जलता हुआ) burning

प्रण (पु०) پکا ارادہ، عہد (पक्का इरादा, अहद) determination, vow

प्रणति (स्त्री०) التجا، انکساری (इलतेजा, इनकेसारी) request, humbleness

प्रणव (पु०) خدائے مطلق (ख़ुदाए मुतलक़) absolute God

प्रणाली (स्त्री०) ترکیب، نظام (तरकीब, नेज़ाम) procedure, system

प्रतान (वि०) پھیلاؤ (फैलाव) extension

प्रताप (पु०) بہادری، گرمی (बहादुरी, गर्मी) bravery, spirited

प्रतारक (पु०,वि०) ٹھگ،عیّار (ठग, अइयार) fraud, clever
प्रति (स्त्री०,उप०) فی، تئیں (फ़ी, तईं) per, for
प्रतिकार (पु०) بدلہ چکانے والا (बदला चुकाने वाला) one who takes revenge
प्रतिकूल (वि०) مخالف، ناسازگار (मुखालिफ़, नासाज़गार) adverse, unfavourable
प्रतिघात (पु०) جوابی حملہ، ردِّ عمل (जवाबी हमला, रद्दे अमल) repulsing, reaction
प्रतिज्ञा (स्त्री०) پختہ عزم (पुख़्ता अज़्म) strong determination
प्रतिद्वन्द्व/प्रतिद्वन्द्वि (पु०) حریف (हरीफ़) rivals, contestant
प्रतिनिधि (पु०) نمائندہ، ایجنٹ (नुमाईंदा, एजेन्ट) representative, agent
प्रतिपक्ष (पु०) مخالف (मुख़ालिफ़) opposition
प्रतिबिम्ब (पु०) عکس، مورتی (अक्स, मूर्ति) image, statue
प्रतिबन्ध (पु०) پابندی (पाबन्दी) ban
प्रतिबद्ध (वि०) پابندعہد (पाबन्दे अहद) committed
प्रतिबद्धता (स्त्री०) پابندیٔ عہد (पाबन्दीए अहद) commitment
प्रतिबोध (पु०) بیداری، علم (बेदारी, इल्म) awakening, knowledge
प्रतिबोधन (पु०) جگانا، ہدایت (जगाना, हिदायत) awakening, instruction
प्रतिभा (स्त्री०) چمک، غیر معمولی صلاحیت (चमक, ग़ैर मामूली सलाहियत) splendour, extraordinary merit
प्रतिभावान (वि०) شاندار (शानदार) splendid
प्रतिभाशाली (वि०) غیرمعمولی، باصلاحیت (ग़ैर मामूली, बासलाहियत) extraordinary, meritorious
प्रतिभु (पु०) ضامن (ज़ामिन) surety
प्रतिमा (स्त्री०) مجسمہ، تصویر (मुजस्सेमा, तसवीर) idol, picture
प्रतियोगिता (स्त्री०) مقابلہ (मुक़ाबला) competition
प्रतियोद्धा (पु०) دشمن، حریف (दुश्मन, हरीफ़) enemy, rival
प्रतिरक्षक (वि०) ضدجسم افزا (ज़िद जिस्म अफ़्ज़ा) antigen
प्रतिरक्षी (वि०) دفائی (दिफ़ाई) antibody
प्रतिरोध (पु०) مزاحمت (मज़ाहेमत) resistance
प्रतिरोधक (पु०,वि०) رکاوٹ ڈالنے والا (रुकावट डालने वाला) one who makes resistance
प्रतिलिपि (स्त्री०) کسی تحریر کی نقل (किसी तहरीर की नक़्ल) copy of any write up
प्रतिवाद (पु०) جواب، اعتراض (जवाब, एतराज़) rejoinder, objection
प्रतिशत (पु०) فیصد، فیصدی (फ़ीसद, फ़ीसदी) percent, percentage
प्रतिशोध (पु०) انتقام، بدلے کی نیت سے کیا جانے والا کام (इन्तेक़ाम, बदले की नीयत से किया जाने वाला काम) revenge, any act to compensate prestige
प्रतिष्ठा (स्त्री०) عزت، وقار (इज़्ज़त, वक़ार) honour, prestige
प्रतिष्ठान (पु०) تنصیبات، ادارہ (तनसीबात, एदारा) installation, institute
प्रतिसार (पु०) دوری کرنا، الگ کرنا (दूरी करना, अलग करना) distancing, to separate
प्रतिस्पर्धा (स्त्री०) جھگڑا، مقابلہ (झगड़ा, मुक़ाबला) rivalry, competition
प्रतिहार (पु०) دربان، چوب دار (दरबान, चोबदार) gate keeper, staff bearer
प्रतीक (पु०) علامت، نشان، عضو (अलामत, निशान, अज़ो) symbol, mark, part
प्रतीक्षा (स्त्री०) انتظار، آسرا (इंतेज़ार, आसरा) waiting, expectation
प्रतीची (स्त्री०) مغرب (پچھم) کا سمت (मग़रिब (पश्चिम) का सिमत) west direction
प्रतीत (वि०) ظاہر (ज़ाहिर) appearance
प्रत्यक्ष (पु०,वि०) چشم دید، آنکھوں کے سامنے، براہ راست (चशमदीद, आँखों के सामने, बराहे रास्त) before eyes, direct
प्रत्यक्षण (पु०) ادراک (इदराक) perception
प्रत्यय (पु०) علم، عقل، لاحقہ (इल्म, अक़्ल, लाहिक़ा) knowledge, wisdom, suffix
प्रत्यार्पण (पु०) برآمدگی (बरामदगी) extradition
प्रत्युक्त (वि०) جس کا جواب دیا گیا ہو (जिस का जवाब दिया गया हो) replied

प्रत्युत्तर (पु०) جواب کا جواب (जवाब का जवाब) rejoinder

प्रत्युत्थान (पु०) اپنی جگہ چھوڑ کر خیر مقدم کرنا (अपनी जगह छोड़ कर ख़ैर मक़्दम करना) rising to welcome

प्रत्यायन (वि०) مستند (मुस्तनद) accredential

प्रत्येक (अव्य०) ہر ایک، الگ الگ (हर एक, अलग अलग) every one, each & every

प्रथम (वि०) پہلا (पहला) first

प्रथा (स्त्री०) رواج،چلن (रिवाज, चलन) custom

प्रद/प्रत्पय (पु०) داتا، دینے والا (दाता, देने वाला) donor

प्रदर्शक (पु०,वि०) دیکھنے والا، مظاہرین (दिखने वाला, मुज़ाहिरीन) spectator, demonstrator

प्रदर्शन (पु०) مظاہرہ (मुज़ाहिरा) demonstration

प्रदर्शनी (स्त्री०) نمائش (नुमाइश) exhibition

प्रदाता (पु०) (معطی) دینے والا (देने वाला (मोअत्ती)) donar

प्रदान (पु०) عطا کرنے کا عمل، دینا (अता करने का अमल, देना) donation, to give

प्रदीप (पु०) چراغ، روشنی (चिराग़, रौशनी) lamp, light

प्रदीप्त (वि०) روشن (रौशन) lighted, bright

प्रदूषण (पु०) آلودگی (आलूदगी) pollution

प्रद्वेष (पु०) رقابت، دشمنی (रक़ाबत, दुश्मनी) rivalry, enmity

प्रधान (पु०) سربراہ، سردار (सरबराह, सरदार) chief, leader

प्रधानता (स्त्री०) قیادت (क़्यादत) leadership

प्रधी (स्त्री०) تیز عقل (तेज़ अक़्ल) very wise

प्रपत्र (पु०) درخواست، فارم (दर्ख़ास्त, फ़ारम) format

प्रपात (पु०) جھرنا (झरना) water fall

प्रफुल्लता (स्त्री०) چمک، بشاشت (चमक, बशाशत) brightness, cheerfulness

प्रबंध (पु०) انتظام (इंतेज़ाम) management

प्रबंधक (पु०) ناظم (नाज़िम) manager

प्रबल (वि०) قوی، مضبوط (क़वी, मज़बूत) powerful, strong

प्रबोध (पु०) معرفت، فہم (मारफ़त, फ़हम) enlighten-ment, understanding

प्रभा (स्त्री०) چمک، روشنی، اُجالا (चमक, रौशनी, उजाला) shining, light

प्रभाकर (पु०) سورج، چاند، آگ (सूरज, चाँद, आग) sun, moon, fire

प्रभात (पु०) صبح سویرے (सुबह सवेरे) early morning (dawn)

प्रभाव (पु०) اثر (असर) effect

प्रभाषी (वि०) اچھی طرح سے بولنے والا (अच्छी तरह से बोलने वाला) good speaker

प्रभु (पु०) آقا، مالک (आक़ा, मालिक) lord, master

प्रभुता (स्त्री०) بڑائی، اہمیت (बड़ाई, अहमियत) greatness, importance

प्रमत्त (पु०) متوالا، مدہوش (मतवाला, मदहोश) intoxicated, drunk

प्रमाण (पु०) ثبوت، سچائی (सबूत, सच्चाई) proof, truth

प्रमागन (पु०) احتساب (एहतेसाब) censor

प्रमाणपत्र (पु०) سند، تصدیق نامہ (सनद, तस्दीक़ नामा) certificate

प्रमाणित (वि०) تصدیق شدہ (तस्दीक़ शुदा) certified, proven

प्रमाता (पु०) دادی (दादी) grand mother (paternal)

प्रमुख (वि०) اہم، خاص (अहम, ख़ास) important, main

प्रमुद (स्त्री०) خوشی (ख़ुशी) happiness

प्रमुदित (वि०) خوش (ख़ुश) happy

प्रमेय (वि०) مسئلہ، کلیّہ (मसअला, कुल्लिया) proposition, theoram

प्रमोद (वि०) خوشی، عیش (ख़ुशी, ऐश) happiness, pleasure

प्रयत्न (पु०) کوشش (कोशिश) effort

प्रयाण (पु०) رخصت، سفر (रुख़सत, सफ़र) departure, journey

प्रयास (पु०) کوشش، محنت (कोशिश, मेहनत) effort, labour

प्रयुक्त (वि०) متصل، بحال (मुत्तसिल, बहाल) joined, emplyoed

प्रयोग (पु०) تجربہ، طریقہ، استعمال (तजुर्बा, तरीक़ा, इस्तेमाल) experiment, method, use

प्रयोजक (वि०) نظم کرنے والا (नज़्म करने वाला) one who arranges

प्रलय (पु०) قیامت (क़यामत) doomsday

प्रलोभन (पु०) پھسلانا،لالچ (फुसलाना, लालच) enticement, greed

प्रवंचना (स्त्री०) دھوکا (धोका) fraud

प्रवक्ता (पु०) ترجمان،مقرر (तरजुमान, मुक़र्रिर) spokesman, speaker

प्रवचन (पु०) تشریح،وعظ (तशरीह, वाज़) explanation, sermon

प्रवजन (पु०) ہجرت (हिजरत) migration

प्रवदन (पु०) اعلان (ऐलान) declaration

प्रवर (पु०) خاندان،بال بچّے (ख़ानदान, बाल बच्चे) family, children

प्रवर्त्तन (पु०) قائم کرنا،تشہیر کرنا (क़ायम करना, तशहीर करना) founding, to make publicity

प्रवर्धक (वि०) بڑھانے والا (बढ़ाने वाला) growing agent

प्रवाचक (वि०) اچھا بولنے والا، واعظ (अच्छा बोलने वाला, वाइज़) good speaker, sermonizer

प्रवार (पु०) ڈھکاہوا (ढका हुआ) covered

प्रवाल (पु०) مونگا (मूँगा) corals

प्रवासी (पु०) غیر ملک میں بسنے والا، ہجرت کرنے والا (ग़ैर मुल्क में बसने वाला, हिजरत करने वाला) non resident (emigrant), migratory

प्रविष्ट (पु०) داخل،گھسا ہوا (दाख़िल, घुसा हुआ) entered, embedded

प्रवीण (पु०) مشاق، ماہر، تعلیم یافتہ (मशशाक़, माहिर, तालीम याफ़्ता) expert, skilled, educated

प्रवीर (पु०) جنگ جو (जंगजू) warrior

प्रवृत्ति (पु०) جھکاؤ،رغبت (झुकाव, रग़बत) inclination, tendency

प्रवेश (पु०) داخلہ (दाख़िला) admission

प्रवेशिका (पु०) داخلے کا تحریر نامہ (दाख़िले का तहरीरनामा) letter for admission

प्रशंसक (पु०) تعریف کرنے والا (तारीफ़ करने वाला) admirer

प्रशंसनीय (पु०) قابلِ تعریف (क़ाबिले तारीफ़) praiseworthy

प्रशंसन (पु०) تعریف،شہرت (तारीफ़, शोहरत) praise, fame

प्रशमन (पु०) امن پیدا کرنا،ٹھنڈا کرنا (अमन पैदा करना, ठंडा करना) pacifying, calming

प्रशस्त (पु०) عمدہ،بہترین،صاف (उम्दा, बेहतरीन, साफ़) excellent, clear

प्रशाखा (पु०) چھوٹا شعبہ (छोटा शोबा) section

प्रशासक (पु०) منتظم کار (मुन्तज़िमकार) administrator

प्रशान्त (पु०) ٹھہرا ہوا،شانت (ठहरा हुआ, शांत) still, pacific

प्रशिक्षण (पु०) تربیت (ٹریننگ) (तरबीयत {ट्रेनिंग}) training

प्रशिक्षु (पु०) زیرتربیت (ज़ेरे तरबियत) trainee

प्रश्न (पु०) سوال (सवाल) question

प्रश्नवाचक (पु०) سوالیہ (सवालिया) interrogative

प्रशासन (पु०) انتظامیہ (इंतेज़ामिया) administration

प्रश्रय (पु०) سہارا،آسرا (सहारा, आसरा) support, hope

प्रसङ्ग (प्रसंग) (पु०) موضوع، سیاق وسباق، تعلق (मौज़ू, सय्याक़ो सब्बाक़, ताल्लुक़) topic, context, attachment

प्रसन्न (पु०) خوش، مطمئن (ख़ुश, मुतमइन) happy, satisfied

प्रसन्नता (पु०) خوشی (ख़ुशी) pleasure

प्रसर (पु०) پھیلاؤ،تفصیل (फैलाव, तफ़सील) expansion, detail

प्रसरित (पु०) پھیلا ہوا،مفصل (फैला हुआ, मुफ़स्सिल) expanded, detailed

प्रसव (पु०) بچے کی پیدائش کا عمل،زچگی (बच्चे की पैदाइश का अमल, ज़च्चगी) maternity, labour

प्रसाद (पु०) خوشی،صفائی،تبرک (ख़ुशी, सफ़ाई, तबर्रुक) pleasure, cleaness, gift

प्रसाधन (पु०) انجام دینا،آرائش کرنا (अंजाम देना, आराईश करना) accomplishing, adorning

प्रसाधित (पु०) سرانجام (सरअंजाम) accomplished

प्रसार (पु०) پھیلاؤ،توسیع (फैलाव, तौसी) expansion, extensive

प्रसारण (पु०) نشریہ، پھیلاؤ (नशरो अशाअत, फैलाव) broadcasting, expansion

प्रसारित (पु०) پھیلا ہوا،نشریہ (फैला हुआ, नशरिया) extensive, broadcast

प्रसिद्ध (पु०) مشہور (मशहूर) famous

प्रसिद्धि (पु०) ناموری،شہرت (नामवरी, शोहरत) glory, fame

प्रसुप्त (वि०) خوابیدہ (ख़ाबीदा) dormant

प्रसूति (पु०) = **प्रसव**

प्रसून (पु०) پھول (फूल) flower

प्रसेक (पु०) سینکنا (सेंकना) to roast

प्रस्ताव/प्रस्तावना (पु०) تجویز، دیباچہ (तजवीज़, दीबाचा) proposal, preface

प्रस्तुत (पु०) پیش،تیار (पेश, तैयार) present, ready

प्रस्तुति (पु०) تعریف،پیش کش،افتتاح (तारीफ़, पेशकश, इफ्तेताह) praise, presentation, inauguration

प्रस्तुतिकरण (पु०) پیش کش (पेशकश) presentation

प्रस्थान (पु०) روانگی (रवानगी) departure

प्रस्थापना (पु०) قائم کرنا،تجویز (क़ायम करना, तजवीज़) establishing, proposal

प्रस्त्रव (पु०) جھرنا،بہنا (झरना, बहना) fall, flow

प्रहरी (पु०) پہریدار،چوکیدار (पहरेदार, चौकीदार) guard, watchman

प्रहर्ता (पु०) جنگجو،حملہ کرنے والا (जंगजू, हमला करने वाला) warrior, aggressor

प्रहसन (पु०) مزاحیہ،فکاہیہ (मज़ाहिया, फ़ेकाहिया) humorous, farce drama

प्रहार (क्रि०) حملہ،چوٹ (हमला, चोट) attack, wound

प्रांगण (पु०) آنگن،احاطہ (आँगन, अहाता) courtyard, campus

प्रांत (पु०) ریاست (रियासत) province (state)

प्राक्कलन (पु०) ابتدائی تخمینہ (इब्तेदाइ तख़ामीना) preliminary estimate

प्राकृतिक (वि०) قدرتی (कुदरती) natural

प्राचीन (वि०) قدیم،پرانا (क़दीम, पुराना) ancient, old

प्राचीर (पु०) احاطہ،قلعہ کا پشتہ (अहाता, किले का पुश्ता) fence, enclosure, rampart

प्राच्य (वि०) شرقی،مشرقی،قدیم (शरक़ी, मशरक़ी, क़दीम) oriental, eastern, ancient

प्राज्ञ (पु०,वि०) عقلمند،عالم (अक़लमंद, आलिम) wise, scholar

प्राण (पु०) جان،سانس (जान, सांस) life, respiration

प्राणघात (पु०) جان لینا (जान लेना) murder

प्राणधारण (पु०) زندگی سے پُر (ज़िन्दगी से पुर) full of life

प्राणनाशक (वि०) جان لیوا (जान लेवा) fatal

प्राणहारी (वि०) جان لینے والا (जान लेने वाला) one who takes life

प्राणायाम (पु०) سانس والی ورزش (یوگا میں) (सांस वाली वरज़िश {योगा में}) breath-exercise (Yoga)

प्राणी (पु०,वि०) جاندار،جانور (जानदार, जानवर) living being, animals

प्राणेश (पु०) آقا،شوہر،محبوب (आक़ा, शौहर, महबूब) lord, husband, beloved

प्रात/प्रातः (पु०,अव्यव) صبح سویرے، فجر (صبح کا تڑکا) (सुबह सवेरे, फ़ज्र {सुबह का तड़का}) early in the morning, dawn

प्रतिनियुक्ति (स्त्री०) عارضی ماموریت (आरज़ी मामूरियत) on deputation

प्राथमिक (वि०) ابتدائی،مقدم (इब्तेदाइ, मुक़द्दम) primary, prior

प्राथमिकता (स्त्री०) اولیت، پیش روی (अव्वलियत, पेशरवी) priority, precedence

प्राथिमिकी (स्त्री०) اطلاع اوّل (इत्तेलाए अव्वल) F.I.R.

प्रादेशिक (वि०) صوبائی (सूबाई) provincial

प्रादुर्भाव (पु०) ظہور،ابتدا (ज़हूर, इब्तेदा) appearance, origin

प्रान्त (पु०) صوبہ،ریاست (सूबा, रियासत) state, province

प्राधिकरण (पु०) حاکمیت،بااختیار (हाकमियत, बाइख़्तियार) authority

प्राधिकृत (वि०) بااختیار بنانا (बाइख़्तियार बनाना) authorised

प्राध्यापक (पु०) استاذِ جامعہ،لیکچرار (उस्ताज़े जामिआ, लेकचरार) university teacher, lecturer

प्राप्त (वि०) حاصل شدہ، پایا ہوا (हासिलशुदा, पाया हुआ) received

प्राप्ति (स्त्री०) فائدہ، آمدنی (फ़ायदा, आमदनी) gain, income

प्राप्तिका (स्त्री०) رسید (रसीद) receipt

प्रामाणिक (वि०) معیاری، مصدقہ (मेयारी, मुसद्देक़ा) standard, authentic

प्रामाणिकता (स्त्री०) صداقت (सदाक़त) authenticity

प्राय: (अव्यव) اکثر، عموماً (अकसर, उमूमन) often, generally

प्रायदीप (पु०) جزیرہ (जज़ीरा) island

प्रायश: (अव्यव) سبھی طرح سے (सभी तरह से) by all means

प्रायश्चित (पु०) کفارہ (कफ़्फ़ारा) atonement

प्रायोगिक (वि०) عملی، تجرباتی (अमली, तर्जुबाती) practical, experimental

प्रारम्भ (पु०) شروع، آغاز (शुरू, आग़ाज़) beginning, start

प्रार्थनीय (वि०) لائق گزارش (लायके गुज़ारिश) worth request

प्रार्थी (वि०) درخواست دہندہ (दरख़ास्त दहिन्दा) applicant

प्रावैधिक (पु०) تکنیکار، مستری (तकनीकार, मिस्त्री) technician, mechanic

प्रासंगिक (वि०) برمحل، متعلقہ (बरमहल, मुतअल्लेक़ा) relevant, concerned

प्रिय (पु०) پیارا، عزیز (प्यारा, अज़ीज़) dear, loving

प्रियजन (पु०) اچھے لوگ (अच्छे लोग) good people

प्रियतम (पु०) مالک، شوہر، جان سے بڑھ کر پیارا (मालिक, शौहर, जान से बढ़ कर प्यारा) master, husband, dearer than life

प्रिया (स्त्री०) بیوی، محبوبہ (बीवी, महबूबा) wife, beloved

प्रीतम (पु०) شوہر، پیارا (शौहर, प्यारा) husband, beloved

प्रीति (स्त्री०) اطمینان، تشفی (इत्मिनान, तशफ़्फ़ी) satisfaction

प्रीतिभोज (पु०) کھانے کی دعوت، ضیافت (खाने की दावत, ज़ियाफ़त) dinner, banquet

प्रेक्षक (पु०) مشاہد (मुशाहिद) observer

प्रेक्षण (पु०) آنکھ، مشاہدہ (आँख, मुशाहिदा) eye, observation

प्रेक्षी (वि०) عقلمند (अक़्लमंद) wise

प्रेत (पु०) مردہ جانور یا آدمی (मुर्दा जानवर या आदमी) dead animal or man

प्रेम (पु०) محبت، پیار (मुहब्बत, प्यार) love, affection

प्रेम कलह (पु०) محبت کی وجہ سے جھگڑا (मुहब्बत की वजह से झगड़ा) quarreling due to love

प्रेमिका/प्रेमी (पु०) محبوبہ، عاشق (महबूबा, आशिक़) beloved, lover

प्रेरक (पु०,वि०) محرک، تحریک دینے والا (मुहर्रिक, तहरीक देने वाला) inspirator, stimulator

प्रेरणा (स्त्री०) ترغیب، تحریک، ہمت افزائی (तरग़ीब, तहरीक, हिम्मत अफ़ज़ाई) inspiration, stimulation, encouragement

प्रेरणीय (वि०) قابلِ ترغیب، قابلِ تحریک (क़ाबिले तरग़ीब, क़ाबिले तहरीक) worth inspiring, stimulator

प्रेषक (पु०) بھیجنے والا، مراسلہ نگار (भेजने वाला, मुरासला निगार) sender, despatcher

प्रेषण (पु०) بھیجنا، ترسیل (भेजना, तरसील) to send, despatch

प्रेषित (पु०,वि०) بھیجا ہوا، مراسلہ (भेजा हुआ, मुरासला) sent, despatched

प्रेष्ठ (वि०) محبوب ترین (महबूब तरीन) most beloved

प्रोत्साह (पु०) ہمت افزائی (हिम्मत अफ़ज़ाई) encouregement

प्रोत्साहक (पु०) ہمت افزائی کرنے والا (हिम्मत अफ़ज़ाई करने वाला) one who encourages

प्रोत्साहन (पु०) = **प्रोत्साह**

प्रोत्साहित (वि०) ہمت افزائی کی گئی (हिम्मत अफ़ज़ाई की गई) encouraged

प्रोहित (पु०) پجاری (पुजारी) priest

प्रौढ़ (वि०) بزرگ، معمر، بالیدہ (बुज़ुर्ग, मुअम्मर, बालीदा) grownup, elder, adult

प्रौद्योगिकी (स्त्री०) علم فنی مہارت (इल्मे फ़न्नी महारत) technology

प्लवक (पु०) تیرنے والے چھوٹے پودے، جانور (तैरने वाले छोटे पौदे, जानवर) plankton

प्लवन (पु०) اُپلانا، تیرنا، نہانا (उपलाना, तैरना, नहाना) to float, swimming, bathing

प्लवम (पु०) تیرنے والا (तैरने वाला) plankton, swimmer

प्लावन (पु०) تیرنا، نہانا، سیلاب (तैरना, नहाना, सैलाब) to swim, bathing, flood

प्लावित (वि०) ڈوبا ہوا، نہایا ہوا (डूबा हुआ, नहाया हुआ) immersed, bathed

प्लीहा (पु०) تلّی، طحال (तिल्ली, तेहाल) spleen

प्लूत (वि०) تر، شرابور (तर, शराबोर) wet, drenched

फ

फकड़ी (स्त्री०) بدحالی (बदहाली) bad circumstances

फक्कड़ (पु०,वि०) بےٹھکانہ، بےفکر (बेठिकाना, बेफ़िक्र) uninhabited, carefree

फग (पु०) بندھن، پھندا (बंधन, फंदा) bond, trap

फगुआ (पु०) ہولی کا جشن (होली का जश्न) Holi festival

फटक (पु०) جھٹ پٹ (झटपट) quickly

फणि (पु०) زہر، پھن والا سانپ (ज़हर, फन वाला साँप) venom, hooded snake

फनस (पु०) کٹھل (कटहल) jackfruit

फफूँदी (स्त्री०) پھپھوندی، فنجی (फफूंदी, फ़ंजी) mould, fungus

फबन (स्त्री०) زیب، حُسن (ज़ेब, हुस्न) adorning, beauty

फरचा (वि०) پاک، جو جوٹھا نہ ہو (पाक, जो जूठा न हो) pure

फरफंद (पु०वि०) پُر فریب الفاظ، چونچلا، مکّاری (पुर फ़रेब अलफ़ाज़, चोंचला, मक्कारी) wiles, guile, cunningness

फरवी (पु०) بھُنا ہوا چاول (भुना हुआ चावल) fried rice

फरहरा (पु०) جھنڈا، پرچم (झंडा, परचम) flag

फराक (पु०) میدان (मैदान) field

फरियाना (क्रि०) چھانٹنا، معاملہ طئے کرنا (छाँटना, मामला तै करना) to separate, to settle the matter

फलक (पु०) چوڑا تختہ، چوکی، پتہ کا چوڑا حصہ (चौड़ा तख़्ता, चौकी, पत्ते का चौड़ा हिस्सा) wide piece, chowki, lamina

फलत: (अव्यव) انجام کار (अंजामकार) as a result

फलद/फलप्रद (वि०) پھل دینے والا (फल देने वाला) fruit bearing

फलांश (पु०) خلاصہ، مدعا (खुलासा, मुद्दोआ) summary, intention

फलाराम (पु०) پھل کا باغیچہ (फल का बाग़ीचा) fruit garden, orchard

फलाहारा (पु०) صرف پھلوں کی غذا (सिर्फ़ फलों की गिज़ा) diet of fruits only

फली (स्त्री०) چپٹے اور لمبے پھل، پھلدار (चपटे और लंबे फल, फलदार) legume (pod), fruitful

फल्गु (पु०वि०) مہمل، بیکار، کمینہ (मोहमल, बेकार, कमीना) meaningless, useless, mean

फाग (पु०) پھاگن کا جشن اور گیت (फागुन का जश्न और गीत) festival & song of Phagun

फुप्फुस (पु०) پھیپھڑا (फेफड़ा) lungs

फुलेल (पु०) خوشبودار تیل (खुशबूदार तेल) scented oil

फूही (स्त्री०) پانی کی مہین بوند (पानी की महीन बूँद) drizzling

फोंफी (स्त्री०) چھوٹی نلی (छोटी नली) small tube

फोकट (वि०) بیکار، مفت کا (बेकार, मुफ़्त का) worthless, cost free

फौकना (क्रि०) ڈینگ ہانکنا (डींग हाँकना) to boast

फोकला (पु०,वि०) کھوکھلا، جلد (खोखला, जिल्द) hollow, skin

फोड़ा (पु०) گھاؤ، زخم، رسولی (घाव, ज़ख़्म, रसौली) abscess, ulcer, tumour

ब

बंक/बंकट (पु०वि०) ٹیڑھا، ترچھا، دشوار، ناقابلِ پہنچ (टेढ़ा, तिरछा, दुश्वार, नाक़ाबिले पहुँच) curved, difficult, inaccessible

बंकिम (वि०) مُڑا ہوا، خمیدہ (मुड़ा हुआ, ख़मीदा) bent, curved

बंचक (पु०) دغاباز، منافق (दग़ाबाज़, मुनाफ़िक़) fraudulent, hypocrite

बंचन (पु०) دغابازی، ٹھگی (दग़ाबाज़ी, ठगी) fraud, cheating

बंजर (पु०,वि०) بیکار زمین، ویران (बेकार ज़मीन, वीरान) wasteland, barren

बधुर (पु०) تاج (ताज) crown

बंध्या (स्त्री०) بانجھ عورت (बाँझ औरत) sterile woman

बंध्याकरण (पु०) نس بندی (नसबंदी) sterali-zation

बंध्यापन (पु०) بانجھ پن (बाँझपन) sterility

बंपुलिस (स्त्री०) عوامی بیت الخلا (अवामी बैतुलख़ुला) public latrine

बंबू (पु०) بانس کی چھوٹی نلی (बाँस की छोटी नली) small tube of bamboo

बंसार (पु०) اناج کا گودام (अनाज का गोदाम) godown of grains

बकला/बक्कल (पु०) درخت کی چھال، چھلکا (दरख़्त की छाल, छिलका) bank of tree, peel

बखान (पु०) خطابت، بیان، قصیدہ خوانی (ख़िताबत, ब्यान, क़सीदाख़ानी) oration, speech, sycophancy

बगदर (पु०) مچھڑ (मच्छड़) mosquito

बग्गी (स्त्री०) چار پہیوں کی پرانی گاڑی (चार पहियों की पुरानी गाड़ी) old vehicle of 4 wheels

बच्छस (पु०) سینہ (सीना) chest

बजरंग (वि०) مضبوط جسم والا (मज़बूत जिस्म वाला) having strong body

बट (पु०) موڑ، جھرّی (मोड़, झुर्री) turn, wrinkle

बटमार (पु०) ڈاکو، لٹیرا (डाकू, लुटेरा) robber, plunderer

बटला (पु०) دیگ (देग) large saucepan

बटुक (पु०) لڑکا، بچّہ (लड़का, बच्चा) boy, child

बटेरा (पु०) کٹورا، گہری تھالی (कटोरा, गहरी थाली) metallic bowl, deep dish

बटोही (पु०) مسافر، پردیسی (मुसाफ़िर, परदेसी) traveller, foreigner

बट्टा (पु०) دلالی، نقصان، گھاٹا (दलाली, नुक़सान, घाटा) brokerage, loss, reduction

बड़वार (वि०) بڑا، عظیم (बड़ा, अज़ीम) big, great

बड़ौना (पु०) تعریف (तारीफ़) admiration

बतक (स्त्री०) بطخ (बत्तख़) duck

बतास (स्त्री०) ہوا (हवा) wind

बतिया (पु०) کچا چھوٹا پھل (कच्चा छोटा फल) small raw fruit

बदि (स्त्री०) بدلا (बदला) exchange

बधिर (वि०) بہرا (बहरा) deaf

बन (पु०) جنگل (जंगल) forest

बनज (पु०) تجارت، پیشہ (तिजारत, पेशा) commerce, profession

बनद (पु०) بادل (बादल) clouds

बनवारी (पु०) مالی، شری کرشن (माली, श्री कृष्ण) gardener, Shri Krishna

बनिता (स्त्री०) عورت، بیوی (औरत, बीवी) woman, wife

बन्ध (पु०) بندھن، گانٹھ (बंधन, गाँठ) bond, node

बन्धक (पु०) بندی (یرغمال)، رہن (बंदी {यरग़माल}, रेहन) hostage, mortgage

बन्धन (पु०) باندھنے کا عمل، رشتہ (बाँधने का अमल, रिश्ता) binding, relation

बन्धु (पु०) بھائی، دوست (भाई, दोस्त) brother, friend

बन्धुत्व (पु०) بھائی چارا (اخوت)، دوستی (भाईचारा {अख़ूव्वत}, दोस्ती) brotherhood, friendship

बमचख (स्त्री०) لڑائی جھگڑا (लड़ाई झगड़ा) quarrelling

बरत (पु०) روزہ (रोज़ा) fasting

बरबस (पु०,अव्यव) قوت، طاقت سے، غیر متوقع (कुवत, ताक़त से, ग़ैर मुतवक़्क़े) power, by force, unexpectedly

बरम (पु०) خول، غلاف (ख़ोल, ग़िलाफ़) shell, cover

बरिआर (पु०,वि०) مضبوط (मज़बूत) strong

बरी (स्त्री०) دلہا کے گھر سے آنے والا تحفہ (شادی سے قبل) (दुल्हा के घर से आने वाला तोहफ़ा {शादी से क़ब्ल}) gift from bridegroom (before wedding)

बरेठा (पु०) دھوبی (धोबी) washerman

बरेदी (पु०) چرواہا (चरवाहा) shepherd

बर्द (पु०) بیل (बैल) ox

बर्बर (पु०,वि०) غیر مہذب، ظالم (ग़ैर मुहज़्ज़ब, ज़ालिम) uncivilised, oppressor

बर्बरता (स्त्री०) ظلم، سفاکیت (ज़ुल्म, सफ़्फ़ाकियत) atrocity, barberism

बल (पु०) طاقت،فوج،سہارا (ताक़त, फ़ौज, सहारा) strength, force, support

बलवती (स्त्री०) مضبوط (मज़बूत) strong

बलात्कार (पु०) تشدد، زنا بالجبر (तशद्दुद, ज़ना बिल्जब्र) violence, rape

बलाय (पु०) آفت،مصیبت (आफ़त, मुसीबत) calamity, crisis

बलि (पु०) قربانی، دیوتا کوخوش کرنے کے لئے کسی جانورکا ذبیحہ (क़ुरबानी, देवता को खुश करने के लिए किसी जानवर का ज़बीहा) sacrifice, killing of animal to appease the goddess

बलिदान (पु०) قربانی (क़ुरबानी) sacrifice

बलिहारी (स्त्री०) نچھاورکرنا (निछावर करना) devotion, to sacrifice

बली (वि०) طاقت ور (ताक़तवर) powerful

बलीक (पु०) اولتی (ओल्ती) lower edge of roof

बवंडर (पु०) طوفانی، بگولہ، آندھی (तूफ़ानी, बगोला, आँधी) cyclone, storm

बहतोल (स्त्री०) پانی بہانے کی نالی (पानी बहाने की नाली) water drain

बहुआयामी (वि०) کثیرالجہتی (कसीरुल जेहती) multidimensional

बहुउद्देशीय (वि०) کثیرالمقاصد (कसीरुलमक़ासिद) multipurpose

बहुमत (पु०) اکثریت (अकसरियत) majority

बहुमूल्य (वि०) بیش قیمت (बेशक़ीमत) costly

बहुरना (क्रि०) لوٹنا، پھر ملنا (लौटना, फिर मिलना) to return, to meet again

बहुसंख्यक (पु०) اکثریت، گنتی میں زیادہ (अकसरियत, गिनती में ज़्यादा) majority, numerous

बहुसुत (वि०) کثیرالاولاد (कसीरुल औलाद) having many children

बहेलिया (पु०) چڑی مار (चिड़ीमार) bird hunters

बहोरि (अव्यव) دوبارا، پھر سے، دوسرا (दोबारा, फिर से, दूसरा) second time, again, next

बाँकड़ा (वि०) بہادر، ہمت ور (बहादुर, हिम्मतवर) brave, courageous

बाँका (पु०,वि०) بنا سجا، ٹیڑھا، خوبرو، دکھاوا کرنے والا (बना सजा, टेढ़ा, ख़ूबरू, दिखावा करने वाला) adorned, curved, handsome, showy

बाँगड़ (वि०) احمق (अहमक़) stupid

बाँगेर (पु०) پھندا، جال (फंदा, जाल) trap, net

बांझ (पु०) (جسے اولاد نہ ہو(عورت) (जिसे औलाद न हो {औरत}) barren woman

बा (पु०) پانی (पानी) water

बाख (पु०) دودھ کا تھن (दूध का थन) udder

बाण (पु०) تیر، آگ (तीर, आग) arrow, fire

बाती (स्त्री०) بتی (बत्ती) wick

बादि (पु०) بیکار (बेकार) useless

बाधक (वि०) رکاوٹ ڈالنے والا (रुकावट डालने वाला) one who causes hindrance

बाधा (पु०) رُکاوٹ، مزاحمت (रुकावट, मुज़ाहमत) interruption, hindrance

बाधित (वि०) رُکا ہوا (रुका हुआ) interrupted

बाध्य (वि०) روکا جانے والا، مجبور (रोका जाने वाला, मजबूर) to be interrupted, helpless

बान (पु०) تیر، مشق (तीर, मश्क़) arrow, practice

बाभन (पु०) برہمن (ब्राह्मण) Brahmin

बायन (पु०) تحفہ (तोहफ़ा) gift

बारंबार (अव्यव) بار بار، متواتر (बार बार, मुत्वातिर) frequent, again & again

बारजा (पु०) کوٹھا، دالان (कोठा, दालान) upper storey, varanda

बारबधू (स्त्री०) طوائف (तवायफ़) prostitute

बालक (पु०) لڑکا، بچہ (लड़का, बच्चा) boy, child

बालगोपाल (पु०) خاندان کے بچے (ख़ानदान के बच्चे) children of family

बालधि (स्त्री०) دم (दुम) tail

बालपन (पु०) لڑکپن (लड़कपन) childhood

बालम (पु०) شوہر، محبوب (शौहर, महबूब) husband, beloved

बाला (स्त्री०) بارہ سے سولہ برس تک کی لڑکی، ایک قسم کا زیور، معصوم (बारह से सोलह बरस तक की लड़की, एक क़िस्म का ज़ेवर, मासूम) adolescent, an ornament, innocent

बालादित्य (पु०) فوراً کا نکلا ہوا آفتاب (फ़ौरन का निकला हुआ आफ़ताब) freshly arisen sun

बालिका (स्त्री०) لڑکی، بیٹی (लड़की, बेटी) girl, daughter

बालिश (वि०) بیوقوف، ناسمجھ (बेवकूफ़, नासमझ) fool, insensible

बालेन्दु (पु०) (ہلال) نیا چاند (नया चाँद {हिलाल}) crescent

बावड़ी/बावली (स्त्री०) باؤلی (چھوٹا گہرا تالاب جس میں سیڑھیاں ہوں) (बावली {छोटा गहरा तालाब जिस में सीढ़ीयाँ हों}) deep pound with steps

बासन (पु०) برتن،ظروف (बरतन, ज़ोरूफ़) utensils

बासर (पु०) دن،صبح (दिन, सुबह) day, morning

बाससी (पु०) لباس، کپڑا (लिबास, कपड़ा) dress, cloth

बासा (पु०) کھانے کی جگہ (खाने की जगह) eating place

बाहु (स्त्री०) بازو (बाज़ू) upper arm

बाहुल्य (पु०) زیادتی، کثرت (ज़ियादती, कसरत) excess, abundance

बाहय (वि०) باہری (बाहरी) external

बिंजन (पु०) مزہ، سبزی (मज़ा, सब्ज़ी) relish, vegetables

बिंदा (पु०) بڑا ٹیکہ (پیشانی پر) (बड़ा टीका {पेशानी पर}) big stigma/mark (on forehead)

बिंदास (वि०) مست، نڈر (मस्त, निडर) careless, fearless

बिकसना (पु०) کھلنا، بہت خوش ہونا (खिलना, बहुत खुश होना) to bloom, to be very happy

बिख (पु०) زہر (ज़हर) poison

बिखा (पु०) پودا، درخت (पौदा, दरख़्त) plant, tree

बिगूचन (वि०) کشمکش، مشکل (कशमकश, मुश्किल) dilemma, differently

बिचाल (पु०) فرق (फ़र्क़) difference

बिनति (स्त्री०) گزارش، التجا (गुज़ारिश, इल्तेजा) request, pray

बिना (पु०) بغیر (बग़ैर) without

बिन्दी (स्त्री०) نقطہ، پیشانی پر ٹیکہ (नुक्ता, पेशानी पर टीका) dot, mark on forehead

बिन्दु (पु०) نقطہ (नुक्ता) point, dot

बिम्ब (पु०) عکس، سایہ (अक्स, साया) image, shadow

बिरवा (पु०) درخت، پودا (दरख़्त, पौदा) tree, plant

बिरसन (पु०) زہر (ज़हर) poison

बिरहा (पु०) ایک قسم کا گیت جس میں ہجر کا درد ہو (एक क़िस्म का गीत जिसमें हिज्र का दर्द हो) a kind of song describing pain of separation

बिरही (पु०) فراق کے غم میں مبتلا شخص (फ़िराक़ के ग़म में मुब्तेला शख़्स) a person separated from beloved

बिरुद (पु०) تعریف (तारीफ़) praise

बिलसना (क्रि०) زیب دینا (ज़ेब देना) to suit

बिसरना (क्रि०) بھول جانا (भूल जाना) to forget

बिहरी (स्त्री०) عطیہ، چندہ (अतिया, चंदा) donation

बिहान (पु०) صبح سویرے (सुबह सवेरे) early in the morning

बिहि (स्त्री०) قانون (क़ानून) law

बीका (वि०) ٹیڑھا (टेढ़ा) curved

बीख (पु०) قدم (क़दम) step

बीग (पु०) بھیڑیا (भेड़िया) wolf

बीजक (पु०) مال کی قیمت خرید کی تفصیلات (माल की क़ीमते ख़रीद की तफ़सीलात) details of cost price of articles (invoice)

बीया (पु०) دوسرا، بیج (दूसरा, बीज) second, seed

बीरन (पु०) بھائی (भाई) brother

बील (पु०) دلدلی زمین (दलदली ज़मीन) swampy land

बीसरना (क्रि०) بھولنا (भूलना) to forget

बीहड़ (वि०) طاق، نشیب و فراز، مشکل (ताक़, नशेबो फ़राज़, मुश्किल) odd, up & down, difficult

बुगदर (पु०) مچھر (मच्छड़) mosquito

बुद्ध (पु०) عالم، گوتم بدھ، عارف (आलिम, गौतम बुद्ध, आरिफ़) scholar, the Budha enlightened

बुद्धि (स्त्री०) عقل، ذہانت (अक्ल, जेहानत) wisdom, intelligence

बुद्धिजीवी (वि०) دانشور (दानिशवर) intellectual

बुद्धिमान (वि०) عقلمند (अक़्लमंद) wise

बुद्धिमती (स्त्री०) عقلمند عورت (अकलमंद औरत) wise woman

बुद्धू (पु०) لوہا، بیوقوف (लोहा, बेवकूफ़) iron, stupid

बुध (पु०,वि०) عالم، عطارد (سیارہ)، بدھ (دن) (आलिम, अत्तारद {सइयारा}, बुध {दिन}) scholar, mercury (planet), wednesday

बुभुक्षित (वि०) بھوکا، کھانے کا خواہشمند (भूका, खाने का ख़ाहिशमंद) hungry, desirous of food

बूंद (स्त्री०) قطرہ، دھبّہ (क़तरा, धब्बा) drop, speck

बूंदा (पु०) ناک کا زیور، بڑا قطرہ (नाक का ज़ेवर, बड़ा क़तरा) ornament of nose, large drop

बूटी (स्त्री०) پودا، جڑی بوٹی (पौदा, जड़ी-बूटी) plant, herb

बेतुला (वि०) بے ڈھنگا (बेढंगा) awkward

बेश्म (पु०) گھر، خانہ (घर, ख़ाना) house, chamber

बेसवा (स्त्री०) طوائف، رنڈی (तवायफ़, रंडी) prostitute

बैराग (पु०) دنیا سے بے رغبتی، تجرد (दुनिया से बेरग़बती, तजुर्रुद) away from worldly matters

बैरागी (पु०,वि०) دنیا سے دور رہنے والا، ہندو سادھوؤں کی ایک قسم (दुनिया से दूर रहने वाला, हिन्दु साधूओं की एक क़िस्म) one who renounces worldly pleasure, a kind of Hindu Saints

बैरी (वि०) دشمن، مخالف (दुश्मन, मुख़ालिफ़) enemy, hostile

बोध (पु०) علم، حوصلہ (इल्म, हौसला) knowledge, courage

ब्याज (पु०) سود (सूद) interest

ब्यूह (पु०) میدان جنگ میں فوجی نظم (मैदाने जंग में फ़ौजी नज़्म) strategy in battle field

ब्रह्मचर्य (पु०) ایک آشرم کا نام، مذہبی تعلیم حاصل کرنے کا دور، تجرد (एक आश्रम का नाम, मज़हबी तालीम हासिल करने का दौर, तजुर्रुद) name of an ashram, religious studentship, chastity

ब्रह्मचारी (पु०,वि०) ویدک طریقوں سے تجرد کی زندگی گزارنے والا (वैदिक तरीक़ो से तजुर्रुद की ज़िन्दगी गुज़ारने वाला) one who leads vedic bachelor life

ब्रज (पु०) مویشیوں کا باڑا، آگرہ اور متھرا ضلع کے نام (قدیم) (मवेशियों का बाड़ा, आगरा और मथुरा ज़िला के नाम {क़दीम}) enclosure of cattle, name of Agra & Mathura districts

ब्रह्मा (पु०) خالقِ کائنات (ख़ालिके कायनात) Creator of universe

बृहत (वि०) عظیم، کافی بڑا (अज़ीम, काफ़ी बड़ा) grand, very large

बृहत्तर (वि०) وسیع (वसी) extensive

भ

भंग (पु०) ٹکڑا، جزو، حصہ (टुकड़ा, जुज़, हिस्सा) part, fraction, division

भंगी (पु०,वि०) غلاظت اور گندی صاف کرنے والا (ग़िलाज़त और गंदगी साफ़ करने वाला) sweeper, scavenger

भंगुर (वि०) ٹوٹنے والا، نازک (टूटने वाला, नाज़ुक) brittle, fragile

भंजन (पु०) توڑنے کا کام (तोड़ने का काम) process of breaking

भंभा (पु०) سوراخ، بل (सूराख़, बिल) hole

भक्त (पु०) عقیدت مند، خادم (अक़ीदतमंद, ख़ादिम) devotee, servant

भक्ति (स्त्री०) خدمت، عقیدت، پوجا پاٹ (ख़िदमत, अक़ीदत, पूजा-पाठ) service, devotion, worship

भक्ष (क्रि०) کھانے کا عمل (खाने का अमल) eating

भक्षक/भक्षी (वि०) کھانے والا، ہڑپ کرنے والا (खाने वाला, हड़प करने वाला) one who eats, gulps

भख (पु०) کھانا، غذا (खाना, ग़िज़ा) food, diet

भग (स्त्री०) اندام نہانی (अंदामे नहानी) vagina, vulva

भगवती (स्त्री०) دیوی، درگا (देवी, दुर्गा) goddess, Durga

भगवा (पु०) لنگوٹا (लंगोटा) loincloth

भगवान (पु०,वि०) معبود، شاندار، اللہ تعالیٰ، خدا (माबूद, शानदार, अल्लाह तआला, ख़ुदा) worshipful, glorious, supreme, being, God

भगनासा (पु०) بظر (बज़र) clitoris

भग्न (वि०) ہارا ہوا (हारा हुआ) defeated

भग्नावशेष (पु०) ٹوٹی ہوئی چیز کا ٹکڑا (टूटी हुई चीज़ का टुकड़ा) piece of broken thing

भन्जन (क्रि०) ورد کرنا، پوجا پاٹ (विर्द करना, पूजापाठ) to repeat, worship

भट (पु०) بہادر، جنگجو (बहादुर, जंगजू) brave, warrior

भतार (पु०) شوہر (शौहर) husband

भर्त्सना (वि०) مذمت (मुज़म्मत) condemnation
भद्र (पु०,वि०) شریف، اعلیٰ ظرف (शरीफ़, आला ज़र्फ़) gentle, noble
भद्रकार (पु०,वि०) کارِ خیر کرنے والا (कारे ख़ैर करने वाला) a charitable person
भद्रता (स्त्री०) تہذیب،شرافت (तहज़ीब, शराफ़त) culture, nobility
भद्रशील (वि०) مہذب، باکردار (मुहज़्ज़ब, बाकिरदार) civilised, man of character
भद्री (वि०) قسمت والا (क़िसमत वाला) fortunate
भय (पु०) ڈر،خوف (डर, ख़ौफ़) fear
भयभीत (वि०) ڈرا ہوا،خوف زدہ (डरा हुआ, ख़ौफ़ज़दा) afraid, scared
भयावन (वि०) ڈراؤنا (डरावना) frightful
भयावह (वि०) بھیانک، ڈراؤنا (भयानक, डरा हुआ) terrible, frightful, dreadful
भरण (पु०) پرورش (परवरिश) nourishment
भल्लाक्ष (वि०) جسے کم نظر آتا ہو (जिसे कम नज़र आता हो) ill sighted
भवंत (पु०) سانپ (साँप) snake
भव (पु०) جنم، پیدائش، دنیا، ڈر (जनम, पैदाइश, दुनिया, डर) birth, world, fear
भवन (पु०) عمارت، گھر، دنیا (इमारत, घर, दुनिया) building, house, world
भविष्य (वि०) مستقبل (मुस्तक़बिल) future
भव्य (वि०) شاندار، بہترین، خوش (शानदार, बेहतरीन, ख़ुश) grand, excellent, happy
भषण (पु०) کتے کا بھونکنا (कुत्ते का भूकना) barking
भसुर (पु०) شوہر کا بڑا بھائی (शौहर का बड़ा भाई) elder brother of husband
भस्म (पु०) راکھ، ترشہ (राख, तुरशा) ashes, base
भाखा (स्त्री०) = **भाषा**
भाग (पु०) حصہ (हिस्सा) division, part
भाज्य (वि०) تقسیم کرنے کے قابل (तक़सीम करने के क़ाबिल) divisible
भाट (पु०) گویّا، خوشامدی، مدح سرا (गवैया, खुशामदी, मदह सरा) bard, flatterer, panegyrist
भाटा (पु०) موج، بہاؤ (मौज, बहाव) tide, flow
भाठ (स्त्री०) سیلاب کے ذریعہ لائی جانے والی مٹی (सैलाब के ज़रिया लाई जाने वाली मिट्टी) soil brought by flood
भानमती (स्त्री०) جادوگرنی،شعبدہ باز (जादूगरनी, शोब्दा बाज़) witch, juggler
भानु (पु०) آفتاب (आफ़ताब) sun
भानुमत (वि०) روشن، منور (रौशन, मुनव्वर) illuminated
भाम (पु०) بہنوئی (बहनोई) brother-in-law
भार (पु०) وزن، بوجھ، ذمہ داری (वज़न, बोझ, ज़िम्मेदारी) weight, load, responsibility
भारतीय (वि०) ہندوستانی (हिन्दुस्तानी) Indian
भारथ (पु०) لڑائی، انقلاب (लड़ाई, इंक़ेलाब) war, revolution
भार्या (स्त्री०) بیوی، داشتہ (बीवी, दाश्ता) wife, kept
भाल (पु०) پیشانی (पेशानी) forehead
भाव (पु०) مقصد، روح، وجود، تصور (मक़सद, रूह, वजूद, तसव्वुर) purpose, soul, existence, imagination
भावन (वि०) جو پیارا لگے (जो प्यारा लगे) loving
भावना (स्त्री०) جذبہ، خواہش، ادراک (जज़्बा, ख़्वाहिश, इदराक) sentiment, desire, perception
भावनात्मक/भावभीनी (वि०) جذباتی (जज़बाती) sentimental, emotional
भावार्थ (पु०) خلاصہ، مفہوم (ख़ुलासा, मफ़हूम) summary, sense
भावी (स्त्री०) مستقبل کا، سوچنے والا، پہلے سے طئے (मुस्तक़बिल का, सोचने वाला, पहले से तै) related to future, thinker, predestined
भाषण (पु०) تقریر، بات چیت (तक़रीर, बातचीत) speech, talk
भाषा (स्त्री०) بولی، زبان (बोली, ज़ुबान) dialect, language
भाषित (वि०) کہا ہوا (कहा हुआ) spoken
भाषी (वि०) بولنے والا (बोलने वाला) speaker
भास (पु०) روشنی، چمک (रौशनी, चमक) light, shining
भास्कर (पु०) سورج، آگ (सूरज, आग) sun, fire
भिक्षा (स्त्री०) بھیک مانگی ہوئی چیز (भीक मांगी हुई चीज़) begged thing
भिक्षुक (पु०) بھکاری، فقیر (भिकारी, फ़क़ीर) beggar, saint
भिदना (क्रि०) داخل ہونا، گھسنا (दाख़िल होना, घुसना) to enter, to penetrate

भिन्न (वि०) الگ الگ، مختلف (अलग अलग, मुख़्तलिफ़) separate, different

भीक (वि०) ڈراہوا (डरा हुआ) afraid

भीखम (वि०) بھیانک، ڈراونا (भयानक, डरावना) dreadful

भीन (पु०) صبح سویرے (सुबह सवेरे) early morning

भीम (वि०) زبردست، خوفناک (ज़बरदस्त, ख़ौफ़नाक) powerful, terrible

भीर (पु०) گوالا (ग्वाला) milkman

भीरु (वि०) خوفزدہ، ڈرپوک (ख़ौफ़ज़दा, डरपोक) afraid, coward

भीरुता (स्त्री०) بزدلی (बुज़दिली) cowardice

भीषण (वि०) زبردست، بھیانک (ज़बरदस्त, भयानक) terrilble, dreadful

भीष्म (पु०) = **भीषण**

भुक/भुक्ति (पु०/स्त्री०) کھانا، غذا (खाना, ग़िज़ा) food, diet

भुजंग (पु०) سانپ، سیاہ (साँप, स्याह) snake, black

भुजा (स्त्री०) بازو، ہاتھ (बाजू, हाथ) arm, hand

भुवंग (पु०) سانپ (साँप) snake

भुवन (पु०) عالم، دنیا، پانی (आलम, दुनिया, पानी) world, water

भू (स्त्री०) زمین، مقام (ज़मीन, मुक़ाम) earth, spot

भूगर्भ (पु०) زمین کا اندرونی حصہ (ज़मीन का अंदुरूनी हिस्सा) inner part of the earth (Geo)

भूगर्भ विज्ञान (पु०) علم طبقات الارض (इल्मे तब्क़ातुल अर्ज़) geology

भूतल (पु०) زمین کی اوپری سطح، دنیا (ज़मीन की ऊपरी सतह, दुनिया) earth crust, land

भूधर (पु०) پہاڑ (पहाड़) mountain

भूमण्डल (पु०) زمین، دنیا (ज़मीन, दुनिया) earth

भूमि (स्त्री०) زمین، علاقہ، مقام (ज़मीन, इलाक़ा, मुक़ाम) earth, place, region

भूमिका (स्त्री०) دیباچہ، کردار (दीबाचा, किरदार) preface, role

भूर (वि०) بہت زیادہ (बहुत ज़्यादा) very much

भूषण (पु०) زیور (ज़ेवर) ornament

भृंग (पु०) گوکھی (गौमुखी) beetle

भृत्य (पु०) (غلام(داس (गुलाम {दास}) slave

भृत्या (स्त्री०) داس، نوکرانی (दास, नौकरानी) slave, maid servant

भेंगा (वि०) (بھینگا(ڈیرا (भेंगा {डेरा}) squint

भेउ (पु०) راز، خفیہ (राज़, ख़ुफ़िया) secret

भेक (पु०) میڈک کا بچہ (मेडक का बच्चा) tadpole

भेदक (वि०) سوراخ کرنے والا (सुराख़ करने वाला) boral

भेदना (क्रि०) سوراخ کرنا (सुराख़ करना) to bore, to penetrate

भेदभाव (पु०) امتیاز (इम्तेयाज़) discrimination

भेष (पु०) پوشاک، صورت (पोशाक, सूरत) uniform, shape

भेषज (पु०) دوا (दवा) medicine

भैक्ष (पु०) بھیک مانگنے کا عمل (भीक माँगने का अमल) process of begging

भैख (वि०) خوفناک (ख़ौफ़नाक) dreadful

भोग (पु०) عیش و آرام کا تجربہ، گناہ و ثواب کا انجام (ऐशो आराम का तजुर्बा, गुनाहो सवाब का अंजाम) experience of luxurious life, result of sin & virtue

भोगविलास (पु०) عیش و عشرت (ऐशो इशरत) luxury

भोजन (पु०) کھانا، غذا (खाना, ग़िज़ा) food, diet

भोज्य (वि०) کھانے لائق (खाने लायक़) eatable

भोर (पु०) صبح سویرے (सुबह सवेरे) early morning, dawn

भौतिक (वि०) جسمانی، خاکی (जिस्मानी, ख़ाकी) physical, earthly

भौतिकी (पु०) علم طبیعات (इल्मे तबीयात) physics

भौमिक (वि०) زمین سے متعلق (ज़मीन से मुतअल्लिक़) related to the earth

भ्रंश (पु०) برباد، بگاڑ، چوپٹ (बर्बाद, बिगाड़, चौपट) destroyed, distorted, corrupt

भ्रकुटि (स्त्री०) بھوں (भौं) eye brow

भ्रम (पु०) دھوکا، شک (धोका, शक) confusion, doubt

भ्रमण (पु०) گھومنا پھرنا (घूमना फिरना) travelling, wandering

भ्रमर (पु०) بھونرا (भंवरा) wasp

भ्रमाना (क्रि०) بہکانا (बहकाना) to allure

भ्रष्ट (वि०) بدعنوان، بدکردار (बदउनवान, बदकिरदार) corrupt, bad character

भ्रष्टाचार (पु०) بدعنوانی (बदउन्वानी) corruption

भ्रात (पु०) اپنا بھائی (अपना भाई) own brother

भ्रातृत्व (पु०) اخوت (بھائی چارا) (ओख़ूवत {भाईचारा}) brotherhood

भ्रान्त (वि०) گھبرایا ہوا، مضطرب ، دھوکہ (घबराया हुआ, मुज़तरिब, धोका) worried, restless, mistaken

भ्रामक (पु०) بھرم میں ڈالنے والا (भ्रम में डालने वाला) illusory

भ्रूण (पु०) جنین (जनैन) embryo, foetus

म

मंगल (पु०,वि०) مبارک (سعید)، خوشحال، مریخ (मुबारक (सईद), ख़ुशहाल, मिर्रीख़) auspicious, prosperous, Mars

मंगलामुखी (पु०) طوائف (तवाएफ़) prostitute

मंचन (पु०) ڈرامے کا انعقاد (ड्रामे का इनेक़ाद) staging drama

मंजीर (पु०) گھنگھرو، پایل (घुंघरू, पायल) anklet, bells

मंजीरा (पु०) کرتال (ایک قسم کا ساز) (करताल, एक क़िस्म का साज़) kartal, musical instrument

मंजुल/मंजू (वि०) دلکش، خوبصورت (दिलकश, ख़ूबसूरत) attractive, beautiful

मंजूषा (स्त्री०) پٹاری (पेटारी) small basket

मंत्र (पु०) صلاح، مشورہ (सलाह, मशविरा) counsel, advice

मंत्रणा (स्त्री०) غور وفکر، مشاورت (ग़ौरो फ़िक्र, मुशावरत) consideration, consultation

मंत्री (पु०) وزیر، مشورہ دینے والا (वज़ीर, मशविरा देने वाला) minister, adviser

मंतव्य (पु०) خیال (ख़्याल) opinion

मंदरा (वि०) بونا، ناٹا (बौना, नाटा) dwarf, short sized

मंदा (वि०) دھیما، سستا (धीमा, सस्ता) slow, cheap

मकरन्द (पु०) پھولوں کا رس (फूलों का रस) nectar

मकरौरा (पु०) ایک قسم کا کیڑا (एक क़िस्म का कीड़ा) a type of insect

मक्का (पु०) مکئی (मकई) maize

मक्खीचूस (वि०) بہت بڑا کنجوس (बहुत बड़ा कंजूस) a great miser

मक्षिका (स्त्री०) شہد کی مکھی (शहद की मक्खी) honey bee

मगह (पु०) مگدھ کا علاقہ (मगध का एलाक़ा) Magadh region

मचक (स्त्री०) دباؤ، بوجھ (दबाव, बोझ) pressure, load

मचिया (स्त्री०) چھوٹی چارپائی جو ایک آدمی کے بیٹھنے کے لئے ہو (छोटी चारपाई जो एक आदमी के बैठने के लिए हो) a small cot meant for one person

मच्छरता (स्त्री०) حسد، جلن (हसद, जलन) envy

मच्छी (स्त्री०) مچھلی (मछली) fish

मज्जन (क्रि०) غسل کرنا (نہانا) (ग़ुस्ल करना {नहाना}) to take bath

मज्जा (स्त्री०) (ہڈی کا) گودا ({हड्डी का} गूदा) (bone) marrow, pith

मञ्जु (वि०) = **मंजू**

मञ्जूषा (स्त्री०) = **मंजूषा**

मठ (पु०) خانقاہ، دارالطلبہ (ख़ानक़ाह, दारुल तोल्बा) convent, student hostel

मड़क (स्त्री०) خفیہ بات، راز (ख़ुफ़िया बात, राज़) secret matter

मड़हट (पु०) مرگھٹ (मरघट) cremation ground

मणि (पु०) قیمتی پتھر (क़ीमती पत्थर) precious stone

मणी (पु०) سانپ (साँप) snake

मण्ड (पु०) اناج کا رس، نشاستہ (مانڈ) (अनाज का रस, निशास्ता {मांड}) juice of corn, starch

मण्डली (स्त्री०) جماعت (जमायत) group

मण्डूक (पु०) مینڈک (मेंडक) frog

मतंग (पु०) ہاتھی، بادل (हाथी, बादल) elephant, cloud

मत (पु०) رائے، مدعا، فرقہ (राय, मुद्दोआ, फ़िरक़ा) vote, purpose, sect

मताधिकार (पु०) رائے دینے کا حق (राय देने का हक़) right to vote

मतावलम्बी (पु०) کسی ایک اصول یا رائے یا فرقہ کو ماننے والا (किसी एक ओसूल या राय या फ़िरक़ा को मानने वाला) follower of particular principle or sect

मति (स्त्री०) عقل، خواہش (अक़्ल, ख़ाहिश) sense, desire

मत्कुण (पु०) کھٹمل (खटमल) bed bug

मत्सर (पु०) حسد، جلن، کنجوس (हसद, जलन, कंजूस) envy, miser

मत्स्य (पु०) مچھلی (मछली) fish

मद (पु०) خوشی، مستی، فخر، نشہ (खुशी, मस्ती, फ़ख़, नशा) joy, passion, pride, intoxication

मदक (स्त्री०) افیم سے حاصل ایک قسم کی نشیلی چیز (अफ़ीम से हासिल एक क़िसम की नशीली चीज़) a narcotic obtained from opium

मदन (पु०) شگفتہ، مدہوش جیسا کرنا، جذبہ جوش (शगुफ़्ता, मदहोश जैसा करना, जज़्बा जोश) exhilarating act of intoxicating, passion

मदिरा/मद्य (स्त्री०/पु०) شراب (शराब) wine

मधु (पु०) شہد، دودھ، میٹھا عرق (शहद, दूध, मीठा अर्क़) honey, milk, sweet juice

मधुकोष (पु०) شہد کی مکھی کا چھتہ (शहद की मक्खी का छत्ता) honey comb

मधुमेह (पु०) ذیابطیس (ज़ियाबतीस) diabetes

मधुर (वि०) جس کا مزہ میٹھا ہو، دلکش، مفرح (जिसका मज़ा मीठा हो, दिलकश, मुफ़र्रे) sweet taste, attractivc, pleasant

मध्य (पु०) بیچ میں، درمیان میں (बीच में, दरमियान में) middle, average

मध्यम (वि०) درمیانی (दरमियानी) middle

मध्यमलोक (पु०) زمین (ज़मीन) earth

मध्यमा (स्त्री०) بیچ کی انگلی (बीच की ऊँगली) middle finger

मध्यवर्ती (वि०) درمیانی، بیچ کا (दरमियानी, बीच का) intermediate

मध्यस्थ (पु०) جو دو کے درمیان مصالحت کراتا ہو (जो दो के दरमियान मुसालेहत कराता हो) one who mediates

मध्यस्थता (स्त्री०) مصالحت کا عمل (मुसालेहत का अमल) process of mediation

मध्याह्न (पु०) دوپہر کا کھانا (दोपहर का खाना) mid day meal

मन:शास्त्र (पु०) علم نفسیات (इल्मे नफ़सियात) psychology

मन (पु०) ذہن، خواہش، چالیس سیر کا وزن (ज़ेहन, ख़ाहिश, चालीस सेर का वज़न) mind, desire, weight of 40 seers

मनई (पु०) آدمی (आदमी) man

मनका (पु०) دانہ، تسبیح (दाना, तस्बीह) bead, rosary

मनन (पु०) غوروخوض (ग़ौरो ख़ौज़) deliberation

मनमुटाव (पु०) رنجش، بدخواہی (रंजिश, बदख़ाही) aversion, ill will

मनस (पु०) دماغ، دل (दिमाग़, दिल) mind, heart

मनस्वी (पु०) اونچے خیال والا (ऊँचे ख़्याल वाला) man of high thoughts

मनहर (पु०) دل جیتنے والا (दिल जीतने वाला) one who wins heart

मनाक (वि०) کم، تھوڑا (कम, थोड़ा) a little, less

मनिका (स्त्री०) گڑیا (गुड़िया) doll

मनियार (वि०) چمکیلا، دلکش (चमकीला, दिलकश) shining, attractive

मनीषा (स्त्री०) عقل، تعریف (अक्ल, तारीफ़) wisdom, praise

मनु (पु०) آدم، برہما کا بیٹا (आदम, ब्रह्मा का बेटा) Adam, son of Brahma

मनुष्य (पु०) انسان، آدمی، مرد (इंसान, आदमी, मर्द) human, man, male

मनुष्यता (स्त्री०) انسانیت (इन्सानियत) humanity

मनुहार (पु०) دعا، عزت (दुआ, इज़्ज़त) prayer, respect

मनोकामना (स्त्री०) خواہش، دلی مراد (ख़ाहिश, दिली मुराद) desire, longing of heart

मनोज्ञ (वि०) خوبصورت، دلکش (ख़ूबसूरत, दिलकश) beautiful, attractive

मनोदशा (स्त्री०) مزاج، موڈ (मिज़ाज, मूड) mood

मनोनयन (पु०) انتخاب، نامزدگی (इंतेख़ाब, नामज़दगी) selection, nomination

मनोनीत (वि०) قابل قبول، منتخب، نامزد (क़ाबिले क़बूल, मुनतख़िब, नामज़द) acceptable, selected, nominated

मनोरम (पु०) = **मनोज्ञ**

मनोरमा (स्त्री०) دلکش، پیاری (दिलकश, प्यारी) charming, lovely

मनोविज्ञान (पु०) علم نفسیات (इल्मे नफ़सियात) psychology

मनोवैज्ञानिक (पु०) نفسیاتی (नफ़सियाती) psychological

मनोहर (वि०) دلنواز، دل چرانے والا (दिलनवाज़, दिल चुराने वाला) charming, one who steals heart

मनोहरता (स्त्री०) دلکشی، دلنوازی (दिलकशी, दिलनवाज़ी) attraction, charm

मन्तव्य (पु०) مشورہ (मशविरा) advice

मन्त्र (पु०) وید کی پُر اسرار بات، مشورہ (वेद की पुरइसरार बात, मशविरा) mysterious saying of Veda, consultation

मन्द (वि०) سُست، کاہل (सुस्त, काहिल) slow, idle

मन्दा (वि०) دھیما، سُست (धीमा, सुस्त) slack, slow

मन्दाकिनी (स्त्री०) گنگا کی اہم دھارا جو جنت کو جاتی ہے (गंगा की अहम धारा जो जन्नत को जाती है) main current of Ganga which goes into heaven

मन्दिर (पु०) عبادت خانہ، منزل (इबादतख़ाना, मंज़िल) worship house, house

मन्यु (पु०) غصہ، غرور (गुस्सा, गुरूर) anger, pride

मयगल (पु०) مست ہاتھی (मस्त हाथी) frenzied elephant

मयूर (पु०) مور (मोर) peacock

मरक (पु०) وبا (वबा) epidemic

मरघट (पु०) مَسان، شمشان (मसान, श्मशान) cremation ground, crematory

मरण (पु०) موت (मौत) death

मरणोपरांत (पु०) بعدالموت (बादलमौत) posthumous

मरदन (क्रि०) مسلنا (मसलना) crushing, to pulverise

मरमरा (वि०) آسانی سے ٹوٹنے والا (आसानी से टूटने वाला) fragile

मरहट (पु०) = **मरघट**

मराची (वि०) شعاعوں والا (शोआओं वाला) illuminative

मराल (पु०) بادل، راج ہنس (बादल, राजहंस) cloud, goose

मरीचि (स्त्री०) کرن، شعاع، نور (किरन, शोआ, नूर) rays, light

मरीचिका (स्त्री०) سراب (सराब) mirage

मरीची (पु०) آفتاب (आफ़ताब) sun

मरु (पु०) ریگستان، بغیر پانی کا علاقہ (रेगिस्तान, बग़ैर पानी का इलाक़ा) desert, area without water

मरुज (वि०) ریگستان میں ہونے والا (रेगिस्तान में होने वाला) found in desert

मरुभूमि (स्त्री०) ریگستانی زمین، بالو والا حصہ (रेगिस्तानी ज़मीन, बालू वाला हिस्सा) desert, sandy part

मरुस्थल (पु०) = **मरु**

मर्म (पु०) درد، راز، اصل (दर्द, राज़, अस्ल) pain, mystery, core

मर्मज्ञ (पु०) جانکار، راز جاننا (जानकार, राज़ जानना) knowledgeable, knowing secrets

मर्कट (पु०) بندر، مکڑا (बंदर, मकड़ा) monkey, spider

मर्कटी (स्त्री०) بندریا، مکڑی (बंदरिया, मकड़ी) female monkey, female spider

मर्त्य (पु०) آدمی، جسم (आदमी, जिस्म) man, body

मर्त्यलोक (पु०) جہانِ آدم، زمین (जहाने आदम, ज़मीन) world of humans, earth

मर्दना (क्रि०) روندنا، ملنا، کچلنا (रौंदना, मलना, कुचलना) to grind, to rub, to crush

मर्मभेदी (वि०) دلی تکلیف پہنچانے والا، راز جاننے والا (दिली तकलीफ पहुँचाने वाला, राज़ जानने वाला) to hurt inner feeling, making out a secret

मर्माहत (वि०) زخم خوردہ (ज़ख़्म ख़ुरदा) wounded

मर्याद (स्त्री०) رواج، طریقہ (रिवाज, तरीक़ा) custom, method

मर्यादा (स्त्री०) وقار، عزت، حد (वक़ार, इज़्ज़त, हद) honour, dignity, limit

मल (पु०) خرابی، غلاظت، براز (ख़राबी, ग़िलाज़त, बराज़) defect, excreta, stool

मलिन (पु०) عیب، گناہ (ऐब, गुनाह) defect, sin

मलीन (वि०) میلا کچیلا، اُداس (मैला कुचैला, उदास) dirty, sad

मलुक (स्त्री०) شکم، پیٹ (शिकम, पेट) abdomen, stomach

मल्ल (पु०) پہلوان، بندر (पहलवान, बंदर) wrestler, monkey

मश (पु०) غصّہ، مچھر (गुस्सा, मच्छड़) anger, mosquito

मशक (पु०) مچھر (मच्छड़) mosquito

मसि (पु०) لکھنے کی روشنائی (लिखने की रौशनाई) ink for writing

मसिदानी/मसिधानी (स्त्री०) دوات، کالی سیاہی (दवात, काली स्याही) inkpot, black ink

मसी (स्त्री०) کالی سیاہی (काली स्याही) black ink

मसृण (वि०) چکنا اور نرم (चिकना और नर्म) smooth & soft

मस्तक (पु०) سر، دماغ (सर, दिमाग़) head, brain

मस्तिष्क (पु०) سر کا گودا، مغز (सर का गूदा, मग्ज़) brain

महंत (पु०) سادھوؤں کا سربراہ، سردار (साधुओं का सरबराह, सरदार) head of saints, chief

महता (पु०) سردار، فخر، غرور (सरदार, फ़ख़, गुरूर) chief, pride, boast

महतारी (पु०) ماں (माँ) mother

महत्कथ (वि०) چاپلوس (चापलूस) flatterer

महत्तम (वि०) سب سے بڑا (सबसे बड़ा) the greatest

महत्व (पु०) اہمیت، بڑائی (अहमियत, बड़ाई) importance, greatness

महमह (अव्यव) خوشبو کے ساتھ (ख़ुशबू के साथ) with fragrance

महमहा (वि०) خوشبودار (खुशबूदार) scented

महरी (स्त्री०) خادمہ (खादिमा) female servent

महाकान्त (वि०) بہت خوبصورت (बहुत ख़ूबसूरत) very beautiful

महाकाव्य (पु०) شاہکار تخلیق، رزمیہ، مثنوی (शाहकार तख़लीक़, रज़मिया, मस्नवी) great poem, epic, verses in couplets

महाजन (पु०) دولتمند، سادھو، افضل (दौलतमंद, साधु, अफ़ज़ल) rich, saint, most prominent

महादय (वि०) بہت دولتمند (बहुत दौलतमंद) very rich

महात्मा (पु०) سنیاسی، مقدس شخص (सन्यासी, मुक़द्दस शख़्स) Hindu ascetic, pious man

महाद्वीप (पु०) برصغیر، کئی ملکوں کا مجموعہ (बर्रेसग़ीर, कई मुल्कों का मजमुआ) sub continent, group of many countries

महान (पु०) بڑا، عظیم (बड़ा, अज़ीम) big, great

महानुभाव (वि०) قابلِ احترام شخص (क़ाबिले एहतेराम शख़्स) honourable person

महान्तक (पु०) موت (मौत) death

महापरुष (पु०) عظیم انسان (अज़ीम इंसान) great man

महाप्रताप (वि०) کافی باأثر (काफ़ी बाअस़र) highly effective

महाबली (पु०,वि०) عظیم قوت والا (अज़ीम कूवत वाला) highly powerful

महाभारत (पु०) مشہور تاریخی رزمیہ مثنوی جس میں کورو اور پانڈو کی لڑائی کا ذکر ہے (मशहूर तारीख़ी रज़मिया मस्नवी जिसमें कौरव और पांडव की लड़ाई का ज़िक्र है) famous historical epic describing battle between Kaurava & Pandavas

महाभीरु (वि०) بہت بزدل (ڈرپوک) (बहुत बुज़दिल {डरपोक}) very coward

महामद (वि०) بہت خوش (बहुत खुश) very happy

महामारी (स्त्री०) وبائی مرض (वबाई मर्ज़) epidemic

महारथी (पु०) بڑا جنگجو (बड़ा जंगजू) great warrior

महाराज (पु०) شہنشاہ (शहंशाह) emperor

महावत (पु०) فیل بان (ہاتھی ہانکنے والا) (फ़ीलबान {हाथी हांकने वाला}) elephant driver

महावन (पु०) گھنا جنگل (घना जंगल) dense forest

महावसु (वि०) بہت دولتمند (बहुत दौलतमंद) very rich

महाशय (वि०) جناب والا، عالی جناب (जनाबेवाला, आली जनाब) respected sir

महि (पु०) زمین (ज़मीन) earth

महिमा (स्त्री०) شان، عظمت (शान, अज़मत) glory, greatness

महिला (स्त्री०) عورت (औरत) woman

महिष (पु०) بھینسا (भैंसा) he buffalo

मही (स्त्री०) زمین، تعداد (ज़मीन, तादाद) earth, number

महीचर (वि०) زمین پر گھومنے والا (ज़मीन पर घूमने वाला) one who moves on earth

महीतल (पु०) زمین، زمین کی سطح (ज़मीन, ज़मीन की सतह) earth, surface of the earth

महीपति/महीपाल (पु०) مالک زمین، راجہ (मालिके ज़मीन, राजा) owner of the land, king

महेन्द्र (पु०) اِندر (دیوتاؤں کا راجہ) (इंद्र {दिवताओं का राजा}) Indra, king of gods

महेश (पु०) شیو، مہادیو، خدا (शिव, महादेव, ख़ुदा) Shiva, Mahadeva, God

महोदय (पु०) عالی جناب (आली जनाब) respected sir

माँछ (पु०) مچھلی (मछली) fish

माँझा (पु०) جزیرہ (जज़ीरा) island

माँझी (पु०) ملاح، کشتی چلانے والا (मल्लाह, कश्ती चलाने वाला) boat man

माँसपेशी (स्त्री०) عضلات (अज़लात) muscles

मांसभक्षी/मांसभोजी (पु०) گوشت خور (गोश्तख़ोर) carnivorous

मांसल (वि०) گودے دار، گوشت والا، موٹا (गूदेदार, गोश्त वाला, मोटा) fleshy, muscular, fat

माख (पु०) غرور، بیزاری، پچھتاوا (गुरूर, बेज़ारी, पछतावा) pride, annoyance, repentence

माणवक (पु०) لڑکا، طالب علم (लड़का, तालिब इल्म) boy, student

मातंक (पु०) ہاتھی، ذات سے باہر (हाथी, ज़ात से बाहर) elephant, outcast

मातृ (स्त्री०) ماں، پیدا کرنے والی (माँ, पैदा करने वाली) mother, one who gives birth

मात्र (अव्यव) صرف، طئے (सिर्फ़, तै) only, determined

मात्रा (स्त्री०) پیمائش، مقدار، اجزا (पैमाइश, मिक़दार, अज्ज़ा) measurement, quantity, components

मात्सर्य (पु०) حسد، جلن (हसद, जलन) jealousy

मादक (वि०) نشہ آور (नशाआवर) intoxicating

माध्यम (वि०) ذریعہ، واسطہ، درمیانی (ज़रिया, वास्ता, दरमियानी) source, medium

मान (पु०) قیمت، وزن، وقار (क़ीमत, वज़न, वक़ार) value, weight, prestige

मानचित्र (पु०) کسی جگہ یا ملک کا نقشہ (किसी जगह या मुल्क का नक़शा) map of any place or country

मानदण्ड (पु०) وہ ڈنڈا جس سے کوئی چیز ناپی جائے، معیار (वह डंडा जिस से कोई चीज़ नापी जाए, मेयार) the rod by which something is measured, standard

माननीय (वि०) قابل احترام، محترم (क़ाबिले एहतेराम, मुहतरम) honourable, respectable

मानपरेखा (पु०) اُمید (उम्मीद) hope

मानभाव (वि०) چونچلا (चोंचला) flirtatiousness

मानमय (वि०) مغرور، فخر کے ساتھ (मग़रूर, फ़ख के साथ) proud, with pride

मानव (पु०) انسان، آدمی (इंसान, आदमी) human, man

मानवशास्त्र (पु०) انسانیات (نشریات) (इंसानियात {नशरियात}) anthropology

मानवी (स्त्री०) عورت، منو کی بیٹی (औरत, मनु की बेटी) woman, daughter of Manu

मानवेन्द्र (पु०) راجا (राजा) king

मानस (पु०) ذہن، دل، انسان (ज़ेहन, दिल, इंसान) mind, heart, man

मानसरोवर (पु०) ایک بڑی جھیل جو ہمالہ کے اُتر میں واقع ہے (एक बड़ी झील जो हिमाला के उत्तर में वाक़े है) a big lake situated north to the Everest

मानसिक (वि०) دماغی، ذہنی (दिमाग़ी, ज़ेहनी) mental

मानसिकता (वि०) ذہنیت (ज़ेहनियत) mentality

मानहानि (स्त्री०) توہین، حقارت (तौहीन, हिक़ारत) contempt, defamation

मानुष (पु०) انسان، آدمی، آدمی سے متعلق (इंसान, आदमी, आदमी से मुतअल्लिक़) man, human, related to man

मानुषता (स्त्री०) آدمی کا اخلاق یا مذہب، آدمیت (आदमी का एख़लाक़ या मज़हब, आदमीयत) manner or religion of man, humanity

मानुषिक (वि०) آدمی سے متعلق، انسانی (आदमी से मुतअल्लिक़, इंसानी) related to man, human

मानुषीय (वि०) = **मानुषिक**

मानो (अव्यव) جیسے (जैसे) as, if

मान्द्य (पु०) سستی، کاہلی (सुस्ती, काहिली) dullness, idleness

मान्य (वि०) قابل احترام، لائق تسلیم (क़ाबिले एहतेराम, लाएक़ तसलीम) respectable, acceptable

मान्यता (स्त्री०) منظوری، عقیدہ (मंज़ूरी, अक़ीदा) recognition, belief

मान्यवर (पु०,वि०) محترم المقام،معزز مہمان (मोहतरमुल मुक़ाम, मुअज़्ज़ मेहमान) honourable, respected guest

मानों/मानो (अव्य०) جیسے (जैसे) as if

माप (स्त्री०) پیمائش کا عمل، ناپ، مقدار (पैमाइश का अमल, नाप, मिक़दार) process of measurement, measurement, value

मान्ध (पु०) کاہلی، تساہلی (काहिली, तसाहिली) laziness, dullness

मापक (पु०) وہ جس سے کوئی چیز ناپی یا تولی جائے، نپنا (वह जिस से कोई चीज़ नापी या तौली जाए, नपना) measuring appliance, scale

माम (पु०) غرور، محبت (ग़ुरूर, मुहब्बत) pride, affection

मामा (पु०) (ماموں) ماں کا بھائی (माँ का भाई {मामू}) maternal uncle

मामी (स्त्री०) (ممانی) ماموں کی بیوی (मामू की बीवी {ममानी}) wife of maternal uncle (aunt)

माया (स्त्री०) جادو، بھرم، لاعلمی، دھوکہ (जादू, भ्रम, लाइल्मी, धोका) magic, illusion, ignorance, deception

मायी (स्त्री०) ماں (माँ) mother

मारण (पु०) ذبح، قتل (ज़बह, क़त्ल) killing, murder

मारणास्त्र (पु०) تباہ کن اسلحہ (तबाहकुन असलहा) destructing weapon

मार्ग (पु०) راستہ (रास्ता) path

मार्गिक (पु०) راہگیر، مسافر (राहगीर, मुसाफ़िर) traveller, passenger

मार्जक (वि०) صاف کرنے والا، دھوبی (साफ़ करने वाला, धोबी) cleaner, washerman

मार्जन (पु०) صاف کرنے کا کام (साफ़ करने का काम) cleaning process

मार्जनी (स्त्री०) جھاڑو (झाड़ू) broom

मार्जित (वि०) صاف کیا ہوا (साफ़ किया हुआ) cleaned, washed

मार्त्य (वि०) جسم کا میل (जिस्म का मैल) dirts of body

मार्मिक (वि०) دل دہلا دینے والا (दिल दहला देने वाला) heart rending

मालती (स्त्री०) ایک قسم کی چنبیلی کی لت جس میں خوشبودار سفید پھول ہوتے ہیں (एक क़िस्म की चंबेली की लत जिसमें ख़ुश्बूदार सुफ़ैद फूल होते हैं) a kind of jasmine with scented & white flowers

मालदह (पु०) آم کی ایک عمدہ قسم جو صوبہ بہار میں ملتی ہے (आम की एक उम्दा क़िस्म जो सूबा बिहार में मिलती है) a kind of excellent mango found in Bihar

माला (स्त्री०) قطار، پھولوں کا ہار، تسبیح (क़तार, फूलों का हार, तसबीह) row, garland, rosary

मालिका (स्त्री०) قطار، ہار، مالن (क़तार, हार, मालिन) row, garland, female gardener

मालिनी (स्त्री०) مالن (मालिन) female gardener

माल्य (पु०) پھول، سہرا (फूल, सेहरा) flower, groom's adornment

मास (पु०) مہینہ (महीना) month

मासिक (वि०) ماہانہ، مہینہ سے متعلق (माहाना, महीना से मुतअल्लिक़) monthly, related to month

मासी (स्त्री०) خالہ (ख़ाला) mother's sister (aunt)

माहत (पु०) اہمیت، بڑائی (अहमीयत, बड़ाई) importance, greatness

माहात्मिक (पु०) بزرگ سے متعلق، مقدس (बुज़ुर्ग से मुतअल्लिक़, मुक़द्दस) related to piousman, sacred

माहात्म्य (पु०) عظمت، اہمیت، شان (अज़मत, अहमियत, शान) greatness, significance, glory

माहुर (पु०) زہر (ज़हर) poison

मिचकना (क्रि०) پلکوں کا جھپکنا (पल्कों का झपकना) blinking of eyelids

मिचकी (स्त्री०) چھلانگ (छलांग) jump

मिचलाना (क्रि०) متلی آنا (मतली आना) vomitting

मितंग (पु०) ہاتھی، ہستی (हाथी, हस्ती) elephant, life

मित (वि०) محیط، محدود (मुहीत, महदूद) perimeter, limited

मितव्यय (पु०) کفایت شعاری، کم خرچ کرنا (किफ़ायत शआरी, कम ख़र्च करना) thrift, to expense less

मितव्ययी (वि०) کفایت شعار، کم خرچ کرنے والا (किफ़ायत शआर, कम ख़र्च करने वाला) thrifty, one who expenses less

मितशायी (वि०) بہت کم سونے والا (बहुत कम सोने वाला) one who sleeps less

मिताई (स्त्री०) دوستی (दोस्ती) friendship

मिताशन (वि०) کم خور، کم کھانے والا (कमख़ोर, कम खाने वाला) sparing in diet

मिताहार (पु०) کم غذا، کم خوراک (कम ग़िज़ा, कम ख़ुराक) abstemious, sparing in diet

मित्र (पु०,स्त्री०) دوست (दोस्त) friend

मित्रवत (अव्य०) دوستانہ طور پر (दोस्ताना तौर पर) friendly manner

मित्रहन (पु०) اعتماد کو ٹھیس پہنچانے والا (एतेमाद को ठेस पहुंचाने वाला) one who hurts trust

मित्रता (स्त्री०) دوستی، اشتراک (दोस्ती) friendship, alliance

मिथुन (पु०) جوڑا، مباشرت، جماع (जोड़ा, मुबाशरत, जमा) pair, intercourse

मिथ्या (वि०) جھوٹ، بیکار، نقلی (झूट, बेकार, नक़ली) false, useless, spurious

मिथ्याभियोग (पु०) غلط الزام لگانا (ग़लत इल्ज़ाम लगाना) to implicate falsely

मिथ्याभिशाप (पु०) جھوٹا، کلنک (झूटा, कलंक) false, stigma

मिनती (स्त्री०) درخواست، التجا (दरख़ास्त, इल्तेजा) request, plead

मिरगी (स्त्री०) صرع (सेरा) epilepsy

मिश्र (वि०) ملا ہوا (मिला हुआ) mixed

मिश्रण (पु०) مخلوط، ملاوٹ (मख़लूत, मिलावट) mixture, combination

मिश्रित (वि०) = **मिश्र**

मिष (पु०) دھوکہ، فریب، بہانہ (धोका, फ़रेब, बहाना) cheating, deceive, pretext

मिष्ट (वि०) میٹھا، شیریں (मीठा, शीरीं) sweet

मिष्ठान्न (पु०) مٹھائی، شیرینی (मिठाई, शीरनी) sweetmeat, confection

मिस (पु०) حیلہ، بہانہ، منافقت (हीला, बहाना, मुनाफ़क़त) pretext, hypocricy

मिहिर (पु०) آفتاب (आफ़ताब) the sun

मींजना (क्रि०) ہاتھوں سے ملنا (हाथों से मलना) to rub with hands

मीचु (स्त्री०) موت (मौत) death

मीत (पु०) دوست (दोस्त) friend

मीन (पु०) مچھلی، ماہی (मछली, माही) fish

मीना (वि०) مچھلی جیسی خوبصورت آنکھوں والی (मछली जैसी ख़ूबसूरत आँखों वाली) fisheyed

मीनालय (पु०) سمندر، ساگر (समुन्दर, सागर) sea, ocean

मीमांसा (स्त्री०) چھان بین، غور وخوض (छानबीन, ग़ौरोख़ौज़) investigation, consideration

मुंड (पु०) سر، کٹا ہوا سر (सर, कटा हुआ सर) head, chopped off head

मुंडा (पु०) وہ جس کے سر پر بال نہ ہوں یا منڈے ہوئے ہوں، بغیر سینگ والا مویشی (वह जिसके सर पर बाल न हों या मुंडे हुए हों, बेग़ैर सींग वाला मवेशी) man having shaven head, hornless cattle

मुंडी (स्त्री०) بیوہ (बेवा) widow

मुंदरी (स्त्री०) انگلیوں کا چھلا (उंगलियों का छल्ला) ring of fingers

मुकट (पु०) = **मुकुट**

मुकता (पु०) موتی (मोती) pearl

मुकरना (क्रि०) کوئی بات کہہ کر پھر جانا (कोई बात कह कर फिर जाना) to go back on one's words

मुकुट (पु०) سر کا تاج (सर का ताज) crown of head

मुकुर (पु०) آئینہ، کلی (आइना, कली) mirror, bud

मुकुल (पु०) جسم، روح، کلی (जिस्म, रूह, कली) body, soul, bud

मुकुलित (वि०) جس میں کلیاں پھوٹ گئی ہوں (जिसमें कलियाँ फूट गई हों) bud blooming

मुक्त (वि०) آزاد، نجات پانے والا (आज़ाद, नजात पाने वाला) free, one who gets salvation

मुक्तनिद्रा (वि०) جاگا ہوا، بیدار (जागा हुआ, बेदार) awakened

मुक्तहस्त (वि०) جو بہت سخی ہو (जो बहुत सख़ी हो) very generous

मुक्ता (स्त्री०) = **मुकता**

मुक्ताफल (पु०) موتی (मोती) pearl

मुक्ति (स्त्री०) آزادی، نجات (आज़ादी, नजात) freedom, salvation

मुख (पु०) منہ، کسی چیز کا اوپری حصہ (मुंह, किसी चीज़ का ऊपरी हिस्सा) mouth, upper part of any thing

मुखज (पु०) برہمن، منہ سے پیدا ہونے والا (ब्राहमण, मुंह से पैदा होने वाला) Brahmin, born from mouth

मुखड़ा (पु०) منہ، چہرا (मुंह, चेहरा) mouth, face

मुखर (वि०) باتونی، آواز بلند کرنے والا (बातूनी, आवाज़ बुलंद करने वाला) talkative, vocal

मुखस्त्राव (पु०) لار، تھوک (लार, थूक) saliva, spittle

मुखिया (पु०) سردار، رہنما (सरदार, रहनुमा) chief, leader

मुख्य (वि०) خاص، اہم (ख़ास, अहम) main, important

मुगदर (पु०) ورزش کرنے والا ڈنڈا (वरजिश करने वाला डंडा) club to do exercise

मुग्धम (वि०) علامت میں کہی ہوئی (अलामत में कही हुई) stated in symbols

मुग्ध (वि०) مسحور، فریفتہ (मसहूर, फ़रेफ्ता) enchanted infatuated

मुग्धता (वि०) فریفتگی، سحرانگیزی (फ़रेफ्तगी, सेहरअंगेज़ी) infatuated state, enchanting

मुछंदर (पु०) جس کی داڑھی مونچھیں بڑی ہوں، بھدا (जिसकी दाढ़ी मूंछें बड़ी हों, भद्दा) with large moustach & beard, ugly

मुटका (पु०) ایک قسم کی ریشمی دھوتی (एक क़िस्म की रेशमी धोती) a kind of silken dhoti

मुठभेड़ (स्त्री०) ٹکراؤ، لڑائی (टकराव, लड़ाई) clash, fighting

मुण्ड (पु०) = **मुंड**

मुण्डन (पु०) سر کے بال ہٹانے کی رسم (सर के बाल हटाने की रस्म) custom of shaving of head

मुद (स्त्री०) خوشی، مزا (ख़ुशी, मज़ा) pleasure, enjoyment

मुदकारी (वि०) خوشی دینے والا (खुशी देने वाला) one who gives pleasure

मुदगर (पु०) = **मुगदर**

मुदित (वि०) خوش (खुश) happy

मुद्रक (पु०) مطبع، چھاپنے والا (मतबा, छापने वाला) press, printer

मुद्रण (पु०) چھپائی کا کام، طباعت (छपाई का काम, तबाअत) printing work

मुद्रणालय (पु०) چھاپہ خانہ، مطبع (छापाख़ाना, मतबा) printing house, press

मुद्रसक्षर (पु०) سیسہ کا ڈھلا ہوا حرف جو چھپائی میں کام آتا ہے (सीसे का ढला हुआ हुर्फ़ जो छपाई में काम आता है) moulded letters for printing purpose

मुद्रा (स्त्री०) زر، سونے چاندی کا سکہ، مہر (ज़र, सोने चाँदी का सिक्का, मुहर) money, coin of gold & silver, seal

मुद्रास्फीति (स्त्री०) افراط زر (इफ़राते ज़र) inflation

मुद्रिका (स्त्री०) انگوٹھی (अंगूठी) ring

मुद्रित (वि०) شائع کردہ، چھپا ہوا، مہر بند (शाय करदा, छपा हुआ, मुहर बन्द) published, printed, sealed

मुधा (अव्यव) بیکار، ناکام (बेकार, नाकाम) useless, failure

मुनि (पु०) مہاتما، متقی (महात्मा, मुत्तक़ी) saint, piousman

मुनीन्द्र (पु०) انتہائی متقی (इंतेहाइ मुत्तक़ी) highly piousman

मुनीब, मुनीम (पु०) معاون، حساب کتاب لکھنے والا (محاسب) (मुआविन, हिसाब किताब लिखने वाला {मुहासिब}) assistant, accountant

मुनीश (पु०) محاسب اعلیٰ (मुहासिब आला) chief accountant

मुमुक्षु (पु०) وہ جو نجات کی تمنا کرتا ہو (वह जो निजात की तमन्ना करता हो) one who wishes for salvation

मुरछा (स्त्री०) مرجھانا، بےہوشی (मुरझाना, बेहोशी) fading, fainting

मुरछित (वि०) مرجھایا ہوا، جو بےہوش ہو (मुरझाया हुआ, जो बेहोश हो) faded, fainted

मुरली (स्त्री०) بانسری، ہنسی (बांसुरी, हंसी) flute, laughter

मुरलीधर (पु०) سری کرشن (श्री कृष्ण) Sri Krishna

मुराड़ा (पु०) جلتی ہوئی لکڑی (जलती हुई लकड़ी) burning wood

मुरेठा (पु०) پگڑی (पगड़ी) turban

मुषक (पु०) چوہا (चूहा) rat

मुषित (वि०) چرایا ہوا، ٹھگا ہوا (चुराया हुआ, ठगा हुआ) stolen, deceived

मुष्क (पु०) اسمگلر، چور (स्मगलर, चोर) smuggler, thief

मुष्टि (पु०) مٹھی، گھونسہ (मुट्ठी, घूंसा) fist, fisticuff

मुहु/मुहुर्मुहु (अव्यय) بار بار (बारबार) again and again

मुहूर्त (पु०) دن رات کا تیسواں حصہ، مبارک لمحہ، افتتاحی تقریب (दिन रात का तीसवाँ हिस्सा, मुबारक लम्हा, इफ़्तेताही तक़रीब) 30th part of day & night, auspicious moment, inaugural function

मूंगा (पु०) مونگا (मूंगा) corals

मूंड (पु०) سر، کھوپڑی (सर, खोपड़ी) head, skull

मूक (वि०) گونگا، بے زبان (गूंगा, बेजुबान) dumb, speechless

मूकता (स्त्री०) گونگاپن (गूंगापन) dumbness

मूठ (स्त्री०) مٹھی، مٹھی بھر (मुट्ठी, मुट्ठी भर) fist, handful

मूढ (वि०) بیوقوف، حیرت زدہ (बेवकूफ़, हैरतज़दा) idiot, wonderstruck

मूढ़ चेतन (वि०) ناسمجھ (नासमझ) without commonsense

मूढ़ता (स्त्री०) حماقت (हिमाकृत) idiocy

मूत्र (पु०) پیشاب (पेशाब) urine

मूत्रकोष (पु०) مثانہ، پیشاب کی تھیلی (मसाना, पेशाब की थैली) urinary bladder

मूर्ख (वि०) بیوقوف، احمق (बेवकूफ़, अहमक़) foolish, idiot, stupid

मूर्छित (वि०) غشی، بے ہوش (ग़शी, बेहोश) fainted, unconscious

मूर्ति (स्त्री०) مجسمہ (मुजस्सेमा) idol

मूर्ध (पु०) سر (सर) head

मूर्धन्य (वि०) سردار، سربراہ (सरदार, सरबराह) head, chief

मूर्धा (पु०) سر (सर) head

मूल (पु०) جڑ، پونجی، بنیاد (जड़, पूंजी, बुनियाद) root, capital, foundation

मूलक (पु०) مولی (मूली) radish

मूलभूत (वि०) بنیاد (बुनियाद) fundamental, infra

मूलिका (स्त्री०) جڑی بوٹی (जड़ी बूटी) herbs

मूल्य (पु०) قیمت (क़ीमत) cost, price

मूल्यवान (वि०) قیمتی (क़ीमती) costly

मूषक/मूस/मूसा (पु०) چوہا (चूहा) rat

मृग (पु०) جنگلی جانور، ہرن، تلاش (जंगली जानवर, हरण, तलाश) wild animal, deer, search

मृगछाला (स्त्री०) ہرن کا چمڑا (हरण का चमड़ा) skin of deer

मृगणा (स्त्री०) کھوئی ہوئی چیز کی تلاش (खोई हुई चीज़ की तलाश) search for the lost thing

मृगनयनी (वि०) آہو چشم (आहू चश्म) deer-eyed

मृतृष्णा (स्त्री०) سراب (सराब) mirage

मृगधर (पु०) چاند (चाँद) moon

मृगनाभि (पु०) زعفران (ज़ाफ़रान) saffron

मृगपति (पु०) شیر (शेर) lion

मृगराज (पु०) شیر (शेर) lion

मृगलोचना/मृगलोचनी (स्त्री०) ہرن جیسی آنکھ والی عورت (غزالہ) (हरण जैसी आँख वाली औरत (गज़ाला) do'e eyed woman

मृगशावक (पु०) ہرن کا بچہ (हिरण का बच्चा) baby of deer

मृगाग्क्षी (स्त्री०) = **मृगलोचनी**

मृगित (वि०) تلاش کیا ہوا، تحقیق شدہ (तलाश किया हुआ, तहक़ीक़शुदा) searched, authentic

मृगिनी (स्त्री०) مادہ ہرن (मादा हरण) female deer

मृगेन्द्र/मृगेश/मृशेश्वर (पु०) شیر (शेर) lion

मृणाल (पु०) کنول کی ڈنڈی (कंवल की डंडी) stem of lotus

मृत (वि०) مُردہ، مرا ہوا (मुर्दा, मरा हुआ) dead

मृतक (पु०) لاش، میت (लाश, मैइयत) dead body

मृतसंस्कार (पु०) تجہیز و تکفین، مُردہ کی آخری رسومات (तजहीज़ व तकफ़ीन, मुर्दे की आख़िरी रसूमात) last rites of the dead

मृति (स्त्री०) مرنا، موت (मरना, मौत) death

मृत्तिक (स्त्री०) مٹی (मिट्टी) soil

मृत्यु (पु०) موت (मौत) death

मृत्यंञ्जय (पु०) شیو مہادیو (शिव महादेव) Shiva Mahadeva

मृदु (वि०) کنول، نازک، سُست، نرم (कंवल, नाजुक, सुस्त, नरम) lotus, delicate, dull, soft

मृदुल (वि०) نرم، نازک، رحمدل (नरम, नाजुक, रहमदिल) soft, delicate, kind

मृधा (अव्यय) جھوٹ موٹ (झूटमूट) all lies

मृन्मय (वि०) مٹی کا بنا ہوا، خاکی (मिट्टी का बना हुआ, ख़ाकी) made of soil, earthly

मृषा (वि०) جھوٹ (झूट) false
मेख (स्त्री०) کھونٹا، کیل، کانٹا (खूंटा, कील, कांटा) peg, nail, hook
मेखला (स्त्री०) کمربند، گول گھیرا (कमरबंद, गोल घेरा) belt, girdle, annul
मेघ (पु०) بادل (बादल) clouds
मेघमंडल/मेघवेश्म (पु०) آسمان (आसमान) sky
मेघाच्छादित (वि०) بادلوں سے ڈھکا ہوا (बादलों से ढका हुआ) cloudy
मेघार्जन (पु०) بادلوں کی گڑگڑاہٹ (बादलों की गड़गड़ाहट) thundering of clouds
मेचक (वि०) کالاپن، سیاہی (कालापन, सियाही) blackness
मेदिनी (स्त्री०) زمین، دھرتی (ज़मीन, धरती) earth, soil
मेधावी (वि०) قابل، ذہین، ہونہار (क़ाबिल, ज़हीन, होनहार) able, intelligent, meritorious
मरुदण्ड (पु०) ریڑھ کی ہڈی (रीढ़ की हड्डी) back bone (vertebral column)
मेष (पु०) بھیڑ (भेड़) sheep
मेषपाल (पु०) گدڑیا (गदड़िया) shephered
मेस (पु०) پیشاب (पेशाब) urine
मेहन (पु०) عضوتناسل نر (उज़्वे तनासुल नर) penis
मेहर (स्त्री०) بیوی (बीवी) wife
मेहरा (पु०) زنانہ فطرت والا مرد، جس خادم کی پہنچ زنان خانے تک ہو (ज़नाना फ़ितरत वाला मर्द, जिस ख़ादिम की पहुँच ज़नानख़ाने तक हो) effeminate man, a servant having access to women's quarters
मेहरारू (स्त्री०) عورت (औरत) woman
मेहरी (स्त्री०) عورت، بیوی (औरत, बीवी) woman, wife
मैत्री (स्त्री०) دوستی (दोस्ती) friendship
मैन (पु०) موم (मोम) wax
मैरा (पु०) وہ مچان جس پر بیٹھ کر کسان کھیت کی رکھوالی کرتا ہے (वह मचान जिस पर बैठ कर किसान खेत की रखवाली करता है) scaffolding from where farmer watches his farm
मोक्ष/मोचन (पु०) چھٹکارا، نجات (छुटकारा, नजात) liberation, salvation
मोठस (वि०) خاموش، چپ (ख़ामोश, चुप) silent
मोद/मोदन (पु०) خوشی، مزہ، خوشبو (ख़ुशी, मज़ा, ख़ुश्बू) happiness, taste, scent
मोदित (वि०) مسرور، خوش (मसरूर, ख़ुश) happy, pleased
मोदी (पु०) اناج بیچنے والا (अनाज बेचने वाला) grocer
मोध (वि०) احمق، کم عقل والا (अहमक़, कम अक़्ल वाला) idiot, mentally retarded
मोना (क्रि०) تر کرنا، بھگونا (तर करना, भिगोना) to wet, to moisten
मोर्चा (पु०) لوہے کا زنگ، خندق، محاذ (लोहे का ज़ंग, ख़ंदक़, महाज़) rust of iron, trench, front
मोष (पु०) چوری، لوٹ (चोरी, लूट) theft, loot
मोषक (पु०) چور، اسمگلر (चोर, स्मगलर) thief, smuggler
मोह (पु०) مغالطہ، لاعلمی، محبت (मुग़ाल्ता, लाइल्मी, मुहब्बत) delusion, ignorance, love
मोहन (पु०) دل لبھانے والا، شری کرشن (दिल लुभाने वाला, श्री कृष्ण) charming, Shri Krishna
मोहना (क्रि०) کسی پر مہربان ہونا، لبھانا (किसी पर मेहरबान होना, लुभाना) to be kind upon some one, to charm
मोहनिष (पु०) موہنے والا (मोहने वाला) charming
मोहार (पु०) دروازہ، اگلا حصہ (दरवाज़ा, अगला हिस्सा) gate, front part
मोहारनी (स्त्री०) بچوں کا مل کر پہاڑہ پڑھنا (बच्चों का मिलकर पहाड़ा पढ़ना) to memorise table by children in chorus
मोहित (वि०) مسحور، بھرم میں پڑا ہوا (मसहूर, भरम में पड़ा हुआ) charmed, deluded
मोहिनी (वि०) موہنے والی (मोहने वाली) charming (female)
मोही (वि०) محبت کرنے والا، لاعلم (मुहब्बत करने वाला, लाइल्म) one who loves, ignorant
मौक्तिक (पु०) موتی (मोती) pearl
मौखर्य (पु०) بڑھ چڑھ کر بولنے والا (बढ़ चढ़ कर बोलने वाला) one who speaks too much
मौखिक (वि०) زبانی (ज़बानी) oral, viva
मौन (पु०) خاموشی، چپ رہنا (ख़ामोशी, चुप रहना) silence, to keep mum

मौलि (पु०) پیشانی،سر (पेशानी, सर) forehead, head

मौलिक (पु०) بنیادی (बुनियादी) basic

मौसा (पु०) خالو (ख़ालू) maternal uncle

मौसी (स्त्री०) خالہ (ख़ाला) mother's sister (aunt)

मौसेरा (पु०) خالہ زاد (ख़ालाज़ाद) cousin

म्यान (पु०) نیام (नियाम) sheath

य

यकृत (स्त्री०) (کلیجی) جگر (जिगर) liver

यक्ष्मा (पु०) تپ دق (तपेदिक़) T.B.

यग्य (पु०) = **यज्ञ**

यजमान (पु०) برہمنوں کو عطیہ دینے والا (ब्राह्मणों को अतिया देने वाला) one who gives donation to Brahmins

यजमानी (स्त्री०) برہمنوں کو عطیہ دینے کی رسم (ब्राह्मणों को अतिया देने की रस्म) customs of donations to Brahmins

यजिष्ण (वि०) یگیہ کرنے والا (यज्ञ करने वाला) one who performs Yagya

यजुर्वेद (पु०) ایک قسم کا وید جس میں یگیہ کی تفصیل ہے (एक क़िस्म का वेद जिस में यज्ञ की तफ़सील है) a kind of Veda which has details of Yagya

यजुर्वेदी (वि०) یجروید کے مطابق عمل کرنے والا (यजुर्वेद के मुताबिक़ अमल करने वाला) one who practises according to Yajurved

यज्ञ (पु०) سبھی دیوتاؤں کے پوجا اور ہون کا ویدک عمل (सभी देवताओं के पूजा और हवन का वैदिक अमल) the vedic practice of worhsip of all Gods

यज्ञयूप (पु०) وہ ستون جس سے قربانی کا جانور باندھا جائے (वह सुतून जिससे कुर्बानी का जानवर बांधा जाय) the pillar for tieying the animal to be sacrificed

यज्ञसूत्र (पु०) جنیو، مقدس دھاگہ (जनेव, मुक़द्दस धागा) Janeo, the sacred thread

यज्ञाशन (पु०) دیوتا (देवता) god, diety

यतन (पु०) کوشش، محنت (कोशिश, मेहनत) attempt, exertion, effort

यति (पु०) سنیاسی، مریض (सन्यासी, मरीज़) ascetic, patient

यतिनि (स्त्री०) سنیاسنی، بیوہ (सन्यासिनी, बेवा) ascetic woman, widow

यत्किंचित (क्रि०वि०) تھوڑا سا (थोड़ा सा) a little

यत्न (पु०) = **यतन**

यत्र तत्र (क्रि०वि०) اِدھر اُدھر، جہاں تہاں (इधर उधर, जहाँ तहाँ) to and fro, hither & thither

यथा (क्रि०वि०) جیوں، جیسے (ज्यों, जैसे) as if, like

यथा कथित (क्रि०,वि०) جیسا کہ اوپر کہا گیا (जैसा के ऊपर कहा गया) as aforesaid

यथाकाम (क्रि०वि०) خواہش کے مطابق (ख़्वाहिश के मुताबिक़) as desired

यथाक्रम (क्रि०वि०) ترتیب کے مطابق (तरतीब के मुताबिक़) according to order, systematic

यथागत (क्रि०,वि०) جیسا آیا ہے ویسا (जैसा आया है वैसा) same as it has come

यथाचार (क्रि०वि०) رواج کے مطابق (रिवाज के मुताबिक़) as per customs

यथाचारी (क्रि०) پرانے اصولوں پر چلنے والا (पुराने उसूलों पर चलने वाला) follower of old principles

यथाजात (वि०) بیوقوف، کمینہ (बेवक़ूफ़, कमीना) idiot, mean

यथातय (वि०) حقیقت، مناسب (हक़ीक़त, मुनासिब) reality, proper

यथादिष्ट (वि०) جیسا کہا گیا ہو (जैसा कहा गया हो) as reported

यथाधर्म (क्रि०वि०) مذہب کے مطابق (मज़हब के मुताबिक़) according to religion

यथापूर्व (वि०) جیوں کا توں، پہلے جیسا (ज्यों का तों, पहले जैसा) as it is, as before

यथाभिलषित (क्रि०वि०) = **यथाकाम**

यथामति (क्रि०वि०) عقل کے مطابق (अक़्ल के मुताबिक़) according to sense

यथायथ (क्रि०वि०) برابر، یکساں (बराबर, यकसाँ) equal, similar

यथायोग्य (वि०) صلاحیت کے مطابق (सलाहियत के मुताबिक़) according to ability

यथार्थ (वि०) صحیح، حقیقت (सही, हक़ीक़त) actual, real

यथार्थता (स्त्री०) سچائی، حقیقت (सच्चाई, हक़ीक़त) truth, reality

यथावत (पु०) قبل جیسا، خاطر خواہ (क़ब्ल जैसा, ख़ातिर ख़्वाह) as it was, properly

यथाशक्ति (क्रि०वि०) طاقت کے مطابق (ताक़त के मुताबिक़) according to power

यथाशीघ्र (क्रि०,वि०) جتنا جلد ممکن ہو (जितना जल्द मुमकिन हो) as quickly as possible

यथासम्भ्व (क्रि०वि०) جہاں تک ممکن ہو (जहाँ तक मुमकिन हो) as much as possible

यथेष्ट (वि०) = **यथा**

यथेच्छा/यथेच्छा (क्रि०वि०) خواہش کے مطابق (ख़्वाहिश के मुताबिक़) as per desire

यथेप्सित (क्रि०वि०) جیسی مرضی ہو ویسی (जैसी मर्ज़ी हो वैसी) as per desired

यथोचित (वि०) جیسا چاہیئے، ٹھیک (जैसा चाहिए, ठीक) as desired, proper

यदपि (अव्य०) گرچہ (गरचे) though

यदाकदा (क्रि०) وقتاً فوقتاً (वक़्तन फ़वक़्तन) from time to time

यदि (अव्यव) اگر (अगर) if

यदिच्छा (स्त्री०) جیسی مرضی (जैसी मर्ज़ी) as desired

यद्यपि (अव्यव) اگرچہ (अगरचे) though

यदृच्छा (स्त्री०) اتفاق، محض (इत्तेफ़ाक़, महज़) just a coincidence

यद्वातद्वा (अव्यव) کبھی کبھی (कभी कभी) off and on

यन्त्र (पु०) آلہ، مشین (आला, मशीन) instrument, machine

यन्त्रण (पु०) حفاظت، قاعدہ (हिफ़ाज़त, क़ायदा) protection, rule

यन्त्रणा (स्त्री०) ظلم، اذیت (ज़ुल्म, अज़ीय्यत) atrocity, torture

यन्त्रालय (पु०) چھاپہ خانہ، پریس (छापाख़ाना, प्रेस) printing press

यम (पु०) موت کا فرشتہ (मौत का फ़रिश्ता) angel of death

यमज (वि०) جڑواں (जुड़वाँ) twins

यमदूत (पु०) = **यम**

यमन (पु०) روکنا، بند کرنا، باندھنا (रोकना, बंद करना, बाँधना) to check, to stop, to tie

यमनिका (स्त्री०) ڈرامہ کا پردہ (ड्रामे का परदा) curtain of drama

यमयातना (स्त्री०) موت کے وقت کی تکلیف (मौत के वक़्त की तकलीफ़) torments at the time of death

यमरथ (पु०) فرشتۂ موت کا رتھ، بھینسا (फ़रिश्तए मौत का रथ, भैंसा) chariot of death angel, he buffalo

यमल (पु०) جوڑا، جفتہ (जोड़ा, जुफ़्ता) pair, zygote

यमी (पु०) ضبطِ نفس کرنے والا (ज़ब्ते नफ़्स करने वाला) one who practises self-control

यवन (पु०) یونان کا باسی (युनान का बासी) inhabitant of Greece

यवनिका (स्त्री०) = **यमनिका**

यश (पु०) شہرت، تعریف (शोहरत, तारीफ़) fame, admiration

यशकामी (पु०) شہرت کا بھوکا (शोहरत का भूका) crazy for fame

यशद (पु०) جستہ نامی دھات (जस्ता नामी धात) zinc metal

यशी/यशोधा/यशोधर (वि०) سپوت، نام و شہرت پیدا کرنے والا (सपूत, नाम व शोहरत पैदा करने वाला) praise worthy son, glory giving

यशोमती (स्त्री०) شاندار، پُرشکوہ (शानदार, पुरशिकोह) grand, glorious

यष्टि (पु०) لاٹھی، چھڑی، شاخ (लाठी, छड़ी, शाख़) club, stick, branch

यष्टिका (स्त्री०) ہاتھ میں رکھنے والی چھڑی، عصا (हाथ में रखने वाली छड़ी, असा) stick, staff

यांत्रिक (वि०) آلوں، مشینوں سے متعلق، میکانکی (आलों, मशीनों से मुतअल्लिक़, मेकानिकी) mechanical

याग (पु०) = **यज्ञ**

याचक (वि०) مانگنے والا، درخواست دہندہ (मांगने वाला, दरख़्वास्त दहिन्दा) beggar, applicant

याचन (पु०) گذارش، عبادت (गुज़ारिश, इबादत) appeal, worship

याचना (स्त्री०) گذارش کرنا، درخواست کرنا (गुज़ारिश करना, दरख़्वास्त करना) to beg, to apply

याचिका (स्त्री०) (درخواست) عرضی (अर्ज़ी {दरख़्वास्त}) petition

याची (पु०) مانگنے والا، بھکاری (मांगने वाला, भिकारी) begger

याज्या (पु०) گنگا (गंगा) the Ganges

यात (वि०) پایاہوا، جاناہوا،معلوم (पाया हुआ, जाना हुआ, मालूम) receipt, known

यातना (स्त्री०) بہت زیادہ تکلیف، اذیت (बहुत ज़्यादा तकलीफ़, अज़ीय्यत) too much trouble, torture

यातायात (पु०) آمدورفت، آنا جانا (आमदो रफ़्त, आना जाना) traffic

यातु (पु०) راہگیر، راکشس (राहगीर, राक्षस) traveller, demon

यातुधान (पु०) راکشس، آسیب (राक्षस, आसेब) demon, evil spirit

यात्रा (स्त्री०) سفر (सफ़र) journey, travel

यात्री (वि०) مسافر، سیاح (मुसाफ़िर, सैय्याह) passenger, traveller

यादव (पु०,वि०) یادُو کی نسل، اہیر طبقہ (यादव की नस्ल, अहीर तब्क़ा) descendent of Yadav, Ahir community

यान (पु०) سواری، ہوائی جہاز (सवारी, हवाई जहाज़) vehicle, aeroplane

यापन (पु०) چلانا، وقت گذارنا (चलाना, वक़्त गुज़ारना) to run, to pass out the time

याम (पु०) تین گھنٹہ کا وقفہ، رات (तीन घंटे का वक़्फ़ा, रात) three hour period, night

यामल (पु०) جڑواں لڑکے (जुड़वाँ लड़के) twins

यामिक (पु०) پہریدار، چوکیدار (पहरेदार, चौकीदार) guard, watchman

यामिका/यामिनी (स्त्री०) رات (रात) night

यामिनीपति (पु०) چاند (चाँद) moon

याम्योत्तर रेखा (स्त्री०) خط نصف النہار (ख़ते निस्फ़ुन नेहार) meridian line

यायी (वि०) متحرک، جانے والا (मुतहर्रिक, जाने वाला) movable, one who goes

यावत (अव्यव) جب تک، وقفہ (जब तक, वक़्फ़ा) till, period

यावन्मात्र (अव्यव) تھوڑا تھوڑا (थोड़ा थोड़ा) gradually

याहि (सर्व०) اس کو، اسے (इसको, उसे) this, him, her

युक्त (वि०) متحدہ، ٹھیک، ملا ہوا (मुत्तहदा, ठीक, मिला हुआ) united, right, combined

युक्ति (स्त्री०) طریقہ، راستہ، رواج، واسطے، منطق (तरीक़ा, रास्ता, रिवाज, वास्ते, मंतिक़) method, way, custom, for, logic

युक्तियुक्त (वि०) مناسب، منطقی (मुनासिब, मन्तक़ी) proper, logical

युग (पु०) زمانہ، عہد، جوڑا (ज़माना, अहद, जोड़ा) period, era, couple

युग-युग (अव्यव) غیر محدود زمانہ، تک (ग़ैर महदूद ज़माना, तक) infinite period, upto

युगति (पु०) قیامت (क़यामत) dooms day

युगपत (अव्यव) ایک ہی وقت میں (एक ही वक़्त में) at the same time

युगम/युगल (पु०) جوڑا، ساتھ ساتھ (जोड़ा, साथ साथ) pair, side by side

युगान्तर (पु०) دوسرا عہد، زمانوں کا فرق (दूसरा अहद, ज़मानों का फ़र्क़) another era, difference of ages

युग्म (पु०) = **युगम**

युग्मज (पु०) جڑواں، جفتہ (जुड़वाँ, जुफ़्ता) twins, zygote

युद्ध (पु०) لڑائی، جنگ (लड़ाई, जंग) battle, war

युद्धस्थल (पु०) میدان جنگ (मैदाने जंग) battle field

युद्धोन्मत (वि०) جنگ کرنے کے لئے بے چین (जंग करने के लिए बेचैन) restless for war

युयुत्सा (स्त्री०) جنگ کرنے کی خواہش (जंग करने की ख़्वाहिश) desire for war

युयुत्सु (वि०) جنگ کرنے کا خواہشمند (जंग करने का ख़्वाहिशमंद) desirous for war

युयुधान (पु०) جنگجو (जंगजू) warrior

युवक (पु०) نوجوان (नौजवान) young man, youth

युवती (स्त्री०) دوشیزہ، لڑکی (दोशीज़ा, लड़की) maiden, girl

युवराज (पु०) شہزادہ، جانشیں (शहज़ादा, जानशीं) prince, successor

युवा (पु०) جوان، نوجوان (जवान) youth, young

यूक/यूका (स्त्री०) جوں (जूँ) louse

यूकाण्ड (पु०) لیکھ (लीख) egg of louse

यूथ (पु०) جماعت، فوج (जमाअत, फ़ौज) party, army

यूप (पु०) ستون (सतून) pillar

यूह (पु०) = **यूथ**

योग (पु०) جوڑ، میل، صحبت (जोड़, मेल, सोहबत) addition, match, company

योगफल (पु०) دو یا زیادہ عددوں کا جوڑ (दो या ज़्यादा अददों का जोड़) addition of two or more numbers

योगान्तर (पु०) مختلف چیزوں کا ملنا (मुख़्तलिफ़ चीज़ो का मिलना) combination of different things

योगी (पु०) جوگی، معرفت والا انسان (जोगी, मारफ़त वाला इंसान) Hindu ascetic, sorcerer

योग्य (वि०) باصلاحیت، اہل، لائق (बासलाहियत, अहल, लायक़) capable, fit, able

योग्यता (स्त्री०) لیاقت، موزونیت، اہلیت (लियाक़त, मौज़ूनियत, अहलियत) ability, fitness, capability

योजक (वि०) ملانے والا (मिलाने वाला) compounder

योजन (पु०) ملانے کا عمل، اتفاق (मिलाने का अमल, इत्तेफ़ाक़) process of joining, agreement

योजना (स्त्री०) منصوبہ، انتظام (मंसूबा, इंतेज़ाम) planning, arrangement

योजित (वि०) تخلیق، بنایا ہوا (तख़लीक़, बनाया हुआ) created, constructed

योद्धा (पु०) جنگجو، جنگ کرنے والا (जंगजू, जंग करने वाला) militant, warrior

योध्य (वि०) جنگ کرنے کے لائق (जंग करने के लायक़) worth war

योनि (स्त्री०) اندام نہانی (अंदामे नेहानी) vagina

योषिता (स्त्री०) عورت (औरत) woman

यौगपद (पु०) ہمعصر (हमअस्र) contemporary

यौगिक (वि०) مرکب، ملا ہوا، فطرت (मुरक्कब, मिला हुआ, फ़ितरत) compound, mixed, nature

यौन (वि०) رحم سے متعلق، جنسی (रहम से मुतअल्लिक़, जिन्सी) having to do with womb, sexual

यौवन (पु०) جوانی، سنِ بلوغت (जवानी, सिने ब्लोग़त) youth, adolescence

र

रंक (वि०) غریب، قلاش (ग़रीब, क़ल्लाश) poor, pauper

रंकता (स्त्री०) غربت (ग़ुर्बत) poverty

रंगत (स्त्री०) رنگنا، اچھی طبیعت، مسرت (रंगना, अच्छी तबीयत, मुसर्रत) colouring, good mood, pleasure

रंगमहल (पु०) ایوان عیش و عشرت (ऐवाने ऐशो इश्रत) palace used for love making

रंगमंच (पु०) اسٹیج، ڈرامہ (स्टेज, ड्रामा) stage, theatre

रंगरूट (पु०) پولس یا فوج میں بحال نیا سپاہی (पुलिस या फ़ौज में बहाल नया सिपाही) newly appointed sepoy in police or army (recruit)

रंगिया (पु०) رنگ ساز (रंगसाज़) one who paints or dyes

रंच (वि०) قلیل، تھوڑا بہت (क़लील, थोड़ा बहुत) a little, some what

रंजक (वि०) رنگنا (रंगना) colouring

रंजन (पु०) رنگنا، خوش کرنے والا (रंगना, खुश करने वाला) colouring, delighting

रंजना (क्रि०) خوش کرنا، رنگنا (खुश करना, रंगना) to please, to colour

रंजित (वि०) رنگین، مسرور (रंगीन, मसरूर) coloured, delighted

रंडापा (पु०) بیوگی (बेवगी) widowhood

रंडुवा (पु०) جس کی بیوی مرگئی ہو (जिस की बीवी मर गई हो) widower

रंद (पु०) دانت، ہاتھی دانت (दाँत, हाथी दाँत) tooth, tusk

रंदना (क्रि०) لکڑی کی سطح کو چکنا کرنا (लकड़ी की सतह को चिकना करना) to make wood smooth

रंधन (पु०) کھانا بنانے کا عمل (खाना बनाने का अमल) act of cooking

रंध्र (पु०) سوراخ (सुराख़) hole

रई (स्त्री०) موٹا آٹا، سوجی (मोटा आटा, सूजी) coarse flour, bran

रक्त (पु०,वि०) خون، رنگا ہوا (ख़ून, रंगा हुआ) blood, stained

रक्तता (स्त्री०) لالی (लाली) redness

रक्तपात (पु०) خون ریزی (ख़ून रेज़ी) bloodshed

रक्त रंजित (वि०) خون سے رنگا ہوا (ख़ून से रंगा हुआ) blood-stained

रक्तिमा (स्त्री०) = **रक्तता**

रक्ष (पु०) محافظ، حفاظت (मुहाफ़िज़, हिफ़ाज़त) guard, protection

रक्षक (पु०) محافظ، دفاع کرنے والا (मुहाफ़िज़, देफ़ा करने वाला) protector, defender

रक्षा (स्त्री०) حفاظت، دفاع (हिफ़ाज़त, देफ़ा) protection, defence

रक्ष्य (वि०) حفاظت کے لائق (हिफ़ाज़त के लायक़) worth protection

रगी (पु०,वि०) ضدی، من موجی (ज़िद्दी, मन मौजी) obstinate, self-willed

रगीला (पु०) بدمعاش (बदमाश) wicked

रगेद (स्त्री०) پیچھا کرنا، دوڑانا (पीछा करना, दौड़ाना) chase, to make run

रग्गी (स्त्री०) بارش کے بعد ہونے والی دھوپ (बारिश के बाद होने वाली धूप) sun after rain

रघु (पु०) شری رام کے پر دادا (श्री राम के परदादा) great grand-father of Sri Ram

रघुवर/रघुवीर (पु०) شری رام (श्री राम) Sri Ram

रचक (पु०) تخلیق کار، فنکار (तख़लीक़कार, फ़नकार) creator, artist

रचना (स्त्री०) تخلیق، نظم، فنکاری (तख़लीक़, नज़्म, फ़नकारी) a creation, arrangement, artistic work

रचनात्मक (वि०) تخلیقی (तख़्लीक़ी) creative

रचयिता (वि०) = **रचक**

रचित (वि०) تخلیق شدہ، مرتب (तख़्लीक़ शुदा, मुरत्तब) created, composed

रच्छस (पु०) = **राक्षस**

रज (पु०) زردانہ، دھول، حیض، چاندی (ज़रदाना, धूल, हैज़, चाँदी) pollen, dust, menstrual discharge, silver

रजक (पु०) دھوبی (धोबी) washerman

रजत (वि०) سفید، چاندی (सुफ़ीद, चाँदी) white, silvery, silver

रजनी (स्त्री०) رات (रात) night

रजनीचर (पु०) رات میں گھومنے والا، چاند (रात में घूमने वाला, चाँद) night-wanderer, moon

रजनीमुख (पु०) شام (शाम) evening

रजनीश (पु०) رجنی کا شوہر، ایک قسم کا پودا (रजनी का शौहर, एक क़िस्म का पौधा) husband of Rajni, a kind of plant

रजवती (स्त्री०) حائضہ (हाएज़ा) menstruating

रजवाड़ा (पु०) راجہ کا علاقہ، شاہی ریاست (राजा का इलाक़ा, शाही रियासत) territory of Raja, princely state

रजस (पु०) جوش، حیض جاری ہونا (जोश, हैज़ जारी होना) passion, menstrual discharge

रज्जु (स्त्री०) تانت، تار (तांत, तार) string, cord

रज्जित (वि०) خوش (ख़ुश) happy

रण (पु०) جنگ، لڑائی (जंग, लड़ाई) war, battle

रण दुन्दुभि (पु०) نقارۂ جنگ (नक़्क़ारए जंग) war-drum

रणन (पु०) شور، لفظ (शोर, लफ़्ज़) noise, word

रणाजिर (पु०) جنگی علاقہ (जंगी इलाक़ा) zone of war

रत (वि०) کھینچاؤ، محو (खिंचाव, महव) attracted, engrossed

रत्न (पु०) قیمتی پتھر، نگینہ، بہترین (क़ीमती पत्थर, नगीना, बेहतरीन) precious stone, jewel, excellent

रत्नाकर (पु०) نگینوں کا کان، سمندر (नगीनों का कान, समुन्दर) mine of precious stone, sea

रति (स्त्री०) محبت، مباشرت، کام دیو کی بیوی (मुहब्बत, मुबाशरत, कामदेव की बीवी) love, intercourse, wife of Kamdev

रत्त (वि०) = **रक्त**

रत्ती (वि०) آٹھ چاول کے دانوں کا وزن (आठ चावल के दानों का वज़न) weight of 8 rice grains

रतौंधी (स्त्री०) جسے رات میں نظر نہ آئے (जिसे रात में नज़र न आए) night blindness

रथ (पु०) زمانۂ قدیم کی ایک سواری (ज़मानए क़दीम की एक सवारी) chariot

रदन (पु०) = **रद**

रद्दा (पु०) اینٹوں کی جڑائی سے بنی اکہری دیوار، پرت (ईंटों की जुड़ाई से बनी इकहरी दीवार, परत) single layer of brick, stratum

रन (पु०) جنگل (जंगल) forest

रनवास (पु०) زنان خانہ، حرم (ज़नानख़ाना, हरम) women's quarters, harem

रपट (स्त्री०, क्रि०) دوڑ، اطلاع (दौड़, इत्तेला) run, information

रपुर (पु०) جنت (जन्नत) heaven

रपेटना (क्रि०) پیچھا کرنا (पीछा करना) to chase

रभस (वि०) خوشی، جستجو (ख़ुशी, जुस्तुजू) pleasure, quest

रमक (स्त्री०) جھولے کی پینگ (झूले की पेंग) motion of swing

रमकना (क्रि०) اتراتے ہوئے چلنا (इतराते हुए चलना) walking boastfully

रमण (पु०,वि०) تفریح، عیش، گھومنا پھرنا، خوبصورت (तफ़रीह, ऐश, घूमना फिरना, ख़ूबसूरत) entertainment, luxury, strolling, beautiful

रमणा/रमणी (स्त्री०) خوبصورت عورت (ख़ूबसूरत औरत) beautiful woman

रमणीक/रमणीय (वि०) دلکش، خوبصورت (दिलकश, ख़ूबसूरत) charming, beautiful

रमणीत (स्त्री०) = **रमणी**

रमणीयता (स्त्री०) خوبصورتی، حسن، دلکشی (ख़ूबसूरती, हुस्न, दिलकशी) beauty, charm

रमता (क्रि०) گھومتا پھرتا (घूमता फिरता) strolling

रमना (क्रि०) ادھر ادھر گھومنا، موج کرنا، ایک محفوظ میدان جانوروں کے لئے (इधर उधर घूमना, मौज करना, एक महफ़ूज़ मैदान जानवरों के लिए) to stroll, to enjoy, a protected field for animals

रमा (स्त्री०) لکشمی دیوی، بیوی (लक्ष्मी देवी, बीवी) Lakhsmi (a goddess), wife

रमाकान्त (पु०) وشنو (विष्णु) Vishnu

रमाना (क्रि०) موہ لینا، لُبھانا (मोह लेना, लुभाना) to attract, to fascinate

रमित (वि०) مست، لبھایا ہوا (मस्त, लुभाया हुआ) intoxicated, fascinated

रम्भा (पु०) لوہے کی ڈنڈی، کیلا (लोहे की डंडी, केला) a small iron rod, banana

रम्य (वि०) خوبصورت، دلکش (ख़ूबसूरत, दिलकश) beautiful, charming

रम्यता (स्त्री०) حسن، دلکشی (हुस्न, दिलकशी) beauty, charm

रर (स्त्री०) رٹ (रट) repeatation

ररकना (क्रि०) تکلیف دینا (तकलीफ़ देना) to give trouble

ररना (क्रि०) رٹنا (रटना) to repeat

ररा (वि०) جھگڑالو، کمینہ (झगड़ालू, कमीना) quarrelsome, a mean man

रलना (क्रि०) ایک میں مل جانا (एक में मिल जाना) merging into one

रली (स्त्री०) خوشی، مسرت (ख़ुशी, मुसर्रत) pleasure, happiness

रल्ल (पु०) شوروغل (शोरो गुल) noise, uproar

रव (पु०) رونا، آواز (रोना, आवाज़) cry, sound

रवा (पु०) دانہ، ٹکڑا، قلم (दाना, टुकड़ा, क़लम) grain, bit, crystal

रवि (पु०) سورج، سردار (सूरज, सरदार) the sun, chief

रविकर (पु०) سورج کی کرنیں (सूरज की किरणें) rays of the sun

रशना (स्त्री०) زبان، کمر میں باندھنے کا زیور (ज़बान, कमर में बाँधने का ज़ेवर) tongue, ornament to wrap around waist

रश्मि (पु०) شعاع (کرن)، گھوڑے کی لگام (शोआ (किरण), घोड़े की लगाम) rays, bridle

रसड़ा (पु०) ادب کی چاشنی کو سمجھنے والا (अदब की चाश्नी को समझने वाला) one who is acquainted with taste of literature

रसद (वि०) مزے دار، فرحت بخش (मज़ेदार, फ़रहत बख़्श) tasteful, pleasant

रसना (क्रि०) رفتہ رفتہ بہنا، محبت میں ڈوبا ہونا (रफ़्ता रफ़्ता बहना, मुहब्बत में डूबा होना) gradual secretion, engrossed in love

रसनाथ (पु०) پارا (पारा) mercury

रसनीय (वि०) مزے دار (मज़ेदार) tasteful

रसनेन्द्रिय (पु०) زبان (ज़बान) tongue

रसभीना (पु०) عیش میں ڈوبا ہوا (ऐश में डूबा हुआ) absorbed in gay life

रसमि (स्त्री०) کرنیں (किरणें) rays

रसराज (पु०) پارا (पारा) mercury
रसरी (स्त्री०) رسّی (रस्सी) rope
रसल/रसवंत (वि०) رسیلا (रसीला) juicy
रससम्भ्व (पु०) خون (खून) blood
रससार (पु०) شہد،زہر (शहद, ज़हर) honey, poison
रसा (स्त्री०) زمین، زبان، رسنا (ज़मीन, ज़बान, रिसना) earth, tongue, secretion
रसाकर्षण (पु०) عملِ نفوذ (अमले नफूज़) osmosis
रसातल (पु०) زمین کے اندر کی چھٹی تہہ (پُران کے مطابق) (ज़मीन के अंदर की छटी तह (पुराण के मुताबिक़)) sixth layer of the inner earth (according to Puran)
रसापायी (पु०) وہ جانور جو زبان سے پانی پیتا ہو، کُتا (वह जानवर जो ज़बान से पानी पीता हो, कुत्ता) the animal which drinks water by tongue, dog
रसायन (पु०) کیمیا، دوائیں (कीमिया, दवाएँ) chemical, drugs
रसायन विज्ञान/रसायन शास्त्र (पु०) علم کیمیا (इल्मे कीमिया) chemistry
रसारोहण (पु०) رس کا اوپر چڑھنا (रस का ऊपर चढ़ना) ascent of sap
रसाल (पु०) رسیلا، لذیز، بیج بونا (रसीला, लज़ीज़, बीज बोना) juicy, tasteful, sowing
रसाव (पु०) رِسنا، ترشح (रिसना, तरश्शो) secretion
रसिआउर (पु०) گنے کا رس (गन्ने का रस) juice of cane sugar
रसिक/रसिया (पु०,वि०) محبوب، عاشق، جو رس کا مزہ لیتا ہو، جذباتی (महबूब, आशिक़, जो रस का मज़ा लेता हो, जज़्बाती) beloved, lover, one who enjoys juice, sentimental
रसेन्द्र/रसेस (पु०) پارا (पारा) mercury
रसोइया (पु०) باورچی (बावर्ची) cook
रसोइ/रसोई (पु०) باورچی خانہ، پکائی ہوئی چیز (बावर्चीख़ाना, पकाई हुई चीज़) kitchen, cooked food
रसौर (पु०) گنے کے رس میں پکایا ہوا چاول، کھیر (गन्ने के रस में पकाया हुआ चावल, खीर) rice prepared in cane juice, pudding
रस्मि (स्त्री०) کرن (किरण) ray
रहनि (स्त्री०) چال ڈھال (चालढाल) character
रहसि (स्त्री०) تنہائی کی جگہ (तन्हाइ की जगह) place of solitude
रहस्य (पु०,वि०) راز، پُراسرار (राज़, पुरअसरार) secret, mysterious
रहावन (स्त्री०) وہ جگہ جہاں گاؤں بھر کے جانور اکٹھا جمع ہوں (वह जगह जहाँ गाँव भर के जानवर इकठ्ठा जमा हों) the place where all animals of village gather
रहित (वि०) بغیر (बग़ैर) without
रहिला (पु०) چنا (चना) gram
राँकड़ (स्त्री०) کنکریلی زمین جہاں اناج کم پیدا ہوتے ہوں (कंकरीली ज़मीन जहाँ अनाज कम पैदा होते हों) gritty land where cereals are produced little
राँचना (स्त्री०) محبت کرنا، رنگ چڑھانا (मुहब्बत करना, रंग चढ़ाना) to love, to paint
राँड़ (स्त्री०) بیوہ، فاحشہ (बेवा, फ़ाहिशा) widow, prostitute
राआ (पु०) راجہ (राजा) king
राइ (पु०) چھوٹا راجہ (छोटा राजा) small king
राई (स्त्री०) ایک قسم کی چھوٹی سرسوں، بہت کم (एक क़िस्म की छोटी सरसों, बहुत कम) a kind of small mustard, very little
राउ (पु०) راجہ (राजा) king
राउत (पु०) شاہی خاندان کا کوئی فرد (शाही ख़ानदान का कोई फ़र्द) any person of royal family
राउर (पु०,वि०) آپ کا، جناب کا، دربار، شاہی محل (आपका, जनाब का, दरबार, शाही महल) yours, court, royal palace
राका (स्त्री०) پورنیما کی رات (पूर्णिमा की रात) night of poornima
राकेश (पु०) (پورا چاند) بدرِ کامل (बदरे कामिल {पूरा चाँद}) full moon
राक्षस (पु०) راکشس (राक्षस) demon
राक्षसेन्द्र (पु०) راون (रावण) Ravana
राखी (स्त्री०) ہاتھ کی کلائی پر باندھنے والا دھاگہ (हाथ की कलाई पर बांधने वाला धागा) thread to be tied on wrist
राग (पु०) محبت، حسد، خوشبودار اُبٹن، موسیقی کا ایک طریقہ (मुहब्बत, हसद, ख़ुशबूदार उबटन, मौसीक़ी का एक तरीक़ा) love, envy, scented unguent, a method of music

रागान्ध (वि०) بہت غصہ ور (बहुत गुस्सेवर) furious

राघव (पु०) جو رگھو کی نسل میں پیدا ہوا ہو (जो रघू की नस्ल में पैदा हुआ हो) own who is born in Raghu's generation

राज (पु०) حکومت، دیش، مستری (हुकूमत, देश, मिस्त्री) rule, state, mason

राजक (पु०) راجہ، چمکانے والا (राजा, चमकाने वाला) king, one who makes bright

राजकर्त्ता (पु०) وہ جو دوسرے کو تختِ شاہی پر بٹھاتا ہے (वह जो दूसरे को तख़्ते शाही पर बिठाता है) one who makes king

राजकीय (वि०) سرکاری، ریاستی (सरकारी, रियासती) government, state

राज कुअँर (पु०) شہزادہ (शहज़ादा) prince

राजगीर (पु०) گھر بنانے والا، مستری (معمار) (घर बनाने वाला, मिस्त्री {मेमार}) mason

राजगृह (पु०) راج بھون، شاہی گھرانہ (राज भवन, शाही घराना) Govt house, royal house

राजतनय (पु०) شہزادہ (शहज़ादा) prince

राजतिलक (पु०) کسی نئے راجہ کے تخت نشیں ہونے کی رسم (किसी नए राजा के तख़्तनशीं होने की रस्म) function of accession to the throne of new king

राजत्व (पु०) راجہ کا عہدہ (राजा का ओहदा) post of king

राजदूत (पु०) سفیر (सफ़ीर) ambassador

राजद्रोह (पु०) حکومت سے بغاوت (हुकूमत से बग़ावत) treason

राजद्रोही (पु०) حکومت کا باغی (हुकूमत का बाग़ी) rebel

राजधानी (स्त्री०) راجدھانی، دارالسلطنت (राजधानी, दारुस्सल्तनत) capital

राजनीति (स्त्री०) سیاست (सियासत) politics

राजनीतिज्ञ (पु०) سیاست داں (सियासतदाँ) politician

राजनैतिक (वि०) سیاسی (सियासी) political

राजन्य (पु०) شہزادہ، چھتری (جنگجو) (शहज़ादा, क्षत्री, {जंगजू}) prince, chhatris (warrior)

राजपथ (पु०) کشادہ سڑک، شاہراہ (कुशादा सड़क, शाहराह) wide road, highway

राजपुत्र (पु०) شہزادہ (शहज़ादा) prince

राजपुत्री (स्त्री०) شہزادی (शहज़ादी) princess

राजपुरुष (पु०) حکومت کا کوئی اہلکار (हुकूमत का कोई अहलकार) officer of govt.

राजभट (पु०) حکومت کا فوجی (हुकूमत का फ़ौजी) militaryman of govt.

राजमणि (पु०) قیمتی پتھر، نگینہ (क़ीमती पत्थर, नगीना) precious stone, gem

राजमार्ग (पु०) شاہی راستہ (शाही रास्ता) royal path

राजयक्ष्मा (पु०) تپ دق کا مرض (तपेदिक़ का मर्ज़) disease of T.B.

राजराजेश्वर (पु०) راجاؤں کا راجہ، چاند (राजाओं का राजा, चाँद) king of kings, moon

राजरोग (पु०) = **राजयक्ष्मा**

राजवसति (स्त्री०) راج بھون، شاہی محل (राजभवन, शाही महल) raj bhavan, royal palace

राजविद्या (स्त्री०) سیاست (सियासत) politics

राजवीथी (स्त्री०) = **राजपथ**

राजवेश्म (पु०) = **राजवसति**

राजवेव (पु०) راجہ کا لباس (राजा का लिबास) dress of king

राजस (वि०) غصہ، جذبات سے پیدا ہونے والا (गुस्सा, जज़्बात से पैदा होने वाला) anger, arising from passion

राजसत्ता (स्त्री०) حکومت کی طاقت (हुकूमत की ताक़त) power of the govt.

राजसी (वि०) شاہی، بھڑکیلا (शाही, भड़कीला) royal, splendid

राजसुत (पु०) شہزادہ (शहज़ादा) prince

राजसुता (स्त्री०) شہزادی (शहज़ादी) princess

राजस्व (पु०) مالگزاری (मालगुज़ारी) revenue

राजधिष्ठान (पु०) کسی راجہ کی راجدھانی (किसी राजा की राजधानी) kingdom of a Raja

राजासन (पु०) راجاؤں کے بیٹھنے کا تخت، تختِ سلطنت (राजाओं के बैठने का तख़्त, तख़्ते सलतनत) throne

राजि (स्त्री०) قطار، لکیر (क़तार, लकीर) row, line

राजित (वि०) گدی نشیں (गद्दीनशीं) ascent to the throne

राजिव/राजीव (पु०) کنول، ہاتھی (कंवल, हाथी) lotus, elephant

राजीवलोचन (पु०) کنول جیسی آنکھیں (कंवल जैसी आँखें) eyes like lotus

राजेन्द्र (पु०) شہنشاہ (शहंशाह) emperor

राजेश्वर (पु०) راجاؤں میں عمدہ (राजाओं में उम्दा) excellent among kings

राजोपजीवी (पु०) راج کا ملازم، سرکاری کارندہ (राज का मुलाज़िम, सरकारी कारिन्दा) employee of Raj/Govt.

राज्ञी (स्त्री०) رانی، ملکہ (रानी, मल्का) queen

राज्य (पु०) ریاست، ملک (रियासत, मुल्क) province, state

राज्यकर्त्ता (पु०) سلطنت کا اہلکار (सल्तनत का अहलकार) official of state

राज्यतंत्र (पु०) نظامِ حکومت (नेज़ामे हुकूमत) system of govt.

राणा (पु०) راجا، اس لفظ کا استعمال کچھ ریاستوں اور نیپال کے سرداروں کے لئے بہ طور لقب کیا جاتا ہے (राजा, इस लफ़्ज़ का इस्तेमाल कुछ रियासतों और नेपाल के सरदारों के लिए बतौर लक़ब किया जाता है) king, this word is used for chiefs of some states & Nepal

राता (वि०) رنگا ہوا، لال رنگ کا (रंगा हुआ, लाल रंग का) coloured, of red colour

रात्रि (स्त्री०) رات (रात) night

रात्रिचर (पु०) شبینہ، رات میں گھومنے والا (शबीना, रात में घूमने वाला) nocturnal, active in night

रात्रिज (पु०) تارے، سیارے، فلکی اجسام (तारे, सय्यारे, फ़लकी अज्साम) stars, planets, heavenly bodies

रात्री (स्त्री०) رات (रात) night

रात्र्यंध (वि०) رتوندھی، جسے رات میں نظر نہ آئے (रतौंधी, जिसे रात में नज़र न आए) night blindness

राधना (क्रि०) ثابت کرنا، پورا کرنا (साबित करना, पूरा करना) to prove, to complete

राम (पु०) راجہ دسرتھ کے بیٹے، ہندوؤں کے اوتار (राजा दसरथ के बेटे, हिन्दुओं के अवतार) son of Raja Dasrath, diety of Hindus

रामजना (स्त्री०) فاحشہ عورتوں کی ایک برادری (फ़ाहेशा औरतों की एक बिरादरी) a group of prostitutes

रामजनी (स्त्री०) طوائف، رنڈی (तवायफ़, रंडी) prostitute

रामदाना (पु०) ایک پودا جس میں بہت چھوٹے چھوٹے سفید دانے ہوتے ہیں (एक पौदा जिसमें बहुत छोटे छोटे सुफ़ेद दाने होते हैं) a plant which bears small white seeds

रामधनुष (पु०) قوس قزح (क़ौसे क़ज़ा) rainbow

रामफल (पु०) شریفہ (शरीफ़ा) custard apple

रामबान (वि०) تیر بہدف، فوری اثر کرنے والا (तीर बहदफ़, फ़ौरी असर करने वाला) efficacious, immediate effective

रामरस (पु०) نمک (नमक) salt

रामराज्य (पु०) امن وسکون کا مثالی زمانہ (अमनो सुकून का मिसाली ज़माना) exemplary age of peace & calm

राम राम (पु०) سلام، نمسکار (सलाम, नमस्कार) greeting, salute

राम लीला (स्त्री०) شری رام کے تعلق سے ڈرامہ یا اداکاری (श्री राम के ताल्लुक़ से ड्रामा या अदाकारी) any drama or play pertaining to Shri Ram's life

रामवाण (पु०) = **रामबान**

रामसेतु (पु०) دکھنی بھارت کے آخری حد پر سمندر میں پڑے چٹانوں کا مجموعہ (दक्षिणी भारत के आख़िरी हद पर, समुन्द्र में पड़े चट्टानों का मजमुआ) group of rocks lying in sea at the extreme end of south India

रामा (पु०) خوبصورت عورت (ख़ूबसूरत औरत) beautiful woman

रामायण/रामायन (पु०) سنسکرت میں بالمیکی کی مشہور رزمیہ جس میں شری رام کے دور کا بیان ہے (संस्कृत में बाल्मिकी की मशहूर रज़मिया जिस में श्री राम के दौर का ब्यान हो) famous Sanskrit epic composed by Balmiki to describe Shri Ram's age.

राय (पु०) چھوٹا سردار، خیال، عقل (छोटा सरदार, ख़्याल, अक़्ल) small chief, opinion, wisdom

रायता (पु०) دہی میں ملایا ہوا سبزی کے ٹکڑوں کے ساتھ نمک اور مرچ (दही में मिलाया हुआ सब्ज़ी के टुकड़ों के साथ नमक और मिर्च) veg3etable chips mixed in curd along with salt & spices

रार (स्त्री०) جھگڑا (झगड़ा) quarreling

राल (स्त्री०) سال درخت کا رقیق مادہ (साल दरख़्त का रक़ीक़ माद्दा) resin of Sal tree

राव (पु०) آواز،لفظ،سردار،دولتمند (आवाज़, लफ़्ज़, सरदार, दौलतमंद) sound, word, chief, wealthy

रावट (स्त्री०) شاہی عمارت (शाही इमारत) royal building

रावत (पु०) چھوٹا راجہ،سردار (छोटा राजा, सरदार) small ruler, chief

रावना (क्रि०) رلانا (रुलाना) to make weep

रावल (पु०) راجا،سربراہ،سردار (राजा, सरबराह, सरदार) king, head, chief

राशि (स्त्री०) مجموعہ، ڈھیر، رقم (मजमूआ, ढेर, रक़म) total, heap, set

राशीकृत (वि०) جمع کیا ہوا (जमा किया हुआ) collection

राष्ट्र (पु०) قوم، ملک (क़ौम, मुल्क) nation, country

राष्ट्रतंत्र (स्त्री०) ملک چلانے کا نظام (मुल्क चलाने का निज़ाम) governance of a country

राष्ट्रपति/राष्ट्रपाल (पु०) صدر، سربراہ ملک (सद्र, सरबराहे मुल्क) president, head of nation

राष्ट्रवादी (पु०,वि०) قوم پرست (क़ौम परस्त) nationalist

राष्ट्रविप्लव (पु०) بغاوت، بلوہ (बग़ावत, बलवा) mutiny, revolt, riot

राष्ट्रीकरण (पु०) قومیانا (क़ौमियाना) nationalisation

राष्ट्रीय (वि०) قومی، ملکی (क़ौमी, मुल्की) national, state

राष्ट्रीयता (स्त्री०) قومیت (क़ौमियत) nationality

राष्ट्रव्यापी (वि०) ملک گیر (मुल्कगीर) nationwide

रास (पु०) شور، گونج، کرشن اور گوپیوں کی تفریح (शोर, गूंज, श्री कृष्ण और गोपियों की तफ़रीह) noise, echo, sports of Gopis & Shri Krishna

रासधारी (पु०) وہ جو سری کرشن کی تفریحوں کی اداکاری کرتا ہو (वह जो श्री कृष्ण की तफ़रीहों की अदाकारी करता हो) one who acts the sportings of Shri Krishna

रासभ (पु०) گدھا، خچر (गधा, ख़च्चर) ass, mule

रासभी (स्त्री०) گدھی (गधी) mare

रासभूमि (स्त्री०) میدانِ تفریح/کھیل کود (मैदाने तफ़रीह/खेलकूद) sports field

रासलीला (स्त्री०) وہ کھیل یا رقص جو شری کرشن نے گوپیوں کے ساتھ کیا تھا (वह खेल या रक़्स जो श्री कृष्ण ने गोपियों के साथ किया था) drama or dance of Shri Krishna with herd girls

रासबिहारी (पु०) شری کرشن (श्री कृष्ण) Shri Krishna

रासायनिक (वि०) کیمیاوی (कीमयावी) chemical

रासी (वि०) بناوٹی، بُرا (बनावटी, बुरा) artificial, bad

रासो (पु०) کسی راجا کی منظوم زندگی (किसी राजा की मंज़ूम ज़िन्दगी) life of a king in verses

राहरीति (स्त्री०) تعارف (तारुफ़) introduction

राहना (क्रि०) ریتی سے رگڑ کر چکنا بنانا (रेती से रगड़ कर चिकना बनाना) to make smooth by rubbing with file

राहु (पु०) ایک قسم کا راکشس (एक क़िस्म का राक्षस) name of a demon

रिंगन/गिंना (स्त्री०/क्रि०) گھٹنوں کے بل چلنا (घुटनों के बल चलना) crawling on knee

रिक्त (वि०) خالی، کنگال (ख़ाली, कंगाल) empty, vacant, pauper

रिक्तत (स्त्री०) خالی پن (ख़ालीपन) emptiness

रिक्तहस्त (वि०) مفلس، کنگال (मुफ़लिस, कंगाल) very poor, pauper

रिक्थ (पु०) وراثت میں ملی ہوئی دولت (विरासत में मिली हुई दौलत) inherited wealth

रिक्ष (पु०) بھالو (भालू) bear

रिक्षा (स्त्री०) لیکھ، جوں کا انڈا (लीख, जूँ का अंडा) louse's eggs

रिच्छ (पु०) = **रिक्ष**

रिझाना (क्रि०) پھسلانا، خوش کرنا، بہلانا (फुसलाना, खुश करना, बहलाना) to applaud, to please, to incite

रित/रितु (स्त्री०) موسم (मौसम) season

रितवना (क्रि०) خالی کرنا (ख़ाली करना) to empty, to vacate

रिद्ध (वि०) پکا ہوا (पका हुआ) ripe

रिन (पु०) قرض (क़र्ज़) loan, debt

रिनी (वि०) قرض دار (مقروض) (क़र्ज़दार {मक़रूज़}) indebted

रिपु (पु०) دشمن (दुश्मन) enemy

रिपुता (स्त्री०) دشمنی (दुश्मनी) enmity

रिरक्षा (स्त्री०) حفاظت کرنے کی خواہش (हिफ़ाज़त करने की ख़ाहिश) desire to guard

रिर (पु०) ہٹ (हट) obstinacy

रिरना (क्रि०) ہٹ کرنا (हट करना) to obstinate

रिरहा (पु०) بھیک مانگنے والا (भीक मांगने वाला) begger

रिष्ट (पु०) خوشی، بدقسمتی (ख़ुशी, बदक़िस्मती) happiness, misfortune

रिस (स्त्री०) غصہ، کڑھن (गुस्सा, कुढ़न) anger, vexation

रिसना (क्रि०) ٹپکنا (टपकना) leakage, dripping

रिसहा (वि०) غصہ ور (गुस्सावर) angry

रिसानी (स्त्री०) غصّہ (गुस्सा) anger

रिसि (स्त्री०) = **रिस**

रिसौंहा (वि०) غصہ سے بھرا ہوا (गुस्से से भरा हुआ) fly into passion

रींधना (क्रि०) اُبالنا، تلنا (उबालना, तलना) to boil, to fry

रीतना (क्रि०) خالی ہونا، خالی کرنا (ख़ाली होना, ख़ाली करना) to empty, to vacate

रीता (वि०) خالی، جس کے اندر کچھ نہ ہو (ख़ाली, जिसके अंदर कुछ न हो) empty, hollow

रीति (स्त्री०) ڈھنگ، طریقہ کار، رواج (ढंग, तरीक़ैकार, रिवाज) style, procedure, custom

रीस (स्त्री०) مقابلہ، جلن، رقابت (मुक़ाबला, जलन, रेक़ाबत) competition, jealousy, rivalry

रीसना (क्रि०) غصہ ہونا (गुस्सा होना) to become angry

रुंदवाना (क्रि०) پیر سے کچلوانا (पैर से कुचलवाना) trampling

रुक्ख (पु०) درخت (दरख़्त) tree

रुक्म (पु०) منور، رُکمنی کا چھوٹا بھائی (मुनव्वर, रुक्मणी का छोटा भाई) illuminated, younger brother of Rukmini

रुक्षता (स्त्री०) روکھاپن (रूखापन) dryness

रुक्षा (वि०) روکھا، بے رس (रूखा, बेरस) dry, juiceless

रुग्न (वि०) بیمار، مریض (बीमार, मर्ज़) ill, sick

रुग्नता (स्त्री०) بیماری، مرض (बीमारी, मर्ज़) illness, sickness

रुचत (स्त्री०) خواہش (ख़ाहिश) desire

रुचि (स्त्री०) شوق، محبت، لذت، رغبت (शौक़, मुहब्बत, लज़्ज़त, रग़बत) fondness, love, taste, inclination

रुचिकर (वि०) اچھا لگنے والا (अच्छा लगने वाला) enjoyable, tasteful

रुचिर (वि०) خوبصورت، اچھا ہاضمہ (ख़ूबसूरत, अच्छा हाज़मा) beautiful, good digestion

रुची (स्त्री०) = **रुचि**

रुच्छ (वि०) = **रुक्ष**

रुज (पु०) پھٹنا، زخم، تکلیف (फटना, ज़ख़्म, तकलीफ़) crack, injury, trouble

रुजा (स्त्री०) مرض، درد (मरज़, दर्द) disease, pain

रुजी (पु०) مریض (मरीज़) sick

रुत (पु०) پرندوں کی دلکش آواز (परिंदों की दिलकश आवाज़) melodious voice of birds

रुदन (पु०) رونے کا عمل، نوحہ گری (रोने का अमल, नौहागिरी) weeping, mourning

रुदाली (स्त्री०) بَین کرنے والی (बैन करने वाली) mourner

रुदित (वि०) روتا ہوا (रोता हुआ) one who weeps

रुद्ध (वि०) روکا ہوا (रोका हुआ) withheld

रुद्र (पु०,वि०) شیوا کا نام، ایک قسم کا دیوتا جن کی تعداد گیارہ ہوتی ہے، خوفناک (शिव का नाम, एक क़िस्म का देवता जिनकी तादाद ग्यारह होती है, ख़ौफ़नाक) title of Shiva, a kind of god (diety) whose no. is eleven, fearsome

रुद्राक्ष (पु०) ایک قسم کا درخت جس کے پھل کی مالا پہنی جاتی ہے (एक क़िस्म का दरख़्त जिसके फल की माला पहनी जाती है) a kind of tree whose fruit is used in garland

रुधिर (पु०) خون (ख़ून) blood

रुधिरपायी (पु०) خون پینے والا (ख़ून पीने वाला) blood sucker

रुधिराक्त (वि०) خون سے شرابور (ख़ून से शराबोर) drenched in blood

रुनझुन (स्त्री०) گھنگھرو، جھنکار (घुंघरू, झंकार) tinkle, jingling

रुनाई (स्त्री०) رونق (रौनक़) grace

रुनित (पु०) بجتا ہوا (बजता हुआ) played upon

रुपहला (वि०) چاندی کے رنگ جیسا (चाँदी के रंग जैसा) like silver colour

रुपावली (स्त्री०) گردان (गरदान) paradigm

रुराई (स्त्री०) خوبصورتی (ख़ूबसूरती) beauty

रुरु (पु०) کالا ہرن، کالی کستوری (काला हरण, काली कस्तूरी) black buck, black musk

रुरुआ (पु०) ایک قسم کا الو جس کی آواز بے حد کرخت ہوتی ہے (एक क़िस्म का उल्लू जिसकी आवाज़ बेहद करख़्त होती है) type of an owl whose voice is very harsh

रुष (पु०) غصہ،غضب (गुस्सा, ग़ज़ब) anger, wrath

रुषित/रुष्ट (वि०) غصہ میں،غضبناک (गुस्से में, ग़ज़बनाक) in anger, furious

रुष्टता (स्त्री०) روکھا پن، ناخوش (रूखापन, नाख़ुश) dryness, unhappy

रुष्ट पुष्ट (वि०) صحتمند (सेहतमंद) healthy

रुंदना (क्रि०) روندنا (रौंदना) trampling

रुक्षता (वि०) روکھائی (रूखाई) indifference, dryness

रूख (पु०) درخت (दरख़्त) tree

रूड़/रुड़ (वि०) عمدہ (उम्दा) excellent

रूढ़ (वि०) پیدا،سخت،تسلیم شدہ (पैदा, सख़्त, तसलीमशुदा) born, hard, accepted

रूढ़ि (स्त्री०) پیدائش، بالیدگی، روایت، رواج (पैदाइश, बालीदगी, रिवायत, रिवाज) birth, growth, convention, custom

रूढ़िवादी (पु०) روایت پسند،قدامت پسند (रिवायत पसंद, क़दामत पसंद) traditional, conservative

रूप (पु०) شکل،حسن، حالت،بھیس (शक्ल, हुस्न, हालत, भेस) form, beauty, state, disguise

रूपक (पु०) مجسمہ،مورتی،ڈرامائی خاکہ (मुजस्सेमा, मूर्ति, डरामाई ख़ाका) statue, idol, dramatic composition

रूपका (पु०) مجسمہ بنانے والا (मुजस्सेमा बनाने वाला) one who makes idols

रूपण (पु०) امتحان،ثبوت (इम्तेहान, सबूत) test, proof

रूपतम (वि०) بہت خوبصورت (बहुत ख़ूबसूरत) very beautiful

रूपमती (स्त्री०) حسینہ،خوبصورت (हसीना, ख़ूबसूरत) pretty woman, beautiful

रूपमै (वि०) بہت خوبصورت (बहूत ख़ूबसूरत) very beautiful

रूपवती (स्त्री०) خوبصورت عورت (ख़ूबसूरत औरत) pretty woman

रूपवंत/रूपवान (वि०) حسین،خوبرو (हसीन, ख़ूबरू) handsome, pretty

रूपा (पु०) چاندی (चाँदी) silver

रूपांतरण (वि०) تبدیل شدہ (तबदीलशुदा) modification

रूपाजीव (स्त्री०) طوائف،رنڈی (तवायफ़, रंडी) prostitute

रूपावली (स्त्री०) گردان (गरदान) paradigm

रूपी (स्त्री०) روپ والی،خوبصورت (रूप वाली, ख़ूबसूरत) beautiful

रूपोपजीवी (पु०,वि०) بہروپیا (बहरूपिया) expert in one's guise

रूमना (क्रि०) جھومنا،جھولنا (झूमना, झूलना) rock & roll, swinging

रेंकना (क्रि०) گدھے کی بولی بولنا (गदहे की बोली बोलना) braying

रेंगटा (पु०) گدھے کا بچہ (गदहे का बच्चा) donkey's baby

रेखा (स्त्री०) خط،لکیر،شکل (ख़त, लकीर, शक्ल) line, shape

रेखागणित (पु०) جیومیٹری (ज्योमेट्री) geometry

रेच (पु०) اینٹھن،الزام (ऐंठन, इल्ज़ाम) torsion, charge

रेचना (क्रि०) پیٹ سے غلاظت یا ریاح باہر کرنا (पेट से ग़िलाज़त या रेयाह बाहर करना) expulsion of stool or wind

रेचित (वि०) چھوڑا ہوا (छोड़ा हुआ) abandoned

रेणु (पु०,स्त्री०) بالو، گرد، ذرات (बालू, गर्द, ज़र्रात) sand, dust, particles

रेणुका (स्त्री०) زمین،گرد،بالو (ज़मीन, गर्द, बालू) earth, dust, sand

रेतण (स्त्री०) بالو،ریگستان (बालू, रेगिस्तान) sand, desert

रेता (पु०) بالو،بالو والی مٹی (बालू, बालू वाली मिट्टी) sand, sandy soil

रेती (स्त्री०) لوہے لکڑی کو ریتنے کا ایک آلہ، سمندر کا بالو والا کنارا (लोहे लकड़ी को रेतने का एक आला, समुन्दर का बालू वाला किनारा) file, sandy beach

रेतीला (वि०) بالووالا (बालू वाला) sandy

रेनु (पु०,स्त्री०) = **रेणु**

रेरूआ (पु०) بڑا الُّو (बड़ा उल्लू) large owl

रेला (पु०) بھیڑ، دھکا مُکّی (भीड़, धक्कामुक्की) crowd, push & pull

रेह (स्त्री०) کھار ملی ہوئی مٹّی (खार मिली हुई मिट्टी) alkaline soil

रैतुआ (पु०) = **रायता**

रैदास (पु०) چمار برادری کا ایک فقیر (चमार बिरादरी का एक फ़क़ीर) saint of cobbler's caste

रैदासी (वि०) رئداس برداری کا فرد (रायदास बिरादरी का फ़र्द) one who belongs to cobbler's caste

रैन/रैनि (स्त्री०) رات (रात) night

रैयाराव (पु०) سردار، چھوٹا راجہ (सरदार, छोटा राजा) chief, small king

रैल (स्त्री०) بھیڑ (भीड़) crowd

रैहर (पु०) جھگڑا، لڑائی (झगड़ा, लड़ाई) quarreling, fighting

रोकड़ (पु०) نقد روپیہ پیسہ (नक़्द रुपया पैसा) cash amount

रोकड़िया (पु०) خزانچی، خازن (ख़ज़ाँची, ख़ाज़िन) cashier, treasurer

रोग (पु०) مرض (मर्ज़) disease

रोगकारक (पु०,वि०) مرض پیدا کرنے والا (मर्ज़ पैदा करने वाला) pathogen

रोगी (पु०,वि०) مریض، بیمار (मरीज़, बीमार) patient, ill

रोचक (वि०) دلچسپ، تفریحی (दिलचस्प, तफ़रीही) interesting, entertaining

रोचि (स्त्री०) نور، کرن (नूर, किरण) light, rays

रोचित (वि०) آراستہ، مزین (आरास्ता, मुज़इयन) decorated

रोदन (पु०) رونا، روندنا (रोना, रौंदना) weeping, trampling

रोदसी (पु०) زمین (ज़मीन) earth

रोध (पु०) کنارا، رکاوٹ (किनारा, रुकावट) margin, obstacle

रोधक (वि०) روکنے والا (रोकने वाला) obstructive, stopper

रोधित (वि०) روکا ہوا (रोका हुआ) obstructed, stopped

रोपना (क्रि०) جمانا، ٹھہرانا (जमाना, ठहराना) to fix, to settle

रोम (पु०) رواں، جسم کے بال (रोआँ, जिस्म के बाल) small hairs, hairs of body

रोमकूप (पु०) جلد کے مہین سوراخ (जिल्द के महीन सूराख़) fine perforation of skin

रोमन्थ (पु०) جگالی (پاگُر) کرنا (जुगाली {पागुर} करना) to chew the cud

रोमपाट (पु०) اونی لباس، دوشالہ (ऊनी लिबास, दोशाला) woolen garment, shawl

रोमश (पु०,वि०) سور، بھیڑ، روئیں دار، اُون والا (सुअर, भेड़, रोएंदार, ऊन वाला) pig, ram, hairy, woolly

रोमहर्ष/रोमाहर्षण (पु०) حیرتناک، رونگٹے کھڑے ہونا (हैरतनाक, रोंगटे खड़े होना) hair raising

रोमांच (पु०) خوف سے رونگٹے کھڑے ہونا (ख़ौफ़ से रोंगटे खड़े होना) hair raising due to fear

रोमांचक (वि०) سنسنی خیز (सनसनी खेज़) thrilling, sensational

रोमांचित (वि०) جس کے رونگٹے کھڑے ہوں (जिसके रोंगटे खड़े हों) whose hairs are raised

रोर (स्त्री०) شور وغل، بدمعاشی (शोरो गुल, बदमाशी) noise, notoriety

रोरी (स्त्री०) ہلدی چونے سے بنا سفوف جس کا تلک لگایا جاتا ہے (हल्दी चूने से बना सफूफ़ जिसका तिलक लगाया जाता है) powder made of turmeric & lime used in tilak

रोल (पु०) پانی کا بہاؤ، شور وغل (पानी का बहाव, शोरो गुल) flow of water, noise

रोला (पु०) شوروغُل، گھمسان کی جنگ (शोरो गुल, घमासान की जंग) noise, fierce fighting

रोष (पु०) غصّہ، احتجاج (गुस्सा, एहतेजाज) anger, protest

रोषित (वि०) غصّہ، ناراض (गुस्सा, नाराज़) angry, displeased

रोहण (पु०) اوپر بڑھنا، چڑھائی (ऊपर बढ़ना, चढ़ाई) ascending, climbing

रोहिताक्ष (पु०) لال آنکھ (लाल आँख) red eye

रोहिताख (पु०) آگ (आग) fire

रोही (वि०) چڑھنے والا (चढ़ने वाला) climber

रोहू (स्त्री०) ایک قسم کی مچھلی (एक क़िस्म की मछली) a kind of fish

रौद्रता (स्त्री०) ڈراؤناپن (डरावनापन) dreadfulness

रौप्य (पु०) چاندی (चाँदी) silver

रौरा (सर्व०क्रि०) آپ کا، چلّانا (आपका, चिल्लाना) yours, to shout

रौरी (स्त्री०) شوروغُل (शोरोगुल) noise

रौरे (सर्व०) آپ (आप) you

रौला (पु०) = **रौश**

रौलि (स्त्री०) چپت (चपत) slap

रौश (पु०) شوروغُل، اُدھم (शोरोगुल, उधम) noise, uproar

रौसली (स्त्री०) ہلکی مٹی (हल्की मिट्टी) light soil

ल

लंकेश (पु०) راون (रावण) Ravana

लंगूल (पु०) دُم (दुम) tail

लंगोट (पु०) ستر کو چھپانے کے لئے ایک قسم کا سلا ہوا کپڑا (لنگوٹ،لنگوٹی) (सतर को छुपाने के लिए एक क़िस्म का सिला हुआ कपड़ा (लंगोट, लंगोटी)) loin's cloth

लंठ (वि०) بدمعاش، احمق (बदमाश, अहमक़) wicked, fool

लकसी (स्त्री०) پھل وغیرہ توڑنے کے لئے آکسی سمیت بانس (फल वग़ैरा तोड़ने के लिए ऑक्सी समेत बाँस) a bamboo having a hook to pluck fruits

लकीर (स्त्री०) خط،سطر (ख़त, सतर) line

लकुट (पु०) لاٹھی (लाठी) stick, club

लकुटी (स्त्री०) چھوٹی لاٹھی یا چھڑی (छोटी लाठी या छड़ी) small club or stick

लक्कड़ (पु०) لکڑی کا بڑا کُندا (लकड़ी का बड़ा कुन्दा) a big log of wood

लक्खी (वि०) لاکھ کے رنگ کا (लाख के रंग का) lac coloured

लक्ष (पु०) مقصد،نشان (मक़सद, निशान) aim, mark

लक्षण (पु०) نشان، مرض کی علامت (निशान, मर्ज़ की अलामत) sign, symptoms of disease

लक्षित (वि०) غور کیا ہوا، اندازے سے جانا ہوا (ग़ौर किया हुआ, अंदाज़े से जाना हुआ) which was considered, known by guess

लक्ष्म (पु०) نشان (निशान) mark, sign

लक्ष्मी (स्त्री०) وشنو کی بیوی، زینت، حسن، دولت (विष्णु की बीवी, ज़ीनत, हुस्न, दौलत) wife of Vishnu, grace, beauty, wealthy

लक्ष्य (पु०) مقصد، نشانہ، ہدف (मक़सद, निशाना, हदफ़) aim, target

लखन (पु०) لکشمن، لکھنے یا دیکھنے کا عمل (लक्ष्मण, लिखने या देखने का अमल) Laxman, act of writing or seeing

लखना (क्रि०) اندازہ کر لینا (अंदाज़ा कर लेना) to guess

लखलुट (वि०) دولت لٹانے والا، فضول خرچ (दौलत लुटाने वाला, फुजूल ख़र्च) one who spends money lavishly, extravagant

लखाना (क्रि०) دکھلانا، سمجھانا (दिखाना, समझाना) to show, to make understand

लखिमी (स्त्री०) = **लक्ष्मी**

लखिया (वि०) اندازہ کرنے والا (अंदाज़ा करने वाला) one who guesses

लखेदना (क्रि०) بھگانا (भगाना) to drive off

लखौरी (स्त्री०) پرانے زمانے کی چھوٹی پتلی اینٹ، دیوتا پر پھل چڑھانا (पुराने ज़माने की छोटी पतली ईंट, देवताओं पर फल चढ़ाना) small & thin brick of old time, offering of fruits to God

लग्नांत (स्त्री०) لگن (लगन) marriage

लग (स्त्री०,अव्य०) پاس، لئے، محبت، ساتھ (पास, लिए, मुहब्बत, साथ) near, for, love, along with

लगन (स्त्री०) اپنائیت، رغبت، محبت (अपनाइयत, रग़बत, मुहब्बत) kinship, fondness, affection

लगनी (स्त्री०) چھوٹی تھالی (छोटी थाली) small dish

लगमात (स्त्री०) اعراب (एराब) vowel points

लगव (वि०) جھوٹ، ناحق (झूट, नाहक़) lie, false

लगान (पु०) زمین کا محصول (ज़मीन का महसूल) land revenue

लगाय (स्त्री०) محبت (मुहब्बत) love

लगाव (पु०) تعلق (ताल्लुक़) relation

लगित (वि०) متحدہ، ملا ہوا (मुत्तहिदा, मिला हुआ) united, mixed

लगुड़ (पु०) ڈنڈا، لاٹھی (डंडा, लाठी) stick, club

लग्गा/लग्गी (स्त्री०) لمبا بانس (लंबा बांस) long bamboo

लग्न (पु०) شادی کا وقت، وہ مبارک گھڑی جس میں کوئی اہم کام انجام دیا جائے (शादी का वक़्त, वह मुबारक घड़ी जिसमें कोई अहम काम अंजाम दिया जाए) marriage time, auspicious time when important work is done

लघिमा (स्त्री०) چھوٹا پن (छोटापन) smallness

लघीपस (वि०) بہت چھوٹا، ہلکا (बहुत छोटा, हल्का) very small, light

लघु (पु०) چھوٹا، ہلکا (छोटा, हल्का) small, light

लघुकाय (पु०) چھوٹے جسم کا (छोटे जिस्म का) small bodied

लघुता (स्त्री०) ہلکا پن، کمینہ پن (हल्कापन, कमीनापन) lightness, meanness

लघुतुपक (स्त्री०) پستول، طمنچہ (पिस्तौल, तमन्चा) pistol, revolver

लघुत्तमसमापवर्त्य (पु०) ذواضعاف اقل (ज़ूअज़ाफ़ अक़ुल) LCM

लघुत्व (पु०) ہلکا پن، چھوٹا پن، کمینگی (हल्कापन, छोटापन, कमीनगी) lightness, smallness, meanness

लघुदुन्दुभि (पु०) ڈُگ ڈُگی (डुगडुगी) juggler's drum

लघुद्राक्षा (स्त्री०) کشمش (किशमिश) raisin (dry grape)

लघुमति (वि०) چھوٹی عقل والا، احمق، بیوقوف (छोटी अक़्ल वाला, अहमक़, बेवकूफ़) mentally retarded, idiot

लघुशंका (स्त्री०) پیشاب کرنے کا عمل (पेशाब करने का अमल) to urinate

लघूकरण (पु०) کاٹنا، چھانٹنا، کم کرنا (काँटना, छाँटना, कम करना) cutting, deducting

लघूक्ति (स्त्री०) کم بولنا (कम बोलना) to speak little

लघ्वाशी (वि०) کم کھانے والا (कम खाने वाला) one who eats little (abstemious)

लघ्वाहार (पु०) ہلکی غذا (हल्की ग़िज़ा) light diet

लङ्क (स्त्री०) کمر (कमर) waist

लङ्कनाथ (पु०) راون (रावण) Rawana

लचन (स्त्री०) لچک (लचक) resilience, flexibility

लच्छ (पु०) مقصد، بہانہ، لاکھ (عدد) (मक़सद, बहाना, लाख (अदद)) aim, pretext, lakh (no.)

लच्छण (पु०) عادت، فطرت (आदत, फ़ितरत) habit, nature

लच्छि (पु०) ایک لاکھ کی تعداد، لکشمی (एक लाख की तादाद, लक्ष्मी) one lakh, Lakshmi

लज (स्त्री०) شرم، لاج (शर्म, लाज) shame, modesty

लजना (क्रि०) شرمانا (शरमाना) feel ashamed

लजीला (वि०) شرمیلا (शर्मीला) shy

लजुरी (स्त्री०) کوئیں سے پانی نکالنے کی رسّی (कुएं से पानी निकालने की रस्सी) rope for drawing water from well

लजोर (वि०) = **लजीला**

लज्जा (स्त्री०) شرم، حیا (शर्म, हया) modesty, shyness

लज्जित (वि०) شرمندہ (शर्मिंदा) ashamed

लट (स्त्री०) بالوں کا گچھا (बालों का गुच्छा) lock of hairs

लट्ठ (पु०) بڑی لاٹھی (बड़ी लाठी) long stick or club

लट्ठमार (वि०) سخت، ناخوشگوار، کرخت (सख़्त, नाख़ुशगवार, करख़्त) hard, unpleasant, harsh

लट्ठा (पु०) لکڑی کا موٹا ٹکڑا (लकड़ी का मोटा टुकड़ा) thick log of wood

लठैत (पु०) لاٹھی چلانے والا (लाठी चलाने वाला) skilled in clubbing

लड़ (स्त्री०) قطار، ہار، رسّی کا تار (क़तार, हार, रस्सी का तार) row, garland, wire of rope

लड़कई (स्त्री०) لڑکپن، بچپن (लड़कपन, बचपन) boyhood, childishness

लड़कोरी (स्त्री०) جس عورت کے گود میں بچہ ہو (जिस औरत के गोद में बच्चा हो) woman blessed with a baby

लड़ी (स्त्री०) = **लड़**

लड़ता (वि०) لاڈلا، دلارا (लाडला, दुलारा) darling, dear

लढ़िया (स्त्री०) بیل گاڑی (बैलगाड़ी) bullock cart

लता (स्त्री०) بیل، نازک شاخ (बेल, नाज़ुक शाख़) creeper, delicate branch

लताकुञ्ज (पु०) بیلوں سے ڈھکی ہوئی جگہ (बेलों से ढकी हुई जगह) place covered by creepers

लताड़ना (क्रि०) لات مارنا (लात मारना) to kick

लतामणि (पु०) مونگا (मूंगा) coral

लत्ता (पु०) چیتھڑا، پھٹا پرانا کپڑا (चिथड़ा, फटा पुराना कपड़ा) tatter, rag

लपक (स्त्री०) شعلہ (शोला) flame

लपना (क्रि०) جھولنا، کمزور ہونا (झूलना, कमज़ोर होना) to swing, to become weak

लपसी (स्त्री०) کوئی گیلی گاڑھی چیز (कोई गीली गाढ़ी चीज़) any wet & dense substance

लप्पा (पु०) چھت کی شہتیر (छत की शहतीर) timber of roof

लबड़ना (क्रि०) جھوٹ بولنا (झूट बोलना) to tell lie

लबरा (पु०,वि०) جھوٹ بولنے والا، گپ ہانکنے والا (झूट बोलने वाला, गप हांकने वाला) liar, gossiper

लबी (स्त्री०) گنے کا پکا ہوا رس، راب (गन्ने का पका हुआ रस, राब) boiled juice of cane sugar, molasses

लबदा (पु०) موٹا بڑا ڈنڈا (मोटा बड़ा डंडा) thick & long club

लबेदी (स्त्री०) موٹا چھوٹا ڈنڈا (मोटा छोटा डंडा) thick & small club

लब्ध (वि०) حاصل، کمایا ہوا، حاصل تقسیم عدد (हासिल, कमाया हुआ, हासिल तक़सीम अदद) acquired, earned, dividend, quotient

लब्धकाम (वि०) جس کے دل کی مراد پوری ہوگئی ہو (जिसके दिल की मुराद पूरी हो गई हो) gain one's wish

लब्धकीर्ति (वि०) مشہور، معروف (मशहूर, मारूफ़) famous, reputed

लब्धांक (पु०) حاصل شدہ عدد (हासिलशुदा अदद) obtained number

लब्धि (स्त्री०) نفع، حاصل شدہ، حاصل عدد (नफ़ा, हासिलशुदा, हासिल अदद) profit, receipt, gained no.

लब्धोदय (वि०) خوش قسمتی (ख़ुशकिस्मती) fortunately

लभन (पु०) حصول (हुसूल) gained

लभ्य (वि०) پانے کے قابل، مناسب (पाने के क़ाबिल, मुनासिब) worth receipt, proper

लमकना (क्रि०) لپکنا (लपकना) to move quickly

लमछड़ (वि०) لمبا اور پتلا (लंबा और पतला) tall & thin

लमतड़ंग (वि०) بہت لمبا (बहुत लंबा) very tall

लमधी (पु०) سمدھی کے والد (समधी के वालिद) father of samdhi

लमाना (क्रि०) دور چلے جانا، لمبا ہونا (दूर चले जाना, लंबा होना) to go away far, to become tall

लम्पट (पु०) بدکردار، بدمعاش (बदकिरदार, बदमाश) wicked, miscreant

लम्फ (पु०) اُچھال (उछाल) toss

लम्ब (पु०) عمود، خط استوا کے متوازی خطوط (ओमूद, ख़ते इस्तेवा के मतावाज़ी ख़ुतूत) perpendicular, parallel lines to equator

लम्बन (पु०) انحصار، جھولنے کا عمل (इन्हेसार, झूलने का अमल) dependance, process of swinging

लम्भ (पु०) فائدہ، منافع (फ़ायदा, मुनाफ़ा) benefit, profit

लय (पु०,स्त्री०) بربادی، قیامت، ترنم (बरबादी, क़यामत, तरन्नुम) devastation, doomsday, rhythm

लयन (पु०) آرام، سکوت، ضم (आराम, सुकूत, ज़म) rest, calm, merged

लरनि (स्त्री०) لڑائی، جھگڑا (लड़ाई, झगड़ा) quarreling, wrangling

ललक (स्त्री०) زبردست خواہش (ज़बरदस्त ख़्वाहिश) strong desire

ललकना (क्रि०) اُمنگ سے بھرنا، للچنا (उमंग से भरना, ललचना) full of longing, to be greedy

ललकार (स्त्री०) لڑنے کے لئے دعویٰ (लड़ने के लिए दावा) challenge for fight

ललकारना (क्रि०) لڑنے کے لئے آمادہ کرنا (लड़ने के लिए आमादा करना) to challenge for fight

ललन (पु०) ہنسی مذاق، تفریح، دلارا لڑکا (हंसी मज़ाक़, तफ़रीह, दुलारा लड़का) laughter & joking, entertainment, loving boy

ललना (स्त्री०) حسینہ، عورت، زبان (हसीना, औरत, ज़ुबान) a beauty, woman, tongue

लला (पु०) پیارا بیٹا، بچوں کے لئے پیار کا لفظ (प्यारा बेटा, बच्चों के लिए प्यार का लफ़्ज़) loving son, affectionate word for children

ललाई (स्त्री०) لالی (लाली) redness

ललाट (पु०) پیشانی، قسمت کا لکھا (पेशानी, क़िस्मत का लिखा) forehead, one's lot destiny

ललाना (क्रि०) للچانا (ललचाना) to tempt

ललाम (वि०) دلکش، خوبصورت، لال، سینگ (दिलकश, ख़ूबसूरत, लाल, सींग) attractive, beautiful, red, horn

ललित (वि०) دلکش، خوبصورت (दिलकश, ख़ूबसूरत) attractive, beautiful

ललितकला (वि०) فنون لطیفہ (फ़नून लतीफ़ा) fine arts

ललिता (स्त्री०) مُشک، خوشبو، خوبصورت عورت (मुश्क, ख़ूश्बू, ख़ूबसूरत औरत) musk, perfume, beautiful woman

लली (स्त्री०) دلاری بیٹی (दुलारी बेटी) darling daughter

ललो (स्त्री०) زبان (ज़ुबान) tongue

लल्लो चप्पो (स्त्री०) خوشامد، چاپلوسی (ख़ुशामद, चापलूसी) flattering, sycophancy

लव (पु०) ذرّہ، کم وقت، کھیت کی کٹائی (ज़र्रा, कम वक़्त, खेत की कटाई) particle, little time, cutting of crop

लवण (पु०) نمک (नमक) salt

लवणता (स्त्री०) نمکینیت، ملاحیت (नमकीनियत, मलाहियत) salinity (saltiness)

लवणाकर (पु०) نمک کی کان (नमक की कान) salt mine

लवन (पु०) کھیت کی فصل کی کٹائی (खेत की फ़सल की कटाई }) cutting of farming crops

लवर (स्त्री०) آگ کا شعلہ یا لپٹ (आग का शोला या लपट) flame of fire

लवलीन (वि०) دل لگائے ہوئے، ڈوبا ہوا (दिल लगाए हुए, डूबा हुआ) fall in love, absorbed (in heart)

लवलेश (पु०) بہت کم مقدار (बहुत कम मिक़्दार) very little quantity

लवित्र (पु०) ہنسیا، ہنسوا (हंसिया, हंसुआ) sickle

लसनि (स्त्री०) حالت، زینت (हालत, ज़ीनत) position, grace

लसम (वि०) جو خالص نہ ہو، آلودہ (जो ख़ालिस न हो, आलूदा) impure, polluted

लसित (वि०) آراستہ (आरास्ता) decorated

लस्त (वि०) ہمت سے خالی، تھکا ہوا (हिम्मत से खाली, थका हुआ) without of courage, tired

लस्सी (स्त्री०) چھاچھ، لسّی، مٹّھا (छाछ, लस्सी, मट्ठा) diluted curds

लहंगा (पु०) عورتوں کا کمر سے نیچے کا گھیرے دار کپڑا، گھاگرا (औरतों का कमर से नीचे का घेरेदार कपड़ा, घागरा) long skirt worn by women

लहन (पु०) حاصل کرنا، نفع شدہ رقم (हासिल करना, नफ़ा शुदा रक़्म) to obtain, profit money

लहनदार (पु०) رقم قرض دینے والا (रक़्म क़र्ज़ देने वाला) money lender

लहनी (स्त्री०) حصول، نتیجہ (हुसूल, नतीजा) achievement, result

लहबर (पु०) ڈھیلا ڈھالا لباس، چوغہ (ढीला ढाला लिबास, चोग़ा) loose dress, gown

लहरी (स्त्री०) لہر، ترنگ (लहर, तरंग) wave

लहलह (वि०) لہلہاتا ہوا، خوشی سے پھولا ہوا (लहलहाता हुआ, ख़ुशी से फूला हुआ) blooming, over joyed

लहसुनिया (पु०) مٹیالے رنگ کا ایک قیمتی نگ (मटियाले रंग का एक क़ीमती नग) a gray coloured precious gem

लहालोट (वि०) ہنسی میں مگن (हंसी में मगन) engrossed in laughter

लहास (पु०) لاش (लाश) dead body

लहासी (स्त्री०) جہاز یا کشتی باندھنے کی موٹی رسّی (जहाज़ या कश्ती बाँधने की मोटी रस्सी) thick rope to tie steamer or boat

लॉक (पु०) کمر (कमर) waist

लांग (स्त्री०) دھوتی کا وہ حصہ جو کمر کے پیچھے کی طرف کھونسا جاتا ہے (धोती का वह हिस्सा जो कमर के पीछे की तरफ़ खोंसा जाता है) the part of dhoti which is inserted on back of waist

लांगूली (पु०) بندر (बंदर) monkey

लांच (स्त्री०) رشوت (रिश्वत) bribe

लांछन (पु०) الزام، کلنک (इलज़ाम, कलंक) charge, stigma, infamy

लाइ (पु०) آگ (आग) fire

लाइची (स्त्री०) الائچی (एलाइची) cardamom

लाई (पु०) دھان کا لاوا، چغلی (धान का लावा, चुग़ली) parched rice, back bite

लाक्षा (स्त्री०) لاکھ، لاہ (लाख, लाह) lac

लाग (स्त्री०) تعلق، ترکیب، دشمنی (ताल्लुक़, तरकीब, दुश्मनी) relation, policy, enmity

लागत (स्त्री०) وہ خرچ جو کسی چیز کو تیار کرنے میں لگے (वह ख़र्च जो किसी चीज़ को तैयार करने में लगे) the expense incurred on completing a thing

लागि (अव्य०) علامت، لئے، واسطے (अलामत, लिए, वास्ते) sign, for

लागी (अव्य०) محبت (मुहब्बत) love

लाघव (पु०) قلت، کمی، افاقہ (क़िल्लत, कमी, अफ़ाक़ा) scarcity, deficiency, reduction

लाज (स्त्री०) شرم، حیا (शर्म, हया) shame, modesty

लाजवंती (स्त्री०, वि०) حیادار، جس کو شرم ہو، چھوئی موئی (پودا) (हयादार, जिसको शर्म हो, छुई मुई {पौदा}) shy, modest, sensitive plant

लांछन (पु०) = **लाघन**

लाट (पु०) اونچا کھمبا (ستون)، گورنر (ऊँचा खम्बा {सुतून}, गवर्नर) high pillar, governor

लाटी (स्त्री०) ہونٹوں اور منھ کا خشک ہونا (होंटो और मुंह का ख़ुश्क होना) drying of lips & mouth

लाठ (पु०) ستون (सुतून) pillar

लाड़ (पु०) بچوں کا پیار (बच्चों का प्यार) love of children

लाघना (क्रि०) حاصل کرنا (हासिल करना) to get, to obtain

लान (अव्य०) لئے (लिए) for

लाप (पु०) گفتگو، قول (गुफ़्तगू, क़ौल) negotiation, saying

लाभ (पु०) حصول، فائدہ، نفع، بھلائی (हुसूल, फ़ायदा, नफ़ा, भलाई) achievement, benefit, profit, welfare

लाभकारक (वि०) فائدہ پہنچانے والا (फ़ायदा पहुँचाने वाला) benefactor

लाभकारी (वि०) فائدہ، نفع بخش (फ़ायदा, नफ़ा बख़्श) beneficient, profitable

लाभदायक (वि०) مفید (मुफ़ीद) useful

लाम (पु०) فوج، محاذ (फ़ौज, महाज़) army, front

लामे (अव्य०) دور پر (दूर पर) distance

लालन (पु०) محبت آمیز، لاڈ پیار، پیارا لڑکا (मुहब्बत आमेज़, लाड प्यार, प्यारा लड़का) affectionate, fondling, loving boy

लालमन (पु०) ایک قسم کا طوطا جس کا جسم لال اور دُم کالی ہوتی ہے (एक क़िस्म का तोता जिसका जिस्म लाल और दुम काली होती है) a kind of parrot whose body is red & tail is black

लालसा (स्त्री०) تمنا، آرزو (तमन्ना, आरज़ू) wish, desire

लालसित (वि०) خوش فہمی کا شکار (ख़ुशफ़हमी का शिकार) wishful

लालसिरती (पु०) مرغا (मुर्ग़ा) cock

लालसी (वि०) آرزومند (आरज़ूमंद) desirous

लालायित (वि०) للچایا ہوا (ललचाया हुआ) tempted

लालित्य (पु०) دلکشی، حسن، سُرخی (दिलकशी, हुस्न, सुर्ख़ी) charm, beauty, redness

लालिमा (स्त्री०) سرخ لال (सुर्ख़ लाल) red glow

लावण्य (पु०) ملاحیت، نمکینیت، بے حد حسین (मलाहियत, नमकीनियत, बेहद हसीन) saltiness, charm, very beautiful

लावा (पु०) بھنا ہوا دھان (भुना हुआ धान) roasted rice

लास (पु०) ایک قسم کا ناچ (एक क़िस्म का नाच) a kind of dance

लासक (पु०) ناچنے والا، مور (नाचने वाला, मोर) dancer, peacock

लाह (स्त्री०) لاکھ، چپڑا (लाख, चपड़ा) lac, sealing wax

लाही (स्त्री०) ایک قسم کا لال رنگ کا کیڑا جو درختوں پر لاہ پیدا کرتا ہے (एक क़िस्म का लाल रंग का कीड़ा जो दरख़्तों पर लाह पैदा करता है) a kind of red insect which produces lac on tress

लिक्षा (स्त्री०) جوں کا انڈا، لیکھ (जूँ का अण्डा, लीख) egg of louse, nit

लिंग (पु०) جنسیت، نشان، ذکر (जिन्सीयत, निशान, ज़कर) gender, mark, penis

लिखित (पु०,वि०) تحریری، دستاویز (तहरीरी, दस्तावेज़) written, documents

लिप्यंत्रण (पु०) ترجمہ (तरजुमा) translation

लिपि (स्त्री०) لکھاوٹ، دستی تحریر، رسم الخط (लिखावट, दस्ती तहरीर, रस्मुल ख़ात) writing, hand writing, script

लिपिक (पु०) (کلرک) محرر (मुहर्रिर {कलर्क}) clerk

लिपिकार (पु०) مصنف، مضمون نگار (मुसन्निफ़, मज़मून निगार) author, writer

लिपिबध (वि०) تحریری، لکھا ہوا (तहरीरी, लिखा हुआ) in writing, written

लिप्त (वि०) پتا ہوا، ڈوبا ہوا، شامل (पुता हुआ, डूबा हुआ, शामिल) whitewashed, absorbed, involved

लिप्सा (स्त्री०) تمنا، آرزو، لالچ (तमन्ना, आरज़ू, लालच) desire, wish, greed

लिप्सु (वि०) فائدے کا خواہشمند (फ़ायदे का ख़ाहिशमंद) desirous of benefit

लिबड़ी (स्त्री०) کپڑا لتا (कपड़ा लत्ता) cloths

लिलाट/लिलार (पु०) پیشانی (पेशानी) forehead

लिवाना (क्रि०) لانے کا کام، دوسرے سے کرانا (लाने का काम, दूसरे से कराना) to fetch

लिहाड़ा (स्त्री०) نیچ، کمینہ، نکما (नीच, कमीना, निकम्मा) mean, worthless

लिहाड़ी (स्त्री०) مذمت، تحقیر (मुज़म्मत, तहक़ीर) condemnation, insult

लीक (स्त्री०) خط، لکیر، رسم رواج، حد (ख़त, लकीर, रस्मो रिवाज, हद) line, custom, limit

लीख (पु०) جوں کا انڈا (जूँ का अंडा) egg of louse

लीन (वि०) دل لگائے ہوئے، مگن (दिल लगाए हुए, मगन) absorbed, amused

लीनता (वि०) محویت (महवीयत) absorbing

लील (वि०) نیلا، نیل (नीला, नील) blue, indigo

लीलना (क्रि०) نگلنا (निगलना) swallowing

लीला (स्त्री०) کھیل، قدرت، عجوبہ، کالے رنگ کا گھوڑا، اوتاروں کا عمل (खेल, क़ुदरत, अजूबा, काले रंग का घोड़ा, अवतारों का अमल) play, divine, curious, black coloured horse, actions of deity

लीलावती (स्त्री०,पु०) کھلواڑ، خوبصورت، دلکش (खेलवाड़, ख़ूबसूरत, दिलकश) playful, beautiful, charming

लुंज (वि०) بغیر ہاتھ پیر کا، لنگڑا، لولہا، اپاہج (बग़ैर हाथ पैर का, लंगड़ा, लूलहा, अपाहिज) without limbs, lame, hadicapped

लुंज मुंड (पु०) بغیر سر کا جسم، پیٹ (बग़ैर सर का जिस्म, पेट) headless body, abdomen

लुंडा (वि०) جس کے دم پر بال نہ ہوں (जिसके दुम पर बाल न हो) hairless tail

लुआठा (पु०) وہ لکڑی جس کا ایک سرا جلتا ہو (वह लकड़ी जिसका एक सिरा जलता हो) the stick whose one end is burning

लुआर (स्त्री०) (گرم ہوا) لؤ (लू {गर्म हवा}) loo (hot wind)

लुकना (क्रि०) آڑ میں چھپنا (आड़ में छुपना) to hide under cover

लुखिया (स्त्री०) فاحشہ، رنڈی (फ़ाहेशा, रंडी) loose woman, prostitute

लुगदा (पु०) کسی گیلی چیز کا ڈھیلا (किसी गीली चीज़ का ढेला) soft mass or lump

लुगा (पु०) پرانا کپڑا (पुराना कपड़ा) old cloths

लुगाई (स्त्री०) عورت (औरत) woman

लुग्गा (पु०) کپڑا، لباس (कपड़ा, लिबास) cloth, dress

लुच्चा (पु०,वि०) بدکردار، بدمعاش (बदकिरदार, बदमाश) bad character, wicked

लुच्ची (स्त्री०) بدمعاش عورت، کمینی (बदमाश औरत, कमीनी) wicked woman, mean

लुञ्चन (क्रि०) اُکھاڑنا، نوچنا (उखाड़ना, नोचना) uprooting, to remove

लुटंत (स्त्री०) لوٹ (लूट) plunder, loot

लुण्ठक (पु०) لٹیرا (लुटेरा) plunderer

लुंड (वि०) بغیر ہاتھ پیر کا، اپاہج (बग़ैर हाथ पैर का, अपाहिज) limbless, handicapped

लुंडा (वि०) بغیر دُم کا (बग़ैर दुम का) tailless

लुंडी (स्त्री०) لپیٹے ہوئے سوت کی گولی (लपेटे हुए सूत की गोली) ball of wrapped thread

लुतरा (पु०, वि०) نٹ کھٹ، بدمعاش (नटखट, बदमाश) naughty, wicked

लुन्ना (क्रि०) تیار فصل کی کٹائی (तैयार फ़सल की कटाई) cutting of ripe crops

लुप्त (वि०) چھپا ہوا، غائب (छुपा हुआ, ग़ायब) hidden, invisible

लुब्ध (वि०) سحر زدہ، دلکش (सेहरज़दा, दिलकश) charmed, attracting

लुटकी/लुरकी (स्त्री०) کان میں پہننے کی چھوٹی بالی (कान में पहनने की छोटी बाली) small ear ring

लुलित (वि०) جھولتا ہوا (झूलता हुआ) oscillating, swinging

लुवार (पु०) = **लुआर**

लूक (स्त्री०) آگ کا شعلہ، موسم گرما کی گرم ہوا، شہاب ثاقب (ٹوٹتا تارہ) (आग का शोला, मौसमे गर्मा की गर्म हवा, शहाबे साक़िब {टूटता तारा}) flame of fire, hot wind of summer, meteor

लूका (पु०) آگ کا شعلہ یا لپٹ (आग का शोला या लपट) flame of fire

लूकी (स्त्री०) چنگاری، شرارہ (चिंगारी, शरारा) spark

लूक्ष (वि०) خشک، روکھا (खुश्क, रूखा) dry

लूगा (पु०) کپڑا، لباس (कपड़ा, लिबास) cloth, dress

लूत/लूता (स्त्री०) مکڑی (मकड़ी) spider

लूतान्तु (पु०) مکڑے کا جالا (मकड़े का जाला) spider net

लूतक (स्त्री०) = **लूता**

लून (वि०) کٹنی (فصل) (कटनी {फ़सल}) reaping

लूमविष (पु०) بچھو (बिच्छू) scorpion

लूल (वि०) احمق، بھتنا (अहमक़, भुतना) fool, goblin

लेंहड़/लेहड़ा (पु०) بھیڑوں کا جھنڈ (भेड़ों का झुंड) herd of sheep

ले (अव्य०) شروع ہوکر، تک (शुरू होकर, तक) having started, till

लेख (पु०) مضمون، تحریر (मज़मून, तहरीर) essay, write up

लेखक (पु०) مضمون نگار، مصنف (मज़मून निगार, मुसन्निफ़) author, writer

लेखनी (स्त्री०) لکھنے کا ذریعہ، قلم (लिखने का ज़रिया, क़लम) source of writing, pen

लेखनीय (वि०) قابلِ تحریر (क़ाबिले तहरीर) worth writing

लेखपाल (पु०) دستاویزات (ریکارڈ) رکھنے والا (दस्तावेज़ात {रिकार्ड} रखने वाला) record keeper

लेखा (स्त्री०) لکھاوٹ، حساب کتاب، آمدو خرچ گوشوارہ (लिखावट, हिसाब किताब, आमदो ख़र्च गोशवारा) writing, accounts, abstract of income & expenditure

लेखाबही (स्त्री०) وہ کتاب جس میں رقم کی لین دین کی تفصیل درج ہو (वह किताब जिसमें रक़म की लेनदेन की तफ़सील दर्ज हो) the book in which details of cash are written (cash book)

लेखिका (स्त्री०) مصنفہ، کتاب لکھنے والی (मुसन्निफ़ा, किताब लिखने वाली) authoress, lady writer

लेखित (वि०) لکھا ہوا، لکھوایا ہوا (लिखा हुआ, लिखवाया हुआ) written, got written

लेख्य (वि०) = **लेखनीय**

लेज/लेजुर/लेजुरी (स्त्री०) ڈوری، کنویں کی رسّی (डोरी, कुएँ की रस्सी) cord, well rope

लेर (स्त्री०) لہر (लहर) wave

लेश (पु०) ذرہ، سالمہ، باریک (ज़र्रा, सालमा, बारीक) particle, molecule, fine

लेषना (क्रि०) لکھنا (लिखना) to write

लेहना (पु०) کٹی ہوئی فصل کا وہ حصہ جو مزدوروں کو دیا جاتا ہے (कटी हुई फ़सल का वह हिस्सा जो मज़दूरों को दिया जाता है) the part of reaped crop given to labourers

लोइ (स्त्री०) لوگ،عوام (लोग, अवाम) folk, people

लोई (स्त्री०) گوندھے ہوئے آٹے کی گولی، کمبل (गूंधे हुए आटे की गोली, कंबल) ball of kneaded flour, blanket

लोइन (पु०) نمکینیت، ملاحت (नमकीनियत, मलाहत) saltiness

लोक (पु०) عوام، انسان، سمت، دنیا، شہرت (अवाम, इंसान, सम्त, दुनिया, शोहरत) people, man, direction, world, fame

लोककथा (स्त्री०) عوامی کہانی (अवामी कहानी) folk tale

लोकगति (स्त्री०) زندگی کا سفر (ज़िन्दगी का सफ़र) journey of life

लोकगाथा (स्त्री०) سُنی سنائی کہانی، عوامی داستان (सुनी सुनाई कहानी, अवामी दास्तान) hearsay story, folk tale

लोकष्टी (स्त्री०) لومڑی (लोमड़ी) fox

लोकतंत्र (पु०) جمہوریت (जमहूरीयत) democracy

लोकप्रवाह (पु०) عوامی گفت و شنید (अवामी गुफ़्तो शुनीद) public hear & say

लोकप्रिय (वि०) مقبول عام (मक़बूले आम) popular

लोकलोचन (पु०) آفتاب (आफ़ताब) sun

लोकवृत्तांत (पु०) انسانی کردار، تواریخ (इंसानी किरदार, तवारीख़) human character, history

लोकसिद्ध (पु०) مشہور، مروج (मशहूर, मुरव्वज) famous, customary

लोकहित (पु०) مفاد عامہ (मफ़ादे आम्मा) public interest

लोकहित् याचिका (स्त्री०) عرضی مفاد عامہ (अर्ज़ी मफ़ादे आम्मा) public interest litigation petition

लोकान्तर (पु०) پرلوک، دوسری دنیا (परलोक, दूसरी दुनिया) next world

लोकार्पण (पु०) رسم اجرا (रस्मे इजरा) releasing ceremony

लोकोक्ति (स्त्री०) کہاوت (कहावत) sayings, proverb

लोखर (पु०) حجام، بڑھئی وغیرہ کے اوزار، برتن (हज्जाम, बढ़ई वग़ैरा के औज़ार, बरतन) tools of barber, carpenter etc., pots & pans

लोगाई (स्त्री०) عورت (औरत) woman

लोच (पु०) لچک، نزاکت (लचक, नज़ाकत) flexibility, delicacy

लोचन (पु०) آنکھ، بصارت (आँख, बसारत) eye, sight

लोचना (क्रि०) روشن کرنا، زیب دینا، تمنا کرنا (रौशन करना, ज़ेब देना, तमन्ना करना) to illuminate, to suit, to desire

लोन (पु०) نمک (नमक) salt

लोनाई (स्त्री०) ملاحت، خوبصورتی (मलाहत, ख़ूबसूरती) saltiness, beauty

लोनार (स्त्री०) نمک بنانے کی جگہ (नमक बनाने की जगह) place where salt is made

लोनिनी (स्त्री०) چنچل فطرت والی عورت (चंचल फ़ितरत वाली औरत) wanton woman

लोप (पु०) غائب، منقطع (ग़ायब, मुनक़ता) vanished, disconnected

लोपना (क्रि०) غائب ہونا، مٹانا (ग़ायब होना, मिटाना) to disappear, to remove

लोप्त्र (पु०) چوری کا مال (चोरी का माल) stolen property

लोबा (स्त्री०) لومڑی (लोमड़ी) fox

लोभ (पु०) لالچ، تمنا، خواہش (लालच, तमन्ना, ख़ाहिश) greed, desire, wish

लोभित (वि०) جسے لالچ ہو، خواہش مند (जिसे लालच हो, ख़ाहिशमंद) greedy, desirous

लोभी (वि०) لالچی (लालची) greedy

लोम (पु०) رُواں، بال، لومڑی (रोआँ, बाल, लोमड़ी) small hairs, hairs, fox

लोमकूप (पु०) بالوں کی جڑ کا سوراخ (बालों की ज़ड का सूराख़) pore at the root of hairs

लोमश (वि०) بڑے بڑے روئیں والا (बड़े बड़े रोएँ वाला) having long hairs, woolly

लोमहर्षक (वि०) رواں سہرانے والا (रोआँ सिहराने वाला) thriller of body hairs

लोमास (पु०) گیدڑ (गीदड़) jackal

लोय/लोयन (पु०) آنکھ،چشم (आँख, चश्म) eye

लोर (पु०,वि०) کان کا ایک زیور، آنسو، چنچل (कान का एक ज़ेवर, आँसू, चंचल) an ornament of ear, tear, wanton

लोलक (पु०) کان، ناک جھولنے والا، ڈولنے والا (कान, नाक झूलने वाला, डोलने वाला) pendant (from ear or nose), pendulum

लोला (स्त्री०) زبان، حلق کا کوا (ज़बान, हलक़ का कौआ) tongue, uvula

लोलित (वि०) ڈھیلا، تھکا ہوا (ढीला, थका हुआ) loose, tired

लोलुप (वि०) لالچی، خواہشمند (लालची, ख़ाहिशमंद) greedy, desirous

लोवा (पु०) لومڑی (लोमड़ी) fox

लोष्ट (पु०) اینٹ یا پتھر کا ٹکڑا (ईंट या पत्थर का टुकड़ा) piece of brick or stone

लोह (पु०) لوہا، اسپات (लोहा, इस्पात) iron, steel

लोहकान्त (पु०) مقناطیس (چمبک) (मक़नातीस {चुम्बक}) magnet

लोहपाश (पु०) لوہے کی زنجیر (लोहे की ज़ंजीर) iron chain

लोहवर्म (पु०) لوہے کا خول، زرہ بکتر (लोहे का ख़ोल, ज़िरा बकतर) iron covering, armour

लोहसार (पु०) پکا لوہا (पक्का लोहा) solid iron

लोहित (वि०) لال خون (लाल खून) red blood

लोहिताक्ष (पु०) کوئل، جس کی آنکھیں لال ہوں (कोयल, जिसकी आँखें लाल हों) cuckoo, red eyed

लोहिया (पु०) آہنی، لوہے سے بنا، لوہے کا کاروبار کرنے والا، تجارتی طبقہ (आहनी, लोहे से बना, लोहे का कारोबार करने वाला, तिजारती तब्क़ा) made of iron, trader of iron goods, a trading community

लौकना (क्रि०) چمکنا، نظر آنا (चमकना, नज़र आना) to flash, to be seen

लौ (अव्य०) تک، برابر، مشابہ (तक, बराबर, मुशाबा) till, equal, similar

लौकना (क्रि०) دور سے نظر آنا (दूर से नज़र आना) to see from distance

लौकिक (वि०) دنیاوی، معمولی، مروّج (दुनियावी, मामूली, मुरव्वज) worldly, ordinary, customary

लौकी (स्त्री०) کدو، لوکی (कद्दू, लौकी) pumpkin

लौन (पु०) نمک (नमक) salt

लौरी (स्त्री०) بچھیا (बछिया) she calf

लौल्यता (स्त्री०) بے چین طبیعت، بے پایاں خواہش (बेचैन तबीयत, बेपायाँ ख़ाहिश) restless nature, unlimited desire

लौनी (स्त्री०) فصل کی کٹنی، کٹائی کی مزدوری (फ़सल की कटनी, कटाई की मज़दूरी) harvesting, wages for harvesting

लौह (पु०) لوہا، لوہے سے بنا (लोहा, लोहे से बना) iron, iron made

ल्यारी (पु०) بھیڑیا (भेड़िया) wolf

ल्वारि (स्त्री०) لو، گرم ہوا (लू, गर्म हवा) loo, hot wind of summer

व

वंक/वकंट (वि०) ٹیڑھا (टेढ़ा) curved

वंका (स्त्री०) = **वंक**

वंकिम (वि०) جھکا ہوا، ٹیڑھا، دلکش (آنکھ) (झुका हुआ, टेढ़ा, दिलकश {आँख}) bent, curved attractive (eye)

वंग (पु०) بنگال (बंगाल) Bengal

वंचक (पु०) دھوکہ باز، بدمعاش (धोकाबाज़, बदमाश) deceiver, cheat, wicked

वंचना (स्त्री०) دھوکا (धोका) deceiving

वंचित (वि०) جسے دھوکہ دیا گیا، محروم (जिसे धोका दिया गया, महरूम) deceived, deprived of

वंटन (पु०) تقسیم (तक़सीम) distribution

वंदन (पु०) حمد، تعریف، عبادت (हम्द, तारीफ़, एबादत) homage, praise, prayer

वंदना (स्त्री०) = **वंदन**

वंश (पु०) اولاد، نسل، ریڑھ، بانس (औलाद, नस्ल, रीढ़, बाँस) offspring, breed, backbone, bamboo

वंशज (पु०) خاندانی، اولاد (ख़ानदानी, औलाद) born in family, descendent

वंशहीन (पु०) لاولد (लावल्द) without descendents

वंशागत (पु०) جدّی، خاندانی (जद्दी, ख़ानदानी) ancestral, hereditary

वंशानुक्रम (पु०) خاندانی روایت (ख़ानदानी रिवायत) family tradition

वंशावली (स्त्री०) شجرہ، نسبی سلسلہ (शजरा, नसबी सिलसिला) family line, pedigree

वंशिक (वि०) خاندانی، نسبی (ख़ानदानी, नसबी) related to family, hereditary

वंशिका/वंशी (स्त्री०) بانسری (बाँसुरी) flute

वक (पु०) ہنس، بگلا (हंस, बगुला) crane, heron (bird)

वकव्रत (पु०) دھوکے باز آدمی (धोकेबाज़ आदमी) fraudulent man

वक्तव्य (पु०) تقریر، بیان، اعلانیہ (तक़रीर, ब्यान, एलानिया) speech, statement, communique

वक्ता (पु०) مقرر، خطیب (मुक़र्रिर, ख़तीब) speaker, orator

वक्तृता (स्त्री०) تقریر، خطاب (तक़रीर, ख़िताब) speech, lecture

वक्तृत्व (पु०) خطابت (ख़ेताबत) eloquence

वक्त्र (पु०) منہ، تھوتھنا، بندوق کی نال (मुँह, थोथना, बंदूक़ की नाल) mouth, snout, muzzle

वक्रगति (स्त्री०) ٹیڑھی چال (टेढ़ी चाल) crooked movement

वक्रगामी (वि०) ٹیڑھی چال چلنے والا (टेढ़ी चाल चलने वाला) moving crookedly

वक्रदृष्टि (वि०) ٹیڑھی نظر، غصّہ کی نظر (टेढ़ी नज़र, गुस्सा की नज़र) crooked eye, angry eye

वक्ररेखा (स्त्री०) خط منحنی، ٹیڑھی لکیر (ख़त मुनहनी, टेढ़ी लकीर) curved line

वक्रित/वक्रिम (वि०) جو ٹیڑھا ہوگیا (जो टेढ़ा हो गया) crooked

वक्री (वि०) جس کے اعضا پیدائشی ٹیڑھے ہوں (जिसके आज़ा पैदाइशी टेढ़े हों) crooked organs since birth

वक्रोक्ति (स्त्री०) طنزیہ جملہ یا بیان (तन्ज़ीया जुमला या ब्यान) sarcastic statement

वक्ष (पु०) سینہ، پستان (सीना, पिस्तान) chest, breast, bosom

वक्षोज/वक्षोरुह (पु०) سینہ، پستان (عورتوں کا) (सीना, पिस्तान {औरतों का}) breast, bosom, nipple

वक्ष्यमाण (पु०) بیان، قابل ذکر (ब्यान, क़ाबिले ज़िक्र) statement, worth mentioning

वचन (पु०) الفاظ، اعلان، وعدہ، اسمِ عدد (قواعد) (अलफ़ाज़, ऐलान, वादा, इस्मे अदद {क़वायद}) words, declaration, promise, number (gram)

वचनानुग (वि०) عہد یا وعدہ کے مطابق چلنے والا (अहद या वादा के मुताबिक़ चलने वाला) one who keeps promise

वज्र (पु०,वि०) گرج، بجلی کی چمک، ہیرا (गरज, बिजली की चमक, हीरा) thunder bolt, lightning, diamond

वज्रचञ्चु (पु०) گِدھ (गिद्ध) vulture

वज्रौह (पु०) مقناطیس (چمبک) (मक़नातीस {चुम्बक}) magnet

वज्रपात (पु०) بجلی گرنا (बिजली गिरना) stroke of lightning

वज्रसार (पु०) ہیرا، بہت سخت (हीरा, बहुत सख़्त) diamond, very hard

वट (पु०) برگد کا درخت (बरगद का दरख़्त) banyan tree

वटक (पु०) بڑی ٹکیہ یا گولی (बड़ी टिकिया या गोली) large tablet or pill

वटिका/वटी (स्त्री०) ٹکیہ، گولی، دانہ (टिकिया, गोली, दाना) tablet, pill, bead

वटु/वटुक (पु०) برہمن طالبعلم، برہمچاری (ब्राह्मण तालिब इल्म, ब्रह्मचारी) a Brahmin student, brahamchari

वणिक (पु०) تاجر، بنیا (ताजिर, बनिया) trader, grocer

वत (प्रत्यय) مساوی (برابر) (मसावी {बराबर}) equal

वत्स (पु०) بچہ،لڑکا (बच्चा, लड़का) child, boy

वत्सल (वि०) بچوں کا شوقین (बच्चों का शौक़ीन) fond of children

वत्सा (स्त्री०) بچھیا (बछिया) she calf

वदन (पु०) منہ، چہرہ، اگلا حصہ (मुँह, चेहरा, अगला हिस्सा) mouth, face, front part

वद्य (पु०) قتل، ذبح، مارنا (क़त्ल, ज़िब्ह, मारना) slaying, slaughter, killing

वधक (पु०) مارنے والا، قاتل (मारने वाला, क़ातिल) killer, murderer

वधाह (पु०) قابل زدن، قتل کرنے لائق (क़ाबिले ज़दन, क़त्ल करने लायक़) worth killing

वधुका (स्त्री०) بہو، دُلہن (बहू, दुल्हन) son's wife, bride

वधू (स्त्री०) بہو، جوان بیوی (बहू, जवान बीवी) son's wife, young wife

वध्य (वि०) جسے مارا جانا ہے (जिसे मारा जाना है) to be killed

वन (पु०) جنگل، جھاڑیاں (जंगल, झाड़ियाँ) forest, thicket

वनकुञ्जर (पु०) جنگلی ہاتھی (जंगली हाथी) wild elephant

वनगो (स्त्री०) نیل گائے (नील गाय) white antelope

वनचर (पु०,वि०) جنگل میں گھومنے والا (जंगल में घूमने वाला) roaming in a forest

वनज (पु०,वि०) جنگل میں پیدا ہونے والا (जंगल में पैदा होने वाला) born in forest

वनद (पु०) بادل (बादल) clouds

वनपन्नग (पु०) جنگلی سانپ (जंगली साँप) wild snake

वनमाला (स्त्री०) جنگلی پھولوں کا ہار (जंगली फूलों का हार) garland of forest flowers

वनमाली (पु०) ہار پہنے ہوئے شری کرشن (हार पहने हुए श्री कृष्ण) Shri Krishna wearing garland

वनरोपण (पु०) شجر کاری، جنگل بڑھانا (शजरकारी, जंगल बढ़ाना) afforestation

वनस्थली (पु०) جنگلی علاقہ (जंगली एलाक़ा) forest area

वनस्पति (पु०) بڑے درخت، نباتات، کسی علاقے کے سبھی پودے (बड़े दरख़्त, नबातात, किसी एलाक़े के सभी पौदे) large tree, vegetation, flora

वनहरि (पु०) شیر (शेर) lion

वनारन (पु०) جنگل میں گھومنا (जंगल में घूमना) roaming in forest

वनिता (स्त्री०) محبوبہ، بیوی، گھر کی مالکہ (महबूबा, बीवी, घर की मालिका) beloved one, wife, mistress

वनोद्भव (पु०,वि०) = **वनज**

वनौन्मूलन (पु०) ازالۂ جنگلات (एज़ालै जंगलात) deforestation

वन्दन/वन्दना (पु०) حمد، قصیدہ (تعریف) (हम्द, क़सीदा {तारीफ़}) a song of praise, eulogy

वन्दनीय (पु०) قابل تعریف (क़ाबिले तारीफ़) praise worthy

वन्दी (पु०) قصیدہ خواں، حمد پڑھنے والا (क़सीदाखां, हम्द पढ़ने वाला) panegyrist, sycophant

वन्द्य (पु०) = **वन्दनीय**

वन्य (वि०) جنگل سے متعلق، جنگلی (जंगल से मुतअल्लिक़, जंगली) forested, wild

वन्यद्विप (पु०) جنگلی ہاتھی (जंगली हाथी) wild elephant

वपन (पु०) بونا (बोना) sowing

वपनीय (वि०) بونے کے لائق (बोने के लायक़) fit for sowing

वपा (पु०) سوراخ (सुराख़) hole

वपु (पु०) جسم (जिस्म) body

वप्तव्य (वि०) = **वपनीय**

वप्ता (पु०) بیج بونے والا (बीज बोने वाला) one who sows

वम/वमी (पु०/स्त्री०) قئے، اُلٹی (कै, उल्टी) vomitting

वमन (पु०) = **वम**

वयन (क्रि०) بُننا (बुनना) weaving

वयस्क (वि०) بالغ (बालिग़) adult

वयस्कता (स्त्री०) حالتِ بلوغت (हालते बुलूग़त) adult status

वयस्य (पु०) ہمعصر، ہمجولی (हमअस्र, हमजोली) contemporary, a companion

वयोवृद्ध (वि०) عمر رسیدہ، بزرگ (उम्र रसीदा, बुज़ुर्ग) elderly, aged

वृया (वि०) بیکار (बेकार) useless

वरंच (अव्य०) لیکن، کسی حد تک (लेकिन, किसी हद तक) but, rather

वर (पु०,वि०) بہترین، عمدہ، نوشہ (बेहतरीन, उम्दा, नौशा) best, excellent, bride groom

वरण (पु०) انتخاب، شادی کا نظم (इंतेख़ाब, शादी का नज़्म) selection, arrangement of a marriage

वरणीय (वि०) شاندار، پسند کئے جانے لائق (शानदार, पसंद किए जाने लायक़) splendid, worthy of being chosen

वरदान (पु०) نعمت، عطیہ (नेमत, अतिया) boon, gift

वरन् (पु०) ایسا نہ ہو کہ (ऐसा न हो के) lest

वरयात्रा (स्त्री०) برات (बरात) bride groom's party

वरवर्णिनी (स्त्री०) بہت شاندار عورت (बहुत शानदार औरत) excellent woman

वरांगना (स्त्री०) ہر عضو سے خوبصورت عورت (हर अज़ो से ख़ूबसूरत औरत) beautiful woman

वरानना (स्त्री०) خوبصورت عورت (ख़ूबसूरत औरत) beautiful woman

वरिष्ठ (वि०) بزرگ، عمدہ، بہترین (बुज़ुर्ग, उम्दा, बेहतरीन) senior, excellent, best

वरीयता (स्त्री०) بزرگی، برتری (बुज़ुर्गी, बरतरी) seniority, higher ranking

वरुण (पु०) پانی، پانی کا دیوتا (पानी, पानी का देवता) water, god of water

वरुणालय/वरुणोद (पु०) سمندر (समुन्दर) sea

वरोरू (स्त्री०,वि०) خوبصورت جانگھ والی عورت (ख़ूबसूरत जांघ वाली औरत) a woman having beautiful thigh

वर्कर (पु०) بھیڑ کا بچہ، میمنا (भेड़ का बच्चा, मेमना) lamb

वर्ग (पु०) جماعت، درجہ، مربع، باب (जमाअत, दर्जा, मुरब्बा, बाब) class, square, section (chapter)

वर्गमूल (पु०) جذرالمربع (जज़रुलमुरब्बा) square root

वर्गाकार (वि०) مربع نما (मुरब्बानुमा) square shaped

वृक्क (पु०) گردہ (गुर्दा) kidney

वृत्त (पु०) دائرہ (दायरा) circle

वृत्ताकार (पु०) دائرہ نما (दायरानुमा) circular

वर्गीकरण (पु०) درجہ بندی (दर्जाबंदी) classification

वर्गीकृत (वि०) درجہ بندی کیا ہوا (दर्जाबंदी किया हुआ) classified

वर्चस्व (पु०) طاقت، رعب داب، بالادستی (ताक़त, रोबदाब, बालादस्ती) vigour, command, supremacy

वर्चस्वी (वि०) طاقتور، رعب داب والا (ताक़तवर, रोबदाब वाला) vigorous, commanding personality

वर्जन (पु०) پابندی، منع کرنا (पाबंदी, मना करना) prohibition, forbidding

वर्जनीय (वि०) پابندی کے قابل (पाबंदी के क़ाबिल) to be prohibited

वर्जित (वि०) پابندی، منع، غیر قانونی (पाबंदी, मना, ग़ैर क़ानूनी) banned, forbidden, unlawful

वर्ण (पु०) رنگ، درجہ، نسل، حرف (रंग, दर्जा, नस्ल, हर्फ़) colour, class, race, letter

वर्ण क्रम (पु०) قوس قزح، طیف (क़ौसे क़ज़ा, तैफ़) rainbow like band, spectrum

वर्णानुक्रम विज्ञान (पु०) علم طیف پیمائی (इल्मे तैफ़ पैमाई) spectroscopy

वर्णधर्म (पु०) آبائی برادری والا پیشہ (आबाई बिरादरी वाला पेशा) ancestral or caste occupation

वर्णमाला (स्त्री०) حروف تہجی (हुरूफ़े तहज्जी) alphabet

वर्णांध (वि०) رنگوں کے لئے اندھا (रंगो के लिए अंधा) colour blind

वर्णावली (स्त्री०) = **वर्णमाला**

वर्णन (पु०) بیان، توصیف (ब्यान, तौसीफ़) account, description

वर्णनात्मक (वि०) بیانی، توصیفی (ब्यानी, तौसीफ़ी) descriptive

वर्णनीय (वि०) قابلِ بیان (क़ाबिले ब्यान) worthy of description

वर्णित (वि०) جس کا بیان کیا گیا ہو (जिसका बयान किया गया हो) described

वर्ण्य (वि०) = **वर्णनीय**

वर्तन (पु०) گردش کرنا، گذر اوقات، پیشہ، معاملات (गर्दिश करना, गुज़र औक़ात, पेशा, मामलात) revolving, livelihood, occupation, dealings

वर्तनी (स्त्री०) طریقہ، املا (तरीक़ा, इम्ला) manner, writing spelling

वर्तमान (पु०,वि०) حال، موجودہ، جاری (हाल, मौजूदा, जारी) present, existing, current

वर्त्ति (स्त्री०) موڑا ہوا، بتّی، مرہم (मोड़ा हुआ, बत्ती, मरहम) rolled, wick, ointment

वर्तिका (स्त्री०) چراغ (لیمپ) کی بتّی، کوچی (चिराग़ (लैम्प) की बत्ती, कूची) wick of lamp, a brush

वर्तित (वि०) جسے انجام دیا گیا، چلایا ہوا (जिसे अंजाम दिया गया, चलाया हुआ) performed

वर्तुल (वि०) دائرہ نما، گول (दायरानुमा, गोल) circular, round

वर्धक (वि०) بڑھانے والا (बढ़ाने वाला) enlarger

वर्धन (पु०) بالیدگی، اضافہ، پرورش (बालीदगी, एज़ाफ़ा, परवरिश) growth, increase, rearing

वर्धनी (स्त्री०) جھاڑو، کوچی (झाड़ू, कूची) broom, brush

वर्धमान (वि०) بڑھتا ہوا (बढ़ता हुआ) increasing

वर्धित (वि०) بڑھا ہوا، پختہ (बढ़ा हुआ, पुख़्ता) increased, developed

वर्म (पु०) زرہ بکتر (حفاظتی خول) (ज़िरहबक्तर {हिफ़ाज़ती ख़ोल}) armour

वर्मा (पु०) حفاظت، کائستھوں کا لقب (हिफ़ाज़त, कायस्थों का लक़ब) protection, title of kayastha

वर्य (वि०) اہلیت، بہترین، لائق (अहलियत, बेहतरीन, लायक़) eligibility, excellent, worthy

वर्वर (पु०,वि०) کمینہ، وحشی (कमीना, वहशी) mean, barbarian

वर्ष (पु०) سال، بادل، بارش (साल, बादल, बारिश) year, cloud, rain

वर्षगांठ (स्त्री०) سالگرہ (सालगिरह) birth day

वर्षण (पु०) بارش، پانی برسنا (बारिश, पानी बरसना) rain, raining

वर्षा (स्त्री०) بارش (बारिश) raining

वर्ह/वर्ही (पु०) مور (मोर) peacock

वलय (पु०) کنگن، چوڑی (कंगन, चूड़ी) ring, bracelet, bangle

वलयित (वि०) حلقے میں لینا، گھرا ہوا (हल्क़े में लेना, घिरा हुआ) encircled, enclosed

वलित (वि०) جھکایا ہوا، گھنگھریلا، موڑا ہوا، سجایا ہوا (झुकाया हुआ, घुंघरैला, मोड़ा हुआ, सजाया हुआ) bent round, curling, folded, set with

वली (स्त्री०) لکیر، خط، شکن (लकीर, ख़ात, शिकन) line, wrinkle

वली (पु०) خدا کا قریبی (खुदा का क़रीबी) near to God

वल्कल (पु०) درخت کی چھال (दरख़्त की छाल) bark of tree

वल्मीक (पु०) دیمک کا لگایا ہوا مٹی کا ڈھیر (दीमक का लगाया हुआ मिट्टी का ढेर) heap of soil deposited by termite

वल्य (पु०) چھلّا، انگوٹھی (छल्ला, अंगूठी) annul, ring

वल्लभ (पु०,वि०) پیارا، محبوب، شوہر (प्यारा, महबूब, शौहर) dear, beloved, husband

वल्लभा (स्त्री०) پیاری عورت، محبوبہ (प्यारी औरत, महबूबा) loving woman, beloved

वश (पु०) طاقت، اثر (ताक़त, असर) power, influence

वशिता/वशीकृत (वि०) = **वश्य**

वशीभूत (वि०) زیر اثر، مجبور، مسحور (ज़ेरे असर, मजबूर, मसहूर) enchanted, helpless, hypnotised

वश्य (पु०,वि०) کسی کے ماتحت، غلام (किसी के मातेहत, गुलाम) under some one, slave

वसंत (पु०) موسم بہار، پیچش (मौसमे बहार, पेचिश) spring season, dysentery

वसन (पु०) لباس، کپڑا، مقام رہائش (लिबास, कपड़ा, मुक़ामे रिहाइश) garment, clothing, dwelling place

वसा (स्त्री०) ہڈی کا گودا، روغن (چربی) (हड्डी का गूदा, रौग़न {चर्बी}) marrow of bone, fat

वसारोह (पु०) ککرمتہ (कुकुरमुत्ता) mushroom

वसुंधरा (स्त्री०) دولت والی، زمین (दौलत वाली, ज़मीन) wealth holder, earth

वसु (पु०) آگ، دیوتاؤں کا ایک طبقہ، دولت (आग, देवताओं का एक तबक़ा, दौलत) fire, a class of gods, wealth

वसुक (पु०) نمک (नमक) salt

वसुदा (स्त्री०) = **वसुंधरा**

वसुधा (स्त्री०) زمین، دولت عطا کرنی والی (ज़मीन, दौलत अता करनी वाला) earth, one who donates wealth

वसुमति (वि०) دولتمند، زمین (दौलतमंद, ज़मीन) wealthy, earth

वस्तु (स्त्री०) شئے، چیز، مادہ، سامان (शै, चीज़, माद्दा, सामान) thing, substance, matter, commodity

वस्तुता (स्त्री०) حقیقت، سچ مچ (हक़ीकत, सचमुच) reality, real existence

वस्तुवाद (पु०) مادہ پرستی (माद्दा परस्ती) materialism

वस्तुस्थिति (स्त्री०) معاملات کی زمینی حقیقت (मामलात की ज़मीनी हक़ीकत) real state of affairs

वस्त्र (पु०) کپڑا، لباس (कपड़ा, लिबास) cloth, cloths

वस्त्रवेश (पु०) کپڑے کا بنا ہوا گھر، خیمہ (कपड़े का बना हुआ घर, ख़ेमा) house made of cloth, tent

वहन (पु०) لے جانا، ڈھونا، نقل و حمل، بہاؤ (ले जाना, ढोना, नक़्लो हमल, बहाव) carrying, bearing, transport, flow

वहि (वि०) باہر، خارجی (बाहर, ख़ारजी) out, external

वहित्र (वि०) مشہور (मशहूर) famous

वहिर्गत (वि०) باہر کیا ہوا (बाहर किया हुआ) ousted

वहिर्गमन (पु०) کسی کام سے باہر جانا (किसी काम से बाहर जाना) going out for some purpose

वहिष्कार (पु०) مقاطعہ، ترک موالات کرنا، بائیکاٹ (मुक़ातेआ, तर्के मुवालात करना, बाइकाट) refuse to have any relation, boycott

वह्नि (पु०) آگ (आग) fire

वांछनीय (वि०) مطلوب، پسندیدہ (मतलूब, पसंदीदा) desirable

वांछनीयता (स्त्री०) دلپسندی (दिलपसंदी) desirability

वांशिक (पु०,वि०) خاندانی، نام کا آخری حصہ، نسلی (ख़ानदानी, नाम का आख़िरी हिस्सा, नस्ली) hereditary, last name, generic

वा (अव्य०) یا (या) or

वाक (पु०) کلام، لفظ (कलाम, लफ़्ज़) speech, word

वाकपटु (पु०,वि०) ماہر مقرر، خطیب (माहिर मुक़रिर, ख़तीब) expert in speech, orator

वाक्य (पु०) جملہ، کچھ کہا ہوا (जुमला, कुछ कहा हुआ) sentence, utterance

वाक्य रचना/वाक्य विन्यास (स्त्री०/पु०) نحو (नह्व) syntax

वाक्यांश (पु०) جملہ کا ٹکڑا، محاورہ (जुमले का टुकड़ा, मुहावरा) part of sentence, phrase

वाग (पु०) = **वाक**

वागीश (वि०) ماہر زبان، ماہر مقرر (माहिरे ज़ुबान, माहिर मुक़र्रिर) master of language, expert orator

वागुरिक (पु०) شکاری (शिकारी) hunter

वाग्मिता (स्त्री०) خطابت، اچھی تقریر (ख़िताबत, अच्छी तक़रीर) eloquence, good speech

वाग्मी (वि०) اچھا بولنے والا (अच्छा बोलने वाला) good speaker

वाच (स्त्री०) = **वाक**

वाचक (पु०,वि०) نشان، علامت (निशान, अलामत) indicator, symbol

वाचन (पु०) پڑھنا، زبانی سُنانا (पढ़ना, ज़बानी सुनाना) reading out, recitation

वाचनक (पु०) پہیلی، معمہ (पहेली, मुअम्मा) riddle

वाचाल (वि०) باتونی، بھڑبھڑیا (बातूनी, भड़भड़िया) talkative, garrulous

वाचिक (वि०) زبانی (ज़बानी) oral, verbal

वाच्य (पु०,वि०) جو بولا جائے، قابلِ بیان (जो बोला जाए, क़ाबिले ब्यान) to be spoken, expressible

वाच्यार्थ (वि०) وہ مفہوم اور مطلب جو لفظوں میں پوشیدہ ہو (वह मफ़्हूम और मतलब जो लफ़्ज़ों में पोशीदा हो) the sense & meaning hidden in words

वाजि/वाजी (पु०) گھوڑا، تیز، مضبوط (घोड़ा, तेज़, मज़बूत) horse, fast, strong

वाञ्छनीय (स्त्री०) = **वांछनीय**

वाजपेयी (पु०) برہمنوں کے ایک طبقہ کا نام (ब्राह्मणों के एक तबक़े का नाम) name of a Brahmin community

वाट (पु०) راستہ (रास्ता) path

वाटिका (स्त्री०) باغیچہ، پھولوں کی کیاری (बाग़ीचा, फूलों की क्यारी) small garden, flower bed

वाटुक (पु०) بھنا ہوا جو (भुना हुआ जौ) fried barley

वाण (पु०) تیر (तीर) arrow

वाणतूण (पु०) ترکش (تیروں کا تھیلا) (तरकश {तीरों का थैला}) quiver (bag of arrows)

वाणिज्य (पु०) تجارت، بیوپار (तिजारत, ब्योपार) trade, commerce

वाणिज्य दूत (पु०) قونصل (क़ौंसिल) consul, envoy

वाणी (स्त्री०) بولی، زبان، آواز، سرسوتی (बोली, ज़बान आवाज़, सरस्वती) dialect, language, voice, Saraswati

वात (पु०) ہوا، گٹھیا (हवा, गठिया) air, wind, gout

वातज (पु०) ہوا سے پیدا (हवा से पैदा) born by air

वातानुकूलन (पु०) ہوا کو سرد یا گرم کرنا (हवा को सर्द या गर्म करना) conditioning of air

वातायन (पु०) جھروکا، چھوٹی کھڑکی (झरोका, छोटी खिड़की) casement, small window

वातावरण (पु०) ماحول، کرۂ ہوا (माहौल, कुर्रे हवा) environment, atmosphere

वातास (स्त्री०) ہلکی ہوا (हल्की हवा) breeze

वात्सल्य (पु०) والدین کی شفقت، چاہت (वाल्दैन की शफ़क़त, चाहत) parental affection, fondness

वाद (पु०) تقریر، تنازعہ، تکرار، نقطۂ نظر (तक़रीर, तनाज़ोआ, तकरार, नुक़्तए नज़र) speech, controversy, dispute, view

वादक (पु०) سازندہ (साज़िन्दा) instrument player

वादानुवाद (पु०) بحث مباحثہ، سوال جواب (बहस मुबाहसा, सवाल जवाब) debate, rejoinder

वादी (पु०,स्त्री०) مقرر، مدعی، وادی (मुक़र्रिर, मुद्दई, वादी) speaker, plaintiff, valley

वाद्य (पु०) باجا، ساز (बाजा, साज़) musical instrument

वाधक (पु०) ساز بجانے والا (साज़ बजाने वाला) musician

वानर (पु०) بندر (बंदर) monkey

वान्ति (पु०) اُلٹی، قئے (उल्टी, क़ै) vomitting

वापक (पु०) بیج بونے والا (बीज बोने वाला) one who sows

वापन (पु०,क्रि०) بیج بونا (बीज बोना) sowing

वापित (वि०) بویا ہوا (बोया हुआ) sown

वापी (स्त्री०) کنواں، تالاب (कुआँ, तालाब) well, tank

वाम (पु०,वि०) بایاں، ناموافق، بدمعاش (बायाँ, नामुवाफ़िक़, बदमाश) left, adverse, evil

वामन (वि०) ناٹا، بونا (नाटा, बौना) short, dwarf

वामनी (स्त्री०) بونی یا ناٹی عورت (बौनी या नाटी औरत) short woman

वामा (स्त्री०) عورت، دُرگا دیوی (औरत, दुर्गा देवी) woman, goddess Durga

वामोरु (स्त्री०) حسینہ (हसीना) beautiful woman

वायविक/वायव्य (पु०) ہوا سے متعلق (हवा से मुताल्लिक़) aerial

वायस (पु०) کوا (कौआ) crow

वायु (स्त्री०) ہوا، بہتی ہوا (हवा, बहती हवा) air, wind

वायुमंडल (पु०) کرۂ ہوا (कुर्रे हवा) atmosphere

वायुगुल्म (पु०) طوفانی ہوا (तूफ़ानी हवा) cyclonic wind

वार (पु०) دروازہ، رکاوٹ، ہفتہ کا کوئی دن (दरवाज़ा, रुकावट, हफ़्ते का कोई दिन) door, obstruction, any day of the week

वारक (वि०) رکاوٹ ڈالنے والا (रुकावट डालने वाला) obstructing

वारकन्य (स्त्री०) طوائف، رنڈی (तवायफ़, रंडी) dancing girl, prostitute

वारण (पु०) رکاوٹ، پابندی (रुकावट, पाबंदी) obstruction, ban

वारदात (स्त्री०) واقعہ، حادثہ (वाक़्या, हादसा) event, accident

वारयुवती/वारविलासिनी (स्त्री०) = वार कन्या

वारा (पु०) نفع، بچت، مال (नफ़ा, बचत, माल) profit, saving, goods

वारा न्यारा (पु०) فیصلہ، کسی معاملہ کا حل (फ़ैसला, किसी मामला का हल) decision, resolution of a dispute

वारि (पु०) پانی (पानी) water

वारिज (पु०) کنول، مچھلی، کوڑی (कंवल, मछली, कौड़ी) lotus, fish, cowrey

वारिद (पु०) بادل (बादल) cloud

वारिद्र (पु०) پپیہا (पपीहा) hawk cuckoo

वारुणी (पु०) شراب، الکحل میں تیار (शराब, अल्कोहल में तैयार) wine, preparation in alcohal

वार्ता (स्त्री०) بات چیت، مذاکرہ، اطلاع (बातचीत, मुज़ाकिरा, इत्तेला) conversation, negotiation, report

वार्तालाप (पु०) بات چیت، غوروخوض (बातचीत, ग़ौरो ख़ौज़) negotiation, discussion

वार्तिक (पु०,वि०) تبصرہ، تفسیر (तबसेरा, तफ़सीर) comment

वार्षिक (वि०) سالانہ، سال میں ایک بار (सालाना, साल में एक बार) annual, once in a year

वाष्प (पु०) بھاپ، آبخرہ، آنسو (भाप, आबख़रा, आँसू) steam, vapour, tear

वाष्पीकरण/वाष्पन (पु०) بھاپ بننے کا عمل (भाप बनने का अमल) vaporisation

वास (पु०) گھر، رہائش گاہ (घर, रेहाइशगाह) house, residence

वासन (पु०) اگربتّی سے معطر کرنا (अगरबत्ती से मुअत्तर करना) perfuming with incense

वासना (स्त्री०) ذہنی تاثر، تخیّل، خواہش، جوش (ज़ेहनी तास्सुर, तख़युल ख़ाहिश, जोश) impression in mind, fancy, desire, passion

वासन्ती (स्त्री०) جوہی، بیل والے پودے (जूही, बेल वाले पौदे) jasmine, creeper, vine

वास वेश्म (पु०) رہنے کا گھر (रहने का घर) home to live in

वास्तव/वास्तविक (पु०,वि०) سچ، حقیقت (सच, हक़ीक़त) truth, real

वास्तविकता (स्त्री०) سچائی (सच्चाई) reality

वास्तव्य (पु०,वि०) رہنے کے لائق، قابلِ رہائش (रहने के लायक़, क़ाबिले रिहाइश) fit to be lived in, habitable

वास्तु (पु०) جگہ، عمارت (जगह, इमारत) site, building

वास्तुकला (स्त्री०) فنِ تعمیر (फ़ने तामीर) architecture

वाहक (पु०,वि०) لے جانا، ڈھونے والا (ले जाना, ढोने वाला) carrying, carrier

वाहन (पु०) پہنچانا، لانا لے جانا، سواری (पहुँचाना, लाना ले जाना, सवारी) conveying, transporting, vechicle

वाहनीय (वि०) ڈھونے کے قابل (ढोने के क़ाबिल) transportable

वाहिक (पु०) گاڑی، چھکڑا (गाड़ी, छकड़ा) vehicle, cart

वाहिनी (स्त्री०) فوج، جسم کی نلی (رگ) (फ़ौज, जिस्म की नली (रग)) army, vessel of body

विंध्य (पु०) وندھیا کی پہاڑیاں (विंध्या की पहाड़ियाँ) the Vindhya hills

विंशति (वि०) بیس (बीस) twenty

विकट (वि०) وسیع، خوفناک، مشکل (वसी, ख़ौफ़नाक, मुश्किल) vast, dreadful, difficult

विकत्थन (वि०) جھوٹی تعریف (झूटी तारीफ़) false praise

विकत्था (वि०) اپنی تعریف آپ (अपनी तारीफ़ आप) self-praise

विकराल (वि०) ڈراؤنا، خوفناک (डरावना, ख़ौफ़नाक) fearsome, dreadful

विकर्ण (पु०) قُطر (कुत्र) diameter

विकर्म (वि०) بدکرداری (बदकिरदारी) bad deed

विकर्षण (पु०) مدافعت (मुदाफ़िअत) repulsion

विकल (वि०) بے چین، عیب دار، ہاتھ پاؤں سے محروم (बेचैन, ऐबदार, हाथ पाँव से महरूम) restless, defective, deprived of limbs

विकलता (स्त्री०) بے چینی، مفلوج حالت (बेचैनी, मफ़लूज हालत) restlessness, disabled state

विकलांग (वि०) اپاہج (अपाहिज) handicapped

विकलित (वि०) = **विकल**

विकल्प (पु०) کوئی اور صورت، اختیار، بھرم (कोई और सूरत, एख़्तेयार, भरम) alternative, option, ambiguity

विकल्मष (पु०) بے گناہ، معصوم (बेगुनाह, मासूम) without a sin, innocent

विकसना (पु०) پھوٹنا، کھلنا (फूटना, खिलना) germinating, blooming

विकार (पु०) تبدیلی، بگاڑ، نقصان، بے اعتدالی (तब्दिली, बिगाड़, नुक्सान, बेएतेदाली) change, deterioration, harm, abnormality

विकाल (पु०) شام کا دُھندلکا، دیر (शाम का धुंधलका, देर) dusk, late

विकास (पु०) ترقی، وسعت، بالیدگی، ارتقا (तरक़्क़ी, वुस्अत, बालीदगी, इरतिक़ा) progress, development, growth, evolution

विकासशील (वि०) ترقی پذیر (तरक़्क़ी पज़ीर) developing

विकिरण (पु०) شعاع ریزی (शोआ रेज़ी) radiation

विकीर्ण (वि०) منتشر، پھیلا ہوا، نفوذ کرنا (मुन्तशिर, फैला हुआ, नोफूज़ करना) scattered, diffused

विकुण्ठ (पु०) جنت (जन्नत) heaven

विकुण्ठन (वि०) ناطاقتی، کمزوری (नाताक़ती, कमज़ोरी) powerlessness, weakness

विकुत्सा (स्त्री०) شکایت، مذمت (शिकायत, गुज़म्मत) condemnation

विकृत (वि०) تبدیل، بگڑا ہوا، بدشکل (तबदील, बिगड़ा हुआ, बदशक्ल) changed, disordered, deformed

विकृति (स्त्री०) = **विकार**

विक्रम (पु०) مردِ میدان بننا، طاقت (मर्दे मैदान बनना, ताक़त) valour, power

विक्रमी (वि०) مرد میدان، طاقتور، دلیر (मर्दे मैदान, ताक़तवर, दिलेर) valiant, mighty, brave

विक्रय (पु०) فروخت (फ़रोख़्त) sale

विक्रयन (पु०) بکنا (बिकना) selling

विक्रान्ति (स्त्री०) بہادری، طاقت (बहादुरी, ताक़त) valour, power

विक्री (स्त्री०) بیچنا (बेचना) to sell

विक्रीत (वि०) بکا ہوا(فروخت شدہ) (बिका हुआ {फ़रोख़्त शुदा}) sold

विक्रेता (पु०) بیچنے والا (बेचने वाला) seller

विक्रेय (वि०) بکنے والا (बिकने वाला) for sale

विक्लिष्ट (वि०) بہت تھکا ہوا (बहुत थका हुआ) very tired

विक्लेद (पु०) نمی، رطوبت (नमी, रतूबत) humidity, moisture

विक्षत (वि०) بُری طرح گھائل (बुरी तरह घायल) badly injured

विक्षिप्त (वि०) پاگل، پھینکا ہوا (पागल, फेंका हुआ) crazy, mad, scattered

विक्षेप (पु०) ادھر اُدھر پھینکنا، داغنا (इधर उधर फेंकना, दाग़ना) throwing away, launching

विक्षेपण (पु०) = **विक्षेप**

विख (पु०) زہر (ज़हर) poison

विखनन (पु०) کھودنے کا کام (खोदने का काम) digging work

विख्यात (वि०) مشہور، نامی گرامی، بدنام (मशहूर, नामी गेरामी, बदनाम) famous, celebrated, notorious

विगत (वि०) گذرا ہوا، رخصت، گذشتہ (गुज़रा हुआ, रुख़सत, गुज़िश्ता) gone, departed, last

विगति (स्त्री०) رخصتی، جدائی، بُری گت (रुख़्सती, जुदाई, बुरी गत) departure, separation, bad course

विगह (पु०) الزام، مذمت (इलज़ाम, मुज़म्मत) blame, condemnation

विगर्हित (पु०) قابل مذمت (क़ाबिले मुज़म्मत) condemnable

विगलन (वि०) تباہی، بربادی (तबाही, बरबादी) devastation, ruin

विगुणता (पु०) بے صفتی (बेसिफ़ती) without qualities

विगूढ़ (पु०) مخفی، چھپا ہوا (मख़्फ़ी, छिपा हुआ) concealed, hidden

विग्रह (पु०) جدائی، جھگڑا، تقسیم (जुदाई, झगड़ा, तक़सीम) separation, quarrel, division

विग्रही (पु०) جھگڑالو، دشمن کی صفت والا (झगड़ालू, दुश्मन की सिफ़त वाला) quarreling, hostile

विघटन (पु०) توڑنا، بربادی، تحلیل (तोड़ना, बर्बादी, तहलील) breaking up, ruin, decomposition, dissolution

विघटित (वि०) توڑا ہوا، تحلیل شدہ (तोड़ा हुआ, तहलीलशुदा) broken, dissolved

विघात (पु०) جان لیوا چوٹ، رکاوٹ (जानलेवा चोट, रुकावट) deadly blow, obstacle

विघातन (पु०) قتل (क़त्ल) murder

विघ्न (पु०) اڑچن، رکاوٹ (अड़चन, रुकावट) obstacle, hindrance

विचक्षण (पु०) ماہر، چالاک، عقلمند (माहिर, चालाक, अक़्लमंद) skilled, clever, wise

विचरण (पु०) گھومنا، پھرنا (घूमना, फिरना) wandering, roaming

विचल (वि०) متحرک، تغیر پزیر انحراف (मुतहर्रिक, तग़ैयुर पज़ीर इनहेराफ़) moving, mobile, deviation

विचलन (पु०) چلنا، گھومنا، انحراف (चलना, घूमना, इनहेराफ़) moving, mobility, deviation

विचलित (वि०) منتقل، منحرف (मुन्तक़िल, मुनहरिफ़) shifted, deviated

विचार (पु०) فکر، خیال، رائے (फ़िक्र, ख़्याल, राए) thought, idea, opinion

विचारक (पु०) مفکر، سوچنے والا (मुफ़क्किर, सोचने वाला) thoughtful, thinker

विचारणीय (पु०) قابل غور، سنجیدہ موضوع (क़ाबिले ग़ौर, संजीदा मौज़ू) considerable, serious matter

विचारना (क्रि०) غور کرنا (ग़ौर करना) to consider

विचारी (पु०) غور کرنے والا، سوچنے والا (ग़ौर करने वाला, सोचने वाला) thinker

विचिति (पु०) تحقیقات (तहक़ीक़ात) investigation

विचित्र (वि०) غیر معمولی، عجیب وغریب (ग़ैर मामूली, अजीबो ग़रीब) unusual, wonderful

विचित्रता (स्त्री०) عجیب وغریب فطرت (अजीबो ग़रीब फ़ितरत) strange or unusual nature

विचेतना (वि०) بغیر حواس کے، بے ہوش (बग़ैर हवास के, बेहोश) senseless, unconscious

विच्छेद (पु०) کاٹنا، توڑنا، جدا کرنا (काटना, तोड़ना, जुदा करना) severing, break, separating

विच्छेदक (पु०) وہ جو کاٹتا ہے، الگ کرنے والا (वह जो काटता है, अलग करने वाला) one who severs, separating person

विच्छेदन (पु०) کاٹ (قطع) تحلیل، قطع عضو (काट (क़ता) तहलील, क़तै अज़ो) severing, dissolution, amputation

विजन (पु०,वि०) آبادی سے خالی، ویرانہ، تنہائی (आबादी से ख़ाली, वीराना, तंहाई) uninhabited, lonely place, solitude

विजनन (पु०) ولادت، بچہ پیدا ہونا (विलादत, बच्चा पैदा होना) parturition, giving birth

विजन्मा (पु०) دوغلا، حرامی بچہ (दोग़ला, हरामी बच्चा) hybrid, illegitimate child

विजय (स्त्री०) فتح، جیت (फ़तह, जीत) victory, conquest

विजया (स्त्री०) درگا دیوی (दुर्गा देवी) Durga goddess

विजयादशमी (पु०) آسن مہینہ کے روشن نصف کا دسواں دسہرہ (आसिन महीना के रौशन निस्फ़ का दसवाँ दसहरा) 10th day of Aswin, Dussehra

विजयी/विजेता (पु०,वि०) جیتنے والا، فاتح (जीतने वाला, फ़ातेह) conquerer, victorious

विजात (पु०,वि०) دوغلا (दोग़ला) cross breed

विजातीय (पु०) جو اپنی ذات برادری سے الگ ہو، خلط ملط (जो अपनी ज़ात बिरादरी से अलग हो, ख़िल्तमिल्त) belonging to different caste, mixed

विजित (वि०) مفتوح، ہارا ہوا (मफ़तूह, हारा हुआ) conquered, defeated

विजेय (वि०) قابل فتح (क़ाबिले फ़तह) conquerable

विजुभ्या (पु०) جماہی (जमाही) yawn

विजोर (वि०) کمزور (कमज़ोर) weak

विज्ञ (पु०,वि०) عقلمند، قابل، عالم فاضل (अक़्लमंद, क़ाबिल, आलिम फ़ाज़िल) wise, well versed, learned

विज्ञता (स्त्री०) عقل، مہارت، عالمانہ صلاحیت (अक़्ल, महारत, आलिमाना सलाहियत) wisdom, skill, scholarly ability

विज्ञप्त (पु०) جسے اطلاع دیا گیا ہو (जिसे इत्तेला दिया गया हो) informed

विज्ञप्ति (स्त्री०) اعلانیہ،خبر (एलानिया, ख़बर) announcement, communique

विज्ञात (वि०) مشہور،معروف (मशहूर, मारूफ़) famous, well known

विज्ञान (पु०) سائنس، حاصل کیا گیا علم (साइंस, हासिल किया गया इल्म) science, acquired knowledge

विज्ञापक (पु०,वि०) اعلان کرنے والا،اشتہار دینے والا (एलान करने वाला, इश्तेहार देने वाला) one who makes announcement, advertiser

विज्ञापन (पु०) اشتہار،اعلانیہ (इश्तेहार, एलानिया) advertisement, announcement

विट (वि०) لمپٹ، شہوانی خواہش والا (लम्पट, शहवानी ख़ाहिश वाला) cunning, sensual

विटप (पु०) کونپل، نئی شاخ، جھاڑی، درخت (कोंपल, नई शाख़, झाड़ी, दरख़्त) sprout, young branch, bush, tree

विडम्बना (स्त्री०) احساس محرومی، تکلیف، ستم ظریفی (एहसासे महरूमी, तकलीफ़, सितम ज़रीफ़ी) frustration, distress, irony

विडम्बनीय (वि०) قابل نقل، مذاق کے لائق (क़ाबिले नक़्ल, मज़ाक़ के लायक़) imitable, ridiculous

वित (पु०) چالاک،ماہر (चालाक, माहिर) clever, skilled

वितत (वि०) پھیلا ہوا، وسیع (फैला हुआ, वसी) spread out, extensive

वितति (स्त्री०) پھیلاؤ، وسعت، گچھا (फैलाव, वुस्अत, गुच्छा) spreading, extension, cluster

वितथ (वि०) جھوٹ، بے کار (झूट, बेकार) false, futile

वितनु (पु०,वि०) بے حد باریک، غیر جسمی (बेहद बारीक, ग़ैर जिस्मी) very minute, bodyless

वितरक (पु०,वि०) تقسیم کرنے والا (तक़सीम करने वाला) distributor

वितरण (पु०) تقسیم (तक़सीम) distribution

वितरिक्त (पु०) سوائے (सिवाए) besides, except

वितान (पु०,वि०) پھیلا ہوا، چتر شاہی، زیادتی (फैला हुआ, चतर शाही, ज़्यादती) spread out, canopy, excess

वितीत (पु०) گذرا ہوا (गुज़रा हुआ) past

वितण्डा (पु०) ڈھونگی (ढोंगी) fraud

वितुंड (पु०) ہاتھی (हाथी) elephant

वितु (पु०) دولت، جائداد (दौलत, जायदाद) wealth, property

वितृप्त (वि०) جو مطمئن نہ ہو (जो मुतमइन न हो) not satisfied

वितृष्णा (वि०) نفرت، بیزاری (नफ़रत, बेज़ारी) hate, dislike

वितोय (पु०) بے آب، بغیر پانی کا (बेऑब, बग़ैर पानी का) waterless, without water

वित्त (पु०) خزانہ، دولت (ख़ज़ाना, दौलत) finance, wealth

वित्तीय (वि०) مالی، مالیاتی (माली, मालियाती) financial, fiscal

वित्तकोश (पु०) خزانہ، دولت کی تھیلی (ख़ज़ाना, दौलत की थैली) treasury, bag of wealth

वित्रप (वि०) بےشرم (बेशर्म) shameless

वित्रस्त (वि०) بہت ڈرا ہوا (बहुत डरा हुआ) much afraid

वित्रास (पु०) ڈر،خوف (डर, ख़ौफ़) fear

विथा (पु०) دکھ درد، تکلیف، مرض (दुख दर्द, तकलीफ़, मर्ज़) distress, pain, disease

विथित (पु०) مبتلائے درد، دُکھی (मुब्तलाए दर्द, दुखी) suffering in distress, sufferer

विदग्ध (वि०) جلا ہوا، چالاک،عیار (जला हुआ, चालाक, ऐयार) inflamed, clever, cunning

विदरण/विदलन (पु०) پھاڑنا، ٹکڑا کرنا (फाड़ना, टुकड़ा करना) to tear, to cut into pieces

विदलिता (वि०) پھاڑا ہوا، ٹکڑا کیا ہوا (फाड़ा हुआ, टुकड़ा किया हुआ) torn, fragmented

विदाई (स्त्री०) رخصتی (रुख़्सती) farewel

विदारक (पु०) پھاڑ ڈالنے والا، ٹکڑے کرنے والا (फाड़ डालने वाला, टुकड़े करने वाला) tearing, rending

विदारित (वि०) = **विदलिता**

विदित (वि०) معلوم، سمجھا ہوا (मालूम, समझा हुआ) known, perceived

विदीर्ण (वि०) بیچ سے پھاڑا ہوا (बीच से फाड़ा हुआ) torn apart

विदुर/विदुष (पु०,वि०) جاننے والا، عالم، ماہر (जानने वाला, आलिम, माहिर) knowledgeable learned, skilful

विदुषी (स्त्री०,वि०) عالمہ، قابل عورت (आलिमा, क़ाबिल औरत) learned, learned woman

विदूषक (पु०) جوکر، مزاحیہ شخص (जोकर, मज़ाहिया शख़्स) clown, jester

विदूषण (पु०) الزام لگانے کا کام (इल्ज़ाम लगाने का काम) attributing blame

विदेश (पु०) غیر ملک، پردیس (ग़ैर मुल्क, परदेस) foreign country, another country

विदेशी (पु०,वि०) غیر ملکی، پردیسی (ग़ैर मुल्की, परदेसी) foreigner, man of another country

विद्यमान (स्त्री०,वि०) موجود، زندہ (मौजूदा, ज़िंदा) existent, alive

विद्या (स्त्री०) علم، سیکھنا (इल्म, सीखना) knowledge, learning

विद्याधर (पु०) عالم، پنڈت (आलिम, पंडित) learned, scholar

विद्यार्थी (पु०) طالب علم، علم حاصل کرنے والا (तालिबे इल्म, इल्म हासिल करने वाला) student, knowledge seeker

विद्यालय (पु०) اسکول، دانشگاہ (स्कूल, दानिश्गाह) school, place of learning

विद्यावान (वि०) قابل (क़ाबिल) learned

विद्यासागर (पु०,वि०) سبھی علوم کا واقف (सभी उलूम का वाक़िफ़) scholar of all types of knowledge

विद्युत (स्त्री०) بجلی، برق (बिजली, बर्क़) electricity, lightning

विद्युत्पात (पु०) بجلی کا گرنا (बिजली का गिरना) lightning

विद्रावण (पु०) پگھلنا، بھیگنا (पिघलना, भीगना) melting, wetting

विद्रावित/विद्रुत (वि०) پگھلا ہوا، بھیگا ہوا (पिघला हुआ, भीगा हुआ) melted, wet

विद्रुम (पु०) مونگا (मूंगा) corals

विद्रूप (स्त्री०) کراہیت (कराहियत) obomination

विद्रोह (पु०) بغاوت (बग़ावत) revolt, rebellion

विद्रोही (वि०) باغی (बाग़ी) rebellion, rebel

विद्वान (पु०,वि०) قابل، علامہ (क़ाबिल, अल्लामा) learned, scholar

विद्विष (पु०,वि०) دشمن (दुश्मन) enemy

विद्वेष (पु०,वि०) دشمنی، بیر (दुश्मनी, बैर) enmity, ill-will

विद्वेषिता (स्त्री०) دشمنی (दुश्मनी) enmity

विधंस (पु०) برباد (बरबाद) ruined

विध (क्रि०) چھیدنا (छेदना) to pierce

विधर्म (पु०) غیر کا مذہب (ग़ैर का मज़हब) a different religion (from own)

विधर्मी (पु०,वि०) لامذہب، کافر (लामज़हब, काफ़िर) irreligious, infidel

विधवा (स्त्री०) بیوہ (बेवा) widow

विधा (स्त्री०) شکل، ذریعہ (शक्ल, ज़रिया) form, mean

विधाता (पु०) خالق، نظم کرنے والا (ख़ालिक़, नज़्म करने वाला) creator, arranger

विधान (पु०) قانون، عمل، قانون سازی، طریقہ کار، آئین (क़ानून, अमल, क़ानूनसाज़ी, तरीक़ाकार, आईन) act, action, legislation, procedure, constitution

विधायक (पु०,वि०) بنانے والا، قانون ساز (बनाने वाला, क़ानूनसाज़) creator, legislator

विधि (स्त्री०) ضابطہ، حکم نامہ، تحریری قانون، قانون (ज़ाबिता, हुक्मनामा, तहरीरी क़ानून, क़ानून) rule, ordinance, statute, law

विधिपूर्वक/विधिवत (अव्य०) ضابطہ کے مطابق، باضابطہ (ज़ाबिता के मुताबिक़, बाज़ाबता) according to rule, formal

विधिबद्ध (वि०) قانون سے بندھا (क़ानून से बँधा) bound to rule

विधिशास्त्र (पु०) اصول قانون (उसूले क़ानून) jurisprudence

विधु (पु०) چاند (चाँद) moon

विधुबदनी (पु०) چاند جیسی صورت، خوبصورت عورت (चाँद जैसी सूरत, ख़ूबसूरत औरत) moon faced, beautiful woman

विधुर (पु०,वि०) خلع شدہ مرد، رنڈوا (खुलाशुदा मर्द, रंडवा) divorced man, widower

विधूत (वि०) کانپا ہوا، دُور کیا ہوا (काँपा हुआ, दूर किया हुआ) trembling, remoted

विधूम (वि०) بغیر دھواں کا (बग़ैर धुआँ का) smokeless

विधेयक (पु०) پارلیامانی بل، قانون (पारलियामानी बिल, क़ानून) parliamentary bill, act

विध्वंस (पु०) بربادی، تباہی، ڈھانا (बरबादी, तबाही, ढाना) ruin, destruction, demolition

विध्वंसक (पु०,वि०) تباہ کرنے والا، ڈھانے والا (तबाह करने वाला, ढाने वाला) destroyer, one who demolishes

विध्वस्त (वि०) جسے بری طرح تباہ کر دیا گیا (जिसे बुरी तरह तबाह कर दिया गया) badly destroyed, demolished

विन (पु०) بغیر (बग़ैर) without

विनत (वि०) جھکا ہوا، عاجز، نیک (झुका हुआ, आजिज़, नेक) bent, humble, meek

विनति/विनती (स्त्री०) خاکساری، عاجزی، دعا (ख़ाकसारी, आजिज़ी, दुआ) humbleness, prayer

विनमन (क्रि०) جھکانا (झुकाना) to bring down

विनम्र (वि०) خاکسار، عاجز، نیک (ख़ाकसार, आजिज़, नेक) down to the earth, humble, meek

विनय (पु०) خوش اخلاقی، نیکی، عاجزی (खुश एख़लाक़ी, नेकी, आजिज़ी) courtesy, meekness, humility

विनयवान/विनयशील/विनयी (वि०) خوش اخلاق، عاجز (खुश एख़लाक़, आजिज़) courteous, humble

विनश्वर(वि०) فنا ہونے والا (फ़ना होने वाला) mortal

विनष्ट (वि०) برباد شدہ، بگڑا ہوا (बर्बाद शुदा, बिगड़ा हुआ) destroyed, corrupted

विनाश (पु०) بربادی، فنائے کامل (बरबादी, फ़नाए कामिल) destruction, annihilation

विनाशक (पु०,वि०) نیست ونابود کرنے والا (नीस्तो नाबूद करने वाला) destroyer, destroying

विनाशित (वि०) برباد، نیست و نابود (बरबाद, नीस्तो नाबूद) destroyed, annihilated

विनिग्रह (पु०) پابندی (पाबंदी) prohibition

विनिद्र (वि०) نیند سے خالی (नींद से ख़ाली) sleepless

विनिन्दक (पु०) بے حد تنقید کرنے والا (बेहद तन्क़ीद करने वाला) big critic

विनिन्दित (वि०) بے حد تنقید زدہ (बेहद तन्क़ीद ज़दा) severely criticised

विनिपात (पु०) زوال، بربادی، مصیبت (ज़वाल, बरबादी, मुसीबत) destruction, calamity

विनिपातित (पु०) پھینکا ہوا، برباد (फेंका हुआ, बरबाद) thrown away, ruined

विनिमय (पु०) تبادلہ، غیر ملکی رقم (तबादला, ग़ैर मुल्की रक़म) exchange, foreign fund

विनियमन (पु०) باقاعدگی (बाक़ायदगी) regulating

विनियुक्त (वि०) مناسب، موزوں (मुनासिब, मौज़ूँ) appropriated

विनियोग (पु०) گذارش، تفویض، تبدیلیٔ فنڈ (गुज़ारिश, तफ़वीज़, तबदीलीए फंड) application, assignment, conversion of fund

विनियोजित (पु०) آمادہ، بحال، منصوبہ بندی کے ساتھ (आमादा, बहाल, मंसूबा बंदी के साथ) urged, appointed, well planned

विनिर्गत (पु०) نکلا ہوا، گذرا ہوا (निकाला हुआ, गुज़रा हुआ) expelled, past

विनिर्गम (पु०) روانگی (रवानगी) departure

विनिर्मोक (पु०) بے لباس (बेलिबास) without cloths

विनिश्चल (वि०) غیر متحرک، بے حرکت (ग़ैर मुतहर्रिक, बेहरकत) immovable, non-mobile

विनिहत (पु०) زخمی، چوٹ کھایا ہوا (ज़ख़्मी, चोट खाया हुआ) injured, wounded

विनीत (वि०) منکسر المزاج، خوش اخلاق (मुनकसिरुल मिज़ाज, खुश एख़लाक़) modest, courteous

विनीतता/विनीति (स्त्री०) منکسر المزاجی، خوش اخلاقی (मुन्कसिरुल मिज़ाजी, ख़ुश एख़लाक़ी) modesty, courtesy

विनूठा (पु०) ادھورا، حیرت انگیز (अधूरा, हैरत अंगेज़) incomplete, strange

विनोद (पु०) مسرت، تفریح یا کھیل کود، مزاح (मुसर्रत, तफ़रीह या खेलकूद, मज़ाह) pastime, recreation, humor

विनोदित (वि०) خوش باش، مسرور (खुशबाश, मसरूर) cheerful, delighted

विन्यस्त (वि०) اہتمام سے رکھا ہوا، ہم آہنگ (एहतेमाम से रखा हुआ, हमआहंग) orderly arranged, adjusted

विन्यास (पु०) باضابطہ اہتمام، ہم آہنگی (बाज़ाब्ता एहतेमाम, हमआहंगी) orderly arrangement, adjustment, aestivation

विपक्ष (पु०,वि०) حریف، مخالف، دشمن (हरीफ़, मुख़ालिफ़, दुश्मन) rival, opposition, hostile

विपक्षता (स्त्री०) اختلاف، دشمنی (एख़्तेलाफ़, दुश्मनी) opposition, hostility

विपक्षी (पु०,वि०) مخالف (मुख़ालिफ़) opponent

विपणन (पु०) تجارت (तिजारत) trade

विपत्ति (स्त्री०) مصیبت، دشواری، بدبختی (मुसीबत, दुश्वारी, बदबख़्ती) calamity, distress, misfortune

विपण (पु०) بازار (बाज़ार) market

विपथ (पु०) بُرا راستہ، غلط راہ (बुरा रास्ता, ग़लत राह) evil path

विपद/विपदा (स्त्री०) = **विपत्ति**

विपन्न (पु०) مفلس (मुफ़लिस) poor

विपन्नता (स्त्री०) افلاس، بدنصیبی (इफ़लास, बदनसीबी) poverty, misfortune

विपरीत (वि०) اُلٹا، ضد، برعکس، ناسازگار (उल्टा, ज़िद, बरअक्स, नसाज़गार) contrary, opposite, inverse, unfavourable

विपर्यय (पु०) اُلٹ پھیر، تبدیلی (उलटफेर, तब्दीली) reversal, change

विपर्यस्त (वि०) اُلٹا، تبدیل (उल्टा, तब्दील) reversed, changed

विपिन (पु०) باغیچہ، چھوٹا جنگل (बाग़ीचा, छोटा जंगल) small garden, small forest

विपिन बिहारी (पु०) جنگل میں تفریح کرنے والا، سری کرشن کا نام (जंगल में तफ़रीह करने वाला, श्री कृष्ण का नाम) one who moves in forest, a name of Sri Krishna

विपुत्र (पु०) لاولد (लावल्द) issueless

विपुत्रा (स्त्री०) وہ عورت جس کو کوئی اولاد نہ ہو (वह औरत जिसको कोई औलाद न हो) a woman who has no issue

विपुल (वि०) کثیر، وسیع، کافی گہرا (कसीर, वसी, काफ़ी गहरा) ample, extensive, abundant deep

विपुलता (स्त्री०) زیادتی، کثرت (ज़्यादती, कसरत) abundance, amplitude

विपुलमति (वि०) بہت عقلمند (बहुत अक़्लमंद) very wise

विपुला (स्त्री०) زمین، وسیع و عریض (ज़मीन, वसीओ अरीज़) earth, extensive

विपोहना (क्रि०) لیپنا پوتنا (लीपना पोतना) plastering & mud washing

विप्र (पु०) برہمن، پجاری (ब्राहमण, पुजारी) Brahmin, priest

विप्रकर्षण (पु०) دُور سے کھینچنے کا عمل (दूर से खींचने का अमल) process of attracting from distance

विप्रकीर्ण (पु०) چھترا ہوا، بکھرا ہوا (छितरा हुआ, बिखरा हुआ) scattered, spread out

विप्रतारक/विप्रलम्भक (पु०) دھوکا دینے والا، فریبی، دغاباز (धोका देने वाला, फ़रेबी, दग़ाबाज़) fraudulent, cheat

विप्रलीन (वि०) چاروں طرف بکھرا ہوا (चारों तरफ़ बिखरा हुआ) scattered all around

विप्रषित (पु०) باہر بھیجا ہوا (बाहर भेजा हुआ) sent outside

विप्लव (पु०) ہلچل، بکھراؤ، بغاوت، اُپلانا (हलचल, बिखराव, बग़ावत, उपलाना) uprising, dispersion, revolt, floating

विप्लावी (पु०,वि०) باغی، ہنگامہ کرنے والا (बाग़ी, हंगामा करने वाला) rebel, one who creates chaos

विफल (वि०) ناکام، بغیر پھل والا (नाकाम, बग़ैर फल वाला) fail, without fruits

विफलता (स्त्री०) ناکامی (नाकामी) failure
विबुध (वि०) عقلمند، قابل، جگا ہوا (अक़्लमंद, क़ाबिल, जगा हुआ) wise, learned, awake
विबोध (पु०) بیداری،عقلمندی (बेदारी, अक़्लमंदी) awakening, wisdom
विबोधन (पु०) سمجھانا بجھانا (समझाना बुझाना) to give advice
विभक्त (वि०) الگ کیا ہوا، منقسم (अलग किया हुआ, मुनक़सिम) separated, divided
विभक्ति (स्त्री०) تقسیم،شعبہ (तक़सीम, शोबा) division, department
विभव (पु०) طاقت، بڑا زور، دولت (ताक़त, बड़ा ज़ोर, दौलत) power, might, wealth
विभववान/विभवशाली (वि०) بڑی طاقت والا، بہت دولتمند (बड़ी ताक़त वाला, बहुत दौलतमंद) mighty, very wealthy
विभा (स्त्री०) چمکنا، روشنی (चमकना, रौशनी) to shine, light
विभाग (पु०) شعبہ، تقسیم، کسر (शोबा, तक़सीम, कसर) department, division, a fraction
विभागीय (वि०) شعبہ جاتی (शोबाजाती) departmental
विभाजक (पु०,वि०) تقسیم کرنے والا، نسب نما (तक़सीम करने वाला, नसबनुमा) dividing, denominator
विभाजन (पु०) تقسیم کا عمل بٹوارہ (तक़सीम का अमल, बटवारा) division, partition
विभाजित (वि०) تقسیم کیا ہوا (तक़सीम किया हुआ) divided
विभाज्य (वि०) قابل تقسیم (क़ाबिले तक़सीम) to be divided
विभात (पु०) صبح سویرے (सुबह सवेरे) dawn
विभाति (स्त्री०) چمک دمک، رونق، حُسن (चमक दमक, रौनक़, हुस्न) lusture, grace, beauty
विभारना (क्रि०) چمکنا (चमकना) to shine
विभावरी (स्त्री०) تاروں بھری رات (तारों भरी रात) starry night
विभिन्न (वि०) مختلف، الگ الگ کیا ہوا (मुख़्तलिफ़, अलग अलग किया हुआ) different, separated
विभिन्नता (स्त्री०) اختلاف،تنوع (इख़्तेलाफ़, तनव्वो) difference, diversity
विभीत (वि०) ڈرا ہوا، خوفزدہ (डरा हुआ, ख़ौफ़ज़दा) afraid, frightened
विभीति (वि०) ڈر،خوف (डर, ख़ौफ़) fear, fright
विभीषण (पु०) کافی ڈراونا، راون کے ایک بھائی کا نام (काफ़ी डरावना, रावण के एक भाई का नाम) terrifying, name of a brother of Ravana
विभीषिका (स्त्री०) خوفناکی، دھمکی (ख़ौफ़नाकी, धमकी) frightening, threat
विभु (पु०,वि०) ہر جگہ موجود، ابدی (हर जगह मौजूद, अबदी) omnipresent, eternal
विभूति (स्त्री०) اقتدار اعلیٰ، بڑی طاقت، جلال، بلندی (एक़तेदार आला, बड़ी ताक़त, जलाल, बुलंदी) supremacy, might, glory, prosperity
विभूषण (पु०) سجاوٹ، آرائش (सजावट, आराइश) adorned, decorated
विभूषित (वि०) آراستہ، سجا ہوا (आरास्ता, सजा हुआ) adorned, decorated
विभूषा (स्त्री०) زیور (ज़ेवर) ornament
विभेद (पु०) تقسیم، فرق، امتیاز (तक़सीम, फ़र्क़, इम्तेयाज़) division, difference, distinction
विभेदना (क्रि०) فرق کرنا، چھید کرنا، تقسیم کرنا (फ़र्क़ करना, छेद करना, तक़सीम करना) discriminating, piercing, dividing
विभोर (वि०) بہا لے جایا گیا (बहा ले जाया गया) carried away, inspired
विभ्रम (पु०) سیر و سیاحت، گڑبڑی، غلطی، اشتعال (सैरो सयाहत, गड़बड़ी, ग़लती, इश्तेआल) tourism confusion, error, agitation
विभ्रान्त/विभ्रान्ति (वि०/स्त्री०) گھمکڑ، گڑبڑ، مشتعل (घुमक्कड़, गड़बड़, मुश्तआल) wandering, confused, agitated
विमण्डन (पु०) زیور (ज़ेवर) ornament
विमण्डित (वि०) آراستہ، سجا ہوا (आरास्ता, सजा हुआ) decorated
विमत (पु०,वि०) مخالف نظریہ، اختلاف کرنا (मुख़ालिफ़ नज़रिया, इख़्तेलाफ़ करना) opposite theory, disagreeing

विमत्सर (वि०) بہت غرور (बहुत गुरूर) much pride

विमन/विमनस्क (वि०) اُداس،افسُردہ (उदास, अफ़सुरदा) sad, depressed

विमन्यु (वि०) غصہ سے خالی (गुस्सा से खाली) free of anger

विमर्दन (पु०) برباد کر دینا، مار ڈالنا (बरबाद कर देना, मार डालना) destroy, to kill

विमर्दित (वि०) کچلا ہوا، برباد کیا ہوا (कुचला हुआ, बरबाद किया हुआ) crushed, destroyed

विमर्श (पु०) مشورہ،غور وخوض،مباحثہ (मशविरा, ग़ौरो ख़ौज़, मुबाहिसा) consultation, consideration, debate

विमल (वि०) پاک و صاف، خالص، بے گناہ (पाको साफ़, ख़ालिस, बेगुनाह) free of dirt or stain, pure, without sin

विमलता (स्त्री०) پاکیزگی، صفائی (पाकीज़गी, सफ़ाई) purity, neatness

विमाता (स्त्री०) سوتیلی ماں (सौतेली माँ) step mother

विमातृज (पु०) سوتیلا بھائی (सौतेला भाई) step brother

विमान (पु०) ہوائی جہاز (हवाई जहाज़) aircraft

विमान चालक (पु०) ہواباز(ہوائی جہاز چلانے والا) (हवाबाज़ {हवाई जहाज़ चलाने वाला}) pilot

विमानन (स्त्री०) ہوابازی (हवाबाज़ी) aviation

विमार्ग (पु०) بُرا راستہ، بدچلنی (बुरा रास्ता, बदचलनी) wrong path, wrong course

विमुक्त (वि०) آزاد، چھوڑا ہوا (आज़ाद, छोड़ा हुआ) liberated, released, relieved

विमुक्ति (स्त्री०) آزادی، نجات (आज़ादी, निजात) release, salvation, relieving

विमुखता (स्त्री०) اظہار ناراضگی (इज़हारे, नाराज़गी) state of displeasure

विमुग्ध (वि०) گرویدہ، مسرور، حیرت زدہ (गरवीदा, मसरूर, हैरतज़दा) charmed, delighted, bewildered

विमूढ़ (वि०) حیرت زدہ، بیوقوف (हैरतज़दा, बेवकूफ़) bewildered, stupid

विमूल (वि०) بغیر جڑ کا (बग़ैर जड़ का) rootless

विमृश (पु०) تنقید (तंक़ीद) criticism

विमृष्ट (वि०) جس پر تنقید کی گئی ہو (जिस पर तंकीद की गयी हो) one who is criticised

विमोका (पु०) نجات، چھٹکارا (निजात, छुटकारा) salvation, freedom

विमोचन (पु०) اجرا، بندھن کھولنا (इजरा, बंधन खोलना) release, to free from bond

विमोचित (वि०) جس کا اجرا ہوا ہو،کھلا ہوا (जिसका इजरा हुआ हो, खुला हुआ) released, opened

विमोह (पु०) فریفتگی، دلکشی (फ़रेफ़्तगी, दिलकशी) infatuation, charming

विमोहक (पु०) دل کو لبھانے والا (दिल को लुभाने वाला) one who charms

विमोहित (वि०) لبھایا ہوا، بے ہوش (लुभाया हुआ, बेहोश) charmed, unconscious

विय (वि०) دو، جوڑا (दो, जोड़ा) two, pair

वियत (पु०) آسمان (आसमान) sky

वियुत (वि०) بغیر (बग़ैर) without

वियुक्त (वि०) بچھڑا ہوا، بغیر (बिछड़ा हुआ, बग़ैर) separated, without

वियोग (पु०) (علیحدگی) جدائی (जुदाई {अलैहदगी}) separation

वियोगी (पु०,वि०) غم فراق میں ڈوبا ہوا، بچھڑا ہوا (ग़मे फ़ेराक़ में डूबा हुआ, बिछड़ा हुआ) distressed by separation, separated

वियोजन (पु०) علیحدگی، گھٹانا، تفریق (अलैहदगी, घटाना, तफ़रीक़) separation, substraction

विरंच/विरंचि (पु०) (برہما) خالق کائنات ({ब्रह्मा} ख़ालिक़े कायनात) Brahma, creator of universe

विरंजक (पु०,वि०) رنگ اُڑانے والا مادہ، رنگ اُڑانا (रंग उड़ाने वाला माद्दा, रंग उड़ाना) bleaching substance, bleading

विरंजित (वि०) جس کا رنگ اُڑا دیا گیا (जिसका रंग उड़ा दिया गया) bleached

विरक्त (वि०) بے حرص وطمع، مختلف (बेहिर्सो तमा, मुख़्तलिफ़) not feeling desire, alienated

विरचन (पु०) تعمیر (فن)، تحریری کام (तामीर {फ़न}, तहरीरी काम) constructing (art), compostion

विरचियता (पु०) انشا نگار، مصنف (इन्शा निगार, मुसन्निफ़) composer, author

विरज (वि०) پاک، خواہش سے مبرّیٰ (पाक, ख़ाहिश से मुबर्रा) pure, free of passion

विरद (पु०) شہرت، ناموری (शोहरत, नामवरी) fame, glory

विरमना (क्रि०) ٹھہرنا، قیام (ठहरना, क़याम) to stop, rest

विरल (वि०) جو گھنا نہ ہو، خالی خالی (जो घना न हो, ख़ाली ख़ाली) not compact, rare

विरले (वि०) مشکل سے (मुश्किल से) rarely

विरव (वि०) بغیر لفظوں کے (बग़ैर लफ़्ज़ों के) without words

विरश्मि (वि०) بغیر کرنوں والا (बग़ैर किरणों वाला) without rays

विरस (वि०) بے رس، پھیکا، بے مزہ (बेरस, फीका, बेमज़ा) juiceless, insipid, tasteless

विरह (पु०) جدائی، جدائی کا غم، تنہائی (जुदाई, जुदाई का ग़म, तन्हाई) separation, anguish of separation, loneliness

विरहा (पु०) وہ گیت جو جدائی کے غم میں گایا جائے (वह गीत जो जुदाई के ग़म में गाया जाए) song describing pangs of separation

विरहिणी (स्त्री०) وہ عورت جو محبوب سے جدائی کے غم میں ہو (वह औरत जो महबूब से जुदाई के ग़म में हो) the woman suffering the pain of separation from beloved

विरहित (वि०) محروم، فرار (महरूम, फ़रार) bereft, deserted

विराग (पु०) مایوس، بیزاری (मायूस, बेज़ारी) absence of desire, aversion

विरागी (पु०,वि०) تمناؤں سے آزاد (तमन्नाओं से आज़ाद) free of desires

विराजना (क्रि०) چمکنا، راج کرنا، تشریف رکھنا (चमकना, राज करना, तशरीफ़ रखना) to shine, to rule, to take a seat

विराजमान (वि०) تخت نشیں، رونق افروز، منور (तख़्त नशीं, रौनक़ अफ़रोज़, मुनव्वर) ensconsed (on throne/stage), radiant

विराजित (वि०) منور، احساس عظمت کا مظاہرہ (मुनव्वर, एहसासे अज़्मत का मुज़ाहिरा) radiant, expressing an air of splendour

विराम (पु०) وقفہ، ٹھہراؤ، آرام (वक़्फ़ा, ठहराव, आराम) pause, stoppage, rest

विरावी (वि०) شور کرنے والا (शोर करने वाला) one who makes noise, pleasure

विरास (पु०) خوشی، تفریح (ख़ुशी, तफ़रीह) pleasure, recreation

विरुज (वि०) صحتمند (सेहतमंद) healthy

विरुझना (क्रि०) اُلجھنا (उलझना) to get involved

विरुद (पु०) = **विरद**

विरुद्ध (वि०) مخالفت میں، ناموافق، برخلاف (मुख़ालफ़त में, नामुवाफ़िक़, बरख़िलाफ़) opposing, unfavourable, contrary

विरूप (वि०) بگاڑی ہوئی شکل، بدصورت، کثیر الصورت (बिगाड़ी हुई शकल, बदसूरत, कसीरुस सूरत) deformed, ugly, multiform

विरेचक/विरेना (वि०/पु०) جُلاب، قبض کُشا (जुलाब, क़ब्ज़कुशा) purgative, laxative

विरोध (पु०) مخالفت، رکاوٹ، دشمنی (मुख़ालफ़त, रुकावट, दुश्मनी) opposition, resistance, enmity

विरोधना (क्रि०) مخالفت کرنا، دشمنی کرنا (मुख़ालफ़त करना, दुश्मनी करना) to oppose, to cause enmity

विरोधाचरण (पु०) دشمنانہ رویہ (दुश्मनाना रवैइया) hostile behaviour

विरोधाभास (पु०) ابہام (इब्हाम) ambiguity

विरोधी (पु०,वि०) مخالف، مخالفت کرنے والا (मुख़ालिफ़, मुख़ालफ़त करने वाला) opposition, opposing

विरोहण (पु०) ایک جگہ سے ہٹا کر دوسری جگہ قائم کرنا (एक जगह से हटा कर दूसरी जगह क़ायम करना) fixing at another spot after removing from earlier

विरोही (पु०) پودا لگانے والا (पौदा लगाने वाला) one who plants a sapling

विलंब (पु०) دیری، تاخیر (देरी, ताख़ीर) delay, late

विलक्षण (वि०) امتیازی اوصاف، غیر معمولی، حیرت انگیز (इमतेयाज़ी औसाफ़, ग़ैर मामूली, हैरत अंगेज़) distinguishing qualities, extra ordinary, astonished

विलक्षणता (स्त्री०) خصوصیت،انوکھی خاصیت (ख़ुसूसीयत, अनोखी ख़ासीयत) peculiarity, strange features

विलग (वि०) جدا،علیحدگی (जुदा, अलैहदगी) separate, detachment

विलम्ब (पु०) = **विलंब**

विलम्बन (पु०) دیرہونا،تاخیر (देर होना, ताख़ीर) delaying, delay

विलम्भ (पु०) فیاضی، کشادہ دلی (फ़ैयाज़ी, कुशादा दिली) generosity, liberality

विलय (पु०) تحلیل کرنا، ضم ہو جانا، بربادی (तहलील करना, ज़म हो जाना, बर्बादी) dissolving, merging, destruction

विलयन (पु०) عملِ تحلیل،محلول (अमले तहलील, महलूल) act of dissolving, solution

विलसन (पु०) شعلہ کی چمک، تفریح، مسرت (शोला की चमक, तफ़रीह, मुसर्रत) flashing, amusement, pleasure

विलाप (पु०) رونا، نوحہ (रोना, नौहा) weeping, lamentation

विलापी (पु०,वि०) رونے والا، نوحہ گر (रोने वाला, नौहागर) weeping, lamenting man

विलास (पु०) جنسی تفریح، عیش وعشرت کی زندگی، دکھاوے کی محبت (जिन्सी तफ़रीह, ऐशो इशरत की ज़िन्दगी, दिखावे की मुहब्बत) sensuous entertainment, luxurious life, flirting

विलासी (पु०,वि०) تفریح پسند، نمائشی محبت کرنے والا (तफ़रीह पसंद, नुमाइशी मुहब्बत करने वाला) entertainment loving, flirtations

विलिखित (वि०) تحریری (तहरीरी) written

विलिप्त (वि०) لیپا پوتا ہوا (लीपापोता हुआ) plastered

विलीक (वि०) غیر مناسب، نا اہل (ग़ैर मुनासिब, ना अह्ल) improper, incapable

विलीन (वि०) چھپا ہوا، پوشیدہ (छिपा हुआ, पोशीदा) hidden, concealed

विलुप्त (पु०) لاپتہ،مخفی (लापता, मख़्फ़ी) traceless, hidden

विलुलित (वि०) متحرک،لہراتا ہوا (मुतहर्रिक, लहराता हुआ) stirred, fluctuating

विलोकन (पु०) دیکھنا،گھورنا (देखना, घूरना) looking, gazing

विलोकित (वि०) دیکھا گیا، مشاہدہ کیا گیا (देखा गया, मुशाहिदा किया गया) looked at, observed

विलोचन (पु०) آنکھ،نظر (आँख, नज़र) eye, sight

विलोप (पु०) بربادی،نقصان (बरबादी, नुक़सान) destruction, loss

विलोभ (पु०) کشش، گناہ کی ترغیب (لالچ) (कशिश, गुनाह की तरग़ीब {लालच}) attraction, seduction

विलोभन (पु०) لالچ دینا،تعریف، گناہ کی رغبت (लालच देना, तारीफ़, गुनाह की रग़बत) tempting, praise, seducing

विलोम (वि०) اُلٹا، برعکس (उल्टा, बरअक्स) opposite, reverse

विवक्षा (स्त्री०) بولنے کی خواہش، مطلب (बोलने की ख़ाहिश, मतलब) desire to speak, sense

विवर (पु०) سوراخ، جوف (گڈھا) (सूराख़, जोफ़ {गड्ढा}) hole, cavity

विवरण (पु०) مفصل بیان،تقریر،نوٹ (मुफ़स्सिल ब्यान, तक़रीर, नोट) detailed description, lecture, note

विवरणिका (स्त्री०) جائزہ (जायज़ा) prospectus

विवर्जन (पु०) چھوڑ دینا (छोड़ देना) abandoning

विवर्जनीय (वि०) چھوڑ دینے کے قابل (छोड़ देने के क़ाबिल) worth abandoning

विवर्जित (पु०) جسے روکا گیا، جسے نظر انداز کیا گیا (जिसे रोका गया, जिसे नज़र अन्दाज़ किया गया) prohibited, neglected

विवर्ण (वि०) بے رنگ، زرد، خراب رنگ والا (बेरंग, ज़र्द, ख़राब रंग वाला) colourless, pale, bad coloured

विवर्तन (पु०) گھومنا، چکر کاٹنا،تبدیلی (घूमना, चक्कर काटना, तब्दीली) turning, revolving, change

विवर्तित (वि०) گھوما ہوا، بدلا ہوا (घूमा हुआ, बदला हुआ) turned, changed

विवर्धन (पु०) بڑھنا، بالیدگی، ترقی (बढ़ना, बालीदगी, तरक़्क़ी) increase, growth, development

विवश (वि०) مجبور، بے اختیار (मजबूर, बेइख़्तेयार) helpless, powerless

विवशता (स्त्री०) مجبوری، بے اختیاری (मजबूरी, बेइख़्तेयारी) helplessness, powerlessness

विवसन/विवस्त्र (वि०) بے لباس، ننگا (बेलिबास, नंगा) without clothing, naked

विवाक (पु०) فیصلہ کرنے والا (फ़ैसला करने वाला) judge

विवाद (पु०) تنازعہ، جھگڑا، مباحثہ (तनाज़ा, झगड़ा, मुबाहिसा) dispute, quarrel, debate

विवादास्पद (वि०) متنازعہ فیہ (मुतनाज़ाफ़ीह) subject of dispute

विवादित (पु०,वि०) متنازعہ (मुतनाज़ा) disputed

विवाह (पु०) شادی (शादी) marriage

विवाहित (वि०) شادی شدہ (शादीशुदा) married

विवाहेतर (वि०) شادی کے علاوہ (शादी के इलावा) extramarital

विवि (वि०) دو، دوسرا (दो, दूसरा) two, second

विविक्त (वि०) جُدا کیا ہوا، الگ تھلگ (जुदा किया हुआ, अलग थलग) separated

विविध (वि०) انواع واقسام، مختلف قسم کے (अनवा ओ अक़्साम, मुख़्तलिफ़ क़िस्म के) varieties different types

विविधता (स्त्री०) تنوع (तनव्वो) diversity

विविर (पु०) بل، غار، جوف (बिल, ग़ार, जोफ़) burrow, cave, cavity

विवेक (पु०) بُرے اور بھلے میں فرق کرنے کی تمیز، ہوشمندی، ضمیر (बुरे और भले में फ़र्क़ करने की तमीज़, होशमंदी, ज़मीर) discrimination, prudence, conscience

विवेचन (पु०) فیصلہ، اچھے اور بُرے میں فرق کرنا، پوچھ تاچھ (फ़ैसला, अच्छे और बुरे में फ़र्क़ करना, पूछताछ) judgement, discrimination, enquiry

विवेचित (वि०) بحث کیا ہوا (बहस किया हुआ) discussed

विशंक(वि०) نڈر، بےخوف (निडर, बेख़ौफ)fearless

विशंका (स्त्री०) بےخوفی، بےاعتمادی (बेख़ौफ़ी, बेएतमादी) fearlessness, loss of confidence

विशाल (वि०) شاندار، عظیم، وسیع (शानदार, अज़ीम, वसी) grand, great, vast

विशालता (स्त्री०) وسعت، عظمت (वुस्अत, अज़मत) vastness, greatness

विशिष्ट (वि०) خصوصی، مخصوص (ख़ुसूसी, मख़सूस) specefic, distinctive

विशुद्ध (वि०) ایکدم خالص (एकदम ख़ालिस) quite pure

विशुद्धता (स्त्री०) خالص ہونا (ख़ालिस होना) purity

विशेष (पु०,वि०) خاص، غیر معمولی (ख़ास, ग़ैर मामूली) special, unusual

विशेषक (पु०,वि०) خاص، امتیاز کرنے والا (ख़ास, इम्तेयाज़ करने वाला) special, distinguishing

विशेषज्ञ (पु०) ماہر (माहिर) specialist, expert

विशेषण (पु०) صفت، تخلص، امتیازی (सिफ़त, तख़ल्लुस, इम्तेयाज़ी) adjective, title, distinguishing

विशेषता (स्त्री०) خاصیت، خوبی (ख़ासियत, ख़ूबी) characteristic, property

विशोध (वि०) خالص کرنے کے قابل (ख़ालिस करने के क़ाबिल) worth purifying

विशोषण (पु०) اچھی طرح جذب کرنا (अच्छी तरह जज़्ब करना) to absorb well

विश्राम (पु०) آرام، پُرسکون (आराम, पुरसुकून) rest, calm

विश्रुत (वि०) مشہور (मशहूर) famous

विश्लिष्ट (वि०) الگ کیا گیا، جن کا تجزیہ کیا گیا (अलग किया गया, जिनका तज्ज़िया किया गया) made separate, analysed

विश्लेषण (पु०) تجزیہ (तज्ज़िया) analysis

विश्व (पु०,वि०) کائنات، جامع، دنیا (कायनात, जामे, दुनिया) universe, universal, world

विश्वंभर (वि०) اعلیٰ ترین، رب، زمین (आला तरीन, रब, ज़मीन) supreme being, all supporting, earth

विश्वकर्मा (पु०) کائنات کا خالق، خدا، تخلیقی فنکار (कायनात का ख़ालिक़, ख़ुदा, तख़ालीक़ी फ़नकार) creator of the universe, God, creative artist

विश्वनाथ (पु०) کائنات کا مالک (क़ायनात का मालिक) lord of the universe

विश्वम्भर (वि०) = **विश्वंभर**

विश्वविद्यालय (पु०) جامعہ(یونیورسٹی) (जामिया {यूनिवर्सिटी}) university

विश्वव्यापी (वि०) عالمگیر(آفاقی)، عام (आलमगीर {आफ़ाक़ी}, आम) universal, general

विश्वसनीय (वि०) قابلِ اعتبار، وفادار (क़ाबिले एतबार, वफ़ादार) trustworthy, faithful

विश्वस्त (वि०) معتبر، قابلِ بھروسہ (मोतबर, क़ाबिले भरोसा) reliable, dependable

विश्वास (पु०) اعتبار، یقین، اعتماد (एतेबार, यक़ीन, एतेमाद) trust, faith, confidence

विश्वासघात (पु०) غدّاری (ग़द्दारी) betrayal

विश्वासी (वि०) = **विश्वसनीय**

विष (पु०) زہر (ज़हर) poison

विषधर (वि०) زہر رکھنے والا، سانپ (ज़हर रखने वाला, साँप) poison holding, snake

विषघ्न (वि०) زہر ختم کرنے والا (ज़हर ख़त्म करने वाला) antidote of poison

विषपण (वि०) دُکھی، فکرمند (दुखी, फ़िक्रमंद) sad, anxious

विषपणता (स्त्री०) فکرمندی (फ़िक्रमंदी) anxiety

विषद (वि०) صاف، خاص (साफ़, ख़ास) clear, pure

विषम (वि०) طاق، ناہموار، پھٹکل، مشکل (ताक़, नाहमवार, फुटकल, मुश्किल) uneven, rough, odd, difficult

विषमता (स्त्री०) ناہمواری، طاقیت (नाहमवारी, ताक़ीयत) rough, unevenness

विषमशील (वि०) مشتعل، غیر سنجیدہ (मुश्तइल, ग़ैर संजीदा) violent, non-serious

विषय (पु०) موضوع، عنوان (मौज़ू, उनवान) subject, topic

विषयसूची (पु०) اشاریہ، فہرست موضوع (एशारिया, फ़ेहरिस्त मौज़ू) index, table of content

विवाण (पु०) ہاتھی کا دانت، سینگ (हाथी का दाँत, सींग) tusk of elephant, horn

विषाक्त (वि०) زہریلا (ज़हरीला) poisonous

विषाद (पु०) افسردگی، نااُمیدی (अफ़सुर्दगी, नाउम्मीदी) sadness, despair

विषादी (पु०) غم زدہ (ग़मज़दा) sorrowful

विषान्न (पु०) زہر ملا ہوا کھانا (ज़हर मिला हुआ खाना) poison mixed food

विषाणु (पु०) وائرس (वायरस) virus

विषुवत रेखा (स्त्री०) خطِ استوا (ख़ाते इस्तवा) equator

विष्टम्भ (पु०) رکاوٹ، مزاحمت (रुकावट, मुज़ाहमत) hindrance, obstacle

विष्ठा (स्त्री०) پیخانہ(براز) (पैख़ाना {बराज़}) stool

विष्फारित (वि०) کھلا ہوا (खुला हुआ) opened

विसंक्रमण (पु०) جراثیم کُشی (जरासीमकुशी) disinfection

विसंवाद (पु०) ڈانٹ ڈپٹ (डाँट डपट) rebuking

विसरण (पु०) پھیلاؤ، نفوذ (फैलाव, नोफ़ूज़) spread, diffusion

विसर्ग (पु०) چھوڑ دینا، عطیہ (छोड़ देना, अतिया) giving up, donation

विसर्जन (पु०) رخصتی، خاتمہ، آخری رسومات، حوالے کرنا (रुख़सती, ख़ात्मा, आख़िरी रुसूमात, हवाले करना) departure, conclusion, last rite, consigning

विसर्पण (पु०) پھینکنا، پھیلاؤ (फेंकना, फैलाव) to throw, expansion

विसर्पी (वि०) پھیلنے والا (फैलने वाला) one which expands

विसारित (वि०) پھیلایا ہوا (फैलाया हुआ) expanded

विसूचिका (स्त्री०) ہیضہ (हैज़ा) cholera

विसृष्ट (वि०) تیاگا ہوا، پھینکا ہوا (त्यागा हुआ, फेंका हुआ) given up, thrown away

विस्तर (वि०) وسیع (वसी) extensive

विस्तार (पु०) وسعت، پھیلاؤ، تفصیل (वुसअत, फैलाव, तफ़सील) expansion, extent, detail

विस्तारित (वि०) = **विसारित**

विस्तृत (वि०) مفصل، بڑھایا ہوا (मुफ़स्सिल, बढ़ाया हुआ) detailed, enlarged

विस्फुरित (वि०) بےچین، چنچل (बेचैन, चंचल) unstable, wanton (active)

विस्फुलिंग (पु०) آگ کی چنگاری (आग की चिंगारी) spark of fire

विस्फोट (पु०) دھماکہ، پھوٹنا (धमाका, फूटना) explosion, erruption

विस्फोटक (पु०) دھماکہ خیز (धमाकाख़ेज़) explosive

विस्फोटन (पु०) = **विस्फोट**

विस्मय (पु०) حیرت، وحشت (हैरत, वहशत) astonishment, dismay

विस्मयकारी (वि०) وحشت ناک، حیرت انگیز (वहशतनाक, हैरत अंगेज़) dismaying, astonishing

विस्मरण (पु०) یاد نہ رکھنا (فراموشی) (याद न रखना {फरामोशी}) forgetting

विस्मित (वि०) حیرت زدہ (हैरतज़दा) astonished

विस्मृत (वि०) بھولا ہوا (भूला हुआ) forgotten

विस्मृति (स्त्री०) بھولنے کا عمل (भूलने का अमल) forgetfulness

विहंग/विहंगम/विहम (पु०) چڑیا، پرندہ (चिड़िया, परिन्दा) bird

विहनन (पु०) چھوڑنا، تشدد (छोड़ना, तशद्दुद) to give up, violence

विहरण (पु०) ٹہلنا، چہل قدمی (टहलना, चहलक़दमी) taking a walk, strolling

विहस (क्रि०) مسکرانا (मुस्कुराना) to smile

विहसन (पु०) مسکراہٹ (تبسم) (मुसकुराहट {तबस्सुम}) a smile

विहसित (वि०) مسکرانا (मुसकुराना) smiling

विहाग (पु०,वि०) اظہارِ جدائی، اُداس (इज़हारे जुदाई, उदास) expressing separation, sad

विहायस (पु०) آسمان، ہوا (आसमान, हवा) sky, air

विहार (पु०) لطف، تفریح، گھومنا (लुत्फ़, तफ़रीह, घूमना) pleasure, recreation, walking

विहारी (वि०) گھومنے والا، لطف اندوز ہونا (घूमने वाला, लुत्फ़ अंदोज़ होना) wondering, enjoying, oneself

विहित (वि०) معین (मोअय्यन) determined

विहीन (वि०) محروم، بغیر (महरूम, बग़ैर) deprived of, without

विहीनता (स्त्री०) محرومیت (महरूमियत) deprival

विह्वल (वि०) پریشان، مضطرب، متحرک (परेशान, मुज़तरिब, मुतहर्रिक) perturbed, distressed, agitated

विह्वलता (स्त्री०) تحریک (तहरीक) agitation

वीक्षण (पु०) گھورنا، اُچٹتی نگاہ ڈالنا (घूरना, उचटती निगाह डालना) gaze, glance

वीक्षक (पु०) نگرانی کرنے والا (निगरानी करने वाला) invigilator

वीचि (स्त्री०) لہر (लहर) wave

वीजन (पु०) پنکھا جھلنا، پنکھا (पंखा झलना, पंखा) fanning, fan

वीणा (स्त्री०) فلوط جیسا ایک ساز، سرسوتی (फ़्लूत जैसा एक साज़, सरस्वती) flute like musical instrument, Saraswati

वीत (वि०) چھوڑا ہوا، آزاد (छोड़ा हुआ, आज़ाद) released, free

वीथी (स्त्री०) قطار، راستہ (क़तार, रास्ता) row, path

वीभत्स (पु०) ی (र) s

वीर (वि०) بہادر، طاقتور (बहादुर, ताक़तवर) brave, mighty

वीरगति (स्त्री०) جنگ میں مرنا (जंग में मरना) death in battle

वीरचक्र (पु०) بہادری کے لئے اعزاز (बहादुरी के लिए एज़ाज़) title for bravery

वीरता (स्त्री०) بہادری، ہمت (बहादुरी, हिम्मत) bravery, courage

वीरवर (वि०) بہت دلیر (बहुत दिलेर) very brave

वीर्य (पु०) ہمت، طاقت، مادہ منویہ (हिम्मत, ताक़त, माद्दए मनविया) courage, strength, semen

वीर्यवान (वि०) ہمت ور، طاقتور (हिम्मतवर, ताक़तवर) courageious, strong

वृन्त (पु०) ڈنٹھل (پھول یا پتّی کا) (डंठल {फूल या पत्ती का}) stalk (of flower or leaf)

वृक (पु०) بھیڑیا، گیدڑ (भेड़िया, गीदड़) wolf, jackal

वृक्क (पु०) گردہ (गुर्दा) kidney

वृक्ष (पु०) پیڑ (पेड़) tree

वृच्छादित (वि०) پیڑوں سے ڈھکا ہوا (पेड़ों से ढका हुआ) covered with trees

वृक्षारोपण (पु०) درخت لگانا (شجرکاری) (दरख़्त लगाना {शजरकारी}) tree planting

वृत (वि०) گھِرا ہوا (घिरा हुआ) surrounded

वृत्त (पु०) دائرہ،واقعہ (दायरा, वाक़ेआ) circle, event
वृत्तांत (पु०) کہانی، بیانیہ (कहानी, बेयानिया) tale, narrative
वृत्ताकार (वि०) دائرہ نما (दायरानुमा) circular
वृत्ति (स्त्री०) سلوک، کردار،جبلّت، پیشہ (सुलूक, किरदार, जिबिल्लत, पेशा) conduct, instinct profession
वृथा (क्रि०,वि०) بیکار، بے مطلب (बेकार, बेमतलब) in vain, pointless
वृन्द (पु०) اجتماع،گروہ (इज्तेमा, गरोह) assemblage, group
वृन्दा (स्त्री०) ایک جنگل کا نام (एक जंगल का नाम) name of a forest
वृद्ध (पु०,वि०) ضعیف، سن رسیدہ (ज़ईफ़, सिनरसीदा) old man, advanced age
वृद्धावस्था (स्त्री०) بڑھاپا، ضعیفی (बुढ़ापा, ज़ईफ़ी) old age
वृद्धता (स्त्री०) = **वृद्ध**
वृद्धि (स्त्री०) بڑھنا،نشوونما (बढ़ना, नशोनुमा) growth, development
वृश्चिक (पु०) بچھو (बिच्छू) scorpion
वृष (पु०) سانڈ، ایک راکشس، چوہا (साँड, एक राक्षस, चूहा) bull, name of a demon, rat
वृषण (पु०) خصیہ (खुसिया) testis
वृषभ (पु०) = **वृष**
वृषल (पु०) برادری سے نکالا ہوا، نیچی ذات والا (बिरादरी के निकाला हुआ, नीची ज़ात वाला) out caste, a low caste
वृषली (स्त्री०) برادری سے نکالی ہوئی عورت (बिरादरी से निकाली हुई औरत) out caste woman
वृष्टि (स्त्री०) بارش (बारिश) rain
वृहत (वि०) بڑا، وسیع، اہم (बड़ा, वसी, अहम) large, extensive, important
वृहस्पति (पु०) مشتری (मुश्तरी) Jupiter
वे (सर्व०,वि०) وہ لوگ، وہ (वह लोग, वह) they, he, she
वेक्षण (पु०) ڈھونڈھنا (ढूंढना) search
वेग (पु०) رفتار، روانی، تحریک (रफ़्तार, रवानी, तहरीक) velocity, current, impulse
वेगिनी (स्त्री०) دریا (दरिया) river
वेगी (पु०,वि०) تیز (तेज़) swift
वेणी (स्त्री०) بالوں کی گتھی ہوئی چوٹی (बालों की गुथी हुई चोटी) braided hair
वेणु (पु०) بانس، بانسری (बाँस, बाँसुरी) bamboo, flute
वेतन (पु०) تنخواہ، مزدوری (तंख़ाह, मज़दूरी) salary, wage
वेतनभोगी (पु०,वि०) تنخواہ پر کام کرنے والا (तंख़ाह पर काम करने वाला) salaried man
वेताल (पु०) راکشس (राक्षस) demon
वेत्ता (वि०) ماہر، جاننے والا (माहिर, जानने वाला) expert, knower
वेत्र (पु०) بید (बेद) cane
वेत्रधर (पु०) سنتری (संतरी) guard
वेत्रासन (पु०) بید کی بنی ہوئی کرسی (बेद की बनी हुई कुर्सी) chair made of cane
वेद (पु०) وید، ہندوؤں کی قدیم مذہبی کتاب، علم (वेद, हिन्दुओं की क़दीम मज़हबी किताब, इल्म) ancient religious book of Hindus, knowledge
वेदना (स्त्री०) درد، اذیت (दर्द, अज़ीयत) pain, anguish
वेदरहस्य (पु०) اُپنشد، ہندوؤں کی مقدس کتاب (उपनिशद, हिन्दुओं की मुक़द्दस किताब) Upnishad, sacred book of Hindus
वेदिका (स्त्री०) قربان گاہ (क़ुर्बानगाह) sacrificing altar
वेदितव्य (वि०) جاننے کے قابل (जानने के क़ाबिल) worth knowing
वेदी (स्त्री०) قربانی کے لئے تیار کی گئی جگہ (क़ुर्बानी के लिए तैयार की गई जगह) place made for sacrifice
वेदोक्त/वेदोक्ति (वि०) وید میں کہا گیا (वेद में कहा गया) stated in Ved
वेध (पु०) چھیدوانا، دخول، مشاہدہ کرنا (छेदवाना, दोख़ूल, मुशाहिदा करना) piercing, penetration, observing
वेधशाला/वेधालय (स्त्री०) رصدگاہ، تاروں اور سیاروں کے مشاہدہ کرنے کی جگہ (रसदगाह, तारों और सयारों के मुशाहिदा करने की जगह) observatory

वेपन (पु०) کانپنا، جُنبش (कांपना, जुंबिश) trembling, vibration

वेला (स्त्री०) لمحہ، وقت، زمانہ، موقع (लम्हा, वक़्त, ज़माना, मौक़ा) moment, time, age, opportunity

वेश (पु०) لباس، گھر (लिबास, घर) dress, house

वेशभूषा (स्त्री०) پہناوا، لباس (पहनावा, लिबास) apparel, dress

वेश्म (पु०) گھر، خانہ (घर, ख़ाना) house, chamber

वेश्या (स्त्री०) رنڈی، طوائف (रंडी, तवायफ़) prostitute

वेष (पु०) لباس (लिबास) dress

वेष्टन (पु०) لپیٹنے والا، گھیرا، دیوار (लपेटने वाला, घेरा, दीवार) wrapper, enclosure, wall

वैकल्पिक (वि०) اختیاری (एख़्तेयारी) optional

वैकल्प (पु०) کمی، پریشانی (कमी, परेशानी) deficiency, restlessness

वैकुण्ठ (पु०) جنت (जन्नत) heaven

वैज्यन्तिका/वैजयन्ती (स्त्री०) جھنڈا، پرچم، گلے کا طوق (झंडा, परचम, गले का तौक़) banner, flag, necklace

वैजयन्तीमाला (स्त्री०) گلے کا لمبا طوق (गले का लम्बा तौक़) long necklace

वैज्ञानिक (पु०) سائنس داں (साईसदाँ) scientist

वैतानिक (पु०) تنخواہ لے کر کام کرنے والا (तंख़ाह ले कर काम करने वाला) salaried paid worker

वैदग्ध (पु०) چالاکی (चालाकी) cleverness

वैदिक (पु०) وید سے متعلق، صحیفاتی، صحیح العقیدہ (वेद के मुतालिक़, सहीफ़ाती, सहीउल अक़ीदा) related with ved, scriptural, ortho dox

वैदेशिक (पु०,वि०) غیر ملک سے متعلق (ग़ैर मुल्क से मुताअलिक़) related to a foreign country

वैद्य (पु०,वि०) آیورویدک دواؤں سے متعلق، وید (आर्युवेदिक दवाओं से मुताअल्लिक़, वेद) concerned with Ayurvedic medicines, Ayurvedic doctor

वैद्यता (स्त्री०) قانون کے مطابق، جائز ہونا، جواز (क़ानून के मुताबिक़, जायज़ होना, जवाज़) legality, validity, legitimacy

वैभव (पु०) عظیم، فوق البشر، قوت، دولت (अज़ीम, फ़ौक़ुल बशर, क़ुव्वत, दौलत) majesty, super human, power, wealth

वैभवशाली (वि०) دولتمند، قوت والا، عظیم الشان (दौलतमंद, क़ूवत वाला, अज़ीमुश्शान) wealthy, powerful, majestic

वैभिन्य (वि०) اختلاف، اتار چڑھاؤ (एख़्तेलाफ़, उतार चढ़ाव) variations, up and down

वैमनस्य (पु०) دشمنی، مخالفت (दुश्मनी, मुख़ालफ़त) hostility, indifference

वैमात्र (पु०) سوتیلا بھائی (सौतेला भाई) born of a different mother, step brother

वैर (पु०) دشمنی (दुश्मनी) enmity

वैरागी (पु०) تارک الدنیا، زاہد (तारिकुद दुनिया, ज़ाहिद) free from wordly desire, ascetic

वैरिता (स्त्री०) دشمنی (दुश्मनी) enmity

वैवश्य (पु०) مجبوری (मजबूरी) helplessness

वैवाहिक (वि०) ازدواجی، شادی شدہ (इज़देवाजी, शादी शुदा) matrimonial, married

वैविध्य (वि०) اختلاف (इख़्तेलाफ़) diversity

वैश्य (पु०) ہندوستانی ذات کا تیسرا طبقہ، بنیا (हिन्दुस्तानी ज़ात का तीसरा तब्क़ा, बनिया) third varn of indian caste system, grocer

वैश्वानर (पु०) خدائے مطلق، آگ (ख़ुदाए मुतलक़, आग) god, fire

वैश्विक (वि०) عالمگیر (आलमगीर) global

वैश्वीकरण (वि०) عالم کاری (आलमकारी) globalisation

वैषम (पु०) نابرابری، دشواری، اختلاف (नाबराबरी, दुश्वारी, एख़्तेलाफ़) inequality, difficulty, difference

वैष्णव (वि०) وشنو سے تعلق رکھنے والا، وشنو کا عقیدت مند (विष्णु से ताल्लुक़ रखने वाला, विष्णु का अक़ीदतमंद) related with Vishnu, devotee of Vishnu

वैहंग (वि०) چڑیوں سے متعلق (चिड़ियों से मुतअल्लिक़) related with birds

वैहायस (वि०) آسمان سے متعلق (आसमान से मुतअल्लिक़) related with sky

व्यक्त (वि०) واضح، اظہار (वाज़ेह, इज़हार) clear, expressed

व्यक्ति (पु०,स्त्री०) شخص، خاص آدمی (शख़्स, ख़ास आदमी) person, individual

व्यक्तिगत (वि०) ذاتی، انفرادی (ज़ाति, इन्फ़ेरादी) personal, individual

व्यक्तित्व (पु०) شخصیت، انفرادیت (शख़्सियत, इंफ़ेरादियत) personality, individuality

व्यग्र (वि०) بے چین، مضطرب، خوفزدہ (बेचैन, मुज़तरिब, ख़ौफ़ज़दा) bewildered, agitated, fearful

व्यग्रता (स्त्री०) بے چینی، خوف (बेचैनी, ख़ौफ़) restlessness, fear

व्यंग (वि०) اپاہج، عیب دار (अपाहिज, ऐबदार) handicap, deformed

व्यंग्य (पु०) طنز، ستم ظریفی (तन्ज़, सितमज़रीफ़ी) satire, irony

व्यंजन (पु०) = **व्यञ्जन**

व्यजन (पु०) پنکھا (पंखा) fan

व्यञ्जन (पु०) چٹنی، مسالہ، سبزی، حروف صحیح (चटनी, मसाला, सब्ज़ी, हुरूफ़ सही) sauce, condiment, vegetables, consonants

व्यञ्जना (स्त्री०) اظہار کرنا (इज़हार करना) expression

व्यतिक्रम (पु०) اُلٹ پھیر، زیادتی، حد سے بڑھنا (उलट फेर, ज़्यादती, हद से बढ़ना) topsy turvy, excess, transgression

व्यतिक्रमण (पु०) زیادتی کا مرتکب ہونا (ज़्यादती का मुरतकिब होना) committing of excess

व्यतिचार (पु०) بدکرداری (बदकिरदारी) misconduct

व्यतीत (वि०) ماضی، گزرا ہوا (माज़ी, गुज़रा हुआ) past, gone

व्यतीपात (पु०) کوئی منحوس سانحہ (कोई मन्हूस सान्हा) any inauspicious event

व्यथक (पु०) دُکھ دینے والا (दुख देने वाला) painful

व्यथन/व्यथा (पु०/स्त्री०) دُکھ، غم، خوف (दुख, ग़म, ख़ौफ़) pain, sorrow, fear

व्यथित (वि०) دُکھی، غم زدہ (दुखी, ग़मज़दा) pained, grieved

व्यपोह (पु०) بربادی (बरबादी) destruction

व्यय (पु०) خرچ، بربادی (ख़र्च, बरबादी) expense, waste

व्ययी (वि०) فضول خرچ (फ़ज़ूल ख़र्च) extravagant

व्यर्थ (वि०) بیکار، بے مطلب (बेकार, बे मतलब) useless, senseless

व्यर्थता (स्त्री०) ناکارہ ہونا (नाकारा होना) uselessness

व्यलीक (पु०) ناقابل اتفاق، دشواری (नाक़ाबिले इत्तेफ़ाक़, दुश्वारी) disagreeable, distress

व्यकलन (पु०) گھٹانا، تفریق (घटाना, तफ़रीक़) deduction, substraction

व्यक्कालित (वि०) گھٹایا ہوا (घटाया हुआ) substracted

व्यवच्छेद (पु०) علیحدگی، تقسیم، امتیاز (अलैहदगी, तक़सीम, इम्तेयाज़) separation, division, distinction

व्यवधान (पु०) مُداخلت، رکاوٹ، فاصلہ (मुदाख़ेलत, रुकावट, फ़ासला) intervention, obstruction, space

व्यवसाय (पु०) پیشہ، تجارت، صنعت (पेशा, तिजारत, सनअत) profession, trade, industry

व्यवसायी (पु०,वि०) تاجر، باہمت، صنعت یا پیشہ میں لگا ہوا (ताजिर, बाहिम्मत, सनअत या पेशा मे लगा हुआ) businessman, engaged in occupation or business, enterprising

व्यवस्था (स्त्री०) حالت، نظام، انتظام، قانون (हालत, निज़ाम, इंतेज़ाम, क़ानून) situation, system, arrangement, law

व्यवस्थापक (पु०,वि०) منتظم کار، ہدایت کار، قانون ساز (मुन्तजिमकार, हिदायतकार, क़ानूनसाज़) organizer, director, legislative

व्यवस्थापित/व्यवस्थित (वि०) منظّم، تشکیل، ڈھنگ سے (मुनज़्ज़म, तशकील, ढंग से) organized, formed, in order

व्यवहर्ता (पु०) انصاف کرنے والا (इंसाफ़ करने वाला) one who judges

व्यवहार (पु०) سلوک، طریقہ، معاملات، مروج (सुलूक, तरीक़ा, मामलात, मुरव्वज) behaviour, manner, dealings, customary, practice

व्यवहारिक (पु०,वि०) عملی (अमली) practical

व्यवहारी/व्यवहार्य (वि०) عملی، قابلِ عمل، مروّج، روزمرہ کی بول چال (अमली, क़ाबिले अमल, मुरव्वज, रोज़मर्रा की बोलचाल) practical, practicable, customary, colloquial

व्यवहित (वि०) علیحدہ، الگ کردینا (अलाहिदा, अलग कर देना) separated, set a side

व्यवहृत (वि०) مشاق، مروج (मश्शाक़, मुरव्वज) experienced, customary

व्यष्टि (स्त्री०) انفرادیت، ایک فرد (इनफ़ेरादियत, एक फ़र्द) individuality, an individual

व्यसन (पु०) لت، خواہش، برائی (लत, ख़ाहिश, दुख) addiction, passion, vice

व्यस्त (वि०) پھیلا ہوا، منتشر، پریشان، مصروف (फैला हुआ, मुनतशिर, परेशान, मसरूफ़) scattered, disordered, distressed, busy

व्यस्तता (स्त्री०) مصروفیت (मसरूफ़ियत) to remain busy

व्याकरण (पु०) قواعد (क़वायद) grammar

व्याकुल (वि०) بےچین، پریشان، گھبرایا ہوا (बेचैन, परेशान, घबराया हुआ) anxious, troubled, bewildered

व्याकुलता (स्त्री०) بےچینی، پریشانی (बेचैनी, परेशानी) anxiety, distress

व्याकुलित (वि०) پریشان، فکرمند (परेशान, फ़िक्रमंद) anxious, distressed

व्याख्या (स्त्री०) تشریح، خطاب، تبصرہ (तशरीह, ख़िताब, तबसेरा) explanation, lecture, commentary

व्याख्याता (पु०) خطیب، بیان کرنے والا، مبصر (ख़तीब, ब्यान करने वाला, मुबस्सिर) lecturer, comm-entator

व्याख्यान (पु०) بیان، خطبہ (ब्यान, ख़ुतबा) account, lecture

व्याघात (पु०) زوردار اثر، طاقتور، رکاوٹ (ज़ोरदार असर, ताक़तवर, रुकावट) forceful impact, forceful, obstacle

व्याघ्र (पु०) شیر (शेर) tiger

व्याज (पु०) دھوکا، سود (धोका, सूद) deceit, interest

व्याध (पु०) شکاری، چڑی مار (शिकारी, चिड़ीमार) hunter, fowler

व्याधि (स्त्री०) مرض، بیماری، کوفت (मर्ज़, बिमारी, कोफ़्त) disease, illness, anguish

व्यापक (पु०) وسیع، منتشر، پھیلنے والا (वसी, मुनतशिर, फैलने वाला) extensive, diffused, pervasive

व्यापकता (स्त्री०) وسعت، فہم و ادراک (वुसअत, फ़हमो इदराक) extensiveness, comprehen-siveness

व्यापन (पु०) توسیع (پھیلاؤ) (तौसी {फैलाव}) extension

व्यापार (पु०) پیشہ، تجارت، سرگرمی (पेशा, तिजारत, सरगर्मी) profession, business, activity

व्यापारिक (पु०) تاجرانہ (ताजिराना) to do with business, commercial

व्यापारी (पु०,वि०) تاجر، سوداگر (ताजिर, सौदागर) businessman, trader

व्यापी (वि०) پھیلا ہوا، عام (फैला हुआ, आम) pervasive, general

व्याप्त (वि०) پھیلا ہوا، نفوذ (फैला हुआ, नोफ़ूज़) spread, diffused

व्याप्ति (स्त्री०) پھیلاؤ، نفوذ (फैलाव, नोफ़ूज़) pervasion, diffusion

व्याप्य (वि०) قابلِ نفوذ (क़ाबिले नोफ़ूज़) permeable

व्यामोह (पु०) گڑبڑ، پریشانی (गड़बड़, परेशानी) confusion, embarrassment

व्यायाम (पु०) ورزش (वरज़िश) excercise

व्यायामिक (वि०) ورزشی (वरज़िशी) gymnastic

व्यायामशाला (स्त्री०) ورزش گھر (वरज़िश घर) gymnasium

व्यायामी (पु०,वि०) ورزش کرنے والا، ورزشی (वरज़िश करने वाला, वरजज़िशी) one who takes exercise, a gymnast

व्यारे (अव्य०) گزرا ہوا کل (गुज़रा हुआ कल) yesterday

व्याल (पु०) سانپ، ظالم (साँप, ज़ालिम) snake, cruel

व्याली (स्त्री०) مادہ سانپ (मादा साँप) a female snake

व्यार्वल्य (वि०) چھوڑنے کے قابل (छोड़ने के क़ाबिल) separable

व्यावसायिक (वि०) پیشہ ورانہ، تاجرانہ (पेशावराना, ताजिराना) professional, related with business

व्यावहारिक (वि०) = **व्यवहारिक**

व्यावहारिकता (स्त्री०) جسے عمل میں لایا جا سکے، عامیانہ خصلت (زبان) (जिसे अमल में लाया जा सके, आमियाना ख़सलत {ज़ुबान}) practicability, colloquial character (speech)

व्यास (पु०) قُطر، بانٹنے والا (कुत्र, बांटने वाला) diameter, divider

व्याहार (पु०) جملہ (जुमला) sentence

व्याहृत (वि०) کہا ہوا، قول (कहा हुआ, क़ौल) as told, stated

व्युत्क्रम (पु०) الٹا تناسب، بھٹکا ہوا (معکوس) (उल्टा तनासुब, भटका हुआ {माकूस}) inverse order, astray

व्युत्थान (पु०) بغاوت (बग़ावत) revolt

व्युत्पत्ति (स्त्री०) تخلیق، لفظ کا اصل (اشتقاق) (तख़लीक़, लफ़्ज़ का अस्ल {इश्तेक़ाक़}) origin, derivation (word)

व्युत्पन्न (वि०) نکلا ہوا، مشتق، ماخوذ (निकला हुआ, मुश्तक़, माख़ूज़) arising, derived, taken from

व्युत्पादन (पु०) پیداوار، نکالنا (पैदावार, निकालना) production, deriving

व्यूह (पु०) ترتیب، فوج، ساخت (तरतीब, फ़ौज, साख़्त) arrangement, army, structure

व्योम (पु०) خلا، آسمان، بادل (ख़ला, आसमान, बादल) space, sky, cloud

व्योमयान (पु०) ہوائی جہاز، ہوائی سواری (हवाई जहाज़, हवाई सवारी) aeroplane, aircraft

व्रण (पु०) زخم، پھوڑا (ज़ख़्म, फोड़ा) wound, ulcer

व्रत (पु०) عہد، قسم، روزہ، مذہبی رسم (अह्द, क़सम, रोज़ा, मज़हबी रस्म) vow, fast, religious rite

व्रतति (स्त्री०) بیل (बेल) creeper

व्रती (पु०) روزہ دار، مقدس (रोज़ादार, मुक़द्दस) one who observes fast, pious

व्रात (पु०) جماعت، گروہ (जमाअत, गिरोह) group, troop

व्रात्य (वि०) ذات سے نکالا ہوا، جس کے والدین نیچی ذات کے ہوں (ज़ात से निकाला हुआ, जिसके वालदैन नीची ज़ात के हों) outcaste, a person having parents of low cast

व्रीड़ा (स्त्री०) شرم، حیا (शर्म, हया) shame, modesty

श

शंकर (पु०) خوش ہونا، شیو کا ایک نام (खुश होना, शिव का एक नाम) causing happiness, a title of Shiva

शंकरा (स्त्री०) جھجک (झिझक) hesitation

शंका (स्त्री०) شک، شبہ (शक, शुब्हा) doubt, suspicion

शंकु (पु०) قیف، کیل، سوئی (क़ीफ़, कील, सूई) cone, spike, needle

शंबर (पु०) پانی (पानी) water

शंख (पु०) شنکھ (शंख) conch shell

शंबूक (पु०) شنکھ، گھونگھا (शंख, घोंघा) shell

शंभू (पु०) فائدہ پہنچانے والا، فیض رساں، شیو اور برہما کا ایک نام (फ़ायदा पहुँचाने वाला, फ़ैज़रसाँ, शिव और ब्रह्मा का एक नाम) useful, benevolent, title of Shiva & Brahma

शंसन (पु०) گزارش، قول (गुजारिश, क़ौल) appeal, statement

शंसनीय (वि०) قابلِ گزارش (क़ाबिले गुज़ारिश) worth appealing

शंसय (पु०) قابلِ تعریف (क़ाबिले तारीफ़) praise worthy

शकट (पु०) بیل گاڑی (बैल गाड़ी) bullock cart

शकटिका (स्त्री०) بچوں کے کھیلنے کی گاڑی (बच्चों के खेलने की गाड़ी) toy car

शकठ (पु०) مچان (मचान) scaffolding

शकलेन्दु (पु०) نامکمل چاند (नामुकम्मल चाँद) not full moon

शकुन (पु०) نیک شگون، پرندہ (नेकशगुन, परिन्दा) auspicious omen, bird

शकुनि (स्त्री०) پرندہ، گدھ (परिन्दा, गिद्ध) bird, vulture

शकुनी (पु०) شگون سمجھنے والا (शगून समझने वाला) one who understands omen

शकुन्त (पु०) = **शकुनि**

शकृत (पु०) گوبر، بول و براز (गोबर, बोलो बराज़) cow dung, excreta

शक्त (वि०) باصلاحیت، طاقتور، پختہ (बसलाहियत, ताक़तवर, पुख़्ता) capable, strong, firm

शक्ति (स्त्री०) قوت، طاقت، صلاحیت (कूवत, ताक़त, सलाहियत) power, strength, capacity

शक्य (वि०) ممکن (मुम्किन) possible

शचि (स्त्री०) اندر کی بیوی (इंद्र की बीवी) wife of Indra

शची (स्त्री०) طاقت، قوت (ताक़त, कूवत) power, strength

शठ (पु०,वि०) بدمعاش، فریبی (बदमाश, फ़रेबी) wicked, deceitful

शण्ड (पु०,वि०) نامرد، ہجڑا (नामर्द, हिजड़ा) impotent, eunuch

शतक (पु०) سو(صد) (सौ {सद}) hundred, century

शतगुण (वि०) سوگنا، سوصفات (सौ गुना, सौ सिफ़ात) hundred times, hundred qualities

शतपदी (स्त्री०) کنگوجر (कंगोजर) scolopendra

शतपोर (पु०) گنا (गन्ना) cane sugar

शतशः (अव्य०) سوبار (सौ बार) hundred times

शतानीक (पु०,वि०) ضعیف آدمی (ज़ईफ़ आदमी) old man

शताब्दी (स्त्री०) ایک صدی (एक सदी) a century

शती (स्त्री०) = **शतक**

शतेश (पु०) سوگاؤں کا مالک (सौ गाँव का मालिक) lord of hundred villages

शत्रु (पु०) دشمن، مخالف (दुश्मन, मुख़ालिफ़) enemy, opponent

शत्रुता (स्त्री०) دشمنی، حسد (दुश्मनी, हसद) enmity, ill will

शत्रुघ्न (पु०) دشمن کو مارنے والا (दुश्मन को मारने वाला) foe killer

शत्रुवत (पु०,वि०) دشمن جیسا (दुश्मन जैसा) like enemy

शत्रुहन्ता (पु०) دشمن کو ختم کرنے والا (दुश्मन को ख़त्म करने वाला) destroyer of enemy

शन (अव्य०) دھیرے دھیرے (धीरे धीरे) slowly

शनि (पु०) سست رفتار، زحل نامی سیارہ، بدقسمتی (सुस्त रफ़्तार, ज़ोहल नामी सैइयारा, बदक़िस्मती) slow moving, Saturn planet, misfortune

शनिवार (पु०) سنیچر (सनीचर) saturday

शनैः (अव्य०) رفتہ رفتہ، دھیرے دھیرے (रफ़्ता रफ़्ता, धीरे-धीरे) slowly, gradually

शनैश्चर (पु०) سُست رفتار (सुस्त रफ़्तार) moving slowly

शन्तन (पु०,वि०) خوبصورت جسم والا (ख़ूबसूरत जिस्म वाला) having beautiful physique

शपथ (स्त्री०) حلف، قسم (हलफ़, क़सम) oath, vow

शप्त (वि०) جسے بددعا دی گئی ہو (जिसे बद दुआ दी गई हो) one who has been cursed

शप्ता (पु०) بددعا دینے والا (बददुआ देने वाला) one who curses

शफ (पु०) کھر، جڑ (खुर, जड़) hoof, root

शबर/शबरक/शबलित (वि०) چتکبرہ (चितकबरा) spotted

शब्द (पु०) لفظ، آواز، سکھوں کی حمد (लफ़्ज़, आवाज़, सिक्खों की हम्द) word, sound, Sikh's hymn

शब्दविद्या (पु०) قواعد (क़वायद) grammar

शब्दकोश (पु०) لُغت (लोग़त) dictionary

शब्दार्थ (पु०) لفظ کا معنی (लफ़्ज़ का मानी) meaning of word

शब्दावली (स्त्री०) علم اصطلاح (इल्मे इसतेलाह) terminology

शब्देन्द्रिय (पु०) کان (कान) ear

शंपा (स्त्री०) بجلی (बिजली) lightning

शम (पु०) آرام، ذہنی سکون، شانتی، علاج (आराम, ज़ेहनी सुकून, शान्ति, इलाज) rest, peace of mind, peace, cure

शमता (वि०) چین، سکون (चैन, सुकून) rest, peace

शमन (पु०) سکون دینا، تکلیف سے آرام، خاتمہ (सुकून देना, तकलीफ़ से आराम, ख़ात्मा) calming, relief from pain, end

शमित (वि०) پُرسکون، آرام سے (पुरसुकून, आराम से) calmed, relieved

शम्बर (पु०) پانی، بادل (पानी, बादल) water, cloud

शम्बल (पु०) کنارا (किनारा) edge

शम्बु (पु०) گھونگھا، سیپ (घोंघा, सीप) snail, oyster

शम्भुवीज (पु०) پارا (पारा) mercury

शयन (पु०) سونا، نیند، آرام، بستر (सोना, नींद, आराम, बिस्तर) sleeping, sleep, resting, bed

शयन कक्ष/शयन गृह (पु०) سونے کا کمرا (सोने का कमरा) bed room

श्यान (वि०) سویا ہوا (सोया हुआ) slept

शय्या (स्त्री०) پلنگ، کھاٹ (पंलग, खाट) cot, bed

शर (पु०) تیر، نرکٹ، ایک چھوٹی چڑیا کا نام (तीर, नरकट, एक छोटी चिड़िया का नाम) arrow, reed, name of a small bird

शरण (स्त्री०) پناہ، حفاظت (पनाह, हिफ़ाज़त) refuge, protection, shelter

शरणार्थी (पु०,वि०) مہاجر (मुहाजिर) refugee

शरत (स्त्री०) خزاں (ख़ज़ां) autumn

शरतकाल (पु०) خزاں کا زمانہ (ख़ज़ां का ज़माना) autumn period

शरद (स्त्री०) = **शरत**

शरधि (पु०) ترکش (तरकश) quiver

शरभ (पु०) شیر، ہاتھی کا بچہ، ٹڈی (शेर, हाथी का बच्चा, टिड्डी) lion, elephant baby, locust

शरापना (पु०) بددعا دینا (बद्दुआ देना) to curse

शराव (स्त्री०) مٹی کا پیالہ (کلہڑ)، ڈھکن (मिट्टी का प्याला {कुलहड़}, ढक्कन) earthen ware, cup, lid

शरासन (पु०) کمان (कमान) bow

शरिष्ठ (वि०) سب سے عمدہ (सब से उम्दा) superior most

शरीर (पु०,वि०) جسم، شرارتی (जिस्म, शरारती) body, mischievous

शरीरशास्त्र (पु०) علم الابدان (इल्मुलअब्दान) anatomy

शर्कर (पु०) کنکڑ، بالو کا ذرّہ (कंकड़, बालू का ज़र्रा) pebbles, sand particles

शर्करा (पु०) چینی (चीनी) sugar

शर्मद (पु०) مزہ دینے والا (मज़ा देने वाला) pleasant

शर्मन (पु०) سُکھ، خوشی (सुख, ख़ुशी) pleasure, delight

शर्मा (पु०) خوش، خوشحال، برہمنوں کا خطاب (ख़ुश, ख़ुशहाल, ब्राह्मणों का ख़िताब) happy, prosperous, title of Brahmin

शर्वरी (स्त्री०) شام، رات، عورت (शाम, रात, औरत) evening, night, woman

शलभ (पु०) ٹڈا، ٹڈی، تتلی (टिड्डा, टिड्डी, तितली) grasshopper, locust, moth

शलाका (स्त्री०) تیلی، سلاخ، چھڑ، تیر (तीली, सलाख़, छड़, तीर) thin bar, rod, arrow

शल्य (पु०) کرچ (ٹکڑا)، کانٹا، جراحی (किरिच {टुकड़ा}, काँटा, जर्राही) splinter, thorn, surgery

शल्य क्रिया (स्त्री०) عمل جراحت (अमले जराहत) operation (surgery)

शल्य चिकित्सक (पु०) جراح (जर्राह) surgeon

शल्लकी (स्त्री०) ساہی (خار پشت) (साही {ख़ार पुश्त}) porcupine

शव (पु०) لاش (लाश) dead body

शवदाह (पु०) لاش کو جلانا (چتا) (लाश को जलाना {चिता}) cremation of body

शश (पु०) خرگوش، کھرہا (ख़रगोश, खरहा) rabbit, hare

शशक (पु०) = **शश**

शशांक (पु०,वि०) خرگوش کے نشان والا، چاند (ख़रगोश के निशान वाला, चाँद) hare marked, moon

शशि (पु०) چاند، خرگوش کے نشان والا (चाँद, ख़रगोश के निशान वाला) moon, hare marked

शशिमुख (वि०) چاند جیسا چہرہ، پیارا (चाँद जैसा चेहरा, प्यारा) moon faced, lovely

शशी (पु०) چاند (चाँद) moon

शस्त्र (पु०) کچھ کاٹنے کا ہتھیار، اسلحہ (कुछ काटने का हथियार, असलहा) weapon for cutting something, arms

शस्त्रधारी (पु०,वि०) مسلح (मुसल्लह) armed man

शस्त्रास्त्र (पु०) ہتھیار (हथियार) arms

शस्य (पु०) کٹنی، فصل (कटनी, फ़सल) harvest, crop

शांत (वि०) ٹھنڈا کیا ہوا، پُرسکون، بجھایا ہوا (ठंडा किया हुआ, पुरसुकून, बुझाया हुआ) pacified, quiet, extinguished

शांति (स्त्री०) امن، سکون، خاموشی (अम्न, सुकून, ख़ामोशी) peace, calmness, silence

शांबुक (पु०) ایک طرح کا گھونگھا (एक तरह का घोंघा) kind of snail

शाक (पु०) سبزی، بوٹی (सब्ज़ी, बूटी) vegetable, herbs

शाम्य (पु०) گوتم بدھ کے خاندان کا نام (गौतम बुद्ध के ख़ानदान का नाम) name of the family of Lord Budha

शाखा (स्त्री०) شاخ، محکمہ (शाख़, महकमा) branch, section

शाटिका (स्त्री०) کپڑے کا ٹکڑا، پوشاک (कपड़े का टुकड़ा, पोशाक) a piece of cloth, garment

शाठ्य (पु०) بدمعاشی، شیطانی (बदमाशी, शैतानी) wickedness, villainy

शाप (पु०) بددعا (बद्‌दआ) curse

शापना (क्रि०) بددعا دینا (बद्‌दुआ देना) to curse

शापित (वि०) جسے بددعا دی گئی ہو (जिसे बद्‌दुआ दी गई हो) cursed

शाब्दिक (पु०) لفظی، حرف بحرف (लफ़्ज़ी हर्फ़ ब हर्फ़) literal, word for word

शामन (पु०) ٹھنڈا کرنا، خاموش رکھنا، مارنا (ठंडा करना, ख़ामोश रखना, मारना) calming, quieting, killing

शारदा (स्त्री०) سرسوتی کا ایک نام (सरस्वती का एक नाम) title of Sarsawati

शारीरक (पु०,वि०) روح (रूह) soul

शारीरिक (वि०) جسمانی (जिस्मानी) bodily, physical

शार्दूल (पु०) شیر، تیندوا (शेर, तेंदुआ) tiger, leopard

शाला (स्त्री०) گھر، جگہ (घर, जगह) house, place

शालि (पु०) ایک قسم کا چاول (एक क़िस्म का चावल) a type of rice

शाली (वि०) جبلی صلاحیت (जिबिल्ली सलाहियत) endowed with

शालीन (वि०) جسے گھر ہو، معین ٹھکانہ، معتدل، منکسرالمزج (जिसे घर हो, मुअइयन ठिकाना, मोतदिल, मुन्किसिरुल मिज़ाज) having a house, fixed abode, mild, modest

शालीनता (स्त्री०) شرافت، متانت (शराफ़त, मतानत) nobility, gravity

शावक (पु०) جانور کا بچہ (जानवर का बच्चा) young of an animal

शाश्वत (वि०) لافانی، ابدی (लाफ़ानी, अबदी) immortal, eternal

शाश्वतता (स्त्री०) ابدیت، لافانیت (अबदीयत, लाफ़ानियत) eternity, immortality

शासक (पु०,वि०) حکمراں، حاکم (हुक्मराँ, हाकिम) ruling, governor

शासकीय (वि०) سرکاری، حکومتی (सरकारी, हुकूमती) official, governmental

शासन (पु०) حکومت، راج، سرکار، ضابطہ (हुकूमत, राज, सरकार, ज़ाबिता) rule, governing, government, discipline

शासनिक (वि०) سرکاری (सरकारी) governmental, official

शासनी (स्त्री०) معلّمہ (मुअल्लिमा) lady instructor

शासित (वि०) زیر حکومت، زیر انتظام (ज़ेरे हुकूमत, ज़ेरे इंतेज़ाम) governed, under management

शासी (वि०) نظم کرنے والا، حکومت کرنے والا (नज़्म करने वाला, हुकूमत करने वाला) governing, ruling

शासी निकाय (पु०) مجلسِ انتظامیہ (मजलिसे इंतेज़ामिया) governing body

शास्त्र (पु०) قدیم مذہبی کتاب، صحیفہ، قدیم ہندوستانی علم (क़दीम मज़हबी किताब, सहीफ़ा, क़दीम हिन्दुस्तानी इल्म) old religious book, scripture, ancient Indian learning

शास्त्री (पु०) شاستر کا عالم، ایک قسم کی سند (शास्त्र का आलिम, एक क़िस्म की सनद) scholar of shashtras, a kind of degree

शास्त्रीय (पु०,वि०) شاستر سے تعلق رکھنے والا، کلاسیکی (موسیقی)، تعلیمی (शास्त्र से ताल्लुक़ रखने वाला, कलासिकी {मौसीक़ी}, तालीमी) related to shashtra, classical, academic

शिकारा (पु०) خانہ برکشتی، ایک ہلکی کشمیری کشتی (ख़ाना बरकश्ती, एक हल्की कश्मीरी कश्ती) a house boat, a light boat of Kashmir

शिक्षक (पु०) مدرس، معلم (मुदर्रिस, मुअल्लिम) teacher, instructor

शिक्षण (पु०) تعلیم، علم (तालीम, इल्म) teaching, instruction

शिक्षणीय (वि०) قابلِ درس، پڑھانے کے قابل (क़ाबिले दर्स, पढ़ाने के क़ाबिल) teachable, educable

शिक्षा (स्त्री०) تعلیم، پڑھائی (तालीम, पढ़ाई) education, teaching, learning

शिक्षात्मक (वि०) درسی، تعلیمی (दर्सी, तालीमी) teaching, academic

शिक्षाविद (पु०) ماہر تعلیم (माहिरे तालीम) educationist, academician

शिक्षाप्रद (वि०) معلومات افزا (मालूमात अफ़ज़ा) instructive

शिक्षित (पु०) تعلیم یافتہ (तालीम याफ़्ता) educated

शिक्षु (पु०) نوآموز (नौ आमोज़) apparentice

शिखंड (पु०) بڑھے ہوئے بالوں کی لٹ، کلغی، مور کا دُم (बढ़े हुए बालों की लट, कलग़ी, मोर का दुम) lock of hairs, crest, peacock tail

शिखंडी (पु०,वि०) جس کے سر پر بالوں کی لٹ ہو (जिसके सर पर बालों की लट हो) having a lock of hairs on head

शिखर (पु०) چوٹی، عروج، گنبد (चोटी, ओरूज, गुबंद) peak, summit, dome

शिखर सम्मेलन (पु०) چوٹی کانفرنس (चोटी कांफ्रेंस) summit conference

शिखरी (पु०,वि०) کمال والا، چوٹی (कमाल वाला, चोटी) peaked, peak

शिखा (स्त्री०) چوٹی، بالوں کی لٹ، شعلہ کی زبان (चोटी, बालों की लट, शोला की ज़बान) peak, lock of hair, tongue of flame

शिंजिना (पु०) ٹن-ٹن بجنا (टन-टन बजना) tinkling

शिति (वि०) سفید (सुफ़ैद) white

शिथिल (वि०) کاہل، ڈھیلا ڈھالا، کمزور (काहिल, ढीला ढाला, कमज़ोर) slack, loosened, weak

शिथिलता (स्त्री०) ڈھیلاپن، کمزوری (ढीलापन, कमज़ोरी) looseness, weakness

शिथिला (क्रि०) تھک جانا (थक जाना) to become tired

शिथिलित (वि०) کاہل یا ڈھیلا بنا دینا، ایک دم تھکا ہوا (काहिल या ढीला बना देना, एक दम थका हुआ) to make slack or loose, exhausted

शिर (पु०) سر، اوپری حصہ (सर, ऊपरी हिस्सा) head, upper part

शिरा (स्त्री०) خون کی نلی، ورید (ख़ून की नली, वरीद) blood vessel, vein

शिरो (पु०) سر (सर) head

शिरोमणि (पु०) سر کا زیور، اعلیٰ یا سربراہ (सर का ज़ेवर, आला या सरबराह) head ornament, supreme or chief

शिला (स्त्री०) ایک بڑا پتھر، چٹان (एक बड़ा पत्थर, चट्टान) a large stone, rock

शिलान्यास (पु०) سنگ بنیاد رکھنا (संगे बुनियाद रखना) laying of foundation stone

शिली (स्त्री०) تیر (तीर) arrow

शिल्प (पु०) دستکاری، کاریگری (दस्तकारी, करीगरी) craft, art

शिल्पकार (पु०) دستکار، سنگتراش (दस्तकार, संगतराश) craftman, sculptor

शिल्पविज्ञान (पु०) فنی مہارت کا علم (फ़न्नी महारत का इल्म) technology

शिल्पिता (स्त्री०) فنکاری (फ़नकारी) artistry

शिल्पी (पु०,वि०) تکنیکی، دستکاری سے متعلق، کاریگر (तकनीकी, दस्तकारी से मुतअल्लिक़, कारीगर) technical, having to do with skill, craftsman

शिव (पु०,वि०) مبارک، ہندو اساطیر کے مطابق تیسرا خدا (मुबारक, हिन्दु असातीर के मुताबिक़ तीसरा ख़ुदा) auspicious, name of third god of Hindu mythology

शिवधाम (पु०) شیو کی قیام گاہ، بنارس کا نام (शिव की क़यामगाह, बनारस का नाम) abode of Lord Shiva, a name of Banaras

शिवनंदन (पु०) شیو کا بیٹا، گنیش کا ایک نام (शिव का बेटा, गणेश का एक नाम) son of Lord Shiva, title of Ganesh

शिवता (स्त्री०) شیو کی صفت، برکت (शिव की सिफ़त, बरकत) quality of Lord Shiva, auspiciousness

शिवा/शिवानी (स्त्री०) شیو کی بیوی، درگا کا ایک نام، پاروتی کا ایک نام (शिव की बीवी, दुर्गा का एक नाम, पार्वती का एक नाम) wife of lord Shiva, title of Durga, title of Parvati

शिवाला (पु०) مندر، مقدس یادگار (मन्दिर, मुकद्दस यादगार) temple, shrine

शिविका (स्त्री०) ڈیرا، چھاؤنی (डेरा, छावनी) camp, cantt

शिविर (पु०) ڈیرا، چھاؤنی (डेरा, छावनी) camp, cantt

शिशिर (पु०) ٹھنڈک، پالا، شبنم (ठंडक, पाला, शबनम) coolness, frost, dew

शिशु/शिशुक (पु०) شیر خوار بچہ، کسی جانور کا بچہ (शीरख़ार बच्चा, किसी जानवर का बच्चा) infant, young child, baby of any animal

शिशुता (स्त्री०) ابتدائی بچپن (इब्तेदाई बचपन) early childhood

शिश्न (पु०) عضو تناسل (अज़्व तनासुल) penis

शिष्ट (वि०) مہذب، عاجز، متمون، تعلیم یافتہ (मुहज़्ज़ब, आजिज़, तालीमयाफ़्ता) well-behaved, polite, cultured, educated

शिष्टता (स्त्री०) خوش اخلاقی، عاجزی، تہذیب (खुश एख़्लाक़ी, आजिज़ी, तहज़ीब) good behaviour, politeness, culture

शिष्य (पु०) شاگرد، چیلا (शार्गिद, चेला) pupil, disciple

शिष्या (स्त्री०) شاگردہ (शार्गिदा) female disciple

शीघ्र (वि०,अव्यव) فوراً، جلدی، عجلت، جلدی سے (फ़ौरन, जल्दी, उजलत, जल्दी से) quick, swift, soon, quickly

शीघ्रता (स्त्री०) جلد بازی، عجلت (जल्दबाज़ी, उजलत) quickness, hurry

शीघ्रलिपि (स्त्री०) مختصر نویسی (मुख़्तसर नवीसी) short hand

शीत (पु०,वि०) ٹھنڈا، سردی، موسم سرما (ठंडा, सर्दी, मौसमे सरमा) cold, coldness, cold season

शीतकटिबंध (पु०) منطقۂ باردہ (मुन्तक़-ए-बारदह) frigid zone

शीतता (स्त्री०) ٹھنڈک (ठंडक) coldness

शीतल (वि०) ٹھنڈا، فرحت بخش (ठंडा, फ़रहत बख़्श) cold, refreshing

शीतलता (स्त्री०) ٹھنڈک، نیم سرد (ठंडक, नीम सर्द) coldness

शीतला (स्त्री०) چیچک، ایک دیوی کا نام (चेचक, एक देवी का नाम) small pox, name of a goddess

शीर्ण (वि०) مرجھایا ہوا، پژمردہ، برباد (मुरझाया हुआ, पज़मुर्दा, बरबाद) withered, shrivelled, ruined

शीर्णता (स्त्री०) پژمردگی، بربادی (पज़मुर्दगी, बरबादी) withered state, wasted condition

शीर्ष (पु०) سر، سب سے اوپر (सर, सबसे ऊपर) head, top

शीर्षक (पु०) عنوان، سرخی (उन्वान, सुर्ख़ी) heading, title

शील (पु०) کردار، فطرت، خوبی والا (किरदार, फ़ितरत, ख़ूबी वाला) character, nature, virtuous

शीलता (स्त्री०) حسن کردار، اخلاق (हुस्ने किरदार, इख़्लाक़) virtuousness of character, moral

शीश (पु०) شیشہ، سر (शीशा, सर) glass, head

शुंठ (स्त्री०) سوکھا ادرک (सूखा अदरक) dry ginger

शुंठी (स्त्री०) = **शुंठ**

शुंड (पु०) ہاتھی کا سونڈ (हाथी का सूंड) elephant's trunk

शुक (पु०) طوطا، کئی پودوں کا نام (तोता, कई पौदों का नाम) parrot, name of many plants

शुक्ति (स्त्री०) سیپ، کھپڑے دار مچھلی (सीप, खपड़ेदार मछली) unio, shellfish

शुक्र (स्त्री०) زہرہ نامی سیارہ، درخشاں، مادۂ منویہ (ज़हरा नामी सैयारा, दरख़्शाँ, माद्दए मनविया) venus, planet, resplendent, semen

शुक्रवार (पु०) جمعہ (जुमा) friday

शुक्ल (पु०,वि०) چمکیلا، سفید، خالص، قمری مہینہ کا نصف روشن حصہ (चमकीला, सुफ़ीद, ख़ालिस, क़मरी महीना का निस्फ़ रौशन हिस्सा) bright, white, pure, light half of lunar month

शुक्लता (स्त्री०) چمکیلا پن،سفیدی (चमकीलापन, सुफ़ीदी) brightness, whiteness

शुगन (पु०) = **शगुन**

शुचि (स्त्री०,वि०) روشن، خالص، پاکیزہ، اجسامِ فلکی (रौशन, ख़ालिस, पाकीज़ा, अजसामे फ़ल्की) bright, pure, pious, heavenly bodies

शुचित (वि०) خالص کیا ہوا،خالص (ख़ालिस किया हुआ, ख़ालिस) purified, pure

शुचिता (स्त्री०) خالص ہونا (ख़ालिस होना) purity

शुद्ध (वि०) خالص، پاک، بے عیب (ख़ालिस, पाक, बेऐब) pure, sinless, free from errors

शुद्धता (स्त्री०) پاکیزگی، بے عیبی (पाकीज़गी, बेऐबी) purity

शुद्धि (स्त्री०) خالص کرنا،اصلاح (ख़ालिस करना, इसलाह) purification, correctness

शुद्धीकरण (पु०) خالص کرنے کا عمل (ख़ालिस करने का अमल) purification

शुभ (पु०,वि०) مبارک، خیر (मुबारक, ख़ैर) auspicious, good

शुभक (वि०) اچھا کرنا،مبارک (अच्छा करना, मुबारक) causing well being, auspicious

शुभकामना (स्त्री०) نیک تمنا (नेक तमन्ना) good wish

शुभ्र (वि०) منوّر، روشن، سفید (मुनव्वर, रौशन, सुफ़ीद) radiant, bright, white

शुभ्रता (स्त्री०) نور، چمکدار سفیدی (नूर, चमकदार सुफ़ीदी) radiance, gleaming whiteness

शुभेच्छु (पु०) خیر اندیش (ख़ैर अंदेश) well wisher

शुल्क (पु०) کرایہ، ادائیگی، نرخ نامہ (किराया, अदायगी, निर्ख़नामा) fee, subscription, payment, tariff

शुष्क (वि०) خشک، سکھایا ہوا، غیر جذباتی (खुश्क, सुखाया हुआ, गैर जज़्बाती) dry, driedup, unemotional

शुष्कता (स्त्री०) خشکی (खुश्की) dryness

शूक (पु०) اناج کا رواں یا بال، نکیلا بال (अनाज का रोआँ या बाल, नुकीला बाल) beard or awn of grain, sharp hair

शूकर (पु०) سُور (सुअर) hog

शूकरी (स्त्री०) سورنی (सुअरनी) sow

शूद्र (पु०) ہندوستانی سماج کا سب سے نچلا طبقہ (हिन्दुस्तानी समाज का सबसे निचला तब्क़ा) lowest section of Indian society

शूद्रता (स्त्री०) شودروں کی حالت (शूद्रों की हालत) condition of shudras

शून्य (पु०,वि०) خالی، صفر، خلا (ख़ाली, सिफ़र, ख़ला) empty, zero, outer space

शून्यता (स्त्री०) خالی پن،عدم وجودیت (ख़ालीपन, अद्‌मे वजूदीयत) emptiness, non-existence

शूर (पु०) بہادر، جنگجو (बहादुर, जंगजू) hero, warrior

शूरता (स्त्री०) بہادری، مرد میدان ہونا (बहादुरी, मर्दे मैदान होना) bravery, valour

शूर्प (पु०) پھٹکنے والا ٹوکرا (फटकने वाला टोकरा) winnowing basket

शूर्पी (स्त्री०) پھٹکنے والی ٹوکری (फटकने वाली टोकरी) small winnowing basket

शूल (पु०) تیز نوک، نکیلا ہتھیار، چھڑ (तेज़ नोक, नुकीला हथियार, छड़) spike, pointed weapon, rod

शृंखल (पु०) زنجیر، بیڑی (ज़ंजीर, बेड़ी) chain, fetter

शृंखला (स्त्री०) زنجیر، سلسلہ (जंजीर, सिलसिला) chain, a connected series

शृंखलाबद्ध/शृंखलित (वि०) مربوط، کڑی در کڑی، سلسلہ وار (मरबूत, कड़ी दर कड़ी, सिलसिलावार) linked, chained, consecutive

शृंग (पु०) سینگ، چوٹی (सींग, चोटी) horn, peak

शृंगार (पु०) سجاوٹ، سنگار، جنسی جوش، لباس (सजावट, सिंगार, जिन्सी जोश, लिबास) adornment, make up, sexual passion, dress

शृंगारिक (वि०) ہیجان انگیز (हैजान अंगेज़) erotic

शृंगारी (वि०) ہیجان انگیز، احساسِ محبت، جوش سے بھری محبت (हैजान अंगेज़, एहसासे मुहब्बत, जोश से भरी मुहब्बत) erotic, feeling love, passionate love

शृंगाल (पु०) سیار، بزدل، بدمعاش (सियार, बुज़दिल, बदमाश) jackal, coward, wicked

शृंगी (पु०,वि०) سینگ والا، چوٹی والا، کلغی دار (सींग वाला, चोटी वाला, कल्ग़ीदार) horned, peaked, crested

शेष (पु०,वि०) باقی، بچا ہوا، آخری، حاصل رقم، خاتمہ (बाक़ी, बचा हुआ, आख़िरी, हासिल रक़म, ख़ात्मा) remainder, left over, last balance, end

शैक्षणिक (वि०) تعلیمی، درس و تدریس سے متعلق (तालीमी, दरसो तदरीस से मुतअल्लिक़) educational, academic

शैक्षिक (वि०) تعلیمی (तालीमी) academic (educational)

शैक्ष्य (पु०) ہُنر مندی، سیکھنا (हुनरमंदी, सीखना) skill, learning

शैल (पु०,वि०) چٹانی، پتھریلا، پہاڑی (चट्टानी, पथरीला, पहाड़ी) rocky, stony, mountainous

शैली (स्त्री०) ذریعہ، طریقہ، اُسلوب (ज़रिया, तरीक़ा, ओसलूब) means, method, style

शैलेन्द्र (पु०) پہاڑوں کا مالک (पहाड़ों का मालिक) lord of mountains

शैवाल (पु०) پانی کے ہرے کھرپات، الجی (पानी के हरे खरपात, अल्जी) water weeds (green), algae

शैशव (पु०) شیرخواری، بچپن (शीरख़ारी, बचपन) infancy, childhood

शोक (पु०) غم، صدمہ، تعزیت (ग़म, सदमा, ताज़ीयत) sorrow, mourning, condolence

[illegible] (वि०) غم زدہ، دُکھ میں ڈوبا ہوا (ग़मज़दा, दुख में डुबा हुआ) grieved, full of sorrow

शोच (पु०) افسوس، تکلیف (अफ़सोस, तकलीफ़) sorrow, distress

शोचन (पु०,वि०) افسوس کرنا، غم کرنا، مصیبت (अफ़सोस करना, ग़म करना, मुसीबत) sorrowing, grieving, distress

शोचनीय (वि०) قابل غور، افسوسناک، بُری حالت (क़ाबिले ग़ौर, अफ़सोसनाक, बुरी हालत) worth consideration, lamentable, plight

शोणित (पु०) لال، خون جیسا (लाल, ख़ून जैसा) red, blood like

शोथ (पु०) سُوجن، رسولی (सूजन, रसौली) swelling, tumour

शोध (पु०) صفائی، خالص کرنا، تحقیق (सफ़ाई, ख़ालिस करना, तहक़ीक़) refining, purification, research

शोधक (पु०,वि०) صاف کرنے والا، خالص کرنے والا، محقق (साफ़ करने वाला, ख़ालिस करने वाला, मुहक़िक़) refining, purifier, researcher

शोधन (पु०) صاف کرنا، تحقیقی کام (साफ़ करना, तहक़ीक़ी काम) purifying, researching

शोधनी (स्त्री०) جھاڑو (झाड़ू) broom

शोधनीय (वि०) پاک صاف ہونے کے لائق، قابلِ تحقیق (पाक साफ़ होने के लायक़, क़ाबिले तहक़ीक़) worth purifying, worth research

शोभन (पु०,वि०) مُنور، روشن، خوبصورت، مبارک (मुनव्वर, रौशन, ख़ूबसूरत, मुबारक) radiant, bright, beautiful, auspicious

शोभना (क्रि०) زیب دینا (ज़ेब देना) to grace

शोभनीय (वि०) قابلِ زینت، شاندار (क़ाबिले ज़ीनत, शानदार) to be adorned, splendid

शोभा (स्त्री०) نور، رونق، حُسن (नूर, रौनक़, हुस्न) radiance, grace, beauty

शोभित (वि०) سجا ہوا، جسے حسین بنایا گیا (सजा हुआ, जिसे हसीन बनाया गया) adorned, beautified

शोष (पु०) سوکھ جانا، خشکی، بربادی (सूख जाना, ख़ुश्की, बरबादी) drying up, dryness, wasting

शोषक (पु०,वि०) سکھانا، جذب کرنا، استحصال کرنے والا (सुखाना, जज़्ब करना, इस्तेहसाल करने वाला) drying, absorbing, exploiter

शोषण (पु०) خشک کرنا، انجذاب، چوسنا، استحصال (ख़ुशक करना, इंज्ज़ाब, चूसना, इस्तेहसाल) drying up, absorption, sucking, exploitation

शोषित (पु०) جسے خشک کیا گیا، جذب شدہ، حق مارا ہوا (जिसे ख़ुश्क किया गया, जज़्बशुदा, हक़ मारा हुआ) made dry, absorbed, exploited

शौच (पु०) پاک ہونا، رفع حاجت (पाक होना, रफ़ा हाजत) purification, passing stool

शौचालय (पु०) بیت الخلاء (बैतुलख़ुला) toilet

शौनिक (पु०) گوشت بیچنے والا، قصاب (गोश्त बेचने वाला, क़स्साब) seller of meat, butcher

शौर्य (पु०) دلیری، بہادری (दिलेरी, बहादुरी) valour, heroism

शमशान (पु०) لاش جلانے کی جگہ (लाश जलाने की जगह) cremation ground, crematorium

श्मश्रु (पु०,स्त्री०) مونچھ اور داڑھی (मोंछ और दाढ़ी) moustache & beard

श्याम (पु०,वि०) سیاہ، اندھیرا، گہرا نیلا، شری کرشن کا ایک نام (स्याह, अंधेरा, गहरा नीला, श्री कृष्ण का एक नाम) black, dark, dark blue, title of Shri Krishna

श्याम पट (पु०) سیاہ تختہ (स्याह तख़्ता) black board

श्यामता (स्त्री०) سیاہی، اندھیراپن (स्याही, अंधेरापन) blackness, darkness

श्यामल (वि०) سیاہ، اندھیرا، ہرا بھرا (स्याह, अंधेरा, हरा भरा) blackish, dark, verdant

श्यामला (स्त्री०) پاروتی اور درگا کا نام (पार्वती और दुर्गा का नाम) name of Parvati & Durga

श्यामा (स्त्री०) رادھا کا ایک نام، کالی عورت، دلکش عورت، ایک پرندہ (राधा का एक नाम, काली औरत, दिलकश औरत, एक परिन्दा) title of Radha, black woman, attractive woman, a bird

श्याल (पु०) (سالا) بیوی کا بھائی (बीवी का भाई {साला}) wife's brother

श्येन (पु०) (پرندہ) سُرخ وسپید، سفید، باز (सुर्ख़ो सुपीद, सुफ़ीद, बाज़ {परिन्दा})reddish white, white, falcon

श्वान (पु०) کُتّا (कुत्ता) dog

श्रद्धा (स्त्री०) عقیدت، یقین، تعظیم (अक़ीदत, यक़ीन, ताज़ीम) devotion, faith, reverence

श्रद्धांजलि (स्त्री०) نذرانۂ عقیدت (नज़रानए अक़ीदत) homage

श्रद्धालु (पु०,वि०) عقیدتمند، محترم (अक़ीदतमंद, मुहतरम) devout, respectful

श्रम (पु०) محنت، کام، کوشش (मेहनत, काम, कोशिश) labour, work, effort

श्रमजीवी (पु०,वि०) کام کرنے والا، محنت کش (काम करने वाला, मेहनतकश) a worker, labour

श्रमण (पु०) (لاما) بودھ مذہب کا زاہد (बौद्ध मज़हब का ज़ाहिद {लामा}) ascetic of Budhism (monk)

श्रमिक (पु०,वि०) = **श्रमजीवी**

श्रमी (वि०) محنتی، جفاکش (मेहनती, जफ़ाकश) laborious, toiling

श्रवण (पु०) سننا، سماعت (सुनना, समाअत) the act of hearing, hearing

श्रव्य (वि०) سننے کے قابل، قابل سماعت (सुनने के क़ाबिल, क़ाबिले समाअत) worth hearing, audible

श्रव्यता (स्त्री०) سننے کی صلاحیت (सुनने की सलाहियत) audiblity

श्रांत (वि०) تھکا ہوا، خالی ہو جانا (थका हुआ, ख़ाली हो जाना) tired, exhausted

श्राद्ध (पु०) مرنے والے کی روح کو ثواب پہنچانے کے لئے کی جانے والی تقریب، برہمنوں کو کھلایا جانا (मरने वाले की रूह को सवाब पहुँचाने के लिए की जाने वाली तक़रीब, ब्राह्मणों को खिलाया जाना) ceremony for the benefit of the soul of dead, feast for Brahmins

श्राप (पु०) بددُعا (बददुआ) curse

श्रावण (पु०) ہندی کا پانچواں مہینہ، ساون (हिन्दी का पाँचवां महीना, सावन) fifth month of Hindi calendar (Sawan)

श्री (स्त्री०) کامیابی، خوشی، سرستی کا ایک نام، جناب، رونق (कामयाबी, ख़ुशी, सरस्वती का एक नाम, जनाब, रौनक़) success, happiness, title of Sarswati, Mr., glister

श्रीमान (पु०) عالی جناب (आली जनाब) sir

श्रीमति (स्त्री०) بیگم، مسز، صاحبہ (बेगम, मिसेज़, साहेबा) wife, mrs.

श्रीयुत (स्त्री०) = **श्रीमान**

श्रुत (वि०) سنا ہوا، دی ہوئی خبر (सुना हुआ, दी हुई ख़बर) heard, reported

श्रुति (स्त्री०) کان، سننا (कान, सुनना) ear, hearing

श्रुतिगोचर (वि०) سننے کے قابل (सुनने के क़ाबिल) audible

श्रेणी (स्त्री०) قطار، درجہ، جماعت، قسم (क़तार, दर्जा, जमाअत, क़िस्म) row, class, band, kind

श्रेय (पु०) سہرا، اچھی قسمت (सेहरा, अच्छी क़िस्मत) credit, good fortune

श्रेष्ठ (वि०) سب سے اچھا، اعلیٰ ترین، سب سے نمایاں، بزرگ (सबसे अच्छा, आला तरीन, सबसे नुमाया, बुज़ुर्ग) best, most excellent, most eminent, senior

श्रेष्ठतम (वि०) سب سے عمدہ (सबसे उम्दा) best of all

श्रेष्ठता (स्त्री०) برتری، امتیاز، فضیلت (बरतरी, इम्तेयाज़, फ़ज़ीलत) superiority, eminence, excellence

श्रोता (पु०) سننے والا (सुनने वाला) listener

श्रोतागण (पु०) سامعین (सामईन) audience

श्लथ (वि०) ڈھیلا، سست (ढीला, सुस्त) loose, slag

श्लाघनीय (वि०) قابلِ تعریف (क़ाबिले तारीफ़) praiseworthy

श्लाघा (स्त्री०) تعریف، چاپلوسی (तारीफ़, चापलूसी) praise, flattery

श्लाध्य (वि०) = **श्लाघनीय**

श्लेष (पु०) رابطہ، مل جانا، دومعنوی (राबिता, मिल जाना, दो मानवी) contact, union, double, meaning

श्लेष्मा (स्त्री०) بلغم، آؤں (बलग़म, आँव) phlegm, mucus

श्लोक (पु०) آیت، سنسکرت کا شعر (आयत, संस्कृत का शेर) verse, sanskrit couplets

श्वास (पु०) سانس کا عمل (सांस का अमल) breathing

श्वसुर (पु०) خسر (سسر) (खुसर {ससुर}) father in law

श्वश्रु (स्त्री०) خوش دامن (ساس) (खुश दामन {सास}) mother in law

श्वेत (वि०) سفید (सुफ़ेद) white

श्वेतता (स्त्री०) سفیدی (सुफ़ेदी) whiteness

ष

षट् (वि०) چھ (छः) six

षटक (पु०) چھ چیزوں کا مجموعہ (छः चीज़ो का मजमूआ) group of six articles

षटकोण (पु०) چھ پہل والا (छः पहल वाला) hexagon

षड (वि०) چھ (छः) six

षडयंत्र (पु०) سازش (साज़िश) conspiracy

षन (वि०) چھ (छः) six

षष्ट (वि०) ساٹھواں حصہ (साठवाँ हिस्सा) sixtieth

षष्टि (वि०) ساٹھ (साठ) sixty

षष्ठ (वि०) چھٹا (छठा) sixth

षोडश (वि०) سولہواں (सोलहवाँ) sixteenth

ष्ठीवन (पु०) تھوکنا (थूकना) spitting

स

संक (स्त्री०) شک (शक) suspicion

संकत (पु०) علامت (अलामत) symbol

संकट (पु०) خطرہ، ہنگامی، مصیبت (ख़ातरा, हंगामी, मुसीबत) danger, emergency, crisis

संकर (पु०) مخلوط، دوغلا (मख़लूत, दोग़ला) mixed, hybrid

संकरा (वि०) تنگ، پتلا، تکلیف (तंग, पतला, तकलीफ़) narrow, thin, trouble

संकल (स्त्री०) زنجیر (जंजीर) chain

संकलन (पु०) اشاعت، مجموعہ (इशाअत, मजमूआ) edition, collection

संकल्प (पु०) عہد، قسم (अहृद, क़िस्म) promise, vow

संकलित (वि०) جمع کیا ہوا، مرتب، منتخب (जमा किया हुआ, मुरत्तिब, मुनतख़िब) collected, compiled, selected

संकल्प (पु०) = **संकल्प**

संकल्पना (स्त्री०) تصور، خیال (तसव्वुर, ख़्याल) imagination, notion

संकल्पित (वि०) تصور، ذہن میں آیا خیال (तसव्वुर, ज़ेहन में आया ख़्याल) imagined, conceived

संकाय (पु०) شعبہ (शोबा) faculty

संकार (पु०) غلاظت، کوڑا کرکٹ (गे़लाज़त, कूड़ा करकट) filth, rubbish

संकारना (क्रि०) اشارا کرنا، للکارنا (इशारा करना, ललकारना) to make a sign, to call

संकास (वि०) (ملنا) مشابہ ہونا (मुशाबा होना {मिलना}) resembling

संकीर्ण (वि०) تنگ، سکڑا ہوا، پُر ہجوم (तंग, सिकुड़ा हुआ, पुरहुजूम) narrow, constricted, crowded

संकीर्णता (स्त्री०) تنگی (तंगी) narrowness
संकीर्णतन (पु०) جشن کرنا، ستائش کرنا (जश्न करना, सताइश करना) celebrating,glorifying
संकुचन (पु०) جھجک،شرم،سکڑنا (झिझक, शर्म, सिकुड़ना) hesitation,shyness contraction
संकुचित (वि०) سکڑا ہوا، محدود، تنگ (सिकुड़ा हुआ, महदूद, तंग) contracted,limited,narrow
संकुल (वि०) تتر بتر، پُرہجوم، پریشان، بھرا پُرا (तितर बितर, पुरहुजूम, परेशान, भरापुरा) disordered, crowded,confused,filled with
संकुलता (स्त्री०) بھیڑ بھاڑ والا (भीड़भाड़ वाला) congested
संकेत (पु०) علامت، اشارہ، اَتا پتا (अलामत, इशारा, अतापता) symbol,indication,clue
संकेतन (पु०) اشارا کرنا، بتانا (इशारा करना, बताना) indicating,hinting
संकेतात्मक (वि०) علامتی (अलामती) symbolic
संकेतन (पु०) اشارا کرنا (इशारा कराना) indicating
संकोच (पु०) سکڑنا،مشکل،شرم،جھجک (सिकुड़ना, मुश्किल, शर्म, झिझक) contraction, embarrassment,shyness,hesitation
संकोचित (वि०) سکڑا ہوا، پریشان (सिकुड़ा हुआ, परेशान) contracted,embarrassed
संकोची (वि०) اُلجھن میں پڑا ہو،شرمندگی (उलझन में पड़ा हो, शर्मिन्दगी) one who is embar-assed, shame
संक्रमण (पु०) متعدی (چھوت کا) مرض،تبدیلی (मुत्तअद्दी {छूत का} मर्ज़, तब्दीली) infection,transition
संक्रांत (वि०) جس کا تبادلہ کیا گیا، داخل (जिसका तबादला किया गया, दाख़िल) transferred,entered
संक्रामक (वि०) (چھوت والا) متعدی (मुत्तअद्दी {छूत वाला}) infectious
संक्षय (पु०) مکمل برباد، تباہی (मुकम्मल बर्बाद, तबाही) completeruin,destruction
संक्षिप्त (स्त्री०) مختصر، تلخیص (मुख़्तसर, तलख़ीस) brief,abridged
संक्षिप्तीकरण (पु०) تلخیص کرنا (तलख़ीस करना) summarising
संक्षिप्ति (पु०) خلاصہ (खुलासा) abridgement
संक्षेप (पु०) خلاصہ،اختصار (ख़ुलासा, इख़्तेसार) abridgement,summary
संक्षेपण (पु०) مختصر کرنا، تلخیص کرنا (मुख़्तसर करना, तलख़ीस करना) abridgement, summ-arisation
संक्षोभ (पु०) تحریک،غرور،فخر (तहरीक, गुरूर, फ़ख़्र) agitation,arrogance,pride
संखिया (पु०) ایک قسم کا زہر (एक क़िस्म का ज़हर) a typeofpoison
संख्या (स्त्री०) تعداد، گننا، عدد (तादाद, गिनना, अदद) number,counting,figure
संख्यात्मक (वि०) عددی (अददी) numerical
संख्येय (वि०) شمار یا حساب کے قابل (शुमार या हिसाब के क़ाबिल) calculable
संग (पु०) ساتھ ساتھ، ملنا، تعلق (साथ साथ, मिलना, ताल्लुक़) together,joining,connection
संगठन (पु०) تنظیم (तंज़ीम) organisation
संगठनात्मक (वि०) تنظیمی (तंज़ीमी) organisa-tional
संगठित (वि०) منظّم (मुनज़्ज़म) organised
संगत (वि०) ساتھ آنا، جمع (साथ आना, जमा) come together,assembled
संगति (स्त्री०) صحبت،شامل ہونا، جماعت،ہم آہنگی (सोहबत, शामिल होना, जमाअत, हम आहंगी) society,joining,group,consonance
संगम (पु०) انضمام،ملاپ (इंज़माम, मिलाप) confluence, meeting
संगर (पु०) جنگ،لڑائی، بدقسمتی (जंग, लड़ाई, बदक़िस्मती) war,battle,misfortune
संगी (पु०) دوست، شریک کار، وقف کرنے والا (दोस्त, शरीककार, वक़्फ़ करने वाला) friend, accom-plice,devoted (to)
संगीत (पु०) موسیقی (मौसीक़ी) music
संगीतकार (पु०) موسیقار (मौसीक़ार) musician
संगीतज्ञ (पु०) ماہر موسیقی (माहिरे मौसीकी) skilled in music
संगोपन (पु०) چھپانا (छुपाना) concealing
संगोष्ठि (स्त्री०) حلقۂ مباحثہ، مذاکرہ، جلسہ (हल्क़-ए-मुबाहिसा, मुज़ाकिरा, जलसा) seminar, symposium,meeting

संग्रह (पु०) محفوظ، جمع، ترتیب (महफ़ूज़, जमा, तरतीब) store, collection, compilation

संग्रहालय (पु०) عجائب گھر (अजाएब घर) museum

संग्रहण (पु०) جمع کرنا (जमा करना) collecting

संग्रहणी (स्त्री०) پیٹ کی گڑبڑی، معدہ کی اینٹھن (पेट की गड़बड़ी, मेदे की ऐंठन) irregularity of stomach, cramp

संग्रहणीय (वि०) اکٹھا کرنے کے قابل (इकट्ठा करने के क़ाबिल) worth collecting

संग्राम (पु०) لڑائی، جدوجہد (लड़ाई, जिद्दोजेहद) battle, struggle

संग्राहक (पु०) جمع کرنے والا (जमा करने वाला) collector

संघ (पु०) گروہ، تنظیم، وفاق، اکائی (गिरोह, तंज़ीम, वफ़ाक़, इकाइ) group, society, federation, union

संघटन (पु०) تنظیم، بناوٹ (तंज़ीम, बनावट) organisation, structure

संघटित (पु०) منظّم (मुनज़्ज़म) organised

संघनन (पु०) گاڑھا کرنے کا عمل (गाढ़ा करने का अमल) condensation

संघर्ष (पु०) رگڑنا، جدوجہد، جھگڑا (रगड़ना, जिद्दोजेहद, झगड़ा) rubbing, struggle, conflict

संघर्षमय (वि०) جدوجہد سے بھرا (जिद्दोजेहद से भरा) full of struggle

संघर्षशील (वि०) جدوجہد پذیر (जिद्दोजेहद पज़ीर) struggling

संघर्षी (वि०) جدوجہد کرنے والا، لڑنے والا (जद्दोजेहद करने वाला, लड़ने वाला) struggling, quarreling

संघाम (पु०) ایک زوردار گھونسہ، حملہ (एक ज़ोरदार घूंसा, हमला) a heavey blow, striking

संघीय (वि०) وفاقی (वफ़ाक़ी) federal

संचन (पु०) جمع کرنا، ذخیرہ اندوزی (जमा करना, ज़ख़ीरा अंदोज़ी) collecting, amassing

संचना (क्रि०) جمع کرنا، ڈھیر کرنا (जमा करना, ढेर करना) to collect, to amass

संचय (पु०) جمع، ڈھیر (जमा, ढेर) collection, accumulation

संचयी (पु०) ڈھیر کرنا، وہ جو جمع کرتا ہے (ढेर करना, वह जो जमा करता है) amassing, one who collects

संचरण (पु०) حرکت، ترسیل (हरकत, तरसील) motion, transmission

संचलन (पु०) چلنا پھرنا، دوڑنا (चलना फिरना, दौड़ना) movement, running

संचार (पु०) مواصلات، دوران، حرکت میں رکھنا، تحریک (मुवासलात, दौरान, हरकत में रखना, तहरीक) communication, circulation, setting in motion, impulse

संचारण (पु०) ترسیل، ایصال (तरसील, इसाल) communicating, conductivity, transmitting

संचारित (वि०) جو ارسال کر دیا گیا، حرکت شدہ (जो इरसाल कर दिया गया, हरकतशुदा) transmitted, set in motion

संचालन (पु०) نظم کرنا، ہدایت (नज़्म करना, हिदायत) managing, directing

संचित (वि०) جمع کیا گیا، ذخیرہ کیا گیا (जमा किया गया, ज़ख़ीरा किया गया) collected, hoarded

संचेत (वि०) خیال رکھنے والا، ہوش میں، باخبر (ख़्याल रखने वाला, होश में, बाख़बर) mindful, conscious, alive

संजात (वि०) پیدا، کسی کا باپ بننا (पैदा, किसी का बाप बनना) born, begotten

संजीवन (पु०) زندہ کرنا، ساتھ رہنا (ज़िंदा करना, साथ रहना) giving life, living together

संजीवनी (स्त्री०) زندگی عطا کرنے والی بوٹی (ज़िन्दगी अता करने वाली बूटी) life-giving herb

संजोना (क्रि०) تیار کرنا، سجانا (तैयार करना, सजाना) to make ready, to decorate

संज्ञा (स्त्री०) سمجھ، ضمیر، علم، نام (اسم) (समझ, ज़मीर, इल्म, नाम {इस्म}) sense, consciousness, knowledge, noun

संज्ञान (पु०) عدالت کے اختیاری ہونا (अदालत के एख़्तेयारी होना) congnizance

संज्ञापन (पु०) اطلاع، مشورہ (इत्तेला, मशविरा) information, advice

संज्ञाहीन (वि०) بےہوش (बेहोश) unconscious

संज्ञित (वि०) مقرر شدہ، نامزد (मुक़र्रर शुदा, नामज़द) designated, named

संझा (स्त्री०) شام (शाम) evening

संड़सी (स्त्री०) جمورا، چمٹی (जमुरा, चिमटी) a pair of pincers, tongs

संडा (वि०) موٹا تازہ، مسٹنڈا، موٹا بیل (मोटा ताज़ा, मुस्टंडा, मोटा बैल) fat, bulky, fat ox

संडास (वि०) پاخانہ (पाख़ाना) latrine

संत (पु०) مقدس، سادھو، فقیر (मुक़द्दस, साधु, फ़क़ीर) pious, saint, fakir

संतत (वि०) لگاتار، مسلسل، ابدی (लगातार, मुसलसल, अबदी) continuous, continued, eternal

संतति (स्त्री०) اولاد، بیٹا، بیٹی (औलाद, बेटा, बेटी) offspring, son, daughter

संतना (स्त्री०) تسلّی (तसल्ली) consolation

संतनु (वि०) جسم رکھنے والا (जिस्म रखने वाला) having a body

संतरण (पु०) پارگزاری (पारगुज़ारी) crossing over

संतरी (पु०) فوجی پہریدار (फ़ौजी पहरेदार) sentry

संतान (स्त्री०) اولاد (औलाद) offspring

संतृप्त (वि०) سیر شدہ (सैरशुदा) saturated

संतृप्ति (स्त्री०) سیری (सैरी) saturation

संतान (पु०) اولاد، بچے (औलाद, बच्चे) offspring, children

संताप (पु०) جلانے والی حرارت، اذیت، تکلیف (जलाने वाली हरारत, अज़ीयत, तकलीफ़) burning heat, anguish, suffering

संतापित (पु०) جسے بہت گرم کیا گیا ہو، اذیت زدہ، مبتلا (जिसे बहुत गर्म किया गया हो, अज़ीयतज़दा, मुब्तला) heated, very hot, anguished, suffering

संतापी (वि०) جو مصیبت میں مبتلا ہو (जो मुसीबत में मुब्तेला हो) one who has sufffered

संतुलन (पु०) توازن (तवाज़ुन) balance

संतुलित (वि०) متوازن، جسے تولا گیا (मतावाज़िन, जिसे तौला गया) balanced, weighed

संतुष्ट (वि०) مطمئن، راضی، صابر (मुतमइन, राज़ी, साबिर) satisfied, contented, consoled

संतुष्टि (स्त्री०) صبر، اطمینان (सब्र, इतमिनान) contentment, satisfaction

संतोष (पु०) = **संतुष्टि**

संतोषजनक (वि०) تشفی بخش، اطمینان بخش (तशफ़्फ़ीबख़्श, इतमिनान बख़्श) satisfactory

संतोषी (पु०) مطمئن، قناعت کرنے والا (मुतमइन, क़नाअत करने वाला) satisfied, contented

संथा (स्त्री०) پڑھنا، سبق (पढ़ना, सबक़) reading, lesson

संद (पु०) درار، شگاف (दरार, शिगाफ़) crack, gap

संदर्भ (पु०) پس منظر، تناظر (पसमंज़र, तनाज़ुर) context, background

संदर्भ ग्रंथ (पु०) حوالے کی کتاب (हवाले की किताब) reference book

संदर्शन (पु०) دیکھنا، مشاہدہ (देखना, मुशाहिदा) vision, sight, observation

संदर्शिका (स्त्री०) رہنمائی کرنے والی کتاب (रहनुमाई करने वाली किताब) guide book

संदा (पु०) اَہرن (جس پر گرم لوہا پیٹا جائے) (आहरण {जिस पर गर्म लोहा पीटा जाए}) anvil

संदान (पु०) رسّا (रस्सा) rope

संदिग्ध (वि०) مشتبہ (مشکوک) مبہم، غیر واضح (मुश्तबा {मश्कूक} मुब्हम, ग़ैर वाज़ेह) doubtful, ambiguous, unclear

संदिग्धता (स्त्री०) شک، ابہام (शक, इब्हाम) doubtfulness, ambiguity

संदीपन (पु०) روشنی کرنا، جلانا (रौशनी करना, जलाना) lighting, kindling

संदीप्त (पु०) منور، روشن کیا ہوا (मुनव्वर, रौशन किया हुआ) illuminated, kindled

संदूषण (पु०) بگاڑ پیدا کرنے کا عمل، گندا کرنا (बिगाड़ पैदा करने का अमल, गंदा करना) act of corrupting, defiling

संदूषित (वि०) بگڑا ہوا (بدعنوان)، گندا (बिगड़ा हुआ, {बदउनवान}, गंदा) corrupted, defied

संदेश (पु०) اطلاع، پیغام، خبر (इत्तेला, पैग़ाम, ख़बर) information, message, news

संदेश वाहक (पु०) پیغام پہنچانے والا (पैग़ाम पहुँचाने वाला) messenger

संदेह (पु०) شک، بے اعتمادی (शक, बेएतामादी) doubt, mistrust

संदेहात्मक (वि०) = **संदिग्ध**

संदोह (स्त्री०) ذخیرہ، ازدہام (ज़ख़ीरा, अज़्देहाम) store, multitude

संधा (पु०) معاہدہ، مخلوط (मुआहिदा, मख़्लूत) agreement, mixture

संधान (पु०) باہم ملنے کا عمل، کھوج، پتہ کرنا (बाहम मिलने का अमल, खोज, पता करना) act of joining together, search, enquiry

संधाना (पु०) اچار (अचार) pickle

संधी (स्त्री०) گفت وشنید، معاہدہ، جوڑ (गुफ़्तो शुनीद, मुआहिदा, जोड़) treaty, agreement, junction

संधित (वि०) آپس میں ملا ہوا، مقرر (आपस मे मिला हुआ, मुक़र्रर) joined together, fixed

संध्या (स्त्री०) شام، جھٹپٹا (शाम, झटपटा) evening, a twilight

संन्यस्त (वि०) چھوڑا ہوا، دستبردار (छोड़ा हुआ, दस्तबरदार) abandoned, renounced

संन्यास (पु०) دنیا سے بیزاری، سادھو ہو جانا (दुनिया से बेज़ारी, साधू हो जाना) renounced from world, becoming an ascetic

संन्यासी (पु०) تارک الدنیا، سادھو (तारेकुल दुनिया, साधु) one who has renounced the world, ascetic

संपत्ति (स्त्री०) دولت، امیری، جائیداد (दौलत, अमीरी, जायदाद) wealth, riches, property

संपद/संपत्ति (स्त्री०) قسمت، زیادتی (क़िसमत, ज़ियादती) luck, excess

संपदा (स्त्री०) = **संपत्ति**

संपन्न (वि०) خوشحال، امیر، مکمل (खुशहाल, अमीर, मुकम्मल) prosperous, rich, completed

संपन्नता (स्त्री०) خوشحالی، دولتمندی، امیری (खुशहाली, दौलतमंदी, अमीरी) prosperity, affluency, richness

संपर्क (पु०) تعلقات، رابطہ (ताल्लुक़ात, राबिता) relationship, connection

संपात (पु०) اتفاق رائے، اتفاق (इत्तेफ़ाक़े राए, इत्तेफ़ाक़) concurrence, coincidence

संपातिक (वि०) اتفاقاً (इत्तेफ़ाक़न) coincidental, by chance

संपादक (पु०) مُدیر (मुदीर) editor

संपादन (पु०) ادارت، ترتیب دینا (برائے اشاعت) (एदारत, तरतीब देना {बराए इशाअत}) editing, to edit

संपुट (पु०) جوف (گڑھا)، زیور کا ڈبہ، پیتل کی پیالی (जौफ़ {गढ़ा}, ज़ेवर का डब्बा, पीतल की प्याली) cavity, casket, a cup of brass

संपूर्ण (वि०) مکمل، پورا (मुकम्मल, पूरा) complete, entire

संपूर्णतया (क्रि०वि०) پوری طرح (पूरी तरह) entirely

संपूर्णता (स्त्री०) تکمیل (तकमील) completion

संपोला (पु०) سانپ کا بچہ، کمسن سانپ (साँप का बच्चा, कमसिन साँप) baby snake, a young snake

संपोलिया (पु०) سپیرا (सपेरा) snake catcher

संप्रति (क्रि०वि०) فی الوقت، ابھی (फ़िलवक़्त, अभी) for the present time, now

संप्रदान (पु०) عطیہ دینا، سرفراز کرنا (अतिया देना, सरफ़राज़ करना) giving donation, bestowing

संप्रदाय (पु०) مذہبی فرقہ، طبقہ (मज़हबी फ़िरक़ा, तब्क़ा) religious sect, community

संप्रदायिक (वि०) فرقہ وارانہ (फ़िरक़ावाराना) communal

संप्रदायी (पु०) کسی فرقہ کا فرد (किसी फ़िरक़ा का फ़र्द) member of a community

संप्रभुता (स्त्री०) خودمختاری (खुदमुख़्तारी) sovereignty

संप्राप्त (वि०) حاصل (हासिल) obtained

संप्राप्ति (स्त्री०) حصول (हुसूल) receipt

संप्रीति (स्त्री०) شفقت، تعلق، دوستی (शफ़क़त, ताल्लुक़, दोस्ती) affection, attachment, friendliness

संप्रेषण (पु०) پہنچانا، مواصلات (ترسیل) (पहुँचाना, मुवासलात {तरसील}) transmission, communication

संबंध (पु०) تعلق، رشتہ داری (ताल्लुक़, रिश्तादारी) connection, relationship

संबंधित (वि०) متعلق، واسطہ (मुतअल्लिक़, वास्ता) connected, concerned

संबद्ध (पु०) باہم متصل، ملحق، متعلق (बाहम मत्तसिल, मुलहिक़, मुतअल्लिक़) bound together, affiliated, connected

संबद्धता (स्त्री०) تعلقداری، الحاق (ताल्लुक़दारी, इल्हाक़) relatedness, affiliation

संबल (पु०) حمایت، اہتمام (हिमायत, एहतेमाम) support, provision

संबुद्ध (पु०) معرفت والا، بیدار (मारफ़त वाला, बेदार) enlightened, awakened

संबोधन (पु०) تشریح کرنا، سمجھانا، خطاب (तशरीह करना, समझाना, ख़िताब) explaining, to make understand, address

संबोधित (वि०) سمجھایا گیا، عرفان، خطاب کیا گیا (समझाया गया, इरफ़ान, ख़िताब किया गया) given understanding, enlightened, addressed

संभरण (पु०) فراہمی (سپلائی) (फ़राहमी {सप्लाई}) supply

संभव (पु०,वि०) ممکن، اغلب، آغاز (मुमकिन, अग़लब, आग़ाज़) possible, probable, origin

संभवतः (क्रि०वि०) ممکن ہے، شاید (मुमकिन है, शायद) possibly, probably

संभाग (पु०) حلقہ، علاقہ، خطہ (हलक़ा, इलाक़ा, ख़ित्ता) constituent, region, division

संभावना (स्त्री०) عزت، امکان، غالب امکان (इज़्ज़त, इमकान, ग़ालिब इमकान) respect, possibility, probability

संभावित/संभाव्य (वि०) معزز، ممکن، متوقع (मुअज़्ज़िज़, मुमकिन, मुत्वक़्क़ा) esteemed, possible, expected, possibility

संभाषण (पु०) گفتگو، مکالمہ (गुफ़्तगू, मुकाल्मा) conversation, dialogue

संभूत (वि०) جہاں سے ابتدا ہوئی (जहाँ से इब्तेदा हुई) originated from

संभोग (पु०) جنسی مباشرت، لطف (जिन्सी मुबाशरत, लुत्फ़) sexual intercourse, enjoyment

संभोजन (पु०) اجتماعی طعام، مہمانوں کے ساتھ کھانا (इजतेमाइ तआम, मेहमानों के साथ खाना) a meal eaten together, a meal with guests

संभ्रम (पु०) چکر کاٹنا، گردش کرنا، درہم برہم (चक्कर काटना, गर्दिश करना, दरहम बरहम) whirling, revolving, confusion

संभ्रात (वि०) بے چین، گڑبڑ، محترم (बेचैन, गड़बड़, मुहतरम) agitated, confused, respected

संभ्रांति (वि०) گڑبڑی، بے چینی، احترام (गड़बड़ी, बेचैनी, एहतेराम) confusion, agitation, respect

संयंत्र (पु०) سازوسامان، کارخانہ (साज़ो सामान, कारख़ाना) equipment, plant

संयत (वि०) قابو میں، منضبط (क़ाबू में, मन्ज़ब्त) restrained, controlled

संयम (पु०) ضبط، قابو، پرہیز (ज़ब्त, क़ाबू, परहेज़) control, restrain, abstinence

संयमी (वि०) ضبط کرنے والا، محتاط (ज़ब्त करने वाला, मुहतात) practising restrain, abstemious

संयुक्त (वि०) باہم متصل، متحد (बाहम मुतस्सिल, मुत्तहिद) connected together, united

संयुक्त राज्य (पु०) ریاستہائے متحدہ (रियासतहाए मुत्तहिदा) United States

संयुक्त राष्ट्रसंघ (पु०) اقوام متحدہ (अक़वामे मुत्तहिदा) United Nations Organisation

संयुग (पु०) مل جانا، اتفاق (मिल जाना, इत्तेफ़ाक़) union, harmony

संयुति (स्त्री०) (سیاروں کا) جوڑ ({सइयारों का} जोड़) conjunction (of planets)

संयोग (पु०) باہم اتفاق کرنا، متصل، مرکب، اتفاق (बाहम इत्तेफ़ाक़ करना, मुतस्सिल, मुरक्कब, इत्तेफ़ाक़) joining together, joined, compound, chance

संयोजक (पु०) منعقد کرنے والا، جوڑنے والا، اہتمام کرنا (मुनअक़िद करने वाला, जोड़ने वाला, एहतेमाम करना) convenor, one who links, arranging

संयोजकता (स्त्री०) گرفت (کیمیا) (गिरफ़्त {कीमिया}) valency (chem)

संयोजन (पु०) شریک کرنا، ایک کرنا، منظّم کرنا (शरीक करना, एक करना, मुनज़्ज़म करना) joining, assembling, organising

संयोजित (वि०) متصل، جوڑا ہوا (मुतस्सिल, जोड़ा हुआ) joined, linked

संरक्षक (पु०) محافظ، سرپرست (मुहाफ़िज़, सरपरस्त) protector, patron

संरक्षण (पु०) حفاظت، دفاع، تحویل (हिफ़ाज़त, दिफ़ा, तहवील) protection, defence, custody

संरक्षा (स्त्री०) حفاظت (हिफ़ाज़त) safety

संरक्षित (वि०) محفوظ، جس کا دفاع کیا گیا ہو (महफ़ूज़, जिसका दिफ़ा किया गया हो) protected, defended

संरचना (स्त्री०) بناوٹ (बनावट) structure

संलग्न (वि०) منسلک، چپکا ہوا، شامل (خط کے) (मुनसलिक, चिपका हुआ, शामिल {ख़ात के}) attached, sticking, enclosed (with letter)

संलग्नक (पु०) شامل (शामिल) enclosure

संलाप (पु०) گفتگو (गफ़्तगू) conversation

संलेख (पु०) دستاویز (दस्तावेज़) document

संबत (पु०) ایک سال، ایک زمانہ (एक साल, एक ज़माना) a year, an era

संवरण (पु०) چُننا، ڈھکنا، چھپانا (चुनना, ढकना, छिपाना) choosing, covering over, concealing

संवर्धन (पु०) پرورش، پالنا، پیدا کرنا (परवरिश, पालना, पैदा करना) rearing, fostering, breeding

संवात (पु०) روشن دان (रौशनदान) ventilation

संवाद (पु०) مکالمہ، مباحثہ، خبر، اطلاع (मुकालमा, मुबाहिसा, ख़बर, इत्तेला) dialogue, debate, news, report

संवादक (पु०) نامہ نگار، خبر دینے والا (नामानिगार, ख़बर देने वाला) correspondent, reporter

संवाददाता (पु०) نامہ نگار (नामानिगार) reporter

संवासिन (स्त्री०) آشرم میں رہنے والی بیوہ (आश्रम में रहने वाली बेवा) widow living in ashram

संविदा (पु०) ٹھیکہ (ठीका) contract

संविधान (पु०) آئین (आईन) constitution

संविधानिक (वि०) آئینی (आईनी) constitutional

संवेग (पु०) جذبات، ہیجان (जज़्बात, हेजान) emotion, exieitement

संवेदन (पु०) حس، ادراک (हिस, इदराक) sensation, perception

संवदेनशील (वि०) حساس (हस्सास) sensitive

संवेदना (स्त्री०) ہمدردی، حس (हमदर्दी, हिस) sympathy, sensation

संवेदी (वि०) جس میں حس ہو (जिसमें हिस हो) able to sense

संशय (पु०) شک، جھجک، بے یقینی، خوف، اندیشہ (शक, झिझक, बेयक़ीनी, ख़ौफ़, अंदेशा) doubt, hesitation, uncertainty, fear, apprehension

संशयवाद (पु०) شک وشبہہ سے دیکھنے کا طرز عمل (शको शुब्हा से देखने का तरज़े अमल) scepticism

संशयात्मक (वि०) شک کرنا، مشکوک (शक करना, मशकूक) doubting, doubtful

संशयी (वि०) مشکوک، شک کرنے والا (मशकूक, शक करने वाला) doubtful, sceptic (doubter)

संशोधक (वि०) ترمیم کرنا، اصلاح کرنا (तरमीम करना, इसलाह करना) amending, correcting

संशोधन (पु०) ترمیم، اصلاح، نظر ثانی (तरमीम, इसलाह, नज़र सानी) amendment, correction, purifylng, revicion

संशोधित (वि०) ترمیم شدہ، نظر ثانی شدہ (तरमीमशुदा, नज़रसानी शुदा) amended, revised

संश्रय (पु०) تعلق، آرام گاہ، اشتراک، سرپرستی، پناہ (ताल्लुक, आरामगाह, इश्तेराक, सरपरस्ती, पनाह) connection, resting place, alliance, patronage, refuge

संश्लेषण (पु०) عمل ترکیب (अमले तरकीब) synthesis

संसक्त (वि०) آپس میں سٹا ہوا، متصل، جذب کیا ہوا (आपस मे सटा हुआ, मुतस्सिल, जज़्ब किया हुआ) stuck together, connected, absorbed

संसद (पु०) ایوان (ऐवान) parliament

संसदीय (वि०) ایوانی (ऐवानी) parliamentary

संसर्ग (पु०) مخلوط، ملنا، تعلق، ساتھ گذارا کرنا (मख़्लूत, मिलना, ताल्लुक़, साथ गुज़ारा करना) mixture, union, contact, co-habitation

संसर्गी (पु०) دوست، شراکت دار (दोस्त, शराकतदार) friend, an associate

संसाधन (पु०) وسائل (वसाएल) resources

संसार/संसृति (पु०) دنیا، کائنات، دنیاوی سلسلہ (दुनिया, कायनात, दुनियावी सिलसिला) world, universe, worldly concerns

संस्करण (पु०) اشاعت (इशाअत) edition

संस्कार (पु०) ایک پیدائشی جبلت، وجدان، مکمل کرنا (एक पैदायशी जिबिल्लत, विजदान, मुकम्मल करना) an inborn power, instinct, finishing

संस्कृत (वि०) اچھی طرح بنا ہوا، مکمل، صاف کیا ہوا (अच्छी तरह बना हुआ, मुकम्मल, साफ़ किया हुआ) well-formed, perfected, refined

संस्कृति (स्त्री०) تمدن، ثقافت (तमद्दुन, सक़ाफ़त) culture

संस्था/संस्थान (स्त्री०) ادارہ، تنظیم (एदारा, तंज़ीम) institution, organisation

संस्थापक (पु०) بانی، قائم کرنے والا (बानी, क़ायम करने वाला) founder, one who establishes

संस्थापन (पु०) قائم کرنا، بنیاد (क़ायम करना, बुनियाद) establishing, foundation

संस्थापित (वि०) قائم (क़ायम) established

संस्पर्श (पु०) لمس (چھونا)، ربط (लम्स (छूना) रब्त) touch, contact

संहत (वि०) متصل، معاہدہ، زخمی (मुत्तसिल, मुआहिदा, ज़ख़्मी) closely connected, agreement, hurt

संहार (पु०) مکمل بربادی، قتل عام، مارنا (मुकम्मल बरबादी, क़त्लेआम, मारना) total destruction, carnage, killing

संहारक (वि०) برباد کرنے والا، قاتل (बरबाद करने वाला, क़ातिल) destroyer, killer

संहित (वि०) جمع، انبار (जमा, अंबार) collected, accumulated

संहिता (स्त्री०) انتخاب، ضابطہ قانون (इंतेख़ाब, ज़ाबिता क़ानून) collection, code of law

स (उपसर्ग) اس کے ساتھ، آپس میں ساتھ ساتھ (इसके साथ, आपस में साथ साथ) alongwith, together with

सकरा (वि०) پتلا، آلودہ (पतला, आलूदा) narrow, polluted

सकर्मक (पु०) فعلِ متعدی، فعال (फ़ेले मुताद्दी, फ़आल) transitive, active

सकल (वि०) پورا، مجموعی (पूरा, मजमूई) entire, gross

सकारात्मक (वि०) مثبت، مؤثر (मुस्बत, मुअस्सर) positive, effective

सकाल (पु०) علی الصباح (अलस्सबाह) early morning

सकुचना (क्रि०) سکڑنا (सिकुड़ना) to shrink

सकुचाई (स्त्री०) سکڑنا، شرمانا، شرم (सिकुड़ना, शर्माना, शर्म) shrinking, shyness, shame

सकुल्य (पु०) اسی خاندان کا ایک فرد، رشتہ دار (उसी ख़ानदान का एक फ़र्द, रिश्तादार) one of the same family, relative

सकृत (अव्यव) ایک بار، فوراً، ہمیشہ (एक बार, फ़ौरन, हमेशा) once, at once, always

सकेत (पु०) پابند، پریشانی (पाबंद, परेशानी) constraint, distress

सकेरना (पु०) جمع کرنا (जमा करना) to collect

सकोप (वि०) غصہ (गुस्सा) angry

सकोह (वि०) غصہ میں (गुस्सा में) enraged

सक्रिय (वि०) فعال، مؤثر (फ़आल, मुअस्सिर) active, effective

सक्षम (वि०) اہل، باصلاحیت (अहल, बासलाहियत) capable, competent

सक्षमता (स्त्री०) اہلیت، صلاحیت (अहलियत, सलाहियत) capability, competence

सखा (स्त्री०) دوست، ساتھی (दोस्त, साथी) friend, companion

सखी (पु०) سہیلی (सहेली) girl's female friend

सख्य (पु०) دوستی، گہری دوستی (दोस्ती, गहरी दोस्ती) friendship, intimacy

सगड़ी (स्त्री०) چھوٹی گاڑی، ٹرالی (छोटी गाड़ी, ट्राली) small cart, trolley

सगर्व (वि०) مغرور، خود پسند (मग़रूर, ख़ुद पसंद) proud, egoist

सगा (वि०) اپنا، ایک ہی والدین سے پیدا (अपना, एक ही वालदैन से पैदा) own, born of the same parents

सगाई (स्त्री०) منگنی، شادی کا نظم (मंगनी, शादी का नज़्म) engagement, marriage arrangement

सगुण/सगुणी (वि०) نیک، اچھی صفت والا (नेक, अच्छी सिफ़त वाला) virtuous, having good qualities

सगुनिया (पु०) نجومی، قسمت کی بات بتانے والا (नजूमी, क़िस्मत की बात बताने वाला) astrologer, fortuneteller

सघन (वि०) گھنا، کثیف، بھیڑ والا، گہرائی سے (घना, कसीफ़, भीड़ वाला, गहराई से) thick, dense, crowded, intense

सघनता (पु०) کثافت والا، شدت (कसाफ़त वाला, शिद्दत) denseness, intensity

संघार (पु०) برباد کرنا، مار ڈالنا (बर्बाद करना, मार डालना) to destroy, to kill

सचल (पु०) حرکت پذیر (हरकत पज़ीर) movable

सचान (पु०) شاہین، باز (پرندہ) (शाहीन, बाज़ (परिन्दा)) hawk, falcon

सचि (पु०) دوست، شریک (दोस्त, शरीक) friend, associate

सचित्र (पु०) باتصویر، نقشے کے ساتھ (बातस्वीर, नक़्शे के साथ) pictorial, illustrated

सचिव (पु०) معتمد (سکریٹری)، وزیر (मोतमिद {सेक्रेट्री}, वज़ीर) secretary, minister

सचिवालय (पु०) دفترِ معتمد (दफ़्तरे मोतमिद) secretariat

सचेत (पु०) باضمیر، ہوشیار، سوچنا (बाज़मीर, होशियार, सोचना) having consciousness, alert, thinking

सचेतक (पु०) جماعتی چابک دار، جگانے والا (जमाअति चाबुकदार, जगाने वाला) chief whip, rouser

सचेतन (पु०) ہوش میں (होश में) in conscious

सज (स्त्री०) سجاوٹ، زیبائش، پوشاک (सजावट, ज़ेबाईश, पोशाक) decoration, ornamentation, attire

सजग (वि०) چوکنا، حاضر دماغ (चौकन्ना, हाज़िर दिमाग़) vigilant, quick of mind

सजगता (पु०) ہوشیاری، چوکسی (होशियारी, चौकसी) alertness, vigilance

सजनी (स्त्री०) محبوبہ، دلرُبا (महबूबा, दिलरुबा) mistress, sweet heart

सजल (वि०) پانی سے بھرا، نم، آنسوؤں سے لبریز (पानी से भरा, नम, आँसूओं से लबरेज़) having water, moist, tearful

सजातीयता (स्त्री०) ایک ہی برادری کے، ہم نسل (एक ही बिरादरी के, हम नस्ल) similarity of caste, shared race

सजीला (वि०) شاندار، آراستہ، خوبصورت (शानदार, आरास्ता, ख़ूबसूरत) elegant, decorated, handsome

सजीव (पु०) جاندار، ذی روح (जानदार, ज़ीरूह) living, animated

सजोना (क्रि०) سجانا (सजाना) to decorate

सज्जन (पु०) شریف آدمی، نیک صفت، محبوب (शरीफ़ आदमी, नेक सिफ़त, महबूब) gentleman, virtuous, lover

सज्जनता (स्त्री०) شرافت، نیکی (शराफ़त, नेकी) nobility, virtue

सज्जा (स्त्री०) سجاوٹ، پوشاک، سازوسامان (सजावट, पोशाक, साज़ो सामान) decoration. attire, equipment

सज्ञात (पु०) معلوم، سمجھا ہوا (मालूम, समझा हुआ) known, perceived

सज्ञान (वि०) عقلمند، اچھی سمجھ کا (अकलमंद, अच्छी समझ का) wise, of good sense

सट (स्त्री०) تعلق، ربط قائم رکھنا (ताल्लुक़, रब्त क़ायम रखना) attachment, liaison

सटक (स्त्री०) غائب ہو جانا، بھاگ جانا، چھوٹا سانپ (ग़ायब हो जाना, भाग जाना, छोटा सांप) disappearing, to slip away, small snake

सटकना (क्रि०) غائب ہو جانا (ग़ायब हो जाना) to disappear

सटिया (स्त्री०) چھڑی (छड़ी) a cane

सटीक (वि०) مع تبصرہ، برجستہ، صحیح (म तब्सेरा, बरजस्ता, सही) with commentary, appropriate, correct

सट्टा (पु०) تجارتی معاملہ، ایک تحریری معاہدہ، بازار (तिजारती मामला, एक तहरीरी मुआहेदा, बाज़ार) commercial transaction, a written agreement, market

सठियाना (क्रि०) ساٹھ سال کی عمر کو پہنچنا، ضعیف ہو جانا (साठ साल की उम्र को पहुँचना, ज़ईफ़ हो जाना) to reach sixty years of age, to grow old

सत् (पु०,वि०) موجود، حقیقت، نیک، خدائی، عزت (मौजूद, हक़ीक़त, नेक, ख़ुदाई, इज़्ज़त) existent, real, virtuous, divine, honour

सतत (वि०) معین، بغیر رکاوٹ کے، ابدی (मुअईयन, बग़ैर रुकावट के, अबदी) constant, uninterrupted, eternal

सतर (पु०) دشمن، غصہ (दुश्मन, गुस्सा) enemy, angry

सतर्क (वि०) ہوشیار، متوجہ (होशियार, मुतवज्जा) alert, attentive

सतर्कता (स्त्री०) ہوشیاری (होशियारी) caution, alertness

सतवंती (स्त्री०) پاکدامن، وفادار (पाकदामन, वफ़ादार) virtuous, faithful

सती (स्त्री०,वि०) پاکدامن اور وفادار بیوی، وہ بیوہ جو اپنے شوہر کی چتا کے ساتھ خود کو جلاتی ہے، دُرگا دیوی (पाकदामन और वफ़ादार बीवी, वह बेवा जो अपने शौहर की चिता के साथ खुद को जलाती है, दुर्गा देवी) virtuous & faithful wife, a widow who burns herself along with husband's body, goddess Durga

सतीत्व (पु०) پاکدامنی، وفاداری (पाकदामनी, वफ़ादारी) virtue, faithfulness

सत्त (पु०) قلب، اَصل، رس، توانائی، ہمت (क़ल्ब, असल, रस, तवानाई, हिम्मत) heart, essence, sap, energy, courage

सत्ता (स्त्री०) اقتدار، قوت، خودمختاری (एक़्तेदार, कूवत, ख़ुद मुख़्तारी) authority, power, sovereignty

सत्ताधारी/सत्तारूढ़ (वि०) اقتدار، حکومت میں (इक़्तेदार, हुकूमत में) in power, ruling

सत्त्व (वि०) وجود، جوہر، صفات، شئے، نیکی (वजूद, जौहर, सिफ़ात, शै, नेकी) existence, essence, properties, thing, goodness

सत्यं (क्रि०वि०) مخلص، ہاں (मुख़लिस, हाँ) truly, yes

सत्कार (पु०) خاطر تواضع (ख़ातिर तवाज़ो) hospitality

सत्य (वि०) سچا، نادار، خالص، سچائی، پاکی (सच्चा, नादार, ख़ालिस, सच्चाई, पाकी) true, faithful, pure, truth, virtue

सत्यता (स्त्री०) سچائی کی صفت (सच्चाई की सिफ़त) truthfulness

सत्या (वि०) سچائی، حقیقت (सच्चाई, हक़ीक़त) truth, reality

सत्यानाश (पु०) مکمل بربادی (मुकम्मल बर्बादी) total destruction

सत्यापन (पु०) صداقت (सदाक़त) verification

सत्यापित (पु०) تصدیق شدہ (तसदीक़शुदा) verified

सत्र (पु०) میعاد، اجلاس (मियाद, इजलास) term, session

सत्वर (वि०,क्रि०वि०) تیز، تیزی سے (तेज़, तेज़ी से) swift/fast, swiftly

सद् (क्रि०वि०) ہمیشہ، سچا معلم، خدا (हमेशा, सच्चा मुअल्लिम, खुदा) always, true guru, God

सदन (पु०) قیام گاہ، محل، گھر، ایوان (क़यामगाह, महल, घर, ऐवान) residence, palace, house, chamber

सदय (वि०) مہربان، نیک (मेहरबान, नेक) kind, gentle

सदस्य (पु०) رُکن (ممبر)، شریک کار (रुक्न {मेम्बर}, शरीककार) member, participant

सदस्यता (स्त्री०) رُکنیت (ممبری) (रुक्नियत {मेम्बरी}) membership

सदा (अव्य०) ہمیشہ (हमेशा) always

सदानंद (वि०) ہمیشہ خوش (हमेशा ख़ुश) always happy

सदृश (वि०) جیسا، مشابہ، موزوں (जैसा, मुशाबा, मौज़ूँ) like, similar, proper

सदृशता (स्त्री०) مشابہت (मुशाबेहत) similarity

सदैव (अव्यव) = **सदा**

सदोष (वि०) عیب دار، خطاکار (ऐबदार, ख़ाताकार) defective, guilty

सद्य (अव्यय) ابھی،ٹھیک پہلے یا بعد (अभी, ठीक पहले या बाद) now, just before or after

सधन (वि०) دولتمند (दौलतमंद) wealthy

सधना (क्रि०) مکمل ہونا،(جانوروں) کے قابو میں کرنے کی تربیت اپنایا جانا (मुकम्मल होना, {जानवरों} के क़ाबू में करने की तरबीयत अपनाया जाना) to be completed, to be trained (animal) to be won over

सधर्मिणी (स्त्री०) ایک پاکدامن بیوی (एक पाकदामन बीवी) a virtuous wife

सधर्मी (वि०) ایک ہی رسم کو ماننے والا،ایک فرقہ کا (एक ही रस्म को मानने वाला, एक फ़िरक़ा का) believer of similar ritual, of the same community

सधवा (स्त्री०) وہ بیوی جس کا شوہر زندہ ہے (वह बीवी जिसका शौहर ज़िन्दा है) a wife whose husband is alive

सधाऊ (वि०) قابل تربیت،تربیت پذیر (क़ाबिले तरबीयत, तरबीयत पज़ीर) trainable, docile

सधाना (क्रि०) سکھانا(جانوروں کو)،کمال کو پہنچانا (सिखाना {जानवरों को}, कमाल को पहुँचाना) to train (animal), to bring to perfection

सधौर (स्त्री०) حاملہ عورت کی خواہش (हामला औरत की ख़ाहिश) desire of pregnant woman

सन (पु०) ایک قسم کی آواز،حشیش کا پودا،ریشہ (एक क़िस्म की आवाज़, हशीश का पौदा, रेशा) whizzing, a plant 'hemp', fibre

सनक (स्त्री०) من کی موج،جنونی کیفیت (मन की मौज, जुनूनी कैफ़ियत) whim, eccentricity, frenzy

सनकी (वि०) دماغی طور پر غیر معتدل،پاگل (दिमाग़ी तौर पर ग़ैर मोतदिल, पागल) eccentric, mad

सनसन (स्त्री०) شوں شوں کی آواز،جھنجھناہٹ (शू शू की आवाज़, झंझनाहट) whizzing or whitling sound, tingling

सनसनी (स्त्री०) خوف،دہشت ناک (ख़ौफ़, दहशतनाक) thrill, terrible

सनातन (वि०) ابدی،زمانۂ قدیم سے آتا ہوا سلسلہ (अबदी, ज़मानए क़दीम से आता हुआ सिलसिला) eternal, continuing since ancient time

सनीचर (पु०) آہستہ رَو،زُحل سیارہ (अहिस्ता रौ, ज़ोहल सैयारा) slow going, Saturn planet

सनीचरा (पु०) بدقسمت شخص (बदक़िस्मत शख़्स) unlucky person

सन्नति (स्त्री०) جھکنا (झुकना) bowing down

सन्निकट (वि०) بہت قریب،ملحق (बहुत क़रीब, मुल्हिक़) very close, adjacent

सन्निध (पु०) نزدیکی،قرب وجوار (नज़दीकी, क़ुर्बो ज्वार) proximity, vicinity

सन्निपात (पु०) دھڑام سے گرنا،ٹکّر (धड़ाम से गिरना, टक्कर) collapse, collision

सन्निविष्ट (वि०) جمع،ساتھ،بیٹھنا،ہمسایہ (जमा, साथ, बैठना, हमसाया) assembled, seated together, neighbouring

सन्निवेश (पु०) اجتماع،حالت،شمولیت (इज्तेमा, हालत, शुमूलियत) assembly, situation, inclusion

सन्मार्ग (पु०) صحیح راستہ (सही रास्ता) right path

सपक्ष (वि०) پنکھ دار،ہم جماعت (पंखदार, हम जमाअत) winged, belonging to the same party

सपना (पु०) خواب (ख़ाब) dream

सपाट (वि०) چپٹا،چکنا،سطح (चिपटा, चिकना, सतह) flat, smooth, level ground

सपुत्र (वि०) بیٹا،بیٹے کے ساتھ (बेटा, बेटे के साथ) son, accompanied by a son

सपूत (वि०) ایک اچھا لڑکا (एक अच्छा लड़का) a good son

सपेला (पु०) ایک کمسن سانپ (एक कमसिन साँप) a young snake

सप्त (वि०) سات (सात) seven

सप्तम (वि०) ساتواں(ہفتم) (सातवाँ {हफ़्तुम}) seventh

सप्ताह (पु०) ہفتہ (हफ़्ता) week

सफल (वि०) کامیاب،منافع بخش (कामियाब, मुनाफ़ा बख़्श) successful, profitable

सफलता (स्त्री०) کامیابی (कामियाबी) success

सबल (वि०) طاقتور (ताक़तवर) powerful

सभा (स्त्री०) جلسہ،اجتماع،تنظیم،ایوان (जलसा, इज्तेमा, तंज़ीम, ऐवान) meeting, assembly, association, council

सभीत (वि०) ڈرا ہوا،بُزدل (डरा हुआ, बुज़दिल) fearful, timid

सभ्य (वि०) مہذب، خلیق (मुहज़्ज़ब, ख़ालीक़) civilised, polite

सभ्यता (स्त्री०) تہذیب، شائستگی (तहज़ीब, शाइस्तगी) civilisation, modesty

समंजस (पु०) صحیح، درست، موزوں (सही, दुरुस्त, मौज़ूं) right, accurate, proper

सम (उपसर्ग) ساتھ، جفت (جوڑا) توازن، مشابہ، سابقہ کے طور پر استعمال (साथ, जुफ़्त {जोड़ा} तवाज़ुन, मुशाबा, साबिक़ा के तौर पर इस्तेमाल) with, even, equilibrium, similar, used as prefix

समकक्ष (पु०) ایک ہی درجہ کے (एक ही दरजा के) of the same class

समकालिक/समकालीन (पु०) ہمعصر (ایک ہی زمانے کا) (हमअस्र {एक ही ज़माने का}) contemporary

समकोण (वि०) (90°) زاویۂ قائمہ (ज़ावियए क़ाएमा) right angle

समक्ष (वि०) آنکھوں کے سامنے (आँखों के सामने) before the eyes

समग्र (वि०) سارا، مکمل (सारा, मुकम्मल) entire, complete

समग्रता (स्त्री०) مکمل ہونا (मुकम्मल होना) entirety

समचतुर्भुज (वि०) ذواربعۃ الاضلاع (چار ضلع والا) (ज़ुअरबतुल अज़्ला {चार ज़िला वाला}) quadrilateral

समतल (वि०) سطح (सतह) plane surface

समता (स्त्री०) برابری، میل (बराबरी, मेल) equality, harmony

समद्विबाहु (वि०) متساوی الساقین (मुतसाविउस्साक़ैन) isosceles

समधिन (स्त्री०) بہو یا داماد کی ماں (बहू या दामाद की माँ) mother of daughter or son-in-law

समधी (पु०) بہو یا داماد کا باپ (बहू या दामाद का बाप) father of daughter or son-in-law

समन्वय (पु०) رابطہ، معاہدہ (राबिता, मुआहिदा) co-ordination, agreement

समन्वित (वि०) مربوط (मरबूत) co-ordinated

समपादकीय (पु०) اداریہ (एदारिया) editorial

समबाहु (वि०) متساوی الاضلاع (मुतसावियुल अज़्ला) equilateral

सममित (वि०) یکساں پیائش والا، مشابہ (यकसाँ पैमाइश वाला, मुशाबा) of the same measure, similar

समय (पु०) وقت، موقع، مدت، تاریخ (वक़्त, मौक़ा, मुद्दत, तारीख़) time, opportunity, period, date

समयौन (वि०) ہم جنس (हमजिन्स) homosexual

समरभूमि (स्त्री०) میدان جنگ (मैदाने जंग) battle ground

समराट (पु०) شہنشاہ (शहनशाह) emperor

समरूप (वि०) ہمشکل (हमशक्ल) identical

समर्थ (वि०) لائق، قابل، موزوں (लायक़, क़ाबिल, मौज़ूँ) capable, competent, suitable

समर्थक (पु०) حمایتی، تائید کرنے والا (हिमायती, ताईद करने वाला) supporter, seconder

समर्थन (पु०) حمایت (हिमायत) support

समर्थनीय (वि०) قابل حمایت (क़ाबिले हिमायत) deserving support

समर्थित (वि०) جس کی حمایت کی گئی (जिसकी हिमायत की गई) supported

समर्पण (पु०) حوالے کرنا، وقف کرنا (हवाले करना, वक़्फ़ करना) handing over, dedicating

समर्पित (वि०) وقف، حوالے کیا گیا، سپر انداز (वक़्फ़, हवाले किया गया, सिपर अंदाज़) dedicated, handed over, surrendered

समलिंगी/समलैंगिक (पु०) ہمجنس پسند (हमजिंस पसंद) homosexual

समलैंगिकता (स्त्री०) ہمجنس پسندی (हमजिंस पसंदी) homosexuality

समवर्ती (वि०) ملحقہ (ملا ہوا) (मुलहिक़ा {मिला हुआ}) adjoining

समष्टि (स्त्री०) پورا جھنڈ (पूरा झुंड) entire group

समसामायिक (वि०) ہمعصر، موجودہ وقت (हमअस्र, मौजूदा वक़्त) contemporary, current time

समस्त (वि०) کُل، سب (कुल, सब) entire, all

समस्या (स्त्री०) مسئلہ (मसला) problem

समागत (वि०) متحدہ، پہنچا، ایک ساتھ آنا (मुत्तहिदा, पहुँचा, एक साथ आना) united, arrived come together

समागम (पु०) پہنچ،آمد،ملنا،اجتماع (नीच, आमद, मिलना, इजतेमा) approach, arrival, meeting, assembly

समाचार (पु०) خبر،اطلاع،حالت (ख़बर, इत्तेला, हालत) news, information, condition

समाज (पु०) معاشرہ،تنظیم (मुआशरा, तंज़ीम) society, association

समाजीकरण (पु०) سماج پسند بنانا (समाज पसंद बनाना) socialisation

समादर (पु०) بڑی عزت (बड़ी इज़्ज़त) great respect

समाधान (पु०) (مسئلہ کا)حل،فیصلہ ({मसला का} हल, फ़ैसला) solution of problem, decision

समाधि (स्त्री०) گہرا مراقبہ،نعش سوزی یا دفن کی جگہ (गहरा मुराक़बा, नाश सोज़ी या दफ़न की जगह) profound meditation, cremation or burial ground

समान (वि०) جیسا،برابر (जैसा, बराबर) like, equal

समानता (स्त्री०) برابری (बराबरी) equality

समाना (क्रि०) اَٹ جانا،گنجائش ہونا (अट जाना, गुंजाइश होना) to contain, to hold

समापन (पु०) تکمیل، پورا کرنا، خاتمہ (तकमील, पूरा करना, ख़ात्मा) perfecting, completing, conclusion

समापन्न (वि०) حاضر،حصول (हाज़िर, हुसूल) attend, obtained

समाप्त (वि०) مکمل،ختم (मुकम्मल, ख़त्म) perfected, end

समाप्ति (स्त्री०) تکمیل، خاتمہ، ختم (तकमील, ख़ात्मा, ख़त्म) perfection, conclusion, end

समाप्य (वि०) مکمل ہونے کے قابل (मुकम्मल होने के क़ाबिल) worth finishing

समायोजन (पु०) اہتمام،ہم آہنگی (एहतेमाम, हम आहंगी) arrangement, adjustment

समारोह (पु०) تقریب،جشن،شان وشوکت (तक़रीब, जश्न, शानो शौकत) ceremony, celebration, pomp

समाली (स्त्री०) پھولوں کا ہار (फूलों का हार) garland of flowers

समालोचक/समालोचन (पु०) =

समीक्षक/समीक्षा

समाविष्ट (वि०) شامل،ایک ہو جانا (शामिल, एक हो जाना) included, incorporated

समावेश (पु०) داخل ہونا (दाखिल होना) entering

समास (पु०) ترکیب کا عمل، مرکب الفاظ (तरकीब का अमल, मुरक्कब अलफ़ाज़) combination, compound word

समाहित (वि०) جمع (जमा) collected

समिति (स्त्री०) تنظیم، کمیٹی (तंज़ीम, कमीटी) association, committee

समिध (स्त्री०) جلاون کی لکڑی (जलावन की लकड़ी) fire wood

समिर (पु०) ہوا کا جھونکا، ہوا (हवा का झोंका, हवा) breeze, wind

समीकरण (पु०) مساوات (मसावात) equation

समीक्षक (पु०) نظر ثانی کرنے والا، نقاد (नज़रसानी करने वाला, नक़्क़ाद) reviewer, critic

समीक्षा (स्त्री०) معائنہ، جانچ، تنقیدی جائزہ (मुआइना, जाँच, तन्क़ीदी जायज़ा) inspection, investigation, critical study

समीक्षित (वि०) نظر ثانی شدہ (नज़रसानी शुदा) reviewed

समीप (वि०) نزدیک،متصل (नज़दीक, मत्तसिल) near, adjacent

समीपता (स्त्री०) نزدیکی، قربت (नज़दीकी, क़ुरबत) nearness, proximity

समीर (पु०) = **समिर**

समुचित (वि०) مناسب،معقول (मुनासिब, माक़ूल) appropriate, suitable

समुच्चय (पु०) مجموعی، جوڑی، جمع (मजमूइ, जोड़ी, जमा) aggregate, set, assemblage

समुदाय (पु०) فرقہ،طبقہ،اکٹھا کرنا،تنظیم (फ़िरक़ा, तब्क़ा, इकट्ठा करना, तंज़ीम) community, section, collection, association

समुद्र (पु०) سمندر (समुन्दर) ocean (sea)

समुह (पु०) موجودگی میں (मौजूदगी में) in presence of

समूचा (पु०) پورا،مکمل (पुरा, मुकम्मल) entire, complete

समूह (पु०) جھنڈ، مجموعی، انبوہ (झुंड, मजमूई, अंब्वा) group, aggregate, multitude

समूहन (पु०) جماعت سازی، مجموعی (जमाअतसाज़ी, मजमूई) grouping, aggregate

समृद्ध (वि०) خوشحال، دولتمند، بھراپورا (ख़ुशहाल, दौलतमंद, भरापुरा) prosperous, wealthy, enriched

समृद्धि (स्त्री०) خوشحالی (ख़ुशहाली) prosperity

सम्मत (वि०) ایک ذہن، متفق ہونا (एक ज़ेहन, मुत्तफ़िक होना) one mind, agreeing

सम्मति (स्त्री०) معاہدہ، منظوری، خیال، صلاح (मुआहिदा, मंजूरी, ख़्याल, सलाह) agreement, approval, opinion

सम्मान (पु०) عزت، توقیر، احترام (इज़्ज़त, तौक़ीर, एहतेराम) honour, esteem, veneration

सम्मानन (पु०) عزت سے پیش آنا (इज़्ज़त से पेश आना) honouring

सम्माननीय (वि०) لائق احترام (लायके एहतेराम) honourable/respectable

सम्मानित (वि०) محترم (मुहतरम) honoured/ respected

सम्मान्य (वि०) = **सम्माननीय**

सम्मिलित (वि०) مشترکہ، شامل، جمع (मुशतरका, शामिल, जमा) combined, including, gathered

सम्मिश्रण (पु०) ملا ہوا، مخلوط (मिला हुआ, मख़्लूत) mixing together, mixture

सम्मुख (क्रि०वि०) آمنے سامنے، بالمقابل (आमने सामने, बिलमुक़ाबिल) face to face, opposite

समेकित (वि०) مجموعی طور پر (मजमूई तौर पर) collectively

सम्मेलन (पु०) جلسہ، اجتماع، کانفرنس (जल्सा, इज्तेमा, कान्फ़्रेंस) meeting, gathering, conference

सम्मोह (पु०) حیرانی، دلکشی، فریفتگی (हैरानी, दिल्कशी, फ़रेफ़्तगी) bewilderment, attractiveness, infatuation

सम्मोहक (वि०) دلکش، فریفتہ کرنے والا (दिलकश, फ़रेफ़ता करने वाला) charming, infatuating

सम्मोहन (पु०) دلکشی، دلربائی (दिलकशी, दिलरुबाई) act of charming, fascinating

सम्यक (वि०) کاملیت، مناسب، یکسانیت (कामिलयत, मुनासिब, यक्सानियत) completion, proper, parity

सम्राज्ञी (स्त्री०) ملکہ (मल्का) empress

सम्राट (पु०) شہنشاہ (शहंशाह) emperor

सयान (पु०) چالاکی، مکاری کرنا (चालाकी, मक्कारी करना) cleverness, cunning

सयाना (वि०) بالغ، عقلمند (बालिग़, अक़्लमंद) adult, wise

सरगम (पु०) پیانہ (موسیقی) (पैमाना {मौसीक़ी}) scale (music)

सदाबहार (वि०) لافانی، سدابہار (लाफ़ानी, सदाबहार) immortal, evergreen

सरणी (स्त्री०) راستہ، پگڈنڈی (रास्ता, पगडंडी) road, path

सरभंग (पु०) ہندو سادھوؤں کا ایک طبقہ (हिन्दू साधुओं का एक तब्क़ा) a section of Hindu ascetics

सरल (वि०) سیدھا، سہل، ایماندار، آسان (सीधा, सहल, इमानदार, आसान) straight, simple, honest, easy

सरलता (स्त्री०) سادگی، دیانتداری، آسانی (सादगी, दयानतदार, असानी) simplicity, straight forwardness, easy

सरस (वि०) تازہ، رس والا، مزے دار، پُرلطف (ताज़ा, रस वाला, मज़ेदार, पुरलुत्फ़) fresh, juicy, tasty, lively

सरस्वती (स्त्री०) علم وفن کی دیوی، ایک ندی کا نام (इल्मो फ़न की देवी, एक नदी का नाम) goddess of learning & art, name of a river

सराई (स्त्री०) مٹی کی چھوٹی ڈھکنی (मिट्टी की छोटी ढकनी) small earthen dish

सराप (पु०) بددعاء (बददुआ) curse

सरावगी (पु०) جینی (जैनी) jain

सराह (स्त्री०) تعریف (तारीफ़) praise

सराहना (क्रि०) تعریف کرنا (तारीफ़ करना) to praise

सराहनीय (वि०) قابل تعریف (क़ाबिले तारीफ़) praiseworthy

सरि (स्त्री०) برابر، مشابہ، ندی (बराबर, मुशाबा, नदी) equal, similar, river

सरिता (स्त्री०) ندی،جھرنا (नदी, झरना) river, water fall

सरिल (पु०) پانی (पानी) water

सरिस (वि०) جیسا،مشابہ ہونا (जैसा, मुशाबा होना) like, resembling

सरी (पु०) جھرنا،جھیل،تالاب (झरना, झील, तालाब) stream, lake, pond

सरीखा/सरीखी (वि०) برابر،جیسا،مشابہ (बराबर, जैसा, मुशाबा) equal, like, similar

सरीसृप (पु०) رینگنے والا جانور،حشرات الارض (रेंगने वाला जानवर, हशरातुल अर्ज़) crawling animals, reptiles

सरुज (वि०) مریض (मरीज़) patient

सरुष (वि०) غصہ ور،غضبناک (गुस्सावर, ग़ज़बनाक) angry, fierce

सरूप (वि०) اپناروپ،مناسب شکل (अपना रूप, मुनासिब शक्ल) own form, proper form

सरूपता (वि०) مشابہت (मुशाबेहत) similarity

सरेख (वि०) چالاک،مکار (चालाक, मक्कार) clever, cunning

सरेखा (वि०) = **सरेख**

सरेश (पु०) سریس (सेरेस) glue

सरो (पु०) تالاب،جھیل،ایک قسم کا درخت (तालाब, झील, एक क़िस्म का दरख़्त) pond, lake, a type of tree

सरोज/सरोजिनी (पु०) کنول (कंवल) lotus

सरोरूह/सरोवर (पु०) = **सरो**

सरोष (वि०) = **सरुष**

सर्ग (पु०) اجازت،فطرت،اخلاق (एजाज़त, फ़ितरत, अख़्लाक़) permission, nature, manner

सर्जन (पु०) تخلیق (तख़्लीक़) creation

सर्प (पु०) سانپ (साँप) snake

सर्पिल (पु०) سانپ جیسا،لہردار (साँप जैसा, लहरदार) snake, like, spiral

सर्व (अव्यव) مکمل،پورا،آفاقی،عام،ہمہ (मुकम्मल, पूरा, आफ़ाक़ी, आम, हमह) entire, total, universal, general, omni

सर्वकाल (पु०) ہروقت،سبھی موسموں کے لئے (हर वक़्त, सभी मौसमों के लिए) at all times, for all seasons

सर्वगामी (वि०) پھیلنے والا،وسیع (फैलने वाला, वसी) pervasive, extensive

सर्वग्राह्यता (वि०) قبولیت عام (क़बूलियते आम) general acceptance

सर्वत्र (अव्यव) ہرجگہ،سبھی معاملوں میں،ہمیشہ (हर जगह, सभी मामलों में, हमेशा) everywhere, in all cases, always

सर्वथा (अव्यव) ہرلحاظ سے،پوری طرح سے (हर लिहाज़ से, पूरी तरह से) in every respect, completely

सर्वदा (अव्यव) ہمیشہ (हमेशा) always

सर्वहर (वि०) سب کچھ لے لینے والا (सब कुछ ले लेने वाला) one who takes all

सर्वज्ञ (पु०) سب کچھ جاننے والا،خدا (सब कुछ जानने वाला, खुदा) one who knows everything, God

सर्वेक्षक (पु०) جائزہ لینے والا (जाएज़ा लेने वाला) surveyor

सर्वेक्षण (पु०) جائزہ (जाएज़ा) survey

सर्वे-सर्वा (पु०,वि०) مالکِ کل (मालिके कुल) all in all, chief of all

सर्वांगीण (वि०) ہمہ جہت (हमा जहत) all round

सर्वोत्तम (वि०) اعلیٰ ترین (आलातरीन) superior most

सर्वोपरि (क्रि०वि०) سب سے اوپر،اعلیٰ (सब से उपर, आला) above all, chief

सर्वोदय (पु०) سب کی ترقی (सब की तरक़्क़ी) progress of all

सर्वशक्तिमान (वि०) قادرِ مطلق (क़ादिरे मुतलक़) almighty

सर्वश्रेष्ठ (वि०) عمدہ ترین (उम्दातरीन) best of all

सल (पु०) بڑا ٹڈا،کانٹا،شکن (बड़ा टिड्डा, काँटा, शिकन) large grass hopper, thorn, crease

सलग (वि०) آپس میں جڑا ہوا،لگاتار (आपस में जुड़ा हुआ, लगातार) joined together, continuous

सलहज (स्त्री०) سالے کی بیوی (साले की बीवी) brother-in-law's wife

सलिल (पु०) پانی (पानी) water

सलील (पु०) کھلنڈرا، تفریح باز (खलेन्डरा, तफ़रीहबाज़) playful, sportive

सलोतर (पु०) حیوانی امراض کا علم (हैवानी अमराज़ का इल्म) veterinary science

सलोतरी (पु०) حیوانی امراض کا جراح (جانور کا ڈاکٹر) (हैवानी अमराज़ का जर्राह {जानवर का डाक्टर}) veterinary practitioner

सलोना (वि०) ملاحیت (نمک والا)، پرکشش (मलाहियत {नमक वाला}, पुरकशिश) salted, attractive

सर्वतोन्मुखी (वि०) ہمہ گیر (हमागीर) versatile

सर्वण (वि०) ایک ہی رنگ کا، ایک ہی برادری کا (एक ही रंग का, एक ही बिरादरी का) of the same colour, of the same group

सवा (स्त्री०,वि०) ایک چوتھائی (एक चौथाई) one fourth

स्वायंभू (पु०) پہلا منو (पहना मनु) first Manu

सविता (पु०) سورج (सूरज) sun

सव्य (वि०) بایاں ہاتھ، محفوظ، ناسازگار (बायाँ हाथ, महफ़ूज़, नसाज़गार) left hand, reserve, unfavourable

सशंक (वि०) خوفزدہ، مشکوک (ख़ौफ़ज़दा, मशकूक) fearful, suspicious

सशंकित (पु०) جسے خوفزدہ کیا گیا ہو، ہوشیار (जिसे ख़ौफ़ज़दा किया गया हो, होशियार) horrified, alert

सशक्त (पु०) طاقتور (ताक़तवर) powerful

सशस्त्र (पु०) مسلح (मुसल्ले) armed

सशुल्क (पु०) معاوضہ ادا کرنا (मुआवज़ा अदा करना) paying fee

ससुर (पु०) خسر (खुसर) father-in-law

सह (अव्यव) ساتھ، متحد، مشرکہ، آپس میں (साथ, मुत्तहिद, मुश्रिका, आपस में) with, united, common, together with

सहकारिता (स्त्री०) کسی کام میں تعاون (किसी काम में तआवुन) working together

सहकारी (पु०) امداد باہمی، معاون کار، نائب (इम्दाद बाहमी, मुआविनकार, नायब) co-operative, fellow worker, assistant

सहगामी (पु०) ہمسفر (हमसफ़र) companion in journey

सहचर (पु०) ساتھی، پیرو (साथी, पैरू) companion, follower

सहचारिणी (स्त्री०) ساتھی، بیوی (साथी, बीवी) companion, wife

सहज (पु०) جبلی، آسان، قدرتی، جو ساتھ پیدا ہو (जिब्बिली, आसान, कुदरती, जो साथ पैदा हो) innate, easy, natural, born together

सहजन (पु०) مونگا کا درخت (मुंगा का दरख़्त) tree of drum stick (Muringa)

सहजात (वि०) جبلی، جڑواں پیدائش (जिब्बिली, जुड़वाँ पैदाइश) innate, twin born

सहन (पु०) برداشت (बर्दाश्त) patience

सहनक (स्त्री०) طشتری، چھوٹی رکابی (तश्तरी, छोटी रिकाबी) saucer, small plate

सहनशीलता (स्त्री०) قوت برداشت (कुव्वते बर्दाश्त) tolerance capacity

सहनीय (वि०) قابل برداشت (क़ाबिले बरदाश्त) bearable

सहपाठिनी (स्त्री०) ہم جماعت (تانیث) (हम जमात {तानीस}) class fellow (female)

सहपाठी (पु०) ہم جماعت (हमजमात) class fellow

सहभागिता (स्त्री०) ساجھے دار، شریک کار (साझेदार, शरीककार) shareholder, partner

सहमति (स्त्री०) اتفاق، اجازت (इत्तेफ़ाक, इजाज़त) agreement, conseent

सहयोग (पु०) تعاون (तआवुन) co-operation

सहयोगी (वि०) معاون، شریک کار (मुआविन, शरीकेकार) assistant, associated

सहवास (पु०) شریک رہائش، جنسی مباشرت (शरीके रिहाइश, जिन्सी मुबाशरत) co-residence, sexual intercourse

सहस (वि०) ہزار، طاقت (हज़ार, ताक़त) thousand, strength

सहसा (अव्यव) یکایک، جلد بازی میں (यकायक, जल्दबाज़ी में) suddenly, rashly

सहस्त्र (पु०) = **सहस**

सहस्त्राब्दी (स्त्री०) ہزار سال کی مدت (हज़ार साल की मुद्दत) millennium

सहानुभूति (स्त्री०) ہمدردی (हमदर्दी) sympathy

सहाय (पु०) مددگار، بچانے والا (मददगार, बचाने वाला) helper, rescuer

सहायक (वि०) معاون (मुआविन) assistant

सहायता (स्त्री०) مدد، تعاون (मदद, तआवुन) help, assistance

सहायिका (स्त्री०) معاون (عورت) (मुआविन {औरत}) female assistant

सहार (स्त्री०) مبتلا ہونا، برداشت کرنا (मुब्तिला होना, बरदाश्त करना) suffering, bearing

सहित (अव्य०) ہمراہ، ساتھ (हमराह, साथ) accompanied, alongwith

सहिष्णु (वि०) صابر، برداشت کرنے والا (साबिर, बरदाश्त करने वाला) patient, tolerant

सहिष्णुता (स्त्री०) صبر، برداشت (सब्र, बरदाश्त) patience, tolerance

सहेजना (क्रि०) جانچنا، حوالے کرنا (जाँचना, हवाले करना) to check, to hand over

सहोदर (पु०,वि०) اپنا بھائی، ایک بطن سے پیدا (अपना भाई, एक बतन से पैदा) full brother, born of the same womb

सहोदरता (वि०) ایک بطن سے پیدائش (एक बतन से पैदाईश) birth from the same womb

सहोढ़ (पु०) اس عورت کا بیٹا جو شادی کے وقت حاملہ ہوگئی (उस औरत का बेटा जो शादी के वक़्त हामला हो गई) the son of a woman pregnant at the time of her marriage

सह्य (वि०) قابلِ برداشت (क़ाबिले बरदाश्त) tolerable

साईं (पु०) مالک (मालिक) master

सांक (पु०) خوف، اندیشہ (ख़ौफ़, अंदेशा) fear, apprehension

सांकर (स्त्री०) زنجیر، ہتھکڑی، پتلا، پریشانی (जंजीर, हथकड़ी, पतला, परेशानी) chain, handcuff, narrow, trouble

सांक्रामिक (वि०) چھوت سے پیدا ہونے والا (متعدی) (छूत से पैदा होने वाला {मुत्तअद्दी}) infectious, contagious

सांकेतिक (वि०) علامتی (अलामती) symbolic

सांग (वि०) پورا، مکمل (पूरा, मुकम्मल) complete, entire

सांचा (पु०) قالب، شکل، خاکہ (क़ालिब, शक्ल, ख़ाका) mould, form, outline

सांझ (स्त्री०) شام (शाम) evening

सांझा (पु०) ساجھا (साझा) share

सांत (वि०) محدود، معین (महदूद, मोअय्यन) limited, finite

सांत्वना (स्त्री०) صبر (सब्र) consolation

सांठ (स्त्री०) سرکنڈا، چاندی کا توڑ (सरकंडा, चाँदी का तोड़) reed, silver ornament of foot

सांठ-गांठ (स्त्री०) سازش (साज़िश) plot

सांड़नी (स्त्री०) اونٹنی (ऊंटनी) female camel

सांवल/सांवत्सरक (पु०) جیوتشی، حساب کتاب کرنے والا (ज्योतिषी, हिसाब किताब करने वाला) astrologer, calculator

सांवला (वि०) گہرے رنگ کا (गहरे रंग का) dark complexioned

सांसत (स्त्री०) سزا، درد، جسمانی اذیت (सज़ा, दर्द, जिस्मानी अज़ीयत) punishment, pain, torment

सांसद (पु०) رکن پارلیامنٹ (रुकने पार्लियामेंट) MP

सांसतघर (पु०) جیل کی کالی کوٹھری (जेल की काली कोठरी) dark cell of prison

सांसर्गिक (वि०) چھوت والی (छूत वाली) contagious

सांसा (पु०) شک، اندیشہ، خوف (शक, अंदेशा, ख़ौफ़) doubt, apprehension, fear

सांसारिक (वि०) دنیاوی (दुनियावी) worldly

सांसिया (पु०) ہندوستان کا ایک خانہ بدوش قبیلہ (हिन्दुस्तान का एक ख़ाना बदोश क़बीला) a tribe of Indian gypsies

सांस्कृतिक (वि०) ثقافتی (کلچرل) (सेक़ाफ़ती {कल्चरल}) cultural

सा (वि०) مشابہ ہونا، جیسا (मुशाबा होना, जैसा) resembling, like

साइका (स्त्री०) چھوٹی برچھی، تیر، بجلی (छोटी बरछी, तीर, बिजली) dart, arrow, thunderbolt

साई (स्त्री०) جیتنا،پانا (जीतना, पाना) winning, gaining

साउज (पु०) جنگلی جانور (जंगली जानवर) wild animal

साकल्य (पु०) مجموعیت، مکمل ہونا (मजमूइयत, मुकम्मल होना) totality, entirety

साकार (वि०) تجسیم، سچ، شکل اختیار کرنا (तजसीम, सच, शक्ल एख़्तेयार करना) incarnation, real, having shape

साक्ष (वि०) آنکھ والا (आँख वाला) having eyes

साक्षर (वि०) پڑھا لکھا (पढ़ा लिखा) literate

साक्षरता (स्त्री०) پڑھائی لکھائی (خواندگی) (पढ़ाई लिखाई {ख़ानदगी}) literacy

साक्षात (पु०) آنکھوں کے سامنے، بہ ظاہر، ملاقات (आँखों के सामने, बज़ाहिर, मुलाक़ात) before eyes, visibly, meeting

साक्षात्कार (पु०) ملاقات، انٹرویو (मुलाक़ात, इंटरव्यू) meeting, interview

साक्षी (पु०) مشاہد، چشم دید گواہ (मुशाहिद, चश्मदीद गवाह) observer, eyewitness

साक्ष्य (पु०) شہادت، ثبوت (शहादत, सबूत) testimony, evidence

साक्ष्यांकन (पु०) تصدیق کرنا (तस्दीक़ करना) attestation

साख (पु०) نیک نامی، عزت (नेक नामी, इज़्ज़त) credit, reputation, branch

साखा (पु०) بلّی، جھگڑا (बल्ली, झगड़ा) shaft, quarrel

साखी (पु०) ثبوت، شہادت، ہم قافیہ دوہا (सबूत, शहादत, हमक़ाफ़िया दोहा) evidence, testimony, rhyming verse

सागर (पु०) سمندر (समुन्दर) ocean (sea)

सागौती (स्त्री०) گوشت، قصاب کا گوشت (गोश्त, कस्साब का गोश्त) meat, butcher's meat

सांख्यिकी (स्त्री०) علم اعداد و شمار (इल्मे आदादो शुमार) statistics

सांग (पु०,वि०) مکمل، بھیس (मुकम्मल, भेस) complete, entire, disguise

साजन (पु०) محبوب، مالک، شوہر (महबूब, मालिक, शौहर) lover, lord, husband

साझा (पु०) شراکت، شرکت (शिराकत, शिरकत) partnership, share

साझी (पु०) شراکت دار، شریک کار (शराकतदार, शरीककार) share holder, associate

साटक (पु०) بیکار، چھلکا، بھوسا (बेकार, छिल्का, भूसा) useless, rind, husk

साठा (पु०) ساٹھ سال کی عمر والا آدمی (साठ साल की उम्र वाला आदमी) a man of 60 years

साढ़ू (पु०) ہم زلف (हमज़ुल्फ़) wife's sister's husband

सात्त्विक (वि०) سچا، اصلی، ایماندار (सच्चा, असली, ईमानदार) true, genuine, honest

सात्त्विकता (स्त्री०) اصلیت، ایمانداری (असलियत, ईमानदारी) genuineness, honesty

साथरा (पु०) چٹائی، بستر (चटाई, बिस्तर) mat, bed

साथरी (स्त्री०) چھوٹی چٹائی (छोटी चटाई) small mat

साद (पु०) خواہش، سخت آرزو (ख़ाहिश, सख़्त आरज़ू) wish, longing

सादर (वि०) عزت کے ساتھ (इज़्ज़त के साथ) respectfully

सादित (वि०) تتر بتر، برباد (तितर बितर, बरबाद) scattered, destroyed

सादृश्य/सादृश्यता (पु०) مشابہت، یکسانیت (मुशाबेहत, यकसानियत) resemblance, similarity

साध (स्त्री०) خواہش، انجام دینا، عمدہ (ख़ाहिश, अंजाम देना, उम्दा) wish, performing, excellent

साधक (पु०) موثر، ماہر، عقیدتمند، جادوگر (मुअस्सिर, माहिर, अक़ीदतमंद, जादूगर) effective, skilful, devotee, magician

साधन (पु०) ذرائع، حصول (ज़राए, हुसूल) means, achievement

साधना (स्त्री०) انجام دینا، عمل سے حاصل کرنا، ریاضت کرنا (अंजाम देना, अमल से हासिल करना, रियाज़त करना) to accomplish, to achieve by work, to learn

साधनी (स्त्री०) بڑھئی کا سطح بیں (آلہ) (बढ़ई का सतहबीं {आला}) carpenter's level

साधनीय (वि०) انجام دیا جانے والا، ثابت کیا جانے والا (अंजाम दिया जाने वाला, साबित किया जाने वाला) to be accomplished, to be proved

साधारण (वि०) معمولی، عمومی، سادہ، سیدھا (मामूली, ओमूमी, सादा, सीधा) ordinary, usual, plain, simple

साधारणतया/साधारणता (अव्यव) عموماً، عام طور سے (अमूमन, आम तौर से) usually, generally

साधित (वि०) حاصل شدہ، طئے شدہ (हासिल शुदा, तैशुदा) achieved, settled

साधु (पु०) پاک شخص، مقدس، فقیر (पाक शख़्स, मुक़द्दस, फ़क़ीर) holy man, saint

साधुता (स्त्री०) پارسائی، تقدس، خدا ترسی (पारसाई, तक़द्दुस, खुदा तरसी) virtue, holiness, God fearing

साध्य (वि०) قابل حصول (क़ाबिल हुसूल) achievable

साध्वी (स्त्री०) پارسا عورت (पारसा औरत) virtuous woman

सान (पु०) کسوٹی، سان (कसौटी, सान) touchstone, grind stone

सान्द्र (पु०) مُرتکز (मुर्तकिज़) concentrated

सानी (स्त्री०) پانی میں بھگوئی بھوسی اور دانہ (چارا) (पानी में भिगोई भूसी और दाना {चारा}) water soaked chaff & grain (fodder)

सानु (पु०) پہاڑ، کلغی (पहाड़, कलग़ी) mountain, crest

सानुज (क्रि०वि०) چھوٹے بھائی کے ساتھ (छोटे भाई के साथ) alongwith younger brother

सान्निध्य (पु०) قرب و جوار، نزدیکی (कुर्बो ज्वार, नज़दीकी) vicinity, proximity

सापेक्ष (वि०) نسبتاً (निस्बतन) relative, compara-tive

सापेक्षता (स्त्री०) نسبت (निसबत) relativity

साप्ताहिक (वि०) ہفتہ وار (हफ़्तावार) weekly

साबल (पु०) لوہے کا لیور، اہرن (लोहे का लीवर, अहरण) iron lever, anvil

सामंजस्य (पु०) تال میل، ہم آہنگی (तालमेल, हम आहंगी) coordination, harmony

सामंत (पु०) جاگیردار، سردار، جنگجو (जागीरदार, सरदार, जंगजू) feudal, leader, warrior

सामंती (वि०) جاگیردارانہ (जागीरदाराना) feudalism

सामग्री (स्त्री०) مال، سامان، اوزار (माल, सामान, औज़ार) stock, materials, implements

सामयिक (वि०) بروقت، وقت سے متعلق (बरवक़्त, वक़्त से मुतअल्लिक़) timely, having to do with time

सामरिक (वि०) جنگ سے متعلق، فوج (जंग से मुतअल्लिक़, फ़ौज) concerning battle, military

सामर्थ्य (पु०) صلاحیت، طاقت (सलाहियत, ताक़त) capacity, power

सामाजिक (वि०) سماجی (समाजी) social

सामान्य (वि०) برابر، عام (बराबर, आम) equal, general

सामान्यता (स्त्री०) عمومی، عام حالات (ओमूमी, आम हालात) generally, normal state

सामिष (वि०) گوشت کے ساتھ (गोश्त के साथ) with meat

सामीप्य (पु०) نزدیکی (नज़दीकी) proximity

सामुदायिक (वि०) فرقہ وارانہ، عوامی (फ़िरक़ावाराना, अवामी) communal, public

सामुद्र/सामुद्रिक (वि०) سمندری (समुन्द्री) marine

सामुद्रिकी (पु०) نجومی (नजूमी) fortune teller

साम्य (पु०) برابری، ہم آہنگی، یکسانیت (बराबरी, हमआहंगी, यकसानियत) equality, harmony, evenness

साम्यवादी (वि०) اشتراکیت پسند (इश्तेराकियत पसंद) communist

साम्राज्य (पु०) سلطنت (सल्तनत) empire

सायं (पु०) شام (शाम) evening

सायक (पु०) تیر (तीर) arrow

साया (पु०) حفاظت، تہبند (हिफ़ाज़त, तहबंद) protection, petticoat

सायास (क्रि०वि०) کوشش کے ساتھ (कोशिश के साथ) with effort

सांत्वना (पु०) تلقین، تعزیت (तलक़ीन, ताज़ीयत) consolation, condolence

सारंग (पु०) چتکبرا، دلکش، ہرن، کوئل (चितकबरा, दिलकश, हरण, कोयल) spotted, attractive, a deer, cuckoo

सार (पु०) خلاصہ، جوہر، اصل، مغز (खुलासा, जौहर, असल मग्ज़) gist, essence, main part, marrow

सारक (वि०) جُلّاب، قبض کُشا (जुल्लाब, कब्ज़कुशा) purgative, luxative

सार गर्भित (वि०) مغز/مواد سے بھرا (मग्ज़/मवाद से भरा) full of substance

सारणी (स्त्री०) جدول (जदवल) table

सारथी (पु०) رتھ والا، میر کارواں (रथ वाला, मीरे कारवाँ) charisteer, leader of a caravan

सारिका/सारी (स्त्री०) (مینا (پرندہ) (मैना {परिन्दा}) mynah (bird)

सार्थ (पु०) سیاحوں کی جماعت، جھنڈ (सय्याहों की जमाअत, झुंड) group of travellers, flock

सार्थक (वि०) بامقصد، فائدہ مند، کارگر (बामक़सद, फ़ायदामंद, कारगर) purposeful, profitable, effective

सार्थकता (स्त्री०) مقصد (मक़सद) purpose

सार्वकालिक (वि०) دائمی، ہر زمانے کے لئے (दायमी, हर ज़माने के लिए) everlasting, belonging to all times

सार्वजनिक (वि०) عوامی، عام (अवामी, आम) public, general

सार्वजनिकता (स्त्री०) عوامی کردار، کھلاپن (अवामी किरदार, खुलापन) public character, openness

सार्वत्रिक (वि०) ہر جگہ، عام، آفاقی (हर जगह, आम, आफ़ाक़ी) everywhere, general, universal

सार्वदेशिक (वि०) سبھی ملکوں پر لاگو، عالمگیر (सभी मुल्कों पर लागू, आलमगीर) applying to all countries, world-wide

सार्वभौम (वि०) پوری دنیا کے ساتھ معاملہ، عالمگیر (पूरी दुनिया के साथ मामला, आलमगीर) concerned with whole world, universal

सार्वभौमिकता (स्त्री०) آفاقیت (अफ़ाक़ियत) universality

साल (पु०) سال کا درخت، کانٹا، تکلیف (साल का दरख़्त, काँटा, तकलीफ़) Sal tree, thorn, pain

सालन (पु०) گوشت کی ترکاری (गोश्त की तरकारी) meat curry

साला (पु०) بیوی کا بھائی، نسبتی بھائی (बीवी का भाई, निस्बती भाई) wife's brother, brother-in-law

सालिग्राम (पु) ایک سیاہ پتھر (एक सियाह पत्थर) a black stone

साली (स्त्री०) بیوی کی بہن، نسبتی بہن (बीवी की बहन, निस्बती बहन) wife's sister, sister-in-law

सालोतरी (पु०) جانوروں کا علاج کرنے والا (जानवरों का इलाज करने वाला) veterinary practitioner

सावंत (पु०) = **सामंत**

सावंती (स्त्री०) بہادری (बहादुरी) bravery

सावड़ (स्त्री०) زچہ خانہ (ज़च्चाख़ाना) labour room

सावधान (वि०) ہوشیار، احتیاط (होशियार, एहतियात) attention, caution, careful

सावधानी (स्त्री०) ہوشیاری، احتیاط (होशियारी, एहतियात) attention, precaution

सावधि (वि०) جس میں معینہ مدت ہو (जिसमें मुअइयना मुद्दत हो) having a fixed term

सावित्री (स्त्री०) سہاگن عورت، شِوا کی بیوی اُما کا نام (सुहागन औरत, शिव की बीवी उमा का नाम) married woman, name of Shiva's wife, Uma

साष्टांग (वि०) آٹھ اعضا سے مل کر بنا (आठ आज़ा से मिल कर बना) made with eight body parts

सास (स्त्री०) خوشدامن (ख़ुशदामन) mother-in-law

सासु (स्त्री०) = **सास**

सासना (स्त्री०) حکومت کرنا (हुकूमत करना) to rule

साह (पु०) سوداگر، دکاندار، مہاجن، شریف (सौदागर, दुकानदार, महाजन, शरीफ़) merchant, shopkeeper, banker, noble

साहचर्य (पु०) ساتھ، شرکت (साथ, शिरकत) company, association

साहस (पु०) ہمت، قوت (हिम्मत, कूवत) courage, vigour

साहसिक (वि०) بلند ہمت، بہادر (बुलंद हिम्मत, बहादुर) bold, brave

साहसी (वि०) = **साहसिक**

साहा (पु०) سادھو، راجہ، شادی کا مبارک وقت (साधू, राजा, शादी का मुबारक वक़्त) saint, king, auspicious time for a marriage

साहाय्य (पु०) مدد، تعاون (मदद, तआवुन) help, assistance

साहित्य (पु०) ادب، ادبی مضمون نگاری (अदब, अदबी मज़मून निगारी) literature, literary composition

साहित्यकार (पु०) ادیب، مصنف (अदीब, मुसन्निफ़) litterateur, writer

साहित्यिक (वि०) ادبی (अदबी) literary

साहित्यिकता (स्त्री०) ادبی ذوق (अदबी ज़ौक़) literary quality

साहू/साहूकार (पु०) مہاجن، رقم قرض دینے والا (महाजन, रक़म क़र्ज़ देने वाला) money lender

सिंगौटी (स्त्री०) سینگ کا چھوٹا پیالہ، مویشیوں کا سینگ (सींग का छोटा प्याला, मवेशियों का सींग) small receptacle (cup) of horn, horn of cattle

सिंघ (पु०) شیر (शेर) lion

सिंघल (पु०) لنکا کا جزیرہ (लंका का जज़ीरा) island of Sri Lanka

सिंचन (पु०) سینچنا، پانی پٹانا (सींचना, पानी पटाना) to irrigate, watering

सिंचित (वि०) سینچا ہوا (सींचा हुआ) irrigated

सिंदूरिया (वि०) سیندور جیسا رنگ، لال رنگ کا ایک آم (सेंदुर जैसा रंग, लाल रंग का एक आम) vermilion coloured, a type of red mango

सिंधिया (पु०) گوالیار کے ایک مراٹھا قبیلہ کا نام (ग्वालियार के एक मराठा क़बीला का नाम) name of a Maratha tribe of Gwalior (MP)

सिंधु (पु०) سمندر، ندی (समुन्दर, नदी) ocean, a river (Indus)

सिंधुर (पु०) ہاتھی (हाथी) elephant

सिंह (पु०) شیر (शेर) lion

सिंहिनी/सिंही (स्त्री०) شیرنی (शेरनी) lioness

सिकड़ी (स्त्री०) زنجیر (जंजीर) chain

सिकता (स्त्री०) کنکر، پتّے کی پتھری (कंकर, पित्ते की पथरी) gravel, gall stone

सिक्त (वि०) = **सिंचित**

सिक्थ (पु०) اُبالا ہوا چاول (उबाला हुआ चावल) boiled rice

सिटकिनी (स्त्री०) چٹخنی (चिटख़नी) bolt

सिट्टी (स्त्री०) ہوش وحواس (होशो हवास) senses

सिठाई (स्त्री०) بے مزگی (بے مزہ) (बेमज़गी {बेमज़ा}) tastelessness

सिड़ (स्त्री०) پاگل پن، جنون (पागलपन, जुनून) madness, craziness

सिड़ा (वि०) پاگل، جنونی (पागल, जुनूनी) mad, crazy

सित (वि०) سفید، چمکیلا، زہرہ سیارہ (सुफ़ेद, चमकीला, ज़ोहरा सैयारा) white, bright, venus planet

सिता (स्त्री०) سفید یا مٹھائی والی چیز، چاندنی (सुफ़ेद या मिठाई वाली चीज़, चाँदनी) white or candid sugar, moonlight

सिदौस (पु०) صبح سویرے (सुबह सवेरे) early morning

सिद्ध (वि०) پورا کیا گیا، محسوس، مکمل (पूरा किया गया, महसूस, मुकम्मल) accomplished, realised, perfected

सिद्धता (स्त्री०) تکمیل، خاتمہ (तकमील, ख़ात्मा) accomplishment, completion

सिद्धि (स्त्री०) پورا ہونا، کامیابی، خوشحالی، ثبوت، اصلاح، مافوق الفطری صلاحیت (पूरा होना, कामयाबी, ख़ुशहाली, सबूत, इस्लाह, माफ़ौकुल फ़ितरी सलाहियत) accomplishment, success, prosperity, proof, correction, supernatural capability

सिधारना (क्रि०) روانہ ہونا (रवाना होना) to depart

सिर (पु०) سر، تاج، چوٹی (सर, ताज, चोटी) head, crown, top

सिरज/सिरजना (क्रि०) تخلیق کرنا، بنانا (तख़लीक़ करना, बनाना) to create, to form

सिलौट/सिलौटी (स्त्री०) ایک چھوٹا پتھر (एक छोटा पत्थर) a small stone

सिल्ली (स्त्री०) پتھر کا ایک ٹکڑا، برف کا ٹکڑا (पत्थर का एक टुकड़ा, बर्फ़ का टुकड़ा) block of stone, block of ice

सींक (स्त्री०) سیخ، گھاس کا تنا، ناک کا زیور (सीख़, घास का तना, नाक का ज़ेवर) a rod, stalk of grass, nose ornament

सींगना (क्रि०) چرائے ہوئے مویشی کو پہچاننا (चुराए हुए मवेशी को पहचनना) to identify stolen cattle

सींथ (स्त्री०) عورتوں کا مانگ نکالنا (औरतों का मांग निकालना) women's hair parting

सीकर (पु०) ہلکی بارش، پھوار (हल्की बारिश, फ़ुहार) fine rain, spray

सीकरा (पु०) شاہین پرندہ (शाहीन परिन्दा) hawk (bird)

सीझना (क्रि०) اُبالنا، پکانا، چمڑا تیار کیا جانا (उबालना, पकाना, चमड़ा तैयार किया जाना) to boil, to cook, to be tanned

सीठना (स्त्री०) عریاں گیت (उरयाँ गीत) obscene songs

सीठा (वि०) بے رَس، بے مزہ (बेरस, बेमज़ा) without juice, tasteless

सीत्कार (पु०) سانس اندر کھینچنا (تکلیف میں) (सांस अंदर खींचना {तकलीफ़ में}) drawing in of breath (in pain)

सीतलपाटी (स्त्री०) چکنی چٹائی (चिकनी चटाई) smooth mat

सीतला (स्त्री०) چیچک (चेचक) small pox

सीथ (पु०) چاول کا پانی (चावल का पानी) rice water

सीद (क्रि०) سود پر روپیہ دینا، مصیبت میں مبتلا رہنا (सूद पर रुपया देना, मुसीबत में मुब्तेला रहना) to give money on interest, to suffer in distress

सीदना (क्रि०) تکلیف دینا، دکھ پانا (तकलीफ़ देना, दुख पाना) to afflict, to be pained

सीध (स्त्री०) سیدھا نشانہ، ٹھیک سامنے کی حالت (सीधा निशाना, ठीक सामने की हालत) direct aim, straightness

सीमंत (पु०) عورتوں کی مانگ (औरतों की मांग) parting of a woman's hair

सीमा (स्त्री०) سرحد، حد (सरहद, हद) boundary, limit

सीमांत (पु०) سرحد، سرحدی (सरहद, सरहदी) border, frontier

सीमाबद्ध (वि०) محدود، پابند (महदूद, पाबंद) limited, restricted

सीमाशुल्क (पु०) کسٹم محصول (कस्टम महसूल) custom duty

सीमित (वि०) محدود، پابند (महदूद, पाबंद) limited, restricted

सीय (स्त्री०) سیتا (सीता) Sita

सीर (पु०) وہ زمین جسے اس کا مالک ہر سال جوتتا ہو (वह ज़मीन जिसे उसका मालिक हर साल जोतता हो) land cultivated every year by its owner

सीरक (स्त्री०) ٹھنڈک (ठंडक) coolness

सीरौ (वि०) ٹھنڈا، جذبات سے عاری (ठंडा, जज़्बात से आरी) cold, unemotional

सीलन (स्त्री०) نمی (नमी) dampness

सीला (पु०,वि०) نم، دلدلی، خوشہ چینی (नम, दलदली, ख़ोशाचीनी) damp, marshy, gleanings

सीवन (पु०) سینا (सीना) sewing

सीवनी (स्त्री०) جوڑ (जोड़) suture

सीस (पु०) سر، فصل کی بالی، اظہار تعظیم (सर, फ़सल की बाली, इज़हारे ताज़ीम) head, ear of crop, to show respect

सुंदर (वि०) خوبصورت، دلکش (ख़ूबसूरत, दिलकश) beautiful, attractive

सुंदरता (स्त्री०) خوبصورتی، دلکشی (ख़ूबसूरती, दिलकशी) beauty, attraction

सुंदरी (स्त्री०) حسینہ (हसीना) beautiful woman

सुंबा (पु०) سوراخ کرنے والا، لوہے کی چھینی (सूराख़ करने वाला, लोहे की छेनी) borer, iron tool to split stone

सु (उपसर्ग) اچھا (अच्छा) good

सुअटा (पु०) طوطے کا بچہ (तोते का बच्चा) parrot's baby

सुअन (पु०) بیٹا، خوبصورت (बेटा, ख़ूबसूरत) son, handsom

सुअवसर (पु०) مبارک موقع (मुबारक मौक़ा) auspicious occasion

सुकटा (वि०) سوکھا ہوا (सूखा हुआ) dried up

सुकर (वि०) قابل عمل، آسانی سے کیا گیا (क़ाबिले अमल, आसानी से किया गया) practicable, easily done

सुकर्म (पु०) نیک عمل (नेक अमल) good act

सुकर्मी (पु०) نیکوکار، محسن (नेकोकार, मोहसिन) noble man, beneficent

सुकान्त (वि०) حیرت زدہ (हैरतज़दा) surprised

सुकाय (पु०) غصہ (गुस्सा) thallus

सुकीर्ति (स्त्री०) ناموری، شہرت (नामवरी, शोहरत) good fame, repute

सुकुमार (वि०) نازک، نوخیز (नाज़ुक, नौखेज़) delicate, young

सुकुमारता (स्त्री०) نزاکت، نوخیزی (नज़ाकत, नौख़ेज़ी) tenderness, youth

सुकुमारी (स्त्री०) خوبصورت دوشیزہ (ख़ूबसूरत दोशीज़ा) beautiful young girl

सुकुल (पु०) اچھا خاندان (अच्छा ख़ानदान) good family

सुकृत (पु०,वि०) شاباش، پارسا، نیک عمل (शाबाश, पारसा, नेक अमल) well done, virtuous, meritorious act

सुकृती (पु०) خوبیوں والا، فیض پہنچانے والا (ख़ूबियों वाला, फ़ैज़ पहुँचाने वाला) meritorious, benevolent

सुकृत्य (पु०) نیک کام (नेक काम) good deed

सुक्कान (पु०) تلوار (तलवार) sword

सुक्ष्म (पु०) باریک، چھوٹا (बारीक, छोटा) fine (micro), small

सुक्ष्मता (स्त्री०) باریکی (बारीकी) fineness

सुख (पु०) خوشی، آرام، راحت، امن (खुशी, आराम, राहत, अमन) happiness, comfort, relief, peace

सुखकर (वि०) خوشی دینے والا، فیض پہنچانے والا (खुशी देने वाला, फ़ैज़ पहुँचाने वाला) causing happiness, benevolent

सुखद (वि०) خوشی دینا، اچھا لگنا (खुशी देना, अच्छा लगना) giving happiness, giving ease

सुखदायक/सुखदायी/सुखप्रद (वि०)= **सुखकर**

सुखी (वि०) راحت میں، مطمئن (राहत में, मुतमइन) at ease, contended

सुखेन (क्रि०वि०) خوشی سے (खुशी से) happily

सुख्यात (वि०) مشہور (मशहूर) famous

सुख्याति (स्त्री०) شہرت، نیک نامی (शोहरत, नेक नामी) fame, reputation

सुगंध (वि०) خوشبو (खुश्बू) fragrance (sweet smell)

सुगंधित (वि०) خوشبودار (ख़ुश्बूदार) fragrant, scented

सुगढ़ (वि०) اچھی تخلیق، دلکش، ماہر (अच्छी तख़्लीक़, दिलकश, माहिर) well formed, attractive, skilful

सुगत (पु०) گوتم بودھ، بدھ مذہب کا پیرو (गौतम बुद्ध, बुद्ध मज़हब का पैरू) Gautam Budha, Budhist

सुगना (पु०) طوطا (तोता) parrot

सुगम (वि०) قابل گذر، سہل الحصول (क़ाबिले गुज़र, सहलुल हुसूल) traversible, easily accessible

सुगमता (स्त्री०) رسائی، آسانی (रसाई, आसानी) accessibility, ease

सुग्रीव (पु०) خوبصورت گردن والا، بندروں کے سردار کا نام (ख़ूबसूरत गरदन वाला, बंदरों के सरदार का नाम) having graceful neck, name of head of monkeys

सुगूढ़ (वि०) اچھی طرح سے پوشیدہ (अच्छी तरह से पोशीदा) well hidden

सुग्गा (पु०) طوطا (तोता) parrot

सुघटित (वि०) اچھی تخلیق، اچھی طرح سے آراستہ (अच्छी तख़्लीक़, अच्छी तरह से आरास्ता) well formed, well arranged

सुघड़ (वि०) = **सुगढ़**

सुचरित्र (पु०,वि०) باکردار، اچھے اخلاق والا (बाकिरदार, अच्छे अख़्लाक़ वाला) good character, of good conduct

सुचा (स्त्री०) علم، شعور (इल्म, शोउर) knowledge, consciousness

सुचारू (वि०) اچھی طرح سے، اطمینان بخش (अच्छी तरह से, इत्मिनान बख़्श) conveniently, satisfactory

सुचाल (स्त्री०) پُروقار چال ڈھال، اچھا اخلاق (पुरवक़ार चाल ढाल, अच्छा अख़्लाक़) graceful gait, good behaviour

सुचिंतित (वि०) اچھی طرح غور کیا ہوا (अच्छी तरह ग़ौर किया हुआ) well thought

सुचित (वि०) فرصت میں، اطمینانِ ذہن (फ़ुरसत में, इत्मिनाने ज़ेहन) at leisure, untroubled mind

सुचिताई (स्त्री०) ذہنی سکون (ज़ेहनी सुकून) ease of mind

सुचेत (वि०) چوکنا، ہوشیار (चौकन्ना, होशियार) watchful, alert

सुजन (वि०) نیک سیرت، رحمدل، ایماندار (नेक सीरत, रहम दिल, ईमानदार) good natured, kind, honest

सुजनता (स्त्री०) مہربانی، فیض رسانی (मेहनबानी, फ़ैज़ रसानी) kindness, benevolence

सुजात (वि०) اونچی برادری کا، حلال (بچہ) (ऊँची बिरादरी का, हलाल (बच्चा)) of high caste, legitimate (by birth)

सुजाति (स्त्री०) اعلیٰ ذات (आला ज़ात) high caste

सुजान (पु०) عقلمند، ذہین، تجربہ کار (अक़्लमंद, ज़हीन, तजुर्बाकार) wise, intelligent, experienced

सुजानी (पु०) عالم (आलिम) scholar

सुज्ञान (पु०) عقل، بصیرت (अक्ल, बसीरत) wisdom, discernment

सुझात (पु०) مشورہ (मशवरा) suggestion

सुठान (पु०) موزوں جگہ (मौज़ूं जगह) proper place

सुढर (वि०) خوبصورت، وجیہہ (ख़ूबसूरत, वजीह) beautiful, handsome

सुत (पु०) پیداشدہ، بیٹا (पैदाशुदा, बेटा) begotten, son

सुतना (क्रि०) سونا، پڑے رہنا (सोना, पड़े रहना) to sleep, to lie down

सुतली (स्त्री०) ڈوری (डोरी) twine

सुता (स्त्री०) بیٹی (बेटी) daughter

सुतार (पु०) اچھا موقع (अच्छा मौक़ा) good occasion

सुतारी (स्त्री०) دستکاری، سُوا (दस्तकारी, सूआ) craftmanship, heavy needle

सुतीक्ष्ण (वि०) بہت تیز، بہت تکلیف دہ (बहुत तेज़, बहुत तकलीफ़दे) very sharp, very painful

सुतूही (स्त्री०) سیپی، سیپ کا خول (सीपी, सीप का ख़ोल) shellfish, shell

सुदर्शन (पु०,वि०) خوبرو، خوبصورت، شیوا کا نام (ख़ूबरू, ख़ूबसूरत, शिव का नाम) good looking, beautiful, title of Shiva

सुदाय (पु०) تحفہ (तोहफ़ा) gift

सुदृढ़ (वि०) بہت سخت، پختہ (बहुत सख़्त, पुख़्ता) very hard, firm

सुदृश्य (वि०) صاف نظر آنے والا (साफ़ नज़र आने वाला) clearly visible

सुदेश (पु०) اچھا ملک، دلکش مقام (अच्छा मुल्क, दिलकश मुक़ाम) good country, attractive spot

सुध (स्त्री०) ہوش وحواس، یاد، خیال (होशो हवास, याद, ख़्याल) consciousness, memory, care

सुधना (क्रि०) صاف کیا جانے والا، ٹھیک کرنا (साफ़ किया जाने वाला, ठीक करना) to be cleaned, to put right

सुधबुध (स्त्री०) ہوش وحواس، سمجھداری (होशो हवास, समझदारी) consciousness, understanding

सुधर्मी (वि०) اچھے مذہب والا، مذہبی معاملہ میں مخلص (अच्छे मज़हब वाला, मज़हबी मामले में मुख़्लिस) of good religion, devout

सुधा (स्त्री०) غذائے ربانی، پھول کا میٹھا رس (ग़िज़ाए रब्बानी, फूल का मीठा रस) ambrosia, nectar

सुधांशु/सुधाकर (पु०) چاند (चाँद) moon

सुधार (पु०) اصلاح، بہتری (इस्लाह, बेहतरी) reform, improvement

सुधारक/सुधारू (पु०) مصلح (اصلاح کرنے والا) (मुसल्लेह {इसलाह करने वाला}) reformer

सुधि (स्त्री०) = **सुध**

सुधी (पु०) عقلمند، ذہین (अक़्लमंद, ज़हीन) wise, intelligent

सुधीर (वि०) برداشت کرنے والا، صابر (बरदाश्त करने वाला, साबिर) enduring, patient

सुनंद (वि०) فرحت بخش (फ़रहत बख़्श) delighting

सुनट्टा (पु०) سنار کا بیٹا (सोनार का बेटा) goldsmith's son

सुनाम (पु०) نیک نامی، شہرت (नेक नामी, शोहरत) good name, reputation

सुनिश्चित (वि०) یقینی (यक़ीनी) ensure

सुनीति (स्त्री०) اچھی حکمت، اچھا اخلاق (अच्छी हिकमत, अच्छा अख़लाक़) good policy, good behaviour

सुन्न (वि०) خاموش، شل، خالی (ख़ामोश, शल, ख़ाली) silent, numb, empty

सुन्ना (पु०) صفر (सिफ़र) zero

सुपथ (पु०) اچھا راستہ، قدامت پسندی (अच्छा रास्ता, क़दामत पसंदी) good road, orthodoxy

सुपथ्य (पु०) آسانی سے ہضم ہونے والا، غذا (आसानी से हज़म होने वाला, ग़िज़ा) easily digestible, diet

सुपन (पु०) خواب (ख़ाब) dream

सुपात्र (पु०) اچھا برتن، مستحق (अच्छा बरतन, मुस्तहिक़) good vessel, deserving

सुपावन (वि०) خالص (ख़ालिस) pure

सुपास (पु०) سہولت، بھلائی (सहूलत, भलाई) convenience, well-being

सुपुत्र (पु०) لائق بیٹا (लायक़ बेटा) good son

सुप्त (वि०) سویا ہوا، بےحس وحرکت (सोया हुआ, बेहिसो हरकत) asleep, inert

सुप्ति (स्त्री०) نیند، اونگھ (नींद, ऊँघ) sleep, drowsiness

सुप्रतिष्ठित (वि०) معروف، کافی شہرت والا (मारूफ़, काफ़ी शोहरत वाला) celebrated, of high reputation

सुप्रभ (वि०) خوبصورت (ख़ूबसूरत) beautiful

सुप्रसन्न (वि०) بےحد خوش (बेहद ख़ुश) very happy

सुबास (पु०) خوشبودار، ایک قسم کا چاول (ख़ुश्बूदार, एक क़िस्म का चावल) fragrant, a kind of rice

सुबासिक (वि०) خوشبودار (ख़ुश्बूदार) fragrant

सुबुद्धि (वि०) اچھی سمجھ والا، عقلمند (अच्छी समझ वाला, अक़्लमंद) of good understanding, wise

सुबोध (वि०) آسان فہم (आसान फ़हम) easily understood

सुभग (वि०) خوش نصیب، خوبصورت، مبارک (ख़ुश नसीब, ख़ूबसूरत, मुबारक) fortunate, beautiful, auspicious

सुभट्ट (पु०) جنگجو (जंगजू) warrior

सुभद्र (पु०) شائستہ، مبارک (शाइस्ता, मुबारक) well-mannered, auspicious

सुभागी (वि०) خوش قسمت (ख़ुश क़िस्मत) lucky

सुभाषित (वि०) پُر جوش تقریر، شُستہ بیانی (पुरजोश तक़रीर, शुस्ता ब्यानी) eloquently spoken, elegant speech

सुभाषी (वि०) پرجوش مقرر (पुरजोश मुकर्रिर) eloquent speaker

सुभीता (पु०) مناسب موقع، سہولت (मुनासिब मौक़ा, सहूलत) convenient opportunity, convenience

सुभेद्य (वि०) لائق ہدف (लाएक़े हदफ़) vulnerable

सुमंगल (वि०) نہایت مبارک (निहायत मुबारक) very auspicious

सुमत (वि०) دوستانہ (दोस्ताना) friendly

सुमति (स्त्री०,वि०) دوستی (दोस्ती) friendliness

सुमन (वि०) خوبصورت، خوش، فیاض (ख़ूबसूरत, ख़ुश, फ़ैयाज़) beautiful, happy, benevolent

सुमनस्क (वि०) خوش (ख़ुश) happy

सुमिर (पु०) یاد میں، یاد کرنا (याद में, याद करना) remembrance, recollection

सुमुख (पु०) خوبصورت عورت، دلکش (ख़ूबसूरत औरत, दिलकश) beautiful woman, charming

सुमेर (पु०) ہار (हार) garland

सुमेरु (पु०) مقدس پہاڑ میرو، قطب شمالی (मुक़द्दस पहाड़ मैरू, कुतुब शुमाली) sacred mountain Meru, north pole

सुयश (वि०) شہرت، نامور (शोहरत, नामवर) fame, celebrated

सुयोग (पु०) سازگار لمحہ (साज़गार लम्हा) favourable moment

सुयोग्य (वि०) کافی لائق (काफ़ी लायक़) highly capable

सुर (पु०) دیوتا، سادھو (देवता, साधू) a god, saint

सुरक्षा (स्त्री०) حفاظت (हिफ़ाज़त) security

सुरक्षित (वि०) بے حد محفوظ (बेहद महफ़ूज़) well-protected

सुरजन (पु०) دیوتاؤں کی جماعت، شریف (देवताओं की जमाअत, शरीफ़) group of gods, noble

सुरता (वि०) متوجہ (मुतवज्जा) attentive

सुरती (स्त्री०) چبانے والا تمباکو (चबाने वाला तंबाकू) chewing tobacco

सुरभि (स्त्री०,वि०) خوشبو، خوشبودار، زمین، گائے (ख़ुश्बू, ख़ुश्बूदार, ज़मीन, गाय) perfume, fragrant, earth, cow

सुरलोक (पु०) جنت (जन्नत) heaven

सुरा (स्त्री०) شراب، پانی (शराब, पानी) wine, water

सुराग (पु०) گہری محبت، پُرکیف راگ (गहरी मोहब्बत, पुरकैफ़ राग) deep love, fine raga

सुरूप (वि०) خوبرو، خوبصورت (ख़ूबरू, ख़ूबसूरत) handsome, beautiful

सुरैत (स्त्री०) محبوبہ، داشتہ (महबूबा, दाश्ता) beloved, concubine

सुरैरी (स्त्री०) چونا کاری (चूनाकारी) white washing

सुलक्षण (वि०) اچھی علامت، نیک شگون (अच्छी अलामत, नेक शगुन) good sign, good omen

सुलभ (वि०) آسانی سے حاصل، سہولت (आसानी से हासिल, सहूलत) easily obtained, convenient

सुवर्ण (वि०) اچھے رنگ والا، اچھی نسل کا (अच्छे रंग वाला, अच्छी नस्ल का) of good colour, of good race

सुवा (पु०) طوطا (तोता) parrot

सुवास (पु०) اچھا گھر (अच्छा घर) good home

सुवासिनी (स्त्री०) اپنے باپ کے گھر میں رہنے والی عورت (अपने बाप के घर में रहने वाली औरत) woman living in her father's house

सुवासी (वि०) اچھے گھر میں رہنے والا (अच्छे घर में रहने वाला) one who lives in a good house

सुविख्यात (वि०) مشہور، معروف (मशहूर, मारूफ़) famous, renowned

सुविचारित (वि०) اچھی طرح غور کیا ہوا (अच्छी तरह ग़ौर किया हुआ) well-thought

सुविज्ञ (वि०) بہت علم والا، ماہر (बहुत इल्म वाला, माहिर) highly knowledgeable, expert

सुविधा (स्त्री०) آسانی (आसानी) easy

सुविहित (वि०) اچھی طرح آراستہ (अच्छी तरह आरास्ता) well-arranged

सुवेश (वि०) جامہ زیب، دلکش پوشاک (जामा ज़ेब, दिलकश पोशाक) well dressed, attractive attire

सुशील (वि०) اعلیٰ کردار والا، خاکسار (आला किरदार वाला, ख़ाकसार) of good character, humble

सुशीलता (स्त्री०) کردار کی خوبی، خاکساری (किरदार की ख़ूबी, ख़ाकसारी) goodness of character, humbleness

सुशोभित (वि०) سجایا ہوا (सजाया हुआ) decorated

सुश्राव्य (वि०) واضح قابلِ سماعت، جو سننے میں اچھا لگے (वाज़ेह क़ाबिले समाअत, जो सुनने में अच्छा लगे) clearly audible, pleasing to the ear

सुश्रुषा (स्त्री०) تیمارداری (तीमारदारी) nursing

सुश्री (स्त्री०) محترمہ، بہت شاندار (मुहतरमा, बहूत शानदार) Miss, very splendid

सुषम (वि०) خوبصورت، پیارا (ख़ूबसूरत, प्यारा) beautiful, lovely

सुषमा (स्त्री०) بے حد حسین، شان وشوکت (बेहद हसीन, शानो शौकत) extremely beautiful, splendour

सुषुप्त (वि०) گہری نیند میں، خفتہ (गहरी नींद में, खुफ़्ता) in sound sleep, dormant

सुषुम्णा (स्त्री०) نخاعی ڈور کی گذرگاہ (नखाई डोर की गुज़रगाह) channel of spinal cord

सुसंगति (स्त्री०) اچھی صحبت (अच्छी सोहबत) good company

सुसर (पु०) (سسُر) خسر (खुसर {ससुर}) father-in-law

सुसार (स्त्री०) کھانے کا سامان (खाने का सामान) food stuff

सुस्थ (वि०) صحتمند، خوش و خرم (सेहतमंद, खुशोखुर्रम) healthy, prosperous

सुस्थिर (वि०) پُرسکون، ٹھنڈا، پکّا (पुरसुकून, ठंडा, पक्का) calm, cool, firm

सुहाग (पु०) عورت کی شادی شدہ زندگی کی حالت، ازدواجی مسرت (औरत की शादीशुदा ज़िन्दगी की हालत, इज़देवाजी मुसर्रत) state of wifehood, marriage happiness

सुहागिन (स्त्री०) جس عورت کا شوہر زندہ ہو، شادی شدہ عورت (जिस औरत का शौहर ज़िंदा हो, शादीशुदा) whose husband is alive, married woman

सुहैया (पु०) بچہ کے پیدا ہونے کے موقع کا گیت (बच्चा के पैदा होने के मौक़ा का गीत) birth song

सूँ (स्त्री०) سونگھنے کی آواز (सूँघने की आवाज़) sound of sniffing

सूँट (स्त्री०) خاموشی (ख़ामोशी) silence

सूँड़ी (पु०) گھن (کیڑا) (घुन {कीड़ा}) weevil

सूकर (पु०) سُور (सूअर) hog

सूकरी (स्त्री०) سورنی (सूअरनी) female hog

सूक्ति (वि०) عقلمندی کی بات، اچھی تقریر (अक़्लमंदी की बात, अच्छी तक़रीर) wise saying, good speech

सूक्ष्म (वि०) باریک، بہت چھوٹا (बारीक, बहुत छोटा) minute, very small

सूक्ष्मता (स्त्री०) باریکی (बारीकी) minuteness

सूक्ष्मदर्शी (पु०) خوردبین (ख़ुर्दबीन) microscope

सूगा (पु०) طوطا (तोता) parrot

सूचक (वि०) اشارا دینے والا (इशारा देने वाला) indicator

सूचित (वि०) مطلع کرنا (मुत्तेला करना) to inform

सूची (स्त्री०) فہرست، اشاریہ، سوئی (फ़ेहरिस्त, एशारिया, सूई) list, index, needle

सूजन (स्त्री०) سوجن، اُبھار (सूजन, उभार) swelling, inflammation

सूजी (स्त्री०) سوئی، چھید کرنے والا (सूई, छेद करने वाला) needle, borer

सूत (पु०) رتھ چلانے والا، بڑھئی (रथ चलाने वाला, बढ़ई) charioteer, carpenter

सूतक (पु०) پیدائش یا موت کے بعد ہونے والی رسم (पैदाइश या मौत के बाद होने वाली रस्म) ritual after birth or death

सूता/सूतिका (स्त्री०) زچہ (ज़च्चा) a woman with a recent delivery

सूत्र (पु०) دھاگا، ضابطہ، اصل (धागा, ज़ाबिता, अस्ल) thread, formula, origin

सूत्रधार (पु०) دھاگا پکڑنے والا، ناظم اعلیٰ، کٹھ پتلی نچانے والا (धागा पकड़ने वाला, नाज़िमे आला, कठपुतली नचाने वाला) thread holder, chief manager, puppet master

सूत्रपात (पु०) آغاز (شروعات) (आग़ाज़ {शुरूआत}) beginning

सूथन (स्त्री०) عورتوں کا پائجامہ (औरतों का पायजामा) women's trouser

सूधा (वि०) سیدھا، غیر موثر طرح سے (सीधा, ग़ैर मुअस्सिर तरह से) straight, unaffectedly

सूना (वि०) ویران، خالی، برباد (वीरान, ख़ाली, बरबाद) deserted, empty, ruined

सूनु (पु०) سورج، بیٹا (सूरज, बेटा) sun, son

सूप (पु०) پکی ہوئی دال، چٹنی (पकी हुई दाल, चटनी) lentil soup, sauce

सूपक (पु०) باورچی (बावरची) cook

सूम (पु०) کنجوس (कंजूस) miser

सूर/सूरमा (वि०) بہادر، جنگجو (बहादुर, जंगजू) hero, warrior

सूरि/सूरी (पु०) سورج، عقلمند یا قابل شخص (सूरज, अक़्लमंद या क़ाबिल शख़्स) sun, wise or learned man

सूर्य (पु०) سورج (सूरज) sun

सूर्यकांत (पु०) سورج کا پیارا (सूरज का प्यारा) son-loved

सूर्यास्त (पु०) غروب آفتاب (ग़ोरूबे आफ़ताब) sun set

सूर्योदय (पु०) طلوع آفتاب (तुलूए आफ़ताब) sun rise

सूल (पु०) تیز درد، بدہضمی، کانٹا (तेज़ दर्द, बदहज़मी, काँटा) sharp pain, indigestion, thorn

सूली (स्त्री०) تختہ دار (پھانسی) (तख़्तैदार {फ़ांसी}) gallows (hanging)

सूस (पु०) چھوٹا وھیل (جانور) (छोटा व्हेल {जानवर}) porpoise

सूहा (पु०,वि०) گہرا سُرخ، زعفرانی رنگ (गहरा सुर्ख़, ज़ाफ़रानी रंग) bright red, saffron coloured

सृजन (पु०) تخلیق، بنانا (तख़्लीक़, बनाना) creation, forming

सृजनात्मक (वि०) تخلیقی (तख़्लीक़ी) creative

सृष्ट (वि०) مخلوق، بنایا گیا (मख़लूक़, बनाया गया) created, formed

सृष्टि (स्त्री०) تخلیق، پیداوار، کائنات (तख़लीक़, पैदावार, कायनात) creation, production, universe

सेंद (स्त्री०) نقب زنی (دیوار میں خول کرنا)، سُرنگ (नक़बज़नी {दीवार में ख़ोल करना}, सुरंग) a hole made in a wall, tunnel

सेंदुरिया (वि०) گہرا سُرخ، لال پھل (गहरा सुर्ख़, लाल फल) bright red, red fruit

सेंध (स्त्री०) = **सेंद**

सेंधी (पु०) نقب زنی کرنے والا، چور (नक़बज़नी करने वाला, चोर) house breaker, burglar

सेचनी (स्त्री०) بالٹی (बाल्टी) bucket

सेचित (वि०) سینچا ہوا (پانی پٹایا ہوا) (सींचा हुआ {पानी पटाया हुआ}) irrigated (watered)

सेज (स्त्री०) بستر (बिस्तर) bed

सेतु (पु०) پُل، باندھ (पुल, बाँध) bridge, dam

सेन (पु०) (پرندہ) باز، شاہین (बाज़, शाहीन {परिन्दा}) falcon, hawk (bird)

सेना (स्त्री०) فوج، حفاظت کرنا، انڈوں پر بیٹھنا (फ़ौज, हिफ़ाज़त करना, अंडों पर बैठना) army, to protect, to brood eggs

सेनानी (पु०) فوجی، کسی فوج کا رہنما (फ़ौजी, किसी फ़ौज का रहनुमा) army man, leader of an army

सेल (पु०) بھالا، چٹان (भाला, चट्टान) spear, rock

सेला (पु०) دوپٹہ، ململ یا ریشمی چادر، چوڑا (दोपट्टा, मलमल या रेशमी चादर, चूड़ा) scarf, shawl of muslin or silk, roasted rice

सेली (स्त्री०) گلے کی مالا، گلے کا زیور (गले की माला, गले का ज़ेवर) necklace, neck ornament

सेवक (पु०) خادم، عبادت گذار، دوا استعمال کرنے والا (ख़ादिम, इबादतगुज़ार, दवा इस्तेमाल करने वाला) servant, worshipper, medicine user

सेवती (स्त्री०) سفید گلاب (सुफ़ैद गुलाब) white rose

सेवन (पु०) (دوا) خدمت، لگن، عادت (ख़िदमत, लगन, आदत {दवा}) service, devotion, addiction

सेवनीय (वि०) قابلِ خدمت (क़ाबिले ख़िदमत) deserving service

सेवा (स्त्री०) ملازمت، خدمت، توجہ (मुलाज़मत, ख़िदमत, तवज्जो) employment, service, care

सेवानिवृत्त (वि०) ملازمت سے سبکدوش (मुलाज़मत से सुबुकदोश) retired

सेविका (स्त्री०) خادمہ (ख़ादिमा) female servant

सेव्य (वि०) = **सेवनीय**

सेह (पु०) ساھی (साही) porcupine

सैंत (क्रि०) جمع کرنا، دھیان سے رکھنا (जमा करना, ध्यान से रखना) to collect, to keep carefully

सैनी (स्त्री०) بستر (बिस्तर) bed

सैन्य (पु०) فوج، سپاہی (फ़ौज, सिपाही) army, soldier

सोंटा (पु०) لاٹھی (लाठी) club

सोंठ (स्त्री०) خشک ادرک (ख़ुश्क अदरक) dry ginger

सोग (पु०) غم (ग़म) grief

सोगी (पु०) غمناک، اُداس (ग़मनाक, उदास) grieved, sad

सोझा (वि०) سیدھا (सीधा) straight

सोता (पु०) جھرنا، دریا (झरना, दरिया) spring, stream

सोधना (क्रि०) خالص کرنا، صاف کرنا (ख़ालिस करना, साफ़ करना) to purify, to refine

सोनी (स्त्री०) جھاڑو (झाड़ू) broom

सोपान (पु०) سیڑھی، زینہ (सीढ़ी, ज़ीना) stair, step

सोम (पु०) ایک قسم کا مشروب، ایک پودا (एक क़िस्म का मशरूब, एक पौदा) a type of drink, a plant

सोर (स्त्री०) جڑ (जड़) root

सोरठा (पु०) ہندی کی ایک 'بحر' کا نام (हिन्दी की एक 'बहर' का नाम) name of a Hindi metre

सोरनी (स्त्री०) جھاڑو، موت کے تیسرے دن کی رسم (झाड़ू, मौत के तीसरे दिन की रस्म) broom, rite performed on 3rd day after death

सोह (स्त्री०) حُسن، سجاوٹ (हुस्न, सजावट) beauty, decoration

सोहन (वि०) خوبرو، دلکش (ख़ूबरू, दिलकश) handsome, charming

सोहना (क्रि०) خوبصورت دکھائی پڑنا، حسن کو دوبالا کرنا (ख़ूबसूरत दिखाई पड़ना, हुस्न को दुबाला करना) to look beautiful, to enhance beauty

सोहनी (स्त्री०) جھاڑو،صفائی،شادی (झाड़ू, सफ़ाई, शादी) broom, cleaning, wedding

सोहर (पु०) بیٹے کی پیدائش کے موقع پر گایا جانے والا گیت (बेटे की पैदाइश के मौक़े पर गाया जाने वाला गीत) song sung by women on the birth of a son

सोदर (पु०) اپنا بھائی (अपना भाई) own brother

सोदरा (स्त्री०) اپنی بہن (अपनी बहन) own sister

सौंदर्य (पु०) حُسن (हुस्न) beauty

सौकन (स्त्री०) سوتن (دوسری بیوی) (सौतन {दूसरी बीवी}) cowife (second wife)

सौकर्य (पु०) آسان (आसान) easy

सौख्य (पु०) آرام،خوشحالی (आराम, ख़ुशहाली) comfort, prosperity

सौगंद (स्त्री०) حلف،قسم (हल्फ़, क़सम) oath, swearing

सौगंध (पु०) خوشبو (ख़ुश्बू) scent, fragrance

सौजन्य (पु०) مہربانی،کرم فرمائی (मेहरबानी, करम फ़रमाई) kindness, magnanimity

सौतिया डाह (स्त्री०) سوتن کی حسد یا بغض (सौतन की हसद या बोग़्ज़)jealousy or malice of co-wife

सौदामिनी (स्त्री०) بجلی کی چمک (बिजली की चमक) lightning

सौद्य (पु०) محل، چونا کاری کیا ہوا (महल, चूनाकारी किया हुआ) palace, white washed

सौन (पु०) نیک شگون (नेक शगुन) a good omen

सौनक (पु०) شکاری،قصاب (शिकारी, कस्साब) hunter, butcher

सौभागिनी (स्त्री०) خوش قسمت (عورت) (ख़ुश क़िस्मत {औरत}) fortunate (female)

सौभागी (पु०) خوش قسمت (ख़ुशक़िस्मत) fortunate

सौभाग्य (पु०) اچھی قسمت (अच्छी क़िस्मत) good fortune

सौभाग्यवती (वि०) خوش قسمت عورت، جس کا شوہر زندہ ہو (ख़ुशक़िस्मत औरत, जिसका शौहर ज़िन्दा हो) fortunate woman, whose husband is alive

सौमनस (पु०) پھولوں سے بنایا ہوا،خوشگوار (फूलों से बनाया हुआ, ख़ुशगवार) made of flowers, pleasing

सौर (पु०) شمسی (آفتاب)،زحل (سیارہ)،زچہ خانہ،کمبل (शम्सी {आफ़ताब}, ज़ोहल {सैयारा}, ज़च्चा-ख़ाना, कंबल) solar, saturn (planet), labour room, blanket

सौरभ (पु०) خوشبو، زعفران (کیسر) (ख़ुश्बू, ज़ाफ़रान {केसर}) fragrance, saffron

सौरमंडल (पु०) نظامِ شمسی (नेज़ामे शम्सी) solar system

सौराथ (पु०) خودغرضی،اولوالعزمی (ख़ुदग़र्ज़ी, उलूलअज़्मी) selfishness, ambition

सौरी (स्त्री०) زچہ خانہ، کمرہ میں پڑے رہنا (ज़च्चाख़ाना, कमरे में पड़े रहना) labour room, lying in room

सौर्य (वि०) شمسی (शमसी) solar

सौवर्ण (पु०,वि०) سنہرا،سونا (सुनहरा, सोना) golden, gold

सौष्ठव (पु०) عمدگی،موزونیت (उम्दगी, मौज़ूनियत) excellence, aptness

सौहरी (पु०) خُسر، گالی کا لفظ (ख़ुसर, गाली का लफ़्ज़) father-in-law, abusing word

सौहार्द (पु०) دوستی،محبت،خوشگوار (दोस्ती, मुहब्बत, ख़ुशगवार) friendship, affection, pleasant

स्कंदित (वि०) زمین پر گرا ہوا (ज़मीन पर गिरा हुआ) fallen to the ground

स्कंध (पु०) کندھا، درخت کی دھڑ یا شاخ (कंधा, दरख़्त की धड़ या शाख़ा) shoulder, trunk or branch of a tree

स्खलन (पु०) ٹھوکر کھانا، گرنا، نازل ہونا (ठोकर खाना, गिरना) stumbling, fall, discharge

स्खलित (वि०) بگاڑ، انحراف کرنا، انزال (منی) (बिगाड़, इन्हेराफ़ करना, अंज़ाल {मनी}) marred, to deviate, discharged (semen)

स्तंभ (पु०) ستون، سہارا، سُن (सतून, सहारा, सुन्न) pillar, support, numbness

स्तंभक (पु०) روکنا، قابو میں رکھنا (रोकना, क़ाबू में रखना) checking, restraining

स्तंभन (पु०) سہارا دینا، روکنا، سُن کرنا (सहरा देना, रोकना, सुन्न करना) to support, checking, numbing

स्तन (पु०) پستان (عورت کا سینہ)، سرِپستان (पिस्तान {औरत का सीना}, सरेपिस्तान) breast, mamma, teat

स्तब्ध (वि०) معینہ، ساکت، سُن (मुअइयना, साकित, सुन्न) fixed, motionless, numb

स्तर (पु०) سطح، رُتبہ (सतह, रुतबा) level, grade

स्तरीय (वि०) سطحی (सतही) level, grade

स्तव (पु०) تعریف کرنا، حمد (तारीफ़ करना, हम्द) to praise, hymn, eulogy

स्तवन (पु०) تعریف (तारीफ़) praise

स्तावक (पु०,वि०) تعریف کرنے والا، پھولوں کا گچھا (तारीफ़ करने वाला, फूलों का गुच्छा) eulogistic, bunch of flowers

स्तिमित (वि०) پُرسکون (पुरसुकून) calm

स्तुत (वि०) جس کی تعریف کی گئی (जिसकी तारीफ़ की गई) praised

स्तुति (स्त्री०) تعریف، حمد (तारीफ़, हम्द) praise, hymn

स्तुतिवादक (वि०) تعریف کرنے والا (قصیدہ خواں) (तारीफ़ करने वाला {क़सीदा-ख़ाँ}) panegyrist

स्तुत्य (वि०) قابلِ تعریف (क़ाबिले तारीफ़) praise worthy

स्तेन (पु०) چور، ڈاکو (चोर, डाकू) thief, robber

स्तेय (पु०) چوری (चोरी) theft

स्तोता (वि०) = **स्तुतिवादक**

स्त्री (स्त्री०) عورت، بیوی (औरत, बीवी) woman, wife

स्त्रीत्व (वि०) نسوانیت، عورت ہونا (निसवानियत, औरत होना) womanhood, womanliness

स्त्रैण (वि०) زنانہ، عورتوں کی خصوصیت سے متعلق (ज़नाना, औरतों की ख़ुसूसियत से मुतअल्लिक़) female, concerned with characteristics of woman

स्थगन (पु०) اِلتوا (इल्तेवा) postponement

स्थगित (वि०) ملتوی (मुल्तवी) postponed

स्थल (पु०) خشک زمین، جگہ، علاقہ (ख़ुश्क ज़मीन, जगह, इलाक़ा) dry land, site, region

स्थलीय (वि०) زمینی (ज़मीनी) concerned with land

स्थान (पु०) مقام، علاقہ، منصب، عہدہ (मुक़ाम, इलाक़ा, मनसब, ओहदा) place, locality, position, rank

स्थानस्थ (वि०) ایک ہی جگہ رہنا، مقامی (एक ही जगह रहना, मुक़ामी) remaining in one place, local

स्थानांतर (पु०) دوسری جگہ (दूसरी जगह) another place

स्थानापन्न (वि०) قائم مقام بنانا، عارضی کام کرنا (क़ायम मुक़ाम बनाना, आरज़ी काम करना) substituting, officiating

स्थानिक/स्थानीय (वि०) مقامی (मुक़ामी) local

स्थानीयता (स्त्री०) مقامی شناخت (मुक़ामी शनाख़्त) local identity

स्थापत्य (पु०) فنِ تعمیر (फ़ने तामीर) architecture

स्थापना (स्त्री०) عملِ تقرر، قائم کرنا، تاسیس (अमले तक़र्रुर, क़ायम करना, तासीस) establishment, to establish, foundation

स्थापित (वि०) مقرر، قائم (मुक़र्रर, क़ायम) fixed, established

स्थायित्व (पु०) مستقل ہونا، استحکام (मुस्तक़िल होना, इस्तेहकाम) permanence, stability

स्थायी (वि०) مستقل، پائدار، مستحکم، معینہ (मुस्तक़िल, पायदार, मुस्तहकम, मुअइयना) permanent, lasting, stable, constant

स्थायीकरण (पु०) مستقل کرنے کا عمل (मुस्तक़िल करने का अमल) process of permanence

स्थित (वि०) واقع (वाक़े) situated

स्थिति (स्त्री०) حالت، موقف (हालत, मौक़फ़) situation, position

स्थिर (वि०) مستحکم، نہ بدلنے والا، معین (मुस्तहकम, न बदलने वाला, मुअइयन) stable, unchanging, fixed

स्थिरता (स्त्री०) استحکام، سکوت، ٹھہراؤ (इस्तेहकाम, सुकूत, ठहराव) stability, calmness, immobility

स्थूल (वि०) موٹا، مجموعی، احمق (मोटा, मजमूई, अहमक़) fat, gross, stupid

स्थूलता (स्त्री०) موٹاپن، مجموعی طور سے، حماقت (मोटापन, मजमूइ तौर से, हिमाक़त) stoutness, grossly, studpidness

स्नातक (पु०) سندِ فضیلت (گریجوئٹ) (सनदे फ़ज़ीलत {ग्रेजुएट}) graduate

स्नातकोत्तर (पु०) مابعد فضیلت (माबादे फ़ज़ीलत) post graduate

स्नातिका (स्त्री०) فاضلہ/گریجویٹ عورت (फ़ाज़िला/ग्रेजुएट औरत) a graduate woman

स्नान (पु०) غسل کرنا، دھونا (गुस्ल करना, धोना) bathing, washing

स्नायविक (वि०) اعصاب سے متعلق (आसाब से मुतअल्लिक़) nerves concerning

स्नायु (स्त्री०) اعصاب، عضلات (پٹھے) (आसाब, अज़लात {पुट्ठे}) nerves, muscles

स्निग्ध (वि०) پیارا (प्यारा) dear

स्नेह (पु०) پیار، شفقت، چکنائی، روغن (प्यार, शफ़क़त, चिकनाई, रौग़न) love, affection, greese, fat

स्नेहिल (वि०) پیارا (प्यारा) affectionate

स्नेही (पु०,वि०) محبت کرنے والا، ہمدرد (मुहब्बत करने वाला, हमदर्द) loving, kind

स्नेह्य (वि०) شفقت کے لائق (शफ़्क़त के लायक़) lovable

स्पंदन (पु०) لرزش، دھڑکنا، نبض چلنا (लर्जिश, धड़कना, नब्ज़ चलना) trembling, beating, pulsating

स्पंदित (वि०) لرزنا، دھڑکن (लरज़ना, धड़कन) trembling, beat

स्पर्धा (स्त्री०) مقابلہ، احساسِ رقابت (मुक़ाबला, एहसासे रक़ाबत) competition, sense of rivalry

स्पर्धी (वि०) مقابلہ کا، حریفانہ (मुक़ाबले का, हरिफ़ाना) competitive, rivalous

स्पर्श (पु०) لمس (چھونا)، اتصال (लम्स {छूना}, इत्तेसाल) touch, contact

स्पर्शन (पु०) چھونے کا عمل (छूने का अमल) act of touching

स्पर्शनीय (वि०) قابلِ احساس، قابلِ ادراک (क़ाबिले एहसास, क़ाबिले इदराक) tangible, perceptible

स्पर्शी (वि०) چھونے والا (छूने वाला) one who touches

स्पष्ट (वि०) صاف، واضح (साफ़, वाज़ेह) clear, distinct

स्पष्टत:/स्पष्टतया (स्त्री०) واضح طور پر (वाज़ेह तौर पर) clearly, distinctly

स्पष्टीकरण (पु०) وضاحت (वज़ाहत) explanation

स्पृश्य (वि०) = **स्पर्शनीय**

स्पृहणीय (वि०) پسندیدہ (पंसदीदा) desirable

स्पृहा (स्त्री०) دلی تمنا، اولوالعزمی (दिली तमन्ना, उलवाज़मी) eager desire, ambition

स्पृही (वि०) بےحد آرزومند (बेहद आरजूमंद) eagerly desirous

स्फटिक (पु०) بلّور، مردہ سنگ، چٹانی قلم (बिल्लौर, मुर्दा संग, चट्टानी क़लम) crystal, quartz, rock crystal

स्फटिका/स्फटी (स्त्री०) پھٹکری (फिटकिरी) alum

स्फार (वि०) شاعر، دُور تک پھیلا ہوا، گھنا (शायर, दूर तक फैला हुआ, घना) poet, extensive, dense

स्फीत (वि०) وَرم زدہ (پھولا ہوا) (वरमज़दा (फूला हुआ)) swollen, enlarged

स्फुटन (पु०) پھٹنا، کھلنا (फटना, खिलना) bursting, blossoming

स्फुटित (वि०) پھٹا ہوا، کھلا ہوا (फटा हुआ, खिला हुआ) burst, blooming

स्फुरित (स्त्री०) لرزنا، دھڑکنا، مضطرب (लरज़ना, धड़कना, मुज़्तरिब) trembling, throbbing, agitated

स्फूर्ति (स्त्री०) دھڑکنا، توانائی، طاقت، جوش (धड़कना, तवानाई, ताक़त, जोश) throbbing, energy, vigour, enthusiasm

स्फूर्तिमान (वि०) طاقتور، توانا (ताक़तवर, तवाना) vigorous, energetic

स्फोट (पु०) پھٹنا، دھماکہ (फटना, धमाका) bursting, explosion

स्फोटक (पु०) دھماکہ خیز (धमाका-खेज़) explosive

स्मय (पु०) حیرت، تبسم (हैरत, तबस्सुम) surprise, smile

स्मयमान (वि०) مسکراتا ہوا (मुस्कुराता हुआ) smiling

स्मरण (पु०) یاد کرنا، حافظہ (याद करना, हाफ़िज़ा) remembring, memory

स्मरणपत्र (पु०) یادداشت نامہ (याद्दाश्तनामा) memorandum

स्मरणी (स्त्री०) تسبیح (तस्बीह) rosary

स्मरणीय (वि०) یاد رکھنے کے قابل (याद रखने के क़ाबिल) memorable

स्मर्ता (वि०) ہوشیار، خیال رکھنے والا (होशियार, ख़्याल रखने वाला) attentive, mindful

स्मर (पु०) یاد،محبت (याद, मुहब्बत) memory, love

स्मशान (पु०) شمشان گھاٹ(لاش جلانے کی جگہ) (शमशान घाट {लाश जलाने की जगह}) cremation ground

स्मारक (पु०,वि०) یادگار (यादगार) memorial

स्मारिका (स्त्री०) یادگار مجلّہ، رسالہ (यादगार मुजल्ला, रिसाला) commemorative volume, magazine

स्मार्त (वि०) نام لیا (مذکور)، قدامت پسند (नाम लिया (मज़्कूर), क़दामत पसंद) mentioned, orthodox

स्मित (पु०) مسکرانا (मुस्कुराना) smiling

स्मिता (स्त्री०) مسکراہٹ، پھیلاؤ (मुस्कुराहट, फैलाव) smile, spread

स्मृति (स्त्री०) یاد (याद) memory

स्यंदन (पु०) بہنا،رِسنا (बहना, रिसना) flowing, oozing

स्यापा (पु०) غم،ماتم (ग़म, मातम) mourning, lamentation

स्याहा (पु०) کھاتہ بہی (खाता बही) account book

स्त्रग (पु०) ہار (हार) garland

स्त्रष्टा (स्त्री०) خالق (ख़ालिक़) creator

स्त्राव (पु०) بہنا، خارج ہونا، رِسنا (बहना, ख़ारिज होना, रिसना) flowing, discharge, secretion

स्त्रावित (वि०) بہا ہوا، خارج شدہ (बहा हुआ, ख़ारिज शुदा) flown, discharged

स्त्रोत (पु०) جھرنا، پانی کی دھار، ذریعہ (झरना, पानी की धार, ज़रिया) spring, current (water), source

स्त्रोतस्विनी (स्त्री०) شاعر،دریا (शायर, दरिया) poet, river

स्व (उपसर्ग) خود،فطری (खुद, फ़ित्री) self, natural

स्वकर्मी (वि०) اپنا فرض ادا کرنا (अपना फ़र्ज़ अदा करना) attending to own duty

स्वकीया (स्त्री०) اپنے شوہر کی وفادار عورت (अपने शौहर की वफ़ादार औरत) woman faithful to her husband

स्वचालित (वि०) خود کار (खुदकार) automatic

स्वगत (वि०) اپنے دماغ سے کام کرنا (अपने दिमाग़ से काम करना) going on in one's own mind

स्वच्छ (वि०) تازہ،صاف (ताज़ा, साफ़) fresh, clean

स्वच्छंद (स्वच्छन्द) (वि०) آزاد، اپنی مرضی کا مالک، خودبخود (आज़ाद, अपनी मर्ज़ी का मालिक, खुदबखुद) free, self-willed, spontaneous

स्वच्छंदता (स्त्री०) خوداختیاری، بےلگام (ख़ुद एख़्तेयारी, बेलगाम) wilfulness, freedom from restrain

स्वजनी (स्त्री०) رشتہ دار (زنانہ)، سہیلی (रिश्तेदार {ज़नाना}, सहेली) female relative, female friend

स्वजातीय (वि०) اپنی برادری کا (अपनी बिरादरी का) of own community

स्वतंत्र (वि०) آزاد، خوداختیار (आज़ाद, खुद एख़्तेयार) independent (free), self-willed

स्वतंत्रता (स्त्री०) آزادی (आज़ादी) indepen-dence (freedom)

स्वत: (अव्य०) خودبخود، اپنی مرضی سے (ख़ुदबख़ुद, अपनी मर्ज़ी से) automatically, of one's own accord

स्वत:सिद्ध (वि०) خود ثابت (खुद साबित) self-evident

स्वत्व (पु०) حق (हक़) right

स्वत्वाधिकारी (पु०) جسے مالکانہ حقوق حاصل ہوں (जिसे मालिकाना हक़ूक़ हासिल हों) having proprietory rights

स्वदन (पु०) مزہ چکھنا (मज़ा चखना) to taste

स्वदेश (पु०) اپنا وطن (ملک) (अपना वतन {मुल्क}) own country

स्वदेशी (वि०) اپنے ملک کا بنا ہوا (अपने मुल्क का बना हुआ) belonging to own country, manufactured in own country

स्वधर्मी (पु०) فرض شناس شخص (फ़र्ज़ शनास शख़्स) dutiful person

स्वन (पु०) آواز (आवाज़) sound

स्वनाश (पु०) خود بربادی، خودکشی (ख़ुद बरबादी, ख़ुदकुशी) self-destruction, suicide

स्वपच (पु०) ذات سے نکالا ہوا (ज़ात से निकाला हुआ) out caste

स्वपोषी (वि०) خودتغذی (ख़ुद तग़ज़्ज़ी) auto-trophic

स्वप्न (पु०) خواب، خیالی پلاؤ (ख़्वाब, ख़्याली पुलावो) dream, fantasy

स्वप्नदर्शी (वि०) خواب دیکھنے والا، دن میں خواب دیکھنا (ख़्वाब देखने वाला, दिन में ख़्वाब देखना) dreamer, day dreaming

स्वप्नदोष (पु०) احتلام (एहतेलाम) nocturnal emission

स्वप्नमय (वि०) فریب نظر میں مبتلا (फ़रेबे नज़र में मुब्तेला) illusory

स्वप्निल (वि०) اپنے خیالوں میں گم، فریب نظری (अपने ख़्यालों में गुम, फ़रेब नज़री) dreamy, illusory

स्वभाव (पु०) فطرت، کردار، مزاج، خصلت (फ़ितरत, किरदार, मिज़ाज, ख़सलत) nature, character, temperament, habit

स्वभावतः (अव्य०) فطرتاً، خصلت کے مطابق (फ़ितरतन, ख़सलत के मुताबिक़) by nature, in accor-dance with character

स्वभाव-सिद्ध (वि०) پیدائشی، جبلّی (पैदाइशी, जिबिल्ली) innate, instinctive

स्वभावी (वि०) مزاجاً (मिज़ाजन) tempera-mental

स्वभूमि (स्त्री०) اپنا وطن، اپنی سرزمین (अपना वतन, अपनी सरज़मीं) own country, native land

स्वयं (अव्य०) خود، اپنا (ख़ुद, अपना) self, own

स्वयंवर (पु०) قدیم ہندو رسم جس میں عورت مجمع میں سے اپنے شوہر کا انتخاب کرتی ہیں (क़दीम हिन्दू रस्म जिसमें औरत मजमे में से अपने शौहर का इंतेख़ाब करती हैं) ancient Hindu custom to select bride groom from public by woman

स्वयं-सिद्ध (वि०) خود ثابت (ख़ुद साबित) self-evident

स्वयंसेवक (पु०) رضا کار (रज़ाकार) volunteer

स्वर (पु०) آواز، لب ولہجہ، تلفظ، حروف علت، کنجی (आवाज़, लबो लहजा, तलफ़्फ़ुज़, हरूफ़े इल्लत, कुंजी) sound, tone, pronunciation, vowel, key

स्वराज्य (पु०) خودمختاری، آزادی (ख़ुदमुख़्तारी, आज़ादी) self-rule, independence

स्वरूप (पु०) اپنی شکل، بناوٹ، فطرت، قسم (अपनी शकल, बनावट, फ़ितरत, क़िस्म) own form, structure, nature, type

स्वर्ग (पु०) جنت (जन्नत) heaven

स्वर्ग-गंगा (स्त्री०) کہکشاں (تاروں کا ہجوم) (कहकशाँ {तारों का हुजूम}) milky way (galaxy)

स्वर्गवास (पु०) انتقال (इंतेक़ाल) death

स्वर्गवासी (पु०) جنت مقیم، مرحوم (जन्नत मुक़ीम, मरहूम) heaven dwelling, dead

स्वर्गिक (वि०) آسمانی، ملکوتی (आसमानी, मलकूती) heavenly, celestial

स्वर्गीय (वि०) مرحوم (मरहूम) late (deceased)

स्वर्ण (पु०) سونا (सोना) gold

स्वर्ण-जंयती (स्त्री०) جشن طلائی (जश्ने तिलाइ) golden jubilee

स्वर्णमय (पु०,वि०) طلائی، سونے سے بنا (तिलाइ, सोने से बना) golden, made of gold

स्वर्णिम (वि०) طلائی، درخشاں (तिलाइ, दरख़्शाँ) golden, radiant

स्वल्प (वि०) بہت کم، معمولی سا (बहुत कम, मामूली सा) little, trifling

स्वस्ति (अव्य०) خدا کی رحمت (ख़ुदा की रहमत) blessing

स्वस्तिक (पु०) مبارک نشان (मुबारक निशान) auspicious mark

स्वस्थ (वि०) تندرست (तंदुरुस्त) healthy

स्वस्थता (स्त्री०) تندرستی (तंदुरुस्ती) health

स्वांग (पु०क्रि०) نقالی، نقل اُتارنا، لوک ڈراما (नक़्क़ाली, नक़्ल उतारना, लोक ड्रामा) mimicry, imitation, folk-drama

स्वांगी (पु०) نقال اداکار (नक़्क़ाल अदाकार) mimic actor

स्वांगीकरण (पु०) عمل انہضام (अमले इन्हेज़ाम) assimilation

स्वागत (पु०) خوش آمدید، استقبالیہ (ख़ुश आमदीद, इस्तक़बालिया) welcome, reception

स्वागतक (पु०) استقبال کرنے والا (इस्तक़बाल करने वाला) receptionist

स्वागतिका (स्त्री०) استقبال کرنے والی، میزبان عورت (इस्तक़बाल करने वाली, मेज़बान औरत) receptionist, hostess

स्वातंत्र्य (पु०) آزادی (आज़ादी) freedom

स्वाति (स्त्री०) ایک قسم کا تارا، بہت روشن ستارہ (एक क़िस्म का तारा, बहुत रौशन सितारा) a kind of star, very bright star

स्वाद (पु०) مزہ، شوق، ذائقہ (मज़ा, शौक़, ज़ायक़ा) taste, relish, flavour

स्वादक (पु०) مزیدار، مزہ چکھنے والا (मज़ेदार, मज़ा चखने वाला) tasty, taster

स्वादिष्ट/स्वादिष्ठ (वि०) بہت ذائقہ دار، میٹھا (बहुत ज़ायक़ादार, मीठा) very tasty, sweet

स्वादी (वि०) لذت اُٹھانا، لذت آشنا (लज़्ज़त उठाना, लज़्ज़त आशना) tasting, one who relishes

स्वादु (वि०) = **स्वादिष्ट**

स्वाद्य (वि०) چکھنے کے قابل، بھوک لگانے والی (चखने के क़ाबिल, भूक लगाने वाली) worth tasting, appetising

स्वाधिकार (पु०) اپنا حق، اختیار (अपना हक़, इख़्तेयार) own right, authority

स्वाधिकारी (वि०) کاروائی میں با اختیار (कार्रवाई में बाइख़्तेयार) capable of action

स्वाधिपत्य (पु०) اپنی برتری، اقتدار اعلیٰ (अपनी बरतरी, इक़्तेदारे आला) own supermacy, supreme authority

स्वाधीन (वि०) آزاد، خودمختار (आज़ाद, ख़ुदमुख़्तार) independent, self-dependent

स्वाधीनता (स्त्री०) آزادی (आज़ादी) independence (freedom)

स्वान (पु०) کتا (कुत्ता) dog

स्वाभाविक (वि०) اپنی فطرت، فطری، جبلّی (अपनी फ़ितरत, फ़ित्री, जिबिल्ली) own nature, natural, innate

स्वाभाविकता (स्त्री०) فطرتاً، عادت کے مطابق (फ़ितरतन, आदत के मुताबिक़) naturalness, according to nature

स्वामित्व (पु०) ملکیت، مالک ہونے کی حیثیت (मिल्कियत, मालिक होने की हैसियत) ownership, status of owner

स्वामिनी (स्त्री०) مالکن (माल्किन) lady of a house

स्वामी (पु०) مالک، شوہر، آقا (मालिक, शौहर, आक़ा) master, husband, lord

स्वायत्त (वि०) خودمختار (ख़ुद मुख़्तार) autonomous

स्वायत्तता (स्त्री०) خودمختاری (ख़ुद मुख़्तारी) autonomy

स्वाराज्य (पु०) اپنی حکومت، آزاد ملک (अपनी हुकूमत, आज़ाद मुल्क) autonomy

स्वार्थ/स्वार्थता (पु०) اپنا فائدہ، خودغرضی (अपना फ़ायदा, ख़ुदग़र्ज़ी) own advantage, selfishness

स्वार्थी (वि०) خودغرض، اپنے فائدہ سے مطلب رکھنے والا (ख़ुदग़र्ज़, अपने फ़ायदा से मतलब रखने वाला) selfish, self-centred

स्वालम्बन (पु०) خودکفالت (ख़ुदकिफ़ालत) self-supporting

स्वावलम्बी (वि०) خودکفیل (ख़ुदकफ़ील) self-supporting

स्वास (स्त्री०) سانس (सांस) respiration

स्वास्थ्य (पु०) صحت (सेहत) health

स्वाहा (अव्य०) خرچ کر دینا، ہندوؤں کی ایک مذہبی رسم (ख़र्च कर देना, हिन्दुओं की एक मज़हबी रस्म) to consume, a Hindu custom

स्वीकरण (पु०) منظوری (मंज़ूरी) acceptance

स्वीकार (पु०) منظور کرنا (मंज़ूर करना) accepting

स्वीकारात्मक (वि०) = **स्वीकार**

स्वीकृत (वि०) منظور (मंज़ूर) accepted

स्वीकृति (स्त्री०) منظوری (मंज़ूरी) acceptance

स्वीय (वि०) کسی کا اپنا (किसी का अपना) one's own

स्वेद (पु०) پسینہ (पसीना) sweat

स्वेदन (पु०) پسینہ نکلنا (पसीना निकलना) sweating

स्वेदाम्बु (पु०) پسینہ کا قطرہ (पसीने का क़तरा) sweat drops

स्वेच्छा (स्त्री०) اپنی مرضی، رضا کارانہ (अपनी मर्ज़ी, रज़ाकाराना) own will, voluntarily

स्वै (वि०) اپنا، نجی (अपना, निजी) own, personal

स्वैच्छिक (वि०) اپنی مرضی (अपनी मर्ज़ी) self-willed

स्वोपार्जित (वि०) اپنا کمایا ہوا (अपना कमाया हुआ) self-acquired

ह

हंडा (पु०) مٹی یا دھات کا بڑا برتن (मिट्टी या धात का बड़ा बरतन) large earthen ware or metallic pot

हंतव्य (वि०) جسے مارا جائے (जिसे मारा जाए) to be killed

हंता (पु०) قاتل، مارنے والا (क़ातिल, मारने वाला) murderer, killer

हंसली/हंसुली (स्त्री०) ہنسلی کی ہڈی، چمپا کلی (زیور) (हंसली की हड्डी, चम्पा कली {ज़ेवर}) collar bone, necklace (ornament)

हकबकाना (क्रि०) ہکا بکا رہنا، گھبرانا (हक्का-बक्का रहना, घबराना) to be taken aback, to become confused

हक्कार (पु०) پکار (पुकार) call

हगना (क्रि०) پخانہ کرنا (पख़ाना करना) to defecate (to go to stool)

हटुआ (पु०) اناج تولنے والا دکاندار (अनाज तौलने वाला दुकानदार) one who weighs grain, shopkeeper

हट्ट (पु०) ہاٹ، دکان (हाट, दुकान) market, shop

हठधर्म/हठी (वि०) ضدی، کٹر (ज़िद्दी, कट्टर) stubborn, fanatical

हड़ (स्त्री०) ہڑ، ہڈی (हर्रा, हड्डी) myrobalan, bone

हड़कंप (पु०,स्त्री०) افراتفری، ہنگامہ (अफ़रा तफ़री, हंगामा) turmoil, furore

हड़काना (क्रि०) بھگا دینا، باز رکھنا (भगा देना, बाज़ रखना) to drive away, to deter

हड़हा (पु०,वि०) جنگلی بیل، بے حد دبلا پتلا (जंगली बैल, बेहद दुबला पतला) wild ox, very lean & thin

हड्डा (पु०) برنا (बिरना) wasp

हत (वि०) مارا ہوا، مفقود (मारा हुआ, मफ़क़ूद) killed, deprived of

हतक (पु०) مارنے والا (मारने वाला) killer

हतप्रभ (वि०) بے رونق (बेरौनक़) without splendour

हताश (वि०) مایوس، اداس (मायूस, उदास) desperate, dejected

हताहत (वि०) مارا ہوا اور زخمی (मारा हुआ और ज़ख़्मी) killed & wounded

हतोत्साह (वि०) مایوس (دل شکستہ) (मायूस {दिल शिकस्ता}) dejected (broken heart)

हत्या (स्त्री०) قتل (क़त्ल) murder

हत्यारा (पु०) قاتل (क़ातिल) murderer

हथ (पु०) ہاتھ (हाथ) hand

हथकंडा (पु०) تدبیر، چال (तदबीर, चाल) tactics, trickery

हथलक्का (पु०) چور (चोर) thief

हथियाना (क्रि०) قبضہ کرنا، دھوکے سے حاصل کرنا (क़ब्ज़ा करना, धोके से हासिल करना) to seize, to obtain by fraud

हथियार (पु०) اسلحہ (असलहा) arms

हथियारबंद (वि०) مسلح (मुसल्लेह) armed

हनन (पु०) مارنا، بربادی، وار (मारना, बरबादी, वार) killing, destruction, striking

हनना (क्रि०) وار کرنا، مارنا (वार करना, मारना) to strike, to kill

हननीय (वि०) مارنے کے قابل (मारने के क़ाबिल) deserving death

हनु (स्त्री०) ٹھڈی، جبڑا (ठुड्डी, जबड़ा) chin, jaw

हनुमंत/हनुमान (पु०) بڑے جبڑے والا، بندروں کا سردار (बड़े जबड़े वाला, बंदरों का सरदार) having long jaws, chief of monkeys

हन्तव्य (वि०) = **हननीय**

हप्पा (पु०) بھر منھ، رشوت (भर मूंह, रिश्वत) mouthful, bribe

हप्पू (पु०,वि०) پیٹو، افیون (पेटू, अफ्यून) glutton, opium

हमता/हमेव (स्त्री०/पु०) خودغرضی (ख़ुदग़र्ज़ी) selfishness

हयनाल (स्त्री०) گھوڑے سے کھینچے جانے والی توپ (घोड़े से खींचे जाने वाली तोप) cannon to be carried by horse

हयशाला (स्त्री०) اصطبل (अस्तबल) stable

हर (पु०) نسب نُما (नस्बनुमा) denominator

हर (पु०,वि०) ختم کرنا، برباد کرنا، شیو کا ایک نام (ख़त्म करना, बरबाद करना, शिव का एक नाम) removing, destroying, name of Shiva

हरण (पु०) چھیننا، لے جانا، ضبط کرنا (छीनना, ले जाना, ज़ब्त करना) to snatch, to take away, to confiscate

हरणीय (वि०) قابلِ ضبطی (क़ाबिले ज़ब्ती) worth confiscation

हरवाहा (पु०) ہل چلانے والا (हल चलाने वाला) plough man

हरवाही (स्त्री०) ہل چلانا (हल चलाना) ploughing

हरि (पु०,वि०) پیلاپن، سبزہ، وشنو کا نام (पीलापन, सब्ज़ा, विष्णु का नाम) yellowish, greenish, name of Vishnu

हरिअर (वि०) سبزہ (ہراپن)، ہرا (सब्ज़ा {हरापन}, हरा) greenish, green

हरिजन (पु०) خدا کا پیرو، اچھوت (खुदा का पैरो, अछूत) devotee of God, untouchable

हरिण (पु०) ہرن (हरन) deer

हरित (वि०) ہرا (हरा) green

हरिन (पु०) = **हरिण**

हरियाल (पु०) ہرا کبوتر (हरा कबूतर) green pigeon

हर्म्य (पु०) محل، حویلی (महल, हवेली) palace, manson

हर्ष (पु०) خوشی، شاد (खुशी, शाद) joy, delight

हर्षना (क्रि०) وجد (حال) کی کیفیت (वज्द {हाल} की कैफ़ियत) state of ecstacy

हर्षित (वि०) مسرور، شادمان (मसरूर, शादमान) joyful, delighted

हल्कान (वि०) پریشان، تھکا ہوا (परेशान, थका हुआ) harassed, wearied

हल्कोरा (पु०) پانی کی لہر (पानी की लहर) wave of water

हव (पु०) نذر، قربانی (नज़र, कुर्बानी) oblation, sacrifice

हवन (पु०) آگ کی نذر، گھی کا نذرانہ (आग की नज़र, घी का नज़राना) fire offering, oblation of ghee

हवनीय (वि०) نذر کے قابل (नज़र के क़ाबिल) worth sacrificing

हवस (स्त्री०) نفسانی خواہش، خواہش (नफ़सानी ख़ाहिश, ख़ाहिश) lust, desire

हवि (पु०) وہ چیز جو بطور نذر آگ میں دی جائے (वह चीज़ जो बतौर नज़र आग में दी जाए) the substance to be sacrificed into fire

हविष्य (पु०,वि०) = **हवि**

हव्य (पु०) = **हवन**

हव्वा (स्त्री०) پہلی عورت حوا (पहली औरत हव्वा) first woman, Eve

हसन (पु०) تفریح، ہنسی (तफ़रीह, हंसी) entertainment, laughter

हस्त (पु०) ہاتھ، اگلا بازو (हाथ, अगला बाज़ू) hand, fore arm

हस्तक (पु०) تالی بجانا، موسیقی کا ایک آلہ (ताली बजाना, मौसीक़ी का एक आला) clapping, a musical instrument

हस्तकौशल (पु०) ہاتھ کا ہُنر (हाथ का हुनर) hand skill

हस्तक्षेप (पु०) مُداخلت (मुदाख़लत) interference

हस्तशिल्प (वि०) دستکاری (दस्तकारी) handicraft

हस्तांतरण (पु०) مقبوضات کی منتقلی (मक्बूज़ात की मुन्तक़ली) transfer of possession

हस्ताक्षर (पु०) دستخط (दस्तख़त) signature

हस्ति (पु०) ہاتھی (हाथी) elephant

हस्तिनी (स्त्री०) ہتھنی (हथनी) female elephant

हस्तिप (पु०) مہاوت (महावत) mahout, elephant controller

हर (स्त्री०) کپکپی، تھرتھراہٹ (कपकपी, थरथराहट) shivering, vibration

हई (स्त्री०) حالت، ڈھنگ (हालत, ढंग) state, manner

हाकिम (पु०) حکمراں،قاضی(مجسٹریٹ) (हुकमराँ, क़ाज़ी {मजिस्ट्रेट}) ruler, judge (magistrate)

हाजत (स्त्री०) ضرورت،عارضی قیدخانہ (ज़रूरत, आरज़ी कैद ख़ाना) want, temporary prison

हाट (स्त्री०) بازار، دکان (बाज़ार, दुकान) market, shop

हाटक (पु०) سونا (सोना) gold

हाड़ (पु०) ہڈی،ڈھانچہ (हड्डी, ढाँचा) bone, skeleton

हाड़ी (पु०) صفائی کرنے والا (सफ़ाई करने वाला) scavenger

हाना (पु०) کہاوت (कहावत) proverb

हानि (स०) نقصان،گھاٹا،بربادی (नुक़सान, घाटा, बरबादी) harm, loss, damage

हानिकर/हानिकारक (वि०) نقصان دہ، ضرررساں (नुक़सानदह, ज़र्ररसाँ) harmful, injurious

हाफु (पु०) افیون (अफ़्यून) opium

हारीत (पु०) ہرا کبوتر (हरा कबूतर) green pigeon

हार्दिक (वि०) قلبی، دل سے (क़ल्बी, दिल से) hearty, cordial

हालाहल (पु०) جان لیوا زہر (जान लेवा ज़हर) deadly poison

हाली-हाली (क्रि०वि०) جلدی جلدی (जल्दी जल्दी) quickly

हाव-भाव (पु०) پھسلانے کے لئے نازنخرے (फुसलाने के लिए नाज़ नख़रे) blendishment

हावन-दस्ता (पु०) کھرل موسلی (खरल मूसली) mortar & pestle

हास (पु०) ہنسی، مذاق (हंसी, मज़ाक़) laughter, ridicule

हासक (पु०) ہنسانے والا، جوکر (हंसाने वाला, जोकर) laughter, joker

हासकर/हास्य (पु०) جس پر ہنسی آئے،مزاحیہ (जिस पर हंसी आए, मज़ाहिया) laughable, ridiculous

हाहू (पु०) شور،ہلچل (शोर, हलचल) noise, commotion

हिंडोला (पु०) پالنا، جھولنا (पालना, झूलना) cradle, swing

हिंद (पु०) ہندوستان (हिन्दुस्तान) India

हिंदवाना (पु०) تربوز، کدّو (तरबूज़, कद्दू) water melon, pumpkin

हिंदी (स्त्री०,वि०) ہندی زبان، ہندوستانی (हिन्दी जुबान, हिन्दुस्तानी) the Hindi language, Indian

हिंसक (पु०) تشدد پر آمادہ،خطرناک،قاتلانہ (तशद्दुद पर आमादा, ख़ातरनाक, क़ातिलाना) violent, dangerous, murderous

हिंसा (स०) تشدد، مارنا (तशद्दुद, मारना) violence, killing

हिकमत (स०) عقل،علم،فن طبابت (अक़्ल, इल्म, फ़ने तबाबत) wisdom, knowledge, art of doctor

हिजड़ा (पु०) خواجہ سرا،نامرد (ख़ाजासरा, नामर्द) eunuch, impotent man

हित (पु०) فائدہ،نفع بخش،شفیق،بھلائی (फ़ायदा, नफ़ाबख़्श, शफ़ीक़, भलाई) advantage, beneficial, affectionate, welfare

हितकर (वि०) فائدہ مند، مہربانی کرنا، بھلا کرنے والا (फ़ायदामंद, मेहरबानी करना, भला करने वाला) useful, doing kindness, benevolent

हितैषी (पु०) خیرخواہ (ख़ैरख़ाह) well wisher

हितोक्ति (स०) بھلائی کی نصیحت (भलाई की नसीहत) teaching of good

हितू (पु०) = **हितैषी**

हिम (पु०) ٹھنڈا، پالا، برف (ठंडा, पाला, बर्फ़) cold, frost, snow

हिमपात (पु०) برفباری (बर्फ़बारी) snow fall

हिमांक (पु०) نقطۂ انجماد (नुक़्तै अंजुमाद) freezing point

हिमाप्रपात (पु०) = **हिमपात**

हिमानी (स०) برف کا تودہ، پاروتی کا ایک نام (बर्फ़ का तूदा, पारवती का एक नाम) glacier, title of Parvati

हिरण/हिरण्य (पु०) سونا (सोना) gold

हिरन (पु०) ہرن، بارا سنگھا (हरन, बारासिंघा) deer, antelope

हिरासत (स्त्री०) روکے رکھنا،تحویل (रोके रखना, तहवील) detention, custody

हिलकोरना (क्रि०) پانی کو ہلا کر لہریں اُٹھانا (पानी को हिला कर लहरें उठाना) stirring water to produce waves

हिलग (स०) لگاؤ، محبت (लगाव, मुहब्बत) attachment, love

हिलोरना (क्रि०) ہلانا، ذہنی پریشانی ہونا (हिलाना, ज़ेहनी परेशानी होना) to shake, to be agitated mentally

हिसिषा (स०) حسد، جلن (हसद, जलन) envy, jealousy

हीन (वि०) محروم، بغیر، کمتر (महरूम, बेग़ैर, कमतर) deprived of, without, inferior

हीनता (स०) محرومی، کمتری (महरूमी, कमतरी) deprivation (of), inferiority

हीनभावना (स०) احساسِ کمتری (एहसासे कमतरी) inferiority complex

हीर (पु०) ہیرا، جوہر، توانائی (हीरा, जौहर, तवानाई) diamond, essence, energy

हीरामन (पु०) تصوراتی سونے کا طوطا (तसव्वुराती सोने का तोता) imaginary golden parrot

हील (पु०) کیچڑ (कीचड़) mud

हुंकार (पु०) دھمکی آمیز چلانا، گرج (धमकी आमेज़ चिल्लाना, गरज) threatening shout, roar

हुंडा (पु०) معاہدہ (मुआहिदा) agreement

हुजूर (पु०) موجودگی (اہم شخصیت کی)، جناب والا (मौजूदगी {अह्म शख़सियत की}, जनाब वाला) presence of an important personality, your Highness

हुड़दंग (पु०) ہنگامہ، جھگڑا (हंगामा, झगड़ा) uproar, quarrel

हुत (पु०) قربانی، نذر (क़ुर्बानी, नज़र) sacrifice, oblation

हुतात्मा (पु०) شہید (शहीद) martyr

हुन (पु०) سونا، دولت (सोना, दौलत) gold, wealth

हुमसना (क्रि०) جوش میں آنا (जोश में आना) to feel excitement

हुमास (स०) جوش، توانائی (जोश, तवानाई) excitement, energy

हुलकना (क्रि०) قئے کرنا (क़ै करना) vomitting

हुलसना (क्रि०) خوشی سے پھولنا، ہمت افزا (खुशी से फूलना, हिम्मत अफ़ज़ा) to rejoice, encouraging

हुलसाना (क्रि०) خوش کرنا (खुश करना) to cheer

हुलास (पु०) خوشی (खुशी) joy

हुल्लड़ (पु०) اُدھم، ہنگامہ (उद्धम, हंगामा) disturbance, uproar

हूंस (स्त्री०) جلن، بُری نظر (जलन, बुरी नज़र) envy, evil eye

हूंसना (क्रि०) حسد بھری نگاہ سے دیکھنا، بدخواہی (हसद भरी निगाह से देखना, बदख़ाही) to look enviously, ill-will

हूक (स्त्री०) دل کا درد (दिल का दर्द) pain of heart

हूकना (क्रि०) درد سے رونا، آہ بھرنا (दर्द से रोना, आह भरना) to cry out in pain, to sob

हूड़ (वि०) گنوار، احمق، بےخبر (गंवार, अहमक़, बेख़बर) rash, foolish, ignorant

हूर (स्त्री०) حُور، جنت کی دوشیزائیں (हूर, जन्नत की दोशिज़ाएँ) virgins of paradise

हूल (स्त्री०) تیز درد، پرندوں کو پھنسانے والا بانس، چلاہٹ (तेज़ दर्द, परिन्दों को फंसाने वाला बाँस, चिल्लाहट) sharp pain, stick used to catch birds, shouting

हूश (पु०) = **हूड़**

हृदय (पु०) دل (قلب) (दिल (क़ल्ब)) heart

हृदयता (स्त्री०) رحیمانہ فعل (रहीमाना फ़ेल) kind deed

हृदयी (वि०) رحم دل، شفیق (रहम दिल, शफ़ीक़) kind hearted, affectionate

हृदय विदारक (वि०) دل تڑپانے والا (दिल तड़पाने वाला) heart rending

हृदय स्पर्शी (वि०) دل کو چھونے والا (दिल को छूने वाला) heart touching

हृष्ट-पुष्ट (वि०) ہٹا کٹا، موٹا تازہ (हट्टा-कट्टा, मोटा ताज़ा) robust, sturdy

हेकड़ (वि०) اکھڑ، اُجڈ (अक्खड़, उज्जड) rude, rash

हेकड़ी (स्त्री०) اکھڑپن (अक्खड़पन) rudeness

हेठी (स्त्री०) بےعزتی، رسوائی (बेइज़्ज़ती, रुसवाई) humiliation, dishonour

हेतु (पु०) مقصد، وجہ، واسطے (मक़सद, वजह, वास्ते) purpose, reason, for the sake

हेमंत (पु०) جاڑے کا موسم (जाड़े का मौसम) cold season

हेमंती (वि०) جاڑے کے موسم سے متعلق (जाड़े के मौसम से मुतअल्लिक़) having to do with cold season

हेम (पु०) سونا (सोना) gold

हेमवती (स्त्री०) سنہری (सुनहरी) golden

हेय (वि०) چھوڑنے کے قابل، خراب (छोड़ने के क़ाबिल, ख़राब) to be left, bad

हेरना (क्रि०) تلاش کرنا (तलाश करना) to search

हेराना (क्रि०) غائب ہونا (ग़ायब होना) to be lost

हेरा फेरी (स्त्री०) اُلٹ پلٹ، ادل بدل (उलट-पुलट, अदल-बदल) alteration, wangling

हेलना (क्रि०) پانی میں جانا، نازنخرے کرنا (पानी में जाना, नाज़ नख़रे करना) to rush in water, to flirt

हेला (पु०) لحاظ نہ کرنا، چلّانا، صدمہ (लिहाज़ न करना, चिल्लाना, सदमा) to disregard, shout, shock

होंठ (पु०) لب (लब) lip

होड़ (स्त्री०) مقابلہ کا جوش، شرط (मुक़ाबले का जोश, शर्त) competition spirit, bet

होत्र (पु०) آگ میں کچھ نذر کرنا (आग में कुछ नज़र करना) offering something in fire

होत्री (स्त्री०) مذہبی پیشوا (پجاری) کی بیوی، پجارن (मज़हबी पेशवा (पुजारी) की बीवी, पुजारन) wife of priest, priestess

होम (पु०) نذرانہ (آگ میں)، قربانی (नज़राना (आग में), क़ुर्बानी) offering (in fire), sacrifice

होलिका (स्त्री०) ہولی کا تیوہار، لکڑی پھونس وغیرہ کا ڈھیر جسے ہولی میں جلایا جاتا ہے (होली का त्योहर, लकड़ी फूंस वग़ैरह का ढेर जिसे होली में जलाया जाता है) Holi festival, heap of wood etc., to be burnt in Holi

हौका (पु०) لالچ، حرص (लालच, हिर्स) greed, covetousness

हौरा (पु०) شور (शोर) noise

हौली (स्त्री०) شراب کی دکان (शराब की दुकान) wine shop

हौले (क्रि०वि०) دھیرے دھیرے، نرمی سے (धीरे-धीरे, नरमी से) slowly, softly

❁❁❁

इस पुस्तक में प्रयोग किये गए संक्षिप्तों (Abbreviations) का अर्थ

पु.	= पुल्लिंग	(मुज़क्कर)	Masculine
स्त्री	= स्त्रीलिंग	(मुअन्नस)	Feminine
क्रिया	= क्रिया	(फ़ेल)	Verb
वि.	= विशेषण	(सिफ़त)	Adjective
क्रि.वि.	= क्रिया विशेषण	(मुतल्लिक़ ब फ़ेल)	Adverb
अव्य.	= अव्यय	(हर्फ़े जार)	Preposition